U0850505

利率史

（第四版）

[美] 悉尼・霍默　理查德・西勒◎著
肖新明　曹建海◎译

A History of INTEREST RATES

(Fourth Edition)

中信出版集团｜北京

图书在版编目（CIP）数据

利率史（第四版）/（美）霍默，（美）西勒著；肖新明，曹建海译．—北京：中信出版社，2010.1（2025.9重印）

书名原文：A History of Interest Rates Fourth Edition

ISBN 978–7–5086–1749–7

I. 利…　II．①霍…②西…③肖…④曹…　III．利息率—经济史—世界　IV.F831.9

中国版本图书馆 CIP 数据核字（2009）第 191216 号

A History of Interest Rates Fourth Edition by Sidney Homer and Richard Sylla

Copyright © 1963, 1977, 1991, 1996, 2005 by Rutgers University Press.

Fist edition published 1963. Second edition 1977. Third edition 1991, 1996.

Fourth edition 2005.

Published by John Wiley & Sons, Inc., Hoboken, New Jersey

All Rights Reserved. This translation published under license.

利率史（第四版）

LILÜSHI

著　　者：［美］悉尼·霍默　理查德·西勒

译　　者：肖新明　曹建海

出版发行：中信出版集团股份有限公司

（北京市朝阳区东三环北路 27 号嘉铭中心　邮编　100020）

承 印 者：北京通州皇家印刷厂

开　　本：787mm × 1092mm　1/16　　**印　　张：**47.5　　**字　　数：**650 千字

版　　次：2010 年 1 月第 1 版　　**印　　次：**2025 年 9 月第 22 次印刷

京权图字：01–2008–1645

书　　号：ISBN 978–7–5086–1749–7 / F · 1794

定　　价：92.00 元

版权所有·侵权必究

如有印刷、装订问题，本公司负责调换。

服务热线：400–600–8099

投稿邮箱：author@citicpub.com

本书不仅仅是一本有关利率的历史，
通过它，
我们可以看到民族的盛兴与衰亡，
甚至它能将整个文明的兴衰联系起来！

目 录

A History of Interest Rates

第一部分 古代史

第二部分 中世纪和文艺复兴时期的欧洲

第三部分

1900 年前的现代欧洲与北美

第四部分

1900 年以后的欧洲和北美

第五部分

其他国家与 20 世纪 90 年代

前言

A History of Interest Tates

理查德·西勒对《利率史》的这次修订非常及时，更新、评估了从20世纪90年代开始到现在这个极具活力的阶段的金融市场，并将其置于历史的视角之中。在这段时间里，金融市场的规模已经大了许多，也复杂了许多。此外，新的信用工具已经面世，产生了新的利率，以及在国内、国际市场上的利率关系。

在过去的15年间，数次重大的激变也在金融市场和利率上留下了印记。开始的时候出现了储蓄机构大灾难和数家大型商业银行严重的信用压力。在20世纪90年代的后期，投机泡沫不仅出现在高科技市场，还肆虐于高收益的固定收益市场。著名套期基金过度使用借贷手段，构成了严重的系统风险。

本书的独到之处在于其所涉及的范围和主题所包含的广泛内容。没有任何一项研究具有这样的跨度。本书论述的利率史轨迹从巴比伦王朝、古希腊和古罗马的最初时期开始，贯穿中世纪和文艺复兴时期，直至现代。

本书最初出版于1962年，作者是顶级权威、成就卓著的悉尼·霍默。他称自己是债券人，但他的角色还远远不止于此。的确，他在职业生涯的早期经办过自己的债券公司，后来成了斯卡德－史蒂文斯－克拉克基金公司（Scudder，Stevens and Clark）的一名高级债券组合投资经理。但这只是他惊人成就和才华的九牛一毛。悉尼·霍默开了固定收益分析的先河。他在自己的大部分职业生涯期间勤奋耕耘，而当时债券并不像今天这么热门，利率也不是金融媒体的热门话题。

悉尼·霍默率先应用了相对价值分析、收益曲线以及金融世界与经济的关系等分析工具。他是使用金融市场资金流动分析的第一人之一，远远早于美联储正式采用这种分析手段的时间。

他在 1961 年来到所罗门兄弟公司（Salomon Brothers）后，组建并管理着第一个严格局限于固定收益市场的深入研究部门。对于悉尼来说，对于所罗门兄弟公司来说，这是一个异乎寻常之举。招募悉尼的是比尔·所罗门（Bill Salomon）和查尔斯·西蒙（Charles Simon）。虽然他们跟这个绝对权威人士截然不同，但是他们意识到，悉尼拥有的大量未开发的知识可以令所罗门兄弟公司受益。他们的判断是正确的。当悉尼于 1971 年 10 月作为一名普通合伙人退休的时候，他已经建立起了领先的固定收益研究部门。它没有竞争对手，并拥有一个量化分析队伍，而其他公司则在很久以后才普及开来。

悉尼那些频繁发表的著述清楚地表明，他远远不止是一个债券人。那些著述密切联系到了重大的历史角度和见解，覆盖的范围从货币和债券市场上的技术内容，一直到当前重大的经济和金融问题。对于他来说，利率不仅仅是数据。正如他在本书中精辟指出的那样，“公平地说，任何一个工业化国家的自由市场长期利率，只要收取得当，都能提供那个国家经济和政治健康状态的一种动态图。”

我第一次审阅《利率史》时，是它的第一版，是写得最详尽的一版。我在所罗门兄弟公司的最初几个星期里，悉尼·霍默请我审阅书的校样，与他一贯的作风一样，他要求细致严谨。我给我的秘书展示了全书，一共 594 页、81 个统计表格。显然，那次经历在我的职业生涯中留下了深刻的印记。

这一版的修订、更新工作是由著名学者理查德·西勒教授完成的。他对市场和历史背景的深刻了解完美地融入到了悉尼·霍默的模式之中。尤其是，理查德·西勒不仅非常出色地把握住了最新的发展，而且还将这种新发展置入了历史的角度之中，而这是悉尼·霍默一定会由衷认可的。

我相信这本书没有对手。它是金融权威著述。

亨利·考夫曼（Henry Kaufman）

《第四版》序言

A History of Interest Tates

自第三版的修订工作于10年前结束以来，世界已经发生了根本性的变化。冷战已经结束，苏联已经不复存在。在苏联和东欧其他地方，政权纷纷让位于转型之中的经济体。德国实现了统一，而欧盟尽管经历了几次挫折，现在也已经发展到规模更大、更加团结的程度。日本戳破了其20世纪80年代的“泡沫”，挣扎着促使其经济恢复了些许生机。拉丁美洲已经将20世纪80年代的大部分债务问题抛在了身后，但是墨西哥在1994~1995年、阿根廷在2001年的困境表明，麻烦的卷土重来是多么容易。与此同时，中国和印度已经作为经济强国崭露头角。

在这些事件的影响下，一个更加自由的贸易和金融秩序在继续发展强大。老牌工业化经济体的货币和资本市场变得越来越融合如一，而新兴市场已经在全世界范围内开始与全球金融系统接轨。许多国家，特别是美国，在通过改革监管系统和削减财政赤字，寻求减少金融市场上政府压力的途径。

这些变化如何反映在1990~2005年的利率史中，是为本书第四版编写的最新一章的主题。文中其他地方也做了细微的修订。我非常高兴的是，John Wiley & Sons接受了这个机会来更新这部需求稳定的“常青”著述。北卡罗莱纳州立大学（North Carolina State University）的杰克·W·威尔逊（Jack W. Wilson）教授继续与我合作，搜寻并解释新旧数据。我的纽约大学（New York University）同事和合作人罗伯特·E·莱特（Robert E. Wright）在组织、制作本版中新图表方面提供了宝贵的帮助。我在纽约大学斯特恩商学院（Stern School of Business）的其他同事、助手和学生对金融进展始终兴趣盎然，对市场运作机制提供了敏锐的见解，对此我也深表感谢。

理查德·西勒

引　言

A History of Interest Tates

在 20 世纪 70 年代到 80 年代初这一期间，利率的大幅度上涨将许多优惠信贷的长期市场利率推高到了现代历史中从来没有接近过、更谈不上达到过的水平。本书提供的长期观察表明，近年的收益率峰值远远超过了 1800 年以来美国、1700 年以来英国或 1600 年以来荷兰记载的最高优惠长期利率。换句话说，自从现代资本市场诞生以来，长期利率从来没有达到过我们在四分之一个世纪之前在全世界范围内达到过的水平。

自 1981 年以来，利率跌到了半个世纪之前的典型水平。然而，利率在近年来的波动和随之而来的一系列市场危机表明，利率史仍然具有戏剧性。大部分读者在看到许多古代和现代的极端利率数据以后会惊愕不已。随着本书中利率故事的展开，有些读者也许能从漫长的几十年和几个世纪期间利率趋势持续上升或下降中，发现其中的重大意义。

从漫长历史阶段的利率图表中，研究历史的人们也许会看到相应的国家和文明的兴衰、战争的发动和它带来的灾难，以及和平的享用和滥用。人们也许能够从利率的波动中追寻到知识和科技的发展轨迹、政治改革的成败，以及民主与独裁专制统治之间漫长、艰苦、永无休止的斗争。

研究经济学的人们也许能从利率的潮汐变化中看到，在制订有效的商业伦理和法规、合适的货币和财政手段与政策中，有些社会取得了成功，有些社会则遭遇了失败。他们也许会意识到在广袤的时间和空间中经济增长和经济衰退这两股轮流坐庄的力量所产生的影响。

在上个世纪交替时期，奥地利著名经济学家欧根·冯·庞巴维克（Eugen von Boehm Bawerk）宣称，利率是一个国家文化水平的反映：一个民族的智力和道德力量越强大，其利率水平越低下。他所说的是自由市场的利率，而不是人为控制的利率。在他所在的年代里，在全市及主要贸易国家中，市场利率位于历史的低点：长期优惠信贷利率为2.5%～3.5%。而通货膨胀在当时并不是这个世纪所表现出来的那种问题。

如果庞巴维克用“金融力量”来取代“道德力量”，用“科技水平”来取代“文化水平”，那么如今更多的人会赞同他的说法。但是，我们认为他想表达的正是他所用的那些词的意思。事实上，如果有人向他建议如此更换用词的话，他很可能会回答说，一个国家的总体道德力量是金融力量的必要的先决条件，而高文化水平是高科技水平的必要的先决条件。

无论如何，在本书第一版于1962年问世的时候，研究货币市场的人们几乎都不接受庞巴维克笼统的观点。利率水平在他的时代比较高，但是——有些人认为——当时的智力、道德力量和文化水平也比较高。然而，在20世纪60年代、70年代和80年代利率极端上升的情形下，他可能赢得了部分人的认同。在先前的分析中，关键在于如何衡量文化水平和道德力量，而在这一版中，各种不同观点都有了存在的空间。

本书的主要目的并不是要探讨利率波动相对于社会或经济方面的成因或者后果，而只是要搜寻、记录并分析许多国家数个世纪时期里的通行利率本身。尽管如此，读者看到这里会不由自主地注意到数个世纪的历史长河中的持续趋势和重复性形态。读者可能会在自己的脑子里将它与民族的兴盛和衰亡联系起来，甚至事实上会跟整个文明的兴衰联系起来。

论述古代巴比伦王朝、古希腊和古罗马利率的几章表明，在每一个国家，随着民族或者文化的发展和兴旺，利率会不断地下跌，然后在每一次“下滑和陨落”中大幅度飙升。在我们的文化中（西欧和北美），从中世纪到20世纪中叶的大部分时候，利率都在下跌。可是现在呢？20世纪70年代和80年代的出奇高的利率并没有持续足够长的时间，不足以令长期图表中的趋势有重大变化。但是，谁又能保证这种高利率不会再现呢？

我们没有必要假定历史会以任何干净利落的方式重演，也没有必要在瞥了一眼图表后悲观绝望。扭转不利趋势的机会非常多。然而，公平地说，任何一个工业化国家的自由市场长期利率，只要收取得当，都能提供那个国家经济和政治健康状态的一种动态图。战争和政治、经济灾难在图表中表现得一目了然。

古代时期的信贷

有时，信贷被认为是一种现代发明，或者甚至是一种现代邪恶。的确，新的信贷形式已经在我们的国家发展起来，而反映信贷规模在最近几十年期间增长的数据也十分令人瞩目。但是，翻阅几页金融史后，这种所谓现代重大发明的想法就会彻底消失。信贷在古代和中世纪时期就得到了普遍应用。信贷的历史远远早于工业、银行业，甚至早于铸币业；它可能比最原始的货币形式还要早。含息贷款也许可以说是在新石器时期农民将种子贷给表亲并期望在收割季节加量归还的时候就开始了。而且，我们知道几大文明的有记载的法律史是在人为规范信贷中开始的。

例如，在大约公元前 1800 年，古代巴比伦王朝的第一个国王汉谟拉比（Hammurabi）给他的臣民制订了第一部已知最早的正式法典。该法典的一些主要规定规范了债务人与债权人的关系。法定利率上限确定为谷物贷款每年 33.333%，以实物偿还；银子贷款按重量计算每年 20%。所有贷款都必须附有书面合约，并由官员作证。如果作弊收取的利息高于法定上限，那么债务的本金就会被免除。土地和动产可以用作债务抵押，债主的仆人、妻妾、子女或奴隶也可以用来抵押。然而，个人劳役偿债被限制为 3 年。

1 200 年以后，也就是在大约公元前 600 年的时候，古希腊的法律史始于索伦（Solon）的法典。当时，雅典出现了一次经济危机——其部分起因是过度的债务和普遍的个人劳役偿债——因而必须进行重大改革。与《汉谟拉比法典》形成鲜明对比的是，索伦的法典取消了对利率的所有限制。他们减少或者豁免了许多债务，允许不转移占有地抵押，但是禁止个人劳役偿债。这些法规延续了几个世纪。

罗马人也是从规范信贷的法规开始其法律史的。当时也是因为表现为过度债务的一次危机而作出的被迫之举。早在大约公元前 450 年的著名的半传统型《十二铜表法》（Twelve Tables）中，在对待信贷问题上，更多的是模仿《汉谟拉比法典》，而不是索伦的法典。贷款的利息被限制为不得超过每年 8.333%。高于法定上限的利息将被处以 4 倍损害赔偿。个人劳役偿债得到允许，但是奴隶的人身健康受到保护。

历史最初时期巴比伦王朝、古希腊和古罗马的这三个案例足以支持这样一个结论：即含息信贷在有文字历史出现之前就已经普及到了足以产生重大政治问题的程度。然而，有文字记载的整个5 000年历史跨度仅仅相当于这个星球上人类历史时期的百分之一的一半。人类在开始书写文字之前有大量的时间学习信贷和利息。

随着时间的推移，我们注意到大约公元800年的《查理曼法典》（Capitularies of Charlemagne）也在处理信贷问题。他们一概禁止所有贷款的增值。高利贷之罪孽，以及寻求合法例外情形的欲望，引发了中世纪1 000多年期间神学界和法律界的激烈辩论。在宗教改革（Reformation）令现代欧洲收取利息合法化之后，利率之争进入了经济学家、金融家和政治家的圈子，通常都围绕着是放任自由还是国家控制的话题。英国最终走了索伦的路子，废除了对利率的所有固定法律限制。美国的各州都在自己的高利贷法中确定了固定的利率上限，因而在这方面继承了汉谟拉比和古罗马的法律传统。

在21世纪，利率仍然是政治界和经济界激烈争辩的一个主题，丝毫不亚于古代时期。美国的各个政党和欧洲的各个政党在利率问题上各执己见，正如罗马共和国时期的贵族阶层和平民阶层。有人希望利率高，有人希望利率低。现代时期的经济学家们，如果说有什么区别的话，各自拥有的观点范围更广、内容也更复杂，所争论的主题并不新鲜。

通过纵观利率史，我们可以动摇大部分先入为主的顽固看法，即有关什么是高利率、什么是低利率、什么是平均利率的看法。每一代人都会设定一个利率范围并视之为正常水平，并在这个利率范围中成长；远远高出该范围就意味着危机，或者意味着极其过分，而远远低于该范围则意味着人为操控或者不足。几乎每一代人最终都会惊愕利率的表现，因为事实上现代时期的市场利率很少能够长期稳定。它常常会上升或者下降到意料之外的极端水平。研究利率史的人们不会对这种波动感到惊讶。他们的历史知识不会告诉他们未来的利率会达到什么程度，但是可以促使他们分清什么是真正不同寻常的利率水平，什么是利率的变化而已。

要想引用一些看起来十分花哨离奇的利率是非常容易的。事实上，我们不用超越目前所在的世纪就会发现本书所覆盖整个历史时期的最高利率和最低利率：柏林10 000%的高点，纽约0.01%的低点。这两个利率数都是极其不同寻常情形下标准货币市场信贷的记载数据。利率的范围为1 000 000:1。1990年1月2日，《华尔街日报》（*The Wall Street Journal*）报道说，阿根廷的银行给大储户提供的存款利息为每个月600%！

汉谟拉比的银子贷款年息20%的法定上限无法有效地用来比较今天的货币市场利率。它远远高于20世纪优惠商业贷款、储蓄债券、储蓄存款等的大部分利率，但却低于美国许多州发放小额个人贷款时法定和实际收取的30%～45%的年息。在本书中，很难进行类似利率之间的比较。古代和现代史中的信贷合约类型和品种，远远超出了现代债券推销人理念中的想像。

在公元前2000年，当巴比伦王朝的锡帕（Sippar）的沙玛什（Shamash）通过自己的牧师以6.25%的利率贷出银子时，该利率在当时属于非常低的水平，因而被认为是一种虔诚的慈善之举。亚述的埃比拉神庙（Temple of Arbela，公元前732～前625年）以25%的利率贷出银子。当公元前4世纪的狄摩西尼（Demosthenes）允许一个客户延迟支付他的律师费时，他在自己的账单上添上了每年12%的利率；这正是他那个时候雅典的“正常利率”范围的上限。当恺撒（Caesar）曾经的朋友、贵族布鲁特斯（Brutus）试图收取撒拉米斯城邦48%的贷款利息时，他的同代人西塞罗（Cicero）大吃一惊，提醒布鲁特斯说，当时的法定利率上限是12%。事实上，当时古罗马的资金贷款利率只有每年4%。

在我们如此闲聊早先多少代人的金融表现的同时，我们不能忘了高利贷者。在古雅典时期，有些高利贷者常常以每月48%的利息贷出资金，相当于每年576%，而且未计算复利。即便是这一利率水平也还是低于每星期25%（星期一贷出4美元，星期五偿还5美元）的利息，而后者是纽约法庭在未经注册高利贷者的庭审中常常记载的利率水平，理论上相当于每年1 300%。最后，我们还应该提及狄奥弗拉斯特（Theophrastus，公元前287年）的高利贷者——每天收取25%的利息，也就是每年9 125%，也许是文学夸张。只有在20世纪的通货膨胀期间，我们才会再次看到具体记载的如此高的利率，比如20世纪20年代的德国和20世纪80年代最后几天里的阿根廷。

中世纪给我们留下了利率奇闻和强烈反差情形。在12世纪，英国的个人贷款为每年52%～120%的利息——视抵押物的不同而定——而同期的荷兰长期不动产抵押贷款的利率却是8%～10%。还有一些史料记载了怪异的贷款抵押物。耶路撒冷的皇帝鲍德温二世（Baldwin II）有一次遇到资金压力，抵押了自己的胡子。一个世纪以后，另一个鲍德温——康斯坦丁的皇帝，在威尼斯用荆棘之冠（Crown of Thorns）作抵押借款；当该笔贷款出现违约时，抵押物被法国的路易九世（Louis IX）赎回。在14世纪，威尼斯共和国利率为5%的债券在几年里的售价超过面值，而同期的奥地利的腓特烈三世（Frederick the Fair of Austria）借款的利率为80%。在15世纪，法国的查理八世（Charles VIII）在意大利筹借的一笔战争贷款利息高达100%，而意大利的商人却能以5%～10%的利息借到款。在17世纪，荷兰以3.75%的利率为其利率为8.333%的国债进行再融资，荷兰商人的借款利率只有1.75%，而大约同期的西班牙王室却在为短期贷款支付40%的利息。

这些零星的奇闻趣事并不是本书主要关注的主流利率史的一部分。在开头的时候引用这些案例，是为了激起大家的想象力、扩大大家的眼界和视角。这些案例表明，在考虑所有国家、时代和贷款类型的时候，历史利率的实际范围非常大；而且不同贷款类型之间可以表现出不同时间、不同地点，甚至在同一个时期、同一个地点情况下的巨大利率差异。

本书的大部分篇幅将用来叙述通常为良好信用的标准型、重复型贷款类型，尽可能准确地反映古代时期的传统利率类型和现代时期的各种优惠市场利率。这些标准贷款类型的通行利率在几章中都用一些奇特利率、专业利率、风险利率或高利贷利率等案例进行补充。如果利率史仅仅局限于货币市场的记载数据的话，即便是在20世纪的美国，也会表现为不全面，也会误导读者。

本书的计划

利率的变化可以从许多层面上看到。主要层面有时间、地点、贷款质量和贷款期限。其他显著的特征有市场流通性、贷款规模、赎回条件、合法性、税收地位、债务人类别和债权人类别。某个地方某个贷款类型的利率会每天或者每年发生变化，这就是时间层面。相似贷款类型的利率在任何时候都会因为城市或者国家的不同而不同，这是地点层面。还有，在某个时间和地点，利率通常都有一个很大的范围，取决于质量、期限、规模、市场流通性和其他周边因素。本书试图覆盖所有这些层面的范畴，以下为局限性和重点强调程度介绍：

时间。时间跨度为公元前3000年开始至今，只要有历史数据。由于19世纪和20世纪的优良利率数据，比人类历史其他时间的数据加在一起还要多，因此本书对这两个世纪的论述比先前诸世纪要全面得多。

地点。非常自然也非常幸运的是，在各个时期个人和商业信贷最为发达的那些国家留给我们的历史记载最为详尽。因此，对于古代和中世纪时期而言，本书并不需要制订地理位置选择的任何计划，而是致力于尽可能全面研究论述。根据我们获得的历史资料，主流利率史的发展轨迹与西方政治历史的发展轨迹相似，从史前时期开始，贯穿美索不达米亚、古希腊和古罗马，到中世纪的东欧，再到现代时期的欧洲和美洲。其他地区只有偶尔存在的早期数据。对于现代时期而言，本书在地理位置方面做了一定程度的必要选择。到目前为止，绝大部分篇幅用来叙述西方主要商业和金融国家的利率。尽管如此，为了介绍背景情况和对比的需要，许多其他国家的部分利率史也包含了进来。

质量。在存在历史资料的时候，本书引用了涉及很大风险范围的部分贷款利率案例。通过这种比较，优等信用的利率就更加容易理解，同时也更加容易识别。尽管如此，本书主要关心的是按照当代标准衡量数据优等的贷款利率的发展变化。这么一种包罗万象的总体定义十分关键，因为只有这样一种定义才能经受得住不同历史时期变化无常的各种标准。在现代发达国家，政府贷款通常都代表了高质量的标准，接着是最佳公司贷款。在中世纪和古代时期，大型公司并不存在，政府信用通常不如有产阶层的个人。因此，最佳信用的特征随着时间的变化而变化，本书最为关注的贷款类型也因此各不相同。

期限。本书尽力涵盖所有期限的贷款利率，从非常短期的个人或贸易贷款和政府票据，到根本没有到期日的永久型年金。在现代时期，期限都有精确的定义，论述的时候没有任何问题，唯一例外的是债券平均数或选择型赎回条件本身所固有的模糊性。本书后面几章所提供的表格，显示了从最短期限到最长期限品种逐步发展的连贯利率系列数据。

然而，由于缺乏早期数据，旨在涵盖所有期限的努力仅仅在本世纪的几个国家获得了成功。对于现代时期的早先几个世纪，历史数据主要包括非常长期的债券或抵押贷款的利率，以及许多非常短期的信贷类型的利率。中等期限的贷款利率数据往往十分匮乏。但是，期限的定义一般都十分准确。

对于中世纪，我们常常不得不满足于两个宽泛的期限类型，即“长期”和“短期”，因为大部分数据不是那么精确。“长期”贷款包括意大利城邦的永久债务、法国的岁金、欧洲许多城镇发行的永久型年金，以及显然最初就打算延续许多年的其他贷款。“短期”贷款包括国库券、银行存款、当铺和其他抵押贷款，以及王室的流动债务。这种短期债务的大部分事实上可能也延续了多年，但是合约的类型是短期。然而，许多中世纪信贷在期限方面都很不确定；凡是有这种疑点的债务，都被纳入短期的范围，但是我们手中掌握的有关期限的描述，都在本书中介绍给了读者。

对于古代时期，因为期限而产生的利率差异几乎完全不存在。巴比伦王朝和古罗马的法定利率同时适用于长期贷款和短期贷款。历史学家报道的最佳信贷“正常”利率，一般都没有提及期限。然而，有大量的证据表明，大部分古代贷款的初衷仅仅是持续几个月，或者最多1～3年时间。利率数据通常记载的是月息。即便是以不动产作抵押的贷款，一般也是规定一年偿还；偶尔也会有更长期限的规定，但是利率并不依据期限而变化。长期资本项目一般都不是通过信贷的形式融资，而且各国也很少筹借。大型公司还没有出现。有些信贷事实上许多年都没有偿还，但是显然这是因为定期续约或者无力偿还的缘故。鉴于这些原因，本书没有试图按照期限来分门别类地叙述古代利率，虽然只要有史料记载我们都提供了具体的期限内容。除此以外，通常假定为短期贷款。

市场流通性。本书中引用的利率有时是从可流通品种中推算出来的，比如债券、票据和国库券，有时也根据不可流通品种来计算，比如个人贷款、银行贷款、抵押贷款和存款。每一种类型都进行了分门别类。中世纪以前的任何一种信贷工具都没有叙述市场交易类型。古代时期的雅典和罗马很可能出现过活跃的债务交易，但是流传到我们手中的历史资料无此记载。现代货币市场的历史始于12世纪的意大利。

利率。本书引用的不可流通债务的利率为贷款合约中确定的名义利率。对于可流通债务而言，只要有史料数据，我们都提供了名义利率（即按照贷款的名义或面值的一个百分比而体现的利息）和市场收益率（买方按照市场价格所获得的回报率）。如果这两个数据都存在，我们总是倾向于用市场收益率来表明所描述贷款类型的通行利率。在缺乏市场价格数据的情况下，只有在债务为新近成功地以基本上与面值相等的价格发售时，名义利率才被认为足以体现通行利率。对于并不反映自愿性合约的名义利率，比如强制性贷款或强制性兑换利率，本书都做了标注，并且没有进入通行利率的汇总之中。

本书并没有试图在资料数据来源的基础上进一步深入到利率和收益率的许多数学计算概念中。单纯的年利率数是本书一贯致力于呈现的形式，但是这一点并非总是得到了精确的实现。比如，贴现率时常作为利率来引用，而提供的单纯利率数常常高于贴现率。资料来源并非总是加以区别。在我们了解贴现率属于这种情形时，本书都进行了标注。与现代小额贷款利率一样，大部分古代利率都表现为月息，而这些月息数只是简单地通过乘以12来表现年利率，没有经过复利计算，也不考虑公历日期的差异。

在史料数据存在的情况下，本书也描述了其他特性，比如贷款规模、赎回条件、合法性和税收条件，尽量表现出这些特性可能对趋势记录和利率水平所产生的影响。

连续性和准确性

经济学家如果期望发现或者支持某种有关利率成因或影响的理论，就可能会反对将不可能的利率——比如巴比伦王朝和古罗马的法定利率上限——与纽约和伦敦的现代国库券利率同时纳入同一部著述中。出于利率理论研究的目的，经济学家会不无道理地寻求同类对比，并且可能会要求将现代和古代数据同时呈现出来，从而罗列的各个时期所收取的利率数据仅限于统一质量、类型和期限的贷款。史料中不存在，也不可能存在这种各个时期具有可比性的数据。这一点也许解释了为什么经济学家们一直没有鼓足勇气编撰全球范围的利率史。

在存在合理的（但永远不是完美的）可比性时，有时可以推演出长达数个世纪的有效利率趋势。我们将会发现，具有可比性的利率在许多地区在某些具体的历史时期呈现下跌趋势，而在某些其他历史时期呈现上升趋势。经济历史学家们曾经呼吁人们关注这些利率的长期趋势，而他们的发现都在本书中进行了汇总。

但是，在用本书中引用的现代利率来比较（也在本书中引用的）历史利率数据时，必须倍加小心。社会和经济环境都发生了巨大变化，关税、赋税、货币和法规都迥然不同。这些变化似乎可以排除对数个世纪进行任何对比的可能性。然而，我们目前的货币市场并不是从美联储系统的立法鼻祖卡特·格拉斯（Carter Glass）脑子里跳出来的全面成熟市场。它是经过了数个世纪的成长才形成现代模式的。它的出身和身世消失在了漫漫的历史长河之中。

那些丝毫不愿意用今天的利率来比较数个世纪以前的利率的人们，理应始终如一地拒绝用 2005 年的利率来比较 20 年前、40 年前的利率。2005 年美国国库券利率所面临的经济环境与 1945 年美国国库券利率所面临的环境完全不同，而且与 20 世纪 60 年代的环境同样完全不同。决定利率水平的货币市场结构在数年之内就发生了根本性的变化。从某种意义上说，1945 年影响纽约利率的环境与 2005 年的环境差别，超过了 1755 年的伦敦与 1945 年的纽约的差别。我们不应该因为成因发生了变化就拒绝比较其影响。

数个世纪以来的利率的连续性超过了大部分物价的连续性。这是因为利率是类比物之间的一个比例。同类利率在任何时代、用任何货币、在任何一个给定的物价结构中，所产生的数学结果都是一样的。净 x% 的复利在今天和在苏格拉底时代都会在完全相同的年数之后令本金翻一番，而 x% 的净购买力会以同样的比例导致货币价值或税收负担方面的增减变化。由于利率是这样一种数学比例，它就构成了我们与过去经济形势的最密切的数据联系。因此，尽管信贷形式和经济环境迥然不同，本书还是提供了不同时代的利率比较。然而，本书将总结信贷形式和经济环境方面的变化。

本书的目的并不是要分析利率水平和趋势的成因。有关这个主题的著述非常多，但是几乎没有任何共识。本书将会提及一些利率理论，但不会推介任何一个理论。本书将标注那些与外部政治或经济事件——比如战争和通货膨胀——同时发生的变化模式，读者可以由此任意推演出其中的因果。然而，本书的目的并不是要支持或者促成这种推断。

对于古代和中世纪而言，本书按照零星史料数据尽可能全面涵盖。没有奋力挖掘古代和中世纪利率数据的人，是不可能理解这种数据有多么匮乏的。当代人并不公布、而且很少记录他们所收取的利率。利息常常属于非法，或者被认为是一种罪孽，而在其他时候，法定上限鼓励的是隐蔽保密。在有关古代和中世纪经济史的著述当中，提及的实际利率数据寥寥无几。大部分历史学家都忽略这个问题，或者以非常笼统的方式进行处理。

此外，经济历史学家不可避免地对资料来源的可靠性意见相左。原来的数据常常被新数据修订或者否定。有关古代、中世纪，甚至现代利率方面的进一步创新研究，还有非常可观的机会。本书的作者们希望本书能够鼓励人们进行这种研究。毫无疑问，可靠数据的匮乏正是历史学家没有编撰全球利率史的原因。尽管如此，现在完全可以从校验、研究我们手中掌握的资料着手，虽然其中有些资料将会修订。毫无疑问，本书提供的史料记载是可以，也一定会通过进一步研究来完善的。

本书引用的早期利率数据几乎都是摘自历史或经济著述，而现代利率数据大部分来自官方渠道。原始渠道——贷款合约、流传下来的债务品种等——通常都没有再次校验。因此，经济历史学家们不会从本书中找到新的资料。他们会看到他们熟悉的资料经过了汇总和重组，以便独立显示仅仅一种变量资料类型的历史，也就是贷款利率史。

政治和经济背景

本书的各章大部分都在开始的几节中介绍了所引用利率数据的时代和地点以及与之相关的政治、经济事件和金融习惯。此举是希望将利率和信贷形式置于所在的环境之中，使之便于读者理解。

古代和中世纪时期的大部分背景资料都具有争议性。虽然金融和经济史常常为现代历史学家所争论、修订和完善，本书的作者们绝对无意给读者增添这些争议，也无意完善这些背景内容。然而，读者应该注意，早期的利率或早期的金融手法具有很大的不确定性。

与利率史本身一样，背景历史中显然也有大量空白。为什么古希腊数个世纪的历史用一个段落来叙述，而之前一个世纪的雅典鼎盛时期却占用了几页的篇幅？理由有二：第一，发展阶段需要而且值得进行详尽描述，而之后的阶段很可能是重复性质。第二，资料来源本身记载的金融发展阶段所占用的篇幅远远超过之后更长的重复型阶段。尽管如此，有许多历史阶段的描述似乎值得比本书力所能及的程度更加详尽。那些空白，比如后期的希腊、后期的罗马、拜占庭和早期的荷兰，将会在未来某一天填补。

作者们所选择的背景资料并非旨在支持诸多试图解释利率趋势的理论中的任何一个理论。然而，他们没有避免选择那些有可能支持某一种理论的背景事实。比如，本书提及了重大战争、物价水平趋势和货币形势，因为这些常常被认为是相关因素。诸多事件的巧合性有时在本书中做了标注。

本书的编撰

> “在后来的这些日子里我们的地球在堕落，贿赂和腐败屡见不鲜，孩子们不再听父母的话，每个人都想著书立传，世界末日显然正在逼近。”
>
> ——摘自一块古亚述的匾牌

本书最初撰写的原因是已故的悉尼·霍默对利率史的长期研究没有取得成功。对于他来说似乎不可思议的是，这个世界竟然没有全球综合史和基本经济和商业价格史。

悉尼·霍默对现代利率史的探求始于华尔街业务的实际需求。这种探求过去是、如今仍然是与众多债务类型的每日通行利率及其波动情况息息相关的。目前的利率和趋势与过去相比已经变得更加全面。所有市场都具有值得研究的历史特征，尽管某个学者个人的发现有可能最终被修订。

在20世纪30年代，在霍默先生开始收集这种利率数据的时候，美国的短期市场利率数据记载得十分充分。但是，许多债券收益率平均数却有缺陷；这两组数据涵盖的质量和期限范围太大。因此，他开始了对美国债券收益率历史的最初研究。后来，计算平均数的科学方法有了改善，可以获得数个非常优秀的新收益率平均数。然而，原来的平均数计算方法还在普遍应用，造成了市场历史的扭曲。即便到了今天，准确描绘过去和当前美国债券收益率水平和趋势的任务还远远没有完成。

同样显而易见的事实是，尽管国际金本位制已经崩溃，美国的利率并没有独立于世界其他地区的利率。在20世纪30年代，当黄金大量涌入美国，显然将我们的利率压制到非常低的水平的时候，在黄金储备正在外流的大部分国家，利率也在下跌。伦敦的大型货币市场很值得关注。稍加研究，我们就会发现这个至少比我们早出现100年的市场的丰富历史，其结构与我们的市场并没有多大区别。因此，一贯向前研究的霍默先生将他收集的利率数据带过大西洋，并将其追溯到1752年，也就是英国国债发行的时候。

所有这些工作都是在霍默先生徒劳无功地搜寻所有类型的利率和债券收益率历史的全面记录时进行的。在没有这样一种历史记录的情况下，他不得不从大量不同的渠道不辞辛劳地收集材料。国家经济研究局（National Bureau of Economic Research）以及其他人和组织发表的优秀的研究报告时不时地填补了一些重大空白，但是范围都十分有限。在经过了20年的收集和研究数据，以及徒劳无功地寻找组织有序的利率研究之后，霍默先生产生了一个想法，即将为了商业目的而收集的所有利率数据归纳入有可能对他人有用的某种出版物。

那么我们的研究应该追溯到多么久远的过去呢？1752年的伦敦市场之前是什么样的？著名的法国岁金历史是什么样的？英国货币市场本身有多大可能是早期欧洲大陆市场的翻版？什么是“荷兰金融”？通过追溯到遥远的古代时期，是否会发现有用的先例？

商务方面的考虑在继续推动霍默先生的探索。然而，他曾一度承认这期间增添了单纯的历史好奇心。几乎没有商务或者专业人士对历史的召唤不抱有好奇心。医生们喜欢听希波克拉底（Hippocrates）的话，律师们热衷于引用狄摩西尼的话。为自己的社区经济生活提供融资的人们为什么不在历史允许的前提下充分意识到他们的经济功能的古远因缘呢?

鉴于这些原因，本书多年来已经从非常实用的初衷演化到了今天。本书的第一版追溯了从1960年往前到远古时期的利率史。第二版将故事说到了1975年，那个时候领先金融中心的利率上升到了当时的历史高点。在那一版面世以后，利率和市场收益率继续攀升，达到1981年、1982年的戏剧性新高点。在这些新的历史记录高点面前，20世纪70年代的先前高点显得相形见绌，只能是中等水平。在20世纪90年代开始的时候，利率和收益率远远低于10年前的水平。在那种形势下，它们显得平淡无奇。然而，研究利率史的人们可能会注意到，1990年的"中等"利率与1974年——也就是本书第二版付印之后不久——创纪录的利率水平大致相同。20世纪90年代和21世纪10年代初期，利率进一步下降，达到了20世纪40年代期间最后出现过的水平，也就是本书第一版问世之前的水平。也许未来的某一个版本会记录到利率达到本书"有生之年"任何时候的最低水平，或者甚至达到有史以来的最低点。也许不会这样。无论未来会给我们带来什么，读者都会发现，正如本书的作者们所发现的那样，利率将会在整个有史时期的跌宕起伏中展现出一幅令人叹为观止的画面。

A History of Interest Tates

第一部分

古代史

第一章

史前与原始信贷和利息

A History of Interest Tates

在历史的长河中，信贷的出现比铸币还要早2 000多年。铸币始于公元前1000年，然而，大约公元前3000年的苏美尔古代文献却披露了依据人们按数量借贷粮食、按重量借贷金属的活动而采用的信贷系统。这些借贷是带有利息的。

在远古时期，甚至在通用价值计量标准、交易媒介产生以前，信贷可能就已经存在了。在许多族群，都发现了实物信贷，却没有任何交易媒介的痕迹，甚至还没有价值标准。信贷在经济活动的最初阶段就已经存在，甚至在真正意义上的易货贸易出现之前就已经存在了。[注1]

如果我们从最宽泛的意义上去理解信贷的话，就能推断出它最初的一些形式。原始信贷的构成可能只是将种子借给儿子或兄弟或邻居，直至收割季节，或者是牲畜或工具或食物的借贷。这种转让，如果没有偿还要求，就叫做馈赠；如果有偿还要求，就叫做借贷；如果偿还要求的数额超过了当时的借贷额，就叫做含息借贷。这种交易无须货币、交换、实物交易。

如今，无直接交换物的转让行为通常分为三种：馈赠、借贷或偷盗。还记得大学宿舍生活的人们一定知道，馈赠、借贷和偷盗之间的界线并不总是那么清晰。尽管传统的委婉叫法是“借”，但大家心知肚明的是，丢了领带的倒霉蛋可能作出的反应是伺机“借用”某个室友的东西。于是，即便没有经过正式谈判，借贷也产生了，也就是说，信贷可以在没有明确定义的情况下出现。

这种模糊概念并不新鲜。偷盗行为在原始时期跟现在一样屡见不鲜。然而，在政府产生之前，对偷盗行为的合情合理的反应就是反击，即以牙还牙。酋长们之间的“馈赠”行为时常是和平国际贸易的主要形式；一个酋长送出的礼物，是要求对方还礼的，而且最好是价值更高的礼物。如果期间相隔一段时日，就可以叫做信贷行为。

无息借贷行为毫无疑问从来都跟当今一样普遍，比如向亲戚或邻居提供的友情性质、慈善性质或关切性质的帮助。其形式可以是借用一下割草机，一杯食糖，一大笔或一小笔钱，或者借用一下闲置的住房。我们在这里讨论的是带利息的借贷和所要求的利息的数额。最早的历史记录表明，利息已经是一种常见的、人们普遍接受的信贷附属物。那么利息最早是怎么出现的呢?

你在借给邻居工具时，并未表示要支付任何利息，即便在今天也是如此，只是要求将状态相同的工具归还，并且暗示在需要时你享有向对方借用工具的特权。给困难之中的朋友、亲戚提供吃住，同样并不表明要连本带息一起偿还。实际上，这种借贷习惯上就是礼物，有时带有一种模糊的回报要求。但是，如今存在的其他借贷形式，以及很久之前就存在的其他借贷形式，却的确表示要带息偿还：比如借用种子和牲畜。这些都是出于生产目的的借贷。种子增加产量，在收割季节，种子很容易带息偿还。偿还牲畜时可能是连同其部分或者全部幼崽。我们永远都无法确切了解利息的起源，但我们可以猜测，现代意义上的利息概念正是由这种生产型借贷产生的。

到了有文字记载的时期，这种类型的生产型借贷，也就是需要按照商定的利率以实物偿还的借贷，已经十分常见。同样常见的是不带利息的友情慈善型非生产型物品借贷。这两种信贷形式的混淆，在最开始的时候就十分显著，导致非生产型带息借贷的产生。这样的借贷由最早的法律规定进行协调和规范，正如我们的现代法规。

延续至今的另一个早期分界线是可识别物品的借贷与商品的借贷。前者比如牲畜、工具或农场，必须原物归还；后者比如种子、钱或食物，无须原物归还，但必须以同等物品归还，因为原物已经不再存在，或者已经无法辨认。要求以同等物品归还的借贷类型就要求有质量和计量的标准。事实上，有可能就是这种借贷引发了原始计量和货币本位的发展。把谷物当做交易媒介的做法在古代东方就很常见，而且一直使用到近代。后来发展到了高级阶段，即制定了一种适用于所有偿还类型的普遍本位，也就是货币。借贷的谷物、土地、牲畜，或者钱本身，都可以用货币来偿还，无论是否带有利息。

土地借贷或者用土地获得的借贷是有史之前就发展起来的信贷形式。利息的来源在这里是显而易见的——土地所产的第一批果实。这种借贷的偿还毫无疑问最初是实物，过了很久以后则是货币。本金的偿还形式可以不同于利息。土地本身可以归还——这对任何时代的大部分农民来说都是十分痛苦的；本金也可以从收获的果实中分摊；事实上，本金也许永远不需要偿还，但可能会成为永久性年度支付额的计算基础。

以上当然根本算不上是原始信贷形式的一个完整清单。其中必须提及的借贷包括用于提供赎金、支付结婚费用（聘礼、嫁妆）、支付货物运输费用、支付宗教捐助费用、支付战争费用。在所有历史时期都一直存在着四种信贷形式，彼此之间有着本质的区别，这四种信贷形式是：（1）长期生产型贷款；（2）短期流动资金贷款；（3）非生产型消费贷款；（4）为政府提供的贷款。

早在旧石器时代，即大约公元前10000年前，欧洲和亚洲部族之间就开始了原始货物交易，交易货物包括琥珀、贝壳类饰品、火石，以及其他适合交易的商品。[注2]从红海到瑞士，这一广阔地区的旧石器时代的贝壳，具有足够均匀一致的品质，令人想到可以将其用做货币。支持这种假设的是南太平洋的某些部族，现在仍把这种贝壳当钱用。然而，这些交易和这种贝壳钱很让人怀疑是否确实构成了信贷的合适基础。开始的时候，借贷更可能发生在部族或者家族内部，并且是以实物形式进行的。

到了公元前8000年以后，也就是中石器时代，尤其是公元前5000年以后，也就是新石器时代（这些日期当然都是推测，而且会因地区的不同而差异巨大），资本和信贷才变得至关重要，为人类的进步提供了一股重要的推动力。旧石器时代的人类是自己出去找食物，而新石器时代的人类是通过农业和畜牧业来生产食物。他的资本形式是种子、改良后的工具，尤其是成群的牲畜。资本的积累导致了人口的大幅度增长，以及亚洲和欧洲广阔的新地区的开发。有了这样的资本，财富的进一步积累、对酋长的资助和城市的建设，就有了可能。

畜牧业为我们提供了后来用于货币经济中的许多金融术语。比如，我们用的“资本”（capital）和“金钱”（pecuniary），源自拉丁语的pecus，意思是“一群牲畜”。苏美尔人用mas表示牲畜的“幼崽”，也表示“利息”。埃及人用ms表示“利息”，而这个词源自动词msj，意思是“生（孩子、幼崽）”。实际上，早期的希腊人是用牛来计算贵重金属的价值的。在《奥德赛》里，有个求婚者许诺要给尤利西斯献上“相当于20头牛的铜和金子”。

牛也许构成了部族或者个人的第一种真正意义上的生产型资产或资本。牛的拥有量决定了个人、家族的社会地位，在非洲的部分地区至今依然如此，而且事实上在美国的部分地区如今也是这样。剩余劳动力可以以牛的形式保存、保留，进而可以通过雇用仆人、奴隶获利来加速积累。

随着牛和谷物的供应和需求超出了消费需求，它们就形成了货币的一种原始形式，也就是说，它们成了具有足够价值和统一性的商品，可以很方便地当做一种本位媒介来交换其他商品。它们还可以含息借贷。此外，它们提供了一种价值本位。

早在公元前5000年的中东，人们就将枣、橄榄、无花果或谷物种子借给农奴、贫穷的农民或侍从，并要求以实物形式从其收获中加量偿还。[注3]本书在后面会提供大量证据，表明这种交易形式一直沿用到了现代仍存在的原始部族。以动物为钱可以而且曾经用于借贷，并产生增值。食物和动物是早期苏美尔人、印度日耳曼人和古亚非人使用的最重要的货币，也是城镇文明得以发展之前，古埃及、美索不达米亚、美洲、印度和中国古代常见的货币形式。[注4]

随着城镇文化在古代东方的发展，信贷变得至关重要。采矿业已经发展起来，这时的一些无生命物体，尤其是金属，比如金、银、铅、青铜和紫铜，被用于含息借贷。甚至可以说，这些物体被当做了具有再生产能力的生命物体。[注5]在铸币出现之前，金属是按照重量来进行交易的。于是，资本成了一种强有力的经济力量。用金属进行的贷款交易在大量早期苏美尔文献和部分埃及文献中都有记载。早期的印度法律就有商议这种贷款的权利方面的条文。

铸币被认为最早是由一些城邦将一块块金属压制出来，作为重量或纯度的一种保证。还有一种说法是，铸币可能源自宗教信物，最早出现的时候可能非常晚，大约在公元前7世纪出现在小亚细亚。但是，在那之前数千年，未铸成币的金属就被人们当做货币来使用了。这种金属块在特洛伊、小亚细亚、弥诺斯和迈锡尼、巴比伦、亚述、叙利亚、埃及和伊朗都有出土。我们将在下一章描述人类有史以来这种未铸成币的金属货币是如何进入相当复杂的交易和金融运作系统的。

伴随着货币和信贷的早期发展，滥用和侵害行为也滋生起来。其中有些行为一直延续到了今天。大部分最早时期的法规都致力于防止信贷的滥用或者禁止信贷的使用。犹太人不允许带有利息的贷款。直到公元前450年，伊朗人仍然认为贷款收取利息是令人蒙羞的行为。[注6]印度古文献严厉斥责高利贷者，并设置了利息上限。尽管如此，以不动产或典当物为基础的贷款，在《圣经》、《阿维斯陀古经》和《吠陀经》中都有提及。巴比伦和罗马都允许信贷，但限制利率。希腊人鼓励信贷，对利率没有限制，但禁止个人举债。

我们在评判史前时期的贷款利率时，只能将就使用间接证据。据记载，有史以来最早的年利率为借贷谷物和金属的20% ~50%。确定法律上限的必要性和强大执法机构的存在，表明如超出这个利率则常常会遭到起诉。我们可以由此猜测，那个时候就有放高利贷者，他们愿意以高出法律上限10倍或20倍的利率贷款给落难的朋友。我们还可以猜测到，具有偿还能力的资本家们之间经常出现较低利率的信贷交易。除了这些猜测和推论之外，我们唯一可以参照的就是现代社会尚存的原始部族中的习俗。这些利率虽然很具有参考价值，而且可以认同为类似交易中自然形成的贷款期限的一种大概的衡量尺度，但我们在此单独进行论述，以免被误认为是真实的古代历史。

对原始货币的一项研究[注7]将古代和现代时期在某个或数个地方、在某个或多个时期具有货币属性的物品和材料进行了分类，大约有173种，其中提及最多的有：珠子、牛、布匹、铜、金、谷物、铁、米、盐、贝壳、银、兽皮、奴隶和烟草。有研究认为，在有些地区，货币的出现是因为债务人常常很难以实物的形式精确偿付欠债。最后，法律或习俗确定了一种人们能够普遍接受的具有价值的商品，作为替代性债务偿还形式。这种“法定货币”于是具有了更高的价值。尽管如此，部族文献记录了大量案例，表明在原始经济社会中用未铸成币的货币放贷、还债和计息。以下是部分案例：

1. 在印度的一些落后地区，现代时期的谷物一直是一种重要的交易媒介和延期付款的标准。播种用的种子和食物的借贷时限是在下季收割时偿付。通常的偿付数额是所借数量的双倍。这里的利息用现代金融术语表示就是每年100% ×12/x，其中x为收割季节到来前的月份数。鉴于在同样落后地区的卢比贷款利率据说为24% ~36%/年，因此谷物的利率似乎比较高。然而，这种情形有必要允许存在，因为事实上收割季节的谷物毫无疑问比播种季节便宜，而且许多借种子的债务人并不符合卢比贷款的条件。在印度产稻米的地区，稻谷种子贷款的利率据说为60%（未说明期限）。在那加部族，母牛和水牛都被用来借贷，一年后的偿还额为翻番，也就是100%。[注8]那加的铸币贷款的利率就比较低，据考证为50%。

2. 在印度支那，20世纪初的贷款形式为稻米，利率为50%，在下一个季节结束时支付。[注9]

3. 在20世纪的菲律宾，偏远的伊富高部族里的信贷形式为实物借贷，利息定期收取。任何时候借用的稻米，都必须在下一个收割季节双倍偿还，利息等于100% ×12/x。如果借用一头猪，就必须用同样大小的两头猪偿还。法定金属货币贷款也要求100%的回报，且利滚利的速度非常快。如果某人因为殡葬费用而贷款了3比索，那么3年以后的欠债就是24比索。伊富高人甚至还有一种贴现形式，叫做“帕堂”（patang），其条件是牲畜借贷利息需提前支付。[注10]

4. 在位于太平洋西南的班克斯岛，有一种基于贝壳串珠的高度发展的信贷和货币体系，与男士俱乐部或秘密社团的体系紧密相关。它在体面上的意义甚于经济意义。加入俱乐部需要花一大笔贝壳钱，而地位的上升则需要花更多的钱。日常生活中基本上不需要也不使用贝壳钱，但穷人却需要贝壳来加入某个社团，作为自己的人生起步。借用贝壳的标准利率在任何阶段都是100%。如果某人没有足够的贝壳来加入社团，他可以将自己手里的贝壳借出去，这样最后收取的利息就能为他凑够入门费。该体系有个不同寻常的特点：人们有权力强行贷款给他人，而被迫受贷者在威逼之下，不得不连本带息还债。我们发现这种强迫放贷的情况并非绝无仅有。荷马和中世纪时期的馈赠礼品经济并没有什么不同——赠出的礼品要求以更大的礼品来还礼。国王们将大量的礼品馈赠给其他国王、自己的贵族们，但这些礼品对于收受者来说往往代价甚高。即便在今天，社会习俗时不时地鼓励还礼，比如圣诞节、生日、婚礼。给予礼品者有时可能期望得到贴水性的回报。[注11]

5. 不久前，在加拿大的温哥华岛，毯子取代了皮毛和贝壳串珠的位置，成了夸扣特尔部族的货币单位。这些廉价的白色毯子——当时的价值大约为50分——构成了交易和价值的媒介，超越了延期付款的所有标准。一种复杂的信贷系统发展了起来，同样是体面上的意义大于经济意义。5条毯子借用6个月后就变成了7条，1年后就成了10条。用现代金融术语来说，这种回报等于6个月贷款的年利率为80%、1年贷款的利率为100%。一个年轻人为了自己的人生起步借了毯子，1年后必须双倍返还，然后他将毯子作为强制性贷款分配给自己的亲属，几个月内按300%偿还。[注12]这种叫做“炫财礼物”（potlatch，带有条件的礼物）的强制贷款体系大肆普及，结果加拿大政府不得不下了禁令。富有的印第安人彼此攀比较劲，看谁给出的毯子最多——大家都心知肚明的是，回礼的毯子会更多——因而往往加倍发送礼物。这种表面上的古老送礼习俗，被普遍叫做“印第安馈赠”（Indian giving）。[注13]

6. 在西南非洲的纳马夸兰，牛和珠子是最初的货币。债务以牛的形式发生

(没有利率的记载),偿还有困难时经常导致到毗邻城邦抢牛。[注14]在比属刚果,铜条被广泛用做延期支付标准。信贷额度由当地交易商给予,而部族法律赋予债主大量的权力来索债。在法属苏丹,直至最近牛仍然被用做大型交易的货币。牛的借贷是无息的,但是如果一头母牛借出时怀了小牛,那么债权人可以连母牛带牛犊一起索回。[注15]同样,在乌干达和法属赤道非洲,牛和羊都是信贷基础。在乌干达,债权人要求每3头幼崽中有1头作为利息偿还。

7. 在西伯利亚北部,至少到最近以前,家养驯鹿一直起着金钱的作用。贷款是以驯鹿的形式发放的。在西伯利亚的吉尔吉斯,马和羊被当做金钱来使用、借贷。这种贷款的利率通常是100%。[注16]

以上所有利率实际上都是现代信贷历史的一部分,而不属于古代或者史前信贷历史。从中进行任何推测,都必须谨慎小心。但是,这些例子的确能够勾画出原始实物信贷的实际运作模式,并且非常宽泛地表现出了债权人常常期望获得回报的类型和数额。在大部分情况下,年利率并非典型的传统,而我们将其转化为现代信贷术语,也是不得已而为之。贷款期限是交易的自然期限,比如从播种到收割。但是,由于种子的借贷常常只能每年进行一次,因而也许对于借方或者贷方来说,贷款期限是6个月还是12个月恐怕并没有什么区别。

我们现在要讨论的有史以来最早的信贷和利息方面的习惯做法,不应当看成是刚才列举的原始习惯和利率的延续。大多数甚至也许是所有有能力记录本国历史的文明社会,在他们有记载的历史时期开始的时候,就已经非常先进,非常复杂,非常成熟。从原始的第一批以牛来计量的经济开始,到第一批有历史记载的社会出现——比如美索不达米亚、古埃及、古希腊和古罗马——期间一定已经经过了多个世纪的发展过程。实际上,现代以牛来计量的经济体的一些特征和习俗,对于他们的史前祖先来说从来都不曾知晓。然而,实物性质的生产型贷款当然是从古到今延续下来的。我们现在会发现,人类从一开始就煞费苦心地努力规范债权人和债务人之间的复杂关系。

第二章

美索不达米亚：苏美尔、巴比伦王国和亚述

A History of Interest Tates

背景介绍

这个历史时期可以分为4个阶段：（a）最早有记载的苏美尔历史时期，大约在公元前3000年，直至大约公元前1900年的第一个巴比伦王朝①；（b）公元前1900年巴比伦王国，直至公元前732年亚述统治时期；（c）公元前732～前625年亚述统治巴比伦时期；（d）公元前625～前539年新巴比伦王国。在那之后是公元前539～前333年的波斯统治时期，以及后来的古希腊历史时期。

在历史最早时期的古代苏美尔，大麦是大部分交易的交换媒介。在这个富饶的农业地区，几百年来谷物一直是付款和还款的标准。[注17]然而，即便在公元前3000年以前，铜锭和银锭也在交易。当时有两个价值标准：谷物和银子。银子主要用于在美索不达米亚发展起来的城镇经济中，而谷物则用于农村。由于它们的相对价值波动很大，因而国家不得不频繁干预，制定交易和还款方面的规则。铸币是在公元前第一个千年才出现的，金属形式的付款是以其重量为标准的。

我们获得的许多有关财产和信贷的文献资料都来自苏美尔时期。巴比伦王国建立之初，并没有跟过去一刀两断。早期苏美尔人的许多金融习俗都经过整编后固定写进了《汉谟拉比法典》中（大约在公元前1800年）。

在苏美尔，土地财产都赋予了个人和社会团体，比如神庙。[注18]转移和借贷行

① 这一时期的年代存在着很大的争议。

为都在法律文件中细致记载，并经过官员作证，然后存放在神庙里。这种做法已经远远超过了现代部族的原始习俗。人们发现的最早的土地交易契约，可以追溯到公元前2800年。当时的法律严格限制对家族有利的私人财产交易；原则上，不动产只能通过债务形式脱离家族。未经开垦的土地为第一个占有人拥有；但是，这个人必须对土地进行清理、灌溉、耕作。

《汉谟拉比法典》规定了土地拥有的期限、农工的雇用、民事责任、土地租赁、信贷，以及大量其他事宜。债权人必须等到收割季节，才可以催促农民还款。如果由于风暴或干旱而造成庄稼减产，当年的土地贷款应付利息将予以免除。土地不仅可以作为抵押物来获得含息贷款，也可以用于租赁，一般为期3年。租金有时以农作物支付，有时以金属货币支付。

城镇房屋和农场可以用于抵押贷款。由于木料短缺，门非常少见，并不被当做房屋的一部分，而是作为单独销售的独立商品，有时可以单独出售，有时可以按比例计算抵押贷款。法典甚至还固定了建筑师的费用，要求建筑师负责修缮毁损的建筑物，而如果房主被砸在垮塌的房屋里，他还可能要赔上性命。有时，给房屋提供贷款的债权人会根据利息多少而到该房屋里居住。

从很早的时候开始，贸易就在美索不达米亚人的生活中发挥着重要作用。其中部分原因是这个国家所在的战略位置：位于东西方可通航河道的中段；另一部分原因是必须进口一大批原始材料，比如木料。[注19]当一个商人与远方国家进行交易时，他便与某个商业旅行者形成了一种股份合伙制。

商业交易在法典中有细致的规定。账务必须准确记录，玩忽职守行为要受到惩处，利润的分配和资本的供应必须提前以书面形式细致描述。合伙人不一定要提供资金；他们可以只提供信贷，联合借贷所需的资本总额。在法典颁布前很久，合伙制在古代苏美尔就家喻户晓了。

从很早的时候开始，一直到波斯王国时期，前后数千年，这一信贷立法惊人地保持着稳定。[注20]消费品无息贷款得到承认，如果不还款，可以——但并非必须——支付罚款。这种法则在整个历史时期都非常普遍，必须与合约性质的利率严格区分开来。法典还承认含息贷款，无论是以银子的形式还是以谷物的形式的贷款，也不论是否有抵押。所有贷款都有固定的最高利率。这些最高上限每2 000年才变化一次。

跟早期苏美尔习俗一样，法典制定的谷物贷款利率上限高于银子贷款。到了1 200年后的大约公元前600年，谷物贷款的利率上限才降低到与银子贷款相同的水平。高于上限的利率有时也允许出现，但是贷款的谈判结果经常低于最高利率。

为了防止违约情况，法典要求所有贷款合约必须当着一个官员的面制定，并且要有证人。否则，贷款人将丧失要求偿还的所有权利。如果贷款人通过要诡计而收取高于法定利率的利息，也将导致债务免除。当借款人无法全额还款时，法典还有互让调解方面的规定。

为了保护债权人，法典允许抵押和担保物。农田的抵押有着详细的规定：债权人在收割季节不得收取高于到期本金的数额，如果是应得的，外加法定利息。任何财产都可以进行抵押，无论是不动产还是个人财产，包括妻、妾、子女、奴隶、土地、房屋、器具、信贷、房门。但是，债务劳役不得超过 3 年。后来，该时间期限得到了延长。许多合约显示，债务的利息（有时还有本金）通过使用抵押奴隶和子女的劳役而获得。无力还债的借款人也许会自贬为奴隶，为债主劳动 3 年。更常见的情况是提供赔偿物。如果出现多个不满的债权人，法典还有法庭调解方面的规定。贷款合约常常要求要有妻子的签字。妇女的物权受到法典的保护，丈夫不得单方面抵押或者处置共同财产。

神庙不仅拥有大量财富，而且还积极参与金融活动。他们提供银子形式和谷物形式的贷款。有时，他们为穷人提供无息贷款，[注21]有时提供含息贷款。他们收取的利息常常低于法定上限，有时是该上限的一半，有时是上限的 1/3。巴比伦的马杜克神庙（Temple of Marduk）常常借钱给奴隶，以便他们有能力赎回自由身。在斯彭（Sippon），太阳神（Sun God）通过男女祭司们的行为，成了“首席银行家”。各个神庙还是司法场所，以及文献资料和贵重物品的存储地。

这种银行运作，包括存款、转账和贷款，可以追溯到公元前3000 年，但并没有导致专业性金融公司的成立，直到亚述和新巴比伦时期。[注22]早期的王室家族和神庙以及一些个人所经营的金融业务是他们其他经济活动的一部分，一般规模都比较小。

从汉谟拉比时代起，也许更早，以交易票据形式出现的贷款就已经为人们所熟知，且可以流通。有些票据需支付给原始债权人，有些则可以支付给任何一个持有人；有些是见票即付，有些则有固定日期。债务人需跟单汇兑。存款非常普遍：贵重物品存于他处管理，可以在指定日期提取，也可以见票支付。通过汇兑而获利的交易，涉及将款项从一个账户转移到另一个账户而无须动用现金。另外，还有代收代付款项而无须事先存款。钱款的借贷基础可以是典当物、信贷工具、不动产或没有担保的一般信贷。

这些金融交易有些是跨国交易，有些是地方交易。以楔形文字记载的文献资料清晰地描述了巴比伦人与亚述人、叙利亚人、赫梯人和埃兰人之间进行的这种交易，但没有与埃及人进行这种交易的记录。古埃及高度专制，在国内基本上废除了金钱的使用，没有留下什么有关信贷和利息的记录。

前文已经提到，美索不达米亚的信贷做法稳定了数千年，期间一定发生过演变、发展和重大变化，尤其是那里经历了战争、破坏、侵略与征服不断的漫长历史。然而，从总体上说，公元前1800年以及更早时期的金融惯例，似乎到了公元前6世纪还在沿用。

公元前600年后，一种比较先进的银行操作形式在民间发展了起来。比如，巴比伦的银行商号埃吉比兄弟（Egibi Sons）和穆拉苏（Murassu）开展着大型而复杂的业务：将巨额款项贷给政府和个人；按汇票要求将存款从一个商号划拨到另一个商号；支付存款利息；购买有土地抵押的贷款；以合伙人身份进入风险企业。但是，这里使用的现代术语并非旨在描绘巴比伦王国的现代金融状况。当年统治着这个王国的是如同上帝一般的东方君主专制。我们可以发现，到了公元前600年，新巴比伦金融体系相对于原始时期的先进程度，至少不亚于20世纪的金融体系与新巴比伦王国时期之间的差距。

亚述的历史在其统治巴比伦王国之前就源远流长。亚述王朝早在公元前2000年就已闻名，但是这个国家发展成为帝国，却是很久以后的事情。亚述的金融做法与巴比伦王国并没有多少区别。但是，信贷交易却不那么常见，而且更加原始些。在没有大量典当物形式的实际担保前，亚述人几乎不会放贷。与巴比伦王国一样，在亚述，抵押物在放贷初期就已经易手，而不是在出现违约之后。在亚述，短期贷款经常是没有利息的，但违约法则却非常严厉。亚述的利率可能高于巴比伦王国。

我们不清楚亚述对利息的正式法定上限如何，但是惯例性利率是得到承认的。在那里，神庙也在放贷。与巴比伦王国一样，妻子、奴隶和子女是可以当做贷款抵押物的。法律保护被抵押的人不受虐待，而且不允许买卖人口。至少到了公元前1000年的时候，与巴比伦王国相似的金融活动在亚述已经非常普及。我们开始听说有专业银行商号存在。根据法律规定，任何人想提起因商务合约而引起的法律诉讼，必须在法律诉讼期间缴存一大笔钱款。

以下是巴比伦王国和亚述的一些商务档案翻译（有些地方做了省略），也许能显示具体的交易类型：

1. 大约公元前2040年："该房产毗邻X房产……其一端临街，……已经从S的儿子I、K的儿子X手中买下。全价2/3迈纳9谢克尔银子已经支付。交易已经完成，他已经得到满足。彼此之间永远不得再次提出异议。他们已经以（上帝）和萨姆苏·伊鲁纳（Samsu – Iluna）国王的名义起誓……（12个证人的姓名和日期）。"【注23】

2. 大约公元前2000年："A的儿子马斯·沙马赫（Mas-Schamach）向W的女儿、太阳神女祭司阿马特·沙马赫（Amat-Schamach）借了2谢克尔银子。他将支付太阳神利息。到收割季节时，他将偿还这笔借款及其利息。"

3. 大约公元前1800年："N的儿子卡·安利拉（Ka – enlilla）以沙玛什神庙的利息向布尔·辛（Bur – Sin）借1迈纳银子。他将于纳普里（Napri）（那个月）偿还本金和利息。(5名证人姓名)"

4. 亚述，大约公元前1000～前700年："塔昆尼二世（Taquni II）手中属于当然继承人的5伊美尔（imer）大麦，交由……的哈玛图萨（Hamathutha）处置。大麦增加50伊美尔。"【注24】

5. 巴比伦，公元前595年："N的儿子的儿子纳布·乌萨布斯（Nabu – Usabsi）拥有的半迈纳银子为……的儿子纳布·萨尔·阿赫苏（Nabu – sar – ahesu）所借。每年将累计1迈纳10谢克尔银子（16.667%）。他的所有财产……一切存在的财产，都用做抵押……其他债权人无权处置这些财产，直至纳布·乌萨布斯全额收回他的钱。为此他的证人为（4名证人、祭司），乌鲁克市，乌鲁鲁（Ululu）月，巴比伦国王尼布甲尼撒（Nebuchadnessar）九年第11天。"【注25】

美索不达米亚利率，公元前3000～前400年

公元前3000～前1900年，在苏美尔时期，大麦贷款的常用利率为每年33.333%，银子贷款的利率为每年20%。【注26】但是，也有一些例子表明银子贷款的利率为25%，以及低于这些惯例性利率的可能性，包括无息贷款。（在公元前24世纪，印度的《摩奴法典》(Laws of Manu）将利率定为24%。)【注27】

公元前1900～前732年，在巴比伦时期，《汉谟拉比法典》承认旧的惯例性利率，并将其设定为后来沿用了1 200年的法定利率上限：谷物贷款年利率为33.333%，银子贷款年利率为20%。【注26】同样道理，有例子表明银子贷款利率高达25%，但是资本家们接受较少回报的例子却多得多。国家有时提供利率为12%的

银子贷款，神庙管理方有时要求的利率更低。在锡帕的沙玛什神经常以20%的利率提供谷物贷款，以6.25%的利率提供银子贷款。在巴比伦王国，银子贷款的正常利率似乎在10%～25%之间，谷物贷款利率在20%～33.333%之间。[注22]邻国的利率往往更高。

在亚述统治时期，即公元前732～前625年，巴比伦王国的法定利率上限仍然是谷物33.333%、银子20%；没有正常利率范围发生变化的记录。然而，在亚述，更为常见的是带罚则的无息贷款；罚款赔率常常很高：40%、100%、141%。银子贷款利率在这个时期的亚述为：

埃比拉神庙 ………… 25%
未知放贷人 ………… 30%
公元前667年，尼尔盖尔·沙尔·尤僧（Nergal－shar－utsin）
借出5谢克尔银子时 ………… 20%
公元前608年，苏卡（Suka）借入3迈纳银子时 ………… 40%[注28]

亚述一定存在惯例性利率，但是因为文件中很少提及利率，因而无法确定。借贷谷物的利息常常是50%；在有份文件中却只有30%。证据表明，亚述的利率比巴比伦王国高。

公元前625～前539年，在新巴比伦帝国，银子贷款的法定利率上限还是20%，但是谷物贷款的利率上限下降到了20%。[注29]实际贷款交易的具体案例如下：

公元前618～前581年：	专业放贷人贷款利率为11.667%。[注27]
公元前595年：	N－U从N－S借款半迈纳银子，以全部财产作抵押，每年产生利息16.667%。[注25]
公元前555年：	N用自己的房屋作抵押向G借款0.5迈纳银子，利率20%。[注30]
公元前544年：	通过掮客贷款利率为20%。[注30]
公元前542年：	埃吉比银行商号放贷0.5迈纳银子，如一个月内未还，则年利率20%。[注31]
公元前540年：	贷款利率20%。[注31]
公元前539年：	贷款利率20%。[注27]
公元前536年：	贷款利率16.667%。[注27]
公元前518年：	抄写员纳布·穆金·泽尔（Nabu-mukin-zer）放贷，利率20%。[注27]

表1　美索不达米亚利率汇总：公元前2000～前400年

年代（公元前）	正常利率（%）		法定利率上限（%）	
	谷物贷款	银子贷款	谷物贷款	银子贷款
苏美尔				
3000～1900	33.333	20～25		
巴比伦王国				
1900～732	20～33.333	10～25	33.333	20
732～625	20～33.333	10～20	33.333	30
625～539	？～20	10～20	20	20
5世纪～4世纪		40（？）		
亚述				
9世纪～7世纪	30～50	20～40		
波斯				
6世纪	40	40		

公元前539年，波斯人征服了巴比伦后，有证据表明，巴比伦王国的常见利率变成了40%。那是在美索不达米亚丧失了独立地位之后。巴比伦王国已经不再是一座伟大的都市，她那古老文明已经全部被摧毁殆尽。经济进步和经济活动的中心已经转移到地中海，尤其是希腊。这些我们将在下一章进行论述。

有关美索不达米亚利率的这些概述，并不能区分不同信贷类型之间的不同典型利率，除了谷物贷款和银子贷款以外。长期信贷和短期信贷之间的差异也不是由不同的利率或法定限制来界定的；同样无法区分的是生产型贷款和消费型贷款、不动产信贷和贸易信贷。所有这些贷款类型都存在，彼此利率的差异毫无疑问也存在，而主流利率低于法定利率上限。原始数据虽然很丰富，但还有待整理出来，以体现这些差异。这些数据也没有体现随着时间推移而产生的利率波动情况，只有不同时代的变化。通过已知商业活动、民间资本的重要性和法律限制范围内借贷的常规来判断，这种利率波动一定存在过。我们从原始数据中只能概括了解这个漫长的历史时期中“标准信贷”之普遍为社会接受的利率范围。

第三章
希　腊
A History of Interest Tates

背景介绍

公元前2400年～前1200年期间，青铜器文明时期的爱琴海从兴旺走向衰败，这期间文化和经济活动达到了一个很高的水平，但却没有留下有关信贷形式和利率的任何具体信息。价值的第一个标准是牛，后来金属成了交换媒介。[注33]金属锭块稍有积累，就代表着巨大的财富。金属锭往往是有固定重量的扁平形紫铜片，形状如牛皮，上面有重量印记：迈纳、谢克尔等。金子和银子也是按重量进行交换的。由于这基本上就是一个岛国文明，起初的中心在克里特，因而海上贸易非常活跃。商标和商业票据的应用很广泛，估计信贷也是如此。

随着克里特在公元前1400年的衰败，尤其是公元前1200年多里安入侵以后，这个弥诺斯－迈锡尼文明被摧毁了。铁器时代来临时，它堕落到了原始落后状态。荷马的诗句描述了迈锡尼时代希腊的早期史诗般黄金时代的事件，但是荷马描写的许多经济习俗，更多的具有原始落后时期后期的特征，也就是公元前800年（?）之前。那些史诗应该就是在那个时期创作出来的。史诗所描写的政府管理和经济形式为封建性质，在某种程度上与欧洲的中世纪早期相似。[注34]“礼物”常常取代王室收入、赋税和付款。国王们用“礼物”馈赠贵族，举办豪华宴会招待贵族，而贵族们有权不请自来。国王们还定期并在特定情形下收取“礼物”。外国商人到港时给国王带来“礼物”，并收取回赠的“礼物”。甚至工匠们也常常收到“礼物”作为对他们的酬劳。王室收入的其他来源包括国王的个人土地、个人服务税收、贡品、战利品、海上劫掠和抢夺来的牛群。军队靠打家劫舍为生；征服者无须缴纳赋税。

《伊里亚特》和《奥德赛》里多次提到，人们把牛当做一种记账单位。[注35]《荷马史诗》中的希腊人是来自茂盛大草原的游牧民族。青铜三脚祭坛“价值12头牛”，有技术手艺的妇人“价值4头牛”。帕拉斯盾牌上的金穗每条都是“100头牛的价格”。

这些谈到的都是价值标准，未必就是交换媒介。付款有可能更多地是用金属：“我们将用紫铜和金子支付20头牛的价值。”《荷马史诗》中的贸易通常是易货贸易。罚金有时是用大锅和祭坛来计算容量，而不是重量，因为没有可以用来称贱金属重量的东西。与弥诺斯文明时期的克里特相比，这是一大倒退，因为金属货币当时已经达到了官方压铸的阶段，而且金子也非常丰富。公元前594年，索伦后来的一项改革就是用铸币代替牛来重新计算罚金和赏金。

在多里安入侵之后的原始落后时期，铁作为一种货币材料也具有重要的地位。碎铁块，也就是奥波勒斯（obols），大量用于交易。斯巴达早期把铁条当做货币使用，并在其大部分历史时期都保留着这种货币。

在这个古希腊时期，没有有关用于生产型目的的含息贷款记录，但是赫西奥德（Hesiod）说到过用实物偿还的无息种子贷款。[注36]《伊里亚特》中讲述过向陌生人放贷的故事，可能是出借牛，如果不偿还的话可以按法定抢劫索要。陆地上的抢牛和海上的海盗劫掠是正常的经济活动形式，如果成功的话就能成为皇室自鸣得意的话题。

官方铸币应当是传自公元前7世纪的吕底亚，虽然也有人将其归功于爱奥尼亚人或更早的民族。这种铸币由压铸的金属块组成，有可能最初是作为宗教信物，后来由城邦正式压铸。铸币提供了一种用于支付债务和税款的法定货币。第一枚吕底亚铸币要归功于叫人捉摸不定的古阿斯（Gyges）国王（公元前686？～前656年），是天然金银合金。吕底亚的克罗伊斯（Croesus）国王（公元前560～前546年）第一个提供了纯金锭；吕底亚当时是处于领先地位的黄金生产国。[注37]公元前7世纪，吕底亚发明的铸币方法，在希腊世界的大部分地区得到了应用。[注38]由于希腊没有什么黄金，因此他们压铸银子。在古典时期的阿提卡，1塔兰特（talent）银子等于60迈纳；1迈纳等于100德拉克马（drachma）；1德拉克马等于6奥波勒斯。

在中世纪早期过程中，入侵希腊的多利亚人被旧文化同化并进入文明。个人所有制取代了部族集体所有制。[注39]希腊土地产量不足，导致了活跃的海上贸易。在荷马时代非常丰富的肉类变得十分稀缺，就连谷物也不充裕。但是，希腊却有可供出口的富余红酒和橄榄油，以及像陶瓷器皿和金属工具这样的生产产品。贸易的需求导致了重量和计量的标准化。

公元前7世纪，希腊人发展了商业化、城市化和货币化的经济体系。信贷为贸易提供了保障，含息借贷行为大量滋生，特别是船舶贷款。“几乎在转眼之间，希腊人的商业天才就上升到了投机的理念……积累的资本只是一种投资，目的是积累更多的资本。”[注40]当时的诗人们用尖酸苦涩的口吻拿新的价值观念与旧的理想做对比。过去的国王曾经在土地、牛和上帝的恩赐基础上建立起来的权势已经消亡。寡头统治取代了世袭君主制。就连拥有土地的贵族们，除了斯巴达以外，也纷纷追求动产；有些人用自己的多余财富当上了商人、船主，与社会阶层比他们低的贸易商们同场竞技。“美德和荣耀与财富形影相随”，“金钱铸就人的地位”。不同经济阶层之间的社会斗争，已是一触即发。

在公元前6世纪初期的阿提卡，佃农们面临巨大的经济压力，威胁要造反。他们有时只能留下收成的1/6。举家服劳役抵债的行为得到允许且十分普遍。自由民不得不跟奴隶竞争。尽管大量的移居使问题得以缓解，不满情绪还在上升。典当信贷到处繁衍，债务已经成为不堪负荷的包袱。在这个关键时刻（公元前594年），诗人、哲人索伦被雅典召唤，短期赋予最高立法职责，以修订城邦的法律。[注32]

索伦的改革措施大刀阔斧，而且大部分都坚持了下来。他可能豁免了许多以土地作抵押的债务，也削减了许多债务。所有因负债而沦为奴隶的人都获得了自由；那些因债务而被卖到国外的人，也由城邦付钱赎回。所有有关利率和贷款交易的限制均被取消，但禁止个人从奴还债。政治权力按照拥有财产比例重新分配。德拉克马贬值约1/4，重量和计量规模上升。移民若是技术娴熟的工匠则被赋予市民身份。从这些改革措施及其得到采纳的情况看，公元前594年的经济危机一定非常严重。

公元前508年，雅典建立了民主制。从这个时候开始，雅典在贸易和金融方面迅速地将希腊的其他城市抛在了后面，结果希腊的信贷和利率史基本上——但不能彻底地——可以叫做雅典信贷史、雅典利率史。

在公元前5世纪初期之前，希腊的钱币压铸遭遇了金属稀缺的困境。[注41]公元前483年以后，一系列重大矿藏被发现，贵重金属遍及希腊各地。每个城邦都在压铸自己的钱币，每笔外贸交易因而都需要进行货币兑换。许多城邦从事着肆无忌惮的合金铸币活动，但这种欺诈活动只在城邦内行得通。少部分城邦以其正直诚信为自己的铸币赢得了普遍的认可。雅典拥有劳雷恩（Laureion）银矿的优势。雅典人采取了各种防范措施，来维护其著名的“猫头鹰”① 的信誉。即便在城邦危难时刻，在国库已空、阿提卡被敌国侵占的形势下，雅典仍然拒绝降低这种银币的成色。结果，雅典的“猫头鹰”流通于各个市场，并成了出口商品。600 年来，它一直是整个地中海最为市场认可的货币，一直到伯罗奔尼撒战争（Peloponnesian War）（公元前 431 ~ 前 404 年）中雅典战败之后很久。[注42]这一灾难，尽管因为修昔底德（Thucydides）而传世，且崇尚人性的人们至今依然为此哀痛，却不是希腊金融历史的一个转折点。

在公元前 499 ~ 前 479 年波斯战争前，囤积铸币在希腊非常普遍。各个城邦和神庙，特别是德尔斐的神庙，都在积累财富。神庙给城邦和个人提供贷款。但是，公元前 450 年之后，特别是公元前 400 年以后，对生产型资本的投资变得普及起来。[注43]当时富裕雅典人的房产记录表明，他们手头几乎不留现金，不仅大量持有土地，还持有出租房屋、供租用奴隶、商业投资和含息贷款。就连哲学家苏格拉底也曾经跟一个朋友商议自己的投资问题。随着利润和利率的攀升，小商号的财富常常能在几年之内增长 2 倍、3 倍。商人和制造商们纷纷借钱持有股份，农民则拿土地抵押借款。利息的通常考虑是每月每个迈纳为多少。高利贷者盛行于世，遭遇困境的小规模债务人害怕“月末时分”的到来。

海运贷款，有时也叫做“船舶贷款”，这时非常盛行。在这种契约中，贷方提供资金，抵押物为船舶或货物。在遇到海难的情况下，借方的债务往往一笔勾销；如果航行得以完成，则在偿付本金外还要支付具体的“利息”。由于这种回报属于保险金的形式，或者是承担全部风险情况下的合伙分利，因此这些回报不应当算做利率。回报率非常高。从雅典到博斯普鲁斯（Bosphorus）一个往返的回报记录是：战争时期 30%，和平时期 22.5%。这种回报每年可以赚取两次，因此每个季节的利润通常可以达到 40% ~60%。如果航程比较远、危险程度比较高，有时会索要 100% 的回报。[注44]债主常常随船同行，以照看自己的投资。

用房地产作抵押获取个人贷款的做法在希腊非常普遍，跟大部分历史阶段中的其他地方一样。中世纪的“抵押贷款”一词常常被经济历史学家们用来描述这

---

① 猫头鹰是雅典钱币上的印记。——译者注

种贷款，但是这个词混淆了当时与当今在法律考虑和经济条件方面的某些差异性。[注45]雅典人用了三个术语："不转移占有地抵押"（hypotheke），表明债务人在违约前继续占有抵押地产，与之相对的是典当物；"赎回抵押"（prasis epi lysei），意思是有条件出售抵押物，但可从买方那里赎回；"担保评估型抵押"（apotimena），意思是要评估担保物，以确保合约的履行。

在公元前 500 ~ 前 200 年期间，阿提卡有个惯例，即使用带标记的石头——叫做"界碑"（horoi），意思是界线或界限——来标明房地产的所有权。这些界碑露在外面的部分有时是空白的，有时刻上了字。破坏界碑的惩处非常严厉。我们发现了数百个例子，其中有些注明该地产已经被抵押，有一小部分说明了抵押的方法、贷款的贷方和金额，以及贷款期限。债务人仍然拥有该实物地产，因此他的名字并不出现。在大约公元前 450 年，米尔西奴（Myrrhinus）镇要求其神庙的神职人员为其所有贷款获取房地产抵押担保，并在抵押房地产处设置界碑。大约公元前 300 年，阿提卡有块界碑不同寻常地刻下了详细内容："N 和 H 于（日期）……作为给 K 的担保，抵押了……他们的土地、房屋和屋顶……全部抵押——为 5 000 德拉克马银子贷款。N 每年将用银子向 K 支付 500 德拉克马。"[注46]

这种贷款通常并非为了生产型用途，比如房产的修缮、企业的投资，但却常常提供给富人或普通农民救急。[注47]有些证据表明，这种房地产贷款通常是中等期限，也许是一年。然而，就像前面的例子所显示的那样，有些交易似乎是没有期限的。城邦本身在界碑上从来没有被提及，政府借贷行为是非常罕见的。由个人组成的团体设立了放款机构，常常为朋友们提供这种抵押贷款，有时是没有利息的。以上的界碑常常是指存放在商号或者神庙里的贷款合约。我们在后面的"房地产贷款利率"中列举了一些具体的界碑交易。

希腊的财政倾向于保守、传统。与现代世界形成鲜明对比的是，当时的城邦很少借款。[注48]相反，他们将财富积累在自己的国库里。其中最著名的就是伯里克利（Pericles）巨大的雅典财宝库——那些财宝是公元前 454 年从得洛斯运到雅典的，曾经是得洛斯联邦（Delian League）的战争基金。直接赋税被认为是十分卑鄙的，因而在公元前 5 世纪、4 世纪还不为人知。[注49]但是，自愿性质的直接赋税，也就是"感恩礼拜仪式"（liturgy），或者说是给城邦的献礼，确实非常普遍。过了很久以后，这种献礼被纳入了富人阶层的资本课税。雅典日常财政收入的大部分来自矿产。它的军队据说可以自给自足，一个好的将军能够自己找到财路。

因此，在公元前二三世纪之前，给城邦提供贷款是非常罕见的。偶尔有为城邦提供的早期贷款，但都是强制性质的，或者具有政治特征。公元前5世纪期间雅典娜神庙（Temple of Athena）为雅典市提供的著名贷款是一个宗教故事：这笔钱是雅典人民的战争储备金。这些贷款的利息是名义性质的，而且很少会支付，但是曾经有过向神庙偿还本金的努力，也就是说要填补战争储备金。[注50]

希腊大部分城邦的信用实际上非常差，总体排名远远不如富裕的市民。这种局面同样存在于中世纪的西欧。希腊各城邦经常与债主产生纷争；资金通常都很短缺，而良好的财政原则也没有确立。公债通常在5年内就到期，因此本金偿还是个负担。债务也没有分摊，抵押的一般都是贵重担保物，有时五花八门。比如，城邦的碉堡有时就被抵押了出去。塞姆（Cyme）抵押了自己的公共柱廊，结果在城市违约后，市民们便无法利用柱廊来遮阳避雨。债主有时会得到免税回报。财政收入有时也会被抵押出去。比如，狄摩西尼（公元前385？～前322年）曾经借给奥利欧（Oreos）市1塔兰特（很大一笔钱），利息12%，抵押担保是该市的全部财政收入。

希腊各城邦在希望借款的时候，常常不得不提供名声良好的个人市民的担保，这些人叫做“优先债权人”（foreloaner），或“保证人”（underwriter）。公元前377～前373年期间，有13个城邦从得洛斯的神庙借款，结果只有两个城邦证明是守信的；总共有4/5的钱一直没有偿还。从那以后，该神庙倾向于借钱给个人，用土地抵押作保。

希腊各城邦面临的财政困难在马其顿征服希腊后达到了顶点。这时，雅典采取了“贡赋”（eisphora）措施，也叫资本税，而不是寻求贷款。雅典从来都不欠债。公元前205年，米利都市（Miletus）尝试了一种新型信贷：城市以终身年金作保向市民借款。它为筹借到的每3 600德拉克马，每年支付360德拉克马，直至终身。这一发明后来证明大受欢迎。

虽然人们总体都认为，在希腊，存款、贷款这样的银行职能最早来自神庙，跟巴比伦王国一样，但是对于古典时期神庙的贷款规模有多大，却有着不同的观点。在德尔斐的神庙，也是神庙中最大的一个，有时被描写成为希腊世界中最大的银行家。得洛斯的神庙当然有着悠久的贷款历史，主要是借给个人，但有时也借给城邦和货币兑换商。

在古希腊，工业的规模总体很小，只有一些车间，雇用了少量的奴隶，拥有有限的资本。从事当地贸易的是商店的店主和小商贩，备受歧视，[注51]但是，对外贸易却在雅典备受推崇。由于这个城邦不能自产自足，商业活动受到鼓励，总体上没有关税，也没有限制。雅典成了地中海世界的贸易大都市。到了公元前450年，它已经垄断了黑海和地中海的贸易，与埃及、塞浦路斯和意大利都有贸易往来。

公元前4世纪，私人银行业开始发挥重要作用。银行家们（也即“trapezitai”）从事着货币兑换、收取存款、给个人和城邦放贷、对外汇款、收款、颁发信用证和票据、兑换支票、保存完整账目等活动。[注52]他们发放的贷款有些以货物作抵押，有些以典当物作抵押，还有些以房地产作抵押。无担保贷款也变得普遍起来。“在所有资本类型中，”狄摩西尼说，“商务界最具生产力的是信心，而如果你不知道这一点，那么你就什么都不知道。”从奴隶身份发展成为银行家的波尔米欧（Phormio）成了雅典最富有的人。[注53]到了公元前3世纪，希腊金融已经高度发达，信贷的使用十分普及。到了公元前200年，一度让人避之不及的房地产贷款，如今也被看做是利率适度的获取资金的便利途径，尤其对于小规模的农民来说。[注54]

在希腊化时期和罗马时期，许多记录表明，富人们在希腊各城邦设立了捐赠基金。这些基金通常是为了永久保留一些节日或宗教仪式，常常规定本金的回报率，有时也用做土地抵押贷款。

最后还有高利贷者，那些向落难穷人提供无担保贷款的小规模资金供应人。他们在希腊文学中经常被提及。我们会发现，他们实行的一些最高利率几乎创下了这个历史时期的最高记录。

希腊历史中古时期的结束和希腊化时期的开始，通常都追溯到亚历山大征服希腊时期，也就是公元前325年前后。这些战争产生了革命性的经济影响，其中的两次战争在这里必须提及。亚历山大夺取并分配了一个巨大的波斯金银库。其中有很多后来被压铸成了钱币。据说地中海世界的金钱储量在几年时间里翻了好几番。价格飙升，利率下降。另外，由于东方和非洲的开放、人类已知世界的统一，一个宽广得多的贸易地区诞生了。由此，对商品和更大规模贸易的需求和供应得到了大幅度提高。[注56]

在亚历山大取得战争胜利之后，雅典不再处于主宰地中海商业的地位，它已经失去了自己的帝国。雅典在公元前300年之后衰败了。[注55]公元前229年，雅典脱离了马其顿统治，人们把资金从藏匿处拿了出来。雅典港口比雷埃夫斯的贸易振兴起来，采矿业也恢复了。公元前197年，罗马统治时期开始，随之而来的是和平和再一次的贸易振兴。[注57]然而，在接下来的几个世纪里，罗马，而不是希腊，主宰着地中海世界的历史。罗马曾一度致力于帮助雅典振兴，而雅典贸易在公元前1世纪的初期也繁荣了起来。许多意大利的“谈判家”们在雅典忙得不亦乐乎。但是，雅典从此再也没有取得商业和金融大中心的地位。由于罗马政策的缘故，贸易活动转向了罗得斯、安条克、塞琉西亚，特别是亚历山德拉。

希腊利率

虽然古希腊的信贷形式有很多，但按照贷款期限或者贷款形式，或者按照借款人或贷款人的类型来对各种利率分门别类，常常是不可能做到的。历史学家们经常把雅典利率说成是“正常安全贷款的流行利率”或者“常规利率”。利率的范围常常是引用数个世纪的数据。这种变幻莫测的情形也许并非由于遗漏错误，而是当时的金融惯例所致。

有关希腊利率的信息比在此之前的历史时期或罗马时期的信息更加丰富。大量的数据足以显示出在某个时间段被认为属于正常的大致的利率范围。由此也许能够看出一种长期的利率趋势，以及不同类型贷款的不同利率之间的某些关系。

这里引用的希腊利率都属于银子贷款。虽然利率常常用每个月多少来表示，这里的表述却是每年12个月的年利率。我们归纳出了6种希腊贷款类型：

1. **正常贷款**。这个不得不表述得很笼统的小标题是历史学家们使用最频繁的。它一定也包含了下面所列其他类型的一些贷款。在大部分情况下，这个词代表着借给有钱人的贷款，一般用于个人目的，有时也用于生产型目的，常常没有抵押担保。许多此类贷款跟现代个人银行发放给一般小企业的贷款，可能没有太大的区别。大部分此类贷款可能都是短期贷款。

2. **以房地产作抵押的贷款**。这种贷款有时又可分为城市房地产和乡村房地产抵押贷款；大部分是1年的期限，有些可能是5年或者更长期限。

3. **为城市提供的贷款**。

4. **以具体回报率为投资目的或按照具体回报率支付的捐赠基金**。这种捐赠基金有可能基于房地产贷款和其他投资类型。

5. **为工商界提供的贷款**。由于没有什么大型工业，也没有什么安全贸易活动，这些可能是投机性短期贷款。海运贷款利率未包含进来。

6. **个人贷款、高利贷和其他贷款**。这些贷款类型包括“残酷砍价”后的利率、典当铺利率，一直到极端得多的高利贷，当然往往是合约形式的短期贷款利率，不过可能也经常有长期复利型贷款。

以上所有利率都限定在雅典，除非另有具体说明。

正常贷款

公元前 6 世纪	“索伦时期的常规利率可能”	18%	【注58～59】
	“索伦时期的常规利率可能”	16%	【注60】
公元前 5 世纪	“绝对安全贷款”	10% ～12%	【注59】
公元前 4 世纪	“绝对安全贷款”	10% ～12%	【注59】
	“常见利率”	12%	【注61】
	“正常利率”	12%	【注62】
	“优惠利率”	10%	【注62】
公元前 350 年	“常见利率”	12%	【注63】
	“平均利率”	12%	【注64】
公元前 3 世纪	“正常利率下降”	12% ～10%	【注65】
	“正常利率已降至”	10%	【注61】
	“利率降至（或低于）”	10%	【注66】
大约公元前 297 年	“以弗所最高和中间利率”	7. 143% ～8. 333%	【注67】
	“绝对安全贷款”	10%	【注59】
之后	“安全投资”	6% ～10%	【注64】
公元前 2 世纪	“雅典以外正常利率”	6% ～9%	【注68】
公元前 200～前 150 年	“正常利率下降”	10% ～7%	【注65】
	“绝对安全贷款”	6% ～8%	【注59】
公元前 200～前 150 年	“利率通常低于 10%”	6%？ ～9%？	【注66】
	“利率低至”	6. 667%	【注61】
公元前 1 世纪	“绝对安全贷款”	6% ～8%	【注59】
	“可能”	9% ～11%	【注69】
	“特诺斯（Tenos）贷款”	8% ～12%	【注70】
公元 1 世纪	“安全投资作抵押”	8% ～9%	【注71】

房地产贷款

公元前 5 世纪	城市房地产，至少	8%	【注59】
	乡村房地产	8% ~12%	【注59】
公元前 4 世纪	城市房地产，至少	8%	【注59】
	乡村房地产	8% ~12%	【注59】
	城镇抵押	8%	【注64】
公元前 400 年	抵押贷款利率	16% ~18%	【注62】
公元前 369 年	一男子以多处住宅抵押贷款利率	16%	【注74】
公元前 346 年	界碑抵押，作坊和奴隶	12%	【注72】
公元前 305 年	贷款 5 000 德拉克马，界碑抵押	10%	【注73】
公元前 3 世纪			
公元前 300 年	大片土地界碑抵押	10%	【注75】
	家庭住宅、屋顶和土地界碑抵押	10%	【注72】
公元前210 ~前 195 年	泰拉（Thera）土地抵押	7%	【注76】
公元前 2 世纪	为置办给埃吉阿勒（Aegiale）的礼物，土地抵押贷款	10%	【注76】
公元前 160 年	为置办给德尔斐的礼物，价值至少双倍于贷款额的土地抵押贷款，5 年期	6. 667%	【注76】

为城市提供的贷款

公元前 4 世纪	贷给阿莫尔戈斯（基克拉泽斯群岛的一个岛屿）	8. 5% ~10% ~12%	【注67】
	贷给奥利欧；狄摩西尼贷出，市财政收入担保	12%	【注77】
公元前 3 世纪	贷给阿莫尔戈斯	8. 5% ~10% ~12%	【注67】
公元前 213 年账簿	贷给梅利塔	10%	【注67】
公元前 213 年账簿	贷给波斯	10%	【注67】
	最安全公债，至少	10%	【注77】
公元前 205 年	米利都以终身年金担保贷款		【注79】

（续表）

公元前 2 世纪			
公元前 200 年账簿	贷给俄罗普斯（Oropus）	10%	【注67】
	利率下跌至	7%	【注79】
公元前 1 世纪	罗马人贷款：		
公元前 70 年	贷给提诺斯（Tenos）	8% ~12%	【注67】
公元前 71 年	贷给吉雄（Gythium）（信用很差）	24% ~48%	【注78】
公元前 56 ~ 前 50 年	贷给萨拉米斯（信用很差）；马库斯·朱尼叶斯·布鲁特斯（Marcus Junius Brutus）贷出	48%	【注67】
	罗马为省级城市贷款的法定上限	12%	【注67】

捐赠基金（赢取的利润率）

公元前 3 世纪			
公元前 221 ~ 前 205 年	塞斯皮亚（Thespia）	6% ~8%	【注67】
公元前 210 ~ 前 195 年	泰拉	7%	【注67】
公元前 210 ~ 前 195 年	埃吉利亚（Aegilia），房地产抵押贷款	10%	【注76】
公元前 2 世纪			
公元前 200 ~ 前 199 年	列图斯（Lietus）	10%	【注67】
公元前 162 年	阿塔利兹（Attalids）捐献给德尔斐	6.667%	【注76】
	科孚	16%	【注67】
	伊利昂	10%	【注67】
公元前 1 世纪			
公元前 100 年	阿莫尔戈斯	10%	【注67】

为工商界提供的贷款

公元前 5 ~ 前 4 世纪	动产资本抵押	12% ~18%	【注59】
	商业界，通常为	16.667%	【注59】
	用奴隶作抵押的贷款	30% ~38%	【注59】
公元前 4 世纪	工业界利率最高，为	18% ~36%	【注62】
	商业界的通常利率为	16% ~18%	【注62】

个人贷款、高利贷和其他贷款

公元前5世纪	高利贷利率	36%	【注59】
公元前4世纪	高利贷，月息48%	576	【注80】
	高利贷贷款一般起步为	62	【注81】
	直至高达每6奥波勒斯贷款日息1.5奥波	9 000	【注81】
	勒斯帕辛（Pasion）以典当物抵押贷款	36%	【注81】
	哲学家埃斯基涅斯（Aeschines）(公元前390～前330年）借款	36%	【注82】
	后来退回合约时	18%	【注82】
	银行家波尔米欧借钱时	16.667%	【注82】
	斯达特克利斯（Statocles）将自己的钱贷出时	18%	【注83】
	狄摩西尼提及利率高达	16%	【注81】
	低至	10%	【注81】
	高利贷利率	36%	【注59】
	某公债基金为民众提供贷款	20%	【注84】
	专业放贷人	12% ～33.333%	【注27】
	债务拖欠超过1年后的滞纳金	200	【注27】
公元前3世纪	古希腊亚洲地区的安全投资	24%	【注64】

表2　希腊利率汇总

年代	正常贷款%	房地产贷款%	为城市提供的贷款%	捐赠基金收益%	为工商界提供的贷款%
公元前					
6世纪	16～18	—	—	—	—
5世纪	10～12	8～12	—	—	12～18
4世纪	10～12	8～12	8.5～12	—	12～18
3世纪					
（早期）	7.143～12	10	8.5～12	—	—
（后期）	6～10	7	10	6～10	—

（续表）

年代	正常贷款%	房地产贷款%	为城市提供的贷款%	捐赠基金收益%	为工商界提供的贷款%
2 世纪					
（早期）	6 ~ 9	6.667 ~ 10	10	6.667 ~ 10	—
（后期）	6 ~ 9	—	7	10	—
1 世纪	6 ~ 12	—	8 ~ 12	10	—
公元后					
1 世纪	8 ~ 9	—	—	—	—

得洛斯的神庙在公元前 5 世纪、4 世纪、3 世纪和 2 世纪的所有贷款一概收取 10% 的利息。这些贷款大部分贷给了个人，并以土地作保。这些贷款通常都是 5 年期限，有些只有 1 年，也有的期限很长，也许是因为拖欠的缘故。公元前 4 世纪的一笔贷款延续了 33 年；公元前 3 世纪还有延续了 55 年的贷款。利息每年支付。神庙还给得洛斯市提供过贷款，如果贷款期限超过几个月的话，该市可能支付了利息。起初，得洛斯神庙的这 10% 利率在雅典属于低于“正常”利率；到了公元前 3 世纪，它成了比较“正常”的利率；而到了公元前 2 世纪，它却高于“正常”利率。当时神庙的记载称，它的资金很难贷出去。【注85】

第四章
罗 马

A History of Interest Tates

背景介绍：共和国时期

罗马是一个由农民和士兵组成的国家。他们把制造业、商业和金融业基本上都交给了外国人。加图（Cato）说："如果不去种地，你也许可以从海运业中追求收益，可是它危险重重；也可以选择放贷，可是它恐怖阴森……在我们的祖先眼里，放贷人比窃贼要邪恶许多……"尽管如此，普卢塔克（Plutarch）说，加图自己就投资于商业贷款，也许是悄悄干的。

这种态度也许说明了给后人留下的罗马利率方面的资料如此少得可怜的原因。罗马利率史的大部分内容就是法定利率上限。然而，对罗马金融历史的总结，应当有助于解释少量利率记录的意义所在。

在史前时期的意大利，最早已知的钱的形式是牛，也许还有其他家畜。Pecus一词，意思是牛、绵羊、山羊，无论是单个的还是成群的家畜，构成了pecunia，也就是钱。到了公元前452年，罗马法典还与早期希腊法典一样，规定的罚金都是以牛、绵羊以及金属为单位。[注86]但是，大约公元前443年的《十二铜表法》却没有提及牛这种货币形式。粗紫铜和青铜成了主要交换媒介，青铜作为货币标准一直延续到了共和国的末期。金子和银子也是按重量交易的。到了公元前2世纪，罗马压铸了银币；7个银迪纳里厄斯（denarii）等于1盎司银子；12盎司，也就是84个迪纳里厄斯，等于1磅。罗马共和国没有压铸金币。

在伊特鲁里亚（Etruscan）君主国时期，即系统性文字历史时期之前，罗马被认为曾经是一个强大而富裕的人口众多的城市，四周都是富饶的农田。土地的使用和耕耘过度，说明出现过人口过多的情形。当时，罗马通过贸易与希腊的地中海世界发生了接触。公元前509年那场导致共和国成立的革命之后，随之而来的是力量的丧失和人口的减少，以及与商业的隔绝。[注87]

共和政府起初主张寡头政治。在革命之后的200年里，罗马贵族与平民之间发生了一场艰苦卓绝但总体上没有流血的斗争。这一拉锯战的结果是产生了一个繁杂的法律制衡机制。这场早期的斗争大部分是经济斗争。公元前5世纪，食物委员会伴随饥荒频频出现。严苛的物权法律允许负债人贬为奴隶在国外出售。几次政治和经济危机都通过制定规范信贷的新法律而得以解决。

最著名的早期改革导致了《十二铜表法》的诞生，也即构成后来许多个世纪基础的罗马法律汇编。该法的传统年代是公元前443年。在判定负债或承认负债之后，允许有30天的时间来偿还；如逾期未还债，债务人将被送交地方执法官。除非债务得以豁免，否则债权人可以拘押、囚禁债务人，但必须给他吃喝；几个债权人可以共同占有、瓜分一个债务人的财产。如债权人索取的利率超过了每年每磅1盎司（8.333%）的法律上限，则将被处以4倍的罚金。

公元前387年的高卢人（Gallia）入侵，带来的是巨大的财产损失和普遍的民不聊生。[注88]大量的赎金被付出，重建被毁农田过程中又欠下了债。公元前367年，救助法律规定，已付利息必须从债务本金中扣除，债务余额必须平均分摊到3年偿还。公元前357年，利率上限再此确定为8.333%，表明旧的法律已经出现偏差，这个上限已经被逾越。公元前352年，一个委员会被任命负责出借国家资金、通过公正评估调整房地产贷款、批准破产、获取利率方面的救助。公元前347年，法定利率降到每年每磅0.5盎司（4.167%），并对贷款延期付款作出了安排。大约公元前342年的某个时候，利率被彻底禁止，但是该法律很快就成为一张废纸，法定利率上限恢复为8.333%。公元前326年，法律首次禁止因为债务囚禁罗马人。

到了公元前240年，平民获得了与贵族至少相同的权利。在公元前218～前201年残酷的第二次布匿战争（Punic War）期间，没有发现阶级斗争的迹象。公元前192年，有几个放贷人因为超过法定利率上限而受到处罚，高利贷法的范围延伸，将外国人发放的贷款也纳入其中。然而，海运贷款却没有利率方面的限制。

罗马城邦从公元前406年起第一次给士兵支付薪水。这是沉重的经济负担。[注89]总体来说，罗马城邦跟大部分古代城邦一样从来不借钱。然而，在第二次布匿战争期间，它从商人那里借用了给养，估计是没有利息的；它还赊账为公共建筑合约融资，并且占用信托基金，其利息为规定金额，但却没有利率记录。城邦的收入通常来自战争赔款、战利品、矿产、港口费、公共土地租赁、行省什一税，以及公元前167年截止的收取市民的税收。公元前187年，国库返还了布匿战争期间的高额税款。当时，妇女是免税的。到了公元前169年，由于转移到妇女手里的财产太多，法律禁止男子遗嘱转移给妇女的财产达到其财产总额的一半。【注90】

主要构成为士兵和农民的罗马市民崇尚的是鄙视商业的政策。罗马向来就是一个开放港口。截至公元前348年，工业或对外贸易基本上不存在，但是到了公元前312年，罗马的一个大规模自由产业阶级成长了起来，从事军火和家庭用品的制造；然而，当时还没有什么奴隶。公元前3世纪的大规模殖民化阻止了这一工业发展，减少了阶级动荡。【注91】这时，政治势力突然发展起来，罗马人拥有了大量在意大利各地投资于土地的机会。虽然意大利商业得到了发展，但却主要掌握在来自希腊城邦的意大利南方人和希腊人的手里。公元前200年以后，酒和橄榄文化，以及奴隶人数的大幅度上升，导致了房地产价格的飙升。然而，由于机械的使用量很小，没有出现如火如荼的生产景象。导致经济危机的主要原因是政治动荡和战争。【注92】

罗马历史早期的这几个世纪，没有给我们留下什么证据表明有过有组织的金融活动或信贷，除了以房地产作抵押的个人债务之外。大型金融公司还没有面世。然而，罗马城邦却鼓励外国商人来该市，并为他们的方便将广场的资金台子租了出去。银行家们用希腊语叫做 trapezita，也许他们主要就是希腊人，跟后来的西塞罗时代一样。他们保管着大笔钱款，发放含息贷款，给存款支付利息，兑换货币，代理买卖，后来又让代理商常驻各个行省，并且发行国外票据。西塞罗在埃格纳提乌斯（Egnatius）银行开了户，并通过银行用票据付款。【注93】到了公元前1世纪，罗马已经是世界金融中心。尽管如此，金融公司仍然规模不大，也不出名。这也许是因为罗马法律不鼓励有限责任公司从事商业和金融活动。

但是，法律却允许股份有限公司为公共项目融资。这些“骑士”公司在公元前179年以后签约承包收取税款和建设公共工程的工作。他们在公元前2世纪后期变得十分著名——当时，亚洲的收税工作让罗马人承包了。这时，在被征服的行省里，大量利润丰厚的机会出现了，特别是发放土地抵押贷款，以及向滞纳税款的城邦和个人提供贷款。公元前1世纪，有一个时期大量投资进军到了这些行省里。到处都是意大利“谈判者”的身影，但可能其中没有几个是罗马人。到了这个时候，富裕的罗马人频繁地借款，频繁地投资于亚洲贷款，不过这些活动通常都是通过代理商悄悄开展的。西塞罗说，亚洲出现的任何重大灾难都会在罗马广场产生恐慌。

公元前 1 世纪和公元后 1 世纪留给我们的有关罗马利率的文献资料，比这之前或之后的任何时期都要好。利率的波动幅度很大。在公元前 2 世纪后期，意大利的金子和银子数量快速增加，主要被用于商业扩张和在高卢与亚洲的投资活动。这个资金充裕、利润丰厚的时期在公元前 90 年的社会战争（Social War）后结束。由此，城邦彻底破产。公元前 88 年，苏拉（Sulla）设定的利率上限为 12%，说明过去的 8.333% 上限已经被废弃。公元前 86 年，瓦莱里安（Valerian）立法豁免所有债务的 3/4。城邦债务只偿还了 25%。卡塔利纳（Catalina）阴谋叛变的部分原因，就是强硬债主们的一次反抗。

在各个行省，苏拉洗劫了德尔斐和奥林匹亚诸多神庙里储藏的大量黄金。他对反对他的亚洲城市处以巨额罚金，因而它们常常不得不以高额利息向罗马人借款。公元前 74 ~ 前 69 年期间，卢卡拉斯（Lucullus）采取重大措施，以减少这些亚洲债务：他将亚洲利息限制在 12%；他规定，累积产生的利息不得超过本金，且债权人最多只能收取债务人收入的 1/4。在那之后某个时期，也即公元前 44 年，本书第三章中记载的马库斯·朱尼叶斯·布鲁特斯议员，曾经通过代理商向卡帕多恰国王和萨拉米斯市提供贷款，年利率为 48%。当时担任西里西亚省长的西塞罗对这个利率惊愕不已，向布鲁特斯指出 12% 为法定利率。对于布鲁特斯的经济名声非常不幸的是，由于西塞罗或者他的某个忠实魔鬼般作家的缘故，这种或许并非罕见的交易成了一个不朽的故事。罗马的所有金融历史著述几乎都引用了这一案例。【注94】

公元前 67 年后，有一段时间海上安全，商业繁荣，主要都是外国船舶在航行。奢侈品的进口十分常见。所有港口都保持开放，而且没有垄断或违禁商品。另外，在行省的投资巨大，在与罗马的贸易中产生了巨额顺差。资金变得紧张起来。为了弥补资金上的短缺，行省被禁止从罗马贷款。公元前 63 年，城邦禁止从意大利出口金银。在恺撒和庞培（Pompey）带来了新的供应之后，资金的稀缺变成了宽裕。到了公元前 54 年，在罗马可以获得远远低于法定利率上限的安全贷款，但是利率会在政治运动期间上升。【注95】只有风险贷款才采用法定上限。

这个短暂的资金宽松期过后不久，公元前 49 ~ 前 31 年的内战再一次令罗马破产，导致了灾难性的没收和高利率的再现。恺撒免除了“骑士们”在亚洲收取税款和发放贷款的活动，终止了他们的胡作非为。他试图通过允许以战前价格破产来恢复信用，并且开始发行金币。恺撒本人就是个大胆的借款人，大量投资于个人政治生涯。然而，直到公元前31年的亚克兴海战（battle of Actium）和奥古斯都（Augustus）统治初期，金融稳定才得以恢复。

背景介绍：帝国时期

内战摧毁了对产权的信念，造成了金融业的停滞不前。资金被储藏起来，从而变得稀缺、昂贵。由于政府没收的缘故，拥有房地产变成了一种危险之举。奥古斯都改变了这一切。他尊重产权，恢复了和平和信念。储藏的资金回到了流通领域，埃及财宝被压铸成币，进入了流通。公共建筑活动得以恢复，房地产价格上升。[注97]奥古斯都继续了恺撒扩大钱币规模的政策。

公元14年，奥古斯都死后，提比略（Tiberius）大幅度减少了钱币的流通，压缩了费用，在自己的国库里囤积钱财。与此同时，资金流向东方，用于进口。利率上升到了法定上限并超过了这个上限。公元33年，危机出现了，其主要诱因是信贷的动荡。它的起因是处死了一些过度收取利息的银行家。结果，对贷款的需求增大，危机加剧了。最后，从国库中提取大量资金，并以3年无息贷款形式发放之后，危机才得以解除。[注98]继任的皇帝们在铸币方面大大超过提比略，而尼禄（Nero）甚至略微降低了钱币的成色。

公元68年，尼禄死后，再次爆发的内战带来了毁灭，但是，韦斯巴芗（Vespasian）皇帝（公元69~79年）恢复了秩序和经济。从此，罗马再也没有出现克劳迪族（Claudians）奢华无度的景象。奢侈生活成了显著的众矢之的；它已经过时了，而文化追求变得时尚起来。[注99]

在公元1世纪期间，罗马钱币的金属含量降低了大约25%，而在公元2世纪期间更是进一步大幅度降低。银币已经降低到了象征性货币的地位。公元3世纪期间，烽火不断的起义和内战，引发了大规模的通货膨胀。这几个世纪的历史没有给我们留下多少有关信贷和金融方面的信息。在坦尼·弗兰克（Tenny Frank）看来，戴克里先（Diocletian，公元284~305年）那动乱的50年就是罗马走向衰败的时期。到处都是无政府状态，抢掠肆虐。行省对罗马失去了信任，工业和贸易崩溃，就连拉丁语也没落了。[注100]

在罗马帝国统治期间，金融业、制造业和海运业与以往任何时候相比，更是富裕罗马人的忌讳领域。贵族阶层基本上还是农民。商品是在小店铺里制作、销售的。大型工厂寥寥无几，总体上是奴隶在工作，由个人投资。虽然有一个富裕的商人阶层，但基本上都是外国人。进口远远大于出口。意大利的工业和农业无法与行省竞争。

在帝国期间，与共和国期间一样，大量的财富不是来自商业或工业或金融业，而是来自军事行动和土地投资。历史没有显示过哪个重要的银行家，工业贷款没有提及，但却有海运贷款的记载。这些贷款没有法定利率上限；文献记载每次航程的利率为20%。个人贷款十分普遍。文献中未见有组织的生产型投资，民间股份公司也屈指可数。但是，个人“谈判者”却很常见——放贷人、在行省的投资人、进口商、游商和商人，以及富裕罗马人的代理商。拍卖行大受追捧。除了房地产贷款以外，金融业恐怕仍然是见不得人的行当。

在奥古斯都统治期间，最佳信用的贷款利率远远低于法定上限。提比略统治时期利率再次上升。从那以后，利率降了下来。涅尔瓦（Nerva，96~98年）和图拉真（Trajan，98~117年）增加了以土地作抵押的公款贷款额度，用年息来资助穷人的孩子（即alimenta）。这些土地贷款的利率为5%，是普遍认为适中的利率。在西罗马帝国（Western Empire）统治的几个世纪中，12%的法定利率上限没有修订：它在康斯坦丁（Constantine）统治下的4世纪仍然有效或得以重新使用。【注101、102】4世纪后期，该法定上限提高到了12.5%。【注103】在6世纪的拜占庭，制定的法定上限又降了下来。【注134、135】

罗马行省

埃及。古埃及没有留下任何有关利率的记录。大部分时候，政府控制着城邦的主要资源。尽管如此，有少量文献证明，至少在公元前1000年期间存在含息贷款。一些莎草纸古文献提及了玉米贷款的利息。【注105】公元前9世纪的一份莎草纸古文献记载了一份证词，有个男人声称他收到了5德本（deben）银子，承诺在整整一年后偿还10德本银子，也就是年利率100%。【注106】公元前568~前567年的一份文件提到了40%的利率，未说明期限。【注107】纽约大都会博物馆（Metropolitan Museum of Art）拥有公元前664年以前的一块石碑，上面记录了利息为50%的8个月谷物贷款，相当于75%的年利率。大英博物馆（British Museum）拥有一份大约公元前568年的莎草纸古文献，上面记录了6个月的银子贷款，显然没有利息，但如果不偿还，则罚金为每年40%。卢浮宫的一份莎草纸古文献记录了公元前499年的一笔谷物贷款，一年后按1.5倍偿还，违约罚金为每月10%；这也许可以折算为50%的利率。公元前488年的一笔为期7个月的银子贷款，1.5倍偿还，违约罚金为每月10%，大约为年利率85%。[注108]

公元前300年以后，托勒密（Ptolomies）王朝对埃及日益兴旺的工业和商业实行国家控制。贷款是以实物（主要是小麦）和金属货币的形式发放的。在全国每个地区的主要城市里，都有一家政府银行扮演国家资金的接受者和分配者的角色。它们大部分是谷物银行，收取的剩余谷物，既有用于支付税款的，也有用于存款或转账的。它们可以按汇票要求将谷物或金属转送至王国的任何地方。有时，它们也出借种子，也许还有金属。还有一些私人银行，但是出借资金的主要是神庙和放贷机构。[注109]法定利率上限没有被提及，也许那不是希腊的传统。在几个世纪的文献中，12%的“正常”利率频繁出现，必定是一种传统，或者事实上的上限。[注110]如果不偿还贷款，罚金往往比较高。土地常常被抵押，埃及农民通常长期负债。个人贷款一般为私人行为，是一种非常有利的投资方式。

在罗马统治下，埃及成了皇室的私人财产。通过使用一种只在埃及流通的不兑现货币，这个国家被特意与世界隔绝了。由于罗马索取大量的贡品，工业被迫发展起来。国家的垄断让位给了私人企业，亚历山大成了世界最重要的贸易和工业中心之一。小麦仍然是最重要的出口产品。

在公元1世纪和2世纪期间，埃及富饶而繁荣。早期的国王规范了信贷。他们将传统的12%利率确定为法律上限，即每迈纳每月1德拉克马。复利是不允许的，累计利息不得超过本金总额。具体的违约罚款规定可高达50%。文献记载中的典当利率有低于法定上限的，也有远远高出该上限的。还有利率比较高的私人谷物贷款，有时政府的种子贷款也有低于法定上限的记录。埃及没有捐赠或信托基金的记载。

公元3世纪期间罗马帝国的混乱局势，打破了埃及经济孤立的屏障。饥荒、瘟疫和通货膨胀肆虐着这块土地，强盗抢劫甚嚣尘上。[注111]

罗马非洲。罗马非洲的历史始于公元前146年迦太基的毁灭。毁灭该地的动机完全是政治方面的。罗马人允许迦太基的庞大贸易落在希腊人和希腊籍意大利人手里。非洲成了一个农业行省。[注112]它在物产方面的繁荣于公元150～200年期间达到了顶点。接着，城镇地位上升，富裕的罗马人开发了大量地产。我们获得

的有关信贷和利息的仅有记录，来自富人们为了公众目的而设立的许多捐赠基金——即5% ~6% 。[注113]

小亚细亚。公元前133年，小亚细亚按照国王阿塔罗斯（Attalus）的遗愿成了罗马的一个行省。公元前89 ~ 前84年，第一次密特拉战争（First Mithradatic War）之后，伴随而来的是罗马将军苏拉强加在各城市头上的沉重的罚金、罚款。许多城市不得不抵押自己的财产，以高利率向意大利籍希腊人和罗马“骑士们”借钱。在小亚细亚的罗马税吏们就职于叫做 societates 的大型公司里，那是由股东组成的公司；他们收取实物形式支付的税款，从事贸易活动，并且发放贷款。庞培夺取了该行省的大部分现金资源并带回了罗马，导致小亚细亚的利率上升。公元前67年，罗马的一条新法律禁止行省在罗马贷款，并将小亚细亚的利率限定为12% 。[注115]内战带来的灾难造成这个行省破产了一代人。奥古斯都不得不取消了债务。终于，在公元1世纪和2世纪期间，亚洲各城市舒缓过来，步入了繁荣昌盛。

在小亚细亚，神圣的私人银行和公立银行在希腊化时期就存在了。神庙是安全的储蓄场所；它们发放了一些贷款，其中大部分质量优越，并有房地产作抵押。他们还发放种子贷款，但是没有商业贷款或海运贷款的记录。[注116]私人银行还开展货币兑换和贷款活动，并从事企业投资。

小亚细亚12%的法定利率上限在罗马帝国期间还在继续。它显然高于公元1世纪有些时候的正常利率。有一次，普林尼（Pliny）向图拉真进言说，“（亚洲城市的）资金不得不闲置，因为没有人愿意以12%的利率从那里借钱。”图拉真的回答鼓励以较低利率提供资金。[注117]“在帝国统治下，可供资本得到了增长，亚洲的利率有所降低。”[注118]

罗马利率

下面列出了四组罗马利率：

1. 罗马法定利率上限。

2. 罗马正常贷款。其总体定义与本书希腊一章相同。这些正常贷款的很大一部分可能有房地产作抵押。大部分贷款可能是短期的；文献中没有什么长期贷款的证据。

3. 行省利率。

4. 拜占庭法定利率上限。

罗马法定利率上限

公元前 5 世纪			
公元前 443 年	《十二铜表法》确定的法定上限	8.333%	【注87】
公元前 4 世纪			
公元前 357 年	重新恢复原上限	8.333%	【注119】
公元前 347 年	上限降低至	4.167%	【注119】
公元前 342 年	利息被短暂禁止	0	【注119】
公元前 340 年?	重新恢复原上限	8.333%	【注119】
公元前 1 世纪			
公元前 88 年	适用了数世纪的新上限	12%	【注120】
公元 1 世纪			
公元 325 年	康斯坦丁重新确认利率上限为	12%	【注101】
	后来提高到	12.5%	【注103】

正常利率。在罗马共和国的头 3 个世纪里，除了法定上限以外，没有利率方面的记载。但是，通过公元前 5 世纪和公元前 4 世纪频繁发生的政治和经济危机——这些危机常常涉及信贷和法定利率的实施——我们也许可以推断，正常利率常常高于法定上限规定的 8.333%。这个阶段雅典的正常利率记录为 10% ~ 12%。此外，公元前 4 世纪欲将法定利率上限降至 8.333% 以下的努力，并没有取得持续的成功。

由于公元前 3 世纪期间没有有关信贷争议方面的文献记载，而且地中海其他地区的利率在下降，因此也许当时的正常利率处于或者低于 8.333% 这个上限。公元前 2 世纪期间，有少量证据表明利率低至 6%，而且还有证据表明 8.333% 的上限时不时地被突破。

公元前 1 世纪期间的文献记录好了许多，显示出大幅度的波动，也许反映了当时的社会动乱。在世纪之初，利率一定频繁地超过了 8.333%，因为法定上限在公元前 88 年提高到了 12%。但是，公元前 54 年，有文献记载“惯常”利率为 6%，【注121】而在罗马，利率 4% 的资金时常可以随意获得。后来在政治运动期间，利率又上升到了 8%。【注95】只有风险贷款的利率为 12%。不久，利率便在公元前 49 ~ 前31 年期间上升，也许达到或者超过了 12% 这个法定上限。奥古斯都统治下的和平时期，利率在大约公元前 25 年又下跌到了 4%。【注97】

正常利率

公元前5世纪	可能高于法定上限8.333%	8.333% +	
公元前4世纪	可能高于法定上限8.333%	8.333% +	
公元前3世纪	和平时期可能位于上限附近	8.333%	
公元前2世纪			
公元前192年	可能高于法定上限8.333%	8.333% +	
公元前150年	加图记录农业资金成本为	6%	【注122】
公元前1世纪			
公元前100年	可能接近法定上限8.333%	6% ~8.333%	【注123】
公元前90~前88年	社会战争，可能高于新上限12%	12% +	
公元前60年	可能远远低于法定上限12%	6% ~10%	
公元前54年	和平时期，可以随意借贷的资金利率为	4% ~6%	【注121】
	政治运动期间上升至	8%	【注95】
	风险贷款利率12%		【注95】
	行省贷款利率12% ~48%		【注95】
公元前49~前31年	内战期间，可能时而超过法定上限12%	12% +	【注124】
大约公元前25年	利率下跌至	4% ~6%	【注124】
公元1世纪			
大约公元10年	可能仍然是	4% ~6%	
公元33年	危机时期，利率可能超过上限12%	12% +	【注98】
公元34年	危机结束，利率大幅度降低	6% ~10%?	
公元50年	科路美拉（Columella）记录农业资金成本为	6%	【注125】
大约公元97年	政府“短期”农业贷款利率5%		
	1世纪正常利率范围	4% ~6%	【注126】
公元2世纪			
	可能最低为	6%	
	直至法定上限12%	12%	
公元3世纪			
	没有切实记载，可能时而超过上限12%	12% +	
公元4世纪			
	没有切实记载，可能时而超过上限12%	12% +	
	后来超过新上限12.5%	12.5% +	

公元1世纪，开始的利率为4%～6%，但是在公元33年的信贷危机时期，以法定上限12%的利率都很难借到钱。[注98]在那以后，利率可能至少下降到了6%。截至2世纪初期，6%被认为是正常利率。在头三个世纪期间，我们又一次只有法定上限作为参考。3世纪的动乱和通货膨胀表明，12%的上限可能被超出。支持这一推测的是公元4世纪法定利率上调至12.5%，虽然这一调整也许主要是出于方便的目的，因为当时货币单位发生了变化。

行省利率

公元前9世纪	埃及*——银子贷款（一个案例）	100%	[注106]
公元前7世纪	埃及——谷物贷款（一个案例）	75%	
公元前6世纪	埃及——银子贷款（一个案例）	40%	[注107]
公元前5世纪	埃及——谷物贷款（一个案例）	160%	[注108]
	银子贷款（一个案例）	85%	[注108]
	罚金率（一个案例）	120%	[注108]
公元前3世纪	埃及——政府银行以典当物作抵押的贷款	24%	[注101]
	专业放贷人——曾农（Zenon）	100%	[注101]
公元前2世纪	亚洲——土地抵押现金贷款	8%～12%	[注127]
	埃及——“买下的安全投资”	5%～10%	[注127]
公元前1世纪	亚洲——土地抵押现金贷款	8%～12%	[注127]
	亚洲——为落难城市提供的贷款	24%～48%	
	亚洲——（公元前84年）一个案例的正常利率	14%	
	亚洲——（公元前70年）以传统利率设定的法定上限	12%	[注128]
	埃及——现金贷款正常利率	12%	[注130]
	罚金率24%～50%		
公元1世纪	亚洲——法定上限维持在	12%	
	亚洲——正常利率	低于12%	[注129]
	埃及——现金贷款正常利率	12%	[注131]
	埃及——收割季节偿还的谷物贷款	50%	[注131]
	埃及——政府种子贷款	6%	[注131]

（续表）

	埃及——迪德姆银行（Bank of Didymus）收取利率	18%～22%	【注101】
	埃及——放贷人希拉克略（Heraclius）收取利率 18%		【注101】
公元2世纪	亚洲——法定上限维持在	12%	
	亚洲——正常利率	低于 12%	【注129】
	以弗所基金会的基准	9%	【注129】
	阿弗罗狄西亚（Aphrodisias）基金会的基准	6%	
	埃及——法定上限设定为	12%	【注131】
	埃及——典当行在一个案例中收取利率	48%	【注131】
	埃及——典当行在另一个案例中收取利率	12%	【注131】
	埃及——收割季节偿还的谷物贷款	50%	【注131】
	埃及——政府种子贷款	6%	【注131】
	非洲——最大基金会的基准	5%	【注132】
	另一个基金会的基准	6%	
	另一个基金会的基准	6%	
	另一个基金会的基准	12%	

＊　在早先几个世纪里，埃及还不是罗马的一个行省。

拜占庭利率。在东罗马帝国（Eastern Roman Empire）的1000年历史时期里，我们几乎没有看到任何利率方面的记载，除了法定上限以外。因此，我们在这里不讨论信贷形式和金融历史。由于伊斯坦布尔是几个世纪的贸易中心，这是一个也许可以填补的巨大空白。虽然拜占庭的大部分历史时期从年代上说属于中世纪，它的金融历史却远远超出了希腊和罗马，但是罗列到本章里的拜占庭利率数据却寥寥无几。

拜占庭几个世纪来的利率政策都基于基督教对所有利息做法的仇视，或者对罗马规定利率的传统政策的仇视。[注136]查士丁尼6世纪的法典（Justinian's Code）体现了罗马传统，有利于对国家至关重要的那些银行家们。他声称“古代的利率高得过分，”并将康斯坦丁12%～12.5%的法定利率上限按照债权人身份的不同降低至4%～8%。比如，银行可以收取利率的上限，即每年8%；普通市民可以收取6%；而“身份显赫的债权人”，比如议员，却每年不得收取4%以上。从前没有限制的海运贷款现在限定为每次航程12%。以实物偿还的产品贷款可以收取高达12%的利息。在色雷斯行省，农业贷款的上限为：产品贷款12.5%，资金贷款4.5%。给教堂和基金会提供的贷款限定为3%。累计利息不得超过本金总额。

拜占庭利率

公元4世纪	法定上限提高至	12%~12.5%	
公元5世纪	法定上限仍然为	12.5%	
公元6世纪	海运贷款法定上限为每航程12%		【注134】
	银行提供财产抵押贷款的法定上限	8%	【注134】
	其他放贷人提供财产抵押贷款的法定上限	6%	【注134】
	议员提供财产抵押贷款的法定上限	4%	
	年金（日期?）	9.72%	【注137】
公元7世纪、8世纪	与6世纪法定上限相同	4%~8%	
公元9世纪、10世纪	银行家的法定上限	11.125%	【注135】
	私人放贷人的法定上限	8.333%	【注135】
	海运贷款法定上限为每航程16.667%		【注135】
公元14世纪	一个海运贷款实际案例为一个航程16.667%		【注134】

表3　罗马和行省利率汇总

年代	罗马		埃及		亚洲		非洲
	法定上限 %	正常利率 %	法定上限 %	谷物利率 %	正常利率 %	信托利率 %	信托利率 %
公元前							
5世纪	8.333	?8.333+					
4世纪	从8.333 到4.167 到8.333	?8.333+					
3世纪	8.333?	?8.333	24				
2世纪	8.333?	6~8.333+	5~10		8~12		
1世纪	从8.333	从6~8.333+	12		8~12		

（续表）

年代	罗马		埃及		亚洲		非洲
	法定上限 %	正常利率 %	法定上限 %	谷物利率 %	正常利率 %	信托利率 %	信托利率 %
	到 12	到？12 +					
		到 4					
		到 12 +					
		到 4					
公元后 1 世纪	12	从 4	12	50	低于 12		
		到 6 ~ 12？					
		到 6					
2 世纪	12	6 ~ 12？	12	50	低于 12	6 ~ 9	5 ~ 12
3 世纪	12	超过 12？					
4 世纪	从 12 到 12.5	超过 12.5？					
5 世纪	12.5	12.5 + ？					
	拜占庭法定上限						
	银行贷款%	其他人贷款%	议员贷款%				
6 世纪	8	6	4				
7 世纪	8	6	4				
8 世纪	8	6	4				
9 世纪	11.125	8.333	？				
10 世纪	11.125	8.333					

查士丁尼的法典主宰了后来的整个拜占庭历史时期。时不时地，所有利息又都被禁止，但是接着查士丁尼的法律得到恢复。根据货币单位的变化，利率出现过微小变化。然而，9 世纪时，利率上限从 8% 上调到了 11.125%。[注135]

第五章

古代利率汇总与分析

A History of Interest Tates

本书前言中的所有详细说明都完全适用于整个古代利率数据。也许，我们每引用一条古文献资料都应当重复一遍说明，不过那样的话恐怕读者很快就会不耐烦了。此外，单纯的历史性叙述之后就试图进行趋势分析，那么这种数据过度使用的危险就更大了。比较安全的做法是彻底不做分析，但那样的损失就太大了。

古代文献中没有任何资料与现代系列数据类似，无法精确地进行利率对比。文献记录中没有以可对比信贷形式为基础的日复一日、月复一月或年复一年的利率数据。

前面几章组织数据的方式可以做如下归类：

1. 具体贷款交易中的现货利率。这种利率本身并不表明所引用的利率可以代表当年，更不能体现当时那个世纪的情况，但的确可以支持其他数据。

2. 历史学家估算的某个给定时间和地点某些贷款类型（有时贷款类型的定义十分模糊）通常使用的利率。这些利率的来源估计是通过对若干现货利率的研判，或者通过当代评论来认定某利率为“高”，某利率为“低”。

3. 法定利率上限。这些的确是确凿数据，通常能够很好地表明哪些在相应法律适用的时期属于合理利率。但是，立法与立法之间的时间跨度巨大，而在执法力度上显而易见的差异性方面又没有多少资料。

很显然，这些数据不能用来进行短期趋势分析。问题在于，是否能够用这些数据来进行长期趋势分析，或者国际对比，又或利率水平的总体判断？

当我们考虑在我们所在这个世纪中以优等畅销抵押物作担保的宽泛的利率范

围时，我们也许会琢磨，类似这么一句话说明了什么："在公元前4世纪的雅典，最佳信贷的正常利率为10%～12%。"尤其是当这些估算数据就像本书现在的编排一样列成表，一个世纪一个世纪地分别罗列，甚至有时还做出图表，这时里面似乎存在着我们的知识所无法揣摩的一种潜在的统一性、一致性。最后一点，数据资料中的空白，诱惑着分析人士去进行有可能是错误的填补。

然而，这些疑虑的产生，有可能是过多地试图套用现代市场利率结构的复杂多变性的缘故。如果考虑不同年代之间的差异和类似之处，我们也许就能找到这些古代数据的应用意义所在。

我们在这里引用的古代利率，并不是复杂多变的货币市场利率。似乎非常有可能的是，有些时候，比如古代雅典在其商业活动繁荣到顶点的时候，存在着某种类似波动中的货币市场，其中商人们、交易商们为信贷价格讨价还价。自由放任是当时的政策，机敏精明的人们在用每一个微小的优势竞争。讨价还价并不是尊贵傲慢的希腊人的本性，而你死我活、如火如荼的竞争决定着能否生存下去。然而，当时并没有什么日报来记录这些活动。毫无疑问，长期以来的"市场利率"影响了传到我们手里的那些利率数据。但是，我们手里的并不是市场数据，而主要是传统、稳定类型的数据。

直到最近，美国的许多类型的贷款利率波动的幅度非常小。6%的传统持续了至少2个世纪。高利贷的幅度总体上在20世纪60年代前一直没有变化。远离货币市场中心、远离"大市场"的银行收取的银行贷款利率，在很长时期里相对比较稳定。个人小额贷款的利率很少发生变化，除非是因为立法缘故。

频繁引用的美索不达米亚、希腊和罗马的"正常"利率，似乎大部分都属于传统型短期个人贷款，通常——但并非总是——都有抵押，而且常常是房地产抵押。因为贷款期限不同而导致的利率差异，数据中很少有明显表现。由于具有一定规模和复杂性的企业机构当时并不存在，这些都是发放给个人或合伙企业的贷款，可能绝大部分时候是为了满足个人需要，但有时也是为了贸易或者工业方面的融资需要。

引用的数据通常都是以"最佳信贷"为基础。支持历史学家这一判断的，是法律允许的情况下可以高出许多的风险利率。另外还有远远超过"正常"利率的当铺利率和高利贷利率。因此，这些高利率贷款可能都有良好的抵押，无论是土地还是可移动贵重资产，或是某个富裕市民已经建立起来的良好信用。如果愿意的话，希腊或罗马投资人可以通过担负海运风险而获得高于正常水平3～10倍的利率。

最后，我们有确凿的证据表明，这些“正常”利率在已知的漫长历史时期中非常稳定。这种稳定性的部分原因无疑是传统。即便到了今天，传统因素在确定远离货币市场的贷款利率方面也还起着重要的作用。

这些古代的“正常”贷款，如果一定要跟现代贷款做个对比的话，恐怕与小银行或个人提供的现代个人贷款最相像。新英格兰10年前的利率可能是6%，跟100年前一样。西方的利率一般比较高，但很少是因为受到东方货币市场波动的影响。如果说这种类比哪怕是部分正确的话，那么古代利率变化之缓慢也就可以理解了，而那些逐个世纪的数据，尤其是希腊时期和部分罗马时期的数据，也就有了意义。

在仔细分析古代利率之前，我们必须注意到古代与现代信贷结构之间的部分区别。当时，城邦大规模筹募的贷款几乎没有，他们的信用级别也不高，常常无法抵押其民众的私人资源。他们还没有学到赤字融资的原则。当时没有大型民间企业债务人，也没有证券市场允许债权人在到期之前提前清理贷款；这种机制要等中世纪意大利金融家的到来。当时没有大型的金融机构，无法用大量的信贷工具来补充金属货币，无法获取大规模存款，无法在债权人和债务人之间担负一个方便的掮客。结果，当时也就没有出现有组织的货币市场，无法迅速反映信贷的供求关系，无法动用大量信贷资源。

古代贷款中的风险因素在解释高“正常”利率时可能言过其实了。言下之意是，古代没有安全贷款。但是，抵押物的利润常常十分丰厚，贷款期限很短，违约的惩罚很严厉：在巴比伦王朝和罗马是个人奴役。风险贷款当然十分普遍，而其利率比当时的“正常”利率要高出许多倍。至少在希腊，任何人只要愿意，都可以进行投机。此外，在当今世界，某些优惠利率的范围非常大，而当这种利率比较高的时候，并不能解释为风险因素的上升。美国电话8.80s（American Telephone 8.80s）在1974年发行的时候，似乎跟28年前的美国电话2.625s（American Telephone 2.625s）一样安全。毫无疑问，随着时间的推移，希腊和罗马债权人的法律地位得到了提高，从而促成了信用。但是，从某种意义上说，《汉谟拉比法典》对债权人的惩处似乎比今天还要好。

我们不仅不应过分强调风险因素，而且还要强调与当今相比另一个根本差别——古代借款或投资的相对不便。如果没有机构中介，我们今天的信贷结构就会停止运作。作为个人以典当物或者房地产或一般信用为抵押借钱给其他个人，这个过程非常复杂、麻烦，而且可能很不愉快，无论抵押物多么诱人。仅仅这种方便程度的差别，在解释为什么古人倾向于囤积金属、投资于土地问题上，就可能超过了风险因素的比重。

我们要随时记住古代信贷与现代信贷之间的这些差别，以及不管怎么说信贷的使用在古代十分普遍的事实，那么有关古代利率方面的数据现在就可以进行研判，以得出这些数据可能在多大程度上也许能够体现出的总体概况和对比情况。表4 汇总了表1、表2 和表3 中体现良好信贷利率或法定上限利率的数据。数字是按照不同世纪（除了最早时期）编排的，有时候还引用了数据范围。现货利率、高利贷利率、风险利率和极端利率在此省略了。表中数据还按照地理位置和（凡是能够确定的）贷款类型进行了分类。我们没有试图区分不同的贷款期限，因为文献资料中很少说明具体的期限，而法定上限从来不体现贷款期。除了少量例外情形外，大部分“正常”贷款都是一年或少于一年的期限，有时是2～5 年。在这些利率条件下虽然也有长期贷款，但往往是短期贷款的“延期”。实物贷款没有列入该表中。

从表4 中我们可以得出一个印象，即巴比伦王朝的大部分利率都高于大部分希腊利率，而大部分希腊利率都高于大部分罗马利率；罗马利率通常也低于罗马行省的利率。

有关巴比伦利率的稳定性，或者其以世纪来看的趋势，我们从资料中几乎无法做出任何推断。我们引用的漫长巴比伦时代范围非常大的利率数——10%～25%——也许意味着一段时间内的大幅度波动，但也可能说明了大量不同类型的贷款。希腊利率似乎在很长一段时间里是最稳定的，而罗马利率却在公元前100 年～公元200 年期间波动得非常大。也许那个时候的罗马发展起来了某种类似真正货币市场的机制，但如果是这样的话，总体上也不为人知。

在整个古代时期，信贷形式的发展呈现出相当程度的延续性，尽管文明中心至少转移了两次，而不同民族的风俗习惯和传统也迥然不同。希腊人采用了部分巴比伦王朝的度量衡。复杂而规模并不大的巴比伦王朝金融方法很可能也是希腊人最早发明的；不管怎么说，希腊人采用的形式非常类似。这些信贷形式被希腊人大加利用，其自由、放任的氛围与巴比伦王朝相比差别很大。最后一点，罗马银行家基本上都是希腊人，而希腊人一定是把所有其他的技术一同带到了罗马，并在罗马调整进入了一个专制社会。

与信贷形式的延续性一起，一些其他趋势和事件共同影响着整个地中海世

表4　古代利率一览

年份	苏美尔和巴比伦王朝		希腊				埃及	罗马		罗马亚洲		巴比伦王朝
	正常%	法定%	正常%	房地产%	城邦贷款%	信托%	正常%	正常%	法定%	正常%	信托%	信托%
公元前												
3000～1900年	20～25											
1900～700年	10～25	20										
7世纪	10～20	20										
6世纪	10～20	20	16～18									
5世纪	40		10～12	8～12				8. 333 +	8. 333			
4世纪	40		10～12	8～12	8. 5～12			8. 333 +	4. 167～8. 333			
3世纪			6～12	7～10	8. 5～12	6～10	24	8. 333	8. 333			
2世纪			6～9	6. 667～10	7～10	6. 667～10	5～10	6～8. 333	8. 333	8～12		
1世纪			6～12		8～12	10	12	4～12 +	8. 333～12	8～12		
公元后												
1世纪			8～9				12	4～12	12	低于12		
2世纪							12	6～12	12	低于12	6～9	5～12
3世纪								12 + ?	12			
4世纪								12. 5 + ?	12～12. 5			
5世纪									12. 5			
									拜占庭帝国			
6世纪									6～8			
7世纪									6～8			
9世纪									8. 333～11. 125			
10世纪									8. 333～11. 125			

利率数据来自表1、表2、表3，表中带下划线的数字为图1中使用的最低利率数。

界。这些一致的影响有：贵重金属的供应、贸易活动、海洋的安全以及战争或和平的来临。

尽管本书前面各表体现的数据非常笼统，在基督纪元（也即公元）开始前的几个世纪里，无论在希腊还是在罗马（以及埃及），“正常”利率都呈下降趋势。许多历史学家都记录下了利率的这种下降，当代评论家们也为此纷纷撰文。

利率的下降在希腊出现得比较早。有些经济学家认为下降的原因是亚历山大获胜后涌入地中海世界的大量额外铸币。还有一些其他的解释。地中海利率的下降似乎在公元前2世纪期间蔓延到了罗马和埃及。希腊的利率进一步略微下降，而此时希腊已经成为罗马的一个附属国，失去了自身的经济优势。

在公元前1世纪和公元1世纪期间，有些证据表明希腊的利率上升了；不管怎么说，利率已经停止了跌势。然而在罗马，正是在这几个世纪中，文献记载了古代时期最低的利率。这是古代时期唯一出现低至4%利率的阶段，而4%已经属于现代优惠利率的范畴。

罗马利率在公元2世纪期间得以上升，但按照古代标准仍然时常属于中等水平。罗马在亚洲和非洲的捐赠基金在那个时候往往基于一种保守的收益预期。公元2世纪的罗马和行省利率，与公元前3世纪的希腊利率没有多少差别。

在公元2世纪后期和3世纪期间，罗马利率可能得以快速上扬。相对比较低的利率阶段对于西欧来说中断了1 000年或者更久。

最后一点，我们必须注意到公元5世纪到6世纪期间拜占庭法定上限的降低。这些上限在公元9世纪再次提升。在最低的时候，拜占庭的上限与早期罗马帝国的最低自由利率相同。

我们可以进一步简化和分析。图1依据的是表4的利率数据。图中只显示了每个时期记载的最低利率。如果极端利率和慈善性利率数据被排除在外的话，那么最低利率数可以看成是趋势的一个持续参考值。由于巴比伦王朝的利率在公元前7世纪前没有按世纪记载，而且由于一个漫长的历史时期中只有少得可怜的数据，巴比伦王朝在公元前7世纪之前的利率数在图中只能简单地用虚线表示。从公元前3000 ~ 前1900年期间记载的20%最低利率，到公元前1900 ~ 前700年期间记载的10%最低利率，在此我们随意处理为一个平缓的下坡。

本图用这种分析方法体现的巴比伦、希腊、罗马这三大古国的最低利率变化图形，彼此都极其相似。这三个古国都表现出利率似乎从最早历史时期开始下降，直至后期的商业发展阶段，然后又在政治崩溃的最后几个世纪里上升。

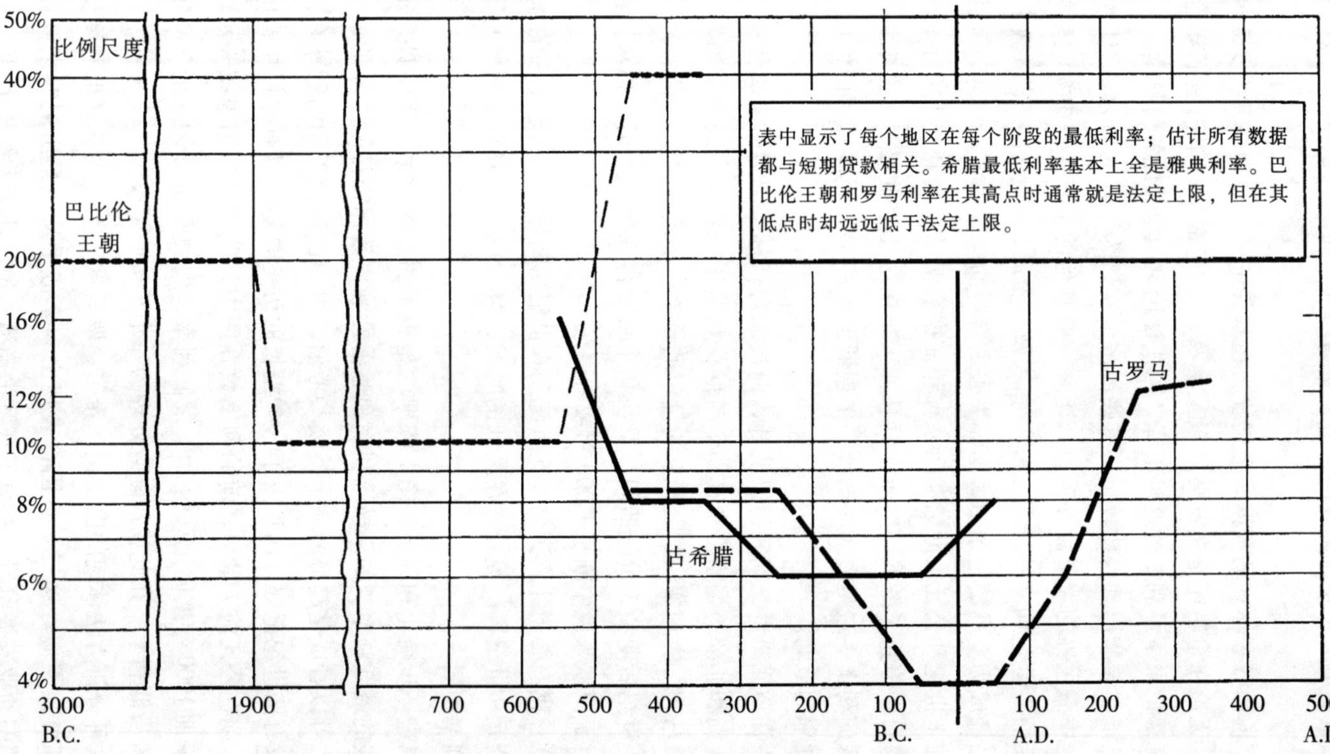

图 1　最低利率长期趋势：巴比伦王朝、希腊和罗马

*　利率数据来源为表 4。

只有希腊利率史是以低于起初利率结束的，而这有可能是经济文献的失误。毫无疑问，在灾难重重的公元3世纪，希腊的“正常”贷款利率至少跟罗马利率一样高。还有一种可能性，即在“正常”贷款为法定利率上限或高于法定上限的后罗马统治时期，贷款也许可以以低得多的利率获得，因为这种利率没有文献记载。当然，这样的话，假设的曲线就要发生变化。然而，由于当年的政治动荡，极端的通货膨胀，以及政府再次关心法定上限，我们可以得出一个印象，即当时的“正常”利率更可能高于法定上限，而不是低于法定上限。

每个民族的图形都像是一个巨大托盘或沟槽。罗马的振幅超过了希腊。对于三个民族来说，数据最为匮乏的都来自最早和最后阶段，也就是说来自图中显示利率最高的时候。数据最好的时候属于利率最低的时期。

每条曲线的起始和终止年代是随意选取的。起始年代恰好为原始记载偶然进入历史的时候，终止年代恰好为每个民族有组织的经济生活崩溃的时候。

当西欧利率在中世纪最初几个世纪中终于再次出现时，比后希腊和罗马时期的最高利率还要高，而且远远高于同期的拜占庭法定利率上限。

A History of Interest Tates

第二部分

中世纪和文艺复兴时期的欧洲

第六章 高利贷信条及其对欧洲信贷形式和利息的影响

A History of Interest Tates

我民中有贫穷人与你同住，你若借钱给他，不可如放债的向他取利。

——《出埃及记》（Exodus）22:25

你借给你弟兄的，或是钱财，或是粮食，无论什么可生利的物，都不可取利。……借给外邦人可以取利，只是借给你弟兄不可取利。……

——《申命记》（Deuteronomy）23:19 – 20

未曾向借钱的弟兄取利，也未曾向借粮的弟兄多要，缩手不作罪孽……这人是公义的，必定存活。这是主耶和华说的。

——《以西结书》（Ezekiel）18:8

……要借给人不指望偿还。

——《路加福音》（Luke）6:35

从而所有的圣徒，所有天堂的天使都大声反对高利贷者："入地狱，入地狱，入地狱。"布满星辰的天空也大声说"入火中，入火中，入火中。"行星也大声要求"入深渊，入深渊，入深渊。"

——圣·伯尔纳定（St. Bernardine）《合约》（De Contractibus）布道45，3章3节

"紧贴着第七环的边沿……

那悲惨的人群（高利贷者）席地而坐的地方。

他们的双眼迸发出他们的痛楚。”

——但丁（Dante）《神曲》（Divine Comedy）

《地狱篇》（Inferno）第7首

我们先来回顾一下宗教信条当时对高利贷的限制，这样我们就能更好地理解中世纪和文艺复兴时期欧洲的利率和信贷形式。这些限制有时似乎接近于绝对禁止，并在数个世纪里获得了普遍的和官方的支持。因此，这种限制不仅减少了信贷的使用，而且对金融手段和后来逐渐发展起来并为人们接受的信贷形式，起到了致命的影响。

早在325年，基督教第一次大会，也就是尼西亚会议（Council of Nicea），通过了一条教规，禁止神职人员从事高利贷，并引用了《圣经·旧约》中圣诗第15篇（Psalm 15）。[注138]圣哲罗姆（Saint Jerome，340～420）指出，《申命记》（见上）中有关弟兄之间禁止高利贷之信条已经由《先知书》（Prophets）和《圣经·新约》（New Testament）宣告天下；从陌生人那里索取高利收益的引起争议的做法已经不再允许。圣安布罗斯（Saint Ambrose，340～397）指出，高利贷唯一合法的用途就是用来对付上帝的子民的丑恶敌人，也就是那些杀之无罪的敌人。[注139]教皇圣利奥一世（Pope Leo the Great，440～461）禁止神职人员从事高利贷，并宣称从事高利贷的平信徒犯有“可耻收益”之罪。在大约800年的查理曼（Charlemagne）统治期间，不仅教规汇编《阿德里亚娜》（Hadriana）重复并引用了先前的禁忌，而且城邦还首次在《查理曼法典》中禁止向任何人发放高利贷。高利贷被定义为：“索取超过给予”。

从那时起的300年期间，教会和城邦都对高利贷断断续续地实施了严厉打击。850年，不担任神职的高利贷者被帕维亚教会会议（Synod of Pavia）开除教籍。然而，直到11世纪，也就是欧洲学说和贸易复兴的时候，学者们才细致审视教会针对高利贷的教义，教会领导层才具体制定了禁令。此时，高利贷甚至被宣布为抢劫的一种形式，也就是第七戒的罪孽。[注140]它成了一种臆想罪：圣奥古斯丁（St. Augustine）称，当你“期望中的获得超过给予”时，就是精神上的放高利贷。1139年，第二次拉特兰公会（Lateran Council）禁止高利贷行为，并宣布放高利贷者将被剥夺公权。教皇尤金三世（Eugene III）裁定，“如果放贷人获取抵押物收益时不考虑本金数额，那么他的抵押贷款就是高利贷。”[注141]要求赔偿额等同于偷盗。教皇亚历山大三世（Alexander III，1159～1181）宣称，高于现金价格的赊销是高利贷。显而易见的高利贷者被开除出教籍。高利贷者现在不仅犯有缺乏仁慈之心和贪婪罪，而且还犯有违背公义之罪。高利贷行为已经成了对产权的一种侵犯。

遭到谴责的并非这种形式的收益。“所有高利贷都是利润，但并非所有利润都是高利贷。”圣·伯尔纳定说。从商品的购买和销售工作中获取的收益并不受质疑，只要“价格公道”。从工业和农业的工作中获取收益是理所应当的。从非商业的眼光看，贷款只是被当成提供帮助的形式，相当于一个邻居理应帮助他的落难邻居。如果有人想从邻居的不幸中获益，就像从工业中获益那样，这种行为似乎首先是邪恶的，然后又是不公正的。这种毫无疑问产生于个人消费贷款的观点，显然得到了普及扩大，从而其他形式的信贷也被容纳了进来。精神上的高利贷行为是一种罪孽：1210 年，欧塞尔的威廉（William）宣称，“高利意图造就高利贷者。”他把高利贷行为之罪孽比作不法企图。[注142]该禁令甚至比戒杀戮还要严厉；禁止高利贷的法律不存在例外情形，而有时为之杀人甚至都是值得推崇的。《申命记》（见上）中有歧义的允许收取陌生人高利，此时已经被天下皆兄弟的概念取代：天下没有陌生人。[注143]对待高利贷的这种态度的核心，按照圣雷蒙德（St. Raymond）的话说就是：“当一个人向落难邻居伸出借贷之援手时，他只是为了上帝，原则上出于慈善之心。”[注142]满足这一标准的条件是你的本愿。

圣托马斯·阿奎那（St. Thomas Aquinas）（1225？～1274）引用了亚里士多德（Aristotle）的观点。亚里士多德认为，金钱为不育之物，因而用钱生钱是违反自然的，理应受到唾弃。事实上，亚里士多德反对从任何商业交易中获益。圣托马斯如此总结出自己的信条：“从任何人那里取得高利都是彻底的邪恶……”犹太人之所以被允许收取外邦人高利，完全是为了避免更大的邪恶，即从犹太兄弟那里获取高利。[注144]《申命记》中对向陌生人放贷的许可，在整个经院时期（Scholastic period）引起了纷争。它突出了部落法与宇宙法的差别。对于有些人来说，似乎应该允许犹太人放贷给基督教徒，应该允许基督教徒和犹太人放贷给萨拉森人，而事实上他们也的确如此放贷了。这种结论并没有得到经院哲学家们的普遍认可，其中许多人谴责所有高利贷行为。

伴随着神学院对高利贷行为的谴责声浪的，是 8 世纪至 12 世纪期间世间对此的禁忌，虽然在禁止形式上各个国家（或者各个县）的差异很大，但在实施力度上差异更大。高利贷并没有在欧洲彻底灭绝，而且也许没有在任何重要的历史时期里在欧洲的任何大范围区域内消失。然而，如果把教会的禁忌浪潮看成是只有推崇者重视、只是漫不经心地投入实施、社会和政治领导人以及普通民众不以为然的一种沃尔斯特德法案（Volstead Act）的话，那么就大错特错了。对高利贷罪孽的恐惧感令政治和教会领导人，以及商人和银行家们产生了沉重的心理压力。随着贸易在11世纪和12世纪的复兴，各国政府和企业付出了九牛二虎之力，在极其不方便、投入费用巨大的条件下投资于贸易活动，而不借助于高利贷。发展起来的那些信贷形式有时是专门为了避免罪恶感而设计的。金融领导人的良知经常受到折磨，因为他们担心自己可能直接或间接地犯下了高利贷罪。

我们已经回顾了解了这种禁忌的几乎遍及全天下的全部力量，接着我们要研究一下它的局限性、普遍存在的例外情形和规避行为，尤其是不被看成是高利贷的那些信贷形式。我们还将研究13～15世纪期间高利贷信条的逐步发展和修订完善，以及最终取得大众和教会认可的新的信贷形式。这些历史进展将不以时代顺序编排，而是依据从一开始就存在的信贷形式的性质，或者11世纪以后贸易和工业复兴时期演变产生的信贷形式。

典当铺

“显而易见的高利贷者”一词说明了一个早期的区分界线，区分了以向个人发放消费贷款为生与偶尔从放贷中获得利润的人的差别。看来最初的攻击目标是典当铺老板，以及我们如今称作“高利贷者”并送进监狱的那些人。但是，禁忌走向了普遍化，其中部分原因是很难区分例外情形，另一部分原因是早年缺乏合法的商业信贷机制，或者说缺乏对这种机制的需求。

“显而易见的高利贷者”一般就是那些发放担保型消费贷款的典当铺老板。下面记载的典当铺利率为32.5%～300%，而这些利率数大部分属于法定上限。可以推测，“高利贷者”在中世纪就存在，就像今天一样，就像在古希腊他们就显然存在一样。他们当年可能收取的利息和如今他们常常收取的利息是：无担保信贷每周25%。这个利率数乘以52，就可以称做相当于每年1300%。因此，我们必须记住，合法设立的当铺不同于这种无担保贷款的非法交易商。

虽然禁止高利贷，但职业当铺老板在中世纪的欧洲可能总是存在着。他们常常得到宽容，甚至获得正式注册。按照有些教会领导层的说法，城邦可能是把他们当做必要的恶魔而宽容的，但并非赞许或者鼓励他们的存在。[注145]事实上，在12世纪的低地国家和其他地区，公开的高利贷者得到了国君们的特别保护，因为他们通过收取高额注册费而参与了其中。城邦常常把大部分精力用于清除未经注册的竞争者，但是偶尔在改革浪潮来袭时也会压制经过注册的高利贷者。

“显而易见的高利贷者”常常是犹太人。他们当然不受开出教籍的影响。他们并没有得到谅解，他们的交易遭到强烈反对和道义上的谴责。然而，犹太人并没有垄断中世纪的高利贷市场。他们是这个领域的先行者，但是他们的活动规模一般比较小，也并非主流。在10世纪或11世纪期间，他们中的一部分被伦巴族人取代。这些来自意大利北部的伦巴族人遍及欧洲各地。【注146】后来，低地国家的城邦和意大利开设了公共当铺，收取比较低的利息，意在取代伦巴族人和犹太人。

虽然社会舆论可能主要倾向于反对这种“显而易见的高利贷者”，但是人们的道德准则同时反对涉及放贷获利的商业信贷。正是这种范围更加宽泛的禁忌直接影响了贸易和金融业的发展，影响了商业贷款的结构和利率。

不同于高利贷的利息

在截至此时的教义讨论中，“利息”一词还没有得到强调。禁忌针对的是高利贷，即“高于给予的索取”。拉丁语高利贷的名词 usura 是指对任何东西的“使用”，这里是指对所借资本的使用，因此，高利贷是指使用货币所支付的价格。拉丁语利息的动词 intereo 是指“损失”；而其名词形式 interisse 演变成了现代术语“利息”（interest）。利息并不是利润，而是损失。

中世纪的利息理论就是从禁止高利贷的教义的例外情形中缓慢发展起来的。贷款报酬如果是放贷者的收益就不合法，但是如果报酬不是净收益，而是对损失或费用的偿还就合法了。有关本愿的信条是压倒一切的。经院哲学家们对高利贷的分析成了区分高利贷和利息问题的核心。【注147】

利息之所以被认为是应当支付给债权人的补偿，是因为他在放贷过程中发生了损失。【注148】这一概念源自罗马法典。该法典认为，它是放贷人或其他人当前受损地位与他没有放贷时的地位之间的差别。这种广义的“损伤”有时包含了放贷人通过贷出金钱而可能获取的利润。带有这种含义的 interesse 一词在1220年左右成了标准释义。它常常是贷款偿还延迟时的补偿或者罚金。这种损伤的产生可能是因为（a）贷款的担保人为了还款而被迫借款，从而需要支付高利，他们可以收取高利以弥补损失；（b）如果贷款没有在商定的时间偿还，可能就会收取滞纳金，只要放贷人愿意接受加息推迟偿还贷款。在第二种情形中，罚金有时会高达所贷金额的两倍。【注149】比利时伦巴族人的很大一部分利润就是来自这种罚金。但是，教会的一个倾向是将罚金的数额限定为蒙受的实际损失。圣托马斯·阿奎那宣称，可以要求延迟偿还贷款的债务人偿还所借资本可能损失的利润。[注150]

在早期的案例中，贷款开始时理应是无息的，是慈善之举，但是如果不迅速偿还就会发生罚金，也就是利息。可是不久以后，作为罚金的利息在有些地方、在某些情形下，允许从一开始就存在。其中一个案例是作为对发放贷款过程中所花费时间和精力的补偿，即一种工资的形式。还有一个案例是，假如那些钱没有借出去的话，原本显然可以用于创造利润。另外一个例子是，放贷人发生了损失，比如为了筹募准备借出去的资金而出售财产过程中发生了损失。还有，在后面论述的一个岁金（以财产作担保的年金）案例中，利息从一开始就允许，只要其数额不超过将这部分钱投入到直接购买财产而产生的收益。最后一个案例是，城邦的强制性贷款的利息在有些地方被认为是损失的合法补偿，只要放贷人选择收回本金而不是收取利息。[注151]总体来说，风险因素在接受贷款利息或利润问题上并没有当做一种法律依据来考虑，也许这是因为贷款的担保通常是价值超过贷款本金许多倍的不动产。

城邦贷款

在威尼斯、佛罗伦萨和热那亚，强制性贷款很早就被施加在富裕市民身上。这种贷款的利息偿付是否合法，争论非常强烈。从某种意义上说，这种贷款是赋税的一种形式。然而，纳税人可以索要利息，作为其纳税的回报。这种贷款是由富人根据其他富人的已知财富数额按比例进行评估的。在威尼斯，通常用于防务目的的这种强制性贷款，是以一种政府基金的形式组织的，叫做 mons。每个放贷人都可以取得 mons 的一个股份，而这些股份变成了交易物。[注152]文献记载中终于有了日交易价格。虽然没有法定的赎回日期，但是城邦通常都保留赎回的权利。年度补偿是以“礼物和利息”的形式发放的，不受高利贷法的管辖，理由是利息太低，没有人会主动提供这种贷款。

到了 1400 年，大部分经院哲学家都已经认定，公债的增值部分是利息，也就是对损失的补偿，而不是高利贷。

合伙企业与社团

从罗马时期开始，合伙制企业就是一种正常的、得到承认的经济组织形式。[注153]它的盈利目的得到承认，被作为付出精力和承担风险赚取的一种回报。只有在合伙协议倾向于限定或者免除某个合伙人的工作和风险时，该合伙人获得的收益才会被质疑为高利。高利贷的禁忌并不是为了减少风险企业的高利润。

在文艺复兴时期，依据所谓的“三重合约”（triple contract），允许组织特别合伙制。在这里，合伙协议需补充另外两份协议：负责运营的合伙人为特别合伙人做亏损投保；负责运营的合伙人向特别合伙人承诺固定回报率。这种“三重合约”有时被称做“百分之五合约”，也就是通常承诺的回报率。它成了14世纪和15世纪经院哲学家们激烈争辩的话题，因为它很接近毫无风险的单纯的高利贷。然而，随着贸易和金融业的发展，人们对金融的看法发生了变化。金融业不再主要涉及向农村社区里落难邻居发放消费贷款，而是更多地涉及富裕商人们之间的交易。它具有了社会用途。

14世纪的中叶保险业在港口发展起来。不动产的主人以支付费用的方式将风险转移给了保险人。作为一种有偿服务，这种做法受到了保护。[注154]到了14世纪末期，保险业的固定回报率原则延伸到了合伙企业。

在15世纪的德国，这种合伙契约，也就是所谓的“百分之五合约”，在经过了众说纷纭之后维持了下来。1567年，教皇庇护五世（Pius V）私下认可了“百分之五合约”。[注155]病人、遗孀和教会都从这种特殊合伙制的投资利息中获得资助。尽管争议依然存在，但它还是获得了普遍接受。

年金：岁金

在中世纪期间，“岁金”是土地投资的一种正常形式，也是城邦信贷的一个常见工具。[注156]农民、贵族和城邦都出售“岁金”，其担保物是他们的土地、垄断商品和税赋收入；它通常是合法的，很少被认为是高利贷，而且非常普遍。

“岁金”即“从丰饶不动产中获得之年度收益的支付义务”。[注157]这种合约多少有点像现代的年金，即一般按该期限提供“岁金”，而且也与现代房地产抵押贷款相似。“岁金”的买方常常支付现金；卖方是债务人，必须支付年供。

这种合约形式是在早期封建时代发展起来的。起初，支付的回报形式是真正的果实，因而被认为是出售未来商品。它成了出售未来资金的所有权，有时数额是浮动的，更多的时候是固定的。终身“岁金”的期限为买方或者卖方终身，相当于终身年金。永久“岁金”的期限为永远；临时“岁金”的期限为固定的年数，相当于房地产抵押贷款。“岁金”可以是不得兑现的形式，也可以是可兑现的，这主要根据买方意愿或者卖方意愿或者双方意愿来决定。其中有些形式与个人贷款相当，并因此受到质疑。但是，大部分此类合约为人们所接受，只要利率不是太离谱。1425年和1455年，教皇马丁五世（Martin V）和教皇加里斯都三世（Calixtus III）分别授权了可兑现不动产“岁金”合约和个人“岁金”合约。

这种通常基于房地产的长期投资方式成了一种很受欢迎的信贷形式。寺庙将自己的大笔遗产都以这种形式进行投资。在12世纪和13世纪，一个食利者（rentier）阶级在意大利和荷兰发展起来。各个城邦和城市频繁地通过出售“岁金”来为修缮工程和备用金提供融资。这些“岁金”有时为投资人以优惠或折扣价格转售，正如意大利各城市的强制性贷款可以转售一样。

存款金融

通过存款合约来保存商品或金钱的做法可以追溯到希腊和罗马时期，甚至更早的年代。它是中世纪早期的一种做法。[注158]到了13世纪的意大利，存款已经变成一种投资手段。金钱储存在商人那里，常常收取浮动的利润率——取决于该商人的风险企业的成功程度。在热那亚，存款金融业颇具规模；而在佛罗伦萨，商业银行则为贵族、商人和神职人员的存款支付丰厚的利润。在15世纪，美第奇银行（Medici Bank）在存款的基础上组建起来，其中部分存款来自银行的所有人，他们只有在获利情况下才收取利息。病人和遗孀常常靠存款利息生活。

商业银行还通过放贷或投资获得更多的存款。在14世纪的巴塞罗那，银行的信贷扩张速度估计为硬币储备的3.5倍；在布鲁日，硬币储备通常为存款的29%。[注159]然而，银行的资产恐怕主要用于投资，而不是放贷；他们的贷款常常是政府强行施加在他们身上的。[注160]

这种带息存款被抨击为高利，尤其是在没有风险且利率固定的情况下。然而，随着时间的推移，针对高利贷的禁令在实施最为严厉的时候，也只是针对显而易见的高利贷者、对个人落井下石的盘剥者，而不是针对商业放贷人。存款金融被允许存在，其他形式的商业信贷也得到宽容。尽管还有高利方面的争议，但“13世纪佛罗伦萨的银行家的社会地位，至少相当于20世纪纽约的银行家。”[注161]

汇票

早在12世纪，或许在那之前更久的时候，外汇汇款就与信贷结合在了一起。比如，在热那亚，外汇的买卖都是在下一个香巴尼交易会（Champagne Fair）支付。这些每年举行数次的大型交易会，时常主要是意大利银行家资助的。交易会将欧洲各地的进口商和出口商集中在了一起。用于国外汇款的一种标准票据诞生了，并且成为14世纪和15世纪的一种常见信贷工具。[注162]

然而，这种汇票不是可贴现票据；它也不是明确无误的贷款形式。根据未来某一日银行可以以本国货币回购时的汇率的不同，利润常常波动性很大，投机性很强。这种利润不能叫做高利，也不是真正的利息。

与现代票据不同的是，中世纪的票据总是始于外汇合约。某商人将一笔款以当地货币交给另一个商人，收到的票据在未来的某一天在另外一个城市以另外一种货币兑付。[注164]这种合约通常包含四方：（a）“交付人”，在始发城市购买票据；（b）“收讫人”，收到钱后向“交付人”的外国代理开具票据；（c）位于外国城市的“付款人”，票据在那里兑付，通常是“收讫人”的代理人；（d）位于外国城市的“收款人”，通常是“交付人”的代理人。

在中世纪的后期，出现了供求关系决定票据现金价格的有组织的货币市场。[注165]这种票据大多数都是“按习惯期限”兑付的，即在传统的期限里实现货物从始发城市到终点城市的转移，比如1个月、2个月、3个月等。票据的付款通常不是以硬币形式，而是通过银行的存款转账。

虽然购买票据涉及信贷的延期，但利息却不能公开收取，因而是隐含在高于现金交易情况下的外汇汇率。[注166]这些票据并非都是商业性质；中世纪的票据通常并不是由出口商为他的外国顾客兑付。相反，货物常常以寄售方式发出。很大一部分票据都是由一个商人兼银行家开具给代理人，以调整余额或者通过套汇获利。货币市场的条件往往鼓励资金流动，某个城市可能资金紧张，而另一个城市可能资金充裕。

这种票据是教会和习俗所允许的，但并非没有争议，而且虔诚银行家的内心也未必坦坦荡荡。然而，获利比例常常很不确定；用现代术语来说，它通常是一种利润，而不是利率。有一种叫做“纯兑换”的变异做法排除了大部分不确定性，有时成了一种纯粹的贷款。在“纯兑换”交易中，进、出票据的谈判同时进行。这种谈判可以给银行提供一种确定的收益——一种真正的利率。其中并不涉及货物或者货运，也没有实际上的外汇。借方只是在若干个月内使用了资金，而同时票据传到国外的代理人处，另有一些票据回到本地。

宗座（Holy See）广泛使用外汇银行，以便实现在欧洲各地的汇款，而不需要冒险运送硬币。银行在14世纪针对这种业务收取的费用非常不起眼：[注167]有时分文不取，有时为5%。为宗座提供的实际贷款，银行并不收取费用，但是总体上说，这种业务十分诱人。比如，深受欢迎的银行可以为新任命的主教提供他们需要用来确保这种任命的贷款。银行家会在罗马购买票据，事后在教区从收益中兑付。这种贷款早在1200年就有记载。[注168]此外，银行还可以使用存在他们那里的闲置的教皇资金。

在13～15世纪，布鲁日是一个重要的外汇金融中心，就像意大利的一些城市一样。在16世纪，里昂和安特卫普发展成了金融中心。国君和各个城市在那里筹借大笔款项用于战争和公共事业，而这种信贷的很大一部分都采用了外汇销售的形式。安特卫普交易市场（Antwerp Exchange）的金融交易大幅度增加。到了17世纪，阿姆斯特丹超越安特卫普和里昂，取代了它们原有的大部分领先地位。直到18世纪，伦敦才成为一个主导型金融中心。而在伦敦的主导之下，外汇金融业作为一种信贷和金融的方式走向了衰退。英国人推出了新的信贷形式而不受教会有关高利贷信条的影响。17世纪的英国人开发出了流通纸币，并以公开利率贴现国内的商业票据。

公共当铺

15世纪期间，人们花大力气要纠正对“显而易见高利贷者”的滥用，虽然这种高利贷者曾经被当做必要的恶魔。1461年后不久，佩鲁贾总督巴伯鲁（Barbarus）建立了第一个公共当铺：由慈善捐款资助，为了穷人的利益运营。当铺收取少量费用，以便照管典当物，抵销管理费用。公共当铺起初收取的是6%，而此前允许私人当铺的利率却高达32.5%～43.5%。[注169]尽管神学界表示反对，教皇保罗二世（Paul II）还是批准了这一做法。大家同意，超出本金的费用额并非高利，而是用于冲抵经营开支的利息收益。当铺需要的资金不仅仅是慈善捐款。于是，他们被允许接收存款，并向存款人支付利息，作为对使用存款的补偿。逐步地，这些当铺不仅向穷人放贷，也为企业提供贷款。它们很像现代的储蓄银行。

1618 年，荷兰南方打击私人高利贷者，也建立了一个公共当铺体系。资金通过以 6.25% 的利率销售岁金取得，企业作担保。比利时主教批准了此举。[注171] 然而，1625 年，伊莎贝拉公主（The Infanta Isabella）强迫当铺给她贷款；此外，当铺的所有贷款利率根据法律降到了 10%。时运不济加上管理无方，岁金的支付不得不延期。到了 1652 年，岁金的支付在降低岁金率后得以恢复。利息回到了 15%。这些当铺一直持续到法国大革命（French Revolution）。它们是政府当铺，但是它们从来没有表现出意大利当铺的那种储蓄银行的特征。尽管如此，机构含息贷款的想法已经确立，并势不可当地得到了普遍认可。

教义的修订

到了 16 世纪，大规模的信贷在资助欧洲的战争和贸易活动。利息得到了普遍接受。尽管如此，神学界的歧义还在继续。然而，谴责的对象已经更加显然地局限于我们今天所说的高利贷者。

在宗教改革期间，许多新教徒都维护利息和信贷。结果，2 000 年来将犹太人和基督教徒捆得死死的高利贷信条，现在已经松开，并最终被放弃。[注172]

马丁·卢瑟（Martin Luther，1483 ~ 1536）宣称，基督教徒不再有义务遵守已经消亡的摩西教规条。然而，起初他反对岁金和富裕的食利阶级，甚至超过了显而易见的高利贷者。他谴责利息的收取。然而，随着激进的改革派呼吁返回集体生活、反对权威和拒付债务，卢瑟的立场似乎发生了变化。他说，支付高利并不构成同谋罪。普通人必须听从世俗的权威，私人财产必须得到尊重，改革的根源必须是国君，而不是民众。基督教徒可以自由地出借自己的钱。公共设施的考虑应该规范含息贷款。那些只收取 5% ~ 6% 利息的人不应当被当做敲诈勒索之徒。即便是 8% 也应当允许，只要它基于可以赎回的土地抵押。但是，有些债权人——他撰文说——正在索取高达 60% 的利息，而这些人对可怕的通货膨胀和德国的敌人负有责任。普遍应用的“百分之五合约”必须不受质疑。

瑞士改革家茨温利（Zwingli，1484 ~ 1531）并不承认经文中也许可以推断出对高利贷的严禁教规。[注174] 支付利息的义务直接源自训诫：“凡人所当得的，就给他。”尽管如此，他谴责职业高利贷者。信教改革家布塞尔（Bucer，1491 ~ 1551）认为，贷款是否合法的唯一检验标准是为人准则（Golden Rule）。《圣经·旧约》所反对的并不是所有的贷款增值，而是残酷的高利贷。

约翰·加尔文（John Calvin，1509～1564）抨击亚里士多德派和经院派的信条，即金钱为不育之物，本身无法生产自然果实。他从公平、为人准则和公用事业的角度来解释《圣经》中的行为准则。[注175]他教导说，经文只是禁止残酷的高利贷。如果所有高利都是邪恶的，上帝就不会允许希伯莱人以高利借钱给异教徒（见上《申命记》23：19－20）。古代法典遗留下来的只有慈善、公平和公正方面的规则。在生意过程中获取高利与担当高利贷角色之间，有着天壤之别。只有在不伤害兄弟的时候，高利才是允许的。[注176]1547年，加尔文在日内瓦将法定利率上限确定为5%。

既然一些杰出的宗教领袖对圣经禁止高利的教规都表达了怀疑或者反对意见，商业利率便迅速活跃起来，以确保该禁忌得以取消。[注177]这场争论已经失去了其宗教的内涵，而且远没有结束。到了1650年，在信奉新教的国家里，商业界开始讨论不同利率对经济所产生的影响。约翰·洛克（John Locke）坚持认为，“租用金钱的价格”是无法实施管制的。[注180]

在天主教国家，与传统决裂的现象直到18世纪才出现。我们发现，“百分之五合约”早在15世纪或16世纪就在教会内部受到保护。后来，有人争辩说，民法有权让高利合法化，并重申以惯常利率向富人收取高利并不是一种罪孽。城邦贷款受到了保护。然而，旧的法律还在与顽强的反对者对峙，只是在逐步退让。

在18世纪期间，更多的信贷形式为天主教会所接受。最后，在1822年到1836年期间，宗教法庭（Holy Office）裁定，法律允许的所有利息可以为任何人收取。[注178]当然，法律还是在限制各种利率，还是在登记高利贷者，还是在控制金融业和信贷。最后，从罗马天主教的立场上说，教皇庇护十二世（Pius XII）于1950年宣布，银行家们“在诚实地谋生。”他认可了金融体系。[注179]

通过这次调查我们可以认定，中世纪对高利贷的攻击绝对不仅仅是神学界的一次辩论。那次攻击并非完全奏效，例外情形逐步衍生出来，某些规避行为可能总是轻而易举。尽管如此，在很多个世纪的时间里，普通消费贷款，以及从这个意义上说的普通商业贷款，都遭到了行之有效的、普遍存在的和神学领域的谴责，而且常常受到法律的反对。虔诚的市民们被迫想出一些权宜之计，以便为11世纪以后欧洲日益增长的贸易活动提供融资。在这些权宜之计中，有些发展成了流传至今的金融方法和信贷形式。尽管如此，早年对高利贷的攻击，其目标从本质上说与今日并无多少区别：反对离谱的利率。

这场争论并没有在宗教改革和教会信条的修订之后结束。它当时就在继续，至今还在继续。它现在的表现形式主要在于公正和权宜之计，无论是自由放任还是经济调控、管制利率（理应比较低）还是自由利率（理应比较高）。边沁（Bentham）（1748～1832）宣称，“达到成熟年龄、心智健全的任何人，在自由行动、睁大眼睛的情况下，都不应当被阻止……在获取资金的方式上，以他认为合适的条件进行这种讨价还价；同样，任何人都不应当被阻止以自己认为合适且可以同意的条件向他提供资金。”【注170】20世纪美国的利率常常受到法律的限制。这仍然是个产生争论的话题，投入争论的不仅仅是经济学家，还有政治家和经济组织——有些希望利率高，有些盼望利率低。

第七章

蒙昧黑暗时期

A History of Interest Tates

西罗马帝国衰亡之后的蒙昧黑暗时期对利率史没有什么贡献。尽管如此，还是有必要扼要总结一下这几个世纪里的西欧经济状况，这样早先有文献记载的中世纪利率就能够置于一个历史背景中，与这些利率相关的经济活动类型也就便于理解了。

我们可以确信，在这几个世纪中，信贷始终都存在着。这里的依据是神学界反对高利贷的运动，以及频繁出现的禁止或者规范高利的民间法令。含息贷款的事实也有文献记录，但是收取的利率如何却不是该记录的一部分。

在中世纪的大部分时期，西欧经济都可以按照地域来讨论，而不是按照民族。庞大而组织有序的城邦还不存在，国王的权势还很有限，而地方贵族的权势却常常是绝对的。人们的思维和行为不是从民族的角度出发的。贸易活动和货币在跨越国界时，往往跟穿越县界一样容易，或者说一样困难。

5 世纪和 6 世纪

在罗马于 410 年被哥特人洗劫、于 455 年被汪达尔人洗劫以后，原始野蛮王国在整个西欧盛行：法兰克人在高卢，西哥特人在西班牙，东哥特人和后来的伦巴族人在意大利，盎格鲁人、撒克逊人和朱特人在英国。然而，这些王国总体上尽可能保留了罗马文明。[注180]那些野蛮人学会了欣赏罗马和罗马文化。他们的国王常常在君士坦丁堡欣然接受罗马皇帝授予他们的荣誉称号。他们有时举行仪式

来向他表示感谢。“这几个世纪中，正式罗马时期和正式原始愚昧时期之间并没有出现激烈的断裂阶段。”【注181】

罗马经济体系的大部分都保留了下来。罗马城镇仍然是商业中心，仍然是宗教和民间管理中心。虽然北欧的贸易此时更加地方化，而且倾向于退出罗马的势力范围，但大部分贸易活动还是沿着老罗马路线进行。这些贯穿南欧的贸易路线基本上都是从地中海各港口辐射出来的。地中海是主要的商业中枢，通过它，与君士坦丁堡、非洲和东方的交流还在继续。【注182】虽然贸易活动、资金的流通，也许还有人口数量都在走下坡路，但是西欧重要地区的经济体系的变化，却不如后来穆罕默德进攻后发生的变化大。比如，虽然法兰克人在公元400年前后入侵了佛兰德，但他们还在继续生产佛蓝芒布匹并出口到意大利。【注182】职业商人在前帝国各地从事进出口贸易。巴黎附近的圣丹尼斯贸易街就可以追溯到这个时期。罗马的金币在继续流通。庄园式自给自足体制迅速普及，商人的贸易活动和城市的工业活动都在下降，但是与东方之间的重要贸易活动还在继续，而且事实上从来没有彻底停止过。北欧国家之间的贸易活动也许在增多。

7世纪和8世纪

公元632年，阿拉伯人征服了叙利亚、埃及和波斯；669年，他们占领了小亚细亚；698年占领了迦太基。711年，他们来到西班牙，打败了西哥特人，并从此占领这块欧洲西翼数个世纪。虽然他们完全征服欧洲的进一步企图在732年的图尔战役（Battle of Tours）中被查理·马特（Charles Martel）粉碎，但是阿拉伯人几乎将整个西南欧洲团团围困。一个经济上的基本事实是，地中海的商业已经绝迹。仍然开放的只有意大利南部、亚得里亚海和爱琴海的一些港口。叙利亚境内连接西部与亚洲和埃及的水路运输已经被切断。

从8世纪开始，西欧商业遭到沉重打击。【注183】虽然阿拉伯人已经被阻挡在比利牛斯山下，但是甚至没有人试图发动反攻，以重新开放海域。查理曼的帝国基本上成了一个内陆国家。【注185】丹麦人正在大肆抢劫英国，北欧海盗控制着北部水域。商业活动的中止加速了商人的灭亡和各个城市的衰败。查理曼时期（742～814）的西欧已经停止使用进口奢侈品。它正在倒退到一个以农业为主的经济形态。拉丁语已经被遗忘，文化已经消亡，迷信之风盛行。罗马的农奴制成了封建主义的基础。然而，即便是庞大无比的庄园也从来没有实现绝对的自给自足。[注184]盐、金属、粮食、酒和布匹的贸易还在继续。[注186]经济活动达到最低点的年代也许因不同商品和不同世纪中欧洲的不同地区而各不相同。

在蒙昧黑暗时期最黑暗的时候，钱币一直正常使用，但是商业活动的匮乏减少了它的流通。然而，正是在这个时候，查理曼发明了一种新的硬币，取代了罗马的金币。他的小面额新银币非常适合不从事大规模贸易活动的农业经济。他的货币面额分割一直延续到了今天。唯一容易估计价值的硬币是银便士（denier，德尼厄尔），但是出于财会目的，12 便士等于 1 先令（sou，苏），20 先令等于 1 镑。[注187]

查理曼是禁止所有高利行为的第一个国君。由此我们可以推测，信贷不仅存在，而且恐怕还非常普遍。遗憾的是，本次调查无法找到这个关键历史时期中任何具体的包含已知利率的贷款记录，而这个关键时期将衰亡的古代世界与兴起的现代世界联系了起来。

9 世纪

9 世纪也许表现了欧洲经济生活在许多地方的低谷，虽然神圣罗马帝国（Holy Roman Empire）在 800 年成立了。阿拉伯海盗此时正肆虐在地中海海滩。他们朝罗马进军，甚至围困了圣天使堡（castle of St. Angelo）。他们是非洲的主人，并且在 878 年后统治着西西里。他们控制着地中海的岛屿和海岸水域，而欧洲人完全彻底地放弃了大海。

在北方，北欧海盗也已经摧毁或者统治着北海的港口和英吉利海峡。他们最初是海盗，后来成了侵略者，再后来成了商人。他们在斯凯尔特河、默兹河、塞纳河扎营；他们围困了巴黎。与此同时，他们还沿着第聂伯河在俄国扎营；他们穿越俄国到了黑海；他们穿越俄国与君士坦丁堡做贸易。他们成了罗宋人（Russ），也就是俄国的早年国君。在英国，阿佛列大帝（Alfred the Great）正在奋力抵抗丹麦人。

在这种围困之下，欧洲基本上成了一种农村文明。封建主义标志着公权土崩瓦解。货物的交易和流动跌入谷底。[注188]商人阶层几乎彻底消失，农奴制甚嚣尘上。教会掌握着财政大权，完全行使着政府职能。文化教育被教会彻底垄断。有些市场发展了起来，但都是小规模的地方行为，允许地方性质的物品交易。著名的罗马大道已经毁坏，在许多地方已经了无踪影。[注189]都市贸易和商业几乎绝迹，而城镇基本上成了教会的管理中心。贵族们在乡村豪宅里实施统治，根本不理会上一级政府。他们篡夺了皇室的铸币特权。

在这种贸易全面崩溃之下，并非没有例外情形。在威尼斯，亚得里亚海沙岛的一群难民成功地击退了野蛮外邦人以及卡洛琳王朝的人（Carolingians），建立了一个安全的独立地位。威尼斯继续承认与君士坦丁堡的关系，东罗马帝国也保持了它的文明和奢侈品的交易。威尼斯不仅与君士坦丁堡有贸易往来，而且还在跟非洲阿拉伯人和叙利亚做买卖。[注190]总督们自己也参与商业活动。在这个时候，威尼斯开始了惊人的扩张。威尼斯商人很可能早在这个时候就带着他们的进口物品到了北欧。他们也许经常光顾香巴尼平原，也就是不久以后著名的贸易交易会举行的地方。

10 世纪

10 世纪被叫做过度转换世纪。[注191]从表象看，西欧的艰难困苦越来越严重。许多经济活动还在继续恶化。与此同时，历史记载了一些趋势和势力的端倪，可以被认为是新经济复兴的生力军。这些在事后可以看得一清二楚，但是可以肯定地说，当代预言家们几乎都没有如此高瞻远瞩的眼光。

在西欧的大部分地区，小规模战事还在继续。西欧与西班牙的萨拉森人（Saracen）港口、非洲和东部还是没有什么往来。阿拉伯海盗在 935 年洗劫了比萨，并在 1004 年再次洗劫比萨；他们在 985 年摧毁了巴塞罗那。阿拉伯人甚至在阿尔卑斯山设立了一个前哨基地。南部沿海的主教管辖区不得不向内陆迁移。[注192]另一股恶魔势力，也就是匈牙利可怕的骑兵袭击开始了，并与南部的阿拉伯威胁和北部、西部的海盗威胁结合在了一起。欧洲人修建了城堡，也就是由骑士驻守的“要塞”；他们靠土地为生，但对经济却没有什么贡献。

法国的皇室力量正处于低谷。911 年，罗洛（Rollo）统治下的斯堪的纳维亚人被法国国王糊涂查理（Charles the Simple）赐予诺曼底。但是，德意志国王奥托一世（Otto I）却于 936 年最终打败了马扎尔人，为自己创建了一个王国，当上了皇帝，改革了教皇统治制度，并帮助欧洲复兴。

在这个早期阶段，复兴的迹象很微弱。阿拉伯已经很久没有取胜了，而阿拉伯世界在其远方的中心正走向衰弱。到了世纪末，阿拉伯国家开始从欧洲进口奴隶、金属制品、木材以及其他商品，并用黄金付款。[注193]与此同时，海盗们在抢劫之后并不再是大举入侵。相反，这些曾经当过交易商的烧杀掠夺者，此时再次成了交易商。他们的船只再次出现在默兹河和斯凯尔特河，以寻找货物。[注194]他们频繁造访汉堡、基尔和伦敦，并成了东部与西北部的中间商，控制了前往波罗的海的海上贸易。他们还从事从基辅到君士坦丁堡的贸易，并与里海的阿拉伯人和犹太人做生意。在他们的帮助下，佛兰芒呢绒在北部找到了巨大的市场。当地的佛兰芒羊毛变得供不应求，于是英国的一种高质量羊毛进口到了佛兰德。佛兰德的伯爵们此时成立了一个和平、进步的城邦，有利于艺术、贸易和制造业，有利于城镇。[注195]

数个世纪以来一直走下坡路的欧洲人口，也许就是在10世纪中叶以后开始增加。[注196]欧洲是在阿拉伯人、斯堪的纳维亚人和匈牙利人的烧杀抢劫中生存下来的。[注197]多余的农奴跑了出来，想在外面的世界闯荡。骑士的年轻儿子们踏上了探险之路去追求财富。

唯一独立于土地的是游商。他们组成武装商队，行进在荒僻的道路或水路上，而这些商队后来成了 fraires 或 compagnies，也就是基尔特（gilds）或商业行会。这些游商通过修建新的“要塞”来保护自己；“要塞”以外，他们修建了 faubourgs，即中转场所。他们频繁造访伦敦和香巴尼。他们的经济意义当时还微乎其微，因为贸易的规模很小，但是他们后来的发展彻底革新了欧洲经济。

正是在这个世纪，威尼斯赢得了君士坦丁堡皇帝的决定性让步：海关豁免、在博斯普鲁斯海峡设立威尼斯工厂和居住地。在威尼斯，农奴制是人们闻所未闻的；几乎所有人都在从事海上贸易。亚得里亚海盗的麻烦并没有消失，但是他们的贸易关系延伸到了帕维亚、拉韦纳和许多海岸港口。尽管教皇统治制度反对，威尼斯还是发展了与穆斯林世界的贸易。威尼斯人开始投资于海运企业，其规模要求有某种金融组织。铸币商和兑换商的势力和声望稳步上升，商业合同也出现了雏形。意大利商人取代了希腊人、叙利亚人和犹太人，成为与东部交易的中间商。[注198]

11 世纪

在11世纪期间，西欧的政治和经济呈全面复兴态势。比萨人和热那亚人对正在走弱的阿拉伯力量发动了攻势。他们征服了撒丁，攻击了阿拉伯人统治的西西里和非洲海岸。他们解放了第勒尼安海。他们在1091年重新占领了科西嘉。诺曼人摧毁了阿拉伯人在西西里的势力。最后，1096年，第一支十字军控制了意大利城市毗邻的地中海。[注199]于是，欧洲与东部的贸易大幅度上升。

与此同时，北海的贸易也兴旺了起来。海盗们已经改行成了商业贸易商。他们的贸易线路从泰晤士河和莱茵河，一直延伸到冰岛和格陵兰，延伸到德维纳（Dvina）和君士坦丁堡。[注200]克努特（Canute）（1017～1035）一度曾统一了英国、丹麦和挪威。后来，诺曼征服（Norman Conquest）强化了英国与大陆的商业关系。蒂尔成了一个商业中心。商船开始驶入布吕赫，工业在佛兰德发展壮大。古代最著名的国际交易会是在香巴尼开始的。在这些地方，封建和平取代了封建专制。意大利贸易商穿越阿尔卑斯山北上，开始在这些交易会上与北部交易商会面。频繁造访伦敦的大陆商人增多了。酒、布匹和木材交易在增长。

在这个世纪期间，一种类似商业规则的东西在商人们之间形成了，也就是惯例的汇编。[注201]仲裁人的人选问题达成了一致。此时，已经有些商人积累了足够的财富，足以出借给国君们大笔钱款，因而他们拥有了政治上和经济上的地位。意大利商人专门从事小型奢侈品买卖，比如香料和细布，非常便于陆路运输，且很容易卖出高利来。拜占庭和阿拉伯金币开始在欧洲流通，资金的流动加大了。各国货币还是令人困惑得很，且不断贬值、“遭到责骂”，但是，匈牙利和萨克森的银矿开采却迅速发展。

正是在这个阶段，欧洲北部的城镇获得了权势和自主权。[注202]他们建起了城墙。都市得到了新型商业阶级，也就是中产阶级的组建、融资和捐献。许多意大利城市实现了自由。人口的增多导致了北海港湾沿途土地的开垦，以及新城镇的建设。居住在新城镇里的常常是那些逃跑出来的农奴。城市的手艺人开始组成行会，以控制其产品的质量和价格。[注203]教育普及了，其中部分原因是，新型的商人阶级发现教育对他们的买卖大有益处，尽管他们过去往往都是些海盗和探险者。

如今的威尼斯拥有人数众多的富裕商人和庞大的船运规模。它控制着亚得里亚海，垄断了通往君士坦丁堡所有附属国的交通。[注204]十分普及的“康曼达”（Commenda）合约中包含隐名合伙人和保险。然而，热那亚却刚刚开始复苏。

尽管有了这些进步的迹象，但新型的经济活动的规模仍然很小。有关信贷和信贷形式的详细记载，又缺失了1个世纪左右。数个世纪以来，教会一直是不可或缺的放贷机构。[注205]它拥有流动资本，可以提供给贵族，通常的岁金抵押形式叫做“土地担保”（land gage）；收入用来偿还本金时叫做“收益担保”（live gage）；债务没有通过还款而减少时叫做“固定担保”（dead gage）（即抵押）。[注206]在这个世纪期间，商业信贷的发展形式在后来才有更加详细的记载。

第八章

中世纪后期

A History of Interest Tates

12 世纪

背景介绍

12 世纪期间，西欧的经济发展加速。尽管土耳其人在 1187 年将欧洲人赶出了耶路撒冷，西欧的经济却没有受到什么影响，因为土耳其人没有舰船队伍。意大利人仍然控制着地中海。他们跟土耳其人和阿拉伯人开展贸易。十字军们十分擅长船运和商业。[注207] 热那亚出现了，与威尼斯竞争西欧贸易；到了这个时候，这两座城市以旗鼓相当的雄厚财力形成了古代时期的商业大中心。马赛和巴塞罗那也加入了这场竞争。西欧人垄断了拜占庭贸易。

欧洲文化借自拜占庭和阿拉伯。知识学习之风兴起，歌特式教堂在北方建起。在英诺森三世（Innocent III，1198 ~ 1216）统治期间，捷报频传的教皇势力达到了顶点。各国国王联合起来，以他们各自越来越强大的城镇与贵族和教会作斗争。在法国和其他一些地方，国王们的权势日趋强大。

新兴的地中海商业渗透到了内陆。由于消费需求的上升，农业和工业兴旺起来。酒的贸易规模非常大。伦巴第生产并出口丝绸。佛兰德成了纺织工和漂洗工的家园，他们从农村搬到了城镇，比如根特、布吕赫、伊珀尔、里尔、多乃（Donai）和阿拉斯。[注208] 佛兰芒布匹通过陆路运输到了意大利，通过海上运输到了诺夫哥罗德。佛兰德、意大利和北部的贸易商们云集在香巴尼交易会。

活跃的贸易又得益于来自矿业的日益增长的资金供应。价格在攀升，奢侈品的供应和需求都在增加。由于封建时代的租金通常都是以不断贬值的货币设定为固定金额，许多大地主因此变穷了；庄园业消失，让位于城市工业。农奴们适时赎回了自由身；他们支付的自由租金可以高于传统的金额。农业走向了专业化。随着人口的迅速增长，新兴城市不断出现，带有政府的许可和坚实的城墙，统治者为商人。人们纷纷从农村移居到了城镇。【注209】

在北方，德国的汉萨德人（Hansards）取代斯堪的纳维亚人的位置，成了海上贸易商。他们控制了北海，在伦敦、布吕赫、诺夫哥罗德，当然还有德国城市内，设立了贸易中心。【注210】科隆富了起来。德国人开始征服、殖民并居住在东部的斯拉夫乡村地区；他们于1143年建造了吕贝克，并从那里将贸易活动延伸到波罗的海。

商业资本主义此时迅速发展，商人们积累起私人财富。航道运输得到改善、延伸，商人们商谈着取消某些私人过境关税事宜。

香巴尼交易会吸引了来自欧洲各地的商人和银行家。在这里，国君提供了特殊的和平环境、卫兵、关税和罚没豁免，以及高利禁令豁免，只要固定的最高利率上限得以遵守。香巴尼交易会每年举行6届，每届会期6个星期。【注211】在每次交易会上，商人之间的账务得以结算，其中部分为账簿记录和冲抵。通过这种方法，先前交易会上的债务得以清算。原始形式的信用证得到了应用。商业债务通常都是在某届交易会上偿还。【注212】

在此时的意大利，贸易公司和海运保险已经相当发达。那里的商人们收取定金，安排国外汇款事宜。意大利的一些城镇，比如热那亚，将特定的税款分配给债权人，而后者则成立起有组织的团体来收取并分配收益。富裕的商人们发放以土地和房屋作抵押的含息贷款，于是“食利”阶层发展了起来。佛兰德和意大利的融资商们为英国的羊毛生产商提供贷款。【注213】意大利商业银行家们在欧洲各地设立起自己的分行，逐步控制国际金融。

12世纪

利率

到了这个时候，利率史在中断了将近1 000年后得以恢复。不出意料的是，起初的数据非常稀少、笼统。债权人们恐怕很少为了让后人明了而记录他们的高利。各种定义都模棱两可。我们只能满足于这种点点滴滴的证据，因为这是唯一的资料。

当时，英国的资金借贷业主要掌握在犹太人的手里。[注214]如果抵押物质量好，贷款的通常利率——根据一份文献记载——为每周每英镑2便士，相当于每年43.333%，如计复利则为52%以上。如果抵押物品质不好，年利率可能达到80%～120%。由于大部分中世纪贷款都是在不足一年的时间内偿还，利息常常以周利率来表示。大陆的当铺老板也常常收取每年43.333%，[注215]但是利率经常更高。阿耐斯蒂（Anestey）有个名叫理查德（Richard）的英国人从放贷人那里借了钱，以便继续持有他叔父的地产的债权；他每年平均支付将近60%。[注216]

在大约这个世纪末的时候，荷兰的商业和官方贷款据记载为年利率10%至16%。在1200年的热那亚，银行规定的商业贷款利率为20%。[注217]文献资料记载的海运贷款利率为43%～50%。但是，海运贷款利率在这里没有列入，因为这里的贷方通常承担海运灾难发生时的损失。

表5　12世纪利率汇总*

	个人贷款（短期）	
英国	最佳信贷	43.333%～52%
英国	较差信贷	80%～120%
英国	某个人	60%
欧洲	典当铺	43.333%或更高
	商业贷款（短期）	
荷兰，世纪末		10%～16%
热那亚		20%
	年金和抵押贷款（长期）	
荷兰，世纪末		8%～10%

*　正如本书在其他章节详细解释的那样，在这些汇总数据中，所谓“短期”和“长期”的表述有一部分是有争议的。因此，没有特别设定为年金的国君贷款和城邦贷款通常都是浮动债务，因而被列为短期贷款，尽管事实上这种贷款可能在很长一段时期内都没有偿清。同理，抵押贷款和年金被假设为长期贷款，尽管有些此类贷款的期限为短期。

早在1200年，很可能在荷兰有些富裕的商人购买了土地“食利”贷款和房屋“食利”贷款，也就是以不动产作抵押的年利为8%～10%的长期借贷资金。这种长期年金或抵押贷款，也就是在前面一章中描述的岁金，通常的利率都低于国君贷款、个人贷款或商业短期贷款的利率。[注219]

几乎没有文献资料显示12世纪意大利城镇的贷款利率，尽管那里的信贷相当发达。有关数据在下一个世纪则丰富得多。1164 年，热那亚在 11 年里将其部分财政收入支付给一群资本家，以换取一笔贷款，其利率没有记载。这类贷款后来被合并进入由圣乔治银行（Bank of St. George，Casa di San Giorgio）管理的债务。该银行在资助热那亚兴起方面发挥了带头作用。

1171 年，在威尼斯，政府向其市民发放强制性贷款。[注220]政府向民众发放的是债券，但却没有定期支付利息，直至下一个世纪。强制性贷款的利率当然并不能代表当时现行或者可接受的利率。然而，它却是威尼斯著名的长期贷款的开始。

13 世纪

背景介绍

这是一个经济继续扩张的世纪。在这个世纪，蒙古征服了亚洲，而阿拉伯世界从此再也没有恢复过来。这次征服带来了大范围的亚洲和平，使得远至中国的亚洲市场向欧洲贸易开放。这是马可·波罗（Marco Polo，1254？～1324）和圣托马斯·阿奎那（St. Thomas Aquinas，1225？～1274）的世纪。它标志着十字军随着路易九世（St. Louis IX，1214～1270）的战败而消亡。欧洲人以威尼斯船队为后盾，曾经一度统治过君士坦丁堡。日耳曼骑士完成了对东德意志、普鲁士和立陶宛的征服。科尔多瓦和塞尔维亚被从摩尔人手里夺了回来。贸易和繁荣景象达到了中世纪的高潮。然而，道路条件仍然恶劣，地方收费仍然在大幅上升。[注221]

欧洲人口在继续增长，[注222]自由劳动力增长迅速并走向市区。价格在继续上升。[注223]贵族阶层常常发生债务、走向毁灭。解放了的农民常常拥有土地，换取有时成为世袭义务的岁金（抵押贷款）。[注224]在许多地方，农村再次实现和平，贸易安全性得以提高。于是，商业探险家们开始待在家里，将代理人派往国外。这一趋势后来导致了交易会的衰败。曾经款待过游商的外国主人们，也叫经纪人，开始代表他们做事，后来建立了经纪垄断行业。许多商人成了纯粹的投资人；还有些商人加盟了大公司，取代了个人冒险。

此时的威尼斯不得不眼看着热那亚挑战其在黎凡特的霸主地位。热那亚人率先开启了冬季航行。布匹从佛兰德运到热那亚出口。热那亚的贵族、商人、工人，甚至奴仆们，都在买卖里拥有利益或投资，都在银行有存款，或者拥有政府债券。[注225]意大利人，尤其是佛罗伦萨人，将国际金融带入了迄今为止的最高点。他们的代表遍及欧洲各地。他们向英国的羊毛生产商发放长期贷款。赊销和分期付款成了惯常做法。银行账户被用于买卖交易和日常生活。外国货币和公债股份的投机生意十分兴旺。

意大利北方卡奥尔和伦巴第的人们取代了犹太人的位置，成为遍及欧洲各地的当铺老板。虽然神殿机构此时已经很少放贷，从黎帆特撤出的圣堂骑士团（Order of Knights Templar）却成了一家庞大的金融组织。

法国和弗兰德文明得以强劲复兴。法国葡萄酒开始取得了贸易中的主宰地位。此时已经用优质英国羊毛生产的佛兰芒布匹【注226】成了贸易中的另一个主宰型商品。意大利、西班牙、德国和英国的商人们都在布吕赫开设工厂。此时的布吕赫被称作"北方的威尼斯"。这里是英国羊毛的进入点。后来，布吕赫取代香巴尼交易会【注227】，成了北方和南方的聚会场所；它不像交易会那样属于阶段性活动。法国的腓力四世（Philip the Fair of France）后来通过关闭途经香巴尼的贸易通道而帮助了布吕赫，并摧毁了阿图瓦的布匹业。【注228】

到了13世纪即将结束的时候，布吕赫的德意志人已经成为佛兰芒布匹的主要出口商、意大利出口产品的主要购买商。德意志汉莎同盟（Hanseatic League）主宰着北欧的贸易。当时的科隆已经成为德意志领先的贸易和文化城镇。德意志的贸易路线穿过汉堡和吕贝克，到达波罗的海和斯堪的纳维亚和东部。与此同时，英国的庞大商业家族在伦敦市发展起来，他们资助国王，持有大量的土地投资和抵押贷款。羊毛贸易在英国仍然处于主宰地位。

欧洲的各国货币仍然处于混乱的贬值状态。为了提供可靠的货币，贸易城市压铸了一些优质金币，比如1252年佛罗伦萨的弗罗林（florin）和1284年威尼斯的达克特（ducat）。

"食利"阶层在继续壮大。各城镇越来越多地通过出售一个、两个终身期或者更长时间的年金收益来获取贷款。在1283年至1305年期间，布吕赫用这种方式借了10次钱。热那亚和威尼斯将债务合并，承认债权人有权将他们持有的债权在公开市场出售。贵族和寺庙常常欠着新型资产阶级的钱。

13世纪

利率

为国君提供的贷款和个人贷款。最佳商人的信用和自由城镇的信用通常都比国君的信用好得多。城镇可以将他们的城镇财富永久抵押。城镇通常不得不承诺兑现，以便保留他们珍视的主权，而且他们的信用可以从一代人持续到下一代。他们的收益很系统，很可靠，因而可以用作抵押。商人的信用实际上是用他们的实体资产作抵押的，一般在现金缺乏的时候可以兑现；此外，商人都有必要维护良好信用，否则就会丧失从事贸易的能力。[注229]

相反，国君却不能强迫其臣民来偿还债务。一般来说，他们甚至不能用自己的继承人的信用来抵押。因此，他们的信用非常短暂，往往取决于他们是否年轻，是否健康，是否能取得战争的胜利。在遇到国君死亡、遭灾或者不守信的情况下，债权人往往一无所得。此外，如果出现蓄意违约行为，通常只能通过将来拒绝给予信贷来惩罚。于是，在未提供充裕的、可执行的财产或收益抵押的情况下，国君贷款的利率往往大大超过优惠商业贷款或发放给优质自由城市的贷款利率。放贷人也许还不如听从《传道书》（Ecclesiastes）的话："不得借钱给强过你的人。"（第八章第十三节）（VIII：13）

比如，腓特烈二世（Frederick II，1211～1250）通常向他的债主支付30%～40%的利息。[注230]在抵押物无法清算的时候，类似较高的国君利率非常普遍。拉丁拜占庭皇帝鲍德温二世在1237年向威尼斯商人莫罗西尼（Morosini）借了13 000珀佩利（perperi）的短期贷款，用荆棘之冠作抵押，利率没有记载。当该笔贷款出现违约时，抵押物被法国的路易九世赎回。[注231]1221年，伯爵夫人珍妮（Courtess Jeanne）为了给她丈夫——葡萄牙的斐迪南（Ferdinand）——筹募赎金，以18%的利息借了一年的钱；这个利率相对较低，表明她提供了优质抵押物。

此时，高利率是教会、城邦、普通民众，尤其是企业家们普遍抱怨的话题。城邦试图固定法律上限，超越这个界限就犯有高利贷罪。在米兰，15%为法定上限；在西西里是10%；在1228年的维罗纳，上限为12.5%；在1270年的摩德纳，上限是20%；而在热那亚，整个13世纪都是15%。[注230]在英国，当铺在13世纪的上限确定为43.333%；有些地方的当铺上限却高出许多；比如，在普罗旺斯是300%，在德国是173%。[注233]

商业贷款。据文献资料记载，每年20%的利率，甚至25%的利率，在13世纪的意大利属于良好商业信贷的常规利率。[注234]这些数字与12世纪相仿。然而，这些利率显然属于13世纪后期、14世纪早期。锡耶纳的一家贸易公司于1260年告诉其在香巴尼交易会上的代理人，锡耶纳商人的"高位"在12.5%～15%。该文献还记录说，商人以外的借款人必须支付25%～30%。[注235]在威尼斯，长期政府抵押贷款的名义利率为5%，市场利率为6.625%～8.375%，而自愿发放给政府的短期贷款利率为8%～12%，含有海运风险的私人商业贷款的利率则为20%。

在大约1270年，在香巴尼交易会上的北欧商业贷款利率据记载为15%～20%；1200～1350年期间，荷兰的良好商业贷款实际利率为10%～16%，极端利率分别为5%和24%，其中部分原因是风险因素。

存款。在佛罗伦萨，13世纪银行巨头佩鲁齐（Peruzzi）愿意为4个月的存款支付20%的年息。所有银行都为即期存款支付10%的年息。[注236]一个世纪以后，佛罗伦萨的大部分银行支付5%～10%，佩鲁齐降到了8%。

年金和抵押贷款。在荷兰，文献记载的13世纪和14世纪初期的长期房地产贷款（岁金）利率为8%～10%。然而，在13世纪末，阿拉斯的"食利"阶层在通过与热那亚的布匹贸易、通过香巴尼交易会积累了大量财富之后，投资于土地和利率高达14%的贷款。[注237]

发放给城邦的贷款。在佛罗伦萨，公债的利息从13世纪的15%跌到10%，最后跌到了1390年的5%。[注238]至于这种下跌反映的是利率下降还是经济方面的混乱，文献中没有记载。

威尼斯共和国发放的叫做prestiti的长期贷款，都是强制性贷款，与12世纪期间的文献记载一样。富裕的市民有义务按照其财富比例购买。1262年，当国际形势随着君士坦丁堡的沦陷而变得凶险的时候，这些原先被认为属于临时性质的贷款被合并进了一种永久性基金，叫做monte vecchio。这些prestiti按照贷款余额面值每年支付5%的名义利息。[注239]本金时不时地有所偿还，虽然屈居于利息之后，但却常常低于新征税款。新征税款在1287～1314年期间十分沉重，而这个期间热那亚的竞争变得十分激烈，热那亚人开始获得偶尔的海上胜利。尽管如此，5%的名义利息却每年分期两次、每次各2.5%地定期支付了100多年。

拥有可以叫做威尼斯政府债券的prestiti的人们手中并没有票据，但是他们的债权在贷款办公室（Loan Office）有记录，这些债权可以出售，也可以转让给他人。因此，虽然名义性质的5%并不代表现行或者可以接受的利率水平，但却在除以公开市场上自由支付的价格、根据拥有该债权的好处和坏处进行调整之后，它应该可以反映长期年金基础上的资金价值。在公开市场上购买prestiti成了威尼斯贵族中非常流行的自愿投资形式。这些prestiti被用于慈善捐献和嫁妆。其市场价格就是一个公共记录问题。购买者拥有最初债权人的所有权利。

这种强制性贷款最初主要是以战争为由发放的。按照规定，城邦的所有财政收入在减去费用开支后，必须首先用于偿还该债务，然后才能累积进入战争基金。虽然没有承诺按哪个固定日期偿还本金，但先前的贷款优先偿还。在确定新贷款额度的时候，这种情况有时会出现。Prestiti 的市场价格毫无疑问受到偿还额与新发行额度之差的巨大影响。支撑该市场的另一个因素是，在 1378 年之前，如果持有 prestiti 者为最初债权人的话，则该 prestiti 就是新发行的强制性贷款的豁免部分。房地产的赋税非常严苛，因为房地产的价值评估为其年度收益的 10 倍。

1285 年，威尼斯 prestiti 在公开市场上的价格记录为其面值的 75%。由于每年 5% 的利息是定期按照面值来支付的，因而该价格相当于 6.625% 的永久性年金利率，外加根据面值偿还的任何预期。事实上，这个时期的新发行贷款很少，偿还额往往高于新发行额度。

到了 1288 年，在一次地方战争期间，新的发行额直线上升。文献记录的价格为债权余额的 70，相当于 7.125% 以上。到了 1299 年，在与热那亚之间的一场灾难性战争中，文献记录的价格为 60，相当于 8.375% 以上。在那之后不久，随着和平的到来，价格大幅攀升，债务的大笔偿还得以恢复，而且事实上到了 14 世纪中叶，偶尔有记载显示了 100 以上的价格。

尽管有战争和灾难的影响，人们对 prestiti 的信心随着长期定期偿还利息的记录而增长。同样能够增强这种信心的是威尼斯繁荣程度的上升，以及因此而产生的还款能力。后来，通过一个基金拨款在价值下跌的时候买入的方法，促使了 prestiti 受追捧程度和价格的上升。

表 6　13 世纪利率汇总

	发放给国君的贷款（短期）	
德意志	案例	30% ~40%
葡萄牙（?）	案例	18%
	个人贷款（短期）	
意大利		25% ~30%
意大利	当铺法定上限	10% ~20%
英国	当铺法定上限	43.333%
普罗旺斯	当铺法定上限	300%
德意志	当铺法定上限	173%

（续表）

商业贷款（短期）		
意大利	世纪初期	20% ~25%
意大利	世纪后期	8% ~15%
法国（香巴尼交易会）	大约1270年	15% ~20%
荷兰	通常	10% ~16%
存款（短期）		
佛罗伦萨	即期或定期	10% ~20%
发放给城邦的贷款（短期）		
威尼斯	自愿型	8% ~12%
年金和抵押贷款（长期）		
荷兰	房地产抵押岁金贷款	8% ~10%
阿拉斯	房地产抵押岁金贷款：案例	高达14%
发放给城邦的贷款（长期）		
佛罗伦萨	强制性	10% ~15%
威尼斯	无到期日，名义利率	5%
威尼斯	无到期日，1285年市场利率	6.625% +
威尼斯	无到期日，1288年市场利率	7.125% +
威尼斯	无到期日，1299年市场利率	8.375% +

威尼斯政府还用其他方法借款。有时，它会发放自愿型贷款，利率无文献记载。它还以税收预期借款。监管官盐专营的官盐办公室——这是威尼斯财富的一个最初来源渠道——以收益预期借款。屠宰业官员也在借款。这种短期政府贷款集中在Camera del Frumento，也就是谷仓。谷仓已经形成惯例，即借钱购买谷物，然后用销售收益还款。这个办公室最后成了所有政府财政收入征收处的代理机构。它甚至还将自己的富裕资金外借，以帮助企业，从而成了某种形式的银行。它在1285年支付8%的贷款利息，1287年支付10%，1288年支付12%。1289年，政府规定每年10%为利率上限。这些谷仓贷款的期限不很明确，有证据表明打算用于还款的资金常常被挪作他用。当谷仓贷款的债权人强烈要求还款时，政府就会用新发债或其他资金来恢复偿还能力。

14 世纪

背景介绍

14 世纪期间，中世纪的商业扩张达到了顶点。由于严重的灾祸和经济调整失误，欧洲经济在下半世纪要么发展速度放慢，要么呈现了收缩。[注240]这是一个人文主义的世纪，也是许多地区和企业的许多领域取得经济和政治进步的世纪。但是，这也是百年战争（Hundred Years' War）和黑死病（Black Death）爆发的世纪。在欧洲的部分地区，瘟疫夺走了 1/3 ~ 2/3 人口的性命。

人口减少的情况在城镇尤其显著。[注241]随之而来的是工资的上涨和重要农业价格的持续下滑。民间的不满和社会斗争发生在了法国、英国、佛兰德和意大利。学徒工和熟练工的不满导致了罢工。地方保护主义和城市旨在排除竞争的企图给贸易造成了打击。法国和其他地方的土地价值和租金都在下降。德意志进军波罗的海的扩张已经达到了极限。研究该历史时期的一个专家称，“在欧洲的大部分地区，1300 年的繁荣程度在 16 世纪或 17 世纪前再也没有达到过。”[注242]

在百年战争期间，英国的国王和法国的国王都在各自的债务上发生了违约。[注243]意大利的大部分大银行破了产[注244]，从而导致了以下改革措施：1374 年，威尼斯银行被禁止从事投机商品的贸易；1403 年，这些银行被要求持有公债的比例为其资产的 2/5；银行监察人员被任命。

百年战争同时也是对香巴尼交易会的一次致命打击。到了该世纪的中叶，由于工资的上涨、当地的敌对情绪、过时的工艺技术和对英国羊毛出口的禁令，佛兰德的布匹业迅速衰退。工人们纷纷移民到了佛罗伦萨和英国。英国羊毛此时比以往任何时候都更多地在英国国内加工成布匹。[注245]随着皇室权势和民族主义的上升，经济保护主义大肆蔓延。

尽管如此，布吕赫仍然是一个贸易中心。这时的意大利人组建了船队，走海路从地中海前往布吕赫和伦敦。德意志汉莎同盟的船只运载着法国葡萄酒前往波罗的海。像波西米亚和波兰这样的落后地区成了主要进口商和出口商。

即便扩张程度不如以前，此时的贸易也正在演化出现代的模式。大型商业公司此时已迅速发展起来。国君为商人们提供了有利于彼此的合作。金币的压铸普及了起来。现代记账方法开始产生。尽管威尼斯和热那亚之间频繁爆发战事，尽管前往东部的贸易通道被关闭，尽管银行在倒闭，意大利还是保持了它在贸易领域的霸主地位。意大利的资本积累越来越集中。

14 世纪

利率

发放给国君的贷款。国君们仍然不具备最佳商人或者富裕城镇的那种良好信用。[注246]根据历史学家的记载，国君的贷款利率往往非常高，其中部分原因可能是为了说明问题而选择高利率数据。

比如，奥地利的腓特烈三世（1286？~1330）借款的利率为80%。[注247]1319年，那不勒斯的安茹国王，即来自安茹的罗伯特（Robert），从佛罗伦萨银行获得贷款的利息为30%。有优质抵押物的时候，利率就低许多。比如，1328年，康布雷公爵以珍贵珠宝作抵押，从佛罗伦萨取得了利率为15%的贷款。1364年，巴尔公爵夫人典当了自己的金冠冕，取得了利率为50%的贷款。[注248]

法国的腓力四世（Philip the Fair IV，1285~1314）大量举债，没有利率记录，但是，他并不向银行偿还债务，而是将银行家们流放，清除了自己的债务，并下令所有其他债务的本金必须支付给国王。他的主要债主圣堂骑士团——此时已经基本成为一家金融机构——被彻底毁灭。英国的爱德华三世（Edward III，1312~1377）同样拒绝偿还债务，其利率也没有资料记载，并且毁灭了他的佛罗伦萨银行家。这些事件并不能改善国君们的信用。

个人贷款。伦巴第人常常向荷兰的落难债务人收取高达50%的利率，有时还超过了100%，尽管正常的法定当铺利率仍然是43.333%[注249]，也就是每周每英镑2便士。然而，1364年，伦巴第在佛兰德的贷款利率根据资料记载为每年20%、22%、24%、30%和50%。在这个世纪末的勃艮第，法定高利上限为87%，但是文献记载的利息为25%以上。[注250]

在意大利，消费贷款利率可高达50%，但通常低于这个数字，为15%~50%。[注251]在佛罗伦萨，资料提到过30%的利率。在1311年的法国，法定当铺上限固定为21.667%，而在1390年的伦巴第却是10%。但是，后来法国的法定上限可以高达173.333%，在1361年为86%。这些利率数差距如此之大的原因，也许并不是经济领域的变化所致，而是源自流行观点与分享着高利收益的国家预算需求方面的矛盾。在纽伦堡的犹太人从霍尔兹舒尔（Holzschuher）公司获得的贷款平均利率

为 94%，甚至可能更高，虽然法定上限也是 43.333%。[注252]

商业贷款。有一份有关荷兰商业利率的非常笼统的报告记载了与 13 世纪相同的 14 世纪上半叶的利率范围：通常为 10% ~16%，但极端时达到5% ~24%。其他地方记载的良好商业信贷的惯常利率为 10% ~25%。香巴尼交易会上的利率根据记载为 15% ~20%，但具体日期没有精确说明。

在佛罗伦萨和比萨，14 世纪的商人和企业家们可以以 7% ~15% 的利率为私人企业融资。[注253]据称，这个时期发生了利率的下滑。在威尼斯，该世纪中叶期间，为贸易商在市内的活动提供的贷款，利率为 5% ~8%。后来，5% 成了常规利率。

法国的腓力四世试图区分高利贷与交易会上贸易贷款之间的差别。1311 年，他允许从一届交易会到下一届交易会的商业贷款收取 2.5% 的利息。这个数字也许可以平均得出每年 15%，虽然两届交易会之间的时间跨度变化很大。[注254]

存款。1369 年，布鲁塞尔当铺老板支付的存款利息为每年 10%。[注255]

在意大利，银行存款的利息从 13 世纪的 10% ~20% 下降到比较适中的 5% ~10%。在 1300 ~1325 年期间，佩鲁齐支付的利息固定为 8%。这种存款付息并不总是固定利率，有时取决于利润情况。[注256]

历史学家们引用了 14 世纪的一次利率下滑。意大利的存款利率、政府贷款利率和房地产投资据记载为 8% ~12%。[注257]

年金和抵押贷款。资料记载荷兰在该世纪的房地产贷款利率为 8% ~10%；这个浮动范围与 13 世纪相比没有变化。这个时候的布吕赫是通过向私人出售终身年金和岁金来满足大部分融资需要的；它所支付的利率没有文献记载，但据说远远低于商业利率。

向城邦提供的贷款。据记载，向佛罗伦萨市镇民众发放的长期强制性贷款的利率从 13 世纪的 15% 下降到了 10%，然后又降到 1370 年的 5%。[注258]我们没有发现贷款期限记载。

在这个世纪期间，威尼斯提供了有关其 prestiti 的记载完善的市场价格历史。这些是长期政府债券，含有利息，可以转售。在 100 多年的时间里，在经历多次战争和危机的同时，这个共和国始终坚持定期支付这些强制性贷款的利息。利率为面值的 5%，直至 1379 年威尼斯被热那亚打败。没有承诺的到期日期，虽然有些债券往往被赎回。Prestiti 成了欧洲各地流行的投资品种。外国的国君和资本家们都把它作为一种安全的投资。拥有该债券的权利是一种特权，外国人只能通过威尼斯议会（Council of Venice）的法令才能取得。这种权利颇受追捧。Prestiti 被用来支付慈善捐献、嫁妆。许多威尼斯贵族都在庄园中自愿存放着这些 prestiti，尽管最初发行时仍然是通过额度分派。

威尼斯 Prestiti 的价格与收益

年份	事件	5%* Prestiti 的价格	当前收益（%）
1299	与热那亚爆发战争	60	8.375
1303	大量偿还 prestiti	77.5	6.5
1304	与博杜瓦爆发战争；新发行	76.25	6.625
1311～1314	大量新发行	60～76	8.375～6.625
1315～1316	偿还额超过发行额	73～70	6.75～7.125
1319～1320	大量偿还	75～80	6.667～6.25
1323～1324	偿还额超过发行额	90～86	5.5～5.875
1325～1326	小规模发行	81～80	6.25
1332～1334	大量偿还	86～100	5.875～5
1335	战争；小规模新发行	97～99	5.125～5
1336～1337	战争；大量发行	85～95.5	5.875～5.25
1339～1343	大量偿还	94.5～100	5.25～5
1344	大量偿还	102	4.875
1347	战争；大量发行	94	5.25
1348	战争；小规模发行	93	5.375
1349		95～97.5	5.25～5.125
1350	与热那亚爆发战争；大量发行	98.5～99	5.125～5
1353	所有慈善机构被要求出售房地产，接收 Prestiti，以支付 100 的价格，并被禁止投资于商业贷款		
1355	超大量发行	76～77.5	6.625～6.5
1356～1357	战争，超大量发行	77～65	6.5～7.75

（续表）

年份	事件	5%* Prestiti 的价格	当前收益（%）
1359		77.5～83	6.625～6
1360		82～86	6.125～5.875
1361～1362		87.5～90	5.75～5.5
1363	叛乱	92.5～95	5.375～5.25
1364	大量发行	89～91	5.625～5.5
1365～1367		89～91	5.625～5.5
1368		92.5～96	5.375～5.25
1369～1370	与的里雅斯特爆发战争；大量发行	87～93	5.875～5.375
1371		89	5.625
1372	战争；发行	90	5.5
1373	战争；超大量发行	78～83	6.625～6
1374		77	6.75
1375		92.5	5.375
1377	热那亚与基奥贾爆发战争；超大量发行；暂停利息支付；prestiti 不再豁免税赋；债务增长到1344年的6～9倍	19～43	
1380	大量发行	30～43	
1381	大量发行	18～30	
1382	发行	40～45	
1385～1386		34～38	
1389	小规模发行	43～46	
1390	无发行	40～43	
1391		42.75	
1392～1393		45.5～53	
1394		56～58.5	
1396～1397		58～61	
1399		63	
1403	小规模发行	65～66	

* 面值之百分比。

表7　14世纪利率汇总

	提供给国君的贷款（短期）	
奥地利	案例	80%
意大利	案例	30%
意大利	案例	15%
意大利	案例	50%
	个人贷款（短期）	
荷兰		43.333%～50%～100%
荷兰	正常利率；法定上限	43.333%
佛兰德		20%～30%～50%
勃艮第	法定上限	87%
勃艮第	案例	25%以上
意大利		15%～50%
意大利		30%
伦巴第	法定上限	10%
法国		21.667%～86%～173.333%
德意志	案例	94+%
德意志	法定上限	43.333%
	商业贷款（短期）	
荷兰	正常	10%～16%
荷兰	正常	10%～25%
意大利		7%～15%
意大利		5%～8%
意大利	世纪后期	5%
法国		15%～20%
法国		15%
	存款（短期）	
荷兰	当铺支付	10%
意大利	银行支付	5%～10%

（续表）

存款（短期）			
意大利	银行支付		8%
意大利	银行支付		8% ~12%
年金和抵押贷款（长期）			
荷兰	房地产抵押岁金贷款		8% ~10%
发放给城邦的贷款（长期）			
佛罗伦萨	强制性		10% ~5%
威尼斯	Prestiti	名义利率	5%
威尼斯	Prestiti 1299 年	市场利率	8.375%
威尼斯	Prestiti 1303 ~1304 年	市场利率	6.5% ~6.625%
威尼斯	Prestiti 1311 年	市场利率	8.375%
威尼斯	Prestiti 1314 ~1320 年	市场利率	6.25% ~7.125%
威尼斯	Prestiti 1323 ~1332 年	市场利率	5.5% ~6.25%
威尼斯	Prestiti 1333 ~1350 年	市场利率	4.875% ~5.875%
威尼斯	Prestiti 1355 ~1359 年	市场利率	6.5% ~7.75%
威尼斯	Prestiti 1359 ~1375 年	市场利率	5.25% ~6.75%
威尼斯	Prestiti 1377 ~1400 年	市场利率	10% ~?

1200 ~1400 年，这些强制性贷款取代了威尼斯直接赋税的所有其他形式。普通收益，比如官盐专营税，用来支付共和国和平时期的费用，有时会出现余额，用于赎回 prestiti。然而，战争频繁发生，而其中最耗资的是与热那亚的战争。战争时期，新的 prestiti 大量发行，自愿型本金偿还被暂停。在一个困难时期，即 1311 ~1313 年，这些国内贷款虽然数额巨大，却没能弥补赤字，因而共和国的资产不得不用作抵押，以获得佛罗伦萨的贷款。

1299 年，据记载，prestiti 的市场价格下降到了 60，也就是相当于 8.375%，外加通过最终赎票来弥补贴现的那点希望。在 1294 ~1299 年与热那亚的战争中，新发行的债券非常庞大。从这个时候起，记载的数据更加频繁。记载的价格，包括以该价格计算当前收益的最低利率，我们都统计在了前面的表中。[注259]

由于在 1377 年后发生的 prestiti 管理上的许多变化，以及以固定利率定期支付利息的中断，我们认为计算该日期之后的利息是不明智的。然而，利息还是得到了大量支付。威尼斯的繁荣还没有到接近衰败的时候。

第九章

文艺复兴时期

A History of Interest Tates

15 世纪

背景介绍

15 世纪是经济转换的世纪。该世纪最初的几十年，延续的是上个世纪的战争和混乱局面、农业萧条[注260]以及地方上对自由繁荣贸易的限制。然而，这个世纪的后期却见证了人文主义、科学和艺术的快速兴起，以及世界范围的全面复兴。印刷术被发明了出来。皇室权势开始再显雄伟，并指明了通往现代民族主义的道路。这是法国路易十一世（Louis XI，1461 ~ 1483）的世纪；是英国亨利七世（Henry VII，1485 ~ 1509）的世纪；是西班牙斐迪南（Ferdinand）和伊莎贝拉（Isabella，1474 ~ 1504）的世纪。1480 年，伊凡三世（Ivan III）从蒙古人手里解放了莫斯科。1453 年，土耳其人终于占领君士坦丁堡，但是 1486 年，葡萄牙的迪亚斯（Diaz）包围了非洲，开辟了前往东方的新贸易通道。1492 年，哥伦布发现了新大陆。

欧洲的人口仍然没有增长。[注261]瘟疫在世纪初卷土重来。各城镇纷纷通过垄断和限制性措施来奋力取得优势。仅仅在奥地利一个国家，莱茵河上的收费点有 64 个，多瑙河上的收费点有 77 个。[注262]金属矿的开采业一直萧条[注263]到了这个世纪末，直到技术上的进步引发了显著的回暖。农业价格在许多地方以及有文献记载的某些农产品的价格继续大幅度下跌。

在这个世纪里，尽管经历了百年战争（1337 ~ 1453）和玫瑰战争（Wars of

the Roses，1455～1485）的灾难性创伤，经济落后的英国迈出了尝试性的步伐，挑战欧洲大陆的贸易和工业。羊毛贸易长期以来都在资助着英国王室。佛兰德的骚乱形势，此时将技术娴熟的纺织劳动力送到了英国。当地的布匹制造商得到了王室政策的扶持，在英国羊毛出口下跌的时候，英国的布匹出口在增长。[注264]英国的船只开始在波罗的海和其他地方挑战德意志汉莎同盟。

与此同时，荷兰作为一个贸易民族开始兴起。[注265]莱顿成了全世界最出色的布匹中心之一。荷兰啤酒酿造业和渔业发展起来，用于出口。经过与德意志汉莎同盟的抗争之后，荷兰人赢得了在波罗的海从事贸易的自由。

由于英国方面的竞争、国内的骚乱和限制性政策的缘故，佛兰德的布匹生产此时已快速下滑。[注266]布吕赫仍然是这个世纪上半叶的北方领先市场，但是接着便开始失去了优势地位。[注267]它的港口淤塞了。佛兰德工业也移居了他处。不久，安特卫普取得了领先港口的位置，扮演着北欧金融和贸易中心的角色。

商业和制造业在德意志南部和瑞士也发展了起来，比如纽伦堡、奥格斯堡和日内瓦。[注268]来自这些地区的大商人开始竞争北部和南部的贸易；他们与北方的德意志人、荷兰人和英国人，以及南方的意大利人，都取得了联系。他们为欧洲提供廉价金属和贵重金属。

由于土耳其人捷报频传，以及通过地中海前往东方的贸易通道被阻断，其他贸易通道被开辟了出来。这一点最终剥夺了意大利人的贸易中心的地位。尽管如此，在这个世纪期间，意大利仍然处于高度繁荣状态。从1430年到1480年，佛罗伦萨的美第奇银行是截至当时欧洲最大的金融机构[注269]，其分支机构遍布欧洲、黎凡特和非洲。它是库里亚（Curia）的主要银行。意大利许多其他银行拥有大量资金和遍布全球的业务。威尼斯保持领先于热那亚的地位，是地中海的第一个海港。

贸易和工业的结构发生了变化。此时的欧洲出现了大型资本家，拥有的商业利益数额庞大、种类繁多。这些人并非当地商人，他们已经不再依赖城镇政府的限制性法规。他们可以将自己的业务活动从一个地方转移到另一个地方：转移到乡村或其他城镇。[注270]他们开始经营大规模的信贷业务、从事投机买卖。他们支持皇权、资助战争。

于是，中世纪初期的庄园经济已经在相当程度上转化为资金和信贷发挥核心作用的货币经济。土地曾经是财富和权势的同义词，而此时所有人都希望拥有金钱。黄金，而不是贸易，成了追求的目标。“钱财搞活战争”（Percunia nervus belli）的信条赋予了金融业一种新的力量和尊贵。[注271]战争已经成为需要金融管理的一个行业。任何一个拥有必要现金或信用的城镇或国君都可以聘用雇佣兵。对外政策常常引发金融方面的考虑。

王室的强制性贷款仍然是法国和英国的法则。这些贷款常常不支付利息，有时采用的是税收预期的形式。[注272]国君们抵押了特定的财政收入，有时是永久抵押。由于现金的需求常常十万火急，他们便以高利从银行那里筹借短期贷款。但短期债务无法运作的时候，他们有时便强行将一笔融资纳入永久性年金——有时称作岁金——并以部分财政收入作抵押。这些年金成为可出售商品，有时以优惠价格或折扣价格交易。[注273]然而，卡斯蒂莉亚王室却歧视那些以折扣价格购买财政收入债权的年金持有人。事实上，西班牙的金融习俗在其漫长的历史时期的大部分时候一直十分落后，尽管它拥有可观的财富和势力。

15 世纪

利率

发放给国君的贷款。法国的查理八世在1494年入侵意大利的时候，发现自己拥有全欧洲第一支国家军队之一。正如我们今天所非常清楚的一样，这种军队非常昂贵。查理不得不在最后一分钟去借款，而美第奇银行却拒绝放贷。他从索利（Sauli）的热那亚银行设在里昂的办事处借到了钱。根据资料记载，他支付过的利息为每年42%[注275]、56%[注274]和100%[注276]。

个人贷款。正是在这个时候，许多城镇都成立了“蒙丹斯”（Montes Pietatis）组织，试图降低当铺的利率。[注277]意大利的“蒙丹斯”组织是从1462年开始的；他们收取的利息是6%，而相比之下，私人高利贷者有时收取的利息为32.5%～43.5%。[注278]但是，佛罗伦萨的私人当铺仍然在按照每年20%的法定利率发放贷款。

商业贷款。历史学家们举证表明，意大利的利率仍然在下跌。有位历史学家称，5%～8%“是此时被看做公平的商业贷款利率。”[注279]由于利润下降、利率下调，商业界的人员和资本都转向了其他经济活动形式。银行将更大一部分资金用做发放给贵族和交战中的城邦的贷款，减少了用做商业贷款和风险企业的资金。

另一位历史学家也说，在这个世纪期间，意大利的商业贷款利率下跌了：从12%下跌到10%，然后又降到5%。[注280]第三位历史学家认为，意大利贸易城镇的商人的正常利率范围仍然是7%～15%。[注281]第四位历史学家认为，5%能够体现威尼斯的优惠商业贷款利率的通常水平。[注282]这种类型的市场利率在今天可以在短期内发生很大波动。根据16世纪的证据，利率的范围在几个星期内发生了巨大波动。因此，典型的利率水平也许并不能说明一个范围或最低水平。

存款。在第一次构成本书在前面一章中描述的“百分之五合约”或“三重合约”的基础时被认为相对比较低的5%利率，此时在西欧已经成为安全存款或特别合伙制中的常见利率。德意志的霍希斯德特银行（Hochstetter Bank）给小额存款支付的利息为5%。[注283]

在英国，特别合伙人期望得到的回报可能要高得多。从不完全证据来判断，可能平均超过10%。[注284]

在佛罗伦萨，城邦要求病人和寡妇的监护人支付固定的最低5%回报率。[注285]佛罗伦萨的美第奇银行支付存款利息10%，后来降到7.25%，然后是5%；然而，这些利息的支付常常取决于收益情况。这些存款中有些是短期的，有些是规定一年取款通知；后者获得的利息通常比较高。贵族、神职人员和政府人员都被美第奇银行的高回报所吸引。但是，到了该世纪的后期，美第奇银行在价格的稳步下跌和日积月累的承诺负担下崩溃了。1494年，也就是查理八世入侵意大利的那年，该银行被清算，其资产不足以偿还所有债权人。[注286]在这个时候，佛罗伦萨“班奇分钟”（Banchi a Minuto）的商店——他们以分期付款方式出售珠宝，同时从事金融业务——支付的定期存款利息为9%～10%。[注287]

年金和抵押贷款。以土地作抵押的岁金贷款，此时在伦巴第的利率通常为6%，虽然低于或者高于这个利率的情况也并非罕见。在法国南部，这种贷款的现行利率为10%。[注288]到了1500年，以土地作抵押的岁金贷款在意大利和德意志的利率通常为5%。[注289]

1452年，教皇尼古拉五世（Nicholas V）裁定，在阿拉贡和西西里，可赎回“岁金”是合法的，只要支付的利息不超过10%。[注290]

发放给城邦的贷款。法国的路易十一世（Louis XI，1461～1483）筹措的利率无记载的强制性贷款，在得不到偿还的情况下，将转入利息为5%～10%的岁金。

1489年，西班牙的斐迪南国王和伊莎贝拉王后急需资金，用于他们与摩尔人的战争。他们邀请各城市和个人给他们提供贷款，并为获得的贷款额提供10%年金。[注291]卡斯蒂莉亚长期以来一直用这种永久年金来融资。这些年金压力实在太大，伊莎贝拉最后在她的遗嘱中忠告她的继承人永远不要出售永久年金；她命令用格拉纳达的所有可支配财政收入偿还这些贷款。她的训谕没有得到遵从，而且在后来的几个世纪里，西班牙王室的记录成了一连串冗长的违约清单，尽管西班牙在新世界拥有可观的财富。

在荷兰，政府、各个行省和城镇都时常筹措贷款，其形式常常是带有偿债基金的终身年金或永久年金。到了这个世纪末，他们支付的利息为8% ~12%[注292]，但这些利率后来跌了下来。由于这些贷款并非都是永久年金，较高利息的一部分成了本金的偿还。

在15世纪，发放给热那亚市的长期贷款利率在4% ~10%之间，而巴塞罗那市发行的永久年金利率范围为4% ~5.5%。

在13世纪和14世纪的威尼斯，文献记载了一系列数据为5% prestiti，时间跨度超过100年。这些只有在这个共和国愿意时才能赎回的强制性贷款，取得了各国的普遍敬重，甚至曾经一度实现过超过面值的价格。在基奥贾与热那亚之间的战争期间（1378 ~1381）。尽管威尼斯取得了决定性胜利，这个共和国还是暂停了prestiti的定期利息支付，并收回了其对新资本赋税的豁免权。显然，这些贷款已经丧失了原有地位，因为它的市场价格从1375年的92.5下降到了1381年的19 ~43。[注293]

到了1400年，prestiti恢复了面值的60% ~66%。15世纪的文献记载为13 ~67，而且通常都在这个范围的较高位置。此时的名义利率为4%，也就是在价格为67时收益达到6%。[注282]然而，不幸的是，没有足够的正常利息支付证据来将这些价格的大部分折算成市场利率。尽管如此，对于威尼斯来说，这是一个进步与繁荣的世纪。它取得了大部分战争的胜利。1423年后，很长一段历史时期都是一片和平、繁荣景象[注294]，此期间的债务减少，利息得到支付。然而，费用负担非常沉重。不同寻常的税赋和信用滥用现象出现了，摊销停止了，时而还有利息支付停止或减少的情形。文献记录中prestiti的价格记载（最初支付5%，后来为4%或不同利率）如下所示：

威尼斯 prestiti 价格

年份	事件	价格*
1399		63
1403	小规模发行	65 ~66
1405	超大量发行	40 ~50
1407 ~1410		43 ~58.75
1411	超大量发行	54.75

（续表）

年份	事件	价格*
1412	超大量发行；与匈牙利战争，取胜	41.5～44.25
1413～1415		47.5～50
1416	与土耳其战争，轻松取胜	56
1417		59.25
1419	大量发行	41～56
1420	与米兰战争	60
1421～1422		64～66
1423	长期和平与繁荣	67
1424	债务减少	64～67
1425	与土耳其战争，不利	65～67
1426	与米兰战争，取胜；大量发行	58
1427	大量发行	55.5～58
1429		57
1431～1433	大量发行	42～43
1434～1435	大量发行	36
1436～1438	大量发行	34～36
1439	大量发行	20～24
1440～1441	超大量发行	20
1443	超大量发行	23～28
1444	发行	24～25
1445		30
1446～1449	大量发行	24～38
1450	与佛罗伦萨和米兰战争	28
1451	君士坦丁堡沦陷，1453 年	24～25
1458		24
1465	与土耳其战争，1464～1479 年，灾难性	22
1465～1467		23～20
1482	新 prestiti 系列，起初 5%	约 100
1495	大量发行	80
1500		52
1502		74

* 面值的百分比。

1482年，基于一种新型赋税的新prestiti系列开始发行，也叫“新蒙丹斯”（Monte Nuovo），以便恢复5%的利率。价格达到了将近100，直到1485年大量发行新债后，价格跌至80，收益6.25%；接着又跌至1500年的52，即收益9.60%。1502年，售价为74，产生收益6.76%。1509年，在与坎布雷同盟（League of Cambrai）的战争中，一种更新的系列开始发行，也就是“现代新蒙丹斯”（Monte Novissimo）。[注295]这些贷款在16世纪后期偿还，但文献中没有记载期限和货币种类。根据手边掌握的证据，我们认为最好不要去尝试从价格中折算常规利率。

表8　15世纪利率汇总

	发放给国君的贷款（短期）	
意大利，1494年	案例	42%~56%~100%
	个人贷款（短期）	
佛罗伦萨	当铺法定利率	20%
意大利	法定利率	32.5%~43.5%
意大利	“蒙丹斯”	6%
	商业贷款（短期）	
意大利	“跌至”	5%~8%
意大利	15世纪初期	10%
意大利	15世纪后期	5%
意大利	“正常范围”	7%~15%
威尼斯	“惯常利率”	5%
	存款（短期）	
西欧、德意志、荷兰	特别合伙制	5%
英国	特别合伙制	10%+
佛罗伦萨	受托人最低支付	5%
佛罗伦萨	美第奇银行，即期和定期	10%
佛罗伦萨	美第奇银行，即期后付	7.25%
佛罗伦萨	美第奇银行，即期后付	5%
佛罗伦萨	“班奇分钟”，定期	9%~10%

（续表）

年金和抵押贷款（长期）		
伦巴第	土地岁金贷款	6%
法国南部	土地岁金贷款	10%
德意志和意大利	土地岁金贷款至1500年	5%
阿拉贡和西西里	可赎回岁金贷款	不超过10%
发放给城邦的贷款（长期）		
西班牙	王室，爱国年金贷款	10%
荷兰	城镇和城邦，终身和永久年金	8% ~12%
热那亚	自愿型?	4% ~10%
巴塞罗那	永久年金	4% ~5.5%
威尼斯	prestiti	5% ~10% +

16世纪

背景介绍

这个生机勃勃的世纪的主宰力量，是新兴的君主国，英国、法国和西班牙都在奋力争夺在欧洲的经济或军事霸主地位，争夺大西亚的控制权。这是宗教改革的世纪，是新大陆第一次开拓、通往东方的新通道开辟的世纪。这是法国弗兰西斯一世（Francis I，1515 ~1547）的世纪，是他与圣罗马帝国皇帝查理五世（Charles V，1516 ~1556）爆发战争的世纪；是亨利八世（Henry VIII，1509 ~1547）和英国伊丽莎白一世（Elizabeth I，1558 ~1603）的世纪；是西班牙腓力二世（Philip II，1556 ~1598）及其无敌舰队（Armada，1588年）的世纪。

欧洲的人口恢复了上升趋势，[注296]欧洲的经济也再次开始迅速增长。[注297]资本操纵着越来越大的权势。商品的价格直线上升。在1550 ~1620年之间，事实上意大利北部的价格上涨了大约2.5倍；[注298]人们称之为价格革命，有些人认为诱因是美国金银的涌入。

由于北部贸易条件发生了变化，英国羊毛贸易的结构再次调整。未完工布匹的出口量在增加，成品布匹的出口量在减少。更多的英国布匹此时在佛兰德和荷兰印染、完工。这种重新安排恢复了英国与低地国家的关系。安特卫普成了欧洲最大的商业中心。逐步地，英国和荷兰的贸易商们取代了德意志人在北欧的商业领先位置。[注299]

意大利人虽然失去了贸易通道和贸易垄断地位，但找到了与土耳其人做买卖的渠道，找到了为西班牙及其在美国的新领地之间贸易往来提供融资的渠道。他们暂时持有了西欧金融的很大份额。[注300]尽管如此，意大利一马当先的日子已经屈指可数。“价格革命”让意大利金融上的资本贬了值，让他们的王室债务人丧失了清偿能力。

金融支持着16世纪的大规模战争，而战争又给了意大利和德意志银行巨大的权势，并导致了他们的毁灭。没有拿到酬金的雇佣兵洗劫了安特卫普和罗马。[注301]弗兰西斯一世和查理五世的战争不止一次地因为资金耗尽而戛然中止。在这个世纪里，欧洲只有25年时间没有出现过大规模战争之类的动荡。大规模的金融业有了需求；军事方面的付款常常需要在远离家乡的地方进行，而且是用硬通货支付。银行按照国君们的要求调动着流动资源。中世纪的金融机器第一次得到王室需求的过度刺激，然后又因王室的欠债而遭到毁灭。

货币的贬值仍然在国君们的肆意妄为中恶化。然而，商人们已经学会了保护自己，只有在贴现的条件下才接受贬值货币。[注302]转而寻求其他资金渠道的国君们，致力于利用其城镇的优良信用。随着此时国君权势的上升，这种利用已经有了可能，最终导致了许多城镇的毁灭，其中一个显著的例子就是安特卫普。国君们还利用反高利贷的信条来延迟偿还贷款，尤其是如果债权人为外国人的话。在法国和英国，为王室提供的强制性贷款仍然十分常见，通常都是没有利息的。

所有这些权宜之计都不足以支付战争所需的费用。国君们不得不用未来财政收入的“预期”来弥补。这些都是短期贷款——也叫“流动债务”——通常利率都很高。

这种流动债务在变得不堪重负的时候，常常就会“替续”（有时是强制性的，比如在西班牙）到利率比较低的年金。这些年金的承诺是一种固定收益，直至债权人觉得方便的时候进行偿还；而收益则是以特定的财政收入作抵押的。从很早的时候开始，经常性费用和国君的收益赠与，一直都是用特定财政收入作抵押进行担保的。议会和城镇都用这种方法筹过款，有时是代表国君。这时，就连教皇也开始模仿威尼斯和佛罗伦萨的样子通过出售年金来筹款了。[注303]1522年，巴黎市代表王室筹募了这么一种贷款，以皇家财政收入作抵押。于是，著名的“食利”阶层出现了。英国在17世纪最后几年之前，没有发行过等款国债。但是，在荷兰，各城镇早已出售过的永久性和终身年金，此时越来越多地由城镇代表国君发行起来。

此时，银行家们创造着“金融奇迹”，以支持他们的皇家主顾。冲在最前面的是德意志的银行，特别是奥格斯堡的银行，更特别的是富格尔（Fugger）家族的银行。他们控制着蒂罗尔的金属矿业。富格尔在安特卫普的票据被认为“像金子一样安全。”[注304]1546年，奥格斯堡的“安东·富格尔及侄子”公司（Anton Fugger and Nephews）拥有资本500万荷兰盾，那是截至当年一家公司拥有的最大资本。在17世纪，这笔财富的大部分都赔了进去，因为西班牙王室无力偿还债务。

在16世纪初期，安特卫普交易所已经开始垄断欧洲的票据交易。它还从事其他信贷工具的交易，比如即期票据、存款凭证，以及城邦、城镇的债券；这些通常都是短期债务。该交易所曾一度拥有5 000名会员。[注305]有时，一天进入安特卫普港口的船只有500艘。商品的交易在镇子的另外一个地方进行；交易所主要交易的是信贷工具。

1570年，安特卫普已无力偿还债务。它再也无法超然于西班牙王室变化无常的财政。1576年，一支没有拿到薪酬的西班牙部队洗劫了安特卫普，摧毁了它的商业繁荣。阿姆斯特丹——在那以后不久在一次消耗战之后从西班牙统治下独立了出来——维护了自己稳固的信贷地位，并保持了下来。在17世纪，阿姆斯特丹扮演起了安特卫普在16世纪扮演的金融中心的角色。

16世纪

利率

发放给国君的贷款。1547年，英国的爱德华六世（Edward VI，1547～1553）在伦敦为一笔贷款支付14%的利息，虽然法定利率刚刚才定为10%。1558年，玛丽女王（Queen Mary，1553～1558）在伦敦以12%的利率借了款。[注306]1561年，伊丽莎白一世女王（Queen Elizabeth I，1558～1603）以10%的利率在伦敦借了30 000英镑。她率先实施了法定最高限。这些利率与文献资料记载的前几个世纪中发放给国君的高贷款利率相比，算是比较一般的。也许，利率的这种下跌是由于已经在安特卫普和其他地方发展起来的活跃的信贷市场的缘故。银行家们发现很有诱惑的是，在交易所用自己的票据借款，此时利率相对比较低，然后将钱款以值得的利差转借给皇家主顾，其间不需要绑定自己的资本。英国王室此时在安特卫普派驻了金融代理人，其中最著名的就是托马斯·格雷欣（Thomas Gresham）爵士(1519？~1579)。英国王室在安特卫普的贷款利率据文献记载[注308]为：1546年，13%；1548年，12%~13%；1552年，12%~14%；1554年，14%；1558年，14%。

由于与查理五世之间的战争，西班牙王室成了欧洲最大的债务人。西班牙王室的信用与西班牙统治下的荷兰政府的信用，甚至与安特卫普市的信用，彼此之间已经不再有明确的差别，因为王室强迫那两方为它筹借款项。在实际操作中，这些筹借行为都是在安特卫普交易所进行的。此外，大型金融机构，尤其是富格尔家族，都直接给查理及其家族提供过贷款。富格尔的大部分贷款都有特许权作优质抵押物，比如租赁矿业资产。但是，其他人的贷款却没有抵押物。有些贷款是在巨大压力之下发放的，主要是为了确保能收回先前的债务。下面列举的是富格尔家族给哈布斯堡家族提供贷款的案例：[注307]

1508 年	贷给马克西米连一世（Maximilian I，1493~1519）8 000 弗罗林，抵押物为蒂罗尔的盐业经营权，128 750 弗罗林贷款的抵押物为铜、银产品（没有利率）。
1518 年	贷给查理五世为期3 个月的贷款，年利率10%，背书人为荷兰的几位总税收官和数个城镇。
1530 年	贷给斐迪南一世（Ferdinand I，1531~1564），即查理五世的兄弟275 000弗罗林，以确保自己当选罗马国君，五年分期年度偿还，抵押物是以财政收入作抵押的年金，年利率10%外加红利。
1536 年	贷给查理五世100 000 达克特，一年偿还，以卡斯蒂尔王国的财政收入和来自“印度”的第一批金子或银子作抵押，利率14%。
1548 年	贷给查理五世150 000 达克特，以那不勒斯财政收入作抵押，利率12%。
1556 年	西班牙腓力二世（Philip II，1556~1598）将自己的债务合并到富格尔家族，利率12%，以荷兰税收收益作抵押，荷兰总税收官担保。
1560 年	此时正在因大量债务向富格尔家族支付12%~14%利息的腓力二世，试图以5%利息结账，但遭到拒绝。1562 年达成还款安排。
1572 年	腓力二世以12%利率向富格尔家族借款。

各家银行向西班牙统治下的荷兰政府贷款，文献记载有如下数年的详细数据：[注309]

贷款日期	贷款期限	摘要	年利率（%）
1509 年 3 月	大约 6 个月	在安特卫普筹借	11.5
1509 年 3 月	大约 12 个月	在安特卫普筹借	11.5
1510 年 6 月	大约 18 个月	在安特卫普筹借	7.5
1510 年 6 月	大约 4 个月	在安特卫普筹借	24
1510 年 10 月	大约 6 个月	在布吕赫筹借	13.25
1511 年 5 月	大约 10 个月	在安特卫普筹借	6.25
1511 年 5 月	大约 7 个月	在安特卫普筹借	10
1511 年 7 月	大约 17～23 个月	在安特卫普和布吕赫筹借	15
1512 年 1 月	大约 8 个月	在布吕赫筹借	8.5
1512 年 1 月	大约 7 个月	在布吕赫筹借	12.25
1516 年 3 月	大约 6 个月	在安特卫普筹借	20
1516 年 5 月	大约 6 个月	在安特卫普筹借	15.5～31.5
1516 年？月	大约 12 个月	借自富格尔，安特卫普担保	11
1516 年 9 月	大约 12 个月	借自热那亚商人，安特卫普担保	13.5
1516 年 12 月	大约 6？个月	在安特卫普筹借，安特卫普担保	14.75
1518 年？月	大约 3 个月	借自富格尔，城邦担保	10
1519 年 8 月	大约 5 个月		16
1519 年 5 月	大约 10 个月		7
1520 年 6 月	大约 7 个月		10～13
1520 年 9 月	大约 7 个月		15.5
1520 年 12 月	大约 5 个月		16.25
1521 年 5 月	大约 6 个月		17
1521 年 7 月	大约 6 个月		21.5
1521 年 10 月	大约 3 个月		27.5
1521 年 10 月	大约 6 个月		16～18

在更长的一个历史时期内，文献资料记载了发放给查理五世、荷兰政府和安特卫普市的多笔贷款的以下利率数据：[注310]

年份	利率（%）	年份	利率（%）
1508	11.5	1540	12 ~ 16
		1542	10 ~ 12
1510	7.5 ~ 24	1544	9 ~ 16
1512	6.25 ~ 27	1546	11 ~ 13.5
1516	11 ~ 20	1548	9 ~ 12
1518	7 ~ 20		
		1550	11 ~ 12
1520	10 ~ 27.5	1552	12 ~ 16
1522	13 ~ 27	1554	11 ~ 14
1526	14	1556	12 ~ 13
1528	14 ~ 22	1558	14
1530	12 ~ 24	1560	12 ~ 14
1536	13 ~ 15		
1538	10 ~ 13	1570	12
		1572	12

此外，富格尔家族还为查理五世提供紧急贷款，利率高达24% ~52%。

那么多年里出现了变化幅度如此大的利率数，其中部分原因毫无疑问是贷款期限的不同，尽管这些利率可能都是按照相对短期贷款来商议的。在这个世纪初的那些年里，西班牙王室被认为信用良好，在安特卫普的利率并不是大大超过优惠商业票据利率（见下页表格）。大部分利率数据的变化也许可以归因于欧洲货币市场上每日的大幅波动。在紧张和宽松的局势交替出现的同时，资金从一个市场拨转到另一个市场；流动资本的供应因为战争而消耗殆尽，然后又通过出口金属和扩大银行信贷而得到补充。随之而来的，是我们从历史文献中看到的在一个世纪内西班牙王室的 6 次破产，分别为 1557 年、1575 年、1596 年、1607 年、1627 年和 1647 年。

葡萄牙国王也经常在安特卫普借款。他的贷款常常是对来自印度的香料抵达西班牙的预期。这些贷款在文献中记载的利率为 12% ~18%。

法国国王在里昂报出短期资金的高价——他在那里培养了一个有竞争性的信贷市场。他支付的是高于商业贷款的利率。1551 年，他的 12% 票据曾短暂地贴现出售，收益达 28%，但不久又回到面值。接着，他为里昂的所有私人贷款设定了 15% 的法定上限。在 1557 年的金融危机中，西班牙国王和法国国王都暂停了还款。据记载，法国王室在里昂的短期贷款 1536 年的利率为 12%，但是从 1542 年到 1558 年，他们常常按面值支付 16%。到了 1575 年，法国王室的信用已经荡然无存。利息长期滞纳，皇家票据以大大低于面值的价格出售。1586 年，国王用长期岁金结算了 25% ~40% 的本金，利率未记载。

个人贷款。在荷兰，公共当铺在这个世纪末的贷款利率为 15%，后来为 12%。私人当铺的利率在这个世纪没有详细的资料记载，但很可能是延续了 15 世纪幅度非常大的利率范围。

商业贷款。到了 1550 年，以 5% 利息接受存款的意大利“蒙丹斯”，以 8% ~10% 的利率贷款给商业界。[注311]

安特卫普的最佳短期信贷的市场利率详细记载如下：

年份	利率（%）	年份	利率（%）
1530	7 ~ 12*	1552	10 ~ 12
1536	4 ~ 6	1554	12
		1556	8 ~ 12
1540	12	1557	10 ~ 12
1546	8.5 ~ 13	1558	8 ~ 10
1548	10		
		1560	7 ~ 8
		1562	8 ~ 10

* 许多年的常见范围。

1563 年，当富格尔家族陷入困境的时候，他们在西班牙以 22% 的利率借款[注312]，在安特卫普以 30% 的利率借款。不久，他们再次以 8% ~10% 的利率在安特卫普借款。

在法国，里昂的重要信贷市场是由佛罗伦萨银行主宰的。在这个市场，国王弗兰西斯一世和他的继承人与西班牙和德意志的查理及其继承人竞争贷款资金。里昂的短期商业票据利率据记载如下：

年份	利率（%）	年份	利率（%）
1530	8~9	1550	11
1534	7~8	1551	8~10
1542	5~8	1554	10~12
1546	12	1556	8
1548	10~12	1558	12

存款。在德意志，到了1515年，“三重合约”通常支付5%，其中不参与业务的合伙人和其他人将资金存入一个银行或商号，不分担业务的风险。在1550年的西班牙，这种合约据记载支付4%，但到了1575年时西班牙的利率已经上升至5%。[注313]在荷兰，截至1600年，这个利率数为6.25%。

在大约1540年，意大利和荷兰的“蒙丹斯”接受富人的存款，支付利息4%~6%。[注311]

1527年，富格尔家族银行（House of Fugger）给家人大笔存款支付的利息只有2%~3%，低于其他人的存款。[注316]到了1536年，富格尔家族已经大幅扩张给大得多的存款支付4.5－5%的利息。1553年，奥格斯堡的豪格（Haug）家族的银行为特别合伙人的存款支付7%的利息。1570年，同样位于奥格斯堡的英霍夫银行（Imhof Bank）为特别合伙人支付5%的利息。[注317]

年金和抵押贷款。在16世纪的德意志和意大利，以土地作担保的岁金合约的通行利率一般是5%。[注318]荷兰的公共当铺通过销售6.25%的岁金来为自己融资；其他岁金利率数据据记载为4%~10%。

1553年，伦敦的房地产抵押贷款据记载达到了12%，又于1560年上升至14%。[注306]1546年，英国的利息法定上限为10%，据说反映了最佳抵押物时的公平资金价值。然而，直到1571年，伊丽莎白一世才实施了该法律上限。

发放给城邦和城市的长期贷款。1546年，斐迪南一世（Ferdinand I，1531~1564）以110 000达克特的价格卖给富格尔家族11 000达克特的永久年金，抵押物为卡拉布里亚的财政收入；这是10%的年金。1557年，富格尔家族买下了类似的10%年金，抵押物为布拉布兰和佛兰德的财政收入。[注320]

德意志的最佳信用之一是纽伦堡市。1540~1550年期间，纽伦堡经常用5%的年金抵押贷款。1553年，由于需要迅速修建新城墙，急需资金，因此该市以高达12%的利率筹募了年金贷款。到了1555年，这个利率下降到了10%；1558年

到了8%；1561年降到6%；而到了1565年又跌到5%。[注321]

在法国，1522年自愿筹募的永久年金利率为8.333%，抵押物是红酒税收。事实证明这种年金颇受欢迎，1536年、1537年和1543年又以同样的利率出售了更多年金。1597年，该利率被强制下降到4%。

大约与此同时，悠久而意义重大的年金利率史在霍兰省发展起来。霍兰是荷兰信奉新教的地区最重要的行省，起初抵制、后来又有效地推翻了西班牙王室的统治。尽管人口少、资源有限，它还是取得并保持了独立地位。霍兰省和霍兰的各个城市及其相关机构，以及临近的荷兰行省，常常用终身年金和永久年金作抵押从私人处筹借资金，有时通过偿债基金进行分摊。大约1500年，年金利率处于被认为比较高的8%～12%。1552年，霍兰省永久性偿债基金型年金的债务余额以8.333%的利率还款。然而，随着生命年金对行省来说是有利可图的这一说法广为流传，生命年金被以12.5的利率出售，其收益用于赎回永久性偿债基金型年金。1544年，行省用于支付所有债务的平均利率是12%。1550～1560年，永久性偿债基金型年金再次以8.333%的利率销售。到了1570年，该利率下跌到6.167%。1572年，在独立战争（War of Independence）期间，利率再次上涨到8.333%。1509年以后，政治和经济形势转好，利率再次开始下跌。到了1606年，偿债基金型永久年金的利率下降到了7.143%。[注322]

对于威尼斯来说，我们获得的本世纪数据无法让我们从prestiti中推算出诸多利率数字。1470年发行了一系列新的prestiti，即“新蒙丹斯”。1509年，又一个新系列发行，也就是“现代新蒙丹斯”。收益水平在1500年大概是9.60%，1502年是6.76%。债务是在本世纪末偿还的，但我们不清楚贷款期限。与坎布雷同盟的战争（1508～1510）结束后，威尼斯丧失了大陆的势力，又在与土耳其人的一系列战争中丧失了东方帝国的大部分。相比之下，热那亚在西班牙的保护下得以生存并兴旺起来。

此时的热那亚财政记录提供了非常出色的详细的利率系列数据。[注323]圣乔治银行代表热那亚共和国发行了叫做luoghi的永久债券，名义面值为100里拉。其收益用特定的税收作抵押，押给了银行。这种luoghi并没有固定的利息——不像最初的威尼斯prestiti——但却根据税收收入扣除银行费用之后的情况支付红利。这些luoghi可以自由换手，市民和外国人都可以商谈买卖。价格随着供求关系的变化在面值上下浮动，而且这些价格都记录在案。luoghi不是强制性贷款，而是自愿认购。正如我们不断讨论的那样，从来没有人试图大规模赎回。除了发行

luoghi以外，该银行还接受存款，并经营着正常的金融业务，但是从此类其他业务活动中获得的收益直接进入银行官员们的腰包，而不是分配给抵押物持有人。

luoghi 的需求受到慈善遗赠的刺激，从而导致了“多重保证”（moltiplechi）做法的产生。按照 moltiplechi 规定，受遗赠人被要求不得出售，而是持有 luoghi，并将红利重新投资，用于购买更多的 luoghi，直到本金达到了一个特定的更高数额。刺激需求的另一个事实是，银行被要求保留一定的 luoghi 储备金。

在 16 世纪和 17 世纪期间，每年公布的 luoghi 红利在公布后的第四年支付一半，第五年支付另一半。持有人根据该公布分别进行债权登记，并可以按照当前贴现率将自己的红利债权在市场上贴现。我们在下表中当做利率数据引用的资料记载，正是这个 4 ~5 年内支付的贴现红利市场利率。Luoghi 本身的收益没有资料记载，因为它类似股票的红利。

从下页的表中我们看到，1522 ~1534 年期间的贴现率一般都在4% ~6%。这是一个战争和骚乱频繁的时期，红利减少，未偿还 luoghi 量上升。商品价格在上涨。从 1534 年到 1546 年，贴现率趋向于从 5% 下降到 4%，接着又跌到 3. 5%。商品价格下滑，未偿还 luoghi 再次增加。从 1546 年到 1570 年，贴现率从 3. 5% 直线上升至4% ~6%，偶尔在战争时期达到顶峰时的7% ~9%。这个时期，大规模建设和商业活动十分活跃。

从 1570 年到 1600 年，贴现率从 5% 下降到了 3% ~4%，接着又跌到 2. 5% ~2. 875%。1570 年，热那亚成了西班牙王室的银行，这是德国和荷兰银行从前扮演的角色。也许因为西班牙当时无力偿还北部债权人的缘故，热那亚人取得了良好的抵押物：来自美国的金子和银子。支付过预付款的金属进入了热那亚，而不是西班牙，并最终充斥了市场。正是在这个时候，意大利的商品价格从 1550 年到 1620 年上涨了 2. 5 倍。

该系列令人惊讶的特征是，16 世纪后期和 17 世纪初期的贴现率非常低。它表明贷款期限数年的利率在 1. 5% ~3% 之间的预付款被随意支付，而此时欧洲的其他利率则高出许多。Moltiplechi、有利的税率和储备金的要求，也许压制了这些利率，使其低于文献记载中的所有其他优惠利率。在开展进一步研究之前，在体现 16 世纪和 17 世纪欧洲现行优惠利率数据的汇总表中，我们没有列入圣乔治银行的这些利率数。

圣乔治银行4~5年期递延红利年度贴现率[注323]（年平均数）

年份	贴现率（%）	年份	贴现率（%）	年份	贴现率（%）	年份	贴现率（%）
		1540	4.25	1560	6.25	1580	4.375
		1541	4	1561	6.5	1581	2.875
1522	4.25	1542	3.875	1562	5.625	1582	2.875
1523	3	1543	4.125	1563	4.25	1583	2.375
1524	4	1544	4.625	1564	4.625	1584	2.5
1525	2.875	1545	5.25	1565	7.25	1585	1.875
1526	5.5	1546	3.5	1566	9	1586	2.75
1527	6.5	1547	3.75	1567	6.25	1587	3
1528	5.25	1548	4.25	1568	5.875	1588	3.25
1529	4.25	1549	4.625	1569	4.875	1589	3.375
1530	4	1550	4.375	1570	5	1590	3.25
1531	4	1551	4.5	1571	4.375	1591	3.25
1532	5.125	1552	4.25	1572	3.625	1592	3.375
1533	4	1553	4.625	1573	2.5	1593	3.25
1534	5.25	1554	7.25	1574	3	1594	3.75
1535	4.25	1555	9	1575	4.25	1595	3.75
1536	4.625	1556	6.25	1576	3.75	1596	3.5
1537	4.25	1557	5.875	1577	3.75	1597	3.125
1538	4.375	1558	5.5	1578	2.75	1598	2.5
1539	4.875	1559	6.25	1579	3.25	1599	2.875
						1600	2.875

表9　16世纪利率汇总

	发放给国君的贷款（短期）	
英国	王室在英国	10%～14%
英国	王室在安特卫普，1546～1558年	12%～14%
哈布斯堡	借自富格尔，1518～1572年	10%～16%
哈布斯堡	借自富格尔（在压力下），24%～52%	
哈布斯堡	在安特卫普交易所，1508～1572年	6.25%～31.5%
葡萄牙	王室在安特卫普交易所	12%～18%
法国	王室在里昂	12%～16%
法国	王室（在压力下），28%+	
	个人贷款（短期）	
荷兰	“蒙丹斯”商业贷款（短期）	12%～15%
	商业贷款（短期）	
意大利	“蒙丹斯”，贷给商业界	8%～10%
安特卫普	最佳票据抵押市场利率，1530～1550年	4%～13%
安特卫普	最佳票据抵押市场利率，1550～1562年	7%～12%
安特卫普	窘境中富格尔支付（1563年）22～30	
安特卫普	强盛时富格尔支付	4%～10%
里昂	最佳票据抵押市场利率，1530～1550年	5%～12%
里昂	最佳票据抵押市场利率，1551～1558年	8%～12%+
	存款（短期）	
德意志	特别合伙人	5%
西班牙	特别合伙人	4%～5%
荷兰	特别合伙人	6.25%
意大利和荷兰	“蒙丹斯”存款	4%～6%
阿姆斯特丹和奥格斯堡	霍希斯德特银行存款	5%
奥格斯堡	富格尔银行存款，1527年，家族（2%～3%+）	
奥格斯堡	富格尔银行存款，1536年	4.5%～5%
奥格斯堡	富格尔银行存款，1553年	7%
奥格斯堡	英霍夫银行存款，1570年	5%

（续表）

	年金和抵押贷款（长期）	
德意志、意大利和荷兰	土地抵押岁金合约，通常	5%
德意志、意大利和荷兰	土地抵押岁金合约，范围	4% ~10%
荷兰	“蒙丹斯”岁金	6.25%
英国	房地产抵押贷款	10% ~14%
	发放给城市和城邦的贷款（长期）	
德意志	哈布斯堡年金（案例）	10%
德意志	纽伦堡年金，正常时期	5%
德意志	纽伦堡年金，紧急时期	6% ~8% ~10% ~12%
霍兰	清偿基金永久年金	6.167% ~7.143% ~8.333
霍兰	终身年金	12.5%
热那亚	圣乔治银行宣布红利贴现率，4~5 年支付：	
	1522~1534 年，2.875% ~6.5%	
	1535~1546 年，3.5% ~5.25	
	1547~1570 年，3.75% ~9%	
	1571~1600 年，1.875% ~4.375%	
威尼斯	prestiti（不定期支付），1502 年，1522 年	6.75% ~9.625%？
法国	岁金（永久年金），1522~1543 年	8.333%
法国	1597 年岁金强行降低至	4%

17 世纪

背景介绍

17 世纪的欧洲金融可以用来进行对比鲜明的反差分析。16 世纪频发的战争、过度的贷款、通货膨胀和还债能力的丧失，把西班牙王室和法国王室，连带着他们的意大利和德意志大银行，统统带入了金融毁灭的深渊。与此同时，在遥远的欧洲北方的一个角落，新兴的荷兰共和国从西班牙统治下赢得了独立，创建了一个贸易帝国，发展了高水平的现代国家信用。英国在一个世纪以后成功地引进了荷兰的国家债务原则，学会了如何用良好的信贷结构来服务于国家目的。

17 世纪常常被历史学家们划归“现代”。但是，从信贷市场的角度说，这个历史时期更适合看成是复兴时期的最后阶段。仅仅在 1700 年前不久，也就是荷兰金融原则被威廉三世（William III）和他的辉格党（Whig）支持者们引进英国并在英国被大幅度完善的时候，现代金融和信贷史才真正开始。

利率史的展示此时必须用基本属于现代时期的内容加以修订：金融事件和利率现在必须按照国界来编排。欧洲已经不再是金融国际化。意大利银行不再主宰着国际货币市场，不再那么随心所欲地将账务来回移动于意大利、西班牙、法国、德意志、英国和荷兰之间。信贷条件从来没有在欧洲各个地区统一过，但是，先前的差异性更多地并非取决于国界，而是当地的经济和金融形势。在 17 世纪，金融史已经呈国家化。

欧洲各国中近期最为强大的西班牙陷入了金融衰败，尽管它在新大陆拥有帝国势力，尽管有金子和银子的涌入。西班牙国家破产大约每 20 年发生一次：1607 年、1637 年、1649 年。[注324]西班牙的进口金子和银子提前抵押给了热那亚各银行。在西班牙抵押的金子和银子源源流入热那亚的同时，西班牙退回到了以铜为标准的货币。资金经常匮乏到无力支撑国王餐桌的地步。财政收入提前 5～10 年就被抵押出去了。有时，王室资产被发现已经被抵押了好几次。这些破产意味着王室流动债务还款的中断；后来，流动债务被强制性地归入低利息年金。即便是这些年金，在数额上也开始减少，而且并不总能得到兑现。到了 1627 年，热那亚几乎每一个人都拥有西班牙的债权，毁灭之风到处肆虐。热那亚的大银行已经到了资源耗尽的地步。早在 16 世纪就一直持有老西班牙债权的富格尔家族，如今已经彻底毁灭。西班牙从此再也没有恢复其国际政治和金融力量。

在法国，贷款给王室的意大利银行家们，遭遇灭顶之灾的方式更加有序，更加可悲。法国的势力在路易十三世（Louis XIII，1610～1643）和路易十四世（Louis XIV，1643～1715）的统治下得以加强，因为这些绝对的独裁君主有足够的力量盘剥他们的债权人。但是，法国的几个开明的财政大臣曾努力改革国家信贷，并在这种努力的过程中为政府财政技巧作出了一些宝贵的贡献。在亨利四世（Henry IV，1589～1610）统治期间，财政大臣苏利（Sully）在一次国家破产期间将债务合并进了低利率的岁金。他避免流动债务，厉行节约，改善国家财政，带来了一个阶段的繁荣。[注325] 1610 年，管理失误的一个新时期开始了。黎塞留（Richelieu，1624～1642）强悍的外交政策和宫廷的奢靡，再次造成新的巨大流动债务。这个时侯，“党徒”（partisan）一词产生了，也就是那些具有 partis 的人们，即与政府之间有金钱交易因而无条件追随政府的人。1648 年法国的又一次国家破产使意大利银行家彻底灭绝，其中大部分是佛罗伦萨人。当时的国家财政收入已经通过三年前的预期抵押，以换取“党徒”的贷款，而“党徒”们向王室索要毁灭性的高利率。即便是岁金（永久贷款）也并不总是付全款。从 1639 年起，法国的岁金在新兴的巴黎交易所（Paris Exchange）颇受市场追捧。

1665 年，路易十四世的新财政大臣科尔伯特（Colbert）再次改革法国财政。他大幅度提高财政收入，随意减少岁金或者以低利率支付岁金。他把法定利率上限设定为 5%，声称高利率导致了失业和贸易滞涨。他还说，“银行家应该朝财政大臣的方向努力，就像士兵应该以成为将军为目标一样。”[注326] 1672 年的战争再次要求获取巨额贷款。1674 年，科尔伯特成立了一个国家储蓄银行（State Savings Bank），支付 5% 的利息，以税收收入作抵押。1679 年，他成功地发行了一种公开认购的新岁金。接着，他又发明了超额认购术。1683 年，科尔伯特去世，从此法国金融再次回到西班牙的道路上。

在这个世纪的德意志，仍然是一批独立城邦的组合。三十年战争（Thirty Years' War，1618～1648）——战争的部分原因是信奉新教的欧洲与信奉天主教的欧洲之间的斗争——给德意志的人口和财富造成了无法弥补的损失。从此，人们再也没有听说过像富格尔家族那样的德意志金融巨头。

斯图亚特（Stuarts）统治下的英国恪守着古老的金融手段。在 16 世纪，格雷欣已经改革了英国政府财政，制定了商业信誉、秩序和节约的原则。外国银行已经被逐步排除。伊丽莎白从来没有食过言，但是她的贷款常常是古老风格的强制性贷款。她留下了一小笔债务。詹姆斯一世（James I，1603～1625）和查理一世（Charles I，1625～1649）发生了大笔流动债务。还是没有长期债务。由于缺乏民众对斯图亚特的热情支持，强制性贷款终于走到了头。金匠们成了银行家。他们以高利率为王室提供短期信贷[注327]，并从存款人那里获得资金。金匠们还帮助资助了克伦威尔（Cromwell，1649～1660）和查理二世（Charles II，1660～1685）。1672 年，查理二世“阻止了财政付款”：在与荷兰的战争期间，他中止了大笔流动债务的偿还。查理最后以 6% 的永久年金清了账。这是英国的最后一次强制性贷款。

1689年的革命以后，也就是国王威廉三世和议会可以以联合王国的名义借款，可以承诺共担财政责任之后，英国的国家信用才建立了起来。在17世纪90年代之前，英国虽然在国内和国外取得了重大的商业进步，但却没有中央银行，没有组织有序的货币市场。

17世纪的荷兰金融史与几个强国统治者接二连三的违约景象形成了一个鲜明的对比。新成立的荷兰共和国是西班牙统治下的荷兰北方各行省的联盟。它争取从西班牙统治下解放出来并取得最终胜利的战争持续了80年，即从1568年到1648年。尽管有战争，1600~1650年期间却是荷兰艺术和文学的黄金年代。由于西班牙禁止荷兰商业进入里斯本，荷兰人找到了前往远东、前往新大陆的自己的路，并取代了葡萄牙人的位置。荷兰东印度公司（Dutch East India Company）于1602年创建，荷兰西印度公司（Dutch West India Company）于1621年创建。【注328】有了如此广泛的贸易，荷兰成了欧洲的商业中心。阿姆斯特丹取代了仍然处于西班牙统治下的安特卫普的位置，成了一个金融中心。

1652年和1665年，荷兰共和国与英国交战。荷兰船队甚至沿着泰晤士河而上，摧毁了伦敦的一个郊区。1672~1678年，法国入侵荷兰。荷兰人通过破堤放水才救了自己。尽管如此，在橘子镇威廉（William of Orange）［后来成为英国的威廉三世（William III，1689~1702）］的领导下，路易十四世统治的法国遭到抵抗而形成僵局。

这个新兴小国在军事上的胜利，很大一部分原因可能是荷兰卓越的国家信用。在荷兰，行省和城镇的利率适中的年金在数个世纪中一直深受欢迎。他们没有奢侈糜烂的宫廷。勤俭的人民存着钱、投着资。没有耗资巨大的对外战争——所有战争都是在国内。海军也是海上商船，带来的收入超过自身的开支。【注329】有了良好的信用，他们可以聘请德意志雇佣兵负责地面防御。由于国家团结，人民信任自己的政府，因而它可以有效地抵押国家信贷：全体人民的未来盈余。

荷兰信贷可以自由地用于防御，不会遭到拒绝。在这些战争期间，国家债务增长，数额变得庞大。但这些都是有偿债基金的债务；流动债务仅仅用于紧急情况，而且会迅速建立偿债基金。各行省和城镇都对债权人守信，而债权人也是他们自己的同胞。由于贸易繁荣，通常来说，寻求投资机会的资本总是大于安全借款人的数量。债权人组织数次有效地否决了提高赋税、清偿国家债务的计划。仅仅在一个行省，就有6.5万人投资于荷兰的国家年金。这些年金都是通过自愿认购来宣传和销售的。年金的种类有很多：终身年金、30～32 年期年金、永久债券以及彩票型年金。这些贷款并不是像法国和西班牙那样用特定的财政收入作抵押，而是以发债行省或城镇的总体信用作保。人们对政府诚信的信任坚不可摧。但是，预算并没有公开，人民只能猜测公债有多少。这一点还有待英国人去制定全面披露的原则。

荷兰的利率在 17 世纪进一步下跌。现代“低利贷款”出现了。通过一系列重大的举债还债措施，各行省降低了年金的利率。然而，市场上荷兰年金的波动幅度很大，而价格常常取决于战争的运气。

于 1613 年引入国内的阿姆斯特丹交易所（Amsterdam Exchange）起初只从事股票交易，比如荷兰东印度公司的股票。在这个交易所的基础上，大部分现代股票投机的特殊技术发展了起来。[注330] 17 世纪的荷兰人甚至作郁金香球茎的投机。在这场著名的“郁金香狂热潮”中，有个投机商在 1636 年用 4 600 弗罗林的价格购买了一支郁金香球茎。政府债券第一次在交易所交易是在 1672 年，当时法国的入侵造成了价格急跌至面值的 30%，从而引起了投机商们的关注。

17 世纪利率

英国

“对于那些放贷的人，我的告诫是，无论是直接还是间接，无论是用计谋，还是狡诈的发明，他们收取的超过 10%；因为那些狡黠阴险地躲避这些法规的人们，将是自欺欺人，终将懊恨而终。”

——爱德华·柯克（Edward Coke）爵士，《英格兰法总论》（*Institutes of the Laws of English*）第一卷第一节。

英国的法定利率为：[注331] 1571～1624 年，10%；1624～1651 年，8%；1651～1714 年，6%。法定利率不适用于王室贷款。

发放给王室的短期贷款利率的浮动范围非常大，也许是按照所提供的抵押物的质量不同而变化。由于安特卫普票据市场已经不复存在，而伦敦的金匠们已经开发出基于存款的金融业务，王室贷款此时主要是从伦敦金匠那里获得的流动债务形式。此外，还有利率没有记载的强制性贷款。金匠发放给王室的贷款的有些利率罗列如下：

1640年	贷给查理一世	“常规利率”	8%	【注333】
1660～1670年	贷给查理二世		8%	【注332】
1665年	贷给查理二世	税收抵押	8%～10%	【注333】
1660～1685年	贷给查理二世		10%～20%	【注331】
1660～1685年	贷给查理二世	最高利率	30%	【注331】
1680年	贷给查理二世	财政收入抵押	6%	【注334】
1690年	贷给威廉三世	财政收入抵押	10%～12%	【注335】
1690年	贷给威廉三世	无抵押	25%～30%	【注335】

英国的第一笔长期国债于1692年发行，为的是资助与法国的战争。当时筹借的资金为100万英镑，以啤酒和烈酒税赋抵押，形式为截至1700年的10%年金，之后为半汤鼎式养老金制（semitontine，最后一个生者享受所剩全部储金）的7%；有个认购者活了77年。1693年，英国又筹借了100万英镑，以盐税抵押，利息10%，期限16年，外加彩票中奖，从而使资金的总成本上升到14%。【注336】

王室贷款的这些高利率似乎让人难以忍受。英国的其他利率则低得多，而在荷兰共和国，政府贷款的利率是3%。英国十分羡慕荷兰的金融系统。1694年，与法国的战争仍然耗资巨大，英国政府发行了120万英镑的新贷款，以船只的吨通行费抵押，利息8%；作为额外奖励，认购人有权利组建总督和英国银行公司（Governor and Company of the Bank of England）。【注336】

短期商业信贷方面，英国的数据非常少，直到这个世纪末。由于金匠们支付的存款利息为4%～6%，我们可以推测，这个世纪早期的商业信贷要求的利率应该超过6%。根据以上引用的频繁出现的王室优质抵押贷款的8%利率可以推断，优质贷款一般不会大大超过6%。然而，8%的法定上限，后来的6%，也许扭曲了流传到我们手里的资料记录。在17世纪的伦敦，还没有证据表明存在一个“货币市场”或者“票据市场”。

17世纪30年代，伦敦商会（Chamber of London）提供给商人的贷款利率为7%，给东印度公司的贷款利率为6%。1640年，良好伦敦贷款的市场利率据记载为8%，也就是法定上限，而1688年为4%～6%，即低于法定上限。在威廉三世的财政发明之后，成立于1694年的英国银行（Bank of England）按照以下利率贴现贸易票据：【注337】1694年，4.5%～6%；1695年，3%～6%；1698年，4.5%；

1699 年，4.5%。

关于伦敦市短期存款利率，文献资料可以汇总如下：

1660 年	金匠们支付	6%	【注332】
1665 年	金匠们支付，用于贷给查理二世	4% ~6%	【注338】
1690 年	金匠们支付，用于贷给威廉三世	6%	【注338】

在抵押贷款、年金和其他长期贷款方面，1600 ~ 1625 年期间的 10% 法定上限据说可以代表正常抵押贷款的完整市场利率。[注339] 到了 1675 ~ 1700 年，有效市场利率据说低于当时的 6% 的法定上限。1666 年，以 4% ~4.5% 的利率贷出的土地抵押贷款大大超过以 5% 或 6% 利率贷出的资金量。17 世纪 70 年代，约翰·洛克写道："很大一部分放贷人现在愿意在有良好抵押时以 4% 利息放贷。"一件诉讼案的记载说："5% 是 1687 年的最高利率，一般有抵押贷款。"但是，麦考利（Macaulay）说，1696 年，最佳抵押贷款的市场利率是 6%。[注340] 然而，1694 年，英国银行打算以 5% 利率发放抵押贷款，虽然它没有开发这种业务。1677 年，非洲公司（Africa Company）将其 1675 年以 6% 利率获得的全部债券债务按 5% 兑换。[注339]

荷兰共和国

这个世纪荷兰利率的资料记载为各个行省、尼德兰联邦（United Provinces）和城镇的长期贷款数据。这些贷款大部分都是以众多不同年金的形式发放的：有些有偿债基金，有些期限很短，有些为永久性年金。引用的利率数据并不总是说明每笔引用贷款数据的精确贷款期。这个共和国各个行省证券的一系列转换，也许可以汇总如下：[注341]

1600 年	偿债基金型年金出售价格仍然为	8.333%
1606 年	偿债基金型年金利率降低至	7.143%
1620 年?	偿债基金型年金利率降低至	6.167%
1640 ~ 1649 年	所有偿债基金型年金和债券兑换为	5%
1654 ~ 1655 年	未偿还证券兑换为	4%

（续表）

1665 年	阿姆斯特丹的代理人试图引诱城邦将利率降至 3%，但被投资人拒绝	
1672 年	又一次兑换将利率降低至	3.75%
1672 年	法国入侵后，政府证券在阿姆斯特丹交易所售价降至 30【注342】，因而收益为	12.5%？
1672 年	形成防御联盟后，政府证券恢复到 60～75～95 的价格，因而收益为	4%～6.25%？
1673 年	售价降至 50，然后又涨到 75，因而收益为	5%～7.5%？
1678 年	售价该年或该年之前恢复到 100，因而收益为	3.75%
1679～1700 年	和平时期，新贷款有时筹募的利率可以低于	3%
1679～1700 年	战争时期，新贷款筹募的利率为	4%～6.25%

有关 17 世纪荷兰永久年金，这里可以引用一个具体案例。1624 年，有个名叫埃尔斯坎·乔里斯多奇特（Elsken Jorisdochter）［埃尔西（Elsie），乔治的女儿］的人投资 1 200 弗罗林，购买了用于修复堤坝的债券。【注343】她收到了莱波公司（Lekdyk Bovendams Company，1323 年注册）的一份债券，那是一家拥有征税权的半公众企业。该公司和这种债券至少延续到了 1957 年。这种永久性债券起初每年支付 6.25% 的利息，与当时各行省支付的利率基本相同。它并没有偿还本金的承诺。在 18 世纪的某个时期，当时的债券拥有者同意降息至 2.5%。1957 年，该债券仍然在支付每年 2.5% 的利息。这种债券必须至少每 5 年向乌得勒支（Utrecht）提交一次，以获取利息，而所有利息支付信息都记录在债券的背面。该债券称可以"免于所有赋税、捐税或任何形式的收费，无论采用或者伪装成什么名目，绝无例外。"1938 年，该债券被提交到纽约证券交易所（New York Stock Exchange），因可以兑换而收取利息。

金融史上的这个个案勾画了荷兰永久年金的漫长历史。它表明，当时地方性小规模年金与国家年金的利率差距并没有多大。税收方面的优惠也许就是获得低利率的一个因素，正如 14 世纪威尼斯的债券一样。然而，税收豁免因素不应当享有太大的权重，因为似乎所有类型的利率在荷兰都急跌到了很低的水平。

至于荷兰的其他贷款，文献资料没有区分贷款和预付款，没有区分长期和短期贷款。然而，以下的点滴资料颇有信息价值：

1603 年	阿姆斯特丹市一个月通知提款的存款利息从	8.333%
	降至	6.167%
1659~1660 年	阿姆斯特丹市以存款抵押筹借贷款的利率为	3.75%
	后来变为	3.25%
1670 年	阿姆斯特丹监管议会（Guardians Supervisory Council of Amsterdam）发现无法以 3.25% 利率发放贷款时，申请允许降低至	3%
1679 年	阿姆斯特丹市司库敦促将支付的利息从	4%
	降至	3.5%
	他指出，阿尔克马尔和其他城镇支付的利息为	3%

关于 17 世纪荷兰的短期商业信贷利率，还没有按年代编排的记录。然而，有有力证据表明，至少在该世纪的下半叶利率很低。“在荷兰，”乔赛亚·蔡尔德（Josiah Child）在 1668 年说，“任何一个男人，只要他是个能干的丈夫，在买卖上谨慎小心，仅仅用他自己的票据的 3% 利息，就可能赚到 500 到 1 000 英镑。”还有一位当代专家说：“荷兰邮轮（Traffick Holland）拥有的一大优势是，商人们可以以 3.5% 的利息筹到一年的钱，而不需要典当或者抵押。”阿姆斯特丹的商人们据记载可以以 3%~4.5% 的利率借款，然后在英国和法国以 6% 或者更高利率贷出。荷兰利率在其他地方的资料记载为中期和长期信贷 3%~4%。最后，进入 18 世纪的时候，阿姆斯特丹交易所的利率据记载降到了 2%，甚至是 1.75%。[注344]这是我们掌握的资料中北欧出现的第一次如此低的利率记录，虽然一个世纪前，更低的利率可能在热那亚出现过。

法国

1557 年的国家破产标志着里昂票据市场繁荣时期的结束。1586 年，国王用岁金结算了应付本金的 25%~40%。1597 年，在一次大规模金融改革（破产）中，王室岁金的年金利率被强行降至 4%。但是，估计这并不是市场利率。事实上，没有什么证据表明在 17 世纪的法国存在一个组织有序的货币市场。

在卡迪纳尔·马萨林（Cardinal Mazarin，1643~1662）的统治即将结束的时候，“党徒”向王室要求的短期流动债务利率至少为 15%，但有时高达50%~60%。[注345]

法国王室有两个信贷来源：一个是给他们提供高利短期贷款的银行（“党

徒”），另一个是购买长期年金债权的“食利者”。这些年金有些是在流动债务用借债还债方式强行筹措时因为国家破产而发行的。这个世纪法国岁金支付的利息资料非常少，除了强制实行的利率。在16世纪，几次发行的岁金是按照8.333%的利率自愿购买的。财政大臣科尔伯特在1660年的一次“改革”中，扣留了巴黎市政厅（Hotel de Ville）应得的1/3岁金。他试图以很大的贴现还清其他岁金。骚乱出现了。1665年，科尔伯特将岁金的法定利率降到了5%，并恢复了付息。1674年，他创建了一个国家储蓄银行，付息5%，并承诺偿还即期本金。他大幅度改善了公共信贷，因而在1679年，他可以以5%～5.875%的利息发行岁金供公开认购，并导致了超额认购，利用其中的一部分收益来偿还利率更高的老岁金。在他于1683年去世后，法国的预算再次陷入混乱。1688～1697年期间发行的有些岁金再次支付8.333%的利率。[注401]

西班牙

有关17世纪西班牙利率记录的历史资料仍旧十分简短。危机一个接着一个，强制性债务合并成了常规做法。由此产生的年金（利率无记载）是用铜来清还的，甚至欠而不还。神学家对债权人发放高利贷的谴责起到了推波助澜的作用。1647年破产时，除了4家热那亚银行（这些银行估计跟以往一样拥有贵重金属作为抵押物）以外，应付所有债权人的债务都被豁免，而皇家财政收入被发现提前7年就抵押出去了。1673年，西班牙王室以40%的利率支付了短期流动债务。[注346]1686年和1700年、整个18世纪期间，以及1820年、1837年、1851年和1873年，国家一次又一次地破产。因此，在这个对比十分鲜明的世纪里，利率的趋势和水平在我们研究的各个不同国家有着很大的差异，而且常常严重影响了每个国家的未来经济和政治力量。

表10　17世纪利率汇总

	发放给国君的贷款（短期）		
英国	金匠发放的王室贷款，通常为	1640～1690年	6%～12%
英国	金匠发放的王室紧急贷款	1640～1690年	20%～30%
法国	“党徒”放贷	1643～1661年	15%～60%
西班牙	案例	1673年	40%

（续表）

商业贷款（短期）			
英国	法定限制（所有私人贷款）	1571～1624 年	10%
英国	法定限制（所有私人贷款）	1624～1651 年	8%
英国	法定限制（所有私人贷款）	1651～1714 年	6%
英国	商会发放给商人贷款	1630 年	6%～7%
英国	良好信贷贷款	1640 年	8%
英国	良好信贷贷款	1688 年	4%～6%
英国	英国银行贴现	1694～1699 年	3%～6%
荷兰	私人贷款	1650～1675 年	3%～4.5%
荷兰	私人贷款低至	1700 年	1.75%～2%
存款（短期）			
英国	金匠支付	1660～1690 年	4%～6%
荷兰	阿姆斯特丹市	1603 年	6.167%～8.333%
荷兰	阿姆斯特丹市	1659～1700 年	3%～4%
法国	国家储蓄银行支付	1674 年	5
年金和抵押贷款（长期）			
英国	抵押贷款	1600～1625 年	10%
英国	抵押贷款	1666 年	4%～6%
英国	抵押贷款	1670 年	4%
英国	抵押贷款	1687 年	？～5%
英国	抵押贷款	1696 年	5%～6%
英国	私人债券债务（案例）	1675～1677 年	5%～6%
发放给城邦的贷款（长期）			
英国	政府终身年金	1692 年	10%
英国	政府 16 年期彩票贷款	1693 年	14%
英国	政府永久年金；英国银行预付	1694 年	8%+
荷兰	偿债基金型政府年金	1600～1640 年	6.167%～8.333%
荷兰	偿债基金型政府年金	1640～1672 年	3.75%～5%

（续表）

发放给城邦的贷款（长期）			
荷兰	政府偿债基金（战争时期）	1672～1700年	4%～12.5%
荷兰	政府偿债基金（和平时期）	1672～1700年	3%～3.75%
法国	岁金	1679年	5%～5.875%
法国	岁金	1688～1697年	8.333%
热那亚	圣乔治银行宣布的4～5年兑现的红利贴现率： 1600～1606年？2.125%～4.375%？ 1607～1621年？1.125%～2.625%？ 1622～1625年？3.75%～5.5%？		

意大利

在17世纪，意大利的国际金融业渐渐淡出。它的历史远远超过意大利商业的繁荣历史。

有关威尼斯的利率，我们没有可靠的记载数据。在一次战争中（1645～1658），威尼斯损失了它剩下的海外帝国势力的大部分。资助这场战争的是政府债务的合并和国库债券的低价出售。[注347]

在这个世纪的第一个25年期间，圣乔治银行4～5年期递延红利的系列贴现率（见16世纪“发放给城邦的贷款”）在继续，具体见下表[注323]：

年份	贴现率（%）	年份	贴现率（%）	年份	贴现率（%）	年份	贴现率（%）
1600	2.875	1606	4.375	1613	1.625	1619	1.125
1601	3	1607	2.375	1614	1.75	1620	1.25
1602	2.875	1608	2.625	1615	1.625	1621	1.625
1603	3.625	1609	2.625	1616	1.625	1622	4.25
1604	2.375	1610	2.375	1617	1.375	1623	3.75
1605	2.125	1611	1.875	1618	1.375	1624	5.5
		1612	2			1625	5.25

虽然热那亚的 luoghi 在 1625 年以后很久还未偿还，但由于在那之后出现的记账货币与银行使用的有效货币之间的混乱，进一步计算利率也就不可靠了。1615～1619年期间出现的繁荣景象的投机特性，其显著表现就是 luoghi 的价格从每1 000 份的3 920 上涨到每1 000 份的5 100，而红利并没有增加；因此，红利收益下跌到了大约每年 1.1%。从那以后，价格又急跌至 3 965。虽然 luoghi 的红利收益只增长到了 1.3%，贴现率却从 1.1% 飙升至 5.5%，达到自 1568 年以来的最高年平均幅度。这种价格的下跌和利率的上涨，很可能与热那亚的保护者和债主——西班牙——遭遇财政困难有关。

第十章

中世纪和文艺复兴时期西欧利率总结与分析

A History of Interest Tates

当西欧利率史在经过了9个世纪的黑暗时期后于12世纪得以恢复时，信贷的类型记载得非常笼统，利率数据也少有记录。尽管如此，信贷形式得到的认可程度远远超过古代信贷形式。事实上，尽管有些信贷形式不同于现代的信贷形式，但是现代信贷形式的演变可以直接追溯到中世纪时期的信贷形式。

早在12世纪，短期商业信贷就通过一种早期的汇票形式表现了出来。中世纪的岁金型年金有点类似现代债券或抵押贷款或永久年金。13世纪时，保留下来的有些记录包括银行存款的利息数据和威尼斯共和国的可销售永久债务的利率数据。由于一小批现代经济历史学家、同时也是中世纪研究专家们的卓越的研究工作，从这个世纪开始的数据资料大有改善。数据资料有严重的断层现象，需要用额外的研究来填补大量的空白，但是利率数据往往有了详细的定义，不同于古代利率数据。

波动性

本书遇到的一个新问题源自中世纪货币市场的发展，以及像商业票据这样的金融工具的利率的波动性。资料数据不再原则上代表传统呆滞型“正常”贷款的利率，比如主宰着古代信贷领域的消费者贷款。消费者信贷大量存在于中世纪，但大部分属于不合法，可能常常经过伪装；一部分从当铺获得，一部分从高利贷者那里获得，一部分伪装成商业交易。君主们有时支付的高利息已经有了文献记载。可以推断，地位略逊的人们在需要的时候有时也会支付类似的高利息。然而，本书从现在开始将主要涉及波动的商业利率、存款利率、年金利率，以及各自由城市支付的利率。

造成利率记录变得复杂化的新因素是其中有些利率的波动性，尤其是商业贷款利率的波动性。从这个意义上说，与古代“正常”利率相比，中世纪的利率与现代货币市场利率的相似性大了许多。比如，在16世纪，安特卫普的优惠票据利率据记载低至4%、高至13%，而要从这个范围中寻找一种趋势，就可能会犯错误；仅仅在1546年一年期间，这种范围至少是7%～13%。这种短期波动的幅度与纽约或者伦敦的现代票据市场的表现并没有什么不同。然而，它的波动幅度往往远远大于有文献资料记载的古代时期的稳定利率范围。虽然资料记载了如此大幅度的商业贷款利率的波动性，却不一定意味着信贷风险的差异性，尽管信贷风险的确有很大的差异性，但却可以体现货币市场形势的日常变化。从现在的角度看，是不可能区分的。

如今，波动性的数据统计问题是通过计算统一贷款的平均利率来解决的，因而出现了月平均利率或年平均利率的计算，同时也通过记录最高利率和最低利率数来解决。中世纪的资料没有如此全面的数据。因此，各个统计表经常仅仅是基于大幅度的范围。然而，资料数据常常足以提供从12世纪起大部分时期良好信贷常见利率的一种比较好的总体概念。利率的趋势也可以鉴别出来。

表11的目的是汇总中世纪和文艺复兴时期最佳信贷的利率数据。所有国君型和高利型的利率都被省略了。同时被省略的还有强制性贷款的名义利率和国君们出售的年金利率，因为它们后来经常被描述成自然而然的组合。该表只是提供了资料记载中商业票据、存款和长期年金，以及市民、城镇和政府的抵押贷款或债券的每半个世纪的最高和最低利率数据。

信贷结构

在试图分析这些利率之前，我们应该首先研究一下中世纪信贷结构与古代和现代时期的一些区别，以及它们的相似性和向现代信贷形式的演变过程。

有关城邦贷款、城市贷款和国君贷款的证据，中世纪的记载远远超过古代时期。信贷逐步变成了一种政治工具，并从此保持了这一位置，即政治的一种基本武器，也是国家防御或者进攻的一种基本武器。但是，国君们却很少能够成功地开发出高效的国家信贷。类似国家财政这样的现代方法只是在欧洲北部的一些自由城镇和各个意大利共和国发展了起来；这些方法后来又被荷兰和英国采用。对资产公有化的认可是根本。在大部分北欧地区取得最终胜利的民主政府比较多的部分原因，很可能是这些政府有能力调动他们巨大的公共资源。西班牙彻底失败了。法国君主制有时似乎取得了胜利，但很快就又退回到恣意妄为的国家财政行为。

自由城镇和行省的主要信贷形式是传统的岁金型年金，即以每年的收益付款作长期抵押，常常是变成永久性年金，并且没有偿还本金的义务。古代时期没有广泛应用这类金融工具，尽管出现过一两次年金的试验。从这些永久性年金演变出了现代的国家偿债基金型债务。这时，偿债基金型债务又增加了或多或少比较长期的债务期限，但是如果债务期限是20年、30年或者50年，那么与永久年金的实际差异也就微乎其微了。

北欧的这些年金在最初的几个世纪里显然没有二级市场。但是，威尼斯的永久债务义务引发了13世纪活跃的二级市场或股票交易市场；它们的形式几乎与北欧城镇年金完全相同，但它们起初是强制性债务发行，而且具有统一性。16世纪也有一个热那亚债务义务的活跃的股票交易市场。在17世纪，荷兰的年金成为可上市交易品种，而法国岁金（永久年金的另一种同义词）有时也形成了某种市场。在这两个案例中，市场销售的许可似乎恰巧赶上较低的利率，但其中也许有、也许没有因果关系。较低利率也许纯粹是因为在我们研究的这个历史阶段的大部分时期里，所有利率都在走下坡路。到了文艺复兴时期结束的时候，与现代政府长期债券很接近的品种已经这样发展了起来。但是，现代短期政府“票据市场”却还没有出现。

存款银行业在整个中世纪都一直存在，但开始时的形式更加接近古代时期，而不是现代银行业。银行家是私人商户。在意大利，他们受官方法规的管辖。他们开展了古代时期的所有银行业务，其中包括现代银行业职能的原始形式。甚至在很早的时候有一小部分官方或准官方的银行组建了起来。这些银行的诞生年代和职能如下表所示：

1157年	威尼斯银行（Bank of Venice）	存款和转账
1401年	巴塞罗那银行（Bank of Barcelona）	转账
1407年	圣乔治银行（热那亚）	转账
1587年	里阿尔托银行（Bank of the Rialto，威尼斯）	存款和转账
1609年	阿姆斯特丹银行（Amsterdam Wissebank）	存款和转账
1656年	瑞典银行（Bank of Sweden）	存款和发债（第一家）
1694年	英国银行	存款、转账、贷款和发债

与现代相比的一个根本差别是没有大型的私人公司。到了文艺复兴时期的末期，拥有商业垄断力量的民族主义型贸易公司组建了起来，而他们的抵押物很快就受到追捧。但是，工业以及现代资本主义，还要等待工业革命的到来。因此，长期私人贷款还没有出现现代的形式。它们的主要构成是农民以土地抵押而发行的岁金型年金，或者是准政府当局以其财政收入作抵押而发行的年金；这些年金有些是永久型的，有些是可赎回型的，或者期限为一个或多个终身。

富人用富余资金投资于信贷工具，在当时还不是很方便，也没有良好的组织。拥有专家知识、资本和海外关系的商人们有能力进行成功的投资，但是业余水平的资本家往往仍然在囤积金属、到银行存款，或者购买土地。然而，有良好的证据表明，可以用于投资的富余资金在16世纪和17世纪迅速积累起来。在方便而合适的信贷形式——比如荷兰和英国的偿债基金型债务——得到发展的时候，他们就能迅速吸引大量的资金。

利率趋势

表11支持经济史学家们经常表达的一个观点，即在中世纪和文艺复兴时期后期的大部分时间，利率下跌了。最早的短期利率据记载多少高于西罗马最后、最高的法定上限。这些利率与早期希腊利率没有多少差别，也属于巴比伦王朝的利率范围，虽然信贷的形式与古代时期有很大不同。文艺复兴时期后期的利率完全属于现代利率范围之内，其中最低的利率数远远低于信贷紧缩时期的现代利率。

由于在这个历史时期的大部分时候，欧洲的绝大部分地区事实上是意大利人主宰的一个货币市场，因而不同地区的不同票据利率不应该享有多少权重。意大利人主宰着荷兰票据市场，因此意大利和荷兰记载数据的差异可能是记录上的失误。到了17世纪，货币市场才按照国界进行划分。在17世纪，英国和荷兰——虽然他们的市场从前是由意大利人主宰的——出现的低利率，包括安特卫普的低利率，随着他们的主要债务人西班牙王室的诸多灾难而处于杂乱无章的态势。

表 11　中世纪和文艺复兴时期西欧利率回顾

世纪	商业贷款——短期(%)				
	西属荷兰	荷兰共和国	意大利	法国	英国
12 世纪					
上半叶					
下半叶	10* ~16		20		
13 世纪					
上半叶	10 ~16		20 ~25		
下半叶	10 ~16		8 ~15		15 ~20
14 世纪					
上半叶	10 ~25		7 ~15		15 ~20
下半叶	10 ~25		5 ~15		15 ~20
15 世纪					
上半叶	(8) ~(17)**		5 ~15		
下半叶	(8) ~(17)		5 ~15		
16 世纪					
上半叶	4 ~13		(4) ~(13) +	5 ~12	
下半叶	7 ~12 +		(7) ~(12)	8 ~12 +	
17 世纪					
上半叶		6 ~12			6 ~10
下半叶		1.75 ~4.5			3 ~6

世纪	存款——短期					
	西属荷兰	荷兰共和国	意大利	英国	德意志	西班牙
12 世纪						
上半叶						
下半叶						
13 世纪						
上半叶			10 ~20			
下半叶			10 ~20			

（续表）

	存款——短期					
	西属荷兰	荷兰共和国	意大利	英国	德意志	西班牙
14 世纪						
上半叶			5 ~ 12			
下半叶	10		5 ~ 12			
15 世纪						
上半叶	5		5 ~ 10	10	5	
下半叶	5		5 ~ 10	10	5	
16 世纪						
上半叶	4 ~ 6. 25		4 ~ 6		4. 5 ~ 5	4 ~ 5
下半叶	6. 25		5 ~ 6		5 ~ 7	5
17 世纪						
上半叶		6. 167 ~ 8. 333		6		
下半叶		3 ~ 4		4 ~ 6		

	岁金型年金、抵押贷款、其他长期债务						
	西属荷兰	荷兰共和国	意大利	法国	德意志	英国	西班牙
12 世纪							
上半叶							
下半叶	8 ~ 10						
13 世纪							
上半叶	8 ~ 10						
下半叶	8 ~ 10		6. 625 ~ 8. 375	14?			
14 世纪							
上半叶	8 ~ 10		4. 875 ~ 8. 375				
下半叶	8 ~ 10		5. 25 ~ 10 +				
15 世纪							
上半叶	8 ~ 12		6 ~ 10 +	10			4 ~ 10
下半叶	8 ~ 12		5 ~ 10	10	5		4 ~ 10
16 世纪							
上半叶	4 ~ 10	8. 333	4 ~ 10	8. 333	4 ~ 10	10 ~ 14	
下半叶	4 ~ 10	6. 167 ~ 8. 333	4 ~ 10	8. 333 +	4 ~ 12	10 ~ 14	

（续表）

	岁金型年金、抵押贷款、其他长期债务						
	西属荷兰	荷兰共和国	意大利	法国	德意志	英国	西班牙
17 世纪							
上半叶		5 ~ 8.333		8.333		8 ~ 10	
下半叶		3 ~ 12.5		5 ~ 8.333		4 ~ 6	

注释：

* 下划线表示资料记载中每半个世纪的最低利率数。

** 由于意大利银行家在荷兰发挥的重大作用，缺少的荷兰 15 世纪利率数采用意大利利率影响下的插值，而缺少的 16 世纪意大利利率数采用荷兰利率的估计范围。

利率数据来自表 5、表 6、表 7、表 8、表 9 和表 10。

进一步简化趋势分析已经有了可能，并体现在图 2 和图 3 中。这两个图展示了我们正在研究的这个历史时期中资料记载的每半个世纪的主要利率。图 2 表现的是不同信贷类型，图 3 表现的是不同地区的数据。

用最低利率来确定利率趋势的方法是很有信息价值的。今天，我们用的“优惠利率”和 AAA 平均数是表示利率趋势的习惯做法。在任何时候，高于最低利率的数据都有很大的范围，而且除了法定上限以外并没有封顶数。平均利率即便存在，也可能只是将好信贷与坏信贷平均了一下。定期记录的最低利率在排除了极端利率数据后，构成的是长期具有可比性的实用的底线。最低利率不能告诉我们大部分资金的放贷方向，但却应该能够提供一个测算长期利率趋势的指标数。

图 2 描绘了资料记载中西欧的最低利率，不论所在国家，并根据三种不同信贷类型划分：商业贷款，假定为短期贷款；银行存款，短期；岁金型贷款、抵押贷款和年金，假设为长期。在每个贷款类型中，资料记载最低利率的国家用一个字母来表示。因此，图中可以看出最低记载利率数的地理位置变化，虽然国界到了这个时期的末期才变得意义重大。

图 2A 表明，在 13 世纪后期和 14 世纪，最低商业贷款利率出现大幅度下跌，15 世纪比较稳定，16 世纪初期再次出现下跌，接着是 16 世纪后期西班牙和法国人出现违约后的飙升。下跌趋势在 17 世纪恢复，但此时最低利率出现在了英国和荷兰，而之前的最低利率纪录主要是西属荷兰和意大利。17 世纪末的最低商业利率——大约 2% ——属于现代利率的范围。

像这样的图表有助于总结数据。遗憾的是，我们掌握的数据不足以让我们确信能够充分展现许多历史阶段的市场水平。但是，所表现的总体水平和趋势也许是有效的。

图 2B 以同样的方式描绘了比较呆滞的存款利率。数据表明在 13 世纪和 14 世纪期间出现了一次急跌，然后在 16 世纪后期上扬，接着是 17 世纪的急跌。这些数据确认了商业利率所表现出来的趋势。

图 2C 显示的是长期信贷，表明在 12 世纪和 13 世纪，这些年金的利率低于短期信贷的最低利率。然而，在 15 世纪和 16 世纪利率较低的几个阶段，长期利率和短期利率并没有多少区别；而在 17 世纪后期，也就是最低利率达到谷底的时候，短期信贷出现了最低利率。长期贷款的利率在这几个世纪中显然出现了超级下跌。长期利率的下跌在 13 世纪、14 世纪和 15 世纪尤其显著，16 世纪后期的上升幅度一般，17 世纪出现急跌。

图 3 按地理位置描绘了同样的利率下跌。图 3A 表明，荷兰在 12 世纪、13 世纪和 14 世纪的最低利率数据变化幅度甚微，无论是短期还是长期；15 世纪，尤其是 16 世纪初期，当安特卫普成为欧洲的货币市场并为意大利人和德意志商人兼银行家们主宰时，利率出现了下滑；最后的微弹出现在 16 世纪末，当时安特卫普遭到毁灭。荷兰利率在 16 世纪初期高于安特卫普（西属荷兰）的利率，不久后出现急跌，并在 17 世纪后期跳水。

图 3B 表明，利率的下跌在意大利出现的年代可能比其他地方提前一个世纪或者更长的时间。我们没有意大利早期的岁金记载，但是到了威尼斯 prestiti 在 13 世纪后期的记载出现时，其范围与最低商业利率和存款利率没有太大区别。最低商业贷款利率在 16 世纪后期急速上升。

图 3C 表明，同样被意大利银行家主宰的法国最低商业利率，在 12 世纪和 14 世纪保持在高位，事实上高于荷兰和意大利的利率；在 16 世纪初期处于低位；然后随着 16 世纪后期的违约形势的出现而急速上升。法国岁金利率在几个世纪中一直下跌。英国利率只是为了方便而包括进了该图；在 17 世纪之前，英国利率数据几乎不受法国或欧洲大陆其他利率的影响。最早有记载的英国 16 世纪早期长期利率大大高于大部分欧洲大陆国家的最低利率，但在 17 世纪却出现了急跌。

这些图并不能像总结古代利率的图 1 那样反映整个文明的重大兴衰形势。时间的跨度相对比较小。政治实体——而不是强大帝国——首先是地方性的；在大部分时候，他们甚至还没有组织成大国。这些图所覆盖的历史阶段包含了向现代金融技术的逐步转变，但是就在这些技术行将全面形成并发生效用的时候，这个历史阶段中断了。1700 年的这个终止年代是人为设置的。西欧的利率史将在后面的章节中继续。

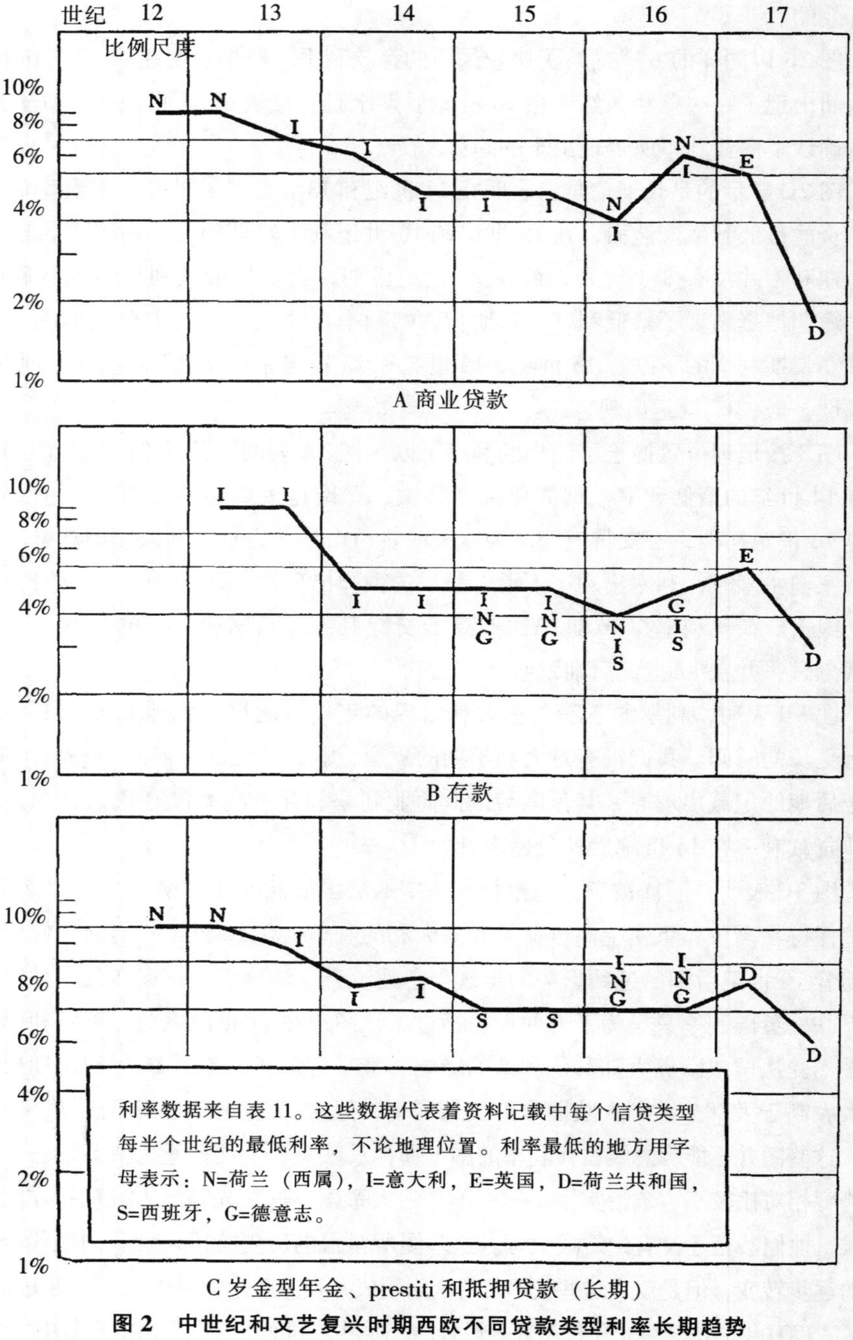

C 岁金型年金、prestiti 和抵押贷款（长期）

图 2　中世纪和文艺复兴时期西欧不同贷款类型利率长期趋势

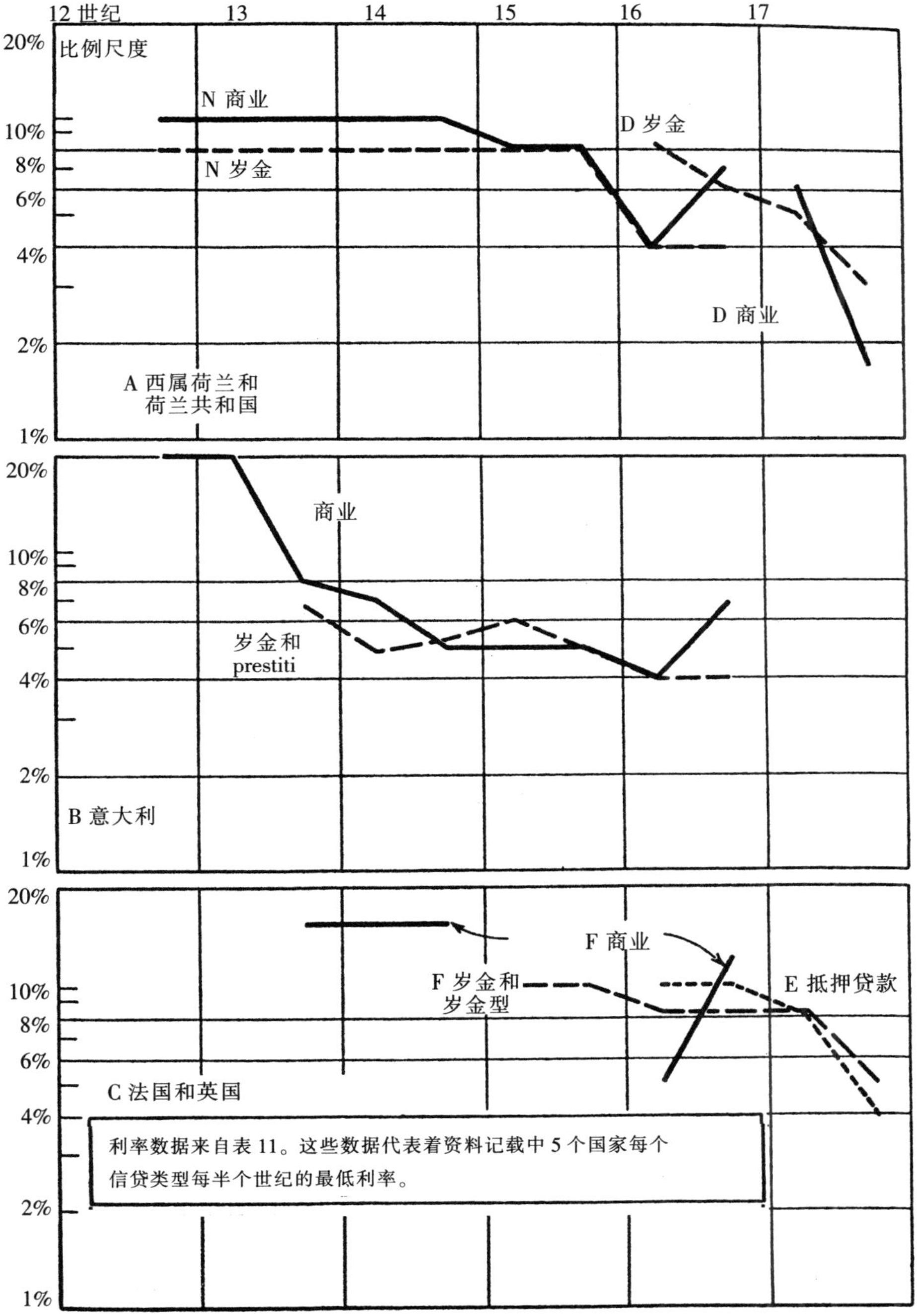

图 3　中世纪和文艺复兴时期西欧不同国家利率长期趋势

A History of Interest Tates

第三部分

1900 年前的现代欧洲与北美

第十一章

18 世纪的英国

A History of Interest Tates

偿债基金型债务和英国银行的身世

1688 年的革命，改革了英国的金融和政治。在都铎王朝和斯图亚特王朝统治期间，伦敦没有出现过可以与安特卫普、里昂和阿姆斯特丹相提并论的货币市场或投资市场。在 15 世纪和 16 世纪的欧洲大陆，意大利人已经在开发复杂的民间国际金融中心方面扮演了领先角色。在 17 世纪期间，荷兰人基于民众对他们喜爱的政府在抵押城镇、行省或国家资源方面的能力的信任，发展起了有效的国家财政。现在，该轮到英国承担金融领袖的责任了。英国在意大利银行技术方面和荷兰偿债基金型债务方面作了改善。伦敦市学会了如何动员民众的储蓄来实现商业目标和国家目标。

由于这场改革对于利率史有着重要影响，我们在这里给予细致描述，并站在事后的角度来观察分析。此外，之所以有关英国在 18 世纪和 19 世纪的信贷和利率史的论述比欧洲其他国家更加详尽，是因为英国在开发所有现代货币市场方面扮演了领头羊的角色。

直到 17 世纪的最后 10 年，英国还没有货币市场，没有实质性的银行，没有组织有序的国家债务。斯图亚特王朝的国王们从金匠们那里疯狂地筹借短期贷款；有时他们还支付非常高的利息。时而，他们像西班牙人那样丧失还债能力。这些都是带有中世纪色彩的国君个人贷款。

尽管如此，在 17 世纪期间，英国还是积累起了巨大的财富。新的信贷形式也开发了出来，在与欧洲大陆的金融方法结合起来的时候也证明非常有效。由于国内和国外商业企业的成长，土地已经不再是英国创收型财富的唯一重要形式。资本可以掌握在贸易企业手中。

拥有现金的人可以将钱存在金匠那里。金匠们为现金存款出具收据。如今，根据这些收据可以向持有人付款，这意味着现代银行本票的诞生。

支票也出现了，这样在汇票或者银行本票不合适的时候，也可以进行远途汇款，但是支票的应用并不广泛。有一张日期为1676年7月11日的早期支票上是这么写的：

> 霍尔（Hoare）先生：
>
> 请向持有人威特·摩根（Witt Morgan）先生支付54英镑10先令10便士，并收取他的等额收据。
>
> 挚爱的朋友
>
> 威尔·黑尔（Will Hale）
>
> 致奇普赛德（Cheapside）戈尔登鲍特尔（Golden Bottle）的理查德·霍尔先生。[注348]

美国金银的涌入使流动资本增多。同时，伦敦的金匠们还发现了意大利银行家们早就发现的一点，即他们手边只需要留一小部分储户存在他们那里的现金，而将大部分现金贷出或者投资出去。因此，他们不再是接受存款时收取一笔费用，而是开始给存款支付利息。由于英国没有法律禁止支付利息，只有法律限制利率，因而商人和金匠们开发了“内陆汇票”。这是一种赤裸裸的贷款工具，其明确的利率通过国内商人之间的贸易交往确定。像用于隐含利率的许多意大利汇票那样的外汇合约也没有使之更加复杂。伦敦商人公开向彼此、向金匠筹借含息贷款。

此时，英国还没有官方认可并受到普遍尊重的公共银行。1672年，当查理二世中止用国库向金匠存款支付利息，并因此毁灭了几个颇有名望的金匠时，对这种公共银行的需求变得十分强烈。意大利的各个共和国已经在几个世纪里享受着经过官方注册的银行的保护。荷兰人在阿姆斯特丹银行的帮助下吸引了外国资金，稳定了货币交易，并为他们的商人提供了一个可靠的储蓄场所。

在17世纪的最后几十年里，人们纷纷提议组建一个伦敦银行，给合理期限的存款和信贷提供保障。威廉·坦普尔（William Temple）爵士对他的同胞们说，霍兰省相当于500万英镑的借款利息为4%，而在霍兰，利息总是在到期日才支付，而当该行省的任何债务本金偿还的时候，公共债权人“含泪收下自己的钱，因为他心里十分清楚，他不可能再找到这么安全的投资了。”【注349】有些荷兰利率低至3%，而与此同时，英国王室却在为短期贷款支付6%~30%的利息。

1688年的革命提供了一个有利于创建英国国债和国家资助银行的政治环境。这不仅仅是因为一个荷兰的国君成了英国的威廉三世国王，而主要是因为这个国王是个严格的立宪君主，没有个人绝对权力的奢望。于是，政府此时可以期望以英国人民的名义借款。更加准确地说，威廉在以他自己的名义，以及支持他并且主宰着议会的辉格（Whig）巨商的名义借款。尽管如此，国王与国家的联合正在发展。到了18世纪20年代，英国的国家信贷可以有效地通过政府贷款作抵押，其模式与中世纪的意大利各共和国、17世纪荷兰各行省以及现代民主国家相似。

威廉三世迅速让英国卷入了一场与路易十四的法国之间的耗资巨大的战争。起初，威廉以老办法从市内的金匠和商人那里借款，并支付高额利息，有时高达30%。但是，此时金融改革的时机已经成熟。政府对合理期限的长期贷款的需求，与英国人民的需求吻合了，因为后者也需要为他们迅速积累起来的可投资资金寻找安全的投资渠道。由于缺少方便的信贷工具，人们还是在囤积金属，土地的价格在上升，并且出现了对新商业企业的投机热潮。杜撰的“股票投机商”一词也就是现在我们所说的推销商。“白衣修士的骰子作弊魂灵附着在了庄重的市议员的身上。”【注350】

威廉的辉格政府创建偿债基金型债务的最初努力属于试验性质，代价很高。这种努力的起因是政府急需现金与法国交战。1692年，议会提供了啤酒和其他酒类赋税，储备起来作为100万英镑长期贷款的担保，其形式为1700年前利息10%和1700年后7%的终身年金，外加长寿者享受的汤鼎氏福利。【注351】债权人的风险似乎相当大，因为威廉政权备受争议；如果斯图亚特王朝卷土重来，他们就会废除威廉政府的欠债。1693年，政府又发放了100万英镑的长期贷款，抵押物为盐税，16年期限，利息10%，外加彩票福利，从而使贷款的成本上升至14%。【注352】这种财政方法成本很高，且无法让人满意。荷兰各行省当时的贷款利率为3%~4%，并且不需要抵押特定的财政收入。

1694年，政府需要再筹措一笔大额战争贷款。这次，一个重要的应急方案被制定了出来。与这类改革通常遇到的情况一样，疑虑、恐惧和偏见因为国家的急迫需要和出路匮乏的窘迫现状而得以化解。议会通过了一项措辞模糊的议案，按船只的通行吨位征收一种新税，以便那些必须提前付款的人们去推动战争。该计划是要筹借120万英镑，利息为当时认为比较一般的8%，用这些赋税作抵押；作为额外奖励，该贷款的认购人享有特权，可以集中自己的资金，并组建“总督和英国银行公司”。[注353]作为将所有120万英镑资本贷给政府的回报，该银行将获得政府的10万英镑永久年金，或8%的利息外加每年4 000英镑管理费用，全部免税。银行将有权（但不是专营权）从事金银和汇票交易，而且毫无疑问有权开展银行业务，因而可以发行等同于其资本金的银行本票。[注354]

该银行起初被禁止贷款给王室之外的人，不得从事商品贸易活动。它的特权在贷款本金得以偿还后终止，但不是在1706年以前。然而，这笔贷款一直没有偿还，而银行则生存了下来。任何人认购银行本票都不得超过2万英镑。其中1/4的认购必须立刻支付现金。银行的债务以其资本金为限。[注355]红利只能从利润中拨付。1694年6月21日，股票认购开始，推销商可以用6个月的时间筹措资金。股票总额在12天内被全部认购。银行于1695年1月1日开始营业，营业地点为杂货公司（Company of Grocers）店内，职员54人。

这是各种股票认购的高潮时期。政府找到了从公众普遍寻求资本收益的欲望中取得支持的途径。它后来一次又一次地通过出售含有彩票福利的长期债务筹措款项的方式来满足人们的投机预期。

“吨位费银行”——英国银行获得此名是因为保障其收益的赋税性质——开始时是一个政治机构。辉格内阁支持以“新教继承”来反对法国人资助的斯图亚特王朝，设计出了一个宝贵的同盟。由于人们估计斯图亚特王朝不会承认欠银行的债务，因而银行是可以指望支持辉格政府与法国的战争的。银行的确给予了支持，但并非没有出现内阁与银行之间的漫长的讨价还价。“荷兰财政”——内阁的政敌们这么称呼这家新银行及其发行的票据——并没有得到托利党（Tory）人的信任，因为它造就了大笔政府债务，刺激了投资活动，进一步提高了城市居民相对于乡村绅士的地位，并且资助着一个辉格政府和一次辉格战争。[注356]

英国银行接受政府和公众的存款。它发行可以向持有人付款的银行本票；出具类似现代存折的存款凭证；兑现存款付账，类似现代支票。有几年时间里，它还发行了自己的定期本票，叫做“密封票据”（sealed bill），其中有些没有利息，有些有3%、4.5%和偶尔更高的年息。国库把该银行的本票当做现金接收，并支付给其债权人。公众用这种本票进行大笔汇款。银行贴现内陆和外国贸易票据，同时经营金银和外汇兑换。

在成立最初的那些年里，银行遇到了巨大的困难：一方面要满足政府越来越大的需求，另一方面还要抵御竞争对手的金融阴谋。政府继续需要大笔贷款，而战争的进展常常是坏消息。1695 年，银行不得不从荷兰地产公司（Estates of Holland）借款 30 万英镑。1697 年，银行的有些票据在阿姆斯特丹遭到拒付；[注357] 接着，银行在伦敦发行了利息 6% 的现金贷款，并提供可以即期现金付款的“现金票据”。尽管早期坎坷不断，银行还是在有迫切需求的时候进一步为政府提供款项。1697 年，银行给政府提供的贷款几乎是最初贷款额的两倍。这一次，它取得了作为抵押的利率为 8% 的国库临时债务义务，而双方同意政府一旦有能力偿还这笔债务时就立刻清偿。作为一种额外奖励，银行第一次获得了联合股份银行业务的专营权。由于这些条件十分优惠，因此银行可以在不增加自身资本的情况下发放新的贷款。1697 年的和平虽然短暂，却让银行恢复了强势地位。在接下来的 10 年战争胜利和繁荣期间，银行取得了永久性的力量。

1696 年，政府设计了一种新型短期债务义务，叫做“国库券”（exchequer bill）。过去的国库债务一直是非正式的税收预期型义务，根据税收情况不定期地偿还。国库券含有固定利息，不能即期兑现，通过背书流通，由国库从来年的财政收益中兑付。[注358] 后来，国库券可以用来支付税款。

1709 年，银行的登记延期到 1732 年。政府获得了一笔额外贷款，其欠银行的债务利息从 8% 降至 6%。银行获得了资本翻番的权利，因而发行的本票也可翻番。它还继续拥有在英国开展联合股份银行业务的专营权。

英国银行还不是现代意义上的银行家的银行。“银行利率”没有现代意义的贷方作为最后补救方法而收取的滞纳金。银行与商人直接经营零售金融业务。它还资助政府，提供稳定的通货。在整个 18 世纪期间，英国银行在英国从事的所有银行业务都是由个人和小型合伙制公司完成的。其他股份银行还没有得到允许。

18 世纪背景介绍

对于英国来说，18 世纪是个国内外经济和政治力量上升的世纪。立宪制议会政府和有限君主制逐渐为两个政党所接受。“斯图亚特王室觊觎王位者”（Pretenders of the House of Stuart）的挑战以及法国君主的联合挑战，均被艰苦而坚决地击溃。在乔治一世（George I，1714 ~ 1727）继承了安妮女王（Anne，1702 ~ 1714）的位置后，汉诺威王朝（House of Hanover）的登基标志着对 1688 年革命的最终认可。到了1789年的法国大革命（French Revolution）时期，英国已经实现了本质上的现代议会制度。管理国家的是一个内阁，必须对拥有公民权的选民的意志作出反应。

1713年的乌得勒支条约（Treaty of Utrecht）结束了与路易十四的战争，而后者则断绝了与斯图亚特王朝的关系。尽管如此，1715～1716年和1745～1746年期间，斯图亚特曾试图入侵英国。1717～1720年，英国与西班牙爆发战争；1739～1748年，又一次与西班牙交战，即詹金斯的耳朵战争（War of Jenkins's Ear）；1740～1748年期间是奥地利王位继承战争（War of the Austrian Succession）；1755～1763年期间是七年战争（Seven Years' War）。到了1763年，英国第一次到达了力量的顶峰。它已经取得了加拿大、佛罗里达、直布罗陀和许多其他外国领地；它在印度已经建立了自己的地位。接下来的是50年的危机和灾难：在独立战争（War for Independence，1775～1783）中美国殖民地的丧失，1789年法国大革命的冲击，以及从1793年到1815年与法国之间断断续续的战争。

在18世纪期间，英国人抛开宗教方面的争议，有效地坚持了在金融业的权利，在海洋彼岸的世界的权力。他们忙于战舰、货船和账簿。他们阅读的不是《天路历程》（Pilgrim's Progress），而是《鲁宾逊漂流记》（Robinson Crusoe）。[注359]人口增长了2/3。[注360]食品价格在这个世纪的上半叶十分稳定。道路仍然很原始，主要的交通是海上通道，但是私人创办的公司正在修建隧道和公路。制造业逐步成了大买卖。各种各样的人都埋头发明机器，一般都旨在应用电力。海运业和其他形式的保险也发展了起来。在整个世纪里，铸币的成色从来没有故意降低过，而货币总是可以自由转换。1717年，黄金与传统银子一样成了法定的货币本位。1774年，黄金本位制明确设立，而银子付款则被限定在25英镑。[注361]

在这个金融世纪期间，政府是主要借款人，永远是为了战争的目的。通常采取永久年金形式的政府贷款，确定了所有长期贷款的通行利率。其他借款人不得不与政府债权——叫做“基金”（the funds）——进行竞争，并受到适用于政府贷款之外所有贷款的5%高利限制。政府债券在市场上大幅度的波动范围，是私人经济活动的一个重要刺激因素或毁灭因素。[注362]当基金价格比较高的时候，也就是说，收益大约3%的时候，新私人企业可以轻松地获得4%或5%的融资；隧道和公路进入设计；抵押贷款得到发放，用于农业交易的融资；公司的发展获得刺激。当基金价格比较低的时候，也就是收益为5%左右时，只有政府可以大量借款，私人信贷的扩张受到严厉打压。于是，在战争时期，政府可以抢先占用人民的存款。

18 世纪也是个投机的世纪。一大批公司成长起来，公司股份的交易十分活跃。船只和人寿保险成了流行的赌博方式。附带彩票功能的国家贷款成了一种常规；从 1694 年到 1784 年，一共有 42 期国家彩票，这些彩票促成了大笔国家债务的发行。终身年金带来的是又一个碰运气的机会。

1720 年的南海泡沫（South Sea Bubble）源自一个政府支持的阴谋，即说服几乎所有政府新债的持有人用他们手中的政府债务债权换取南海公司（South Sea Company）这个半官方贸易公司的股份，由该公司持有政府债务。这些股份给予很高的折扣，因而债务持有人通过接受这种交换似乎占了很大的便宜，实际上却是丢掉了自己的投资的一半或者更多。南海公司的股票在那一年从每股 128 英镑上涨到了 1 000 英镑。在这个价格水平，政府债务的一半换成了南海公司的股票。到了 1720 年 11 月，泡沫破碎，南海公司的股票跌回了 135 英镑。结果，财政大臣被投进监狱，限制组建新公司的“泡沫法案”（Bubble Act）获得通过。

尽管如此，扩张、发展和投机活动，在这个世纪的大部分时候还在继续。股票投机商们频繁出现在皇家交易所（Royal Exchange）、咖啡馆和街头。他们起初主要从事股票交易，后来又扩大到政府债务和票据，以及“政府股票”——这个词在当时和现在都表示政府债券。1719 年，当投机活动受到普遍谴责时，有个投机商回答说：“摆脱我们的办法只有一个，那就是还清国家欠债。”1773 年，“股票交易所”一词写在了“新乔纳森咖啡馆”（New Jonathan's Coffee House）的门上，必须买门票才能入内。1802 年，股票交易所盖起了“自己的家”。

这个时候的抵押贷款并不像今天这样在一个很长的时间里有一个固定的回报率。利息是浮动的，因为任何一方都可以通过提前 6 个月通知而撤出合约。此外，房地产抵押贷款——这是个人之间借贷的主要形式——可以通过转让或者出售而易手。[注363]于是，抵押贷款利率往往是慢半拍跟在基金利率的后面，而在基金利率非常高的时候，抵押贷款的谈判是很难成交的。

虽然英国银行拥有联合股份银行业务的专营权，个人和小规模合伙制公司的私人银行业务却在快速发展，尤其是在 18 世纪的下半叶。1750 年，私人银行有 20～30 家，1800 年有 70 家。他们接受存款，处理汇款事宜，从事票据交易，并提供贷款。乡村银行也在这个时候蜂拥而起；他们将存款存入伦敦的银行，虽然很少存在英国银行。有些乡村银行将农村地区的储蓄送到伦敦投资，有些则从伦敦支取存款为发展中的制造业提供融资。票据经纪人扮演着中介的角色。1775

年，伦敦结算所（London Clearing House）成立，由此，伦敦市私人银行获准通过从英国银行取款来结算他们的日常账务。

1689 年，在威廉三世继位时，英国的国家总债务不到 100 万英镑，而且都是临时性质的债务。没有偿债基金型债务。但是，128 年以后，也就是拿破仑战争（Napoleonic Wars）结束的时候，国家债务总计达到 9 亿英镑。在 18 世纪上半叶期间，英国很好地学习了荷兰筹措公共债务的方法，并增添了两项改进内容：每次债务发行都全面披露债务规模和期限；通过大规模发行结转类似债权的债务来实现统一性和互换性。通过使用国家信贷，英国成了一个世界强国。

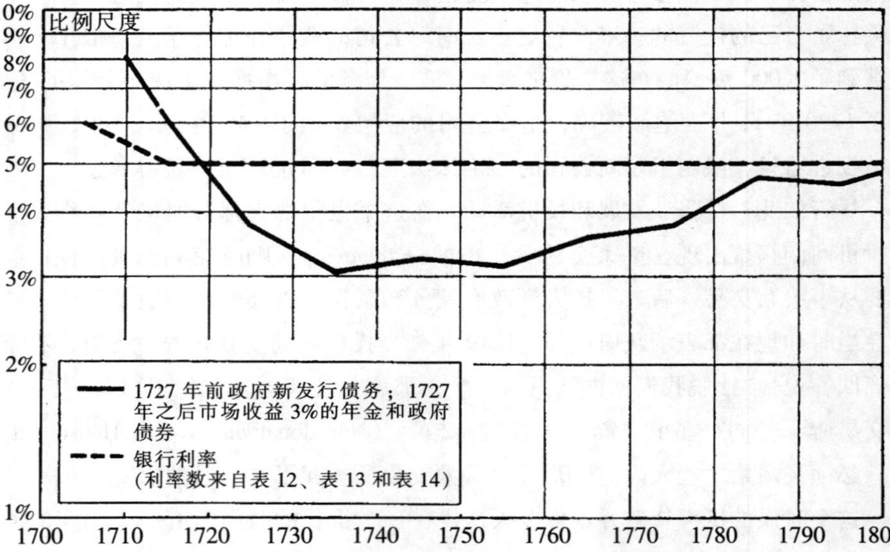

图 4　英国：18 世纪每 10 年平均利率

长期利率

18 世纪英国长期政府债券收益趋势也许可以分成两个部分：(a) 从 1700 年到世纪中叶，大部分时间收益下降；从起初的 6% ~8% 最终跌破 3%（见图 5）。这第一个低利贷款期在 1751 年达到顶峰，那年英国发行了著名的利率为 3% 的政府债券。(b) 从 1754 年起，政府债券价格下跌，收益以极其疯狂的态势上涨。在世纪末的拿破仑战争期间，政府债券曾一度跌破 50，政府有一次为一笔新贷款支付了超过 6.5% 的利息。

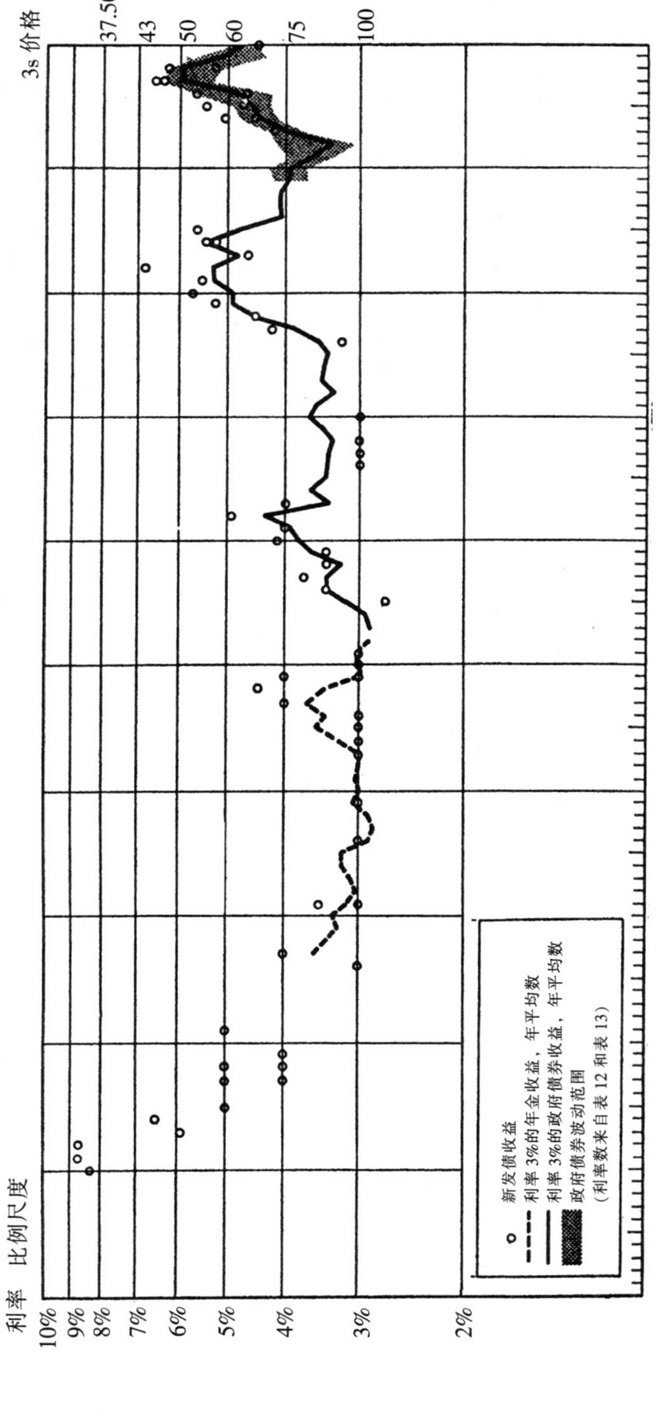

图 5 18 世纪英国政府债券收益

1702年，与法国的一场新战争爆发后，英国在布莱尼姆和直布罗陀取得了早期的胜利。它在英国银行相对顺利地获得短期贷款，并通过向公众出售年金来获得长期贷款。这些年金商定的期限范围差别很大，利率在6%～8.7%之间，或者更高（见表12）。它们有时是一个、两个或者三个终身期，或者跨度为96～99年，或者成为永久年金。它们常常附带有奖励和彩票。因此，它们的名义利率不能总是精确地折算成利率。

1702～1714年安妮女王统治期间，6%的法定上限成了公债的通常利率，虽然政府并不受制于该上限。[注365]这时，英国银行第一次成功组织了一次政府贷款的认购，并在1715年以后全面管理政府的偿债基金型债务以及流动债务。政府贷款受到了狂热追捧。1710年，在一次利率为8.3%的彩票型贷款期间，储备基金达到了50万英镑，"仿佛将他们的银盘送进了铸币厂。"

利率在这个世纪的第二个10年中下跌。英国已经站在第一个低利贷款时期。1714年，高利贷法得以修订，法定上限从6%降低到5%。1715年，政府出售了一批利率为5%的永久年金；1717年，又出售了利率为4%的基金贷款。这是一个债务缓慢减少、银行与国库密切合作的阶段。"与国家的交易变得容易、甜蜜……银行形成了一个可爱的习惯，即向国库的官员们赠送新年礼物……340几尼。"[注366]

早在1722年，政府在一次筹款运作中，曾经发行了一些名义利率低至3%的永久型年金。1726年，政府发行了附带有彩票福利的利率为3%的贷款。[注365]这些国债的市场价值也许远远低于面值。有一批3%利率永久型基金的二级市场价格的资料记载始于1727年（见表13）。[注367]18世纪20年代3.25%～3.5%的收益率表明，利率已经远远低于20年前的6%～8%。这是英国在这个世纪期间唯一和平时间持续比较长的阶段。有融资，有债务清偿，但几乎没有新的筹资。

表12　18世纪英国政府新发行长期债务收益

年份	发债条件	预计有效收益率（%）
1702	名义利率；收益率未确定	（6.0?）
1706	名义利率；收益率未确定	（6.0?）
1710	附带彩票福利	8.3
1711	附带彩票福利	8.7

（续表）

年份	发债条件	预计有效收益率（%）
1712	附带彩票福利	8.7
1713	附带彩票福利	5.9
1714	附带彩票福利	6.5
1715	新资金和贷款折算	5.0
1717	融资	4.0～5.0
1718	融资	4.0～5.0
1719	新资金和贷款折算	4.0
1721		5.0
1722	融资，名义利率，收益率未确定	（3.0?）
1726	附带彩票福利	3.0
1727	贷款折算	4.0
1731	3s，彩票；3.5s，新资金	3.0～3.5
1736		3.0
1739		3.0
1743	部分附带彩票福利	3.0
1744	部分附带彩票福利	3.0
1745	同样附带彩票福利，成本 5.6%	3.0
1746	同样附带彩票福利，成本 10.2%	3.0
1747	附带彩票福利	4.0
1748	附带彩票福利	4.4
1749	融资	4.0～3.0
1750	贷款折算	3.0
1751	贷款折算，附带彩票福利	3.0
1755	附带彩票福利	2.7
1756	附带彩票福利	3.4
1757		3.7
1758	附带彩票福利	3.4
1759	附带彩票福利	3.4
1760	附带彩票福利	4.1

（续表）

年份	发债条件	预计有效收益率（%）
1761	附带彩票福利	4.0
1762		4.9
1763	部分附带彩票福利；融资	4.0
1766	附带彩票福利	3.0
1767	附带彩票福利；贷款折算	3.0
1768	附带彩票福利	3.0
1770	附带彩票福利；贷款折算	3.0
1776	附带彩票福利	3.2
1777	附带彩票福利	4.2
1778	附带彩票福利	4.5
1779	附带彩票福利	5.2
1780	附带彩票福利	5.7
1781	附带彩票福利	5.5
1782	附带彩票福利	6.8
1783	附带彩票福利	4.6
1784	贷款折算和现金；部分附带彩票福利	5.2~5.4
1785	贷款折算	5.6
1793		4.15
1794		4.5~5.05
1795		4.70~5.40
1796		4.62~5.62
1797		6.35~6.57
1798		6.25~5.25
1800		4.41

资料来源：主要来自雅各布·科恩（Jacob Cohen），《1694~1919年英国政府债券中的彩票元素》（The Element of Lottery in British Government Bonds 1694~1919），Economica出版社（伦敦，伦敦经济政治学院），第20版，1953年出版，第242~243页。

发债价格收益率并非总是一种简单的计算，因为在很多情况下，贷款的筹措是通过发行一个定期年金，并同时发行一个永久型年金，正如本书在19世纪的章节中论述的那样。以上收益率的计算是根据永久型年金正常利率情况下基于定期年金的资本化现值。

在 18 世纪 30 年代后期，由于利率比较低，3% 利率的永久年金有时以优惠价格出售，一场将所有公共利率下降至 3% 的运动开始了。有人指出，“在荷兰，3% 是最高利率；那里的资金常常只有 2% 的收益。”【注368】低利率被认为有利于商业和政府。但是，在 18 世纪 40 年代，战争再次爆发，3s 远远跌破面值；新的政府债务按 4% 的利率筹募。1745 年，在詹姆斯党（Jacobite）最后一次叛乱期间，第一个“黑色星期五”出现了，3s 的记载价格低于 75，收益在 4% 以上。【注369】

随着 1749 年和平的降临，3s 再次上升到面值。财政大臣亨利·佩勒姆（Henry Pelham）这时努力利用这个和平、低利率的有利时机来减轻债务负担。他开始将一批基金——其构成为国家债务的大部分——折算为新发行的“利率 3% 的合并年金”，即原始政府债券。这些基金仍未偿还，尽管他们这时的利率为 2.5%。他向持有利率为 4%、当时售价在面值之上且在政府决定时可以赎回的 5 700 万英镑债务的债权人提供一种新债，该新债在 1750 年前的利息为 4%，1757 年前为 3.5%，1757 年后为 3%。持有 5 400 万英镑债务的债权人接受了这一交易，因而 4s 的余额得以清还。拥有其他政府债务的债权人也得到并接受了类似的交易。

表 13　18 世纪英国政府长期债务价格和收益

年份	利率 3% 的老年金		年份	利率 3% 的政府债券			
	年平均			年平均		其他记载数据	
	价格*	收益率（%）		价格*	收益率（%）	价格	收益率（%）
1727	84	3.57	1756	89	3.37		
1728			1757	88.5	3.39		
1729	93	3.24	1758	93.4376	3.21	89	3.37
			1759	83.5625	3.59	81	3.71
1730	91	3.30					
1731	96	3.12	10 年平均			3.13	
1732	99	3.03					
1733	97	3.09	1760	79.5625	3.77	82	3.66
1734	94	3.19	1761	76.9375	3.90	74	4.06
1735	94	3.19	1762	69.9375	4.29	80	3.75
1736	105	2.86	1763	89	3.37	84	3.58
1737	106	2.83	1764	83.125	3.61	83	3.62
1738	105	2.86	1765	88	3.41	89	3.38

（续表）

年份	利率3%的老年金	
	年平均	
	价格*	收益率（%）
1739	98	3.06
10年平均		3.05
1740	100	3.00
1741	99	3.03
1742	100	3.00
1743	101	2.97
1744	93	3.24
1745	85	3.53
1746	88	3.41
1747	82	3.66
1748	88	3.41
1749	101	2.97
10年平均		3.22
1750	100	3.00
1751	99	3.03
1752	105	2.86
	利率3%的政府债券	
1753	104.875	2.86
1754	103.0625	2.91
1755	95.5	3.14

年份	利率3%的政府债券			
	年平均		其他记载数据	
	价格*	收益率（%）	价格	收益率（%）
1766	88.5	3.39	87	3.45
1767	89	3.37	88	3.41
1768	90.625	3.31	89	3.38
1769	86.4375	3.47	88	3.41
10年平均		3.59		
1770	82.375	3.64	78	3.86
1771	84.5	3.55	87	3.45
1772	90.9375	3.30	89	3.38
1773	86.4375	3.47	87	3.45
1774	87.4375	3.43	88	3.41
1775	88.5	3.39	89	3.38
1776	85.5	3.51	83	3.62
1777	77.9375	3.85	78	3.86
1778	66.5	4.51	64	4.70
1779	61.5	4.88	61	4.91
10年平均		3.75		
1780	61.5	4.88	63	4.76
1781	57.5	5.22	56	5.36
1782	57	5.26	57	5.26
1783	63	4.76	66	4.55
1784	55.4375	5.41	54	5.56
1785	63	4.76	65	4.61
1786	74	4.06	74	4.06
1787	73.5	4.08	69	4.35
1788	74	4.06		

* 价格均为面值之百分比。

（续表）

年份	利率 3%的政府债券					
	年平均		年最高价格		年最低价格	
	价格	收益率（%）	最高价格	收益率（%）	最低价格	收益率（%）
1789	76.5	3.92	81.25	3.69	71.625	4.19
10 年平均		4.64				
1790	76.875	3.90	80.875	3.71	70.5	4.25
1791	83.75	3.58	89.75	3.34	75.75	3.96
1792	90	3.333	97.125	3.08	72.5	4.14
1793	75.75	3.96	81	3.70	70.5	4.25
1794	68.1875	4.40	72.375	4.14	62.75	4.78
1795	66.375	4.52	70.5	4.25	61	4.91
1796	62.5	4.80	70.625	4.24	53.25	5.63
1797	50.8125	5.90	56.5	5.30	47.5	6.31
1798	50.5	5.94	58	5.16	47.25	6.35
1799	59.1875	5.07	69	4.34	52.625	5.69
10 年平均		4.54				
1800	63.6875	4.71	67.25	4.46	60	5.00

资料来源：

T·S·阿什顿（T. S. Ashton），《英国经济史：18 世纪》（*The Economic History of England*：18*th Century*），伦敦：Methuen & Co.，Ltd. 于 1955 年出版，第 251 页。

G·F·沃伦（G. F. Warren）和 F·A·皮尔逊（F. A. Pearson），《价格》（*Prices*），John Wiley & Sons，Inc. 于 1933 年出版，第 273 页。

查理·芬恩（Charles Fenn）：《芬恩概论英国及外国基金》（*Fenn's Compendium of the English and Foreign Funds*），伦敦，Effingham Wilson，于 1889 年出版，第 14 版第 29 页。

利率 3% 的新债券在 1755 年前的售价一直在面值之上。但是，到了 1756 年，也就是七年战争开始的时候，债券的价格下滑到 90 以下，即收益率达到 3.333%；到了 1858 年，价格低于 80，即收益率为 3.75%；而在这场取得巨大胜利的战争的最后几年里，也就是 1761～1762 年，价格跌到了 75 以下，收益率达 4%。1762 年，政府以 4.90% 的利率发行新战争贷款；它提供价格为 100 的永久型 4s，认购者还可以获得不需要额外发生费用的一份 100 年年金，价值每年额外收入几乎达 1%。

佩勒姆著名的折算法为利率历史学家们提供了一种宝贵的工具：发行一种优惠价格的长期债务，即国债，大量处于未偿还状态，200 多年里交易活跃。国债在当时和现在都是永久型，而这一点，很像威尼斯的 prestiti：持有人永远不能索取本金，但是债券可以，在到了一个特定日期后，在政府决定其期满时，价格为 100。其收益率按照一种简单的价格与名义利率之比计算，可以大概描绘 18 世纪和 19 世纪英国长期优惠利率的水平以及波动情况。但是，在这里必须说明两个条件。第一，当国债价格比较高的时候，也就是远远低于 100 或者为优惠价格时，它的收益率倾向于高于长期利率，因为它有可能赎回，而这一点可能并不适用于以较低价格出售的基金。第二，当价格非常低的时候，它的收益率往往低于其他长期利率，其中部分原因是几乎没有可能早早赎回，另一部分原因是对价格大幅度回升的期望。

表 13 显示了 1727 ~ 1752 年利率为 3% 的老年金的年价格和收益率，以及 1753 ~ 1800 年利率为 3% 的国债的年价格和收益率。表 12 显示了政府新发行主要长期债务的预计利率数。图 4 用每 10 年进行一次平均的方法对数据进行总结，图 5 显示的是年平均数。有关一直延续到 1989 年的英国国债收益率图表，请参见本书第十九章的图 52。

到了 1762 年，国债总额达到了 1.1 亿英镑，年利息总计 379 万英镑，比例为 3.42%。在这些债务中，有 70% 是由英国银行管理的，其中大部分是经过合并以后的利率为 3% 的基金，以及后来的利率为 3.5% 和 4% 的基金。[注370] 银行自身拥有大约 1 170 万英镑的政府债务。在 1763 年开始的和平时期期间，也就是在大获全胜的七年战争之后，有些债务得以清偿。利率为 3% 的国债恢复到了 90 以上的价格。

1775 年，漫长而耗资巨大的美国独立战争爆发，期间法国、西班牙和荷兰又跟英国交恶。国债价格灾难性地下跌。曾经有段时间销售价格低至 54，即收益率 5.56%。国债总额翻了一番还多，达到 2.44 亿英镑，平均利息支出达到 3.8%。发行的许多新贷款的利率从 3.22% 上升到 4.50%，后来达到了 6.80%，包括向认购人支付的奖励金和贴现价格。在 1783 年《巴黎条约》(Treaty of Paris) 签署后的间歇期间，国债价格攀升到 97，与其低点相比价格几乎翻了一番。

1793 年，与法国的战争爆发。这些战争结果证明是截至当时最昂贵、最惨烈的。国债价格跌到了新低。1798 年，售价为 47.25，收益率高达 6.35%，是直到 1961 年这一漫长历史阶段中的最高收益率。1796 年，政府发行了著名的"忠诚贷款"（Loyalty Loan），其形式为利率为 5%、价格为面值 89% 的年金，收益率为 5.62%。1797 年，它又发行了利率为 6.57% 的新长期基金。18 世纪的结束与其开始一样，是个战争频繁、利率极其高的阶段。直到拿破仑战争结束以后很久，英国才再次出现持续低利率的时期。

基金的市场收益率一般都决定了各种长期贷款的市场最低利率。虽然没有系统性的其他长期利率的记录，但利率高得多的投资机会却很常见。1735 年，当政府年金的收益率在 3.19% 的时候，在伦敦发行的以德国皇帝银矿作抵押的一笔贷款的利率为 7%。[注371]1744 年，向萨迪尼亚国王发放的一笔贷款的利率为 6%，当时的国债收益率为 3.24%。1753 年，向但泽市发放的一笔贷款的利率为 5%，当时的国债收益率为 2.86%。

房地产抵押贷款的利率取决于高利贷法，因而并不总能自由地反映供求情况。此外，由于贷款期限每年都要经过重新谈判来决定，利率数并不是真实的长期合约型利率。同时，它也不是短期自动清偿贷款的利率数。伦敦太阳火灾保险公司（Sun Fire office of London）收取的一系列抵押贷款利率也许可以汇总如下：

时期	平均抵押贷款利率（%）	利率 3% 的基金平均收益率（%）
1736～1739 年	4	2.93
1740～1749 年	4.5	3.22
1750～1759 年	4.25	3.13
1760～1769 年	4.625	3.59
1770～1779 年	4.25	3.75
1780～1789 年	4.875	4.64
1790～1799 年	4.75	4.54

这些抵押贷款利率的波动性大部分不受银行利率的影响，而银行利率在这个阶段都固定在 5%。它们的变化通常与基金收益率是同一个方向，但是波动幅度很大。1725～1800 年，其他房地产抵押贷款利率据记载为 4%～5%。公路和修缮工程的公用设施贷款案例据记载为 3.5%～5%[注372]，常常随着国债收益率波动，但在国债收益率之上。

短期利率

从创办的时候起，英国银行就主宰着英国的票据市场。银行的贴现率与现在一样，并不是罚款率，也就是其他银行只有在需要时才借款的利率。它几乎可以算作是现代意义的商业银行，而它的贴现率也正是它为其储户和它认可的其他人提供的优惠短期票据贴现率。银行拥有发行自己的本票的特权，用来交换票据，或者为了同样目的创建存款的特权。大幅度贴现成了它的一个重要收入来源。

在18世纪，英国的贸易，无论规模大小，都是用票据开展业务的。所有制造商和商人都自由地开具票据。有时候，制造商甚至用自己的小额票据支付工资，而零售商们则以不同的贴现价格赎回。高利贷法设定了票据贴现率的上限。法定上限在1714年之前为6%，之后为5%。当然，也有违规行为，比如资料记载有个个人放贷者的高利达到了每年250%。[注373]但是，我们掌握的资料中有关这个阶段的数据没有记载英国的票据贴现利率史，除了银行利率以外。

18世纪的银行利率史没有呈现出类似基金收益率史或者19世纪贴现率史那样的波动性。银行的贴现率通常就是或者接近法定上限，除了世纪之初出现的几次跳水情形。资料记载中没有证据显示类似16世纪安特卫普那样的波动的国际票据市场。从1746年到1822年，英国银行国内票据的贴现率没有发生过变化，为法定上限的5%。当基金收益率为3%的时候是这样，基金收益率达到5%～6%的时候也是如此。私人银行时不时地商定比较低的贴现率，但是没有记录显示类似荷兰的较低商业利率出现在18世纪的英国。

在创建之初的那些年里，英国银行的贴现窗口显然压制了票据的利率，使之低于17世纪金匠们时常收取的高利率水平。1694年，银行确定所有国内票据的贴现率为6%。起初，它给外国票据确定的贴现率也是6%，但是一个月以后，它将外国票据的贴现率降低到了4.5%，又过了几个月后恢复到了6%。1695年，它将国内票据和国外票据的一般贴现率定为6%，但是对于那些在英国银行保留账户的人来说，它提供的优惠贴现率为4.5%，然后变为3%。这是几年内的一次革命性利率下调。看上去的确跟“荷兰财政”非常相似。但是，到了1719年，更常见的贴现率却是5%。1720年以后基金所取得的低利率并没有体现为这个世纪的低贴现率。

表14所依据的主要是英国银行制定的贴现率。该表并不完善。有迹象表明，市场利率时常低于银行利率。图4将1728年以前的银行利率与新发行长期政府债

券的有效收益率进行了对比，同时用银行利率对比了1728年后的利率为3%的年金和政府债券从表13中引导出来的10年平均数。很显然，银行利率平均高于1720年以后的长期利率。资料中没有定期记载的有关短期市场利率的零星信息表明，它们有时低于银行利率，尤其是在政府债券的收益率比较低的时候；但是它们是否低到了可以与比较低的政府债券利率平起平坐的水平，却很叫人怀疑。

在18世纪，英国没有达到荷兰利率那种比较低的水平。但是，差距却大幅度缩小。国家债务的融资已经实现，但是银行业务系统、货币市场和流动债务的组织，却还远远达不到现代水平。

表 14

年份	英国银行贴现率（%）【注374】				其他利率，条件	资料来源
	内陆票据		外国票据			
	储户	未明确	储户	未明确		
1690					高利贷上限自1651年起为6%，政府按10%～12%利率借款	
1694	6	6		6～4.5	银行准备贴现票据达3个月	
1695	3～4.5	6	3	6	银行优惠储户，国库券首次发行，支付利息7.5%	
1696					经济危机，银行自身现金票据支付6%	【注378】【注376】
1698			4.5			
1699	4.5					
1701					经济危机	【注378】
1705	4	5				
1707					银行挤兑，银行自身现金票据支付6%	【注377】
1710	5					
1711	6		6		贴现规则制定，只为储户贴现	【注382】
1713					银行贷款给东印度公司，利率6%	【注379】
1714					高利贷上限降至5%，市场利率大大低于6%	【注380】

（续表）

年份	英国银行贴现率（%）[注374]				其他利率；条件	资料来源
	内陆票据		外国票据			
	储户	未明确	储户	未明确		
1716	4		4			
1717					银行贷款给东印度公司，利率4%	[注381]
1719	5		5			
1720			5		南海危机期间暂停贴现	
1722				4		
1727					银行贷款给苏格兰皇家银行（Royal Bank of Scotland），利率4%	[注383]
1728					国库券利率从3.5%降至3%	[注384]
1730					银行贷款给东印度公司，利率4%	[注379]
1742		5		4		
1745				5		
1746		5		5~4	内陆票据5%利率保持不变至1822年	
1753					经济危机	[注378]
1763					经济危机	[注378]
1772					经济危机	
1773				5	外国票据5%利率保持不变至1822年	
1774					事实上的金本位制确定	[注385]
1775					结算所成立	[注386]
1783					经济危机	[注378]
1791					银行考虑但未批准将贴现率从5%降至4%	[注387]
1793					经济危机，26家乡村银行倒闭	[注378] [注388]
1797					现金付款暂停	[注389]

第十二章
18 世纪的欧洲

A History of Interest Rates

法国背景介绍

对 18 世纪欧洲大陆利率的研究必须围绕着法国和荷兰的发展进行。意大利早已丧失了它在金融领域的重要地位，而金融市场从来没有在西班牙得到过发展。德意志仍然是各个独立城邦的组合，各个城邦都有自己的关税壁垒和自己的货币。虽然普鲁士和奥地利已经成为强国，但是他们的许多金融习俗还属于中世纪。

在这个法国君主制的最后一个世纪里，王室挣扎着要改善自己的财政手段，以便维持在国内和海外帝国的权势，但没有取得成功。本世纪初，路易十四世被一个有效的外国城邦联盟打败；本世纪末是法国革命的爆发，以及拿破仑的胜利。法国卷入了 1701～1714 年的西班牙王位继承战争（War of the Spanish Succession）；1718～1720 年与西班牙的战争；1733～1738 年的波兰王位继承战争（War of the Polish Succession）；1740～1748 年的奥地利王位继承战争；1756～1763 年的七年战争；1778～1783 年的美国独立战争；以及从 1792 年开始、后来并入拿破仑战争的革命战争。到了世纪末，法国已经失去其大部分殖民帝国，但暂时保持了在欧洲大陆的军事主宰地位。

在这个世纪里，工业化在法国并没有取得多少进展。法国的各个基尔特控制着工业；他们维护着自己的垄断地位，限制会籍和产量，反对采用新方法。法国革命背后的力量之一，就是那些被拒之门外的工人们要求取消基尔特。1791 年，一定程度的工业自由得以实现。[注390]但是，工厂系统直到 19 世纪 30、40 年代才迅速发展起来。18 世纪的法国商业受阻于中世纪就一直存在、最终被革命运动席卷的内部收费和关税。

在 18 世纪金融和货币方面的尝试中，法国的不幸程度几乎等同于英国的走运。1702 年，法国政府设立了一个贷款办公室（Caisse des Emprunts），为一次全面改铸融资；该办公室发行了一种由货币存款作担保的含息票据。王室用票据向城邦的供货商付款。由于与英国交战的需要，票据无法迅速赎回，结果价格跌至 25% ~50% 的贴现。[注391]这些票据的交易在克文坎佩克斯路（Rue Quincampoix）非常活跃；票据的投机，也即证券投机（agiotage），蔓延到了其他政府债券。它导致了 1724 年证券交易所（Bourse）的成立。[注392]

1716 年，苏格兰人约翰·劳（John Law）成功说服法国政府允许他成立一家银行，名叫通用银行（Banque Generale）。该银行开始营业时，有权发行本票，接受存款，存款转账，以及汇票和期票的交易。它支付的本金有 1/4 为铸币，3/4 为政府的票据。银行很快大获成功。发行的银行本票证明十分便利，因为本票可以用于支付税款。1718 年，政府担保银行的债务，在数个城市设立了分行。[注393]大量的本票被用来清偿未付政府债务。利率降到了 4.5%，甚至短期到过 2% ~3%。巴黎的商品价格上涨 88%，而通货的供应在 4 年内涨了 3 倍。

与此同时，王室对劳的初战告捷甚感欣慰，允许他注册了几个贸易专营公司，包括密西西比公司（Mississippi Company）。一股证券投机的狂潮席卷巴黎。劳将自己的多家公司合并，并最终并入了银行。1720 年，他获得了铸币厂的管理权和国家财政收入的管理权。作为回报，他致力于偿还所有国债。许多食利者将自己的岁金投入到公司股票。1720 年，一次投机狂潮将股票价格炒高了 10 倍。劳的反对势力出现并发出了警报。市场崩溃，银行及其本票随之毁灭。现代人们所知的“密西西比泡沫”（Mississippi Bubble）的结果，是人们对纸币、对大银行的普遍不信任，而这一点对法国财政产生了持续的影响。国家回到了铸币时代。在这个世纪剩余的那些年里，法国的金融业主要是私人银行在经营。也正是在 1720 年，英国银行从类似的“南海泡沫”中幸存下来，并在整个世纪都主宰着英国的金融业。

1776 年，法国政府组建了贴现办公室（Caisse d’Escompte）。这个办公室多少有点模仿英国银行，但是它不叫银行。它将自身的资本贷给政府，利息不超过 4%，并有权发行本票，可以向持票人兑付。[注394]事实证明它是一个不很张扬但却相当成功且起到相当作用的机构。1800 年，法国银行（Bank of France）继承了它的位置。

我们已经发现，法国岁金的有史记录是从 15 世纪开始的。早在路易十一世（Louis XI，1461 ~ 1483）统治时期，就有强制提供给王室的贷款，并规定贷款期满时，放贷人如果没有得到偿还，则将获得年利率为 5% ~ 10% 不等的岁金的补偿。岁金的概念自然产生于一种封建做法，即作为一种奖励赏赐给臣民的收入，作为对臣民提供服务的奖励，或者物质奖励。在弗兰西斯一世（Francis I，1515 ~ 1547）统治时期，几乎等同于现代形式的永久型岁金出现了[注395]：1522 年，一则法令确定了利率为 8.333% 的岁金，用红酒赋税担保。这是一种对等的合约，其本质是，城邦承担永久支付年金的义务，但没有偿还本金的义务，同时保留自主决定赎回的权利。总督与巴黎市市政委员成了仲裁人，负责解决合约双方之间的分歧。食利者们明白以他们的名义征税的好处，并于 1536 年、1537 年和 1543 年主动额外提供了利率为 8.333% 的贷款。

法国财政在 16 世纪下半叶期间的混乱状态，导致了破产和亨利四世（Henry IV，1589 ~ 1610）统治期间的改革。但是，岁金仍然深受法国投资人的欢迎，尽管 1615 年又一次出现调解，尽管 1648 年和 1659 年再次出现暂停付款。许多财政大臣都审计了前任发放的岁金，终止或者削减了其中许多岁金，然后自己又发放了大量岁金。许多变异品种得到应用，比如终身年金和汤鼎氏。国债没有统一性，而且政府未偿债务的具体金额常常不为人知。

在 17 世纪即将结束的时候，与英国的战争迫使法国发行了一大笔信贷岁金，其中有些利息很高。1710 年和 1713 年，某些岁金的应付高利率被随意降低。这就意味着取消了高达本金 3/5 的债务。在 1718 ~ 1720 年的“密西西比泡沫”期间，有些岁金的利率被临时降至很低的水平。在泡沫破灭后，政府倾向于更加认真细致地对待其债权人。

尽管出现了这些不测风云，对这种投资形式的需求显然继续大量涌现。每次战争都会导致未付岁金的进一步增量。1756 年，利率为 5% 的岁金大量发行。从 1774 年到 1789 年，政府的总债务增加到了 3 倍；其中的一半为岁金，另一半为没有偿债基金；利息达到了预算的一半。到了 1789 年，岁金的一半属于永久型岁金，其余为终身岁金，或者两个、三个、四个终身期。虽然财政混乱，政府还是保持了在这个世纪的大部分时候筹措借款的能力。当它再也无力举债的时候，法国革命迅速爆发。伴随 1785 年的农作物欠收和 1787 年的工业危机而来的，是 1789 年的法国大革命。

革命政府的信用很差。它的财政手段是发行纸券，这种债务的抵押担保据说是被没收的教会和贵族的土地。起初，这些纸券含有利息，并在5年内通过出售教会土地而赎回。[注396]纸券的很大一部分被用于偿还流动债务。1790年，纸券的利率下调。后来，利息的支付被取消，纸券以小面额发行。这些纸券很快就成了纸币。由于没有赎回，它失去了价值。在一次巨额超规模发行之后，1797年它被宣布没有价值。同样也是在1797年，“三分之二破产”法获得通过。根据该法，国家债务的利息和养老金只有1/3将用现金支付，其余的以地契支付，而地契最后几乎没有什么价值。

由于通货膨胀和政府的拒绝偿付，到了18世纪结束的时候，法国的国家债务规模非常小。这与英国庞大的偿债基金型债务形成了鲜明的对比。拿破仑改革了国家财政。他制定了预算，提高了税赋；他通过发行一种合并岁金重新建立了国债基金；他很少借债。相反，他通过盘剥被他征服的国家来实行“随用随付”的政策。[注397]他采用了英国的法定利率限制的做法，确定了商业贷款为6%、不动产抵押贷款为5%的法定上限。[注398]

18世纪的法国利率

有关法国岁金的市场价格，直到18世纪的最后几年才有系统性的资料记载。其中的一部分原因，可能是劳的岁金不像英国国债那样具有统一性。数据的缺乏非常令人遗憾，因为在这个多事的世纪里，岁金一定出现了大幅度的、信息价值很高的波动，能够反映密西西比泡沫、诸多灾难性的战争、政府日趋严重的财政问题、法国大革命以及纸券的膨胀。只有1796年之后，我们掌握的岁金资料才有了定期的市场记载，而且数据的确非常具有戏剧性。然而，我们可以了解到在此之前的岁金市场收益率。

在17世纪70年代，法国财政大臣随意地以5%～5.875%的利率出售岁金，甚至成功地引发了超额认购。[注399]另外，国家储蓄银行在1674年成立，付息5%，从而使小储户能够积累资金，然后将自己的存款兑换成利息相似的岁金。有个非常笼统的说法称，在17世纪的最后几年里，“抵押物品质良好的许多贷款的利率为4%～5%。”[注400]但是，这是在和平时期。为了资助1688～1697年的战争，发行的有些岁金的利率高达8.333%。[注401]

在18世纪的最初10年里，战争期间的这些较高利率还在继续。资料记载有笔私人信贷的利率为 7%，而更多的岁金按照 8.333% 的利率发行。[注400]从那以后，利率开始下跌。在这个世纪的大部分时间里，和平时期良好私人信贷的通常利率范围在 4% ~5% 之间，发放给城邦的贷款利率为 5% ~6%。[注400]1766 年，有一则法律试图将私人信贷的法定利率从 5% 下调到 4%，但没有成功。

除了这些有关 18 世纪法国利率的笼统描述外，也有一些比较准确的数据显示了具体日期的利率。1710 年，所有岁金都折算到 5% 的利率基础。[注402]这是战争时期一次强制性的转换，之前记载的 8.333% 利率也许更能反映市场情况。在 1713 ~1715年期间，有些岁金的利息被随意减少到 4%。[注402]1718 年，偿债基金型债务的利率被统一定为 4%。[注400]1720 年，在密西西比狂潮处于顶峰的时候——也就是许多岁金兑换成股票的时候——其利率曾短期再次被降低到 2% ~2.5%。[注402]这是和平时期。也正是在这个时期，英国人正在将其基金的利率从 6% 下调到 3%。显然，“荷兰财政”的理念正传遍欧洲。

然而，法国的实验性举措并不具有荷兰和英国所享有的比较稳固的政治和经济基础。虽然劳的银行为了政府债券的目的在自由地用其股票交换银行本票，利率的初步下跌态势出现了，但只延续了几年时间。在 1720 ~1721 年密西西比狂潮崩溃时期，有关岁金的资料数据一定变得十分有意思，但没有流传到我们的手里。然而，在 1735 年前后，教会和马赛商会（Chamber of Commerce of Marseilles）都在以 5% 的利率借款，而政府发行了利率为 5% 的自愿型新岁金。[注400]1749 年，发行了第一批无记名岁金，利率为 5%。尽管这个时间出现了诸多变幻风云，资料记载中岁金的非常高的收益率直到法国大革命以后才出现。有证据表明，食利者在坚持存钱，对安全投资的需求很大。在整个 17 世纪和 18 世纪，5% 仿佛是个神奇利率数，高于它或者低于它的利率结果都是短命的。

1756 年，七年战争开始，政府发行了一大笔利率 5% 的新岁金，而且显然是非强制性出售。1776 年，贴现办公室成立，提供的短期信贷利率低至 4%。到了 1789 年旧政权的末期，未付岁金的总量巨幅上涨，但是没有资料记载超过 5% 的名义利率。

1789 年的纸券起初支付的也是 5% 的利息。1790 年，纸券利率下调到 3%，但是由于其强制发行和大幅度贴现的缘故，从其名义利率中无法解读出市场利率。1795 年，政府制定了商业贷款为 6%、房地产抵押信贷为 5% 的法定上限。[注398]在 1797 年的“三分之二破产法”之后，同时作为拿破仑财政改革措施的一部分，整个国家债务被强行转入利率为 5% 的岁金偿债基金。

这些利率也是十年法国革命期间的名义利率。那么市场利率是多少？可以想象，在经过了这个阶段的政治动荡、毁灭性灾难、战争、通货膨胀和破产之后，市场的岁金价格并不十分高。从1797年开始，资料中记载了一系列连贯的岁金市场数据。正是在这一年，岁金收入的2/3变成了以几乎毫无价值的地契支付的形式。正是在这一年，拿破仑取得了初步胜利，也是法国失去具有稳定政府、在大部分欧洲交战的一年。正是在这一年，人们曾经短暂以为拿破仑会入侵英国（结果他却入侵了埃及）。1797年，利率5%的岁金价格据资料记载在面值的6.125%～36.125%之间波动。如果将其5%的名义利率应用到这些价格中，那么折算的收益率在82%～14%之间。1798年的平均价格为16.625，而在此价格水平上如果政府支付利息的话，则收益率为30%【注403】；如果政府只支付1/3利息的话，收益率为10%。

1799年，当拿破仑确定了为期10年的第一执政官（First Consul）职位并开始改革政府财政时，利率5%岁金的价格在22.5的高点和7的低点范围内波动，平均14.75。显然，全额付息是不能指望的，或者说支付的媒介并非所愿。

1800年，岁金的价格大幅度上升。这一点正好与拿破仑取得几次重大胜利的时间吻合，也与他的财政改革进展吻合。法国银行正是在这一年成立的。利率5%的岁金卖到了44，或者说是其近期低点的6倍多。1800年的岁金价格范围为高点44、低点17.375，平均30.375。这些价格数字分别相当于28.625%、11.375%和16.25%的收益率，如果5%的利息得以支付的话。【注403】本书后面的一章显示，利率5%的岁金继续快速恢复，达到了1801年的68，收益率7.35%；1807年的93.375，收益率5.38%。

因此，18世纪的法国的利率趋势的曲线规律，似乎与18世纪的英国没有多少区别，但是水平差距很大。起初，这两个国家的利率都很高，在世纪初的20、30年里大幅度下跌，接着在一段时间内保持低位，然后又都上升到较高水平。在拿破仑战争期间，利率3%的英国国债的售价低于50，而利率5%的法国岁金售价低于10。

尽管爆发了战争和革命，英国和法国，以及欧洲的大部分地区，在18世纪都显然尝试了债券投资。投资人愿意大量购买安全的长期政府债务。他们的胃口并没有因为严重的风云变幻、消极因素和市场大跌而受到影响。长期基金，也即岁金，提供了一种动员民众储蓄的适当的媒介。在19世纪，比较平静的欧洲运用这些方式将储蓄通过长期可上市销售的债券的形式引入投资，从而将欧洲的工业资本主义带入了一个高水平生产力时代。虽然 18 世纪主要是把可转让储蓄的大部分引入了国家债务，19 世纪则是将资金扩展到品种多得多的证券中。

表 15 18 世纪法国利率

年代	条件	杂项（%）	岁金利率（%）	资料来源
17 世纪后期	利率一般范围	4～5		【注400】
17 世纪后期	岁金认购价格		5～8.333	
1700～1710	战争期间利率上升至	7	8.333	【注400】
1710	所有岁金被肆意下调至		5	【注402】
1713～1715	部分岁金被肆意下调至		4	【注402】
1720	部分岁金被短暂肆意下调至		2～2.5	【注402】
1720	劳时期利率被抑制至	2～3		【注400】
1720 年后	私人利率一般	4～10		【注400】
1720 年后	政府利率一般		5～6	【注400】
1735	教会和马赛商会支付	5		【注400】
1735	政府非强制性借款		5	【注400】
1756	大规模发行岁金		5	【注402】
1766	试图将利率下调至（未成功）	5	5	【注400】
1766	贴现办公室贴现率	4		【注394】
1766～1800	贴现率不超过	6		【注400】
1789～1790	指券发行	3～5		【注396】
1797	慈善贷款 36%			【注373】
1797～1799	破产，政府债务转入 5% 偿债基金			【注398】
1798	利率 5% 岁金平均市场利率		30.125	【注403】
1799	利率 5% 岁金平均市场利率		34	【注403】
1800	利率 5% 岁金平均市场利率		16.25	【注403】
1801	利率 5% 岁金平均市场利率（低点 7.375%）		9.25	【注403】
1807	利率 5% 岁金平均市场利率		5.375	【注403】

荷兰背景介绍

在17世纪期间，新成立的荷兰共和国（Dutch Republic）已经发展成为一个世界范围的贸易帝国。它已经实现了欧洲船运和商业的几近垄断地位。迪福（Defoe）在1728年把荷兰描写成“世界的运输船、贸易的中间商、欧洲的代理商和经纪商。”【注404】荷兰成功地击败了西班牙、法国和英国。阿姆斯特丹已经成为欧洲的金融中心。高利贷法在荷兰无人知晓，但那里的利率是全欧洲最低的。这个节俭、繁荣的国度积攒了足够的资金，不仅有能力资助自己的战争、自己的商业，还有能力资助外国政府和外国企业。随着17世纪的结束，荷兰的省长成了英国的国王。“荷兰财政”不久就被英国政府投入实践。

在18世纪，荷兰共和国是不可能维持其欧洲商业领先地位的，比它更大的国家都纷纷发展起了自己的运输业和港口。在与英国的军事合伙关系中，荷兰不可避免地成了一个小伙伴；英国也是海上运输、对外贸易方面的强国。因此，在18世纪，荷兰逐渐从贸易转向金融。阿姆斯特丹仍然保持着活跃的市场，通常一片繁荣，利率保持在低位，而荷兰的银行和投资商们仍然对国际金融至关重要。然而，阿姆斯特丹反复出现过对过度投机的警告，最终逐步摧毁了人们对阿姆斯特丹的信任。一个规模更大、稳定性更强的货币市场正在伦敦发展起来，并于世纪末取代了阿姆斯特丹市场。

在总体上取得了成功但却代价高昂的西班牙王位继承战争（1702～1713）之后——英国在这场战争中是反对法国的一个盟国——荷兰的经济出现了下滑。【注405】1740～1748年的奥地利王位继承战争结束后——荷兰在这场战争中仍然是英国的一个盟国——荷兰的地位再次显著恶化。在1780～1784年美国独立战争期间，荷兰因为海上搜寻船只的权力问题与英国交战，结果丧失了其很大一部分帝国势力。最后，法国革命预示了荷兰共和国的灭亡。1793年，荷兰再次成为英国的盟国而反对法国。在1794～1795年，法国人俘获了被冻在冰上的荷兰船队，占领了这个国家。以法国革命模式塑造出来的巴达维亚共和国（Batavian Republic，1795～1806）是法国的一个盟国，结果英国夺取了荷兰剩余的殖民地。最后，荷兰王国（Kingdom of Holland）并入了拿破仑的帝国。尽管经历了这些政治上和经济上的风云变幻，有证据表明阿姆斯特丹的利率仍然保持相对稳定，上涨的时候显然也很一般，直到18世纪即将结束的那些年。

1609 年创立的阿姆斯特丹银行（Bank of Amsterdam）已经取得了国际金银贸易的主宰地位。有时，它的存款甚至需要铸币的一个小小优惠。它以中等水平的利率向荷兰东印度公司大量放贷，并且资助阿姆斯特丹市政府；除此以外，它很少对外贷款。在 18 世纪，该银行取得了主要金银市场的位置，虽然伦敦正在获取大量巴西黄金，正在构成强有力的竞争。[注406]阿姆斯特丹维持着一个活跃的外汇市场。阿姆斯特丹的汇票被用来资助许多国家的贸易。银行承兑的使用在增加。荷兰私人银行不仅资助对外贸易，也资助着外国政府，比如奥地利政府和俄国政府。他们为外国生产商和外国消费者提供融资的时间，比英国银行成为国家银行的时间要早一个世纪。

荷兰资本在 18 世纪的伦敦货币市场至关重要。[注407]当伦敦的安全投资收益率远远超过阿姆斯特丹的水平时，荷兰资本便流向伦敦，而兑换率也朝着有利于伦敦的方向发展。用这种方式，荷兰资本在数次危机中支持了英国货币的兑换价值。

1763 年的和平之后是阿姆斯特丹的一场危机和恐慌。很多人都破了产。1773 年的又一次危机引来了英国银行的救援。荷兰人越来越多地从事英国债券以及本国债券的投机，其结果是代价昂贵。1781 年，阿姆斯特丹银行无力偿付债务。[注408]

荷兰人在 16 世纪和 17 世纪成功发展的永久型政府年金，在整个 18 世纪的应用期间没有重大改进。国家信用的基础是荷兰人已经养成的习惯，即通过购买这些永久型年金为自己的老年生活和家人贴补家用。[注409]大型机构靠投资收益为生。虽然政府偶尔也发行临时性流动债务，但很快就建立偿债基金，而且通常都是与偿债基金型债务相同的低利率。但是，这种偿债基金型债务多种多样：没有发行过像那种具有统一性的可交易股票，比如英国国债。负债累累的有荷兰共和国、各个行省、各个城镇、特殊大学、海事法庭和荷兰东印度公司。这些债务工具甚至没有统一的名称，因而常常很难出售，其中包括许多不同类型的年金。大部分都是永久型年金，但是也有终身年金和 30 年或 32 年期限的年金，以及彩票型贷款。然而，几乎没有债务是按照法国或者英国的方式用特定财政收益作抵押担保的。债务的唯一依靠，就是人们对发债机关总体信用的信任。人们对财政管理诚信的信任一直没有动摇，直到 18 世纪后期——当时围绕政府财政的种种神秘导致了人们对腐败的怀疑。[注410]没有人知道国家或者各个行省的负债程度。将统一性和全面披露原则引入政府财政的是英国人。

在 17 世纪初期，阿姆斯特丹交易所主要交易的是荷兰东印度公司的股票、商品和票据。投机活动十分活跃。到了18世纪，它已经发展成为一个世界市场，从事货物、票据和证券的交易。[注411]组织良好的辛迪加出现了。那些支持价格上涨的人被叫做“情人”（lovers），而那些支持或者寻求价格下跌的人则被叫做“敌手”（counterminers）。[注412]期货合约、保证金、卖空交易，以及现代证券交易所的许多交易技术都发展了起来。

随着时间的推移，外国证券也在阿姆斯特丹交易所进行交易。其中有些是由荷兰共和国政府当局担保的；这是外国援助的一种形式。到了1747年，阿姆斯特丹证券交易所交易25种不同的国内、国家和行省债券，3种国内股票，3种英国股票，4种英国政府债券，以及6种德国贷款。到了18世纪末，这个交易品种清单从41种上升到了110种。[注413]

19世纪的荷兰利率

18世纪荷兰利率的史料记录仍然不够精确。基础数据也许还能获得，但还没有作为一种令人满意的连续系列数据发表。总体利率水平没有什么疑问。最佳信贷利率常常非常低。荷兰投资人可以获得较高利率，但一般并不是优惠国内贷款，因而不难理解为什么荷兰资本在寻求外国投资渠道。

18世纪初，在阿姆斯特丹交易所交易的商业贷款低至1.75%～2%。[注413]长期贷款的范围是2%～3%。[注414]据估计，在整个世纪中，平均利率为2.5%～3%，直至法国革命。[注415]在1735～1738年期间，英国议会得知，荷兰贸易商可以以2%～3%的利率借到款。[注416]1750年后，荷兰政府仍然可以以2%的利率借款，个人可以以3%的利率借到款。[注417]

有些证据表明，短期商业贷款的利率在这个世纪缓慢上升。这也许是受到了以较高利率向国外放贷的机会的影响，或者是受到了不断出现的金融困难的影响。到了1775年，早先为1.75%～2%的荷兰商业贷款利率，据记载达到3%～4%。在法国统治、荷兰贸易受阻时期，商业利率进一步快速上升；1795年记载为4%～8%，1797年为4%～12%，但1799年的贴现率为3%～5%。

荷兰共和国各个行省和政府在1717年的长期债务需要每年支付平均达本金3.5%～4%的利息。分摊共和国债务的7个行省的永久型债券，当时需要平均支付3.9%的名义利息，而共和国自身的永久型债券却是3%的名义利率。1712年、1744年和1747年，霍兰省发行了2.5s；1735年和1746年，它发行了2s。1786

年，东印度公司发行了3s。但是，这些都是名义利率，而不是市场记录数据。到了1786年，综合债务的平均利息从3.5%下降到3%。[注418]共和国的贷款名义利率范围为1.25%～5%，大部分通常名义利率为2.5%。各海事法庭的贷款为名义利率2.5%～4%，而东印度公司的名义贷款利率为2%～4.5%。[注418]

1762年，市场记载的荷兰各行省和乌得勒支永久型债券数据显示，收益率分别为2.51%和2.84%。2.75s售价97，2.5s售价96和99.5，2s售价为73。

18世纪90年代的灾难生动地体现在了1798年5月的市场记录中。[注418]2.5s据记载为28～30，收益率7.15%～6.66%。东印度公司的利率2%的债券据记录为20～25，收益率10%～8%，而有些由荷兰共和国担保的东印度公司的3s据记载为30～31，收益率10%～9.7%。

18世纪期间，英国成功地将其偿债基金型债务的利率从8%或更高的水平降到了世纪中叶的几乎清一色的3%，但是从那以后，英国没有能够将利率压下来。有资料记载的荷兰长期利率一如既往地低于英国的利率，但是差距不如17世纪那么大。荷兰利率通常都远远低于法国岁金通用的标准的5%。

形成更加鲜明对比的是短期商业利率。英国的银行利率从来没有长时间低于法定的5%限制。荷兰的贴现率常常位于2%～4%范围中的较低点，直到法国大革命。

在18世纪，荷兰最终失去了它大部分的贸易优势、它的大部分帝国势力，以及最终它的自由和它那共和国形式的政府。尽管如此，这个国家似乎还保持了它的金融地位和稳定性，直到它成为法兰西帝国的一部分。低利率仍然让人联想到荷兰财政。

表16　18世纪的荷兰利率

描述	短期（%）	长期（%）	资料来源
总体情况			
市场利率	2～3		[注414]
共和国公债名义利率范围		1.25～5	[注418]
荷兰许多债券名义利率		2.5	[注418]
各海事法庭债券名义利率		2.5～4	[注418]
东印度公司债券名义利率		2～4.5	[注418]
平均商业利率	2.5～3		[注415]

（续表）

描述		短期（%）	长期（%）	资料来源
含日期记录				
1700～1725年	阿姆斯特丹交易所市场利率低至	1.75～2		【注413】
1717年	各行省债务平均名义利率		3.90	【注418】
	共和国债务平均名义利率		3	【注418】
1735～1738年	英国议会告知荷兰利率	2～3		【注416】
1750～1795	发放给政府的贷款利率	2		【注417】
	发放给个人的贷款利率	3		【注417】
1762年	各行省债券市场售价收益率		2.5～2.875	
1775～1795年	本世纪内利率逐步上升；现利率	3～4		【注413】
1786年	各行省债务平均名义利率		3	【注418】
1795年	阿姆斯特丹贴现率	4～6		【注398】
1796年	阿姆斯特丹贴现率	4～6		【注398】
1797年	阿姆斯特丹贴现率	4～12		【注398】
1798年	阿姆斯特丹贴现率	4～5		【注398】
1799年	阿姆斯特丹贴现率	3～5		【注398】
1800年	阿姆斯特丹贴现率	4～6		【注398】
1798年	各行省债券市场售价收益率		6.42～7.15	
1798年	东印度公司债券市场售价收益率		8～10	

18世纪欧洲其他国家利率

本书前面几章表明，5%的利率在16世纪和17世纪已经成为欧洲普遍认为公平合理的利率数。它是以土地资产或城邦财政收入作抵押的长期年金的常见利率，也是以匿名合伙制或者存款形式出现的商业贷款的常见利率。

在18世纪的意大利和德意志，5%仍然被认为是年金的正常利率：该利率有时低至4%。[注419]有担保资本的利率有时也会低至4%。甚至在18世纪的俄国，5%也为法律所承认，成了法定上限，尽管俄国的贷款利率常常超过这个数，在8%～10%之间。[注420]

在18世纪下半叶的巴塞尔，长期贷款的利率从5%下降到了4%。利率的这一下滑给宗教和慈善机构带来了很大困难，因为债务人威胁要偿还旧的贷款。于是，当地政府努力要让利率上升。但是，下降之势是无法阻挡的。【注421】

当然，在任何时代，更高利率都存在于风险比较大或者管理成本比较高的贷款类型中。比利时的公共当铺仍然收取典当物价值的15%，直至法国大革命。【注422】虽然在这里没有史料记载的具体利率数，但可以肯定，高利型个人贷款和商业、政治性质的风险型贷款的利率都收取了更高的利率。

瑞典在17世纪和18世纪期间对欧洲利率史作出了一个很有意思的贡献，尽管史料数据仅限于法律确定的利率数。瑞典银行（Bank of Sweden）成立于1656年，也就是克里斯蒂娜女王（Queen Christina）退位后不久、她的继任者查理十世、十一世和十二世实施绝对统治和军事冒险的前夕。1661年，该银行在英国银行成立前33年第一次在欧洲正式发行银行票据。但是，那次实验没有被推动下去，票据发行于1664年终止。

在管辖瑞典银行的法律中，1668年，存款的利息固定在6%，而银行贷款的利率却固定在大型贷款8%、较小型贷款8.25%、小型贷款10.15625%。【注423】这些数据大体上与当时的英国商业贷款利率相似，但却大大高于荷兰非常低的3%～4%的利率。荷兰的范例让瑞典地产部（Estates of Sweden）深有感触，并表示希望他们的银行最终也会把贷款利率至少降低到6%。事实上，银行在1669年根据一则皇家法令将存款利率降低到了4.5%，并于1687年将最高贷款利率降低到了6%。1700年，银行将存款利率从4.5%提高到了5%，但在1701年按照法令要求再次降低到4.5%。

很显然，18世纪上半叶从荷兰蔓延到英国并且甚至蔓延到了法国的利率下跌态势，最终在瑞典也落下了脚。这是在瑞典的查理十二世在与俄国的彼得大帝（Peter the Great）的战争中取得辉煌胜利之后，在他于1709～1714年最后战败之后，在1718～1720年立宪政府在瑞典被重新选举之后。1741年，以贵重金属作抵押的银行贷款的利率从6%下降到4.5%，其他贷款的利率为5%～6%。1748年，最低贷款利率降到了4%。1756年，以金属作抵押的贷款利率确定为3%，其他贷款利率为4%；存款利率也按照法令降低到私人存款2%、公共机构存款3%、福利机构存款4%。在18世纪的几乎同一个时期，英国的长期利率处于低点，荷兰利率继续保持低位。但是，英国和荷兰的利率都是市场利率，而瑞典的利率却是依据法令制定的。

在18世纪的下半叶，瑞典的官方利率开始上升，与英国和荷兰市场利率一样。在本世纪的后期，利率下跌。1766年，瑞典的贷款给予存款贷款的贴现率从3%上升到4%。1768年，以金银作抵押的贷款最低利率提高到6%，但在1770年再次降到4%。1792年，以金属作抵押的贷款利率再次降到3%，而私人存款的利率却上升到3%。1800年，金银存款的利息为4%。表17汇总了瑞典在17世纪和18世纪的利率数据——都是依照官方法令制定的。

表17 瑞典银行官方利率[注423]

年份	存款利息（%）	贷款利率（%）	年份	存款利息（%）	贷款利率（%）
1668	6	8~10.15625	1750	2~4	3~4
1669	4.5		1766		4
1687		6	1768		6
1700	5		1770		4
1701	4.5		1792	3~4	3
1741		4.5~6	1800	4	
1748		4			

第十三章
19 世纪的英国
A History of Interest Tates

总体背景介绍

对于英国来说，19 世纪是个经济快速增长、硬通货和利率下滑的世纪。工业革命已经开足马力，铁路和工厂改变了经济，人口增长了 4 倍，商业增长了 14 倍。[注424]铸币支付在拿破仑战争结束后不久就得以恢复，英镑的黄金价值在整个世纪都坚如磐石。世纪末的商品价格远远低于世纪初战争期间的高水平，也低于拿破仑战争之前和之后的和平时期。[注425]英国国债的市场收益率在世纪初为 4.5 ~ 6%；在 1830 年后从来没有超过 4%；1850 年后从来没有超过 3.5%；在该世纪的最后 10 年里一直低于 2.5%。收益率的下跌幅度超过了 60%，而基金价格的升值水平大大超过 100%。

1815 年的滑铁卢之战（Waterloo）结束后，这个世纪相对处于和平时期。英国的一些战争规模很小，时间较短，而且都取得了胜利。其中有1839 ~ 1842 年与中国的鸦片战争，1854 ~ 1855 年与俄国的克里米亚战争（Crimean War），1857 年的印度叛乱，1857 ~ 1858 年与中国的第二次鸦片战争，1878 年的阿富汗战争（Afghan War），1878 ~ 1879 年的祖鲁战争（Zulu War），1882 年对埃及的干预，以及历时比较长的 1899 ~ 1902 年的布尔战争（Boer War）。但是，英国海军在将近 100 年的时间里没有舰队作战行动。

英国的霸主地位得到了普遍承认。荷兰作为主要商业和金融对手已经被清除。英国的贸易政策和提供长期外国信贷的意愿和力量，吸引了大部分外国商业利益与英国开展经济合作。许多国家模仿了英国的货币和财政技术，以及英国的利率政策。大家都想方设法试图跻身于英国那全球范围的贸易圈子。这场游戏的规则是在伦敦制定的，主导思想是黄金标准、市场的自由进入和对投资的尊重。

从编年史的角度说，这个世纪始于1803年恢复的与拿破仑的战争。战争带来了巨大的财政压力、通货膨胀和高利率。工业蓬勃发展和热火朝天的景象不时出现，比如1808～1810年。战争进展的起伏跌宕从一个极端走向另一个极端，而且常常反映在基金市场上。1815年的滑铁卢之战结束后，和平盛世来临，持续的时间跨越了乔治四世（George IV，1811～1830）、威廉四世（William IV，1830～1837）和维多利亚（Victoria，1837～1901）的统治时期。

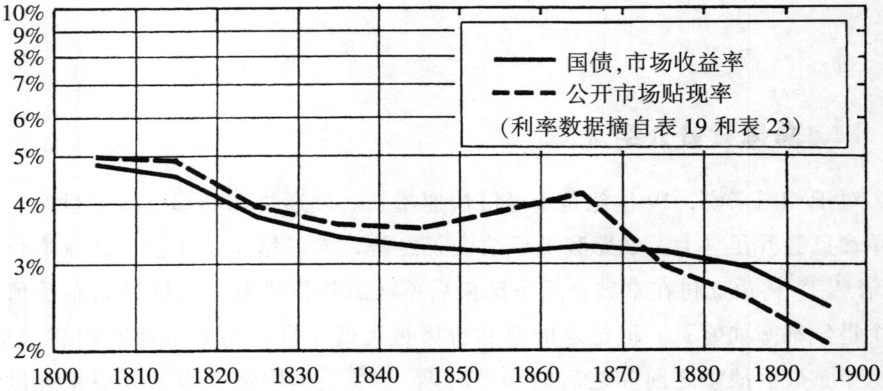

图6　19世纪英国每10年平均数

这一和平时期的最初几年对于英国的货币市场和资本市场来说并不平静。一场严重的经济萧条从1815年开始，造成了商品价格和利率的大幅度下降和失业率的上升。1816年达到低谷。从那以后，票据发行减少，利率短暂上扬，铸币支付在1821年得以恢复。

这时，建设大型工厂的趋势初现端倪，其一部分前提是蒸汽动力成功地应用到了机械业。棉花的进口到1830年增长了5倍。[注426]1825年，第一条铁路建成；也正是在那一年，限制股份公司发展的“1720年泡沫法案”被废除，导致新公司遍地开花般地涌现。在一个月的时间里，有家公司的股价上涨了4000%。1825年和1826年出现了危机，1827年股市崩盘，陪葬的是600家新公司中的400家。[注427]严重的萧条持续到了1832年。然而，资本的发展还在继续。此时，优先股的概念发展起来，并证明在未来的铁路热的融资中十分有用。但是，股东们的有限责任直到 1855 ~ 1862 年才得以普及。

在 19 世纪 30 年代，工业发展在继续，并伴随着对美国土地和美国公司的投机、铁路建设热潮的短暂开始，以及利率的进一步下跌。由于 1837 年的美国危机的影响，繁荣局面被中断。经过了一个滞涨时期以后，19 世纪 40 年代的铁路建设热潮汹涌而来。就连英国银行也购买了铁路债券。利率进一步下滑；利率 3% 的国债曾短暂突破面值，上涨幅度自拿破仑战争时期的低点以来超过了 100%。1847 年的又一场金融危机导致利率陡然上升，破产局面十分严峻。随之而来的是 1848 ~ 1849 年欧洲大陆的革命浪潮，对欧洲市场产生了负面影响。

1849 年，伦敦开始了大量进口黄金的阶段，其起因是在加利福尼亚和澳大利亚的新发现。商品价格上涨。利率起初下跌，接着又上扬。大笔资金被贷到国外。英国提供了欧洲和北美的铁路融资，股票投机普遍。英国的霸主地位此时已毋庸置疑。

1857 年的危机被称为第一次世界范围的危机[注428]，而且是第一次纯粹经济方面的缘故，没有政治或者自然方面的起因。美国的许多银行倒闭或者停业，英国银行出现挤兑。1858 ~ 1859 年的萧条之后，是与美国内战相关的刺激和动荡。1862 ~ 1863 年出现繁荣，1864 年棉花短缺，利率的上涨、投机和建设热潮持续到了 1866 年。那一年，伦敦领先的贴现公司欧沃伦·格尼银行（Overend Gurney & Company）倒闭。这件意外事件导致了恐慌和又一个“黑色星期五”。

在接下来的几年里，也就是 1867 ~ 1873 年，19 世纪政治经济史的一个转折点出现了。美国实现了统一，正在建设成一个世界大国；德意志从 1870 ~ 1871 年的法国与普鲁士的战争中一跃而成了一个强国。1869 年苏伊士运河（Suez Canal）的开通凸显了英国对全球事物的严重关切。工业活动和新铁路的建设异常活跃。在美国，2.4 万英里长的铁路在 4 年内就建成了。德国迅速扩张。有传言说，煤矿工人在喝香槟酒。1873 年出现了一次美国危机、一次德国危机和 24 次英国的银行利率变化。在伦敦和纽约，公司股票惨跌，美国的破产幅度涉及 2.25 亿美元。

随之而来的是一个滞涨的阶段。商品价格下跌了 20 年，直至 1893 年。[注430]利率从 1866 年到 1897 年几乎稳步下跌，时而出现严重的萧条，比如 1879 年和 1882 年以后。但是，大规模金融危机和银行利率危机再也没有出现。1888 年，财政大臣戈申（Goschen）实施了他著名的并转措施，将绝大部分国家债务从利率 3% 的国债并转成2.5%的国债，取得了骄人的成功。

1889年以后，商务界取得了发展，出现了造船热、新举债、非洲黄金、外国贷款和投资信托的组织。1890年的巴林危机——其起因是给阿根廷的过度信贷——得到控制，防止出现大范围的影响。1894~1896年的出彩之处，在于利率达到了这个世纪的最低点。国债的收益率达到了空前绝后的历史低点。

投资市场

在1750年之前伦敦的金融主要致力于为商业和国家提供服务。1750年以后，金融也开始同时为工业服务。然而，工业开始严重依赖金融，是在1850年以后。从那时起，大量积累的资本开始通过市场来寻求流动性和多样性。【注431】在此之前，工业资本主要是靠内部积累，但是现在市场受到召唤，并且有能力从国内外许多人口群体调集大量资源。资本家精神取得了胜利。

通过浏览19世纪中叶的伦敦投资市场，我们发现这个历史时期的确已经达到了现代水准。如今的伦敦市、如今的华尔街所提供的所有主要服务内容，在当年的伦敦几乎都存在。20世纪的美国投资人在维多利亚宅邸（Victoria's Court）可能不会感觉像在家里那么自在，但是，他在19世纪50年代的伦敦市可能会产生宾至如归的感觉，当然，前提是他必须了解术语方面的些许差别。

债券在当时和现在都叫股票。股票有普通股和优先股，与现在一样。政府债券当年叫做“基金”或者“金边”股（gilt - edged）。有关国内外政府债券的信息，当年不是从穆迪（Moody）的《手册》（*Manuals*）里获得的，而是来自《芬恩论基金》（*Fenn on the Funds*）。资产平衡表将债务放在左边，将资产放在右边。英国银行贴现部门制定的资信等级并不是基于字母符号，而是从“业务广泛者”开始，然后是“最体面、最富裕交易者”，接着是“业务范围比较有限者”，直到“评价较差者”。在英国银行的资产中，“绝望债务”一词似乎就是字面意思；该项下的数额是忽略不计的。政府债券的每次发行都有各自的绰号，跟如今一样。“戈申”指的是财政大臣戈申在1888年重大再融资举措之后几年发行的国债；“重负”（Deadweight）是指为了给拿破仑战争筹措沉重的军方养老金提供融资的债务。非常个性化而且几乎让我们感到非常熟悉的“银行利率”（而不是该银行利率）一词，在当年和现在都表示英国银行收取的最低贴现率。偿债基金型债务义务没有衍生出现代意义；它在未来某个日期之后可以赎回，但是通常必须在政府或其他发债机构应允的时候。从本质上说，它是永久型年金，而且当年也常常这么称呼——真正的中世纪岁金的后代。投资人购买收益，而且他可以自由地将自己的收益债权出售给他人。但是，在 19 世纪，在发行的国库券上，以及有些其他公共和私人债券上，的确注明了到期日期。

这些与现代美国的术语和使用情况相比，只有微小的、表面上的差异。相似性是主流。1850 年，伦敦拥有资产的人可以购买铁路、制造厂家、商业公司或者公用事业公司的股票，无论是国内的还是国外的，无论是蓝筹股还是投机性股票，无论是全部购买还是信用交易。他可以获得每日或者每小时的报价数据。股票提示和推销推荐十分活跃。他也可以购买信托债券，主要是基金，可以是为了保障收入，也可以是为了获得资本收益。事实上，大量资本收益最终总是通过基金实现，只要小心避免那些以接近赎回价值的价格出售的品种。同样，投资人可以把钱存进银行赚取利息，或者购买短期债券。如果他不相信自己的投资能力，他可以一直请他的银行替他管理他的投资。

繁荣时期与金融危机和萧条交替出现，资本价值也是起伏不定。经过几年的“创办公司”和“股票投机”狂热之后，银行突然宣布银行利率反季节上涨。也许银行知道些什么。基金踌躇起来。接着，银行利率的上涨一波高于一波，从 2% 或 3% 的水平一路上涨到危机时期的 8% 或者 10%。有谣言称，商业破产将导致英国银行动用储备资金。政府将“中止银行法案（Bank Act）”，也就是说，银行可以摆脱维持法定储备金的责任。不出所料，下一步通常是商业界的倒闭，有时是大型重要机构。然后是一个时期的贸易滞涨和价格下跌。政府遭到埋怨，伦敦市遭到埋怨。“国家要完蛋了。”接着，是贸易的复苏和新项目的蠢蠢欲动。

银行体系

在 19 世纪初，英国银行还不是在主动规范利率。它还是它一贯的身份——首先是为政府服务的银行。它也在商业业务上与私人银行竞争；它接受私人存款，也发放私人贷款。它嫉妒地维护着自己的联合股份银行专营权，以及在伦敦地区发行票据的权力。

英国的所有其他银行都是私人银行。法律禁止它们成为联合股份公司。尽管如此，在 1797 年暂停铸币付款后的那 10 年里，也就是小面额票据允许使用的时

候，私人乡村银行从230家增加到了800家。这是个票据发行和战时通胀的时期。[注432]

有个价格指数在战争时期从1790年的100上涨到了1801年的166，并达到1814年的200。从那以后，指数下跌到了1816年的130、1826年的103和1830年的93。到了19世纪末的时候，价格更低。[注429]

在拿破仑战争期间的纸币阶段，英国银行为市场大量贴现票据。它那保持不变的5%利率由于受到高利贷法的限制，低于市场水平。货币经纪商们可以以佣金的形式高于法律限制的利率，从而利用了它的实施。[注434]虽然银行很少主动寻求贴现，但它认为自己有责任向它的所有优质贸易商提供短期票据。银行受到伦敦领先商人们的调动，而票据市场的流动性是大家都重点关心的一个问题。好票据必须永远可以出售。银行非常认真地对待这一责任，但它的信贷政策还属于被动型。银行有些董事甚至拒绝承认它在战争期间向国库提供的大量资金，它提供的大量私人贴现，以及它因此膨胀的票据发行对于战争期间黄金相对于票据所要求的43%优惠有“任何性质的影响”。

拿破仑战争结束后，一切都反了过来。[注435]市场贴现率跌到了银行一成不变的5%利率之下，而它的票据业务也转移到了别处。1820年，议会确定了黄金的造币价格。在战争之前，金本位制一直属于非正式性质，而现在已经明确无误。铸币付款在1821年轻松恢复。由于利率较低，5%的固定银行利率较高，贴现除了危机时期以外很不兴旺，结果银行不得不去寻找业务机会。有几年期间，它发放房地产抵押贷款，其中有一笔是提供给拉特兰公爵的利率为4%的贷款，另外还有几笔贷款，规模都很大。它还不加节制地给罗斯柴尔德提供利率为3.5%的贷款。

在危机时期，银行很少大量储备的铸币储备金规模大幅度减少。1825年出现了一次危机，银行遭遇挤兑。银行的“法庭”记录称：“会上向陛下的政府提到，我们认为我们非常可能被挤兑一空。”[注436]他们没有被挤兑一空。到了1827年，银行再次寻找业务机会，设立分支机构。它很害怕来自如今已经得到法律许可的新联合股份银行的竞争。

1833年，英国朝着我们今天所熟知的主动货币政策的方向迈出了有效的第一步。高利贷法暂时停止对期限少于3个月的票据的限制。这样，银行利率就可以用来保护储备金。从那以后，在别无选择的时候，在放贷机构那里仍然总是有资金供应，但是需要付出代价。

1844年，对票据发行现状的不满导致了《银行特许条例》(Bank Charter Act)

的颁布。根据该条例，银行被划分为一个发债部门和一个银行业务部门；银行拥有英国票据发行的专营权；银行信托贷款票据发行的规模受到限制。一个意想不到的后果是，在后来的危机中，政府被迫“中止《银行特许条例》”，也就是说，允许无限制地发行票据；实施这一点的前提是银行同意收取银行利率 10% 的滞纳金。“《银行特许条例》的中止”在恢复信心和储备金方面总是非常成功。[注437] 1854 年，高利贷法最终被废除，不再限制任何形式的信贷。

19 世纪 60 年代的联合股份银行业务开始迅速发展，并开始取代私人银行业。与英国银行不同的是，伦敦的联合股份银行支付存款利息。他们最后获得了有限责任。到了这个世纪末，在他们发展分行业务的时候，英国银行在商业银行的竞争优势削弱了。

结算银行之间的账务是在英国银行的账簿上结算的。优惠商业票据的伦敦贴现率同时也被用于结算银行的账务。1890 年，英国银行显然接受贴现机构作为票据再贴现的主要渠道，也就是说为市场提供现金。[注438] 另一个选择是，英国银行可以在市场上购买或者出售政府的债券。事实上，有时它通过出售国债换取现金并赎回远期交货的方式，从市场上筹借资金。[注439]

弹性银行利率成了一种主要武器，用于维持合适的货币储备量，而且事实上也是为了调节世界各地的黄金储备的流动。[注440] 在 19 世纪的前 40 年里，银行利率只变化了 9 次，50 年代变了 20 次，60 年代变了 40 次，70 年代变了 96 次，80 年代变了 109 次，从那以后变化的频率降低。银行利率的范围变得极其大——通常每次变化在 1% 以上，接着是几个月内从 3% 飙升到 8%，然后又回到 0.5% 的变化幅度，一个月内变化数次，而且频繁地来回调整。毫不奇怪的是，基金市场有时对银行利率的变化几乎没有反应，在银行利率变化 2% 的情况下只是调整 0.5 个点。在 1868 ~ 1869 年期间，基金销售的收益率在银行利率为 4.5% 的时候与 2% 的时候完全一样。长期利率的稳定性与短期利率的极端波动同时存在。

国家债务

英国的国家债务主要还是战争债务。债务规模在两个世纪的历史情况，下面的表用政治术语做了汇总。

在整个这段历史时期里，国家债务的大部分都有偿债基金。我们用另外一个表来显示的 1882 年债务构成，体现了债务管理的原则。

英国国债规模[注441]

年份	事件	变化（百万英镑）	年/期末本金（百万英镑）
1688			0.6
1688～1727	战争	+52.2	52.8
1727～1739	和平	-6.3	46.6
1739～1748	西班牙战争	+29.2	75.8
1748～1756	和平	-1.2	74.6
1756～1763	七年战争	+52.2	126.8
1763～1775	和平	+0.4	127.2
1775～1783	美国革命	+104.7	231.8
1783～1793	和平；法国革命	+16.0	247.9
1793～1815	法国战争	+652.5	900.4
1815～1855	和平	-91.9	808.5
1855～1857	俄国战争	+30.4	838.9
1857～1900	和平	-199.9	639.0

18 世纪、19 世纪的英国人与如今的许多英国人和美国人一样，对自己的国债规模非常警惕。其他国家都因为通货膨胀和破产而免除了国债的大部分负担，但是捷报频传的英国人，由于对自己的信用的自豪感以及对信心和进口的依赖，也许没有考虑过采用类似的方法。1885 年，托马斯·巴宾顿·麦考利（Thomas Babington Macaulay）如此雄辩地评论由国家债务引发的恐惧感：[注442]

那种债务每上升一个台阶，国家都会发出同样的愤慨和绝望的惊呼。（乌得勒支和平以后）国家欠债大约 5 000 万英镑；而这样的债务，不管对于……狩猎狐狸的乡绅大人们来说……还是对于深邃的思想家们而言，都是一种将会永久性摧毁政体的沉重负担。尽管如此……国家（变得）越来越富有。

接着是奥地利王位继承战争；债务上升到了 8 000 万英镑。文人、历史学家和演说家们宣告，现在无论如何事情已经到了无药可救的地步。

老威廉·皮特（William Pitt）政府的挥霍无度，很快让债务上升到了 1.4 亿英镑……搞理论的和做买卖的几乎异口同声地宣布，末日现在真正降临了……通过数字有可能证明，国家债务正是通往民族毁灭之路。然而，什么道路现在都是奢谈；我们已经到达了终点；一切都已经结束；岛屿的所有财政收入……都已经抵押出去。我们还不如被普鲁士征服……然而（人们）只需要睁开自己的双眼，就能看到身边到处都在进步，城市数量在增加，对于大量的买家来说市场变得太小，港口不足以容纳货运的需求……房屋的配饰更好了……道路更加平整了。

（拿破仑战争以后）英国的偿债基金型债务达到了 8 亿英镑。这千真万确是一种……令人咋舌的债务；我们几乎丝毫都不会怀疑，绝望的呼声比以往任何时候都要震耳欲聋……然而，就像病秧子爱迪生（Addison）一样，他一把鼻涕一把泪地声称自己即将死于消化问题，直到他因为自己的肥胖而羞愧缄口；她也喋喋不休地抱怨说，自己将在贫困的海洋中沉没，直到她的万贯财富……令她的哭诉荒诞不经。这个……破产的社会……在偿还这些欠债的同时，变得越来越富有，其速度之快，几乎肉眼都能看得一清二楚。

这个已经被毁灭了的民族在几年时间里在（修建铁路）上心甘情愿地花销了（2.4 亿英镑，大约为国家债务的三分之一）以上的钱。与此同时，税赋……减轻了；然而，国库仍然是满满当当……魔鬼先知们进入了加倍的幻觉……他们看到债务在上涨；而他们忘记了除了债务以外，还有其他东西也在上涨。

长期的经验让我们信誓旦旦地认定，英国在 20 世纪支付 1.6 亿英镑的能力，可能会比她目前担负现时债务的能力更加强。（1900 年，英国的国家债务总额超过 2 000 亿英镑。）

在 1815 年前的战争年代里，政府主要通过以大幅度贴现方式销售利率为 3% 的国债来填补其巨额赤字。国债的售价只有面值的 55 ~ 57%，从而收益率为 5.45 ~ 5.25%，但更多的时候售价高于这个数字。然而，这些优惠在文字上并不是以面值之百分比来说明的，而是通过赎回时的价值来体现的。因而，正如表 18 所显示的那样，1800 年，投资人从政府那里获得的报价是每 100 英镑现金可购买面值为 147 英镑的 3s，相当于投资利率为 4.41% 的年金。1801 年，他得到的报价是 100 英镑换取 175.75 英镑的 3s，相当于 5.26% 的投资利率。如果 3s 实行赎回的话，收益将大大增加。政府没有赎回的承诺，但是 87 年后所有 3s 都以面值赎回了。政府时不时地还发行高利率债券。这些通常都是 5s。比如，105 英镑的 5s 在 1808 年政府报价为 100 英镑，收益率 5.25%。这就相当于面值的大约 95% 的价格。政府还经常发行组合型债券。1802 年，投资人可以用 100 英镑换取以下组合产品：[注443]50 英镑的 3s，外加 50 英镑的 4s，外加 25 英镑的 5s，外加每年 0.54% 的年金，直至 1860 年。该组合产品的收益率为 5.24%。

1882 年 3 月 31 日英国国家债务结构[注441]

债务细节	百万英镑	占总债务比例（%）
偿债基金型，利率 2.5%	5.6	0.7
偿债基金型，利率 3%	671.6	88.0
偿债基金型，利率 3.5%	0.2	N
爱尔兰偿债基金型债务，利率 3%	32.1	4.0
总偿债基金型债务	709.5	92.7
有限年金实际价值	35.5	4.6
长期债务	745.0	97.3
国库券	5.2	0.7
财政 3 月期和 6 月期票据	5.4	0.7
国库债券，利率 3.5%（有限期限）	7.4	1.0
总债务	763.0	100.0

贴现 3s 比高价 5s 更加受欢迎。有人提出，有了和平和来得容易的资金，政府可以重新建立 5s 偿债基金，而 3s 一定会升值。结果果真如此。由于大量采取优惠融资方式，战争债务的面值上涨，远远超过了筹募的资金。

在拿破仑战争的最后几年里，流动债务迅速增长——这是 19 世纪英国金融史上最不寻常的情形。从 1811 年到 1815 年，银行向政府提供的资金取代了银行私人贴现的很大一部分。[注444]战争刚结束，军人退役、经济、财政和货币改革以及债务并转都得到了强劲推进。1816 年，国库券的利率从 5% 降低到 4%，并且于 1818 年再次设立偿债基金。高利率的国债一旦到期就即刻按面值赎回，而持有人可以获得免于提前赎回的较低利率的国债。债务并转发生于 1822 年、1824 年、1825 年、1826 年和 1830 年，有时金额十分庞大。

1853 年，英国进行了一次重要的尝试：发行再建偿债基金型国库券。这是一种新型国债，10 年期利率 2.75%，超过 30 年的利率为 2.5%，然后到期。这种债券遭遇了冷淡，因为期限长得离奇，利率太低。

表 18　19 世纪英国政府主要长期国债【注443】

年份	国债发行	估算有效收益率（%）
1880	100 英镑现金换取面值 147 英镑的 3s	4. 41
1801	100 英镑换取面值 175. 75 英镑的 3s	5. 26
1802	50 英镑的 3s 50 英镑的 4s 25 英镑的 5s 外加利率 0. 54% 截至 1860 年的年金* } 100 英镑换取	5. 24
1804	100 英镑换取面值 182 英镑的 3s	5. 45
1805	100 英镑换取面值 172 英镑的 3s	5. 15
1806	100 英镑换取面值 166 英镑的 3s	4. 97
1807	140 英镑的 3s 12. 6 英镑的 5s } 100 英镑换取	4. 83
1808	100 英镑换取面值 118. 5 英镑的 4s	4. 75
	100 英镑换取面值 105 英镑的 5s	5. 25
1809	100 英镑换取面值 103. 25 英镑的 5s	5. 16
1810	100 英镑换取面值 103. 25 英镑的 5s	5. 16
	100 英镑换取面值 140. 375 英镑的 3s	4. 22
1811	100 英镑换取面值 103. 7 英镑的 5s	5. 18
	120 英镑的 3s 20 英镑的 4s 外加利率 0. 35% 截至 1860 年的年金* } 100 英镑换取	4. 71
1812	100 英镑换取 176 英镑的 3s	5. 29
	100 英镑换取 115. 5 英镑的 5s	5. 75
1813	100 英镑换取 177 英镑的 3s	5. 33
1814	103. 5 英镑的 3s 30 英镑的 5s } 100 英镑换取	4. 61

（续表）

年份	国债发行	估算有效收益率（%）
1815	100 英镑换取 117 英镑的 5s	5.85
	174 英镑的 3s、10 英镑的 4s } 100 英镑换取	5.64
1822	5s 并转到 4s	4.00**
1824	4s 并转到 3.5s	3.50**
1825	5s 并转到 3s（贴现价）	3.50**
1826	5s 并转到 4s	4.00**
1830	4s 并转到 3.5s	3.50**
1834	4s 并转到 3.5s	3.50**
1844	3.5s 并转到 3.25s	3.25**
1847	国债 3s（爱尔兰饥荒）售价 89	3.36
1854	3.25s 并转到 3s	3.00**
1856	国债 3s（克里米亚战争）售价 90	3.33
	国债 3s（克里米亚战争）售价 93	3.23
1876～1879	偿债基金并转到 3.5s	3.50**
1884	3s 并转到 2.5s（贴现价）	2.80?**
1888	3s 并转到 14 年期利率 2.75%、14 年后 2.5% 的国债	2.70**

*　有期年金所产生的额外收益的计算方法是将永久型年金名义利率现值资本化。

**　并转收益是估算数字，依据的是新发国债的近似市场价值。

1877 年，系统性短期国库券开始发行。这种国库券以贴现价出售，一般 3 个月到期，尽管偶尔会延长到 12 个月。短期国库券成了货币市场上的一个重要工具，大有取代贸易票据的趋势。另外发明的债务有 1876 年国库发行的苏伊士运河债券，36 年后以偿债基金全额偿还；还有 1877～1879 年期间定期发行的国库券，固定期限为 3 年。这些偿还型债务并没有被看做是偿债基金型债务的一部分。偿债基金型债务是国家财政收益的一种取费，而不是以流动资源为抵押性质的本金收费。

1855 年，英国还以贴现价发行了少量利率为 2.5% 的年金，而这种年金在 1884 年大量增加。到了这个时候，利率为 3% 的国债的售价大约为 100。在这种价格水平，国债再也无法很好地说明长期市场利率，因为政府赎回的价格是 100。新发行的 2.5s 这时开始提供更好的参照。到了 1880 年，2.5s 上涨到 83，而这个价格的收益率为 3%，与国债相同。在接下来的 8 年期间，国债一直保持在赎回价格 100 左右，但是 2.5s 却几乎稳步上扬，于 1888 年达到了 97，收益率为 2.56%。

此时，财政大臣、英国银行前董事戈申迅速采取行动，将国家整个债务的很大一部分并转到新的国债中。这些新国债承诺每年支付 3% 的利息，即 2.75% 的利息支付 14 年（也就是支付到 1903 年），14 年后支付 2.5%。这次并转取得了巨大成功。1889 年，新发行的利率为 2.75% ~2.5% 的国债在价格上下跌了几个点，但是到了 1897 年，它的价格站上了 114，即收益率 2.21%。

长期利率：基金

从 1816 年到 1896 年，英国政府长期国债的利率在大部分时期都在下跌。在这 80 年时间里，市场从该利率转向现代时期的最低利率。图 7 表明这种大幅度的波动可以分成三个阶段：第一阶段，即 1816 ~1845 年的战后转换期，收益率从 5.5% 的水平开始下跌，重新达到 1750 年的 3%；第二阶段为 1846 年到 1866 年的过渡期，国债收益率小幅度上涨，波动窄幅为3% ~3.5%，通常在该幅度的上线；第三阶段是 1866 ~1897 年的低利率黄金期，国债收益率跳水至新低——空前绝后的 2.21%。

表 19 和图 7 总结了 1800 ~1900 年期间英国国债的市场收益率。图 7 还显示了表 18 的收益率，即政府新发行的主要现金债务，以及部分频繁出现的交换型报价即并转的收益率。图 7 还简单包含了 18 世纪期间英国基金收益率历史，这样 19 世纪的记录就可以有所预期了。这一跨越现代历史时期 240 年的整体利率史，我们汇总在了本书第十九章的图 52 中。表 19 和图 7 依据的是年平均收益率，以及每年最高、最低价格水平时的收益率。

20 世纪国债的收益率并非总能代表英国长期金边债务的收益率，但却能代表 19 世纪的大部分时候。然而，在 19 世纪 90 年代，利率为 3% 的国债的收益率并不能代表长期基金的通行利率。由于有赎回的可能，价格无法大幅度超过 100，而事实上国债在 1888 年的并转后的确赎回了。因此在这 10 年期间，表 19 和图 7 包含了利率为 2.5% 的永久型年金的市场价格和收益率——年金的赎回风险比较小。1865 ~1881 年期间，2.5s 的出售价格收益率略微高于利率为 3% 的国债；在那个阶段后售价上涨，收益率大大低于利率为 3% 的国债，如后表所示。由于 3s 的收益率因为赎回价格而扭曲，而 2.5s 的收益率却未受影响，因此该世纪 90 年代的收益率史必须用利率为 2.5% 的年金来表述。

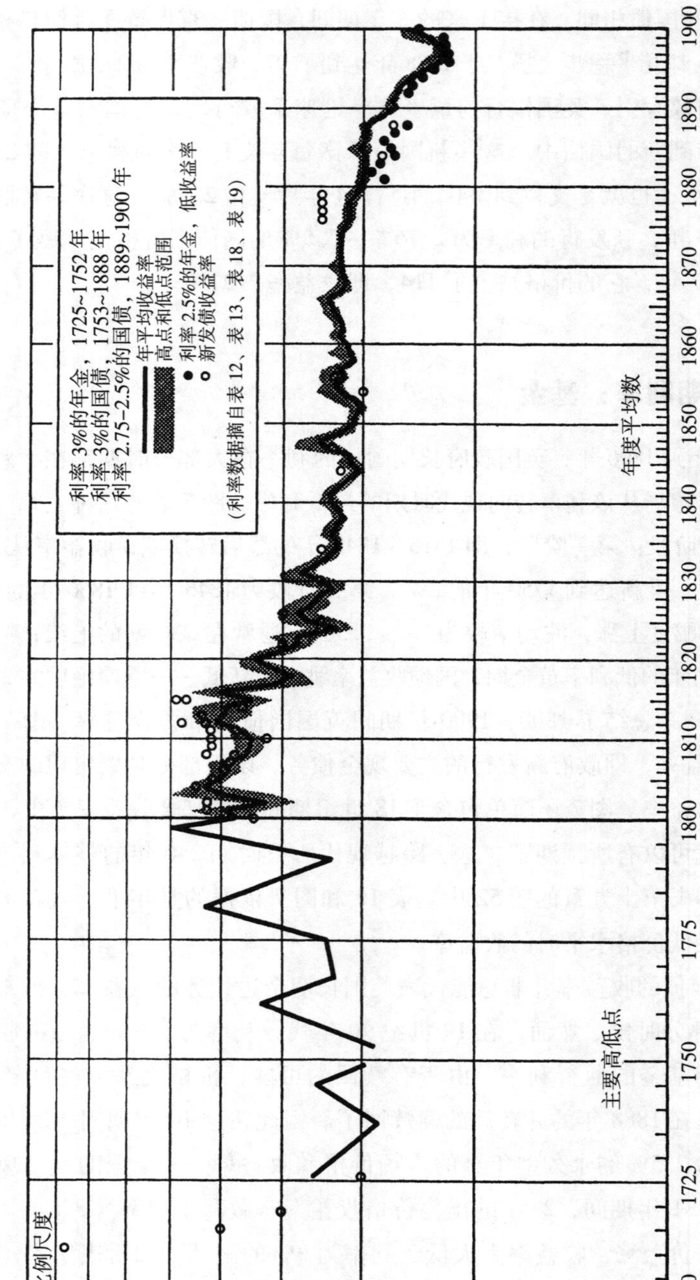

图 7 1700~1900 年英国政府债券收益率

表 19　19 世纪英国政府长期债券价格和收益率

年份	利率为 3%的国债						利率为 2.5%的年金			
	年度平均数		年价格高点	收益率（%）	年价格低点	收益率（%）	年价格高点	收益率（%）	年价格低点	收益率（%）
	价格	收益率（%）								
1800	63.6875	4.71	67.25	4.46	60	5.00				
1801	61	4.92	70	4.30	54.25	5.51				
1802	70.9375	4.23	79	3.80	66	4.54				
1803	60.125	4.99	73	4.12	50.25	5.99				
1804	56.625	5.30	59.875	5.01	53.75	5.56				
1805	59.5	5.04	62	4.83	57	5.26				
1806	61.625	4.87	64.625	4.62	58.5	5.12				
1807	61	4.92	64.375	4.63	57.625	5.20				
1808	65.9375	4.55	69.125	4.32	62.625	4.79				
1809	66.8125	4.49	70.375	4.26	63.375	4.71				
10 年平均		4.80								
1810	67.125	4.47	71	4.25	63.25	4.75				
1811	64.25	4.67	66.75	4.50	61.75	4.85				
1812	59	5.08	63	4.76	55.125	5.42				
1813	61	4.92	67.5	4.44	54.5	5.49				
1814	61	4.92	67.5	4.44	54.5	5.49				
1815	67	4.48	72.5	4.12	61.5	4.86				
1816	59.75	5.02	65.75	4.56	53.875	5.56				
1817	73.1875	4.10	84.25	3.56	62	4.83				
1818	77.5	3.87	82	3.66	73	4.12				
1819	71.9375	4.17	79	3.80	64.875	4.61				
10 年平均		4.57								
1820	67.875	4.42	70.25	4.29	65.625	4.56				
1821	73.75	4.07	78.75	3.81	68.75	4.36				
1822	79.125	3.79	83	3.60	75.375	3.99				
1823	78.9375	3.80	85.75	3.50	72	4.17				
1824	90.9375	3.30	96.875	3.10	84.75	3.54				
1825	84.75	3.54	94.25	3.19	75	4.00				
1826	79.125	3.79	84.5	3.55	73.875	4.08				
1827	88.125	3.61	89.5	3.35	76.75	3.92				
1828	84.75	3.54	88.375	3.40	80.875	3.72				
1829	89.8125	3.34	94.25	3.19	85.625	3.50				
10 年平均		3.72								

（续表）

年份	利率为3%的国债						利率为2.5%的年金			
	年度平均数		年价格高点	收益率（%）	年价格低点	收益率（%）	年价格高点	收益率（%）	年价格低点	收益率（%）
	价格	收益率（%）								
1830	86	3.49	94.25	3.19	77.5	3.98				
1831	79.75	3.76	84.75	3.54	74.875	4.01				
1832	83.75	3.58	85.75	3.50	81.625	3.68				
1833	87.75	3.42	91.25	3.28	84.25	3.56				
1834	90.375	3.32	93	3.22	87.5	3.44				
1835	91.1875	3.29	92.875	3.22	89.25	3.36				
1836	89.5	3.35	92.25	3.25	86.625	3.47				
1837	90.9375	3.30	93.875	3.20	87.875	3.42				
1838	92.875	3.23	95.25	3.15	90.625	3.31				
1839	91.5	3.28	93.875	3.20	89.25	3.36				
10年平均		3.40								
1840	89.5	3.35	93.125	3.22	85.75	3.50				
1841	88.75	3.38	90.5	3.30	87.25	3.45				
1842	91.75	3.27	94.875	3.17	88.5	3.39				
1843	94.625	3.17	97.625	3.07	92.125	3.25				
1844	99	3.03	101.375	2.96	96.5	3.11				
1845	96.125	3.12	100.625	2.98	91.875	3.27				
1846	95.8125	3.13	97.75	3.07	94	3.20				
1847	87.25	3.44	93.875	3.20	78.75	3.82				
1848	85.5	3.51	90	3.34	80	3.76				
1849	92.625	3.24	97.875	3.07	88.625	3.39				
10年平均		3.26								
1850	96.5	3.11	98.375	3.05	94.375	3.18				
1851	97	3.09	99.125	3.02	95.625	3.14				
1852	99.375	3.02	102	2.94	95.875	3.13				
1853	97.75	3.07	101	2.97	90.75	3.30				
1854	91.75	3.27	95.875	3.14	85.125	3.52				
1855	90.625	3.31	93.75	3.20	86.25	3.47				
1856	93.1875	3.22	95.875	3.14	85.75	3.50				
1857	91.75	3.27	94.25	3.19	86.5	3.46				
1858	96.75	3.10	98.75	3.04	93.875	3.20				
1859	95.25	3.15	97.375	3.08	88.25	3.40				
10年平均		3.16								

（续表）

年份	利率为 3%的国债						利率为 2.5%的年金			
	年度平均数		年价格高点	收益率（%）	年价格低点	收益率（%）	年价格高点	收益率（%）	年价格低点	收益率（%）
	价格	收益率（%）								
1860	94	3. 19	95. 875	3. 14	92. 5	3. 24				
1861	91. 5	3. 28	94. 25	3. 19	89	3. 37				
1862	92. 875	3. 23	94. 75	3. 18	90. 375	3. 31				
1863	92. 5625	3. 24	94	3. 20	90	3. 34				
1864	90	3. 33	92	3. 26	87. 125	3. 45				
1865	89. 5	3. 35	91. 5	3. 28	86. 75	3. 46	74	3. 39	69	3. 64
1866	88	3. 41	90. 375	3. 33	84. 625	3. 54	72	3. 49	67. 5	3. 71
1867	92. 875	3. 23	96. 375	3. 11	89. 75	3. 35	77. 5	3. 23	71	3. 52
1868	93. 75	3. 20	96. 125	3. 12	91. 875	3. 27	77. 5	3. 23	74. 5	3. 38
1869	92. 875	3. 23	94. 25	3. 19	91. 75	3. 27	76. 5	3. 27	73. 5	3. 40
10 年平均		3. 27								
1870	92. 625	3. 24	94. 5	3. 19	88. 25	3. 40	76. 5	3. 27	71	3. 52
1871	92. 875	3. 23	94	3. 20	91. 375	3. 28	76	3. 29	73	3. 41
1872	92. 625	3. 24	93. 375	3. 21	91. 25	3. 28	75. 5	3. 32	73. 5	3. 40
1873	92. 625	3. 24	94	3. 20	91. 625	3. 27	75. 5	3. 32	73. 5	3. 40
1874	92. 625	3. 24	93. 75	3. 20	91. 25	3. 28	76	3. 29	73. 5	3. 40
1875	93. 75	3. 20	95. 75	3. 14	91. 625	3. 27	77. 5	3. 23	73. 5	3. 40
1876	94. 9375	3. 16	97. 5	3. 08	93. 375	3. 21	79	3. 16	75	3. 34
1877	95. 25	3. 15	97. 375	3. 08	93	3. 22	79	3. 16	76	3. 29
1878	95. 25	3. 15	98	3. 06	93. 625	3. 20	79	3. 16	75. 5	3. 32
1879	97. 375	3. 08	99. 625	3. 01	94. 25	3. 19	82	3. 06	75. 5	3. 32
10 年平均		3. 19								
1880	98. 375	3. 05	100. 75	2. 98	97. 375	3. 08	83	3. 02	78. 5	3. 19
1881	100	3. 00	103	2. 91	98. 25	3. 05	90. 5	2. 78	81	3. 09
1882	100. 375	2. 9	102. 5	2. 92	99	3. 03	86	2. 91	83. 5	2. 99
1883	101	2. 97	102. 75	2. 92	99. 375	3. 02	88. 25	2. 84	86. 5	2. 90
1884	101	2. 97	102. 625	2. 92	99. 125	3. 03	92. 875	2. 69	90. 375	2. 75
1885	99. 375	3. 02	103. 625	2. 89	94. 625	3. 16	91. 375	2. 72	87	2. 87
1886	100. 625	2. 98	102. 25	2. 93	99. 25	3. 02	89. 75	2. 79	88. 5	2. 83
1887	101. 6875	2. 95	103. 625	2. 89	101. 125	2. 99	93. 25	2. 68	88. 25	2. 84
1888	101	2. 97	103. 375	2. 90	99. 125	3. 02	97. 25	2. 56	94. 25	2. 64
1889	97. 875	2. 81	99. 25	2. 77	96	2. 86				
10 年平均		2. 97								

（续表）

年份	利率为3%的国债						利率为2.5%的年金			
	年度平均数		年价格高点	收益率（%）	年价格低点	收益率（%）	年价格高点	收益率（%）	年价格低点	收益率（%）
	价格	收益率（%）								
1890	96.5	2.67	98.75	2.62	93.375	2.76				
1891	95.8125	2.70	97.5	2.65	94.25	2.74				
1892	96.8125	2.65	98.25	2.62	95	2.71	97.5	2.56	96	2.61
1893	98.3125	2.61	99.625	2.57	97	2.65	99.5	2.52	98.125	2.55
1894	101.125	2.52	103.5	2.46	98.375	2.59	103.25	2.42	99	2.53
1895	106.1875	2.39	108.375	2.35	103.375	2.46	107.75	2.32	104	2.40
1896	110.875	2.28	113.875	2.22	105.125	2.42	113.625	2.20	107	2.34
1897	112.25	2.25	113.875	2.21	110	2.31	113	2.21	111.625	2.24
1898	110.875	2.28	112.875	2.22	108.875	2.32	112.625	2.22	109	2.29
1899	107	2.36	111.5	2.26	97.75	2.59	111	2.25	99.5	2.51
10年平均		2.47								
1900	99.625	2.54	103.25	2.44	96.75	2.62	101.25	2.47	97.25	2.57

注：从1800年到1888年，国债收益按3%的名义利率计算；其后直到1903年，按文中所述的2.5永久利率外加0.25%计算。

资料来源：

大不列颠中央统计局（Great Britain Central Statistical Office），《统计摘要》（*Statistical Abstract*）。

G·F·沃伦（G. F. Warren）和F·A·皮尔森（F. A. Pearson），《价格》（*Price*），纽约：John Wiley & Sons，Inc. 于1933年出版，第273页。

查理·芬恩，《芬恩概论英国及外国基金》，（*Fenn's Compendium of English and Foreigh Funds*）伦敦：Robert Lucas Nash于1883年出版，第29ff。

《银行家年鉴》（*Bankers Almanac*），伦敦：Thomas Skinner & Co. 出版。

R·G·霍特里（R. G. Hawtrey），《百年银行利率》（*A Century of Bank Rate*），伦敦：Longmans Green & Co. 于1938年出版，第155ff和289~290页。

在1888年的大规模再建偿债基金以后，新举债的期限在统计上产生了新的复杂性。新国债承诺1903年之前利率为2.75%，之后为2.5%。其收益率在1889~1903年的过渡期有时是通过将其价格分割成2.75%来计算的。然而，此时并没有考虑2.75%的长期承诺，因而其收益率被高估了；证明这一高估的一个办法是对比老2.5s同时产生的较低收益率。新国债在1893年以后在大幅度贴现之后出售。由于在1923年以后，国债在议会作出选择后赎回了，有些人计算其收益率时将利率为2.5%的债券向下分摊到1923年的面值，然后加上额外0.25%的现值。这种计算的结果是在1896~1898年期间市场高点时低于2%的收益率，有可能是低估了。27年后 2. 5s 赎回的可能性有可能对着眼点在当前收益的投资人来说影响微乎其微。利率为 2. 5% 的同期老年金的最低收益率 2. 20 也不支持这种计算。表 19 显示的这 14 年过渡期利率为2. 75 ~2. 5% 的国债的收益率，其计算方法是用大约相当于额外 0. 25% 贴现价值的数额减去 2. 75s 的市场价格。永久型 2. 5s 的收益率是从这个较低价格产生出来的。计算出来的收益率非常接近利率为 2. 5% 的年金的市场收益率。

到了这个时候，我们已经有可能而且也很有必要更加系统地研究那些资本的价值了——也就是与长期利率相对应的内容。换句话说，我们现在要研究长期债务工具的市场价格。在此之前，资料记载中只有少量的价格数字，比如威尼斯 prestiti 的市场价格，18 世纪大部分时候英国基金的价格，以及 18 世纪最后几年中法国岁金的价格。利率为 3% 的英国国债从 1751 年到 1888 年的悠长历史为我们提供了一个理想的媒介，便于我们审视伴随着长期利率变化而产生的资本价值的变化。现代利率史将提供许多其他机会，来记录长期债券的实际价格历史，以及债券价格指数的历史。

债券市场分析师常常按照逆向收益曲线来画出债券收益图，即债券收益曲线在逆向价格上扬、收益下降的时候上升，在逆向价格下跌、收益上扬的时候下滑。这种图形能够很好地描绘市场价格趋势，而读者也可以研究利润率，看到在图形最高点时收益最低，在图形最低点时收益最高。由于本书也关心短期利率——其中涉及资本价值的微小逆向移动——且主要是利率史，而不是资本价值史；并且由于本书讨论的是可以进行阶段性比较的利率数，而不是任何债券品种的市场价值，因此逆向收益率并不适用。相反，收益是通过正向图形显示的，有些收益图形还有同样体现正向价格历史的图形作为补充。英国国债和年金从 1727 年到 1900 年的价格详见图 8。

有关图形显示的另一个技术问题必须注意。这些利率和债券收益图形大部分都是半对数比例。这种图形显示方式能够显示一个事实，即收益率从 1% ~2% 的涨幅，比 4% ~5% 的变化意义要大得多。从任何水平上的利率翻番在这些图形中都显示同样的高度；因此，在较高收益率范围里的波动并不让人感到夸张，而在较低收益率范围里的波动并没有最小化。同样，长期价格图形也是按照半对数比例来显示的，这样价格从 50 上涨到 60 时的上升幅度，看起来似乎与从 100 到 120 的上升幅度一样大，以此类推。

图 8 直接体现了国债价格在 18 世纪和 19 世纪期间的巨大变化。这种变化与我们已经讨论过的通行长期利率的变化是一致的。国债市场价格从 1753 年的 105（取

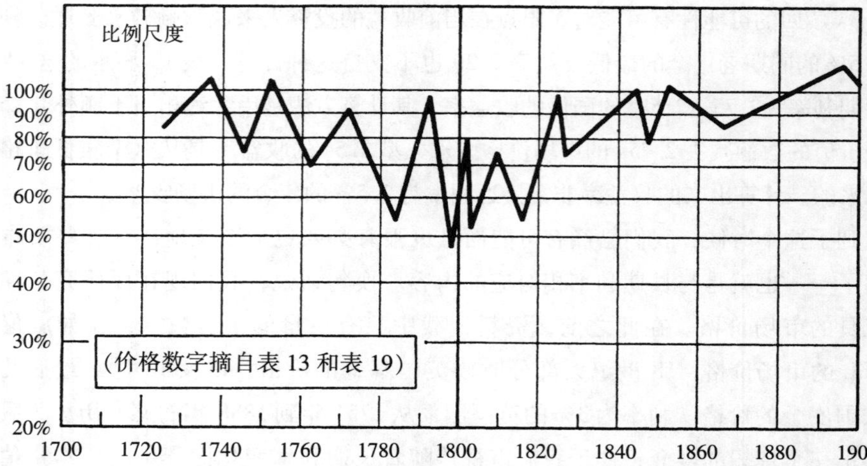

图 8　18 世纪和 19 世纪利率为 3%的英国年金和国债主要价格高点和低点

整数）下降到 1762 年的 70，上升到 1768 年的 90 以上（增值 30%），下降到 1784 年美国战争以后的 54，回升到 1792 年的 97（增值 80%），然后又于 1798 年在拿破仑威胁要入侵时跌至（3s 的）47.25 这一历史新低。在 100 时买入的投资人已经损失了本金的一半以上。19 世纪期间从来没有出现过这么低的价格、这么高的收益率，而且 19 世纪的任何一场危机都没有导致财政为新长期基金支付的利率达到过其 1797 年支付的 6.57% 的高度。

经过 1802 年的短暂和平时期后，国债价格回到了 79，比低点增值 67%。第二年，战火再次燃起，价格跌到了 50——19 世纪的低点。国债价格于 1810 年恢复到 71，然后在 1813 年再次跌到 54 左右；在滑铁卢之战那年，价格在 61.5 ~ 72.5 之间。在 1816 ~ 1817 年的一年时间里，价格从 54 上涨 55% 达到 84，然后在经过一些波动后于 1824 年回到 96.875——本金价值在 8 年里增加 79%。在可比时间段里，价格从此再也没有如此快速上升过，甚至在 20 世纪 30 年代也没有出现。这些国债没有丢掉当年获得的“好货”的名声，直到 20 世纪的战争时期。传统的收益率计算方法，也就是国债进行大幅度贴现时的计算方法，并没有而且无法包含从资本收益的正确预期中获得的额外回报。

从 1824 年起直至 1880 年，大部分时候的价格都保持在 80 ~ 95 之间，在危机期间偶尔会跌到 74 左右，偶尔也会短暂上扬。在这 56 年间的第一个阶段，也就是从 1824 年到 1852 年，价格上涨的时候多于下跌的时候。从 1852 年到 1866 年，价格主要呈温和下降之势，当国债“回到”85 时累计达 17%。1866 年，价格再次开始呈现向上攀升的趋势，并一直持续到 1897 年。但是，国债的利润还是受到赎回可能性的限制。国债价格上涨到 1887 年的高点 103.625，然后被赎回。它从 1866 年的低价位升值了 22%，与同期利率为 2.5% 的年金的 45% 增值具有可比性。并转后的新国债于 1896 年接着攀升至 114。对于接受再融资的国债持有人来说，从 1866 年起的总收益为 34%，而相比之下利率为 2.5% 的老年金持有人的总收益为 68%。基金仍然是个好东西。

19 世纪的最后 10 年可以称作是举债还债的黄金时代。低收益率似乎并不像 18 世纪 50 年代那样属于过渡性表现。这不是严重萧条或者战火纷飞的时期——那是 20 世纪举债还债时期的特征。短期利率波动很大，有时冲得很高，但是金边国债的收益率按照现代和古代标准都处于低位。在 100 年的时间里，收益率已经下跌、价格已经上涨。这一点有些像 17 世纪和 18 世纪初期荷兰的举债还债阶段。

几乎所有重要的贸易国家在 19 世纪后来的几十年里都享有低长期利率。低利率在当时并不是改革者的一个最初信条。他们欢迎信贷的便利条件，以资助当时正在建设当中的庞大的工业设施。各国的保守政府都举双手欢迎能够通过低利率并转来减轻债务负担。商业界欣然发现市场上基金在上涨。《经济学家》（*The Economist*）有位著名编辑在几年后写道："对于英国国债来说，在和平和贸易繁荣时期收益率超过 3%，当然是不正常的。"[注445]正是在这个时候，欧根·博姆·冯巴维克（Eugen Boehm von Bawerk）宣称，民族的智力水平和道义力量越高，利率就越低。[注446]各国中央银行将自己的低贴现率说成是成就大小的一个尺度。[注447]

其他长期利率

英国投资人可以获得的收益率总是范围非常大。基金的低收益率绝对不能代表整个市场。许多长期债务工具类型在 19 世纪的伦敦股票交易所大量交易。许多新发行的证券通过招股说明书向公众发行，其中有为英国各个都市和政府部门提供的贷款，给殖民政府提供的贷款，给外国政府提供的贷款，以及给国内外公司提供的贷款。有关这些类型繁多的证券，我们从史料中并没有获得持续、统一的利率系列数，而由于缺乏标准的等级和统一性，这种系列数据的价值也不可靠。有些非基金型债务发行案例可以显示长期收益的水平和范围，以及其他收益与基金收益之间的差距。

可以理解的是，除了基金以外表现出最低收益率的是国内管理机构发行的品种。然而，这些收益率有时范围很广，正如罗列了1869～1886年期间发行的代表性品种的表20所示。

在该表所涵盖的有限的时间段内，国债的收益率正逐步下跌，从而市场条件是有利的。唯一重复性证券，即伦敦大都会工务局（Metropolitan Board of Works）发行的证券，其收益率下跌的速度甚至超过了国债的收益率。因此，其收益溢价从1869年的将近50个基点缩减到12年后的15个基点。很显然，这些证券在信用等级上受到了投资人的青睐。大部分其他证券的售价与基金的差价更大。该表表明，投资人有可能购买非投机型国内证券，收益在3.50%～4%之间，而基金的收益率接近3%。

表20　英国地方政府新发证券[注448]

年份	地方政府发行品种	价格	发行时当年收益率（%）	与国债年均收益之差（基点）*
1869	大都会工务局3.5s，1929年到期	94.5	3.70	+47
1873	大都会工务局3.5s，1929年到期	95.5	3.66	+42
1874	大都会工务局3.5s，1929年到期	94.5	3.70	+46
1876	大都会工务局3.5s，1929年到期	100.125	3.49	+33
1877	大都会工务局3.5s，1929年到期	100	3.50	+35
1878	大都会工务局3.5s，1929年到期	100.75	3.47	+32
1878	斯托克顿4.5s，1908年到期	102.5	4.15	+100
1879	大都会工务局3.5s，1929年到期	101.375	3.44	+36
1880	大都会工务局3.5s，1929年到期	102.125	3.41	+36
1880	利物浦3.5s	100	3.50	+45
1880	利物浦3.5s	105	3.33	+27
1881	大都会工务局3s，1941年到期	95	3.15	+15
1881	伯明翰3.5s，1946年赎回	98	3.57	+57
1882	大都会工务局3s，1941年到期	97.125	3.08	+17**
1882	马恩岛3.5s（1%偿债基金）	98.5	3.56	+65**
1882	雷丁3.5s可赎回（70年偿债基金）	92	3.80	+89**
1886	伦敦市政当局（Corporation of London）3.5s	100	3.50	+66**

*　差额用“基点”表示。

1个基点即收益率1%的百分之一。收益率2%与收益率3%之差叫做100个基点。当利物浦3.5s发行时，收益率为3.50，同期国债售价的收益率为3.05%，其差额，即价差，据说为有利于利物浦3.5s的+45个基点。

**　与利率为2.5%的年金的收益率之差。

收益率高得多的是表 21 中所记录的 1860 ~ 1882 年殖民政府的债务种类。本书后面将要讨论的殖民地贷款和其他外国贷款都是在伦敦市场以英国货币筹借的。因此，这些数据是作为伦敦外国证券适用利率史的一部分来显示的，而不是作为债权国家利率史的一部分。

表 21 中的殖民地英镑证券表现了在该时期大部分时候国债收益率逐步下跌的态势，表现了导致与国债之间的收益价差减小的殖民地债务种类受欢迎程度的提高，表现了投资市场内这个领域利率种类和信用级别的多样性。它体现出债券期满概念的使用是投资人的一种债权主张，而不是借款方的特权。

然而，英国投资人并不仅限于投资国内和殖民地的证券。伦敦是全世界的银行。大部分国家都可以以一定代价在伦敦借款。英国投资人十分青睐高收益外国债券。这种倾向在一次又一次的丧失还债能力后依然没有动摇。历史总是强调具有新闻价值的国家违约情形，而不去理会国家之间大量正常的阶段性债务偿还。在某信贷表现出疑点或者偏离主流的时候，英国的 19 世纪投资人会执著于高利率。

表 21　殖民政府新发行英镑债务【注449】

年份	殖民政府新发债务	价格	发行时当年收益率（%）	与国债年均收益之差（基点）*
1860	加拿大合并国债 5s（0.5% 偿债基金）	97.5	5.12	+193
1963	英国哥伦比亚 6s（9% 偿债基金）	100	6.00	+276
1863	锡兰 6s（1878 年赎回）	100	6.00	+276
1865	温哥华岛 6s，1880 年到期	100	6.00	+265
1865	新南威尔士 5s，1888 年可赎回	高 96	5.20 **	+185
1865	新南威尔士 5s，1888 年可赎回	低 89	5.62 **	+227
1866	新南威尔士 5s，1895 年可赎回	85.5	5.85	+244
1866	新西兰 6s，1891 年到期（2% 偿债基金）	90	6.66	+325
1867	新西兰 6s，1891 年到期（2% 偿债基金）	104.25	5.77	+254
1867	锡兰 6s（1878 年可赎回）	108	5.55	+228
1868	新西兰 5s（36 年偿债基金）	97	5.16	+196
1868	新南威尔士 5s，1896 年可赎回	94.125	5.31	+211
1870	新南威尔士 5s，1888 年可赎回	高 103.5	4.85 **	+161
1870	新南威尔士 5s，1888 年可赎回	低 96	5.27 **	+203
1871	新南威尔士 5s，1900 年可赎回	98.80	5.06	+183
1872	新南威尔士 5s，1902 年可赎回	100	5.00	+176

（续表）

年份	殖民政府新发债务	价格	发行时当年收益率（%）	与国债年均收益之差（基点）*
1872	新南威尔士5s，1902年可赎回	86	4.65	+141
1874	新南威尔士5s，1903年到期	90	4.44	+120
1874	加拿大4s，1904年到期	90	4.44	+120
1874	印度4s，1888年可赎回	101.375	3.94	+70
1874	魁北克5s，1904年到期	97.5	5.17	+176
1874	新西兰4.5s，1904年到期	98	4.59	+135
1875	新南威尔士5s，1888年可赎回	高111	4.50**	+130
1875	新南威尔士5s，1888年可赎回	低105	4.80**	+150
1876	锡兰4.5s，（39年偿债基金）	102	4.43	+123
1876	加拿大4s，1906年到期	91	4.40	+120
1877	英属哥伦比亚6s，1907年到期	100	6.00	+285
1879	新南威尔士4s，1909年到期	98.25	4.09	+101
1880	新南威尔士5s，1888年可赎回	高112	4.45**	+140
1880	新南威尔士5s，1888年可赎回	低103	4.86**	+181
1880	锡兰4s（41年偿债基金）	98	4.11	+106
1880	印度3.5s，1931年可赎回	103.625	3.38	+33
1881	锡兰4s（41年偿债基金）	102	3.92	+92
1882	新南威尔士4s，1910年到期	102	3.92	+93

* 参见表20注释。

** 价格稳定的证券的市场价格。

拿破仑战争之后不久，便开始大量发放外国贷款。19世纪20年代对外国债券的需求显然受到英国政府债务迅速从5s并转到4s以及后来的3s的刺激而增长起来。继承了西班牙统治的各个新南美共和国得到了承认，这一点恐怕也鼓励了投资人。从1818年到1832年，26个外国政府在伦敦发行债务。到了1837年，其中只有10种债务还在还款。尽管如此，随着时间的推移和基金收益率的继续下滑，英国投资人还是继续吸收外国证券。其中的部分新发品种及其收益率都记录在了表22中。

表 22 外国政府新发行英镑债务[注449、450]

年份	殖民政府新发债务	价格	发行时当年收益率（%）	与国债年均收益之差（基点）*
1818	普鲁士 5s	72	6.95	+308
1821	那不勒斯 5s	92	5.52	+145
1821	西班牙 5s	56	8.90	+483
1822	智利 6s	84	7.12	+333
1822	丹麦 5s，可赎回	77.5	6.45	+266
1822	俄国 5s	82	6.10	+231
1823	西班牙 5s	30.25	16.50	+1270
1824	巴西 5s（1863 年赎回）	75	6.66	+336
1824	布宜诺斯艾利斯 6s	85	7.05	+375
1824	哥伦比亚 6s	84	7.14	+384
1825	希腊 5s	56.5	8.85	+531
1825	巴西 5s（1863 年赎回）	85	5.89	+235
1829	巴西 5s（1863 年赎回）	54	9.25	+546
1839	巴西 5s（1863 年赎回）	78	6.41	+313
1849	丹麦 5s（1860 年赎回）	86	5.82	+258
1850	俄国 4.5s（2% 偿债基金）	93	4.84	+173
1851	意大利 5s（偿债基金）	85	5.89	+280
1852	巴西 4.5s	95	4.74	+172
1859	俄国 3s	66.5	4.51	+136
1862	葡萄牙 3s	44	6.71	+348
1862	埃及 7s（拟 1892 年赎回）	82.5	8.50	+527
1862	意大利 5s（偿债基金）	74	6.75	+352
1862	丹麦 4s（可赎回）	91	4.40	+117
1864	埃及 7s（拟 1879 年赎回）	93	7.55	+423
1865	巴西 5s（1902 年到期，偿债基金）	74	6.75	+340
1866	阿根廷 6s（1% 偿债基金，彩票）	75	8.00	+459
1867	埃及 9s（拟 1882 年赎回）	90	10.00	+677
1867	俄国 4s	60	6.66	+343
1870	埃及 7s（拟 1870 年赎回）	78.5	8.93	+569
1870	阿根廷 6s	88	6.82	+358
1870	日本 9s（10% 偿债基金）	98	9.19	+595
1873	俄国 5s	93	5.48	+224
1874	比利时 3s	75.5	3.98	+74

（续表）

年份	殖民政府新发债务	价格	发行时当年收益率（%）	与国债年均收益之差（基点）*
1875	巴西 5s（1% 偿债基金）	96.5	5.17	+197
1875	中国 8s	95	8.42	+522
1876	中国 8s（5% ~15% 偿债基金）	100	8.00	+484
1879	巴西 4.5s（3.125% 偿债基金）	96.375	4.69	+161
1880	葡萄牙 3s	50	6.00	+295
1881	意大利 5s（偿债基金）	90	5.55	+255
1882	阿根廷 6s	91	6.60	+360
1882	俄国 3s	55	5.45	+245

* 参见表 20 注释。

英国投资人完全没有局限于对国内和外国债券的投资。越来越多的国内和国外证券出现了。另外，在信贷紧缩的时候，有时也能买到利率为 4% ~7% 的优惠短期票据。良好的抵押贷款也可以以高出国债 1% 的利率获得。1866 年，澳大利亚的银行给伦敦人报出了存款利息 8% 的报价。

在伦敦股票交易所上市的证券在 1843 年的总价值为 12 亿英镑，其中 63% 是英国政府的债务，17% 是英国殖民政府和外国政府的债务，20% 是私人公司的证券。到了 1875 年，总上市价值增长了 4 倍，达到 45 亿英镑。这时，英国政府的债务只占 13%，殖民政府和外国政府占总额的 55%（20 年内增加了 22 亿英镑），国内外私人公司的证券占 32%（20 年内增加了 12 亿英镑）。[注451] 基金不再是英国投资人的主要投资品种。

终于，对于那些追求真正理想回报的人们来说，跟以往一样，他们总是有机会贷款给落难的朋友。高利贷法被废除后，法庭逐步认为 48% 是上限，高于该比例时他们不会强制收兑。大约 1840 年的时候，本杰明·迪斯累利（Benjamin Disraeli）不得不支付 40% 的利息，以履行一项“急迫的债务”。[注452] 据记载，农民借款的利率高达 50%。[注453]

短期利率

史料记载中那种优惠商业票据的短期市场利率在 19 世纪期间也在下降，但其下降的轨迹不同于长期优惠利率。到了 19 世纪中叶，这些短期利率与世纪早期的战争时期相比，有时高出许多，有时却又低出许多。到了世纪末，这些利率数平均大大低于世纪初期或中叶，但是至少每过几年，短期利率都有一阵子远远高出拿破仑战争期间 5% 的统一法定上限。影响史料中短期利率趋势的不仅仅是货币市场的供求关系，还有另外两个因素：高利贷法的废除和货币政策的变迁。

5% 的高利贷法法定上限直到 1833 年前都适用于银行利率和整个票据市场。该法阻止了史料中短期利率在拿破仑战争期间的大部分时候很可能达到的高水平。5% 的限制并不适用于政府贷款，也不适用于国债的市场利率——在 1817 年前，国债的市场利率常常超过 5%。贴现机构被允许在标准 5% 利率之外增加佣金，从而战争期间常常收取的有效利率为 5.5% 或 6%。[注454] 然而，在 1714 ~ 1833 年 5% 法定上限实施的整个阶段，官方记载中没有超过 5% 的数据。因此，在 1817 年记载数据跌至法定上限之前，史料记录并不能体现真实的短期市场利率。

在 18 世纪，通过操纵银行利率来实施人为货币政策的做法还闻所未闻。在 1833 年短期票据免于高利贷法管辖之前，这是不可能的。第一次尝试是在 1839 年。从那以后，通过银行利率的变化，人为的做法越来越多地保护了储备资金，促进了贸易活动。到了 19 世纪 50 年代，银行利率在紧急时候达到过 7% ~10% 的高度，然后又迅速下跌到 2% ~3%。

世纪初期的法律限制，之后的法律限制废除，以及后来非常高和非常低的银行利率的强有力运用，有助于我们理解 19 世纪英国短期市场利率的图形。图 9 显示了利率的稳定之后是越来越大的波动和世纪中叶的峰值。然而，1866 年以后，下降的趋势十分明显，甚至允许偶尔高利率的出现。在这个世纪的最后 10 年中，公开市场贴现率通常在 2% 以下，并跌至 1% 以下。随着基金的收益率不足 2.5%，英国人的确实现了“荷兰财政”。

表 23 显示了整个世纪期间银行利率的波动情况，包括年度平均利率和年度极端波动情况。该表提供了一级商业票据公开市场贴现率的同样数据。这些票据在 1855 年之前是为期几个月的无统一到期日的票据；1855 年之后，它们统一为三个月的期限。表中提供的 10 年平均数也有助于推演长期利率，而这些在前面的图 6 中已经用图形表现了出来。

到了接近世纪末的时候，活期拆借贷款变得越来越重要。活期拆借贷款由银行于一夜之间以商业票据形式提供给交易商，抵押物是交易商的部分票据资产。无论是贷方还是借方，都可以在自己方便的时候于第二天就终止贷款。于是，货币市场上的所有参与者都获得了一种非常经济、非常灵活的媒介，允许迅速投资、

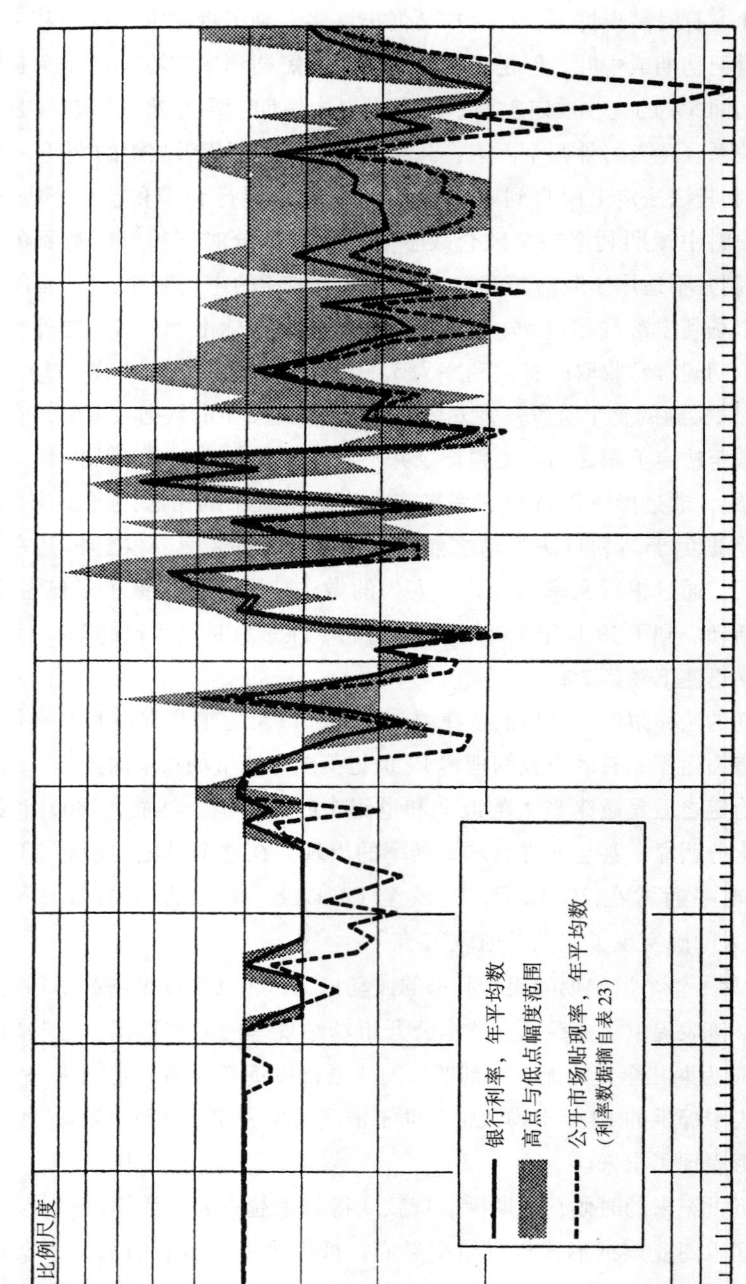

图 9 19 世纪英国短期利率

表 23　19 世纪英国短期利率

年份	银行利率（%）			公开市场贴现率（%）			年份	银行利率（%）			公开市场贴现率（%）		
	年平均	低	高	年平均	低	高		年平均	低	高	年平均	低	高
1800	5.00	5.00	5.00	5.00	5.00	5.00	1830	4.00	4.00	4.00	2.81	2.50	4.00
1801	5.00	5.00	5.00	5.00	5.00	5.00	1831	4.00	4.00	4.00	3.69	3.00	4.00
1802	5.00	5.00	5.00	5.00	5.00	5.00	1832	4.00	4.00	4.00	3.12	2.75	4.00
1803	5.00	5.00	5.00	5.00	5.00	5.00	1833	4.00	4.00	4.00	2.75	2.25	3.50
1804	5.00	5.00	5.00	5.00	5.00	5.00	1834	4.00	4.00	4.00	3.37	2.75	4.00
1805	5.00	5.00	5.00	5.00	5.00	5.00	1835	4.00	4.00	4.00	3.70	3.25	4.00
1806	5.00	5.00	5.00	5.00	5.00	5.00	1836	4.42	4.00	5.00	4.25	3.25	5.50
1807	5.00	5.00	5.00	5.00	5.00	5.00	1837	5.00	5.00	5.00	4.45	3.25	5.50
1808	5.00	5.00	5.00	5.00	5.00	5.00	1838	4.12	4.00	5.00	3.00	2.50	3.50
1809	5.00	5.00	5.00	5.00	5.00	5.00	1839	5.10	4.00	6.00	5.10	3.75	6.50
10 年平均	5.00			5.00			10 年平均	4.30			3.62		
1810	5.00	5.00	5.00	5.00	5.00	5.00	1840	5.10	5.00	6.00	5.00	4.25	6.00
1811	5.00	5.00	5.00	5.00	5.00	5.00	1841	5.00	5.00	5.00	4.90	4.50	5.50
1812	5.00	5.00	5.00	5.00	5.00	5.00	1842	4.26	4.00	5.00	3.33	2.50	4.75
1813	5.00	5.00	5.00	5.00	5.00	5.00	1843	4.00	4.00	4.00	2.18	2.00	2.50
1814	5.00	5.00	5.00	5.00	5.00	5.00	1844	3.50	2.50	4.00	2.12	1.75	2.75
1815	5.00	5.00	5.00	5.00	5.00	5.00	1845	2.70	2.50	3.50	2.96	2.50	4.50
1816	5.00	5.00	5.00	5.00	5.00	5.00	1846	3.33	3.00	3.50	3.80	3.00	5.00
1817	5.00	5.00	5.00	4.50	4.00	5.00	1847	5.17	3.00	8.00	5.88	3.25	10.00
1818	5.00	5.00	5.00	4.50	4.00	5.00	1848	3.71	3.00	5.00	3.20	2.50	4.25
1819	5.00	5.00	5.00	5.00	5.00	5.00	1849	2.95	2.50	3.00	2.31	2.00	2.50
10 年平均	5.00			4.90			10 年平均	4.00			3.57		
1820	5.00	5.00	5.00	5.00	5.00	5.00	1850	2.51	2.50	3.00	2.25	2.00	2.50
1821	5.00	5.00	5.00	5.00	5.00	5.00	1851	3.00	3.00	3.00	3.06	2.75	3.25
1822	4.50	4.00	5.00	4.00	4.00	4.00	1852	2.17	2.00	3.00	1.89	1.75	2.50
1823	4.00	4.00	4.00	4.00	4.00	4.00	1853	3.71	2.00	5.00	3.68	2.25	5.25
1824	4.00	4.00	4.00	3.50	3.50	3.50	1854	5.12	5.00	5.50	4.95	4.50	5.75
1825	4.06	4.00	5.00	3.88	3.50	4.50	1855	4.89	3.50	7.00	4.73	3.15	6.93
1826	5.00	5.00	5.00	4.50	4.00	5.00	1856	6.06	4.50	7.00	6.01	4.67	6.93
1827	4.50	4.00	5.00	3.25	3.00	4.00	1857	6.67	5.50	10.00	6.60	5.86	8.71
1828	4.00	4.00	4.00	3.05	3.00	3.50	1858	3.23	2.50	8.00	2.60	2.09	4.38
1829	4.00	4.00	4.00	3.35	3.00	4.00	1859	2.71	2.50	4.50	2.61	2.12	3.86

（续表）

年份	银行利率（%）			公开市场贴现率（%）			年份	银行利率（%）			公开市场贴现率（%）		
	年平均	低	高	年平均	低	高		年平均	低	高	年平均	低	高
10年平均	4.40			8.95			10年平均	4.01			3.84		
1860	4.17	2.50	6.00	4.10	2.57	4.81	1880	2.79	2.50	3.00	2.30	1.48	3.44
1861	5.27	3.00	8.00	5.00	2.46	7.85	1881	3.48	2.50	5.00	2.90	2.14	3.71
1862	2.52	2.00	3.00	2.49	2.18	2.87	1882	4.18	3.00	6.00	3.38	2.76	4.53
1863	4.45	3.00	8.00	4.40	3.15	7.20	1883	3.58	3.00	5.00	3.03	1.61	5.82
1864	7.38	6.00	9.00	7.29	5.77	10.29	1884	2.93	2.00	5.00	2.40	1.44	3.13
1865	4.81	3.00	7.00	4.79	3.21	6.65	1885	2.99	2.00	5.00	2.14	1.16	3.39
1866	6.95	3.50	10.00	6.60	3.41	10.02	1886	3.02	2.00	5.00	2.12	1.28	2.78
1867	2.51	2.00	3.50	2.16	1.30	2.99	1887	3.33	2.00	5.00	2.39	1.14	3.65
1868	2.11	2.00	3.00	1.88	1.50	2.67	1888	3.30	2.00	5.00	2.36	1.38	3.48
1869	3.21	2.50	4.50	3.06	2.38	4.13	1889	3.58	2.50	6.00	2.69	1.77	3.78
10年平均	4.34			4.18			10年平均	3.32			2.57		
1870	3.10	2.50	6.00	3.06	2.14	5.49	1890	4.52	3.00	6.00	3.74	2.07	6.26
1871	2.88	2.00	5.00	2.62	1.97	4.29	1891	3.28	2.50	5.00	2.51	1.66	4.60
1872	4.10	3.00	7.00	3.90	2.64	5.68	1892	2.51	2.00	3.50	1.53	1.01	2.04
1873	4.81	3.50	9.00	4.49	3.40	6.53	1893	3.05	2.50	5.00	2.19	1.21	4.49
1874	3.72	2.50	6.00	3.41	2.62	4.94	1894	2.10	2.00	3.00	0.99	0.48	1.69
1875	3.21	2.00	6.00	2.89	1.99	3.76	1895	2.00	2.00	2.00	0.81	0.53	1.15
1876	2.60	2.00	5.00	1.89	0.78	3.46	1896	2.48	2.00	4.00	1.50	0.73	2.72
1877	2.89	2.00	5.00	2.35	1.10	3.45	1897	2.63	2.00	4.00	1.80	1.08	2.42
1878	3.77	2.00	6.00	3.23	1.47	4.83	1898	3.25	2.50	4.00	2.62	1.64	4.29
1879	2.49	2.00	5.00	1.76	1.03	2.99	1899	3.74	3.00	6.00	3.26	2.02	4.87
10年平均	3.36			2.96			10年平均	2.96			2.09		
							1900	3.94	3.00	6.00	3.70	3.13	4.51

资料来源：

约翰·克拉彭（John Clapham），《英国银行》（*The Bank of England*），纽约：The Macmillan Company于1945年出版，第2卷第420~431页。

R·G·霍特里，《百年银行利率》（*A Century of Bank Rate*），伦敦：Longmans Green & Co. 于1938年出版，第14页，281ff。

公开市场利率数的部分依据是国家经济研究局的统计数据，摘自1857年英国议会文件和《经济学家》（*The Economist*），1858~1900年。

英国银行统计室。

收回临时欠款。可想而知，活期贷款的利率波动性非常大，常常远远低于公开市场的贴现率。而公开市场的贴现率通常又低于银行利率。银行利率已经成为贷方制定的别无选择时使用的罚款利率。

银行利率史和票据市场贴现率史构成了一幅足够完整的画面，用于描绘 19 世纪英国短期货币利率的趋势。但是，其他形式的短期信贷，以及已经收取、支付过的利率类型还有多种多样。下表包含了与银行金融系统和良好信贷相关联的一些利率数据。这些数据相对应的年份都是有选择的：1890 年，是这个举债还债的 10 年中利率最高的一年；1895 年，是这 10 年、这个世纪利率最低的一年；1900 年，是市场利率从低点大幅度飙升的一年。

活期贷款利率：月平均数

年份	低点（%）	高点（%）	年份	低点（%）	高点（%）
1889	1. 06	3. 27	1895	0. 25	0. 92
1890	1. 30	5. 40	1896	0. 37	3. 47
1891	0. 47	3. 20	1897	0. 42	2. 60
1892	0. 44	2. 20	1898	0. 41	3. 10
1893	0. 50	2. 95	1899	1. 31	4. 60
1894	0. 28	1. 80	1900	1. 69	3. 53

表 24 显示了几乎所有这些利率的大范围波动数据。其中的一个例外是英国城镇所支付的存款利息。乡村城镇的所有利率都比城市利率稳定，普遍也高一些。苏格兰和爱尔兰的利率一般高于伦敦，特别是在 1895 年，当时伦敦货币市场的极端宽松形势在其他地方没有完全出现。

本书列出该表的原因，并不是希望在此分析一下苏格兰、爱尔兰和英格兰的利率差异，也不是为了分析存款、透支和可转让票据的利率差异，而主要是为了再一次说明在一个现代工业国度里，利率的品种五花八门，而本书的调查只是细致追踪了其中一小部分。每个城市、城镇和村庄事实上都有自己的利率史，而且通常没有史料记载，也没有经过深入研究。

表 24 伦敦、各省、苏格兰和爱尔兰贷款年平均短期利率[注455]

贷款类型	1890	1895	1900
银行利率	4.52	2.00	3.94
一级票据，2 月期，伦敦	3.50	0.79	3.62
一级票据，3 月期，伦敦	3.68	0.82	3.42
一级票据，6 月期，伦敦	3.51	0.94	3.89
活期贷款	3.49	0.54	2.66
透支，伦敦	银行利率以上（含）		
银行存款，伦敦	3.02	0.50	2.44
股票抵押贷款，转账，伦敦	银行利率 +0.25	银行利率 +0.50	4.26
优质票据，英国乡村城镇	4.60	3.50	4.00
透支，英国乡村城镇	5.10	4.00	4.50
存款利息，英国乡村城镇	2.50	2.50	2.50
优质票据，3 月期，苏格兰	4.75	2.79	4.92
透支，苏格兰	6.13	5.04	5.96
存款利息，苏格兰	2.32	1.04	2.45
优质票据，3 月期，爱尔兰	4.84	3.00	4.47
透支（抵押型），爱尔兰	5.20	2.30	4.60
存款利息，爱尔兰	1.76	1.00	1.50

三件大事

以下内容更加详细地描写了 19 世纪英国货币市场上的一些重要阶段。

19 世纪 60 年代。19 世纪 60 年代是英国国债市场稳定的 10 年。它的利率史，尤其是 1866 年的危机史，都细致地呈现在图 10 和图 11 中，以便勾画在银行利率控制下的货币管理已经全面发展的历史时期中这些市场的表现情况。

在这 10 年中，国债的收益率范围为低点 3.11% 至高点 3.54%，相当于价格中大约 12 个点的幅度。相比之下，银行利率的范围是 2% ~10%，而公开市场月均贴现率范围是 1.30% ~10.29%，也就是说是国债收益率范围的 20 多倍。

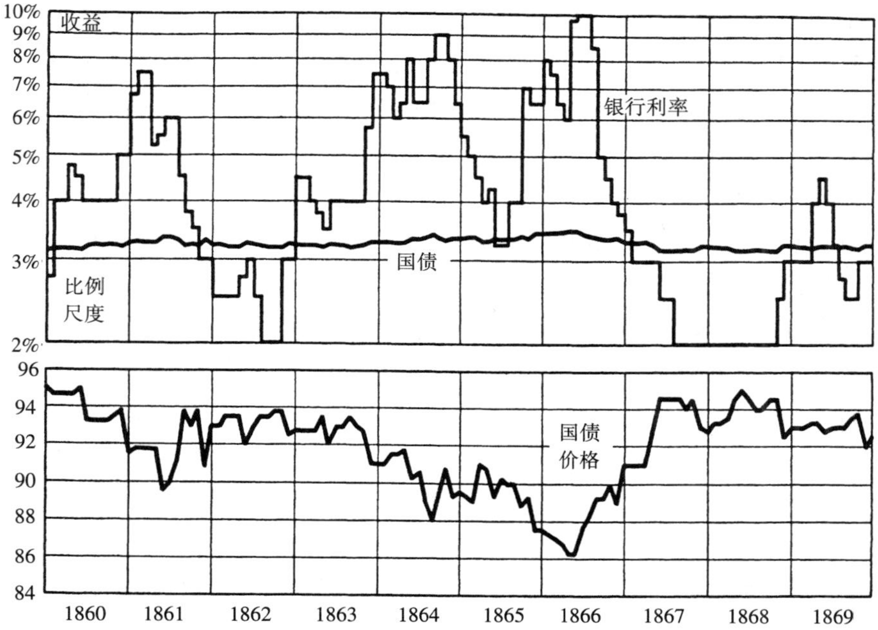

图 10　19 世纪 60 年代银行利率与国债

（依据各表中未包含在内的月度数据）

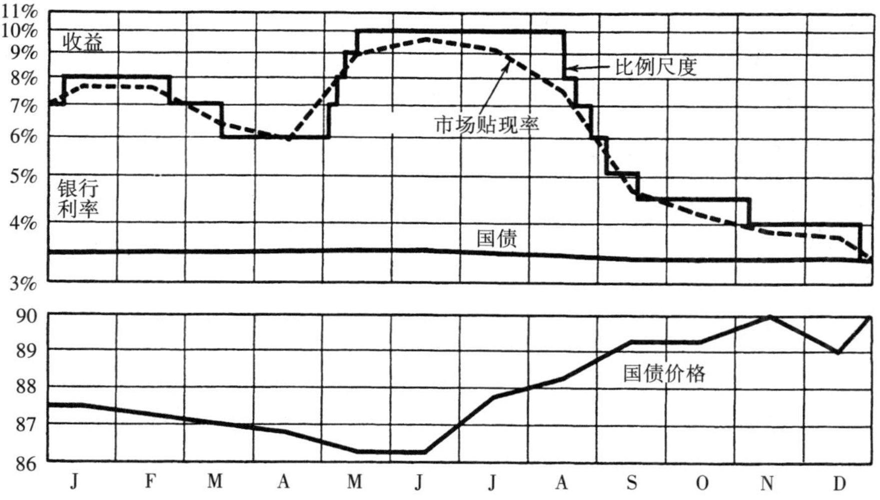

图 11　1866 年银行利率、市场贴现率和国债

（依据各表中未包含在内的月度数据）

在19世纪期间，几乎每个10年期都出现一次金融危机。在这10年里，1866年的危机的标志是欧沃伦·格尼银行，或叫做“街角银行”（The Corner House），即伦敦最大贴现机构的破产。票据市场的一半业务掌握在它的手里。[注456]它的倒闭发生在美国内战结束后市场极其火暴的顶点。图11更加详细地描绘了危机那年，也就是1866年的情形。

国债价格自1863年开始就呈不规则下跌趋势，从93降到了1866年1月的87.5。在恐慌开始之前，价格又跌了一个点。5月3日，该银行知道麻烦即将来临，便将利率从1%上调到7%，然后又于5月8日再次上调1%，达到8%。5月10日，欧沃伦·格尼银行因亏空500万英镑而倒闭的消息被公开宣布了。

1866年5月11日星期五是又一个“黑色星期五”。[注457]真正的恐慌降临。《泰晤士报》（The Times）撰文道，“在王国最偏远的角落”都有冲击感，“恐慌……在伦敦肆虐扫荡”。银行业储备金在一天之内从570万英镑减少到300万英镑。银行利率提高到了9%。政府“中止了《银行特许条例》”，并且跟以往遇到此类紧急情况一样，要求银行利率提高到10%。许多其他银行也纷纷破产。有谣言说，银行甚至已经拒绝提供以政府债券作抵押的贷款。银行利率前所未有地在10%的位置上维持了3个月。

我们提供这些危机和恐慌的具体细节的主要目的，是为了将其联系到基金市场的结构。1866年4月，在恐慌发生的前夕，国债的市场收益率平均为3.46%，价格平均为86.75。在恐慌肆虐的5月份，也就是银行利率上升到10%的时候，国债的平均收益率为3.48%，价格为86.25。到了6月份，国债价格上涨；而到了8月份，在银行利率仍然处于10%的位置时，国债价格已经达到88.5，为该年的新高。在银行利率急跌之后，国债价格进一步上升。这一事件戏剧性地说明，在19世纪大部分时候，在面对频繁的短期利率激烈动荡的时候，基金表现出了惊人的稳定性。

1888年的并转。本书比较详细地描写了19世纪80年代这10年的情形，以便叙述促成1888年重大并转的一些事件。在这10年的早些年里，业务活动平淡无奇，甚至颇为压抑。然而，这时并没有危机。国家处于和平时期，而且总体上一派繁荣昌盛。

在这10年期间，银行利率和优惠短期票据的市场贴现率每年都有很大的波动，其中部分原因是对季节性压力作出的反应。银行利率经常提高到5%，但在更多的时候保持在3%或者2.5%，甚至2%。票据的市场利率偶尔上浮到4%，但更多的时候跌至 2%，甚至偶尔跌到 1% 以下。短期市场利率在这 10 年期间的平均数低于以往任何时候。

在这一背景条件下，国债的收益稳定在 3% 左右。国债价格始终接近 100，偶尔上升到 102，并且只有一次跌至 97 的低点。但是，这一稳定性具有欺骗性。国债是因为政府以面值赎回的特性而被压下来的。

长期利率的真正水平对于这 10 年来说，应当参照早先贴现发行的相对不起眼的利率为 2.5% 的年金。在这 10 年期间 2.5s 在市场上的飙升蕴含了一些未来事件（见表 29 和图 7）。它的价格从 1880 年 78.5 的低点上升到 1881 年 90.5 的高点，再攀升至 1884 年的 92.75，然后又上涨到 1888 年并转年的 97.25。这表明，收益率从 1880 年的 3.19% 下降到了 1888 年的 2.56%。很显然，2.5% 的利率就在眼前。如果出现某些特殊的诱惑的话，这很可能证明是可以接受的。10 年或者 20 年前，当国债一直以 5～10 个基点的贴现价格出售时，市场曾经选择了 3s，而不是 2.5s，这也许反映了一种普遍观点，即 3s 不会被赎回。人们对 2.5s 的逐步青睐，可以通过以下汇总的这两种债券的不同收益率得以体现：

年高价位时 2.5s 与 3s 的收益率对比

年份	基点	年份	基点
1865～1869，平均	+11	1883	-8
1870～1874，平均	+10	1884	-23
1875～1879，平均	+10	1885	-17
1880	+4	1886	-14
1881	-13	1887	-21
1882	-1	1888	-34

财政大臣戈申选择了一个战略性的时刻来实行他的重大并转举措。1888 年 3 月，国家一片乐观，资金成本低廉，2.5s 的价格超过了 95。大臣为全部国家债务的大部分份额持有人提供了新的国债，一年支付利息 3%，1903 年前的 14 年支付利息 2.75%，1903 年之后支付利息 2.5%。他为当时不可赎回债券的持有人，比如利率 3% 的国债持有人，提供了一种并转奖励。他估计所有可赎回国债的持有人都会愿意接受这种并转，除非他们提出形式上的抗议。那些不接受该条件的持有人将被买断。他主动提出向购买债券的经纪人和其他人支付佣金。英国银行非

常合作：银行利率被压在2% ~3%的水平，直至秋季。并转之后，英国银行行长科利特（Collet）先生被封为准男爵。该并转所涉及的5.91亿英镑的96%的持有人接受了新的国债。国家债务此时建立的偿债基金，其利率不久就变成了2.5%。

1892~1900年市场巅峰。到了1892年，英国基金的大牛市至少已经持续了75年。在金融危机期间，曾经出现过短暂的回落；还曾经有个更长的阶段，即1852~1866年，市场主流是价格温和下跌。但是，数代英国投资人的经验证明，基金的市场下跌总是属于临时性质，耐心的持有人最终总能获得新高价位的奖励，而每一次价格的大幅度下滑，都不过是又一次有可能不会再次出现的买入机会。此时，3%被认为是女王陛下的基金的高回报。尽管收益率很低，但是买入基金还是值得的，因为买入者几乎肯定会获得可观的资本收益。

在这一历史经验的背景下，大并转后几年里的基金市场再一次全面上攻。此时是19世纪的最后10年。基金取得了1896~1897年的历史最高点。利率为2.75% ~2.5%的新国债价格从1892年的95上涨到1896年的113.875，最终资本收益20%——按照早先的标准，利润并不丰厚。从那以后基金再也没有卖出这么高的价格，甚至在20世纪30年代的举债还债时期和20世纪40年代工党（Labor）执政时期也没有达到过。到了1920年，国债价格跌到了44.25，收益率5.65%。

1896年标志着跨度为整整一个世纪的重大市场波动的真正巅峰。在漫长的市场走向中处于高点或者低点的时候，常常能够看到一种走向极端的趋势。在这种时候，以往的经验和强烈的心理预期都会强化当前盛行的经济因素。

1894~1895年期间，伴随国债价格再次上扬的是非常低的短期利率。银行利率已经有两年多处于2%的低位，而这是前所未有的情况。公开市场的贴现率范围低于1%。

1896年后期，短期利率大幅度上升至4%左右。短期利率在1897年年中再次下跌，然后在1897年后期再度上升。在短期利率较高的所有这几个月期间，国债总体上维持低收益率水平。直到1899年，也就是银行利率保持在全年3% ~6%的时候，国债价格才坚决地掉头向下滑行（见表19和图7）。国债价格在1899年后期突破了100。在19世纪即将结束的时候，国债的收益率为2.5%，而与此同时公开市场的贴现率超过了6%。这些利率为2.5%的国债至今还未偿付。在20世纪70年代中期，这些国债的售价低于14，收益率达到18%。到了20世纪80年代后期，价格回升，收益率低于10%。

第十四章

19 世纪的法国

A History of Interest Tates

总体背景介绍

1815 年将 19 世纪的法国和欧洲大部分国家的金融史划分为两个阶段。第一阶段是 1815 年前的那些年，其典型特征是战争、财政资源的巨大压力和高利率。第二阶段是 1815 年以后的那些年，其典型特征是相对的和平、硬通货、工业发展和下降的利率。到了该世纪即将结束的时候，西方世界几乎所有主要贸易国家的利率都降到了非常低的水平，包括法国。

19 世纪的法国政治历史几乎没有表现出英国所享有的政治稳定性。法国的利率史也远远不如英国稳定。1804 ~ 1815 年的拿破仑帝国之后，是 1815 ~ 1830 年波旁（Bourbon）王朝的统治，1830 年的法国革命，1830 ~ 1848 年路易・菲利普（Louis Philippe）的统治，1848 年的法国革命，1848 ~ 1852 年的第二次共和国（Second Republic），1852 ~ 1870 年的拿破仑三世的第二帝国（Second Empire of Napoleon III），1870 年灾难性的普法战争（Franco – Prussian War），然后是第三共和国（Third Republic）。长期利率的每一次重大飙升都正好是在每一次重大政权交替的时候，也就是 1830 ~ 1831 年、1848 ~ 1849 年和 1870 ~ 1871 年。每一次政治危机之后，稳定、和平和低利率就会迅速再现。

尽管政治上很不稳定，尽管有过两次重大的军事灾难，19 世纪仍然是法国财政有序、经济大幅增长的世纪。到了该世纪结束的时候，法国已经成为一个全球范围内的帝国，一个强大的军事帝国，拥有高效的银行系统、巨大的金融资源和现代工业设施及铁路系统——几乎都是通过繁荣而勤俭的法国人民的积蓄来融资的。法国的储蓄甚至足以资助其庞大盟友俄国的工业化。这个世纪的法国财政与之前和之后几个世纪的混乱无章形成了鲜明的对比。有效调动人民储蓄的现代手法是17世纪荷兰开创的先河，并在18世纪经过英国的改良发展成为构成全世界势力的一个有效手段，接着又在19世纪为整个西方世界所采用。

法国银行（Bank of France）是拿破仑在1800年组建的。它最初是一家半私营公司。它是为政府服务的银行，但是它并不享有银行专营权。[注458]它管理岁金，发行本票，从事私人金融业务。它不是一家银行家的银行。最后，它设立了分支机构，并被赋予本票发行专营权。它贴现小额票据，用小额资金促成各种业务活动。它储存的金属货币额比英国银行多得多，而且并不是十分依靠贴现率来控制信贷、保护自身资源。法国的其他银行当时主要是私人合伙企业。投资银行业和商业银行业齐头并进地发展起来，与英国没有什么区别。在19世纪的下半叶，大型联合股份银行在法国各地设立分行，挤掉了许多小型乡村银行，降低了私人老银号的重要性。[注459]

拿破仑还实现了其他一些重大金融改革。他改革了预算和货币，避免了大幅度举债，并用财政收入首先偿还债务。利率5%的岁金的价格从1797年的名义价值之10%上升到1807年的93%；在帝国期间，这种岁金很少以面值60%以下的价格出售。1815年，国家债务——其中一部分通过指券结算——规模很一般。

1815年，复辟（Restoration）政府当政，执行谨慎、保守的财政政策。它迅速清偿了战争赔偿，筹措了流动债务资金，建立了公共信誉的坚实基础。[注460]到了1824年，利率为5%的岁金以优惠价格出售，并开始以较低利率重建偿债基金。

19世纪20年代是个繁荣、增长的时期。巴黎证券交易所的一个席位的价值从1816年重新组建时的3万法郎上升到1830年的85万法郎。然而，除了运河公司股票之外，上市公司的股票寥寥无几。交易活动主要是围绕政府债券进行。人们仍然喜欢投资于土地或者政府的岁金。他们不信任工业界的证券、银行以及银行本票。

从1827年到1832年，业务发展处于萧条阶段，其间发生了1830年的法国革命。[注461]从1833年到1837年，出现了业务繁荣、铁路建设、许多公司的组建和交易所上市证券的大量增加。1837年，市场出现了一次崩溃：铁路股票的价格大幅度下跌，但是岁金的价格还在继续上升。

1842年，市场恢复繁荣气氛。铁路建设在1845年达到了最狂热程度，交易所投机之风盛行。1846年，随着庄稼欠收开始了一系列危机，导致了大批雇员失业、法国银行自1820年以来的第一次贴现率上升、金融紧缩、岁金价格大跌，以及最终于 1848 年暴发的全欧洲范围的革命。

在 1852 ~ 1870 年的第二帝国统治下，市场繁荣得以恢复。岁金价格回升，贴现率第一次跌到了 4% 以下。政府采取了许多措施，增加提供给较小规模企业的信贷，比如土地银行地产信贷银行（Credit Foncier）于 1852 年的成立。法国贸易在 1851 ~ 1870 年期间翻了一番。[注462]1857 年又出现了一次危机，再次令铁路陷入困境，并导致贴现率短暂上升到了 8%，但是这对岁金市场的影响非常小。金融紧缩在 1864 年再次发生。然而，岁金并没有因此严重低迷，直到 1870 ~ 1871 年的灾难性战败；随之而来的是几年非常高的利率。

1872 年以后，19 世纪的最后 30 年是个稳定、和平的时期，利率与英国和大部分其他工业国家一样出现了显著的下跌。其间出现过几个艰难阶段，比如 1883 年和 1896 年，但是没有金融危机，没有非常高的贴现率，也没有出现岁金市场的低迷。对于整个欧洲来说，这是一个增长和民族主义盛行的阶段，是钢铁和大规模生产的年代。从工业角度说，19 世纪结束时法国远远落后于英国，但是法国很快又赶了上来。然而，德国和美国的追赶速度则更快。

法国商品价格的变化模式与英国相似。价格从 1820 年到 1850 年下降，然后上涨到 1856 年，接着几乎是稳步下跌至 1896 年的新低。19 世纪结束时的价格水平远远低于世纪之初几十年战争时期的水平。

长期利率

法国长期利率在 19 世纪初处于非常高的水平，在世纪末处于非常低的水平。然而，在这个世纪期间，利率的变化却极端动荡：下降趋势常常被短暂高利率的回升中断。在英国和荷兰，19 世纪中叶低利率的发展是回归到早先几个世纪的利率水平，而对于法国来说，这些低利率却是头一次。然而，牢记长期传统利率为 5% 岁金的食利者们逐渐习惯了 4%，最后也习惯了 3%。

法国岁金在结构上与英国国债和荷兰早期年金很相似。这三者都是直接继承了中世纪的岁金年金。这些合约都旨在为债权人提供一种固定利率的收益。债务人保留最终赎回的权利，但从来不承诺什么时候赎回。也许是在这些漫长的世纪里，利率常常从非常高的水平下跌，因而债权人非常希望继续获得这样的收益。

现代统一型法国岁金也许可以追溯到 1793 年。那一年，《公债大全》（Great Book of the Public Debt）被编撰出来，里面包含了所有有效贷款，记录了岁金的诸多令人迷惑的名目。[注463] 于是，债权的统一性和合法性有了保障。然而，郁闷的食利者在1793年得到的仍然是贬值了的纸券。食利者完全失去了信心。1797年，利率为5%的岁金价格据记载为每100法郎面值报价在6.125～36.125法郎之间。

1799年，国债合并到利率为5%的岁金。这些岁金当时的报价据记载为14.75，当年收益率大约为34%——如果得到支付的话。预算制定到位，偿还债务的“分摊办公室”（Caisse d'Amortissement）再次组建起来。1800年，法国银行成立，金属货币制得以恢复。到了1801年，岁金的价格上升到68的高位，收益率为7.35%。

从1797年到现在，各种法国岁金至少出现过一个、有时是数个系列的市场报价数据。通过这些报价数据，政府信贷的长期年度市场利率就可以大致推算出来。然而，在当时和现在，有许多岁金品种都没有清偿，各自的期限也相差甚大。任何一个系列都不能永远提供一种典型画面，来勾画英国国债那种形式的法国长期利率水平。

表25包含了两种最重要的19世纪岁金系列的价格和当年收益率水平，并用年度平均数和年度最高和最低价格来表示。这些收益率情况在图13中显示，连同表26中新发行岁金的收益率。图12描绘的是每10年的平均收益率。

表25 19世纪法国政府长期债券价格和收益率

年份	利率5%的岁金						利率3%的岁金					
	年平均		年高价	收益(%)	年低价	收益(%)	年平均		年高价	收益(%)	年低价	收益(%)
	价格	收益(%)					价格	收益(%)				
1797			36.125	13.80	6.125	82.00						
1798	16.625	30.10	24.25	20.60	9	55.50						
1799	14.75	34.00	22.5	22.22	7	71.40						
1800	30.625	16.28	44	11.36	17.375	28.60						
1801	53.75	9.30	68	7.35	39.5	12.60						
1802	54.5	9.00	59	8.40	50.125	9.90						
1803	56.75	8.80	66.625	7.50	47	10.65						
1804	56	8.90	59.75	8.30	52.25	9.50						
1805	57.625	8.70	63.25	7.85	51.875	9.60						
1806	68.75	7.30	77	6.48	60.375	8.30						
1807	82.375	6.10	93.5	5.38	71.25	7.00						
1808	83.125	5.98	88.125	5.66	78.125	6.40						
1809	80.125	6.25	84	5.95	76.25	6.55						
10年平均		8.66										
1810	81.5	6.15	84.5	5.98	78.375	6.40						
1811	80.5	6.22	83.375	6.00	77.75	6.40						

（续表）

年份	利率 5%的岁金						利率 3%的岁金					
	年平均		年高价	收益（%）	年低价	收益（%）	年平均		年高价	收益（%）	年低价	收益（%）
	价格	收益（%）					价格	收益（%）				
1812	80	6.25	83.625	6.00	76.5	6.50						
1813	63.875	7.90	80.25	6.20	47.5	9.60						
1814	62.5	8.00	80	6.25	45	11.11						
1815	67	7.45	81.625	6.10	52.25	9.60						
1816	59.375	8.35	64.375	7.75	54.25	9.30						
1817	62	8.15	69	7.25	55	9.00						
1818	70	7.20	80	6.25	60	8.15						
1819	69	7.25	73.125	6.80	64.875	7.70						
10 年平均		7.29										
1820	74.875	6.70	79.625	6.30	70.125	7.10						
1821	82.25	6.15	90.625	5.50	73.75	6.80						
1822	89.375	5.60	95	5.25	83.75	5.95						
1823	84.5	5.95	93.625	5.35	75.5	6.65						
1824	98.875	5.04	104.75	4.80	93	5.60						
1825	98.375	5.09	106.25	4.69	90.5	5.52	68.125	4.40	76.375	3.94	59.75	5.10
1826	98.375	5.09	101	4.94	95.75	5.21	67.625	4.42	72.375	4.16	63	4.80
1827	101.625	4.95	104.75	4.80	98.75	5.06	70	4.30	73.75	4.10	66.125	4.55
1828	105.125	4.76	109	4.58	101.25	4.93	71.5	4.20	76.125	3.96	66.75	4.50
1829	108.5	4.62	110.625	4.51	106.5	4.68	80	3.75	86.125	3.46	74	4.10
10 年平均		5.40					5 年平均	4.21				
1830	97.5	5.12	109.875	4.54	84.5	5.95	70.25	4.28	85.375	3.52	55	5.45
1831	86.875	5.76	98.875	5.06	74.875	6.66	58.25	5.15	70.5	4.22	46	6.55
1832	96	5.20	99.75	5.01	92	5.42	66.5	4.51	71	4.20	62	4.85
1833	102.75	4.86	105.5	4.73	100.25	4.99	75.25	3.98	80.5	3.73	70	4.30
1834	105.375	4.73	106.625	4.67	104	4.80	76.75	3.91	80	3.75	73.625	4.10
1835	108.25	4.61	110.25	4.53	106.375	4.68	79.5	3.77	82.375	3.65	76.75	3.91
1836	106.75	4.67	110.25	4.53	103.25	4.84	79.5	3.77	82.25	3.66	76.875	3.90
1837	108.75	4.59	111	4.50	106.25	4.68	79.625	3.76	81.5	3.68	77.75	3.85
1838	109.5	4.56	111.875	4.46	107	4.66	80.125	3.74	82.25	3.66	78.125	3.80
1839	110.5	4.52	112.875	4.43	108.25	4.61	80.125	3.74	82.5	3.64	77.75	3.85
10 年平均		4.86						4.06				
1840	110	4.54	119.375	4.18	100.5	4.98	76.25	3.98	86.625	3.40	65.875	4.55
1841	113.75	4.40	117	4.26	110.5	4.52	78.125	3.84	80.625	3.72	75.625	3.96
1842	118.5	4.21	120.875	4.14	116	4.30	79.5	3.78	82.25	3.65	76.625	3.94
1843	121.625	4.11	123.75	4.04	119.5	4.18	81	3.71	83.25	3.62	78.75	3.81
1844	122.125	4.08	126.125	3.96	118.125	4.21	82.75	3.63	85.625	3.52	79.75	3.76
1845	119.625	4.17	122.875	4.05	116.5	4.28	83.625	3.58	86.375	3.45	80.875	3.70

（续表）

年份	利率5%的岁金						利率3%的岁金					
	年平均		年高价	收益（%）	年低价	收益（%）	年平均		年高价	收益（%）	年低价	收益（%）
	价格	收益（%）					价格	收益（%）				
1846	119.75	4.17	123.625	4.04	116	4.30	82.75	3.63	85	3.53	80.375	3.74
1847	116.25	4.29	119.125	4.19	113.375	4.41	77.5	3.88	80.25	3.74	74.625	4.05
1848	83.75	5.97	117.5	4.27	50	10.00	53.875	5.58	75.25	3.98	32.5	9.25
1849	83.5	5.98	92.75	5.40	74	6.72	51.625	5.80	58.5	5.14	44.75	6.70
10年平均		4.59						4.14				
1850	92	5.43	97.375	5.14	86.75	5.75	56.375	5.33	58.875	5.12	53.875	5.55
1851	96.125	5.19	103	4.85	89.125	5.59	60.75	4.94	67	4.48	54.5	5.50
1852	102.875	4.85	106.5	4.67	99.125	5.04	75	4.00	86	3.48	63.875	4.70
1853							77	3.90	82.125	3.66	71.75	4.15
1854							69	4.34	76.375	3.94	61.125	4.88
1855							67.75	4.42	71.75	4.20	63.875	4.70
1856							68.5	4.39	75.5	3.98	61.5	4.88
1857							68.5	4.39	71.125	4.18	65.875	4.55
1858							71.25	4.21	75	4.02	67.5	4.40
1859							66.5	4.55	72.5	4.14	60.5	4.95
10年平均								4.45				
1860							69.25	4.34	71.375	4.20	67.125	4.40
1861							68.5	4.38	70.125	4.30	66.875	4.48
1862							70.125	4.28	72.875	4.12	67.375	4.38
1863							68.375	4.39	70.625	4.25	66.125	4.44
1864							66.125	4.54	67.75	4.45	64.5	4.65
1865							67.5	4.42	69.5	4.33	66.25	4.45
1866							66	4.55	70.625	4.29	62.5	4.80
1867							68	4.41	70.75	4.28	65.25	4.70
1868							70.125	4.27	72	4.22	68.25	4.55
1869							71.375	4.17	73.875	4.08	69.75	4.49
10年平均								4.37				
1870							63	4.76	75.125	4.00	50.75	5.95
1871							54.375	5.51	58.5	5.12	50.375	5.97
1872							54.75	5.47	57.25	5.24	52.375	5.70
1873							56.125	5.34	59.125	5.05	53.25	5.60
1874							61.25	4.90	64.75	4.60	57.75	5.22
1875							64.25	4.66	67	4.48	61.75	4.90
1876							69	4.35	73	4.03	65	4.80

（续表）

年份	利率5%的岁金						利率3%的岁金					
	年平均		年高价	收益（%）	年低价	收益（%）	年平均		年高价	收益（%）	年低价	收益（%）
	价格	收益（%）					价格	收益（%）				
1877							70. 25	4. 27	74. 375	4. 02	66. 125	4. 55
1878							73. 375	4. 06	77. 75	3. 80	70	4. 30
1879							80. 375	3. 73	84. 2	3. 55	76. 25	3. 98
10 年平均								4. 71				
1880							84. 25	3. 56	87. 25	3. 45	81. 125	3. 74
1881							84. 625	3. 54	87. 25	3. 45	82	3. 66
1882							81. 75	3. 67	84. 75	3. 52	78. 625	3. 83
1883							78. 375	3. 83	82. 625	3. 62	74. 125	4. 04
1884							77. 25	3. 88	79. 5	3. 78	75. 125	4. 00
1885							79. 25	3. 79	82. 375	3. 64	76. 25	3. 95
1886							82	3. 66	83. 875	3. 60	80. 125	3. 74
1887							79. 5	3. 78	82. 875	3. 63	76	3. 97
1888							82. 75	3. 63	84. 625	3. 51	80. 875	3. 70
1889							85. 5	3. 51	88. 375	3. 40	82. 5	3. 60
10 年平均								3. 68				
1890							91. 875	3. 26	96. 375	3. 11	87. 375	3. 41
1891							94. 5	3. 18	96. 75	3. 08	92. 25	3. 25
1892							97. 875	3. 07	100. 75	2. 97	95	3. 18
1893							96. 625	3. 10	99. 625	3. 01	93. 625	3. 20
1894							100. 625	2. 98	104. 5	2. 88	96. 875	3. 10
1895							101. 375	2. 96	103. 75	2. 90	99. 375	3. 02
1896							101. 875	2. 94	103. 25	2. 91	100. 625	2. 99
1897							103. 5	2. 90	105. 25	2. 86	101. 625	2. 96
1898							102. 875	2. 92	104. 25	2. 88	101. 375	2. 97
1899							100. 875	2. 98	103	2. 92	98. 75	3. 08
10 年平均								3. 03				
1900							100. 75	2. 98	102. 375	2. 94	99. 125	3. 04

资料来源：

利奥尼达斯·J·劳奇特（Leonidas J. Loutchitch）：《1800 年至今法国利率变化》（*Des Variations du Taux de l'Interet en France de 1800 a Nos Jours*），巴黎，Libraire Felix Alcan 1930 年出版，第 42 ~45 页。

乔治斯·罗伯特（Georges Robert）：《利率的变化》（*Des Variations du Taux de l'Interet*），里昂，A. Storck et Cie. 1902 年出版，第 78 页。

J·M·法肯（J. M. Fachan）：《法国岁金历史》（*Historique de la Rente Francaise*），巴黎，Berger – Levrault et Cie. 1904 年出版，第 263 –264 页。

表 26　19 世纪法国岁金主要新发行品种和并转

年份	新发行和并转	名义利率（%）	价格	当年收益率（%）
1799～1807	债务多次合并到岁金，其利率为	5		
1816	债务合并到岁金，其利率为	5		
1816	岁金现金发行，其利率为	5	57.25	8.73
1817	岁金现金发行，其利率为	5	{52.5 64.5	9.52 7.75
1818	岁金现金发行，其利率为	5	67.625	7.39
1824	利率 5% 岁金并转到岁金，其利率为	4.5	100	4.50
	利率 5% 岁金并转到岁金，其利率为	3	75	4.00
1828	岁金现金发行，其利率为	4	102	3.92
1831	岁金现金发行，其利率为	5	84	5.96
1832	岁金现金发行，其利率为	5	98.5	5.08
1835	岁金现金发行，其利率为	4	100	4.00
1841	岁金现金发行，其利率为	4	100	4.00
	岁金现金发行，其利率为	3	78.5	3.83
1844	岁金现金发行，其利率为	3	84.75	3.54
1847	岁金现金发行，其利率为	3	78.25	3.84
1848	岁金现金发行，其利率为	5	100	5.00
	岁金现金发行，其利率为	3	55	5.46
	岁金现金发行，其利率为	3	46.4	6.48
	岁金现金发行，其利率为	5	75.25	6.65
1852	利率 5% 岁金并转到岁金，其利率为	4.5	–	–
1854	岁金现金发行	4.5	92.5	4.86
	岁金现金发行	3	65.25	4.61
1855	岁金现金发行	4.5	92	4.89
	岁金现金发行	3	65.25	4.61
1859	岁金现金发行	4.5	90	5.00
	岁金现金发行	3	60	5.00
1862	4.5s 和 4s 并转到岁金，其利率为	3	–	–
1864	岁金现金发行	3	66.3	4.53

（续表）

年份	新发行和并转	名义利率（%）	价格	当年收益率（%）
1868	岁金现金发行	3	69. 25	4. 34
1870	岁金现金发行	3	60. 6	4. 95
1871	岁金现金发行	5	82. 5	6. 06
1872	岁金现金发行	5	84. 5	5. 91
1878	岁金现金发行（分摊）	3	80. 5	3. 74
1881	岁金现金发行（分摊）	3	83. 25	3. 60
1883	利率 5% 岁金并转到岁金，其利率为	4. 5		
1884	岁金现金发行（分摊）	3	76. 6	3. 92
1886	流动债务并转到永久岁金	3	79. 8	3. 76
1887	利率 4. 5% 和 4% 岁金并转到岁金，其利率为	3	80. 1	3. 74
1890	岁金现金发行（分摊）	3	95. 27	3. 14
1891	岁金现金发行（永久）	3	92. 55	3. 24
1894	利率 4. 5% 岁金并转到岁金，其利率为	3. 5	100	8. 50
1901	岁金现金发行（永久）	3	100	8. 00
1902	利率 3. 5% 岁金并转到岁金，其利率为	3	100	3. 00

资料来源：

J · M · 法肯：《法国岁金历史》，巴黎，Berger – Levrault et Cie. 1904 年出版；以及查理 · 芬恩：《概论英国及外国基金》，伦敦，Robert Lucas Nash. 1889 年出版。

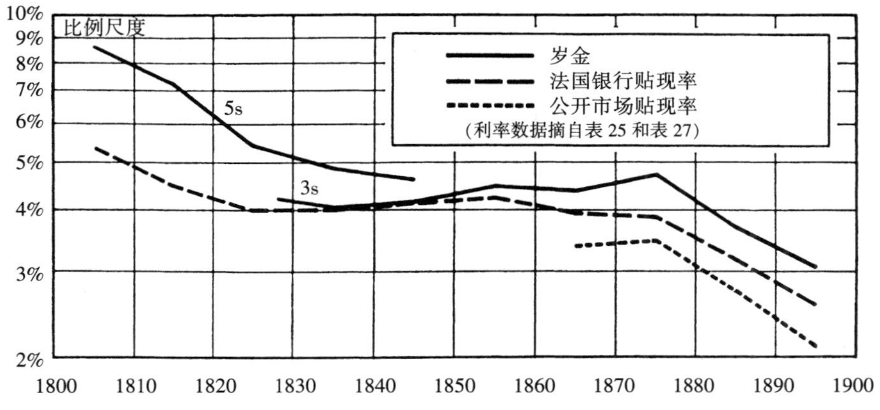

图 12　19 世纪法国每 10 年平均收益率

1900年前的现代欧洲与北美

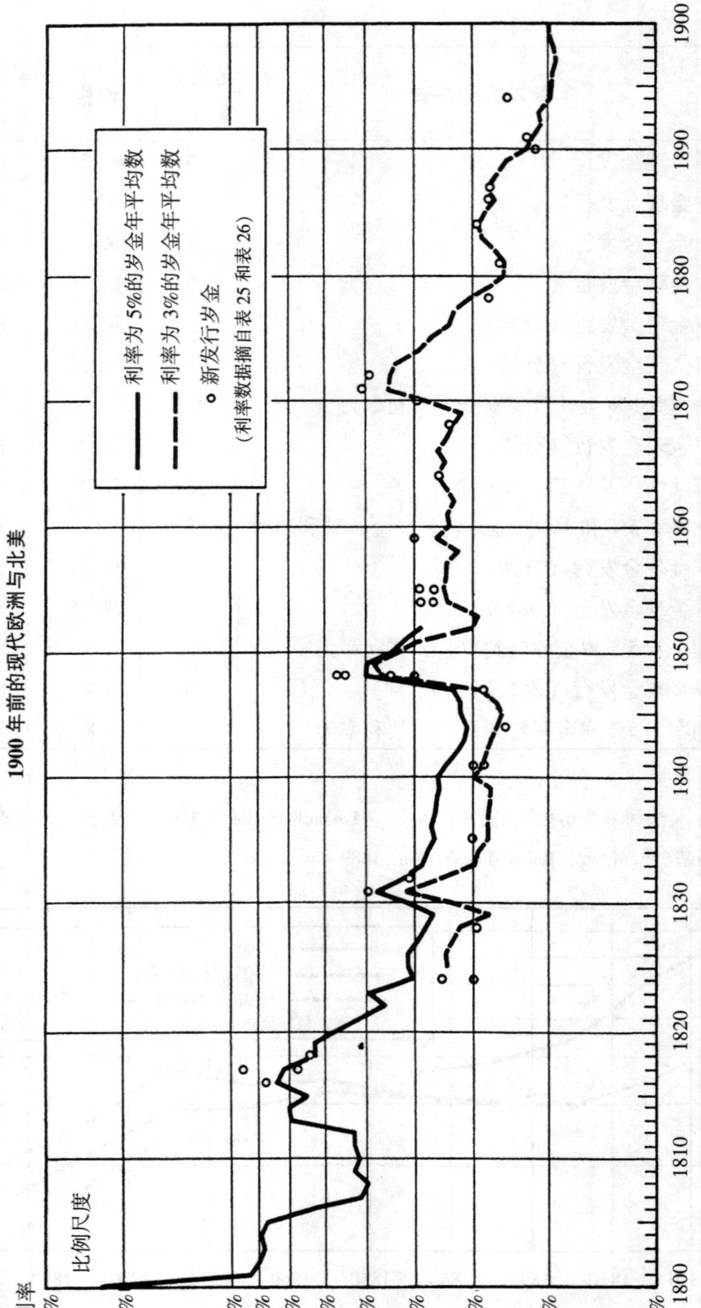

图13 19世纪法国岁金收益率

在 19 世纪初期，资料记载的国债全部由利率为 5% 的岁金构成。1824 年，政府以 100 的价格发行了一些利率为 4.5% 的岁金，以 75 的价格发行了一些利率为 3% 的岁金，即相当于 4% 的当前收益。1828 年，政府以通常的优惠价格发行了一些利率为 4% 的岁金。这四种名义利率的岁金——即 3%、4%、4.5% 和 5%——构成了这个世纪大部分时期的市场，虽然 5s 在 1852 年赎回并短暂消失了一个阶段。各种不同名义利率的岁金的同期当年收益率对比之下，显示出很大差距。名义利率较低、销售价格贴现率较高的岁金，通常表现出的当年收益率比较低。在利率下滑的时候，这种差距尤其显著。1840 年的低利率阶段和 1873 年的高利率阶段，以及售价和当年收益率可通过下表进行比较：

发行品种	1840 年		1873 年	
	高价格	低收益率（%）*	高价格	低收益率（%）*
5s	119.375	4. 18	93.75	5.36
4.5s	113.5	3.96	84.5	5.31
4s	109	3.68	73	5.49
3s	86.625	3.40	59.125	5.05

* 所有采用的岁金收益率都是当年收益率，即名义价格除以价格，因而没有计算可能的资本收益或损失。

造成收益率出现这种差异的原因，很大一部分是期限和赎回可能性方面的不同。投资人喜欢的贴现品种是期限比较长的、价格升值机会比较大的。溢价部分可能会损失掉。

我们用图 14 作为详细补充，将 19 世纪法国岁金的收益率与 19 世纪英国国债的收益率进行了对比。该图有助于说明法国市场趋势的特征。英国国债也许可以当做 19 世纪的一个标准惯例，因为英国在金融界取得了主导地位。标准惯例无论有多少缺憾，都能进行多种比较。然而，这种比较必须理解为是相对的，不是绝对的；是粗线条的，而不是精确对比。期限、币种、赋税和法律方面的不同都使得国际利率差异的计算复杂化。法国岁金并不等于收益率更高的英国国债。但是，趋势方面的差别和差异的重大变化对于本书来说却很有意义。

在拿破仑一世的统治下，利率为 5% 的岁金在从 6.125 ~ 24.25 的破产价格初步回升 10 倍达到 60 ~ 90 的水平后，价格出现了波动，其收益率范围依然相对比较高，通常在 6% ~ 8% 的区间。当时的英国国债的平均收益率为 4.25% ~ 5.25%。尽管如此，英国人在这些年期间还在大量举债，而拿破仑则不然。

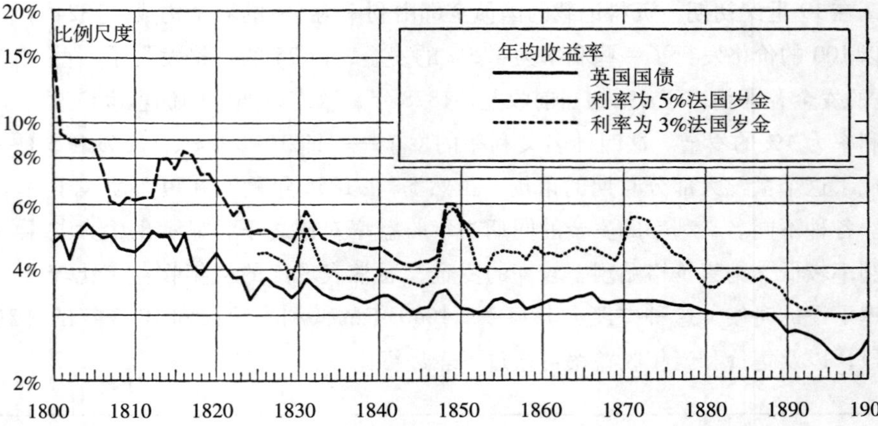

图 14　19 世纪法国岁金与英国国债收益率

1815～1830 年，在波旁王朝统治下，举债的趋势被扭转过来：法国的偿债基金型债务上涨了 3 倍，而在此期间英国的偿债基金型债务正在减少。尽管如此，1815 年以后，法国和英国的市场收益率都出现了大幅度下跌。到了 1824 年，利率为 5% 的岁金在没有重大回调的情况下逐年上涨，从 1815 年的 52. 25，即收益率 9. 6% 的水平，上涨到 1824 年的面值水平，接着又上升到 104. 75。1816 年，法国政府以 57. 25 的价格出售新的 5s，收益率为 8. 73%。[注464]1824 年，政府又通过以 100 的价格并转 4. 5s、贴现价格并转 3s 的方式发行了新的岁金。到了 1829 年，5s 的价格已经上升到 110. 625；而 3s 达到了平均 80 的价格，收益率为 3. 75%。利率为 3% 的岁金的收益率这时只是稍微高于英国的收益率。然而，这种贴近非常短暂，在 19 世纪的大部分时间里再也没有出现过。

1830 年的法国革命导致岁金价格跳水。5s 售价低至 74. 875，收益率 6. 66%；而 3s 达到了 46 的低点，收益率 6. 55%；价格分别下跌 34% 和 41%。

就像这个世纪每次危机过后的情形一样，法国岁金的价格再一次大幅度地迅速回升。收益率再次变得很低。到了 1833 年，5s 在市场上上升到了 105. 5，而 3s 上升到了 80. 5，收益率 3. 73%。法国利率的这一次下滑并没有受到 1834～1837 年期间的狂热和危机的严重影响。19 世纪 40 年代早期那些年出现了繁荣昌盛的景象，岁金的收益率达到了该世纪上半叶的低点，并且是后来的 30 年内都没有再达到过的低点。此时，英国的国债收益率也临时达到了低点。然而，1847～1849 年期间发生的法国收益率的大幅度飙升，却没有再次看到英国收益率大幅度上涨的回应。这两个国家的波动都在继续朝着相似的方向发展，但是，在法国，这种波动的幅度却大大超过了英国。

1847 年的危机和 1848 年的革命将利率为 3% 的岁金从 86.375 的价位压到了 32.5 的短期低位，此时的收益率为 9.25%。1848 年，新的 5s 以 75.25 的价格发行，收益率为 6.65%；新的 3s 以 46.40 的价格发行，收益率为 6.48%。然而，到了 1851～1853 年，另一浪快速回升出现，3s 回到了 86 的价位，收益率为 3.48%，而 5s 再次上涨到 106.5。

从 1853 年到 1866 年是该世纪法国长期收益率持续上升的唯一阶段。英国国债收益率的小幅上涨也在 1852～1866 年期间得到维持。这是第二帝国的军事扩张阶段，永久债务增长了 2/3。

1866 年，英国国债的收益率开始了一轮下滑，并且几乎平稳地持续到了 1897 年。1866 年，法国岁金的收益率也开始下跌，但该下跌趋势被 1870 年的战争打断。利率为 3% 的岁金从 1870 年 13 年来的最高价位 75.125，即收益率 4%，下跌到 1871 年的 50.375，即收益率 5.97%，价格跌幅 1/3。即便是这种下跌，还是低于 1830～1831 年法国革命期间 47% 的跌幅、1846～1848 年法国革命期间 63% 的跌幅。事实上，1870 年的战争仅仅是短暂中断了和平、繁荣和利率下滑的阶段。它对英国国债没有什么显著的影响。

1871 年的和平协定让法国背上了 50 亿法郎的巨大战争赔款包袱，由德国通过占领来强制实施。然而，法国投资人在法国政府提供非常高的利率时，拿出了意料之外的资源供其使用。[注465]1871 年，政府以 82.5 的价格在国内大量发行利率为 5% 的岁金，收益率为 6.06%，结果出现了大量超额认购。1872 年，政府以 84.5 价格在国内发行了更大规模的利率为 5% 的岁金，收益率为 5.91%，而这次的超额认购达到了将近 10 倍。于是，德国的占领、战争和 19 世纪的高利率在法国就此结束。

经济的复苏非常迅捷。岁金的价格从 1873 年起直到世纪末，大部分时间都在上涨，利率为 3% 的年金从 1871 年 50.375 的低点上涨到 1880 年的 87.25，收益率 3.45%，涨幅几乎达到 75%。

1878 年，政府发行了一个新的品种，利率为 3% 的分摊型岁金，而不是永久型岁金。一个偿债基金创建起来，足以在 75 年期间里赎回全部发行额；否则这些新岁金将不得赎回或者兑现。这种岁金的售价为 80.5，当年收益率 3.74%，外加分摊。

到了1890年，永久型3s达到了平均91.875的价位，收益率为3.26%。该收益率仍然远远超过英国国债在1890年2.67%的平均收益率。1897年收益率的进一步下跌在法国的显著程度大大低于英国。利率为3%的法国永久岁金在1897年达到了该世纪的最低收益率：售价105.25，收益率为2.86%。由于折扣因素，名义利率更低的岁金有可能会产生更低的收益率，但是政府没有发行这种更低利率的岁金来测试市场情况。

在1883～1902年期间，政府采取了一系列重大的债务并转措施，将5s并转到4.5s，将4.5s并转到3.5s，最后于1902年将3.5s并转到3s。法国债务大部分用3%的利率进行融资，而英国债务的偿债基金利率为2.5%。从1815年开始的收益率的下跌在这两个国家非常相似，虽然英国债务的规模大幅度减少，而法国债务的规模则大幅度增加。

19世纪的财政部长或大臣们是从年度利息支付额与财政收入之比的角度来看待国家债务负担的，而不是着眼于必须偿还的债务本金总额。本金的偿还只有在认为有利于国家的时候才予以考虑。再融资几乎总是较低利率的并转。对待流动债务的态度却是迥然不同：此时的负担是偿还本金。这些通常都是短期的事，只要有可能就立刻并转成永久型债务。

在法国和在英国一样，投资人绝对不是局限于政府债券交易。然而，在法国，人们在整个19世纪里都一直不信任宣传推介，不相信工业证券。公司的形式出现得很晚。法国的大部分资本还是留在土地抵押贷款里，其10%的有效利率至少在世纪中叶前十分普遍。[注466]如果出现了高利贷法的干预，该利率数可以通过实际支付贷款本金额计算两次5%的利息来实现。也有人投资运河股票，以及后来的铁路股票。铁路的大部分融资是政府操办的，但是铁路债券也公开发行。1860年，资料记载有种颇受推崇的铁路债券的收益率达到5.61%，也就是说比利率为3%的岁金的平均收益率高出127个基点。[注467]在1871～1873年的危机中，这种差距变得非常小，铁路债券和岁金的收益率都在5.50%上下，而在1880年，政府资助的铁路债务品种据记载为4.23%，岁金为3.56%，差距达到67个基点。高收益率的外国政府债券也是法国投资人喜爱的投资品种，就像这种债券受到英国投资人青睐一样。大量的资金通过这种方式贷给了俄国并打了水漂。

短期利率

法国银行在1800年刚成立的时候，设定的最低贴现率为6%，几年后降低到

4% 并在 1852 年前的大部分时候保持这个水平。到了这个时候，他们才实行了灵活贴现率政策，多少有点模仿 13 年前英国建立的模式。贴现率在这个世纪上半叶的稳定性，与其在下半叶的波动性形成了鲜明的对比。

其他银行可以自由地收取低于法国银行的利息，而且有时他们的确是那么做的。然而，要对公认优质借款人收取高于法国银行贴现率的利率是十分困难的，因为法国银行直接竞争这部分的业务。因此，法国银行在该世纪上半叶的贴现率也许能够很好地显示任何时候的最高优惠利率，但不是最低利率。证实这一结论的另一个事实是，公开市场的贴现率——该数据在 1862 年以后有了定期记载——平均起来总是低于法国银行的贴现率。据记载，在 19 世纪 30 年代法国银行的利率为 4% 的时候，优质商业票据有时私下的贴现率低至 2% ~3% 。[注468]

表 27 和图 15 采用的只有两个系列数据：（a）法国银行的贴现率，其从 1800 年以来所有的波动情况都用年度平均数和年度波动范围给予全面描述；（b）优惠短期票据的公开市场贴现率系列，表现为 1863 年起的年度平均数和月度平均数的年度波动范围。当然，在 19 世纪的法国还有许多其他短期利率数，其中大部分没有定期记载，但这两个系列数据应该足以说明问题。

该世纪上半叶的刻板数据当然是因为中央银行政策的缘故，而不是市场稳定性的显示。比如，1830 年的法国革命丝毫没有造成银行贴现率的任何波动，而 1847 ~1848 年的法国革命只是短暂地造成贴现率从 4% 上升到 5% ，然后迅速返回到 4% 。图 13 表现了在这两次事件中岁金的剧烈震荡情况。我们可以推测，在贴现率十分刻板的时候，危机时期的贴现率谈判的确是非常困难的，而在形势缓和的时期可以获得较低的利率。我们掌握的资料中，1863 年以前没有真正的短期市场利率史，而在 1863 年以后，市场贴现率显然受到了法国银行贴现政策的严厉控制。就像在英国一样，短期市场贴现率受到了中央银行政策的限制。在大部分国家，即便在今天，通过长期债务品种的收益率而产生的市场利率数据，要比短期优惠票据的利率数据多得多。

泛泛地说，19 世纪法国优惠短期利率的走向与英国十分相似。在该世纪的前 40 ~50 年里，这两个国家的利率数都很刻板，通常既不是很高，也不是很低，也就是说在 4% ~5% 之间。世纪中叶以后，这两个国家的利率波动范围都很大，比如在 19 世纪 60 年代，法国是 1.5% ~8% ，英国是 1.5% ~10% 。这两个国家在该世纪最后 30 年都表现出平均水平大幅度下降的高度震荡特征。

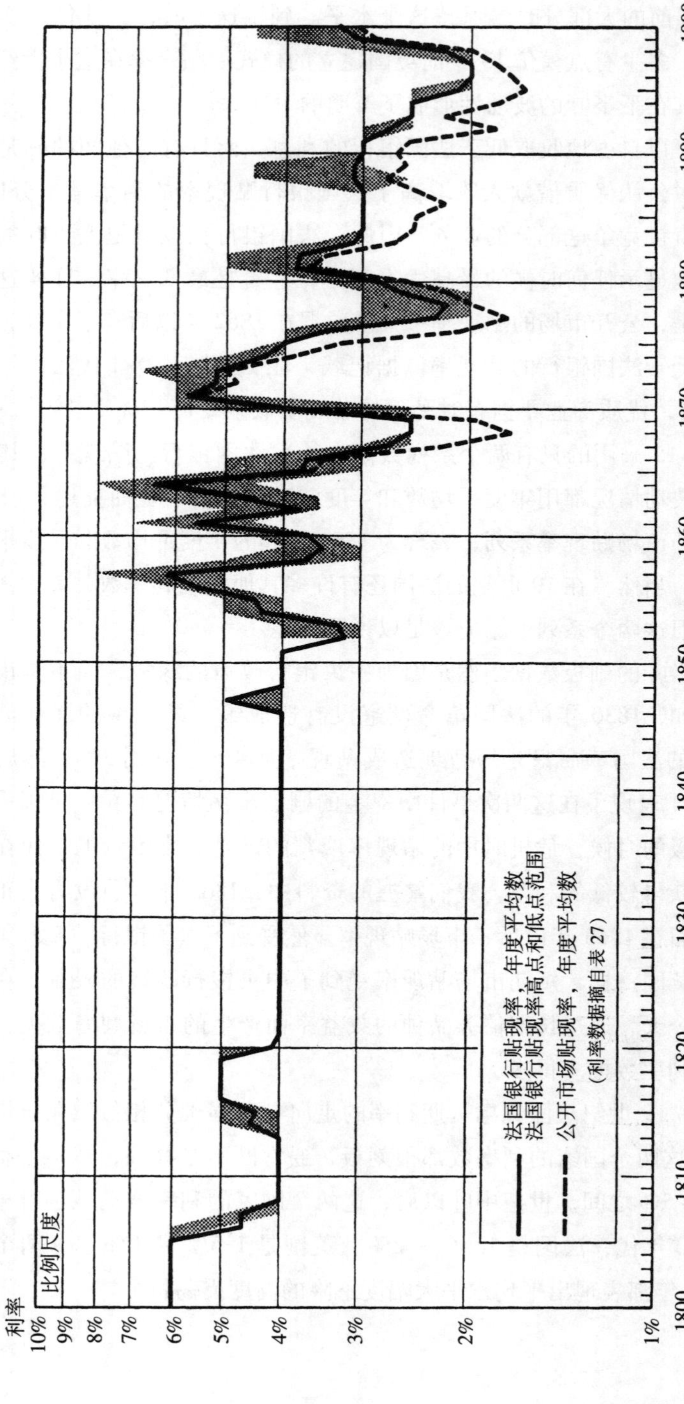

图 15　19 世纪法国短期利率

表 27　19 世纪法国短期利率

年份	法国银行贴现率			公开市场贴现率		
	年均(%)	高	低	年均(%)	高	低
1800	6.00	6.00				
1801	6.00	6.00				
1802	6.00	6.00				
1803	6.00	6.00				
1804	6.00	6.00				
1805	6.00	6.00				
1806	4.60	6.00	5.00			
1807	4.59	5.00	4.00			
1808	4.00	4.00				
1809	4.00	4.00				
10 年平均	5.32					
1810	4.00	4.00				
1811	4.00	4.00				
1812	4.00	4.00				
1813	4.00	4.00				
1814	4.48	5.00	4.00			
1815	4.37	5.00	4.00			
1816	5.00	5.00				
1817	5.00	5.00				
1818	5.00	5.00				
1819	5.00	5.00				
10 年平均	4.49					
1820	4.10	5.00	4.00			
1821	4.00	4.00				
1822	4.00	4.00				
1823	4.00	4.00				
1824	4.00	4.00				
1825	4.00	4.00				
1826	4.00	4.00				
1827	4.00	4.00				
1828	4.00	4.00				
1829	4.00	4.00				
10 年平均	4.01					
1830	4.00	4.00				
1831	4.00	4.00				
1832	4.00	4.00				
1833	4.00	4.00				
1834	4.00	4.00				
1835	4.00	4.00				
1836	4.00	4.00				
1837	4.00	4.00				
1838	4.00	4.00				
1839	4.00	4.00				
10 年平均	4.00					
1840	4.00	4.00				
1841	4.00	4.00				
1842	4.00	4.00				
1843	4.00	4.00				
1844	4.00	4.00				
1845	4.00	4.00				
1846	4.00	4.00				
1847	4.95	5.00	4.00			
1848	4.00	4.00				
1849	4.00	4.00				
10 年平均	4.10					
1850	4.00					
1851	4.00					
1852	3.17	4.00	3.00			

（续表）

年份	法国银行贴现率			公开市场贴现率		
	年均（%）	高	低	年均（%）	高	低
1853	3.23	4.00	3.00			
1854	4.30	5.00	4.00			
1855	4.44	5.00	4.00			
1856	5.51	6.00	5.00			
1857	6.15	3.00	5.00			
1858	3.70	5.00	3.00			
1859	3.45	4.00	3.00			
10年平均	4.20					
1860	3.63	4.50	3.50			
1861	5.52	7.00	4.50			
1862	3.77	5.00	3.50			
1863	4.64	7.00	3.50	4.42	6.62	3.56
1864	6.50	8.00	4.50	6.25	7.38	4.95
1865	3.72	5.00	3.00	3.60	4.56	2.85
1866	3.67	5.00	3.00	3.44	4.97	2.44
1867	2.71	3.00	2.50	2.22	2.62	1.91
1868	2.50	2.50		1.72	2.25	1.38
1869	2.50	2.50		1.95	2.25	1.50
10年平均	3.92			3.37 7年平均		
1870	3.99	6.00	2.50	3.86	6.17	2.00
1871	5.71	6.00	5.00	5.63	5.50	4.70
1872	5.15	6.00	5.00	4.78	5.42	4.38
1873	5.15	7.00	5.00	5.00	5.94	4.69
1874	4.30	5.00	4.00	3.86	4.60	3.09
1875	4.00	4.00		3.22	3.72	3.00
1876	3.40	4.00	3.00	2.08	3.06	1.25
1877	2.28	3.00	2.00	1.74	2.06	1.28
1878	2.18	3.00	2.00	1.97	2.81	1.53
1879	2.58	3.00	2.00	2.16	2.78	1.62
10年平均	3.87			3.43		
1880	2.81	3.50	2.50	2.52	3.28	2.16
1881	3.84	5.00	3.50	3.68	4.91	3.16
1882	3.80	5.00	3.50	3.41	4.97	3.02
1883	3.08	3.50	3.00	2.67	3.25	2.50
1884	3.00	3.00		2.48	2.69	2.03
1885	3.00	3.00		2.45	2.78	1.84
1886	3.00	3.00		2.20	2.60	1.09
1887	3.00	3.00		2.42	2.78	2.08
1888	3.10	4.50	2.50	2.73	4.03	2.02
1889	3.09	4.50	3.00	2.54	3.42	2.20
10年平均	3.17			2.71		
1890	3.00	3.00		2.62	2.97	2.31
1891	3.00	3.00		2.51	2.88	2.18
1892	2.70	3.00	2.50	1.81	2.70	1.12
1893	2.50	2.50		2.22	2.44	1.97
1894	2.50	2.50		1.79	2.34	1.30
1895	2.10	2.50	2.00	1.63	2.12	0.98
1896	2.00	2.00		1.71	1.88	1.50
1897	2.00	2.00		1.82	2.00	1.66
1898	2.20	3.00	2.00	1.99	2.88	1.68
1899	3.06	4.50	3.00	2.84	3.38	2.69
10年平均	2.51			2.09		
1900	3.25	4.50	3.00	3.04	4.19	2.62

资料来源：

利奥尼达斯·J·劳奇特：《1800年至今法国利率变化》，巴黎，Libraire Felix Alcan 1930年出版，第42~45页。

R·G·霍特里，《百年银行利率》，伦敦：Longmans Green & Co. 1938年出版，第302页。

公开市场利率数的依据是国家经济研究局多个出版物的统计数据。

虽然在整个这个世纪期间法国岁金的收益率都高于英国国债的收益率，但是法国短期利率据记载常常低于英国短期利率的记载数据。比如，法国银行在 1807 年将其贴现率从 6% 降到了 4% 。在 19 世纪 60 年代，法国公开市场的贴现率再次常常低于英国。从 1863 年到 1869 年，法国的平均收益率为 3. 37% ，而英国却在 4. 31% 。这是这个世纪中英国利率保持上升趋势的唯一一个阶段。在 19 世纪 70 年代和 80 年代，法国公开市场利率再次超过英国。在 19 世纪 90 年代，也就是对于这两个国家来说都是极其宽松的 10 年期间，法国和英国公开市场的 10 年平均贴现率都是 2. 09% 。这时的法国岁金收益率继续远远超过英国国债。

图 12 中的 10 年平均数表明，记载的法国短期平均利率几乎总是低于按照岁金计算的法国长期利率。这一点与英国形成了鲜明对比：英国的短期平均利率高于长期利率，直至世纪末的举债还债时期。在该世纪的最初几十年，法国长期利率高于短期利率的幅度非常大，但是在 19 世纪 20 年代，这种差距似乎短暂消失了——当时利率为 3% 的岁金的收益率跌到了 3. 75% ，而贴现率还保持在 4% 。然而，当时的真实市场短期利率也许远远低于 4% 。同样，在 19 世纪 30 年代，刻板的 4% 贴现率并没有反映出有时至少通行的较低市场利率。然而，随着 19 世纪 50 年代弹性贴现率政策的发展，贴现率和公开市场利率平均总是远远低于岁金的平均收益率。

短期市场利率超过长期利率的情形在 19 世纪的法国非常少见，在 19 世纪的英国则屡见不鲜。在英国，银行利率政策的实施要严格得多，以便调节国际资金的走向，保护小规模储备金；而法国银行更多的却是依赖其大量的金属货币储备，而不是依赖其利率来保护货币。

当然，这些短期货币市场利率远远低于法国对市场流通性和知名度比较差的信贷所收取的短期利率。法国的大型银行非常少。法国人普遍抱怨利率太高，羡慕英国的低利率。法国私人银行常常为自己的资金支付 4% ~5% 的利息，然后将这些资金以 7% ~10% 的利率贷给小企业。[注469]在世纪中叶，在一些纯农业地区，收取地主的贴现率为 15% ~20% 。在 1820 年前后的波尔多，葡萄收获季节的资金利率据记载为 15% ，其他季节则为 5% 。在 19 世纪 30 年代，沙托鲁（Chateauroux）记载的利率为 6% ~12% 。这种类型的记载数据定义模糊，而且随意性很强。他们只能被用来强调：货币市场的主流利率是范围非常宽泛的利率系列里的最低点。在 19 世纪下半叶，较低利率的实惠通过分行的设立和政府支持下颇受欢迎的专业贷款机构的设立而逐渐延伸到了法国的各个省。然而，小规模消费信贷贷款主要仍然是通过当铺和个人放贷机构获取，其最低利率据记载为 20% ~30% 。

第十五章 19世纪的欧洲其他各国

A History of Interest Tates

荷兰

背景介绍。荷兰作为一个独立民族的历史是从1815年恢复的。清算拿破仑帝国的和平协定将比利时（奥属荷兰）与前荷兰共和国各省重新联合起来，组成奥兰治家族（House of Orange）统治的荷兰王国（Kingdom of the Netherlands）。因为宗教、文化和经济方面的差异性以及荷兰政治上的优越性，比利时人并不欢迎这种合并。公债的负担被平均分配为两份，尽管在1814年荷兰的债务比人口更多的比利时多出许多倍。1830年，巴黎的七月革命（July Revolution）过后不久，比利时人起义了。在法国的帮助下，在英国和其他强国认可的情况下，他们再次从荷兰各省中独立出来，于1831年成立了比利时王国（Kingdom of Belgium）。

荷兰王国在19世纪剩余时间的政治历史属于和平时期。1848年的欧洲动荡之后，新的荷兰宪法创建了有限君主制，有点效仿英国的样板。在该世纪的下半叶，荷兰商业大幅度扩张，国内取得重大发展。到了这个时候，现代商业银行和大型工业才开始出现。荷兰在1815年以后恢复的海外帝国势力——东印度公司和西印度公司——积极地发展成为一种巨大的财富来源。

荷兰王国在19世纪的金融历史并不是发明创新和世界领头羊的历史，不像17世纪以及18世纪初期的荷兰共和国。在经过了18世纪后期和法国统治期间的金融灾难之后，荷兰人迅速转向稳定而正统的金融政策。他们的偿债基金型债务已经按照法国和英国的模式进行了合并。一个新的中央银行成立了。荷兰财政十分完美地融入了伦敦领导下的广为接受的欧洲体系。荷兰当时采用的财政手段可以称作是取得显著成功的英国模式的模仿，但是他们的资源却没有那么简单。英国的国家债务系统事实上是模仿荷兰人的早先发明；它被法国人采用并加以修订，而法国人反过来又影响了荷兰新财政重组的条件。然而，从利率史的角度说，该系统有三个基本组成部分：（a）定期存钱的公众，而且该公众寻求通过值得信任和尊重的政府债务来用存款获取安全收益；（b）一个偿债基金型国家债务，其主要形式为统一型可交易的永久年金；（c）一个致力于促进贸易的货币市场，由提供各种利率的资金的中央银行主宰。

利率。在 19 世纪期间，荷兰利率自 1815 年起大幅度下滑，与欧洲其他国家的利率一样。荷兰利率的下滑在长期永久债务的市场收益率方面尤其突出。然而，与英国、法国和其他国家的收益率不同的是，荷兰的 19 世纪长期利率低点并不是历史上的新低。利率数没有完全触到 18 世纪的荷兰至少有一次达到过的 2.5% 的水平，尽管在 19 世纪的最后 10 年里接近了这个数。相比之下，英国基金和法国岁金的 19 世纪低利率远远低于各自 18 世纪的低点。

在 18 世纪即将结束的时候，荷兰共和国的金融灾难和法国的征服使得霍兰省的利率为 2.5% 的永久年金的价格从 1762 年的 99.5 下降到 1798 年的 36，收益率

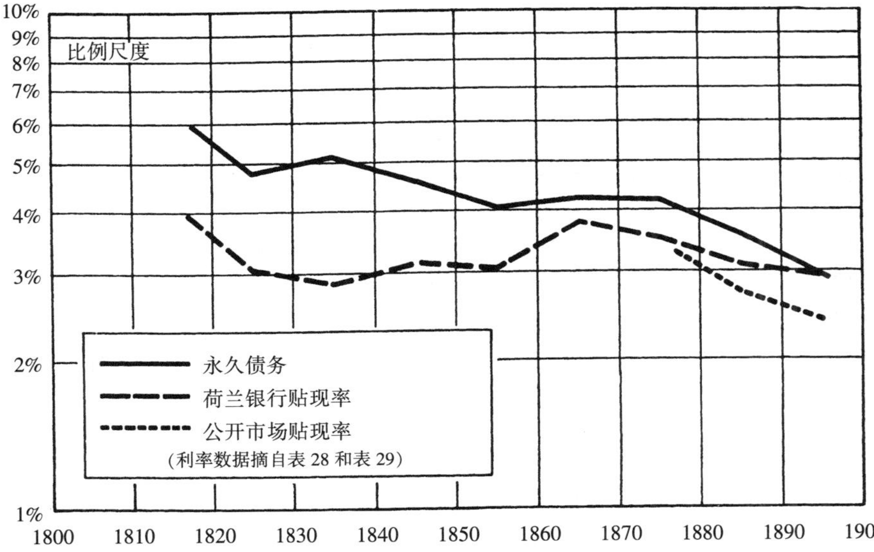

图 16　19 世纪荷兰的 10 年平均数

从2.51%上升到6.95%。这些都是随机出现的记载数据，不一定代表高点或者低点。在法国统治时期，荷兰中央政府的债务进行了合并。我们掌握的最早的连续记载是从1814年开始的。当时，利率为2.5%的荷兰永久年金的价格为高点38、低点30.5，所代表的收益率分别为6.56%和8.20%。对于荷兰来说，这种利率高得出奇，高于英国国债的峰值利率，但却低于法国岁金当时通行的利率。利率为2.5%的荷兰永久年金的历史表现在表28和图17中。

表28　19世纪荷兰长期政府债券价格和收益率

年份	利率为2.5%的中央政府永久债务					
	12月31日		年高价	收益率（%）	年低价	收益率（%）
	价格	收益率（%）				
1814	37.25	6.66	38	6.56	30.5	8.20
1815	41	6.09	46.75	5.35	33	7.56
1816	44	5.69	44.75	5.59	40.75	6.14
1817	43.25	5.76	44.5	5.61	42.875	5.84
1818	43	5.80	45.25	5.53	41.625	6.00
1819	43.75	5.70	45	5.55	42.625	5.86
		5.95 6年平均				
1820	45.25	5.52	46.5	5.37	43.625	5.73
1821	47.5	5.25	48.375	5.17	44.25	5.65
1822	47.5	5.25	49.125	5.09	46.875	5.43
1823	48	5.20	48.5	5.15	46.25	5.40
1824	58.25	4.29	62.25	4.02	47.875	5.23
1825	56	4.45	60.25	4.15	51.25	4.87
1826	51	4.90	57.5	4.35	49	5.10
1827	52.5	4.76	55.875	4.48	50.625	4.94
1828	57	4.37	57.625	4.34	52	4.80
1829	63.5	3.94	64	3.90	56.5	4.43
10年平均		4.79				
1830	40	6.22	66.625	3.75	34.625	7.23

（续表）

年份	利率为 2.5%的中央政府永久债务					
	12 月 31 日		年高价	收益率（%）	年低价	收益率（%）
	价格	收益率（%）				
1831	41.5	6.02	43.875	5.70	34	7.35
1832	41.75	5.97	44.75	5.59	38.375	6.51
1833	50	5.00	51.625	4.84	40.875	6.12
1834	54	4.62	55	4.55	49.5	5.05
1835	55	4.54	58.5	4.28	53.75	4.65
1836	53.75	4.62	57.625	4.34	49.5	5.05
1837	52.5	4.75	54.5	4.59	51.5	4.86
1838	54.25	4.60	56	4.47	52.75	4.74
1839	52	4.79	55.5	4.50	50.5	4.95
10 年平均		5.11				
1840	49.75	5.01	54.375	4.60	46.25	5.40
1841	51.5	4.85	52.75	4.74	49.75	5.03
1842	52.5	4.78	53	4.72	51.125	4.89
1843	54.75	4.56	58	4.31	52.5	4.76
1844	65	3.84	65	3.85	54.375	4.60
1845	61.75	4.04	65.25	3.83	58.375	4.28
1846	59.75	4.18	61.75	4.05	58.25	4.30
1847	55	4.52	60	4.16	53.5	4.67
1848	49.5	5.02	55.5	4.50	34	7.35
1849	55.25	4.51	55.5	4.50	45.5	5.50
10 年平均		4.53				
1850	57.5	4.36	58.25	4.30	51.5	4.86
1851	58.5	4.28	59	4.24	55	4.55
1852	66.5	3.76	66.5	3.76	57.5	4.35
1853	62.75	3.99	66.375	3.77	60	4.16
1854	60	4.16	63.25	3.95	50.25	4.97
1855	63	3.98	63.875	3.92	59.5	4.20

（续表）

年份	利率为2.5%的中央政府永久债务					
	12月31日		年高价	收益率（%）	年低价	收益率（%）
	价格	收益率（%）				
1856	63.5	3.94	64.75	3.86	61.25	4.08
1857	63.5	3.94	64.25	3.89	60.875	4.11
1858	64.75	3.88	65.5	3.82	63	3.97
1859	64	8.90	65	3.84	53.5	4.67
10年平均		4.02				
1860	62.5	4.00	65	3.84	61.75	4.05
1861	63	3.97	64.25	3.89	61.5	4.06
1862	64.5	3.89	64.5	3.87	62.375	4.01
1863	63.75	3.92	64.75	3.86	61	4.10
1864	62	4.01	64	3.90	59	4.24
1865	61.5	4.05	63.25	3.95	60	4.16
1866	55.5	4.50	61.25	4.08	53.5	4.67
1867	52.25	4.76	57.5	4.35	50.75	4.93
1868	57	4.39	58	4.31	52.5	4.76
1869	53.75	4.65	57.25	4.36	52.375	4.77
10年平均		4.21				
1870	52.5	4.75	57.25	4.36	48.5	5.15
1871	57.75	4.33	58.25	4.30	51.75	4.73
1872	54.75	4.66	58	4.31	54.25	4.61
1873	57.75	4.33	58.5	4.28	54.75	4.56
1874	62.25	4.01	62.25	4.02	57.75	4.33
1875	68.25	3.96	64.25	3.89	61.75	4.05
1876	63.25	3.96	64.25	3.89	61	4.10
1877	64	8.91	65.25	3.83	60.375	4.14
1878	62.75	3.98	64.75	3.86	61.25	4.08
1879	64.75	3.86	66	3.79	62.75	3.98
10年平均		4.17				

（续表）

年份	利率为 2.5%的中央政府永久债务					
	12 月 31 日		年高价	收益率（%）	年低价	收益率（%）
	价格	收益率（%）				
1880	65	3.84	66.5	3.76	63.75	3.92
1881	67.25	3.72	68.875	3.63	64.75	3.86
1882	66.75	3.75	68.625	3.64	65.375	3.83
1883	65.25	3.84	67.25	3.71	63.875	3.91
1884	66.75	3.75	68.75	3.63	65.375	3.83
1885	69.5	3.60	69.75	3.58	64.75	3.86
1886	74.5	3.36	76.375	3.27	69.25	3.61
1887	74	3.38	76.5	3.31	72	3.47
1888	77.25	3.25	84.5	2.96	72.625	3.44
1889	83.75	2.99	84	2.98	77.625	3.22
10 年平均		3.55				
1890	78.25	3.19	79.5	3.15	75.25	3.33
1891	79.25	3.15	80	3.12	76.25	3.28
1892	83	3.01	83.5	3.00	78.25	3.20
1893	84.5	2.96	84.5	2.96	82.75	3.02
1894	94	2.66	96.25	2.63	84.5	2.96
1895	93	2.69	96	2.60	92	2.72
1896	89.25	2.80	93.5	2.68	88.5	2.83
1897	87.75	2.84	90	2.78	86.5	2.89
1898	86.75	2.88	88	2.84	84.5	2.96
1899	79.75	3.14	87.5	2.86	79.5	3.15
10 年平均		2.93				
1900	76.5	3.26	82.5	3.03	75	3.34

资料来源：荷兰中央统计局（Netherlands Central Bureau of Statistics）。

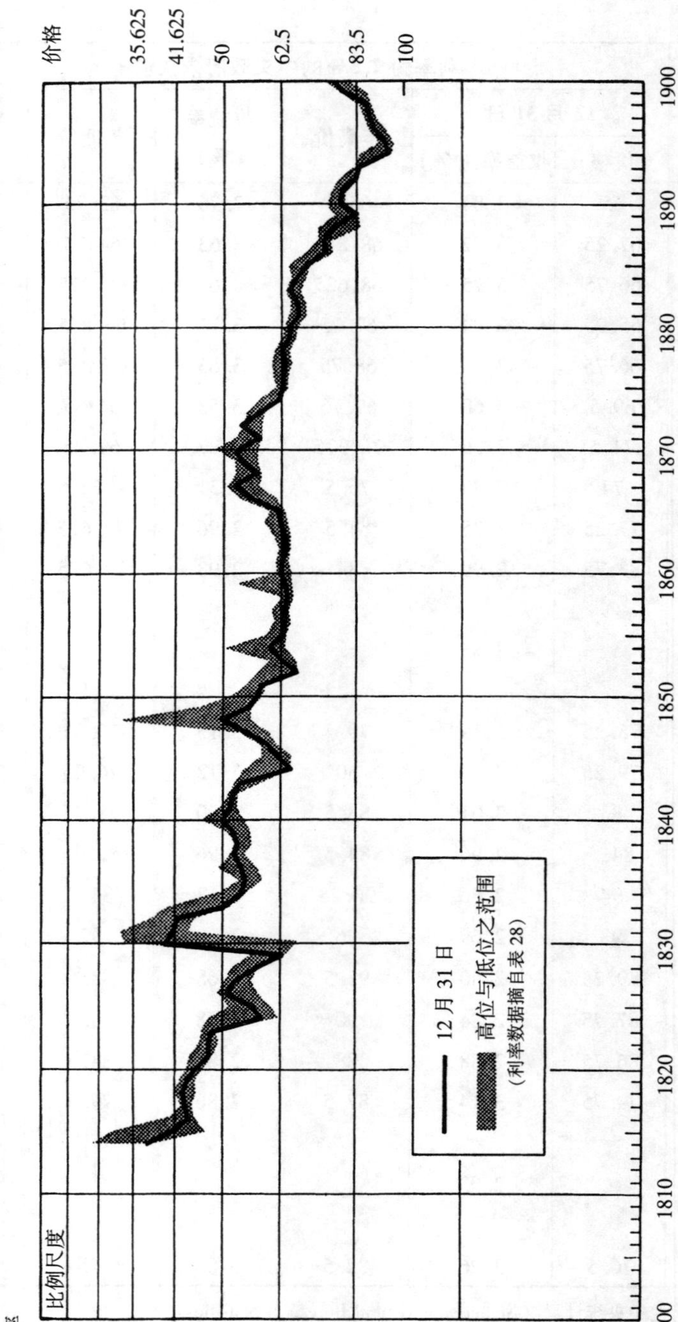

图17 19世纪利率为2.5%的荷兰永久年金价格和收益率

1814 年以后，荷兰永久年金的市场起初恢复得非常缓慢。然而，它在 1824 年迅速上升到了 62.25 的高点，又于 1830 年达到 66.625，收益率为 3.75%。这个价格水平在 1881 年前没有被超越过。

1830～1831 年与比利时的战争之后，2.5s 的价格急跌至 34，收益率为 7.35%。然而，其后价格迅速回升，达到了 1835 年的 58.5 和 1845 年的 65.5，收益率为 3.83%。

在 1848 年的动荡时期，荷兰永久年金再次下跌，从 1847 年 60 的高点急跌至 1848 年 34 的低点，收益率 7.35%；接着，价格又回到了 1814 年的低价范围。然而，这次动荡在荷兰十分短暂。到了 1849 年，永久年金回到了 55.5；而到了 1852 年，价格达到 66.5，几乎再现了 1830 年年初的高价位水平。

1852 年以后，价格不规律地下跌了 19 年，期间出现过 1854 年、1859 年、1866～1867 年和 1870 年的短期急跌。价格在普法战争期间达到了 48.5 的低点，收益率 5.15%。因此，在 1870 年之前，19 世纪对于荷兰来说并不是一个长期利率低的世纪，不同于 17 世纪和 18 世纪。

然而，从 1872 年到 1895 年，荷兰永久年金的价格几乎是稳步上升。在这个阶段，欧洲大部分国家的利率都在下滑。这些永久年金达到了 1895 年 96 的高点，收益率 2.60%。但是，到了世纪末，价格又回到了 79.5，收益率 3.15%。

图 18 将 19 世纪荷兰永久年金 2.5s 的年度收益率与英国国债的收益率做了个比较。荷兰的长期利率一般都大大高于英国的长期利率。这一点与 17、18 世纪的相反情形形成了一个鲜明的对比。最接近英国收益率的时候是在 1888～1892 年，当时英国正在实施重建利率为 2.5% 的偿债基金的重大举措。正是在那个时候，英国第一次实现了荷兰共和国一个多世纪以前常见的情形——大部分债务的名义利率低至 2.5%。但是，在 19 世纪 90 年代，英国的 2.5s 在以非常优惠的价格出售，而荷兰的 2.5s 还没有完全达到 100。这两个国家的相对经济地位在两个世纪的历史时期发生了重大变化。

图 18 显示，19 世纪荷兰长期收益率趋势的形态与英国十分相似。然而，这两个形态在一些重要方面有差异。有时，荷兰年金的发展过程更像是法国岁金（见图 14），尤其是在 1830 年、1848 年和 1870 年危机时期收益率一路上升的时候。在这些危机中，每次危机对英国收益率上涨的影响程度都要小得多。总体上说，荷兰永久年金在这个世纪期间比英国国债的波动幅度要大许多。

我们用表 29 和图 19 来显示、勾画 19 世纪期间荷兰的短期利率。我们提供的利率数是 1814 年以后荷兰银行的贴现率和 1872 年以后的阿姆斯特丹市场贴现率。

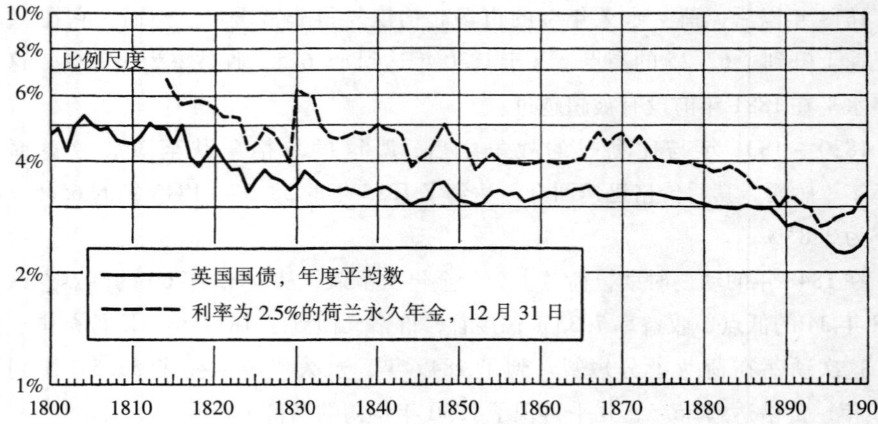

图18　19世纪荷兰永久年金和英国国债收益率

表29　19世纪荷兰短期利率

年份	荷兰银行贴现率			阿姆斯特丹年均市场贴现率（%）	年份	荷兰银行贴现率			阿姆斯特丹年均市场贴现率（%）
	年均（%）	高（%）	低（%）			年均（%）	高（%）	低（%）	
1814	4.25	4.50	4.00		1831	3.02	4.00	3.00	
1815	3.72	4.00	3.00		1832	2.58	3.00	2.00	
1816	3.00	3.00	3.00		1833	2.00	2.00	2.00	
1817	4.31	5.00	3.00		1834	2.00	2.00	2.00	
1818	4.12	5.00	3.50		1835	2.00	2.00	2.00	
1819	4.08	5.00	3.00		1836	3.42	5.00	2.00	
					1837	4.25	5.00	3.50	
6年平均	3.91				1838	2.53	3.50	2.50	
					1839	4.00	5.00	2.50	
1820	3.00	3.00	3.00						
1821	3.00	3.00	3.00		10年平均	2.87			
1822	3.00	3.00	3.00						
1823	3.33	5.00	3.00		1840	2.95	5.00	2.50	
1824	3.16	5.00	3.00		1841	3.00	3.00	3.00	
1825	3.16	5.00	3.00		1842	2.61	3.00	2.50	
1826	4.41	5.00	3.50		1843	2.50	2.50	2.50	
1827	3.50	3.50	3.50		1844	2.50	2.50	2.50	
1828	1.75	3.50	1.50		1845	3.16	5.50	2.50	
1829	2.20	2.50	1.50		1846	4.28	5.50	4.00	
					1847	4.09	5.00	4.00	
10年平均	3.05				1848	3.68	5.00	3.00	
					1849	2.55	3.00	2.50	
1830	2.91	5.00	2.00						

（续表）

年份	荷兰银行贴现率			阿姆斯特丹年均市场贴现率（%）
	年均（%）	高（%）	低（%）	
10 年平均	3.13			
1850	2.08	2.50	2.00	
1851	2.00	2.00	2.00	
1852	2.00	2.00	2.00	
1853	2.21	3.00	2.00	
1854	3.00	3.00	3.00	
1855	3.20	4.00	3.00	
1856	4.32	5.50	4.00	
1857	5.00	7.00	4.00	
1858	3.74	7.00	3.00	
1859	3.00	3.00	3.00	
10 年平均	3.06			
1860	3.00	3.00	3.00	
1861	3.07	4.00	3.00	
1862	3.74	4.00	3.50	
1863	3.57	5.00	3.00	
1864	5.35	7.00	4.50	
1865	4.05	6.00	3.00	
1866	5.95	7.00	4.50	
1867	3.00	4.50	2.50	
1868	2.66	3.50	2.50	
1869	3.48	5.00	2.50	
10 年平均	3.79			
1870	4.27	6.00	3.00	
1871	3.24	4.00	3.00	
1872	3.24	5.00	2.50	
1873	4.84	6.50	4.00	4.69
1874	3.63	5.00	3.50	3.50
1875	3.82	3.50	3.00	3.19
1876	3.00	3.00	3.00	2.75
1877	3.00	3.00	3.00	2.75
1878	3.45	4.00	3.00	3.31
1879	3.17	4.00	3.00	3.00
10 年平均	3.52			3.31
				7 年平均
1880	3.00	3.00	3.00	2.50
1881	3.27	4.50	3.00	3.07
1882	4.49	5.50	3.50	4.26
1883	4.12	5.50	3.50	3.81
1884	3.18	3.50	3.00	2.80
1885	2.70	3.00	2.50	2.37
1886	2.50	2.50	2.50	1.92
1887	2.50	2.50	2.50	2.13
1888	2.50	2.50	2.50	2.13
1889	2.50	2.50	2.50	2.18
10 年平均	3.10			2.72
1890	2.79	4.50	2.50	2.59
1891	3.12	4.50	3.00	2.75
1892	2.70	3.00	2.50	2.00
1893	3.40	5.00	2.50	2.88
1894	2.58	3.50	2.50	1.75
1895	2.50	2.50	2.50	1.54
1896	3.03	3.50	2.50	2.44
1897	3.13	3.50	3.00	2.32
1898	2.83	3.00	2.50	2.49
1899	3.58	5.00	2.50	3.24
10 年平均	2.97			2.40
1900	3.61	5.00	3.50	3.44

资料来源：

荷兰中央统计局。

库尔特·艾斯菲尔德（Kurt Eisfeld）：《荷兰银行业》（*Das Niederlandishe Bankwesen*），1916 年出版，第二卷，第 39 ~ 40 页。

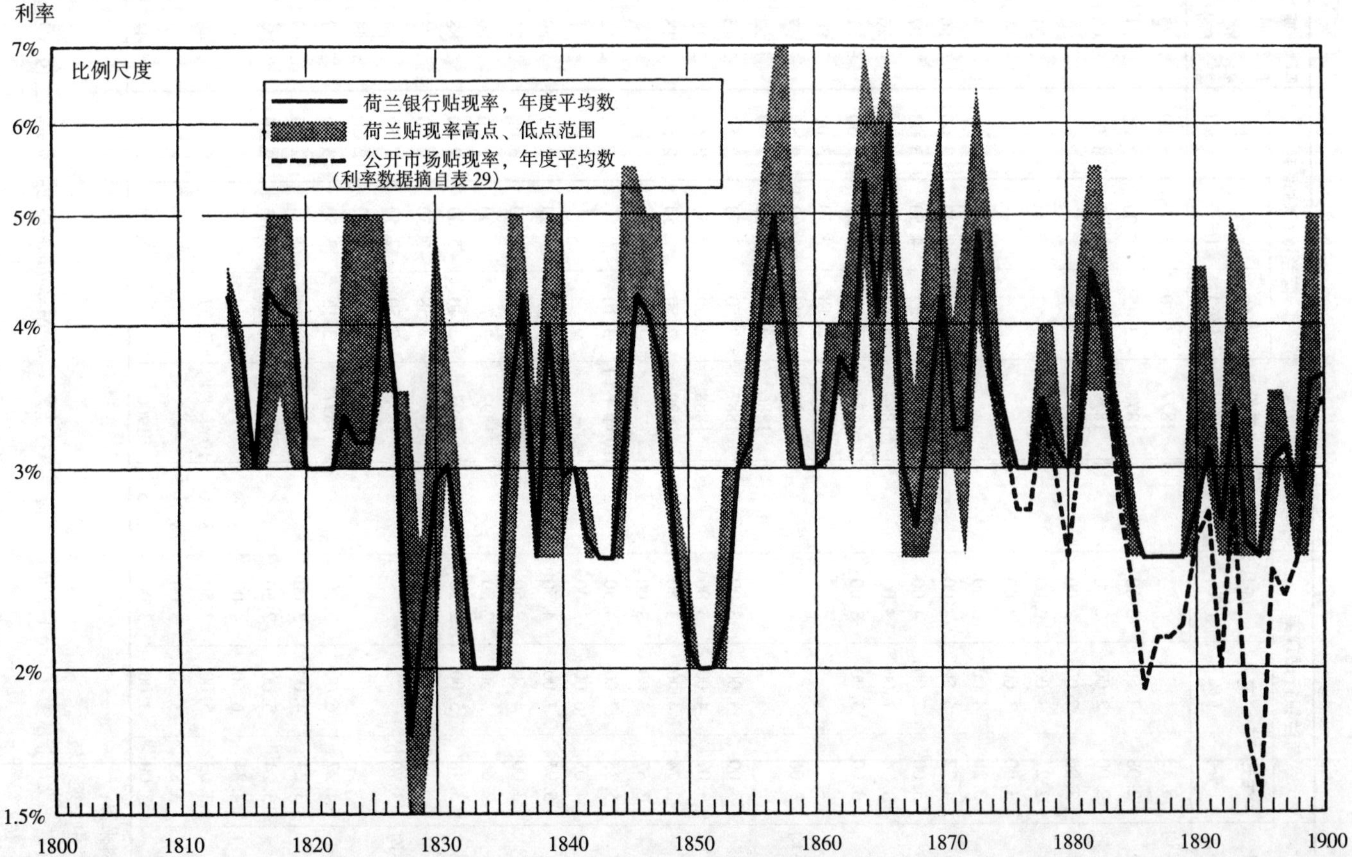

图19　19世纪荷兰短期利率

这些荷兰短期利率的大形态与英国19世纪短期利率的形态并无不同。两者都表现出了波动性。5%～7%的高利率范围与2%～3%的低利率范围每隔几个月或者几年便交替出现。两个国家的波动性在19世纪50年代以后都在增大；10年平均短期利率在19世纪30年代或40年代前都在下跌，在19世纪60年代前都在上升，之后又都在下滑。

然而，两者之间也有差异：荷兰的贴现率在1815年以后波动幅度很大，而英国的银行利率在1839年前相对稳定在一个相当高的水平。1815年以后的荷兰短期利率低于英国的短期利率。也许新近解放的荷兰正在竭力要迅速回到17、18世纪非常低的商业利率水平。他们早在1815年就把贴现率压到了3%的低点，而英国的银行利率是5%。在19世纪20年代，荷兰的贴现率通常在3%～3.5%，虽然偶尔会上升到5%。1828年，荷兰的贴现率短暂降低到了1.5%，而英国的银行利率是4%、荷兰的永久年金为4%～5%。这就体现了政策方面的努力。

然而，这种短期低利率并没有持续多久。在这个世纪期间，荷兰的贴现率再也没有跌到过2%之下，而且很少低于2.5%。在19世纪30年代期间，短期利率在2%～5%的范围，而在19世纪50年代和60年代，它的范围通常是从3%到偶尔危机时期7%的高点。它从来没有达到过英国危机时期10%的高点，而在1853年以后，也从来没有达到过英国习惯的2%的低点。换句话说，随着该世纪时间的推移，英国的银行利率比荷兰的贴现率波动更大，而在世纪初期，银行利率则没有那么大的波动。

当阿姆斯特丹的市场利率于1872年以后有了记载之后，利率数低于荷兰银行的贴现率。它与英国市场利率一样，波动非常大，但却从来没有达到过英国利率的高点或者低点。到了19世纪即将结束的时候，荷兰的短期市场利率平均位于较低水平，通常在1.5%～2.75%的范围。

为了维持低水平短期商业利率，荷兰总体上取得了成功的努力显然反映在了图16所示的10年平均数中。荷兰短期利率的平均数大大低于荷兰长期债券在任何时候的收益率，虽然这种差距在该世纪最后20年的举债还债期间有所缩小。相比之下，与之类似的英国短期利率平均数则在整个世纪期间都高于英国长期债券的收益率，直到那最后20年。在该世纪最后30年期间，相对比较高的荷兰长期利率下跌的速度超过了相对比较低的荷兰短期利率。在该世纪利率最低的时候，两个国家的长期和短期利率情况体现在下表中：

1894～1897 年的低利率

	英国（%）	荷兰（%）
长期政府债券收益率，极端低位	2.22	2.60
中央银行利率，极端低位	2.00	2.50
短期市场贴现率，低位年度平均数	0.81	1.54

比利时

背景介绍。1831 年，比利时王国作为一个“独立而永久中立的国家”成立了。比利时在这个世纪没有参与任何战争，几乎完全避开了 1848 年席卷欧洲的革命动荡。它执行的是英国模式的自由贸易政策，采用了盛行的金融和财政方法。它在非洲刚果建立了一个帝国。它的矿物资源非常丰富，经济发展非常迅猛，结果到了世纪末，比利时成了欧洲排名第四的制造业大国。

然而，安特卫普再也没有取得过它在 15 世纪和 16 世纪的贸易金融中心的地位。领先位置先是让给了阿姆斯特丹，然后是伦敦。但是，19 世纪的比利时还是发展起来了一个重要的国际货币市场。比利时的货币和比利时债券赢得了令人嫉羡的名声。国家财政基本上是模仿新的欧洲模式：（a）用长期岁金筹措中等规模的债务，岁金为统一形式，因而可以上市交易；（b）国家银行设定了一个官方贴现率，对自由市场的贴现率具有重大影响。

利率。比利时的利率在 1830～1831 年建国初期相对比较高。这种高位一直维

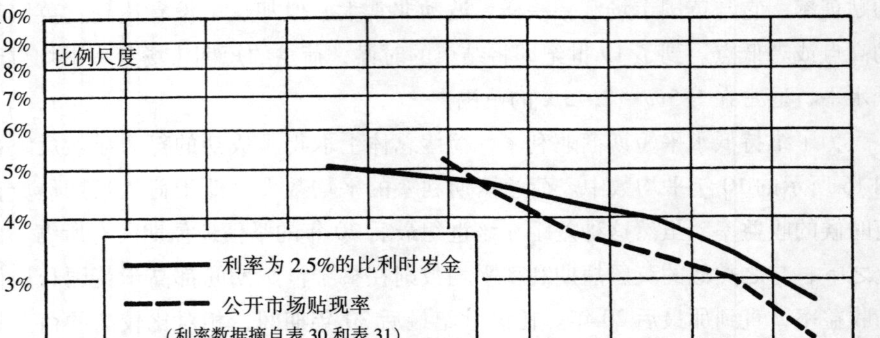

图 20　19 世纪比利时 10 年平均数

持到 1849 年，然后几乎稳步下跌，直到 1895 年。因此，比利时利率走向大体上与北欧大部分国家的下降趋势相似，但在细节方面有差别。

在该世纪中叶的几十年里，比利时同时出现数个未偿还的岁金系列，名义利率各不相同，范围在 2.5% ~5% 之间。几个系列的价格和收益率数据详见表 30 和图 21。

值得我们注意的是同时出现的各种收益率数据。它表明任何一种债券品种的收益率计算必须非常小心，必须能够代表整个市场。收益率的差异可以从低于或者高于面值的贴现率和优惠利率角度找到部分原因：5s 的售价从来没有产生过远远低于 5% 的收益率；4.5s 的售价从来没有产生过远远低于 4.5% 的收益率，以此类推。这其中的缘故毫无疑问是担心赎回。因此，随着利率的下滑，收益率方面的巨大差异就会产生，名义利率较高的岁金就会突出出来，而且更加不能代表长期利率；投资人愿意接受免于赎回的贴现债券的较低收益率。同样的差距也出现在了其他市场。然而，图 21 表明，贴现并不是导致利率较低的唯一原因。在 19 世纪 30 年代相对较高利率的时期，3s 的 4.10% ~4.25% 收益率低于 2.5s 的 4.50% ~4.75% 的当年收益率。事实上，2.5s 在史料记载最初时期的当年收益率最高，在该世纪结束的时候最低。尽管各种债券的期限不同，从而任何一种债券都无法代表整个市场，但是利率为 2.5s 的岁金长期维持的历史数据却能提供出有关走向的大量信息。

比利时的 2.5s 最早的史料记载是 1831 年，当时售价为 38 ~39，当年收益率为 6.58% ~6.41%。这时，比利时独立战争刚刚结束，欧洲正处于全面动荡阶段。荷兰的永久年金当时的收益率超过 6%，法国的岁金超过 5%。就连英国国债的价格也已经下跌，但是它们 3.75% 左右的收益率还是远远低于欧洲其他国家的收益率。

在建国最初的几年里，比利时的岁金在价格上迅速提升。到了 1845 年，2.5s 已经涨到了平均 60，收益率 4.17%。这种高价格、低收益率一直持续了 15 ~20 年。

1848 年多处爆发的革命对比利时市场和欧洲其他市场都产生了挫败信心的影响，虽然比利时本国没有爆发过一次革命。比利时的 2.5s 事实上在 1848 年跌到了 25.5 的新低，收益率为 9.8%，也是本书所覆盖的历史时期中最低的价格水平。利率为 5% 的法国岁金同期从 119.125 降到了 50，收益率为 10%，而荷兰的 2.5s 从 65 降到了 34 的低点，收益率为 7.35%。英国国债从 97.75 跌到 80 的低点，收益率 3.76%。一直到世纪中叶，英国是所有这些国家中唯一坚持低长期利率的国家；它在很大程度上避免了欧洲大陆社会动荡的冲击。到了世纪中叶，比利时的长期利率按照 19 世纪的标准还没有跌到很低的水平。

表 30　19 世纪比利时长期政府债券价格和收益率

年份	年度平均数									
	利率 5%岁金		利率 4.5%岁金		利率 4%岁金		利率 3%岁金		利率 2.5%岁金	
	价格	收益率（%）	价格	收益率（%）	价格	收益率（%）	价格	收益率（%）	价格	收益率（%）
1831									38.5	6.49
1832									42.625	5.86
1833	95	5.26							46.5	5.37
1834	96.875	5.16							51.5	4.85
1835	101.375	4.93							53.875	4.64
1836	100.375	4.98							53.375	4.68
1837	101.375	4.93							53.25	4.70
1838	97.625	5.12					73.75	4.07	54.5	4.59
1839	101	4.95					70	4.29	53.875	4.64
		5.05								5.09
		7 年平均								9 年平均
1840	100	5.00					71.125	4.22	56	4.46
1841	100.75	4.96					70	4.29	52.5	4.76
1842	102.5	4.88					71.75	4.18	52.625	4.75
1843	103.25	4.84					73.5	4.08	55.5	4.51
1844	103.25	4.84	105.625	4.26			77.125	3.89	59.5	4.20
1845	102	4.90	101.375	4.44			77	3.90	60	4.17
1846	100.75	4.96	99.375	4.53			74.125	4.05	56.125	4.45
1847	99.375	5.03	93.75	4.80			69.125	4.34	52.5	4.76
1848	76.375	6.55	70.5	6.39			47	6.38*	35	7.15**
1849	91.75	5.45	84	5.36			60	5.00	45.75	5.47
10 年平均		5.14						4.43		4.87
1850	98.25	5.09	90.75	4.96			64.125	4.68	49.5	5.05
1851	99.75	5.01	90.875	4.95			63.75	4.70	50.25	4.97
1852	100.375	4.98	96	4.69			69.125	4.34	53.875	4.64
1853	99.75	5.01	97.5	4.62			74.125	4.05	55.25	4.52
1854	96.875	5.16	89	5.06			69	4.35	50.25	4.98
1855	99.75	5.01	93	4.84			72.5	4.14	53.25	4.70
1856	100	5.00	96.75	4.65			73.75	4.07	54.375	4.60
1857	98.75	5.06	97.625	4.61			73.5	4.08	55.75	4.48

（续表）

年份	年度平均数									
	利率 5%岁金		利率 4.5%岁金		利率 4%岁金		利率 3%岁金		利率 2.5%岁金	
	价格	收益率（%）	价格	收益率（%）	价格	收益率（%）	价格	收益率（%）	价格	收益率（%）
1858	98.75	5.06	98.625	4.56			73.75	4.07	55.75	4.48
1859	98.75	5.06	97.375	4.62			74.125	4.05	55.5	4.51
10 年平均		5.04		4.76				4.25		4.69
1860			97.375	4.62			76.5	3.92	55.625	4.49
1861			99.125	4.54			79.125	3.79	56.625	4.42
1862			99.75	4.51			82.625	3.63	57.25	4.37
1863			100	4.50			82.625	3.63	61	4.10
1864			99.75	4.51			82.375	3.64	58.625	4.26
1865			99.5	4.52			82.125	3.65	58.75	4.25
1866			98.25	4.58			85.25	3.52	57.375	4.36
1867			99.375	4.53			85	3.53	56.5	4.43
1868			101.125	4.45			85.5	3.51	59.125	4.23
1869			102.75	4.38			89	3.37	62.125	4.02
10 年平均				4.51				3.62		4.29
1870			101.75	4.42			90.625	3.31	62.125	4.02
1871			102.25	4.40			93.5	3.21	61.875	4.04
1872			102.25	4.40	100.5	3.98	97.125	3.09	64	3.91
1873			101.5	4.43	100	4.00	77.75	3.86	64.5	3.87
1874			102.75	4.38	98.5	4.06	73.875	4.06	61.25	4.08
1875			103.625	4.34	98.75	4.05	73.75	4.07	61.25	4.08
1876			104.125	4.32	99	4.04	74.125	4.05	61.25	4.08
1877			103	4.37	99.75	4.01	76.125	3.94	62.75	3.98
1878			104	4.33	99.75	4.01	76.5	3.92	63	3.97
1879			104.375	4.31	102.875	3.89	80.375	3.73	65.625	3.81
10 年平均				4.37				3.72		3.98
1880					104.75	3.82	84.5	3.55	68.5	3.65
1881					105.25	3.80	85.5	3.51	70.25	3.56
1882					103.875	3.85	84.5	3.55	70.25	3.56
1883					103.625	3.86	82.875	3.62	69.875	3.58
1884					104.125	3.84	84	3.57	70.25	3.56
1885					103.125	3.88	89	3.37	73.5	3.40

（续表）

年份	年度平均数									
	利率5%岁金		利率4.5%岁金		利率4%岁金		利率3%岁金		利率2.5%岁金	
	价格	收益率（%）	价格	收益率（%）	价格	收益率（%）	价格	收益率（%）	价格	收益率（%）
1886					103.625	3.86	94.375	3.18	79.875	3.13
1887					101.25	3.95	92.5	3.24	80.125	3.12***
1888				利率3.5%岁金		92.875	3.23	80.625	3.10	
1889					102	3.43	93.75	3.20	80.375	3.11
10年平均								3.40		3.38
1890					102.375	3.42	97.375	3.08	84.125	2.97
1891					101.125	3.46	98.625	3.04	88.375	2.83
1892					102.375	3.42	99	3.03	88.625	2.82
1893					102.625	3.41	101.375	2.96	93	2.69
1894					102.625	3.41	102	2.94	97.625	2.56****
1895					102	3.43	100.625	2.98	97.25	2.57
1896							101	2.97	94.375	2.65
1897							101.375	2.96	95	2.63
1898							100.625	2.98	95.375	2.62
1899							98.375	3.05	90	2.78
10年平均								3.00		2.71
1900							95.25	3.15	85.625	2.92

* 高点8.57%。

** 高点9.80%（25.5）。

*** 低点3.02%。

**** 低点2.52%。

资料来源：鲁汶大学（Universite Catholique de Louvain）《经济科学院学报》（*Bulletin de l'Institute des Sciences Economiques*），冯德尔·雷斯特（Von Der Rest），1933年11月，第103~104页；J·M·德雷彼尔（J. M. Drappier），1937年8月，第428~435页，第437~440页。

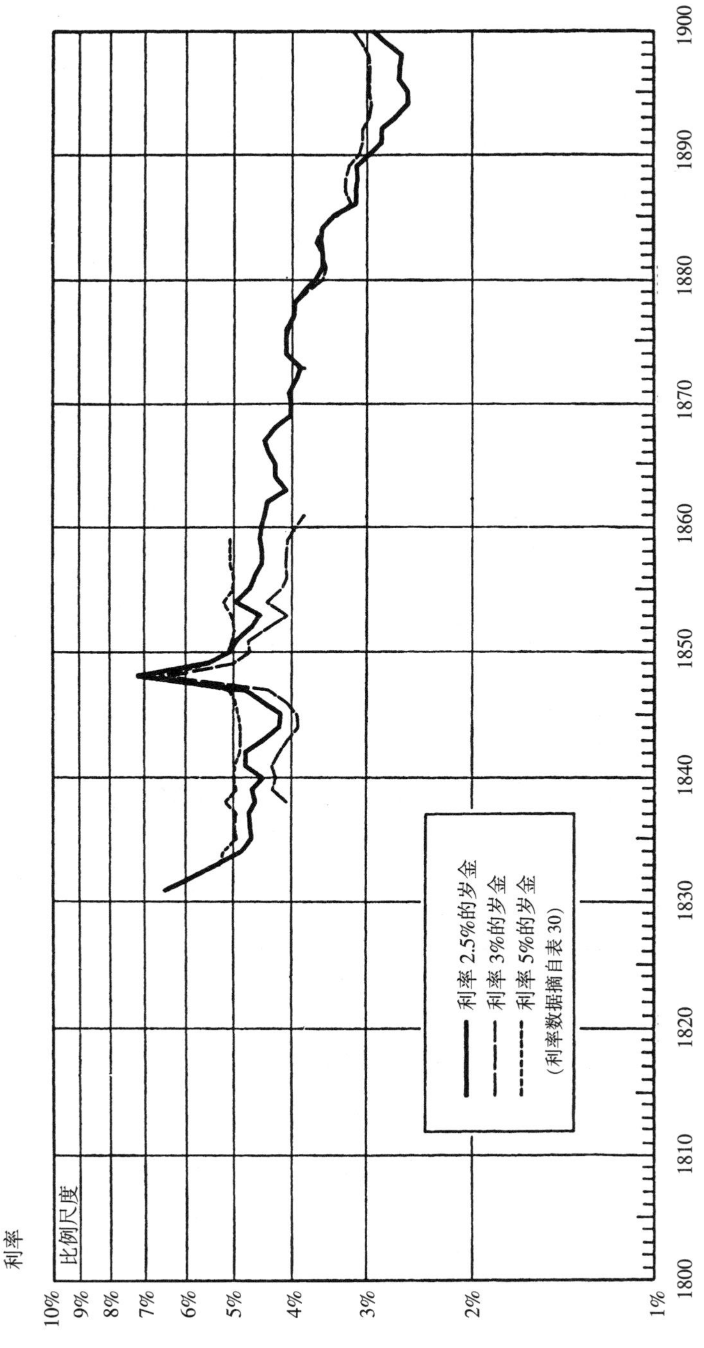

图 21　19 世纪比利时岁金收益率，年度平均数

从1848年开始，直到1894年前的整个19世纪下半叶，比利时的这些长期利率几乎是稳步下跌。收益率的下滑和价格的上涨形势维持得比荷兰、法国或英国好得多。从1848年到1850年的两年期间，比利时的2.5s的价格翻了一番，从25.5上涨到50.75。到了1863年，它已经突破了它在1846年61.625的高位。经过1863~1867年的短暂回调以后，它再次上涨，达到了1872年64.5的新高，从而打破了4%的收益率水平。在1872~1894年期间，2.5s从64.5迅速上涨到历史高点99，收益率为2.52%。到了1898年，它跌回到了85.75，收益率为2.91%。

本世纪比利时的这些长期利率史的一个显著特征，是其自1848年以来的连续、大幅度下滑。通过与图22中英国债券的对比，这一点十分醒目：两种系列债券在大部分时候都在下跌，但是英国的利率在世纪中叶已经处于相对比较低的水平，从那以后比利时利率的下跌速度要快得多、幅度要大得多，而且持续性强得多。在1848年的低价位上，比利时的2.5s的收益率比英国债券高504个基点；在1894年的高价位上，它的收益率只比英国债券高6个基点。

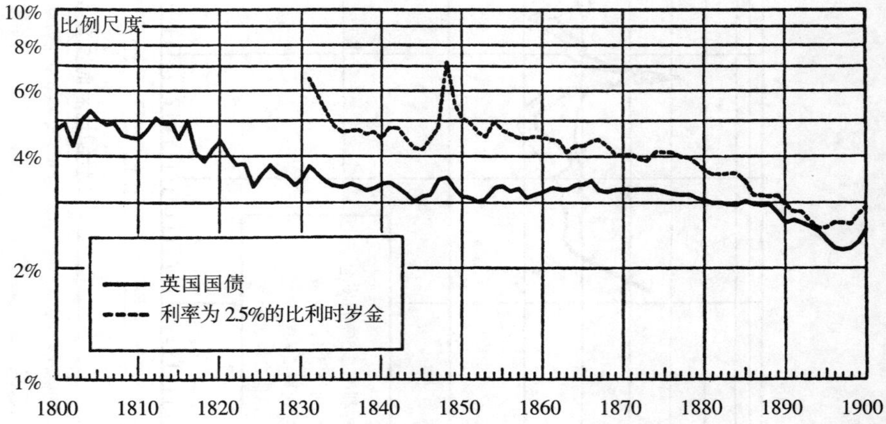

图22　19世纪比利时岁金和英国国债收益率，年度平均数

通过用图22比较图14和图18，也就是汇总法国岁金和荷兰永久年金的两个图形，可以看出，1870年以后这三个债券品种的收益率都倾向于以快于英国国债的速度下跌。比利时债券系列的不同寻常的特征，是其在1852~1871年期间稳步的收益率下滑，而在这个期间法国的岁金和荷兰的永久年金都在大幅度飙升。总的来说，比利时的岁金走向，表现得更像1850年前的法国和荷兰政府债券，在1830年和1848年的危机时期达到非常高的收益率；1850年以后，比利时的岁金没有理睬欧洲大陆的危机，其收益率迅速而稳步下降，直到非常接近英国国债的收益率水平，比法国和荷兰债券的收益率更加接近。

官方贴现率和自由市场贴现率所代表的比利时短期利率，波动的形态与欧洲其他短期利率非常相似。这些利率在 19 世纪 60 年代和 70 年代波动的幅度非常大。它们的年平均数在该世纪的整个下半叶都倾向于大幅度下跌。具体数据详见表 31 和图 23。

表 31 19 世纪比利时短期利率

年份	官方贴现率（%）		自由市场贴现率				
			年度平均*（%）	季度平均（%）			
	高	低		一季度	二季度	三季度	四季度
1823	3. 50	3. 00					
1824	3. 00	3. 00					
1825	4. 00	3. 00					
1826	4. 50	4. 00					
1827	4. 00	4. 00					
1828	4. 00	4. 00					
1829	4. 00	4. 00					
1830	4. 50	4. 50					
1831	5. 00	5. 00					
1832	5. 00	5. 00					
1833	5. 00	5. 00					
1834	5. 00	5. 00					
1835	5. 00	3. 00					
1836	5. 00	4. 00					
1837	5. 00	4. 00					
1838	5. 00	4. 00					
1839	5. 00	4. 50					
1840	5. 00	3. 50					
1841	4. 00	3. 00					
1842	4. 00	3. 00					
1843	4. 00	3. 00					
1844	4. 00	3. 00					

（续表）

年份	官方贴现率（%）		自由市场贴现率				
	高	低	年度平均*（%）	季度平均（%）			
				一季度	二季度	三季度	四季度
1845	5.00	4.50					
1846	5.00	4.50					
1847	5.00	4.50					
1848	5.00	5.00	5.50		6.00	5.00	
1849	5.00	5.00	5.00	5.00	5.00		5.00
1850	5.00	5.00	5.00			5.00	5.00
1851	4.00	4.00	4.50			4.50	4.50
1852	4.00	3.00	4.33	4.50	4.50		4.00
1853	3.00	3.00	4.00	4.00		4.00	4.00
1854	3.00	3.00	4.33	4.00		4.50	4.50
1855	3.00	3.00	4.50	4.50		4.50	4.50
1856	4.00	3.00	4.75		4.50		5.00
1857	5.50	3.50	5.00	5.00	5.00	5.00	5.00
1858	5.00	3.00	4.75		5.00	4.50	
1859	4.00	3.00	4.75			5.00	4.50
10年平均			4.59				
1860	4.00	3.00	4.33	5.00	4.00		4.00
1861	5.00	3.00	4.50	4.00			5.00
1862	4.00	3.00	3.25	4.00	3.00	3.00	3.00
1863	5.50	3.00	3.25	3.00	3.00	3.00	4.00
1864	6.00	4.00	5.31	5.75	4.00	5.75	5.75
1865	6.00	3.00	3.87	4.00	3.50	3.00	5.00
1866	6.00	3.00	4.69	5.25	4.50	6.00	3.00
1867	3.00	2.50	3.00	3.00	3.00	3.00	3.00
1868	2.50	2.50	2.50	2.50	2.50	2.50	2.50
1869	2.50	2.50	2.50	2.50	2.50	2.50	2.50

（续表）

年份	官方贴现率（%）		自由市场贴现率				
	高	低	年度平均*（%）	季度平均（%）			
				一季度	二季度	三季度	四季度
10 年平均			3.72				
1870	6.00	2.50	3.00	2.50	2.50	2.50	4.50
1871	5.50	2.50	4.12	3.50	4.00	4.00	5.00
1872	5.50	2.50	3.25	2.50	2.50	4.00	4.00
1873	7.00	3.50	5.00	5.00	4.00	6.00	5.00
1874	6.00	3.50	4.50	6.00	5.50	3.50	3.00
1875	4.50	3.00	3.75	4.00	3.75	3.00	4.25
1876	3.50	2.50	2.62	3.50	3.00	2.00	2.00
1877	3.50	2.50	2.12	2.25	2.00	2.17	2.06
1878	4.50	2.50	2.68	2.50	2.12	3.12	3.00
1879	4.00	2.50	2.52	3.50	2.50	2.07**	2.00
10 年平均			3.36				
1880	3.50	3.00	2.72	3.12	2.94	2.25	2.50
1881	5.50	3.50	3.45	3.12	3.06	3.50	4.12
1882	6.00	3.50	3.78	4.75	3.25	3.00	4.12
1883	4.50	3.50	3.61	4.12	4.12	3.00	3.20
1884	4.00	3.00	2.96	3.50	2.75	2.75	2.75
1885	4.00	3.00	2.90	3.75	2.60	2.50	2.75
1886	4.00	2.50	2.47	3.25	2.25	2.12	2.25
1887	3.50	2.50	2.62	2.40	2.25	2.60	3.25
1888	5.00	2.50	2.42	2.20	2.00	2.50	3.00
1889	5.00	3.00	3.21	4.25	3.20	2.40	3.00
10 年平均			3.01				
1890	4.00	3.00	2.90	3.54	2.56	2.75	2.75
1891	3.00	3.00	2.57	2.75	2.50	2.44	2.62
1892	3.00	2.50	1.99	2.62	1.87	1.87	1.62

（续表）

年份	官方贴现率（%）		自由市场贴现率				
	高	低	年度平均*（%）	季度平均（%）			
				一季度	二季度	三季度	四季度
1893	3.00	2.50	2.03	1.69	1.50	2.19	2.75
1894	3.00	3.00	2.22	2.69	2.62	1.81	1.81
1895	3.00	2.50	1.65	1.62	1.50	2.00	1.50
1896	3.00	2.50	2.10	1.75	1.75	2.25	2.62
1897	3.00	3.00	1.94	2.12	1.75		
1898	4.00	3.00	2.16	2.12	1.75	2.50	2.25
1899	5.00	3.50	3.28	3.75	2.75	3.06	3.75
10年平均			2.29				
1900	5.00	4.00	3.92	4.75	3.75	3.62	3.62

* 记载数据之平均数；资料并非总是十分完整。

** 低点1.75%。

资料来源：J·M·德雷彼尔：鲁汶大学《经济科学院学报》，1937年8月出版，第438～443和440页。

虽然1848年以后才有公开市场的短期利率系列数据，但是官方利率表明，比利时的短期利率有可能在1850年前一直保持高位。事实上，比利时的自由市场利率在19世纪50年代的10年期间平均为4.59%，而此时的英国公开市场利率平均为3.84%，法国官方利率平均为4.20%，荷兰官方利率平均为3.06%。然而，比利时的短期利率在1850年后迅速下滑，在19世纪90年代的10年平均数达到了2.29%，非常接近英国和法国公开市场2.09%的平均利率，低于荷兰2.40%的平均利率。

在19世纪下半叶期间，比利时短期利率和长期利率的下跌如图20所示，构成了两条几乎平行的线条。虽然在1850年前后达到高位时，平均短期利率短暂地超过了平均长期利率，但在该世纪剩余的所有时期，比利时短期利率平均都低于长期利率，差距基本上是个不变常数。到了世纪末，两种利率都处于整个欧洲的最低水平。

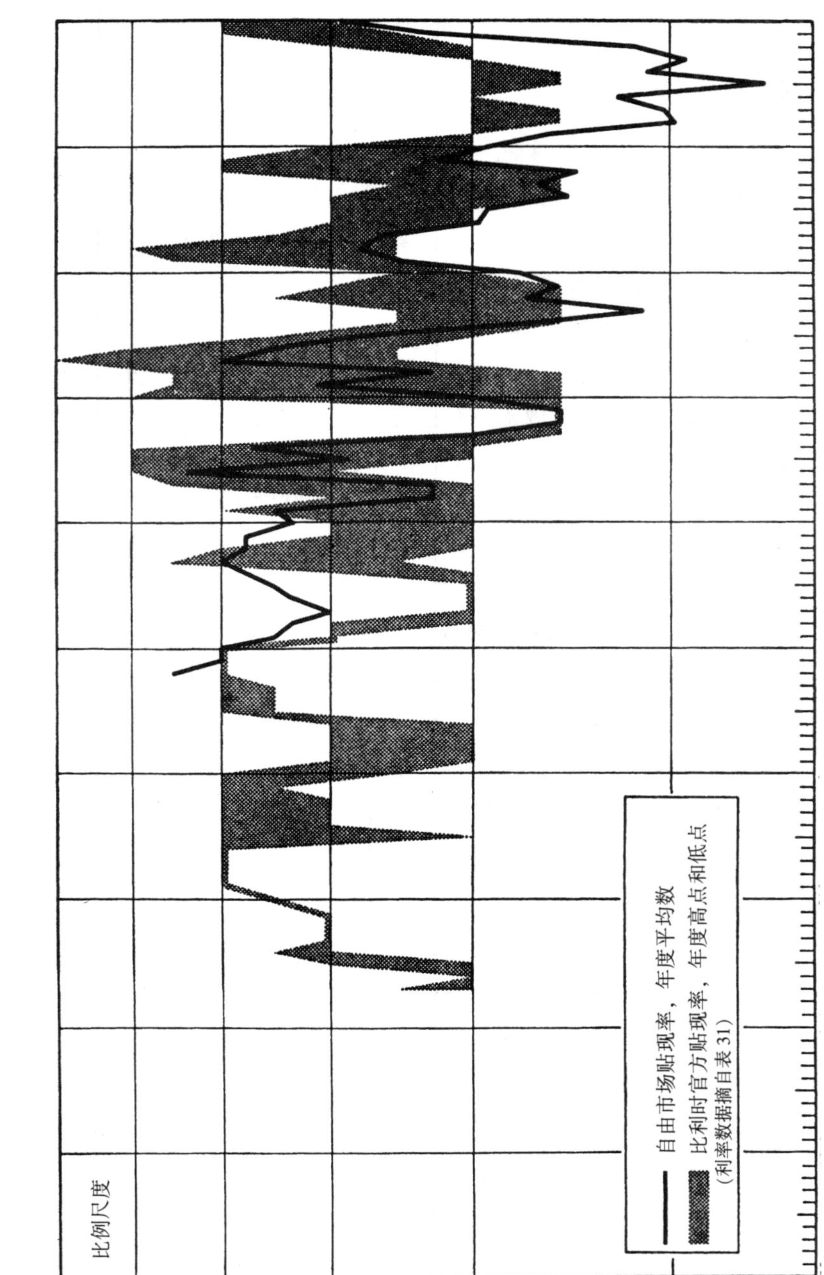

图 23　19 世纪比利时短期利率

德国

背景介绍。德国在19世纪的金融史突出了两个年份——1815年和1870年。在拿破仑一世于1815年战败以后，德国被以其古老的形式重新组成，即多个各自独立的民族，每个民族都是一个单独的政治和金融实体。1870年拿破仑三世战败以后，这些城邦第一次联合组成了一个大国，即德意志帝国（German Empire），并从此拥有了一个共同的政治和金融历史。

1830年导致了巴黎七月革命的社会动荡在德国各地都产生了影响，但遭到了强有力的压制，没有出现重大的政治变化。然而，受到普遍认可的取得经济和政治上更大联盟的愿望，导致了普鲁士领导下的关税同盟（Zollverein，1834～1844）的成立。这是多个德国城邦组成的一个关税联合体，其宗旨是克服多重关税带来的让人感到忧烦、压抑的限制。

1848年的多次革命大大扰乱了德国的多个城邦。徒劳无功的起义爆发了，要求自由宪政，要求德国各城邦的联合或联邦。1862年，奥托·冯·俾斯麦（Otto Von Bismarck）当上了普鲁士的宰相（后来为大臣）。他立刻采取行动，在不对自由和宪法改革运动作出妥协的前提下，开始实现德国的统一。1864年与丹麦的战争为普鲁士夺取了石勒苏益格－荷尔斯泰因州和劳恩堡州。1866年与奥匈帝国的战争以普鲁士大获全胜告终，并因而组成了普鲁士领导下的北德意志联邦（North German Confederation）。1870年与法国的战争速战速决，并导致了1871年德意志帝国的成立。

一个政治扩张、帝国建设的雄心勃勃的计划立刻付诸实施，国内经济迅速发展起来。金本位制于1871年实行。在经过了1873年的一次金融危机和随之而来的萧条之后，德国国家银行（Reichsbank）于1876年成立。它用一种货币取代了9种货币，帮助稳定了经济，使得柏林成为一个领先的金融中心。一个庞大的银行分支机构成长起来，将古老的私人银行挤了出去，虽然储蓄银行、抵押贷款银行和合作信贷社幸存了下来。

德国工业得到了巨大发展。德国在钢铁生产方面很快就超过了法国和英国。铁路长度从1870年到1914年增加了3倍，而德国的商业船队增加了5倍。德国的外贸规模发展到了几乎与英国相同的水平。城市化、工业化和增长率恐怕前所未有地集中体现在了该世纪的最后30年中。尽管如此，德国的商品价格一直十分

稳定，而且事实上在 1896 年前在走下坡路，国家债务保持相对中等的规模，利率也下降了。[注470]

1815 年后的德国金融总体上效仿的是欧洲模式，表现出少许的不同之处。各个城邦的债务主要是长期债券的形式，本质上与英国的基金和法国的岁金相似。德国的各个城邦和城市从中世纪岁金年金时代起就通过发行永久年金的方式自己融资。发行各种债券的有普鲁士的各个行省、普鲁士的各个城邦，巴伐利亚、符腾堡、巴登、汉诺威、萨克森、纳赛、黑森、不伦瑞克、巴拉丁、汉堡等地。其中许多债券从 1815 年起就有定期记载。在 19 世纪 70 年代后期发行帝国（Imperial Reich）债券之前，德国没有统一的债务。

抵押贷款银行是德国体制的一个特色。第一家抵押贷款银行——土地抵押贷款信贷协会（Land Mortgage Credit Association）——是在政府支持下于 1770 年在普鲁士成立的。这种机构为承租人提供融资，帮助他们向原地主或房东支付赎金，并协助地主购买并开发更多的土地。他们的资金来源是通过销售债券。土地抵押债券的交易非常普遍，并在 19 世纪和 20 世纪的德国频繁地记录在案。除了土地银行的努力之外，还有农业合作银行的贡献——截至 1910 年，德国有大约 1.7 万家农业合作银行。

在德国，有许多相互竞争的银行和金融中心，但是柏林占有霸主地位。这些货币市场是在 1815 年以后以常见的欧洲模式组建的，有一个中央银行、一个官方贴现率和优质短期商业票据的公开市场。唱主角的中央银行有 1846 年前的柏林皇家银行（Royal Bank of Berlin）、1875 年前的普鲁士银行（Prussian Bank），以及之后的德国国家银行。柏林、莱茵河畔的法兰克福、汉堡和其他地方都有各自不同的市场贴现率。为了编撰本书的目的，研究 1815 年到 19 世纪 70 年代的普鲁士利率以及之后的德意志帝国利率，应该足以说明问题；在这里，我们只需要研究整个 19 世纪期间的柏林市场。

利率。德国的利率，无论是长期利率还是短期利率，在整个 19 世纪期间都在下跌，其表现为 19 世纪 50 年代和 60 年代的平均利率低于 20 年代，且在最后 10 年达到最低点。然而，德国利率的下跌幅度比不上大部分其他国家，其下跌的持续性也远远不如，而且在 19 世纪下半叶，它没有达到其他国家通行的低利率水平。在 19 世纪，德国是个相对利率比较高的国家。

虽然我们提供了 19 世纪德国在利率曲线和水平方面的总体情况，但必须考虑到，我们采用的资料数据是截至 19 世纪 70 年代的普鲁士政府债券的利率、70 年

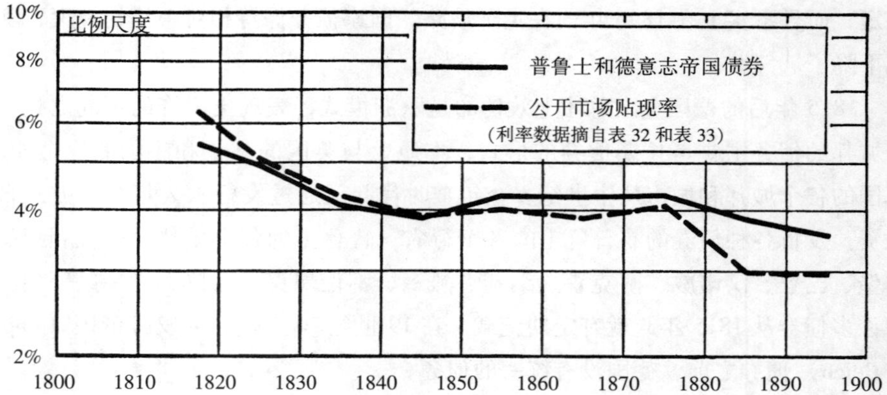

图 24　19 世纪德国的每 10 年平均数

代以后的德意志帝国政府债券的利率。比如，巴伐利亚债券的收益率常常低于普鲁士债券的收益率。还有其他一些复杂情形，比如普鲁士发行了多种不同名义利率的债券。

表 32 和图 25 所包含的是史料中 19 世纪德国的少数几种长期债券品种的利率。表中的价格和收益率是指截至 1883 年的普鲁士 4s 和截至 1868 年的 3. 5s、截至 1883 年的巴伐利亚债券、截至 1878 年的德意志帝国 4s 和截至 1890 年的 3s，以及 1870 年以后经过计算出来的德国债券收益率的平均数。

1815 年，最早记载的普鲁士城邦利率为 4% 的债券从 85 的价格跌到了 78，平均 81. 125。（无法获得准确的平均数；这些“平均数”只是史料记载中高点和低点数据的折中。）通过这些价格，可以计算出当年收益率，忽略了资本收益和最终赎回的可能性；平均收益率有 4. 27%、5. 14% 和 4. 94%。在 1815 年之后的 5 年中，普鲁士的收益率呈上升趋势，而欧洲大部分其他债券的收益率都在下降。它在 1821 年达到了平均 5. 87% 的水平。这是 1815 年之后该世纪期间最高的平均收益率。

1821 年以后，与欧洲总体形势一样，德国债券的价格上涨，利率大幅度下跌。到了 1830 年，普鲁士 4s 的平均价格为 97. 875，收益率为 4. 09%，升值幅度达到 43%。1830 年的动乱只是小规模打断了走向更低收益率的趋势。到了 1840 年，4s 的收益率因为市场溢价因素已经不再具有代表性。事实上，1844 年新发行的普鲁士 3. 5s 也取得了小幅溢价，平均价格达到 101. 25，收益率为 3. 45%。这是 19 世纪最后 10 年之前德国债券收益率的最低水平。

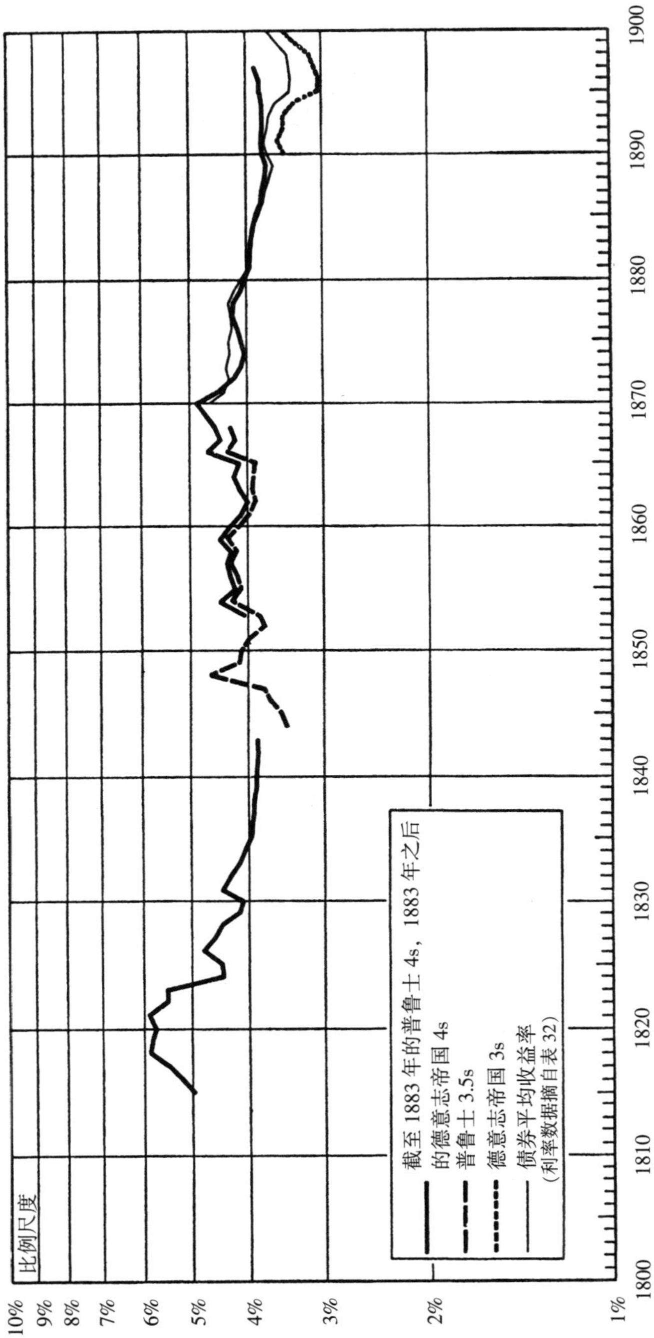

图 25 19 世纪普鲁士和德意志帝国收益率，年平均数

表 32　19 世纪德国长期债券价格和收益率

年份	年平均数								
	普鲁士城邦 3.5s		普鲁士城邦 4s		巴伐利亚 4s		德意志帝国 4s		折合债券平均收益率(%)
	价格	收益率(%)	价格	收益率(%)	价格	收益率(%)	价格	收益率(%)	
1815			81.125	4.94					
1816			77	5.19					
1817			73.25	5.46					
1818			68.25	5.86					
1819			69.25	5.79					
				5.45					
				5 年平均					
1820			70	5.72	73.75	5.42			
1821			68.125	5.87	74.375	5.38			
1822			73	5.47	85.5	4.68			
1823			73	5.47	88.5	4.55			
1824			91	4.40	94	4.26			
1825			90.75	4.41	93.375	4.28			
1826			84.125	4.74	90.5	4.42			
1827			88.125	4.54	93.875	4.26			
1828			90.75	4.41	97.25	4.12			
1829			97.25	4.12	100.25	3.99			
10 年平均				4.91		4.54			
1830			97.875	4.09	100.75	3.98			
1831			90.75	4.41	95	4.21			
1832			93.75	4.27	96.625	4.15			
1833			97.125	4.13	99.75	4.01			
1834			99.25	4.03	102	3.93			
1835			101.125	3.96	102.5	3.90			
1836			101.875	3.94	101.875	3.94			
1837			102.375	3.91	102.125	3.92			
1838			102.875	3.90	102.125	3.92			
1839			103.5	3.86	100.375	3.98			

（续表）

年份	年平均数								
	普鲁士城邦 3.5s		普鲁士城邦 4s		巴伐利亚 4s		德意志帝国 4s		折合债券平均收益率（%）
	价格	收益率（%）	价格	收益率（%）	价格	收益率（%）	价格	收益率（%）	
10 年平均				4. 05		3. 99			
1840			103. 75	3. 86	100. 875	3. 97			
1841			104. 125	3. 84	3. 5s				
1842			104. 5	3. 83	101. 625	3. 44			
1843			104	3. 84	101. 375	3. 45			
1844	101. 25	3. 45			101. 75	3. 44			
1845	99. 5	3. 52			101. 125	3. 46			
1846	95. 75	3. 66			98	3. 56			
1847	93	3. 76			93. 25	3. 75			
1848	76. 125	4. 60			73. 875	4. 73			
1849	84. 75	4. 13			80	4. 37			
		3. 85		3. 84		3. 78			
		6 年平均		4 年平均		8 年平均			
1850	85. 5	4. 10			82. 875	4. 22			
1851	87. 75	3. 99			90. 25	3. 88			
1852	93	3. 76			93. 5	3. 74			
1853	91. 75	3. 82	99. 5	4. 02	94. 25	3. 71			
1854	83. 25	4. 21	90. 5	4. 44	87. 25	4. 01			
1855	85. 5	4. 10	95. 75	4. 17	85	4. 09			
1856	84. 125	4. 15	94. 125	4. 24	87	4. 02			
1857	82. 75	4. 23	93. 5	4. 30	92. 75	8. 77			
1858	84. 125	4. 15	94. 5	4. 23	96. 75	3. 61			
1859	81. 75	4. 29	90. 25	4. 42	94. 875	3. 69			
10 年平均		4. 08		4. 26		3. 87			
				7 年平均					
					4s				
1860	85. 125	4. 11	94. 5	4. 24	99	4. 04			
1861	88. 75	3. 94	98. 25	4. 07	101	3. 95			

（续表）

年份	年平均数								
	普鲁士城邦 3.5s		普鲁士城邦 4s		巴伐利亚 4s		德意志帝国 4s		折合债券平均收益率（%）
	价格	收益率（%）	价格	收益率（%）	价格	收益率（%）	价格	收益率（%）	
1862	90.75	3.86	100	4.00	101.125	3.96			
1863	89.5	3.91	97.5	4.10	101.125	3.96			
1864	90.25	3.88	95.875	4.19	98.5	4.06			
1865	90.25	3.87	97.5	4.10	98.875	4.05			
1866	81.125	4.31	86.5	4.62	89	4.49			
1867	83.75	4.18	90.375	4.42	90.125	4.44			
1868	82.25	4.25	88.25	4.52	90.125	4.44			
1869					88.125	4.54			
10 年平均		4.03 9 年平均		4.25 9 年平均		4.19			
1870			82.25	4.87	85.625	4.66			4.60
1871			90	4.45	92.25	4.33			4.44
1872			96	4.18	94	4.25			4.26
1873			98	4.08	94.625	4.22			4.30
1874			99.625	4.02	98	4.07			4.24
1875			98.375	4.09	94	4.26			4.25
1876			97	4.12	93	4.30			4.21
1877			95.125	4.20	94.375	4.24			4.22
1878			95.875	4.19	94.625	4.22	95.75	4.18	4.26
1879			98.125	4.07	97.875	4.08	97.875	4.09	4.17
10 年平均				4.23		4.26		4.13 2 年平均	4.29
1880			99.375	4.03	99.375	4.03	99.875	4.00	4.05
1881			101.5	3.94	101.125	3.96	101.5	3.94	3.96
1882			101	3.96	101.375	3.95	101.5	3.94	3.94
1883			101.875	3.93	101.75	3.94	102.125	3.92	3.92
1884							103.125	3.88	3.88

（续表）

年份	年平均数								
	普鲁士城邦 3.5s		普鲁士城邦 4s		巴伐利亚 4s		德意志帝国 4s		折合债券平均收益率（%）
	价格	收益率（%）	价格	收益率（%）	价格	收益率（%）	价格	收益率（%）	
1885							104.25	3.84	3.81
1886							106	3.77	3.74
1887							106.25	3.76	3.70
1888							108	3.71	3.64
1889							108.125	3.70	3.60
10 年平均				3.97		3.97		3.85	3.82
				4 年平均		4 年平均			
1890					87	3.45	106.75	3.75	3.68
1891					85.125	3.52	106	3.77	3.71
1892					86.25	3.48	106.875	3.74	3.68
1893					86.25	3.48	107.25	3.73	3.65
1894					90.75	3.31	106.5	3.75	3.56
1895					98.875	3.03	105.625	3.79	3.36
1896					99.25	3.02	105.5	3.79	3.35
1897					97.625	3.07	103.625	3.85	3.36
1898					95.5	3.14			3.40
1899					90.75	3.31			3.55
10 年平均						3.28		3.77	3.53
								8 年平均	
1900					86.75	3.46			3.68

资料来源：

朱利叶斯·卡恩（Julius Kahn）博士：《1815 年后德国利率史》（*Geschichte des Zinsfusses in Deutschland seit 1815*），斯图加特，J. G. Cottaschen Buchhandlung 1884 年出版，第 209 ~ 217 页。价格为来源渠道提供的阶段性价格的平均数。收益率的计算单纯是名义利率除以平均价格。

国家金融委员会（National Monetary Commission），《英国、德国和法国统计数据》（*Statistics for Great Britain, Germany, and France*），华盛顿特区，第二十一卷，表 7 和表 9，第 279、281 页。

1870 ~ 1900 年平均数由国家经济研究局从多个渠道统计编撰。

伴随1848年革命运动而来的是普鲁士3.5s的收益率大幅度上升。它从1844年的溢价水平下跌到了1848年76.125的平均价格，收益率4.60%。1849~1852年收益率的下跌幅度并没有恢复到1844年的低收益率水平。1852年以后，收益率逐步上扬，直至1859年，然后又于1862年再次下跌。1864、1866和1870年的每次战争之后，都是收益率的上升，结果到了1870年的时候，收益率回到了1824年的水平，但是绝对没有达到1820年的高度。1870年新发行的普鲁士4s国债售价平均为82.25，收益率为4.87%。1870年结束了持续了35年的利率上涨趋势。

从1870年到1895~1897年，德国利率大幅度下跌，几乎稳步地与欧洲总体趋势保持一致。1878年，德国高级债券的收益率经计算平均为4.26%。到了1890年，经计算的平均收益率为3.68%，而到了利率最低的1896年，收益率为3.35%；这些收益率数据只是稍微低于1843~1844年的低收益率水平，高于欧洲大部分可比债券的收益率。与其他国家一样，在该世纪的最后几年里，收益率上升，而且事实上是一个长期上升趋势的开始。

由于篇幅关系，本书无意追溯19世纪期间尚未偿还的德国各个城邦和抵押型债券的大量不同的利率数。然而，下表将有助于描绘同时出现的各种长期收益率，体现了信用方面的差异、期限和习俗方面的差异，以及瞬息万变的供求因素。

三个年份的德国长期收益率

	1820年		1850年		1875年	
普鲁士	4s	5.72%	3s	4.10%	4s	4.09%
巴伐利亚	4s	5.44%	4s	4.22%	4s	4.26%
符腾堡			4.5s	4.73%	4s	4.18%
巴登			3.5s	4.39%	4s	4.16%
萨克森			4s	4.18%	4s	4.14%
纳赛			3.5s	4.16%		
黑森			4s	4.56%		
东普鲁士省	4s	4.50%	3.5s	3.92%	3.5s	4.11%
波美拉尼亚省	4s	3.90%	3.5s	3.76%	3.5s	4.09%
西里西亚省	4s	3.83%	3.5s	3.80%	3.5s	4.10%
巴伐利亚抵押贷款银行债券					4s	4.22%
柏林房地产抵押贷款		5.00%		5.00%		5.00%~6.00%
但泽房地产抵押贷款		4.00%~5.00%		6.00%		5.00%
梅克伦堡容克地产之房地产抵押贷款		3.50%~5.00%		3.50%~4.00%		4.00%
德累斯顿房地产抵押贷款		5.00%		4.00%~4.50%		5.00%

图 26 把英国国债的收益率与普鲁士和德意志帝国债券的收益率做了个对比。对比结果显示了趋势方面的重大相似性和差异性。两个国家的收益率从 1820 年到 1844 年、从 1870 年到 1895 ~ 1897 年都呈现大幅下跌之势。在这两个国家，1844 ~ 1870 年都属于不规则的时期，收益率都倾向于上升——德国的幅度很大，英国的幅度一般。在这两个国家，许多次的小幅度波动都十分吻合，比如 1826 年、1830 ~ 1831 年、1845 年和 1866 年的上涨。然而，德国债券的收益率几乎总是大大高于英国国债的收益率；1845 年以后，这种差距趋向于扩大。趋势方面最显著的差异是，1815 ~ 1818 年德国收益率上升，而英国的收益率则在下降，以及 1848 年和 1870 年德国收益率上升幅度大大超过英国。

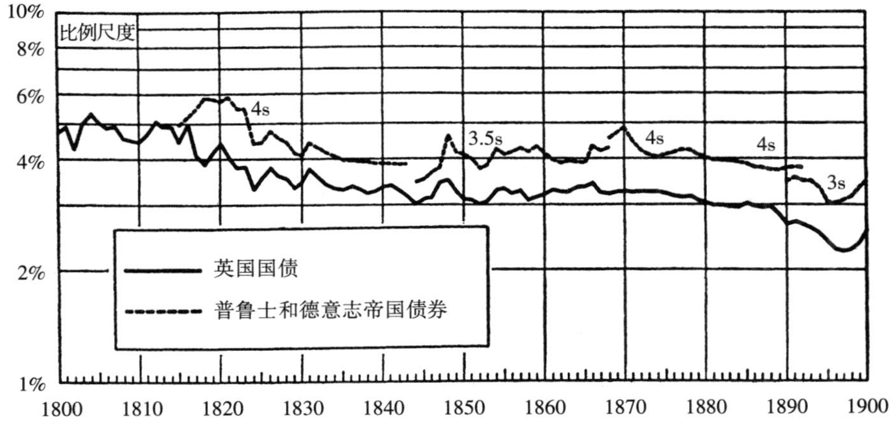

图 26 19 世纪普鲁士和德国债券以及英国国债收益率，年平均数

德国短期利率通常在世纪初期起伏波动。表 33 和图 27 提供了国家银行及其前身的贴现率的范围和年平均数，还提供了柏林公开市场的贴现率。这些数据表明，在英国和法国贴现率出现大幅波动前几十年，柏林就存在了一个范围很大的贴现率和波动性很大的公开市场贴现率。

在 19 世纪 20 年代，德国的贴现率范围在 3% ~10%，而法国的贴现率却固定在 4%，英国的银行利率保持在 4% ~5% 的范围。柏林公开市场贴现率从 1815 年的平均 8%（高点 12% 与低点 4% 的中间值）跌到 1819 年的平均 4.25%（6.5% ~2%），而同一时期的普鲁士债券收益率正在上升。到了 1824 年，平均值回到了 7.5%，到了 1827 年则跌到了 4%。从 1819 年一直到 1828 年，柏林的贴现率常常低至 3%，但从那以后一直到 1879 年却很少到达这个低位。在 1825 年以前，柏林的贴现率有两次高达10%，但从那以后再也没有达到过这个高位。柏林公开市场的贴现率在19世纪20年代期间的低点为2.5%，高点为12%，而同一时期英国和法国的公开市场贴现率却几乎没有资料记载。

无论导致这种早期波动的地方性原因可能是什么，柏林的短期利率在19世纪30年代和40年代倾向于稳定在4%附近，而正是在这个时候，英国的短期利率开始大幅度波动。柏林的利率在19世纪50年代后期才再次呈现大幅波动。从那以后，柏林的利率便一直大幅度地波动并呈下跌趋势。

图24的10年平均数表明，图中选用的短期利率在世纪初期略微高于所选用的长期利率。从1845年德国长期利率倾向于更大幅度上扬的时候起，德国的平均短期利率开始略微低于长期利率。在该世纪末举债还债的两个10年期间，德国的短期利率大大低于其长期利率。

表33　19世纪德国短期利率

年份	国家银行及其前身最低贴现率			柏林公开市场贴现率		
	年均（%）	高（%）	低（%）	年均（%）	高（%）	低（%）
1814				7	9.5	4.5
1815				8	12	4
1816				5.875	8.75	3
1817	7.25	10	4.5	6.375	9.5	3.25
1818	6.25	8	4.5	6.375	8.75	4
1819	4.5	6	3	4.25	6.5	2
	6			6.33		
	3年平均			6年平均		
1820	5.25	7	3.5	5.5	8	3
1821	5.5	8	3	5.25	8	2.5
1822	4.5	6	3	5	7	3
1823	4.75	6	3.5		7.5	2.5
1824	6.75	10	3.5	7.5	12	3
1825	5.5	8	3	5.25	8.5	3
1826	4.5	6	3	5	6.5	3.5
1827	4	5	3	4	4	4
1828	4	5	3	4	4	4

（续表）

年份	国家银行及其前身最低贴现率			柏林公开市场贴现率		
	年均（%）	高（%）	低（%）	年均（%）	高（%）	低（%）
1829	4	4. 5	3. 5	4. 25	4. 5	4
10 年平均	4. 87			5. 07		
1830	5. 5	6	5	5. 25	6. 5	4
1831	4	4	4	4. 25	5	3. 5
1832	5. 25	5. 5	5	4. 5	5. 5	3. 5
1833	4. 5	5	4	4. 5	5	4
1834	3. 75	4	3. 5	4. 25	4. 5	4
1835	4	5	3	4. 25	4. 5	4
1836	4. 5	5	4	4. 5	5	4
1837	4. 5	5	4	4	5	3
1838	4	4	4	3. 5	4	3
1839	4	4	4	3. 75	4	3. 5
10 年平均	4. 40			4. 28		
1840	4. 00	4	4	8. 75	4	3. 5
1841	4. 00	4	4	3. 625	3. 75	3. 5
1842	4. 00	4	4	3. 5	3. 75	3. 25
1843	4. 00	4	4	3. 375	3. 5	3. 25
1844	4. 11	4. 5	4	3. 75	4	3. 5
1845	4. 35	5	4	4. 5	5	4
1846	4. 68	5	4	4. 5	5	4
1847	4. 85	5	4. 5	4. 25	4. 5	4
1848	4. 67	5	4. 5	4. 5	5	4
1849	4. 04	4. 5	4	3. 25	4. 5	2
10 年平均	4. 27			3. 90		
1850	4. 00	4	4	3. 5	5	2
1851	4. 00	4	4	3. 25	4	2. 5
1852	4. 00	4	4	3. 25	4	2. 5
1853	4. 25	5	4	4	5	3
1854	4. 36	5	4	4	5	3
1855	4. 06	4. 5	4	3. 875	4. 5	3. 25
1856	4. 91	6	4	4. 875	6	3. 75

（续表）

年份	国家银行及其前身最低贴现率			柏林公开市场贴现率		
	年均（%）	高（%）	低（%）	年均（%）	高（%）	低（%）
1857	5.76	7.5	5	6.125	7.5	4.75
1858	4.13	6.5	4	4	5	3
1859	4.21	5	4	3.375	4.5	2.75
10年平均	4.37			4.03		
1860	4.00	4	4	3.375	4	2.75
1861	4.00	4	4	3	3.5	2.5
1862	4.00	4	4	3.125	3.75	2.5
1863	4.07	4.5	4	3.75	4.5	3
1864	5.32	7	4.5	4.5	6	3
1865	4.94	7	4	4.875	7	2.75
1866	6.22	9	4	6.25	9	3.5
1867	4.00	4	4	3.25	3.75	2.75
1868	4.00	4	4	2.75	3	2.5
1869	4.24	5	4	3.5	4.5	2.5
10年平均	4.48			3.84		
1870	4.87	8	4	6.75	10	3.5
1871	4.16	5	4	4.125	5	3.375
1872	4.29	5	4	4.125	5	8.25
1873	4.95	6	4	4.625	5.75	3.5
1874	4.38	6	4	3.5	4.375	2.5
1875	4.71	6	4	4.25	5.625	2.875
1876	4.16	6	8.5	3.875	5.5	2.125
1877	4.42	5.5	4	3.375	4.75	1.875
1878	4.34	5	4	3.375	4.5	2.125
1879	3.70	4.5	3	2.875	4.25	1.375
10年平均	4.40			4.09		
1880	4.24	5.5	4	3.375	5	1.875
1881	4.42	5.5	4	4.125	5.375	2.875
1882	4.54	6	4	3.875	4.875	2.875
1883	4.00	5	4	3.5	4.625	2.5
1884	4.00	4	4	2.89	3.875	2.125

（续表）

年份	国家银行及其前身最低贴现率			柏林公开市场贴现率		
	年均（%）	高（%）	低（%）	年均（%）	高（%）	低（%）
1885	4.12	5	4	2.85	4.25	2.125
1886	3.28	5	3	2.16	4.5	1.125
1887	3.41	5	3	2.30	3.375	1.5
1888	3.32	4.5	3	2.11	4	1.25
1889	3.68	5	3	2.63	5	1.25
10 年平均	3.90			2.98		
1890	4.52	5.5	4	3.78	5.5	2.625
1891	3.78	4	3	3.02	4.25	2.25
1892	3.20	4	3	1.80	3.25	1.25
1893	4.07	5	3	3.17	4.875	1.25
1894	3.12	4	3	1.74	8.375	1.375
1895	3.14	4	3	2.01	3.875	1.125
1896	3.66	5	3	3.04	4.875	2
1897	3.81	5	3	3.09	4.75	2.25
1898	4.27	6	3	3.55	5.625	2.375
1899	5.04	7	4	4.45	6.375	3.5
10 年平均	3.86			2.97		
1900	5.33	7	5	4.41	5.625	3.625

注：官方贴现率平均数从 1817 年到 1843 年是高位和低位的未经加权平均的算术结果，从 1843 年起为加权平均数。公开市场的贴现率平均数在 1883 年前为未经加权平均的数值，从 1883 年起为加权平均数。

资料来源：

亚瑟·斯皮特霍夫（Arthur Spiethoff），经济风云（*Die Wirtschaftlichen Wechsellagen*），苏黎世，1955 年出版，表 12。

国家金融委员会，英国、德国和法国统计数据，华盛顿特区，第二十一卷，表 18，第 140 页。

《金融数据比较》（*Vergleichende Notenbankstatistik*，1876～1913），柏林，1925 年出版，表 113，第 186～187 页。

1884 年以后的公开市场平均利率数由国家经济研究局从多个渠道统计编撰。

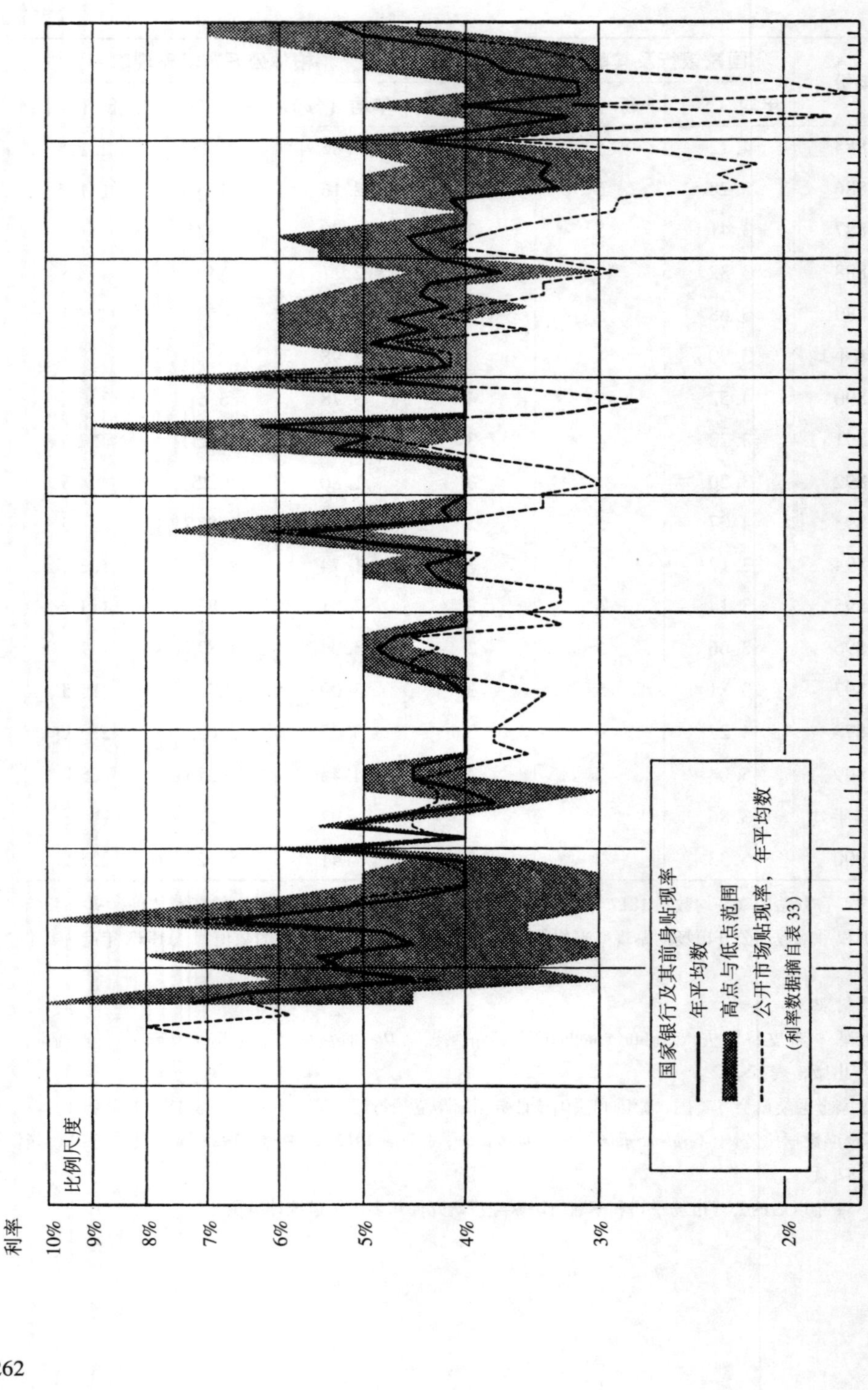

图27 19世纪德国短期利率

瑞士利率

1815 年，维也纳会议（Congress of Vienna）恢复了瑞士原来的边境。然而，会议却规定了由各个州组成的一个松散型联邦，无法在政治或金融事务方面有效地表现为一个国家。同时存在的有 12 种不同货币，外加各地的地方关税壁垒。

1820 年左右瑞士的一场严重的经济危机之后，是保守型州和自由型州之间的漫长的斗争，且各自都成立了相互对立的联邦。最后，在 1845 ~ 1846 年，一场内战爆发，结果是自由型反教权的那些州获胜。他们迅速按照美国的模式根据新宪法组建了一个更加强大的中央政府。1850 年，货币得到了统一。然而，拥有本票发行专营权的中央银行直到 1905 年才成立。[注471] 在整个 19 世纪期间，瑞士金融的特点是其地方性，而不是全国性。发行票据的银行有很多，收取的利率数各不相同。日内瓦、巴塞尔、苏黎世和圣加伦都是各自独立的金融中心。

表 34 和图 28 中的数据都是来自这四个金融中心各个票据发行银行的利率数。这些利率数集中罗列出来，这样任何一个金融中心收取的每年最高和最低利率都能构成利率的范围。除了这个范围数据以外，还有这四个城市经过计算的年平均利率数。本书没有提供长期债券的价格和收益率。

从 1837 年到世纪末，瑞士贴现率的发展模式与欧洲的大部分金融中心都有些不同。瑞士的年平均数范围比较平稳，几乎总是在 3% ~6% 之间，而英国的银行利率平均为 2% ~7%、法国贴现率为 2% ~6.5%。瑞士利率只是偶尔会跌至 2%，极其偶然的情况下会超过 7%。

瑞士的利率一般比欧洲其他中心高。虽然它在 70 年代上升、80 年代和 90 年代下跌，也就是类似其他国家的发展模式，但却不像其他国家世纪末时短期利率那样急速下跌。事实上，瑞士利率在该世纪最后 10 年出现了上涨。

1837 ~ 1839 年，在瑞士贴现率第一次有了史料记载时，贴现率平均为 4.14%，波动范围为 4% ~5%。该数据无法与其他国家的短期利率作对比，因为瑞士的这些利率数据并非官方中央银行利率，而且也不是公开市场的贴现率。在 19 世纪 40 年代期间，这些瑞士利率通常都接近 4% ~4.25%。在 1847 ~ 1850 年，利率下跌到 3.5% 左右。1845 年的瑞士内战和 1848 年的欧洲革命，对此都没有产生显著影响。在 19 世纪 40 年代，瑞士利率平均为 4.11%，而同期英国的银行利率平均为 3.97%，英国的公开市场利率平均为 3.57%。瑞士短期利率当时与欧洲大部分其他国家短期利率并没有多大差别。

表 34　19 世纪瑞士短期利率

年份	各发行银行贴现率			年份	各发行银行贴现率		
	年均(%)	年高点(%)	年低点(%)		年均(%)	年高点(%)	年低点(%)
1837	4.00	4.00	4.00	1870	4.38	3.00	6.00
1838	4.04	4.00	4.50	1871	3.79	3.00	5.50
1839	4.39	4.00	5.00	1872	4.53	3.00	7.00
				1873	5.34	4.00	7.00
3 年平均	4.14			1874	4.55	3.00	6.50
				1875	4.13	3.00	6.00
1840	4.36	4.00	5.00	1876	3.50	2.50	5.50
1841	3.92	3.50	4.50	1877	3.52	2.00	5.00
1842	4.43	4.00	5.00	1878	3.71	2.50	5.00
1843	4.21	4.00	5.00	1879	3.31	2.00	4.50
1844	4.21	4.00	5.00				
1845	3.98	3.29	5.00	10 年平均	4.08		
1846	3.95	3.00	5.00				
1847	4.57	3.00	5.00	1880	3.02	2.00	5.00
1848	3.99	2.50	5.00	1881	4.11	2.50	6.00
1849	3.46	2.50	5.00	1882	4.45	3.50	7.00
				1883	3.04	2.50	4.00
10 年平均	4.11			1884	2.88	2.50	4.50
				1885	3.09	2.50	4.00
1850	3.31	2.25	4.00	1886	3.01	2.50	4.00
1851	3.27	2.00	4.00	1887	2.93	2.50	4.50
1852	3.51	2.50	4.00	1888	3.14	2.50	4.50
1853	3.89	3.00	5.00	1889	3.72	3.00	5.00
1854	4.43	3.75	5.00				
1855	4.51	3.50	6.00	10 年平均	3.35		
1856	4.73	4.00	6.00				
1857	5.43	4.50	7.00	1890	3.90	3.00	5.00
1858	4.12	3.50	6.00	1891	3.93	3.50	5.00
1859	3.95	3.00	5.00	1892	3.06	2.50	4.50
				1893	3.37	2.50	4.50
10 年平均	4.11			1894	3.17	3.00	4.25
				1895	3.27	2.50	5.00
1860	4.30	3.50	5.00	1896	3.95	3.50	5.00
1861	5.36	4.50	6.00	1897	3.92	3.50	4.75
1862	4.58	4.00	6.00	1898	4.31	4.00	5.00
1863	5.04	4.00	7.00	1899	4.96	4.25	6.00
1864	6.45	5.50	8.50				
1865	4.62	4.00	6.00	10 年平均	3.78		
1866	5.18	4.00	6.00				
1867	3.74	3.00	4.50	1900	4.88	4.50	6.00
1868	3.22	3.00	4.00				
1869	3.28	2.50	4.00				
10 年平均	4.57						

A·乔尔（A Jöhr），《1826～1913 年瑞士发行银行》（*Die Schweizerischen Notenbanken 1826～1913*），苏黎世，1915 年出版，第 504ff 页。日内瓦、巴塞尔、苏黎世和圣加伦发行银行利率数。

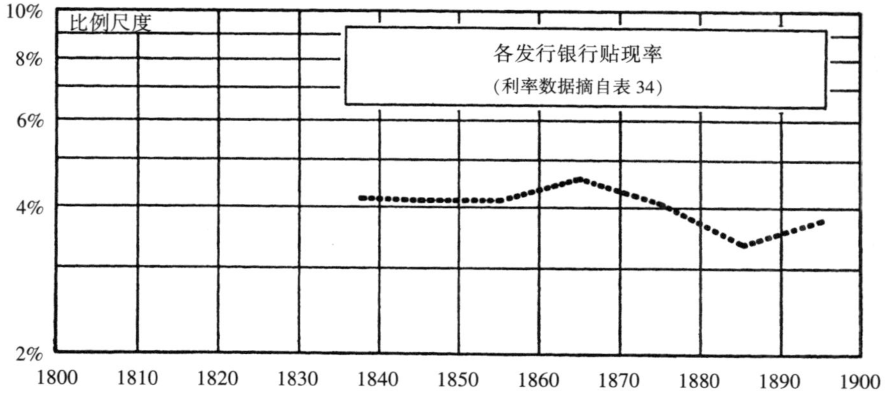

图 28 19 世纪瑞士每 10 年平均数

在 19 世纪 50 年代期间，瑞士利率继续保持 4.11% 的平均数，波动范围扩大至 2% ~7%。这个数字接近了英国、法国和德国的平均数。在 19 世纪 60 年代，瑞士平均数上升到 4.57%，个别利率在 1864 年达到了 8.50% 的顶点。这是瑞士利率最高的 10 年。英国短期利率也上升到了 30 年的高点，如同荷兰短期利率一样。

在 19 世纪 70 年代和 80 年代这两个 10 年期里，瑞士利率经历了该世纪唯一一次持续性重大下跌：从 19 世纪 60 年代的平均 4.57% 降至 19 世纪 80 年代的平均 3.35%，或者说从 1864 年 6.45% 的极端年度平均数降至 1884 年的 2.88%。欧洲其他国家的利率此时也在大幅度下跌。

在该世纪的最后 10 年里，瑞士利率超然出众，上升到平均 3.78%，而同期的其他主要国家的利率则一概进一步下跌。瑞士没有经历过 19 世纪后期欧洲大部分国家普遍存在的持续性极端低利率阶段。

瑞典利率

1812 年，瑞典与俄国联手抵抗拿破仑，并在最终的和平协定中获得了挪威。在整个 19 世纪剩余的时间里，瑞典没有介入任何一场战争。该国唯一的主要问题就是和挪威的联姻，而这种联姻关系直到 1905 年才得以解除，并且此后并没有因此出现过武装冲突。

在该世纪的下半叶，瑞典宪法得以修订，成立了一个民众政府和有限君主制。在最后 30 年时间里，从前主要是农业国家的瑞典，商业迅速发展起来。然而，在该世纪期间，瑞典从来都不是一个国际金融中心。尽管创立于1656年的瑞典银行（Bank of Sweden，*Riksbank*）已经拥有了悠久的历史，早于英国银行，但却没有成为一个真正的中央银行，直到1897年。[注472]瑞典在该世纪的利率史局限于瑞典银行收取的利率，以及政府为其长期和短期贷款所支付的有效利息。

本书第十二章表17回顾了瑞典银行在17世纪和18世纪通过立法行为允许收取的利率情况。很显然，利率在18世纪后期被强制从6%压低至3%，而当时欧洲其他国家的利率都在上升。

1816年6%的贴现率是19世纪最早的史料记载。1824年记载的5%的利率并不表明这两个年代之间的利率是多少。1830年，根据抵押物不同而导致4%～6%的利率数出现在史料中：以黄金、银子和房地产作抵押的贷款利率为4%；以政府债券和存款凭证作抵押的贷款利率为5%；以票据作抵押的贷款利率高达6%。1835年和1841年也有类似的史料利率数据，而1845年、1848年、1851年和1854年的史料利率数范围为4%～5%。这些利率都是法律的规定，但是1856年银行获得松绑，利率在4%～6%（后来到了7%）的范围内波动。瑞典银行后来的各种贴现率数据，以及这些利率数的年加权平均数，请见表35和图29。

表35　19世纪瑞典利率

年份	瑞典银行收取利率		国家发行债券有效利率(%)	
	年均(%)	范围(%)*	长期	短期
1816		6		
1824		5		
1830		4～6		
1835		4～6		
1854	(4.50)	4～5		
1855	(4.50)	4～5	4.00（4s）	
1856	5.00	5		
1857	5.00	5		
1858	5.80	5～6	5.27(4.5s)	
1859	5.67	5～6		
	5.09		4.64	
	6年平均			
1860	6.00	6	5.00(4.5s)	
1861	5.77	5～6	5.17	
1862	5.14	5～6		
1863	6.00	6		5.11(5s)
1864	6.00	6	5.32(4.5s)	
1865	5.51	5～6		8.11(6s)
1866	6.33	6～7	5.59(5s)	
1867	5.00	4.5～6		5.76(5s)

（续表）

年份	瑞典银行收取利率		国家发行债券有效利率(%)	
	年均(%)	范围(%)*	长期	短期
1868	4.84	4.5~5	5.96(5s)	
1869	4.73	4.5~5		5.36(5s)
10 年平均	5.53		5.41	6.06
1870	4.50	4.5	5.20(5s)	
1871	4.28	4~4.5		
1872	4.00	4	4.85(4s)	
1873	4.52	4~5.5		
1874	5.11	5~5.5		
1875	5.50	5.5	4.76(4.5s)	
1876	5.30	5~5.5	4.87(4.5s)	
1877	5.49	5~6		
1878	5.83	5.5~6	4.90 (4s)	
1879	5.46	5~6		4.50 (4.5s)
10 年平均	5.00		4.91	
1880	4.33	4~5	3.57(3.5s)	
1881	4.00	4		
1882	4.46	4~4.5		
1883	4.75	4.5~5		
1884	4.49	4~5		

年份	瑞典银行收取利率		国家发行债券有效利率(%)	
	年均(%)	范围(%)	长期	短期
1885	4.50	4.5		
1886	4.10	4~4.5	3.86(3.5s)	
1887	4.00	4	3.71(3.60s)	
1888	3.56	3.5~4	3.79(3s)	
1889	3.55	3.5~4		
10 年平均	4.17		3.73	
1890	4.48	4~6	3.64(3.5s)	
1891	4.90	4.5~5.5		4.64(4s)
1892	4.75	4.5~5.5		
1893	4.21	4~5		
1894	4.00	4	3.66(3s)	
1895	4.00	4		
1896	3.78	3.5~4.5		
1897	4.59	4.5~5		
1898	4.88	4~5.5		
1899	5.89	5.5~6	3.76(3.5s)	
10 年平均	4.55		3.68	
1900	5.87	5.5~6	3.82 (3.5s 和 4s)	

* 从 1856 年起，银行得到松绑，利率浮动范围为 4%~6%（后来达到 7%）。早期利率由法律规定，利率范围适用多种不同贷款类型。1856 年后，利率范围适用要求最低利率的贷款类型。

资料来源：

瑞典中央银行（Sveriges Riksbank），《1668~1924 年数据统计表》（*Statistika Tabeller, 1668~1924*），1931 年出版，第 139 页。

《Riksgoldskontoret 年鉴：1940~1941》（*Riksgoldskontoret's Year Book, 1940~1941*），第 53 页。

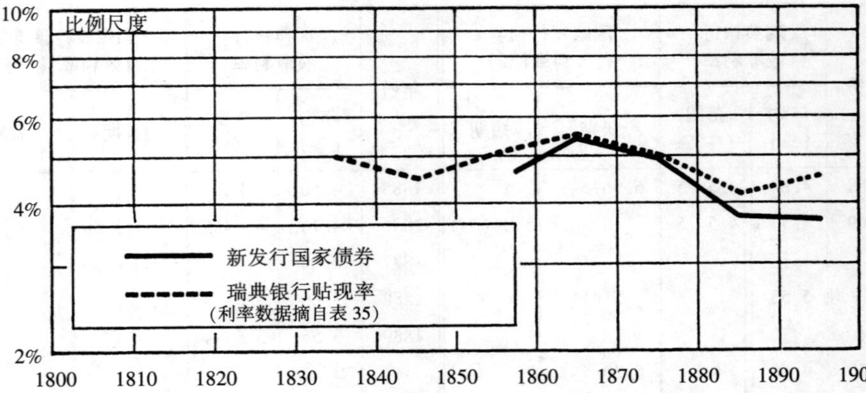

图 29　19 世纪瑞典每 10 年平均数

瑞典的贴现率在整个 19 世纪都保持了相对比较高的点位。19 世纪 50 年代后期的平均数为 5.09%，19 世纪 60 年代达到更高的 5.53%。1866 年，高达 7% 的利率数在史料记载中出现过一次，而该 10 年期的低点为 4.5%。从那以后，利率下跌，达到 19 世纪 70 年代的平均 5%、80 年代的 4.17%。与瑞士利率一样，瑞典贴现率与欧洲其他国家不同，在该世纪最后 10 年呈上升态势，平均数从 4.17% 上升到 4.55%。这个数字远远超过欧洲大部分其他国家的短期利率。瑞典贴现率在任何时候都压根没有接近过其他地方时而出现的非常低的利率水平。此外，瑞典贴现率总是保持高于政府长期债务的记载利率水平。

瑞典政府债券在此没有市场利率的记载。史料数据只有其发行时的名义利率和有效利率。最早记载的债券是 1855 年，当时 4s 的售价为 100，收益率为 4%，而同期的贴现率范围为 4% ~5%。到了 1858 年，当贴现率上升到 5% ~6% 的时候，政府发售 4.5s，收益率为 5.27%。1865 年，政府支付短期债券 6s 的利息高达 8.11%，但长期债券的利率没有达到过这么高的水平。长期债券的最高利率为 5.96%，那是 1868 年发行的 5s。到了 1875 年，长期债券 4.5s 发售，收益率为 4.76%，而到了 1890 年发售 3.5s 时，收益率只有 3.64%，而同期的贴现率为 4%。这是瑞典政府债券在该世纪的低利率记载。在最后 10 年期间，债券发行的收益率显然保持在低点附近，虽然贴现率此时却在平缓上升。

第十六章

18 世纪和 19 世纪的美国

A History of Interest Tates

殖民地时期和美国革命时期的历史背景和利率

美国殖民地是一个旧文明的边远地区。那里的自然环境非常原始，但其政治和金融传统却并非如此。因此，美国殖民地的信贷和利率史并不是一个发明史，而是一个调整适应史。

来自英国的殖民主义者带来了 17 世纪英国对待信贷和利息的态度。含息商业贷款被认为是完全正常、合法的，是商务生活中一个正常的组成部分。个人消费贷款被认为是可耻的，遭到鄙视。适度的利率是受欢迎的，而高利息则属于高利贷，受到法律的禁止。英国的高利贷法已经确定 6% 为最高上限。这个 6% 的传统跨过大洋洲传到美国，并在大部分州一直维持到 20 世纪 50 年代。殖民地还实行了有利于债权人的严苛的英国法律。同时严格执行债务法律和法定利率上限的做法，从汉谟拉比传习到罗马，到 17 世纪的英国，一直到现代的美国。与之不同的希腊公平交易传统在 17 世纪的荷兰得以幸存下来，并为 19 世纪的英国采用。

各个殖民地的利率立法远非一致，就连如今的各州高利贷法也不统一。1661 年，马萨诸塞将法定上限利率定为 8%；1692 年，马里兰采纳的是 6%。不久，大部分殖民地都设立了 6% 的法定上限。在弗吉尼亚，5% 成了法定上限。[注473] 这些情况虽然不能说明各地通行的利率是多少，但却表明了处于领先地位的国民认为正常或者合理的利率是多少。根据本杰明·富兰克林（Benjamin Franklin）的说法，18 世纪宾夕法尼亚的商业利率在 6% ~10% 之间。[注473]

硬通货在整个早期殖民时代都十分罕见，没有金子或银子的开采。殖民主义者带来了少量的欧洲硬币，但很快又运回国内换取需要的物品。[注474]虽然当时大部分产品都是自给自足。但有些物品，比如金属制品、盐、纸张、药品和火药，都必须购买；购买这些物品的成本估计为每个家庭每年10~50美元。[注475]出口量低于进口量，因此殖民地出现了资金外流。

结果，易货贸易和用物品代替钱的做法在早期殖民时代非常普遍。印第安贝壳被当做钱使用。后来，有些主要商品被法律宣布为合法的债务偿付媒介：玉米、牛、新英格兰的皮毛，以及南部的烟草和稻米。税款常常可以用商品全值支付，而这种商品的仓库收据可以作为货币流通。有一位哈佛的学生——后来成了该大学的校长——曾经以古希腊的方式用“一头老牛”支付自己的学费。[注476]估计各殖民地的货币供应总量为：1700年100万美元，1775年1 200万美元。[注477]

一部分与欧洲的贸易逆差通过从英国商人那里取得的信贷来筹措解决。南方的种植园主和其他富人一般都在伦敦的银行经营自己的钱财。伦敦的外国信用票据作为货币的替代品在殖民地流通。

资金的极度匮乏导致了许多权宜之计的产生，但没有造成非常高利率的记录。商业和个人交易中毫无疑问存在着高利率。由于高利率受到殖民地法律和习俗的坚决抵制，因而都是秘密商谈，没有资料流传到下来。后来西部边境和19世纪货币市场出现了非常高的利率的记载，但是几乎没有殖民时期的记载。各殖民地转向尝试纸币和法定利率的信用票据以解决资金问题。

在纸币的尝试中，殖民主义者仅仅是在模仿欧洲的一个先例。银行本票在17世纪90年代在英国得到正式承认，英国的国债通过新成立的英国银行筹措。在18世纪20年代，英国的南海泡沫和法国的密西西比泡沫都是基于纸币计划。因此，殖民主义者并没有脱离备受尊重的传统筹资方式，实用的选择几乎没有。纸币的试验结果在英国十分喜人，在法国是一场灾难，在殖民地则不理想。纸币和金属货币的相对优势成了这个国家经济和政治辩论中的一个活跃话题，在整个19世纪都热度不减。与之相关的低利率与高利率孰优孰劣的争论至今还为我们热衷。

1690年，为了筹措抵抗法属加拿大的战争费用，马萨诸塞第一次发行经过授权的定期信用票据。这种票据一年偿还，可以用于折抵税款。该票据的发行额后来扩大了规模，赎回日期推迟为6年，后来又变成13年。[注478]票据让货币退出了流通。卡罗来纳、马萨诸塞、罗得岛和康涅狄格发行的票据贬值幅度达90%。但其他地区发行的票据情况却好得多。

当时的北美洲殖民地没有组织有序的私人金融机构。大部分具有一定规模的贷款交易都是在伦敦商议的，这也是殖民地独立利率史几乎为零的一个原因。然而，从殖民地政府设立的少量贷款银行的业务活动中可以获得一些迹象，从而弄清哪些利率是殖民主义者认为合理的。在 1711 年和 1714 年，马萨诸塞殖民地向一些当地商人发行了信用票据，并向他们收取 5% 的利息。在宾夕法尼亚，由于公众强烈反对私人银行普遍收取 8% 的利息，结果 1722 年成立了一个贷款办事处。这家办事处以 5% 的利率向居民发放其信用票据，以土地作抵押，分 12 次年度等额偿还。这一做法以及费城于 1739 年设立的基金都取得了成功，都非常实用。[注479]1755 年，弗吉尼亚第一次发行的票据收取 5% 的利息；佐治亚第一次发行的票据在足值抵押物条件下收取利息 6%。[注478]

这些并不是市场利率。殖民地之所以需要这些政府机构，其原因一定是缺少如此低利率的私人信贷。为了理解殖民主义者对待利率的态度，我们必须回顾一下，18 世纪中叶是荷兰和英国利率非常低的历史阶段。英国政府在 1751 年以 3% 的利率重新设立了偿债基金，而荷兰的良好商业贷款可以以每年 2% ~3% 的利率获得。殖民地维系了与欧洲的经济纽带。各个殖民地之间的贸易规模很小，但是与欧洲和西班牙北美殖民地的对外贸易规模却很大，且利润丰厚。南方人和新英格兰人是用欧洲标准来判断自己的利率水平的。

利率适中和使用纸币对革命战争的融资产生了重大影响。大陆会议（Continental Congress）于 1755 年在战争爆发前一个星期投票批准发行纸币。这次发行的纸币由各州在 4 ~6 年内赎回。在后来的 4 年中，授权发行了 40 次总额为 2. 4 亿美元的纸币，此外各州还发行了 2. 09 亿美元的纸币，总计达到 4. 49 亿美元的规模，即相当于每个人 150 美元。[注480]相比之下，流通货币的总额估计在 1 200 万美元左右。贬值情形出现得很早，但并没有走向极端，直到 1779 年——当时北美洲大陆的纸币价值从 1 月份的 8 : 1 下跌到了 11 月份的 38 : 1。1781 年，纸币的价值为 100 : 1，后来则少得多。在 1790 年融资法案中，大陆纸币在认购新政府股票时按 100 : 1 收取。

尽管发行了这种巨大规模的无息债务，据估计，美国人民购买这种纸币债务时卖给政府的商品价值只有 4 100 万美元。虽然战争取得了胜利，新国家得以成立，这种无节制纸币试验的不利后果却长期留在人们的记忆中。它导致人们尊重影响了美国金融和政治两个世纪的硬通货。

大陆会议第一次尝试含息国内贷款，是在战争开始后的一年半。1776年，大陆会议授权发行500万美元的贷款，利率4%，3年偿还。该利率实在太低，1777年，利率提高到6%，但认购额只有380万美元。从那以后，大陆会议提出用一笔法国贷款衍生出来的外国基金付息。此举证明很有吸引力，因为贷款可以用纸币购买，认购额达到6 300万美元，其实际价值只有770万美元。[注481]由于有了这样巨大的利益，不能肯定6%的利率是否能被市场接受，但显然这是传统，而且没有支付更多的利息。1782年以后，债务利息没有支付，而发行的利息凭证可以用来支付税款。所有这些贷款都在1790年以面值外加所产生的利息并转为美国新政府的债券。

为革命战争筹措的资金也通过外国渠道获得，如表36所示。在1782年之前，这些贷款实际上是政治补贴。到了1782年，荷兰看到美国已经胜券在握，对新政权和新证券拥有巨大资源的升值的信心，导致了优惠的5%名义利率。然而，表中具体显示的荷兰银行所要求的大幅度贴现或佣金，大大提高了这些贷款的成本。这些利率是债权国利率史的一部分，并不能说明美国的市场利率。

1783年的和平之后是多年的深度萧条。通胀了的纸币大量回收和战争时期物品需求的减少，导致了纸币贬值。此外，主要出口贸易此时不得不在世界市场上竞争，没有了从前享有的作为英国商业系统的一部分的优势，联邦政府甚至无法满足自己的小额费用，大量国内贷款和外国债务尚未偿付。

表36　美国政府的主要国外贷款

年份	百万美元	债权国	名义利率（%）	加上代理行佣金后净价	有效期	平均贷款期有效收益率（%）
1778	3.2	法国	5	100	和平后3～15年	5.00
1781	1.8	法国	4	100	1797～1802年	4.00
1782	2.0	荷兰	5	95.5	1793～1797年	5.50
1784	0.8	荷兰	4	95.5	1801～1807年	4.33
1790	1.2	荷兰	5	92	1802～1806年	5.85
1791	2.4	荷兰	5	92	1802～1806年	5.90
1791	1.2	荷兰	4	89	1802～1806年	5.17
1792	1.2	荷兰	4	90	1803～1807年	5.05
1794	1.2	荷兰	5	92	1805～1809年	5.90

1783 年，联邦政府的国内债务的平均名义利率为 5.40%。这一中等利率数并不能说明政府信贷的真实情形。国家财政处于混乱之中，联邦政府的开销得到批准时并无征税权。到了 1787 年，政府信用一泻千里，结果其含息债权的价值跌到了债务的 15% 以下。[注482] 以 4% 的利率计算，它的有效利率当年收益超过 26%；以 6% 的利率计算，它的有效利率当年收益超过 40%，外加利息凭证最终兑付时的资本收益。

尽管这个刚独立的国家拥有巨大的经济潜力，它的金融和政治体系却在 1786 年彻底崩溃。国内、国外的信用已经不复存在。没有资金、没有信用、没有权势的政府已经无力行为，因而导致了 1787 年的宪政和 1789 年的新政府。

表 37 殖民时期和革命时期利率汇总

年代	描述	利率（%）	资料来源
17、18 世纪	各个殖民地法定利率上限	5 ~ 8	【注473】
1711 ~ 1714 年	马萨诸塞发放给商人的信用票据	5	【注479】
18 世纪初	宾夕法尼亚商业贷款	5	【注479】
1722 ~ 1730 年	宾夕法尼亚贷款办公室提供信贷	5	【注479】
1755 年	弗吉尼亚发行信用票据	5	【注478】
1755 年	佐治亚发行信用票据	6	【注478】
18 世纪下半叶	根据富兰克林费城通行利率	6 ~ 10	【注473】
1777 年	大陆会议筹借自己的纸币	6	【注481】
1783 年	国内债务平均名义利率	5.40	【注482】
1787 年	政府违约信用凭证售价为 15% 时的预计当年利率，如果兑现偿付的话	26 ~ 40	【注482】

1789 ~ 1900 年政治与经济背景介绍

从 1789 年到 1815 年，刚独立的美国被卷入从法国革命开始到滑铁卢之战结束的一系列欧洲战争和危机之中。美国身处英国和法国这两个野心勃勃国家的夹缝之中，其同情心和利益也徘徊于这两个世界强国之间，最后落在了 1812 年战败的一方。在这 26 年期间里，外国政治事件对美国金融产生了举足轻重的影响。而在后来的100年里，影响美国金融的政治事件通常都在国内。

19世纪发挥主导作用的国内政治事件是国内战争（Civil War），严重影响了这个国家的金融史和利率史。由于不存在欧洲的重大影响，该因素促使19世纪的美国形成了多少不同于常见欧洲模式的利率形态。

然而，欧洲的经济事件却大大影响了美国的货币市场。欧洲资本大量涌出的阶段和停止外流或者回收的阶段交替出现，从而常常导致美国市场的转向。因此，如果不是内战的话，美国在19世纪的利率趋势很可能会紧跟欧洲的总体趋势。

美国在19世纪的经济史有时在教科书里被描写成接连不断的过剩和灾难。繁荣被勾画成疯狂的投机、狡诈和不负责任的财政，而这些行为之后总是恐慌，此时的金融结构坍塌，终身辛勤劳作的果实打了水漂。随之而来的是艰苦时期和萧条：国家在没有销路的生产过剩中呻吟。之后是政府开展的代价昂贵的试验和昏头昏脑的资本家的新的过剩，以及新的投机狂热；智慧的忠告和历史的经验遭到耻笑；接着是又一个痛苦冥思的日子。在颤颤巍巍地经过了整整一个世纪的经济盲动的经验教训之后，人们也许以为在1900年将会看到一个1800年充满希望的年轻国家败落。但是，少安毋躁！且看，从前的农业边陲已经成为工业国家中鹤立鸡群的大国，几乎已经万事俱备，准备担负地球上最大国家之中的金融、经济和政治领袖的角色。

19世纪美国经济的起伏跌宕当然是十分严酷的。由于这种起伏对于利率趋势具有重大影响，我们在此予以汇总，尽可能不对生活方式做出马后炮似的评头论足。

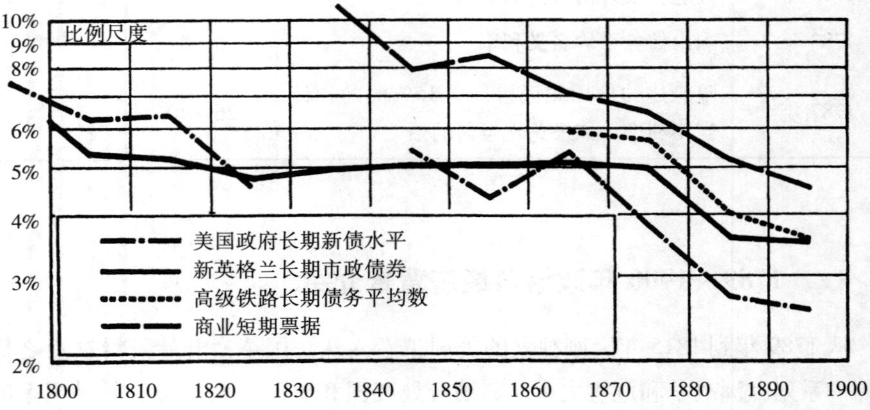

图30　19世纪美国利率每10年平均数

在1792~1815年的欧洲战争期间，美国的农产品价格迅速上扬，保持不同寻常的高度。这使得这个新国家有了一个繁荣的开始。主要产品的铸币价格上涨了75%~100%，有些几乎达到了现代的水平。虽然农产品价格在1802~1803年期间和1808~1809年的禁运期间有过短暂的下跌，但总体上的繁荣景象没有改变。棉花种植获利丰厚，价格从每磅16美分上升到44美分。北方的制造商们利用国外战争时期进口制品紧缺的空档，用自己的产品取代了进口制品。

1812~1814年的对英战争带来了财政压力和政治上的不幸，但并不意味着这个最初繁荣阶段的结束。1815年以后，刚刚从冲突中抽身出来的欧洲要求继续获得美国的产品。1815年之后的“感觉良好时代”随着1819年的恐慌而结束。战后欧洲经济的下滑这时终于蔓延到了美国。美国的主要产品的价格下跌了50%，回到了1792年的水平。[注483]租金降了一半，波士顿商业票据的利率上升到了36%。到了1823年，形势回归正常。从那以后，商业上的起伏跌宕平缓了10年，仅仅在1825年、1828年和1831年稍许感到有些压力。

1833年，又一轮热潮开始。各个州用信用担保筹资建设运河和公路，铁路的建设开始认真进行，西部土地投机出现了。商品的价格小幅度上扬。政府基金转移到私人银行，各州的银行本票遍布全国。外国资本自由地一拥而入。

1837年的危机是这个国家的四次重大经济灾难之一。它的直接诱因是英国的金融困境和1835年、1837年的农业欠收，以及棉花价格的下跌。政府突然扭转了其土地政策，要求立刻用硬通货来支付公共土地的费用，而不是用州银行本票。证券价格下跌，银行暂停了铸币（现金）支付。

虽然铸币支付在1839年总体上得以恢复，但是萧条却持续了数年，银行仍然无力偿债，有些州在公共改良债券上违约，商品价格下跌。直到1845年，商业界才出现实质性的恢复。价格开始有所上扬。1846年的墨西哥战争（Mexican War）没有对经济产生严重压力。1847~1848年的欧洲金融动荡只是造成了短暂的倒退。1848年的加利福尼亚淘金热之后，出现了一个阶段的繁荣昌盛。银行业在扩张，价格得以上涨。又一轮更大规模的土地热开始了，铁路建设变得规模巨大。[注484]1854年纽约证券交易所（New York Stock Exchange）的一次短暂恐慌，以及随之而来的银根紧缩和破产潮，并没有导致总体经济的萧条。

1857年的恐慌，其一部分原因是欧洲经济动荡的反映。证券的价格急跌，14家铁路企业破产。资金变得十分紧张，银行再次开始暂停铸币支付。1858年的恢复十分迅速，国家进入繁荣阶段，直至1860~1861年的悲剧事件。

在19世纪的前60年期间，美国的人口从大约400万人增加到3 200万人，即增加了7倍。[注485]商品价格的指数从1800年的140（1910~1914年为100）上涨到1816年的175，又跌到1820年的108，然后经过杂乱无序的波动后下跌到1860年的95。[注486]西部的开拓已经成为刺激国家经济的主导力量。

内战带来了常见的经济刺激和一场重大冲突的混乱。战争筹款导致了铸币支付的暂停及短期政府债券和法定国库券的巨额发行。纸币贬值，1美元的黄金相当于1862年1.30美元的纸币，到了1864年，已相当于2.33美元纸币。战争胜利后，回到1865年的1.50美元、1871年的1.15美元，但在1879年铸币支付得以恢复前没有回到1美元的位置——其间的时间跨度达到17年。[注487]1865~1867年的商业衰退非常短暂。铁路建设得以恢复，战后的繁荣恢复到狂热的水平，并一直持续到1873年。

1873年的恐慌带来了又一次大萧条。为内战提供融资的杰伊·库克金融公司（Jay Cooke & Co.）因为涉足北太平洋铁路公司（Northern Pacific Railroad）的融资而倒闭。银行暂停了铸币付款，证券价格跳水，纽约证券交易所关门闭市10天。美国铁路总长的1/5在取消赎回权的情况下出售。与联合太平洋公司（Union Pacific）的融资相关联的金融丑闻动摇了人们的信心。

1879年，欧洲的农业欠收和美国的大量黄金进口导致了金融压力的减轻和商业恢复的开始。政府承诺其纸币可以以面值兑换，并重新确立了事实上的金本位制。铁路建设大规模恢复。1884年出现了一次重大金融恐慌，期间活期贷款曾短暂上升到每天3%的利息。1885年，商业得以复苏。[注488]1887~1893年是繁荣和铁路建设规模史无前例的几年。西部的开拓不再是经济的主要刺激因素，但是增长的速度却减缓了。投机和广告宣传大为盛行。

1893年大恐慌的特点是证券市场的崩盘和600家银行的倒闭。巴林危机已经导致英国投资人抛售美国证券、回收黄金。金本位制被认为岌岌可危，对财政部地位的信任因为过剩产品的消失而受挫。劳工问题变得十分严重，农业出现萧条，对银币自由铸造的担忧出现了。铁路公司的破产再次成为普遍现象。政府做出的反应是采取强有力的措施来为国人保证美元的坚挺；购买银子的法律被废止，政府大量举债来购买黄金。到了1897年，商品价格在经过了30年断断续续的下跌之后终于稳定了下来。国外的需求恢复，黄金储备增加。商业取得了进步，一个持续到1903年的繁荣时期开始了。事实上，在1920年前只有几次小幅度的反弹，分别出现在1903年、1907年、1910年和1913年。

从 1860 年到 1900 年，美国的人口从 3 200 万人增加到 8 000 万人，是 1800 年人口总数的 20 倍。[注485]商品价格指数几乎稳步上升到 1896 年的 70，并于 1900 年恢复到 91。到了该世纪末，价格指数比 1800 年的水平低了大约 35%。

货币和银行业

对于思维条理分明的人来说，这个年轻国家的经济史没有多少内容比其货币和银行业立法故事更加叫人瞠目结舌了。宪法赋予国会“铸造货币并管理铸币价值”的权力。然而，并非所有货币都是铸币。最高法院在 1839 年宣称，“发行银行本票在普通法中是适用所有人的”。只要愿意，各个州都可以限制和管理追求这种诱人职业的市民，但是联邦政府不得涉足。货币当局于是分裂开来：硬通货由联邦政府控制；票据则各个州根据自己的规定对私人行为进行管理，而联邦政府可以自由地与各个州竞争。成功的商人已经成为银行本票的行家里手，只接受面值最佳的。

虽然这个新国家自由地模仿着英国的许多商业和金融机构，吸取欧洲多个世纪在信贷形式和银行技术方面的经验，但对于中央银行的权势和指导作用，它仅仅短暂接受了一阵子。1791 ~ 1811 年的第一家美国银行（Bank of the United States）和 1817 ~ 1836 年的第二家美国银行都深深地涉足政治，就像年轻时候的英国银行一样。但是，英国银行的朋友们长期手握大权，可以允许银行成为金融界的一个主宰因素、成为任何政府的一个宝贵助手。那两家美国银行的朋友们在位的时间不够长。金融本身也不如英国那样重要、那样受到尊重，而且任何类型的权力集中都让人疑窦顿生。即便到了现代，美国的银行系统也不止是一个，而是几十个。

伦敦的银行家们同时也是商人。他们坚持自己的优惠短期票据必须永远有一个市场——负有代价——而且他们总是有市场，多亏有了英国银行。在美国，没有人为整个社会承担这样一种责任，直到 20 世纪。权力松散的 19 世纪货币市场没有共用的储备基金，没有国家货币政策工具，没有作为最后一招的放贷机构。结果，短期市场票据的利率波动怪异，波动范围远远超出史料记载中欧洲的任何一个中心。即便到了 1899 年，纽约证券交易所的活期贷款利率范围从每年 1% 的低点一直到每年 186% 的高点。相比之下，同一年的美国公司和市政的优惠长期债券的平均收益率从 3.07% 的低点到 3.23% 的高点不等。

内战期间的金融波动和高涨的民族主义精神直接导致了国家银行系统（National Banking System）的形成。人们希望有一个统一的流通媒介。1862 年，有

1 496 家银行根据 29 个州的法律在流通本票，彼此各不相同。市场流通的本票有 7 000 种，还不算伪造品种。经过篡改或者伪造的本票有 5 500 多个类型。【注489】当美国在 1862 年发行票据后出现所有纸币的货币价值下跌时，人们埋怨的是银行的本票，而不是政府的票据。有人争辩说，完全由政府债券担保的货币将改善公共信用，鼓励国家团结。

1863 年，有个法案获得通过，可以提供一种用美国债券作抵押的国家货币。通过国家注册的银行在将美国债券存于财政部之后，可以从财政部获得并发行高达债券市场价值或面值之 90% 的本票，以价值低者为限。这一体系起初发展得十分缓慢。1864 年，一则新法做出了一些简单的条款规定，将州银行并转到国家协会。1865 年，一则法案规定收取州银行发行额的 10% 为税款，从而迫使州银行赎回本票。

战争结束后，新建立的国家银行系统主宰了货币和政府债券的市场，然而，1882 年以后，用财政部的长期盈余来减少国家债务的做法减少了银行可以持有以确保流动的国债规模，而与此同时，个人、受托人和各公司都努力购买政府债券作为投资。债券价格上涨到了高溢价的水平，对于银行来说继续持有债券已经无利可图，尽管他们拥有流通的特权；结果，本票的流通性下降了。有些债券的赎回收益率有时出现了负数，即使在短期利率非常高的时候。国会被敦促接受其他银行资产类型作为货币的抵押物，或者将高利率的政府债券融资进入名义利率低、有效期长且没有赎回承诺的新发债券品种。

该世纪最后 20 年的特征是涉及货币和银行系统的一系列政治斗争。一而再、再而三的货币稀缺时期和货币充裕时期的出现，伴随着货币市场的极端波动和频繁的金融危机，令所有各方都甚为不满。然而，基本改革却因为问题的政治本质而拖延下来。直到 20 世纪，美联储法案（Federal Reserve Act）才最终规定集中银行储备金，规定了一种真正统一的货币，指定了一个负有责任的货币管理机构，以及作为最后一招的潜在放贷机构。

跟今天一样，财政部在整个 19 世纪都拥有诸多权力来影响银行储备和货币市场，而不需要中央银行的帮助。通过在其下属机构和各银行之间余额的转账，它可以收紧或者放松银行的立场。不管是通过银行系统还是银行系统之外来进行盈余融资或者赤字融资，都能产生类似的货币影响力。它可以让货币市场饿肚子，也能为市场填饱肚子。财政部时而会运用这些权力来消弭危机，但是它的举措总是取决于政治上的考虑，具有权宜之计的特点。它并没有责任维护一个秩序井然的货币市场，而且它也没有制定什么系统方案来舒缓市场压力。

高级债券收益率

没有任何一种证券或者任何一组证券可以提供一种令人满意的连续指数来体现整个 19 世纪期间美国最佳长期债券的通行利率数。有时，美国政府债券的收益率可以很好地显示出市场利率的水平和趋势。有时只有精选的市政债券和州债券能够提供一种有用的指数，说明市场的水平和趋势。在该世纪后期，最佳长期铁路债券达到了非常高的质量水准和受尊重的程度，可以很好地体现优惠市场收益率的情况。

表 38 汇总了美国政府长期债券新发品种和精选品种的收益率情况，并在之后的各表中更加详细地予以描述。该表还总结了新英格兰市政债券 1798 年以来的收益率情况，以及 1857 年以来的铁路债券平均收益率情况。此外，它还包含了 1879 年以来房地产抵押贷款系列的收益率情况。

该表中的主要数据通过图 31 显示。图 31 和表 38 表明，在 19 世纪的一部分时期里，各种不同系列的品种在实质上都表现为相同的长期利率走向，而且他们表明更大范围的长期优惠利率的总体水平。一些重大的扭曲和不足现象表明了具体时间段中这些系列品种的误导性。

表 38　19 世纪美国高级长期债券收益率汇总

年份	联邦政府债券		新英格兰市政债券收益率（%）*	高级铁路债券收益率（%）	纽约市房地产抵押贷款（%）
	新发行品种收益率（%）	精选品种市场收益率（%）			
1798		7.56	6.30		
1799	8.00	7.42	6.16		
		7.49	6.23		
		2 年平均			
1800	7.84	6.94	6.13		
1801		6.44	5.63		
1802		6.02	5.25		
1803		6.16	5.06		
1804		6.29	5.14		
1805		6.38	5.36		
1806		6.14	5.32		

（续表）

年份	联邦政府债券		新英格兰市政债券收益率（%）*	高级铁路债券收益率（%）	纽约市房地产抵押贷款（%）
	新发行品种收益率（%）	精选品种市场收益率（%）			
1807	6.00	6.08	5.29		
1808		5.96	5.19		
1809		5.85	5.02		
10 年平均		6.28	5.33		
1810		5.82	5.02		
1811		5.95	5.09		
1812	6.00	6.12	5.13		
1813	6.83	6.30	5.03		
1814	7.50	7.64	5.26		
1815	7.00 ~ 7.75	7.30	5.29		
1816		7.25	5.72		
1817		5.86	5.27		
1818		5.78	5.08		
1819		5.90	5.17		
10 年平均		6.89	5.20		
1820	5.00 ~ 5.88	5.16	5.00		
1821	4.25 ~ 4.50	4.57	4.93		
1822		4.65			
1823		4.72	5.00		
1824	4.50	4.25	4.52		
1825	4.50	4.32	4.52		
1826		4.50			
1827		4.37	4.61		
1828		4.48			
1829		4.50	4.77		
10 年平均		4.55	4.77		
			7 年平均		
1830		4.37	4.90		

（续表）

年份	联邦政府债券		新英格兰市政债券收益率（%）*	高级铁路债券收益率（%）	纽约市房地产抵押贷款（%）
	新发行品种收益率（%）	精选品种市场收益率（%）			
1831		4.41			
1832		4.45	5.00		
1833			4.87		
1834			4.87		
1835			4.83		
1836			4.96		
1837			4.95		
1838			5.01		
1839			5.21		
10 年平均			4.95		
1840			5.07		
1841	5.50~6.00		4.99		
1842	6.00~6.14	6.07	4.95		
1843	4.82~4.95	5.08	4.88		
1844		4.85	4.84		
1845		5.16	4.86		
1846	6.00	5.50	4.92		
1847	5.88	5.77	5.14		
1848	5.76	5.71	5.31		
1849		5.16	5.31		
10 年平均		5.41 8 年平均	5.02		
1850		4.58	5.13		
1851		4.47	5.08		
1852		4.89	4.98		
1853		4.02	4.99		
1854		4.14	5.13		

（续表）

年份	联邦政府债券		新英格兰市政债券收益率（%）*	高级铁路债券收益率（%）	纽约市房地产抵押贷款（%）
	新发行品种收益率（%）	精选品种市场收益率（%）			
1855		4.18	5.16		
1856		4.11	5.10		
1857		4.30	5.19*	6.97	
1858	4.3～4.81	4.82	5.03	6.50	
1859		4.72	4.81	6.22	
10年平均		4.33	5.06		
1860	4.92	5.57	4.79	6.04	
1861	6.73	6.45	5.04	6.38	
1862	6.00	6.25	4.91	5.52	
1863	6.00	6.00	4.37	4.77	
1864	5.00～5.60	5.10	4.80	4.83	
1865	4.62～15.42	5.19	5.51	6.02	
1866	4.62～5.42	5.17	5.50	6.37	
1867	5.16	4.97	5.34	6.32	
1868	5.61	4.62	5.28	6.26	
1869	5.87	4.07	5.37	6.55	7.00
10年平均		5.84	5.10	5.90	
1870		4.24	5.44	6.41	
1871	5.00	4.18	5.32	6.35	
1872		3.70	5.36	6.18	
1873		3.51	5.58	6.20	
1874		3.42	5.47	5.91	
1875		3.30	5.07	5.45	
1876	4.50	3.66	4.59	5.16	
1877	4.50	3.81	4.45	5.18	
1878	4.00～4.50	3.97	4.34	5.11	
1879		3.96	4.22	4.77	5.92

（续表）

年份	联邦政府债券		新英格兰市政债券收益率（%）*	高级铁路债券收益率（%）	纽约市房地产抵押贷款（%）
	新发行品种收益率（%）	精选品种市场收益率（%）			
10 年平均		3.75	4.98	5.67	
1880		3.63	4.02	4.46	5.78
1881	3.50	3.13	3.70	4.13	5.80
1882	3.00	2.91	3.62	4.20	5.65
1883		2.88	3.63	4.23	5.43
1884		2.76	3.62	4.15	5.35
1885		2.68	3.52	3.98	5.20
1886		2.43	3.37	3.81	5.10
1887		2.32	3.52	3.80	5.14
1888		2.27	3.67	3.69	5.20
1889		2.13	3.45	3.51	5.13
10 年平均		2.71	3.60	4.00	5.38
1890		2.37	3.42	3.68	5.45
1891	2.00	2.58	3.62	3.84	5.38
1892		2.73	3.60	3.72	5.20
1893		2.96	3.75	3.73	5.20
1894	2.98	2.72	3.70	3.62	5.16
1895	3.75	2.82	3.46	3.46	5.04
1896	3.52	3.06	3.60	3.50	5.12
1897		2.57	3.40	3.83	5.04
1898	3.00	2.50	3.35	3.26	4.96
1899		2.22	3.10	3.13	5.05
10 年平均		2.55	3.50	3.53	5.16
1900	2.00		3.15	3.18	5.17

* 1857 年前，马萨诸塞州或波士顿 5s；1857 年后麦考利（Macaulay）的《新英格兰市政债券平均数》（*Average of New England Municipals*）。

资料来源：详见正文和文后的阶段性表格。抵押贷款数据摘自《房地产分析师》（*Real Estate Analyst*），经版权所有人圣路易斯的罗伊·温茨利克调研公司（Roy Wenzlick Research Corp.）允许摘用。

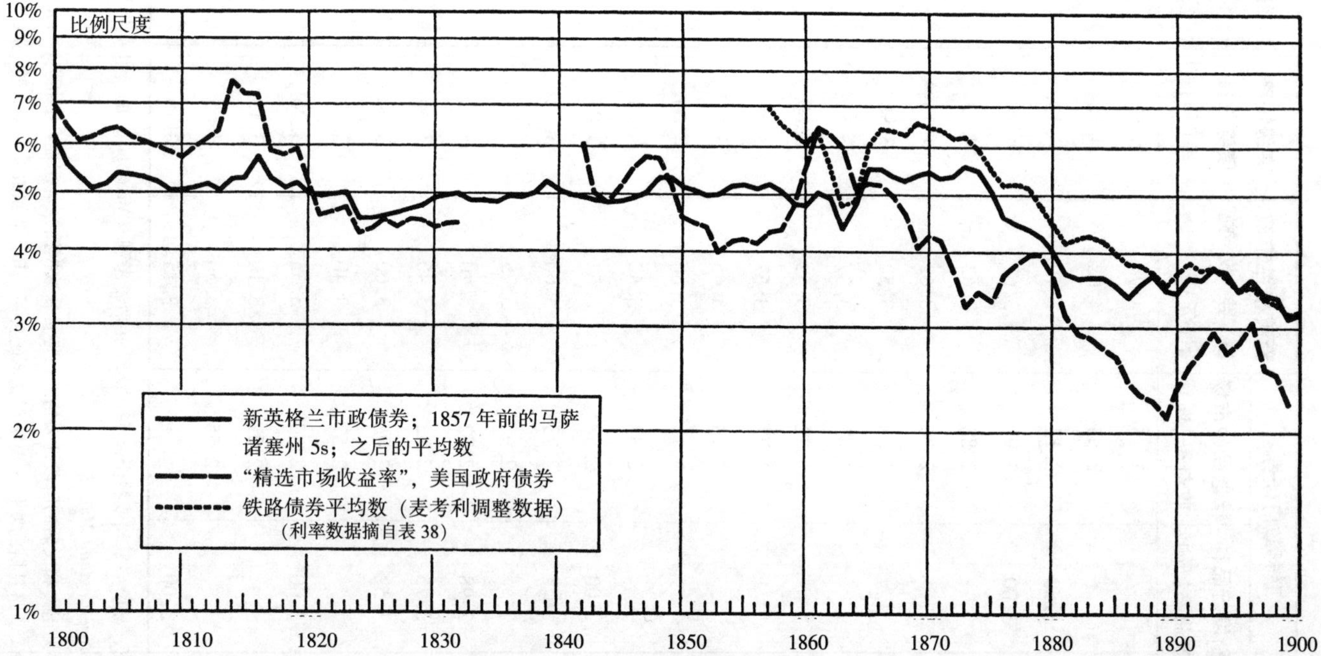

图 31　19 世纪美国高级债券收益率

内战期间和内战刚刚结束的时候，美国政府债券的收益率由于黄金溢价的缘故而出现扭曲，因为记载价格单位为绿背纸币（绿币），而支付时可能使用硬通货。此外，从 19 世纪 60 年代起，国家银行以低收益率的价格购买政府债券，以确保流通，而后来取而代之的是以大幅度溢价进行收购的财政部。因此，从 1863 年到 1918 年的政府债券的市场收益率数据必须统统忽略不计，不能作为美国长期利率的指导数据。另外，从 1825 年到 1842 年，尚未偿付的政府债券寥寥无几，有时一种都没有。

政府债券新发品种的收益率在表中另外补充了非常简略的预计市场收益率数据。这个系列数据选自那些贴现或者溢价最少的长期品种的年平均价格。所选择的收益率数据是为了体现看起来属于非常实际的当年通行平均利率。这种精心挑选的努力虽然很容易出错，却产生了一个系列数据，通常非常贴近 1865 年前的新发品种的收益率。

美国全国经济研究所的弗雷德里克·R·麦考利[注491]提供了自 1857 年起的一些重要的利率平均数。麦考利的新英格兰市政债券指数也许能够很好地说明当时美国高级长期债券的收益率水平和趋势；免税优惠并不会像如今那样扭曲其收益率数据。他那经过调整的铁路债券指数非常粗糙，但却可以用来说明 1885 年以后优等公司债券收益率。在 1857 年之前，市政债券的收益率在此只是通过马萨诸塞州政府债券（通常是 5s）和波士顿市政府债券（通常是 5s）来体现。债券品种太少，因而只能非常笼统地说明一下市场情形。

总的说来，从 1798 年到 1863 年，以接近面值价格发售的美国政府债券的收益率数据提供了有关市场趋势的最佳参考指数。我们必须依赖在 1865 年以后的 20 年期间市政债券平均数。1885 年以后，优等铁路债券的收益率基本等同于市政债券平均收益率，可以构成一种可用的指数。

为了展示美国债券收益率的历史，大部分人的努力只能追溯到 1879 年恢复铸币的时候，或者最早也只能追溯到 19 世纪 50 年代。这也许是因为技术上难度太大，令人怀疑早先的数据是否充分，怀疑计算出来的收益率。然而，美国早在亚历山大·汉密尔顿（Alexander Hamilton）时代，就存在一个政府和各州债务投资市场，有大量的记载数据和起伏跌宕的价格及收益率数据。因此，看起来非常值得冒着数据不够充分的风险，去尝试推算整个 19 世纪期间美国最佳长期债券的通行市场收益率。

19 世纪收益率趋势总结

19 世纪美国债券收益率历史的最简单分解办法——如图 31 及 32 所示——就是分为很容易区分的两个部分：（A）1800 ~ 1870 年收益率在高点位置但正在下滑的区间里不规则波动阶段；（B）在该世纪最后 30 年里收益率持续下滑的阶段。但是，这两个阶段还可以进一步细分。

A. 高收益率的几十年时期包括 3 个收益率下跌阶段和 3 个收益率上升阶段。每一次这种波动在政府债券收益率方面的显著性都远远超过新英格兰市政债券收益率。具体可以汇总如下：

a. 从 1798 年到 1810 ~ 1811 年，所有收益率下跌，1805 年短暂出现小幅回弹。

b. 从 1810 ~ 1811 年到 1815 ~ 1816 年，战争期间所有收益率上升，几乎达到——但没有真正达到——其 1798 年的高位。

c. 从 1815 ~ 1816 年到 1825 年，所有利率大幅度下跌到大大低于该世纪第一个 10 年期间的水平。

d. 从 1825 年到 1842 ~ 1848 年，市政债券收益率逐步上扬，即便在联邦政府债务得以偿付的那些年期间，接着是最初几种联邦政府新发债务品种收益率直线上升。19 世纪 40 年代的高收益率都远远低于 1810 ~ 1816 年的高点。

e. 从 1842 ~ 1848 年到 1858 年，政府收益率跌至 19 世纪 20 年代的低水平，但是这些市政债券的收益率没有表现出显著趋势。

f. 从 1858 年到 1861 ~ 1865 年，政府债券收益率大幅上升到 1861 年战争时期的高点，但却低于其 1814 ~ 1815 年和 1798 年的高点水平。市政债券收益率非常不规则地上升至大约 1798 年水平的趋势，被 1863 年的一次短暂跳水打断。在内战期间，市场的不同领域出现了相互冲突的趋势。

B. 内战结束后的全面收益率下跌起初始于政府债券，过了很久以后扩大到铁路债券，最后扩大到市政债券。当时推动了政府债券的具体因素，以及存在于铁路债券的信用风险，都表明市政债券当时是优等市场收益率的最佳指南。如果是这样的话，优等美国债券的这一巨大牛市就可以追溯到 1873 年。牛市持续了 25 年多的时间。这个牛市可以进一步细分为以下 3 个阶段：

a. 从 1873 年到 1886 年，所有收益率大幅下跌。市政债券普遍的 3.5% 的水平远远低于该世纪前 70 年取得的任何收益率。

b. 从 1886 年到 1893 年，一直处于非常低水平的收益率出现小规模不规则上扬。最佳品质铁路债券此时似乎第一次实现了真正高级债券的价位。

c. 从 1893 年到 1899 年，市政债券和公司债券收益率再次下跌，达到3% ~ 3.25%，大约为其 20 世纪 30 年代前的低点。

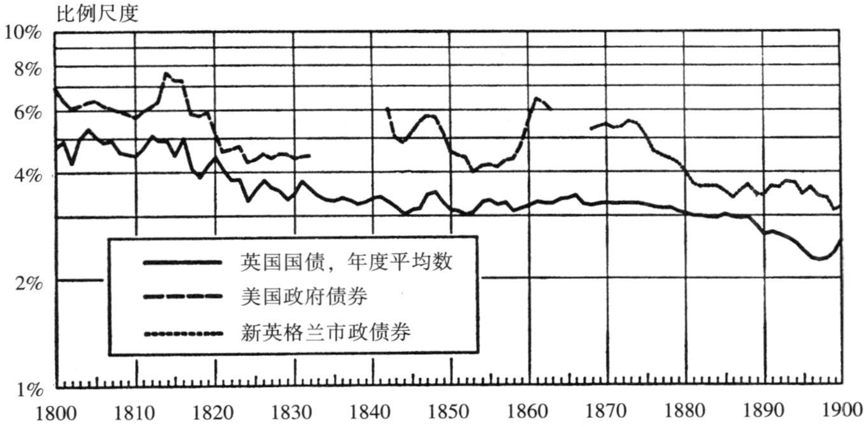

图 32 19 世纪美国高级债券和英国国债收益率

通过对比英国国债和美国长期债券的收益率，图 32 显示了两者的相似性和差异性。这两个国家的收益率在 19 世纪期间总体上都在大幅度下降。英国的收益率总是低于美国的收益率。

在拿破仑战争期间——1812 年美国对英的战争也许可以看成是其中的一个组成部分——英国和美国的收益率都处于该世纪的高位。两个国家的收益率在 1815 年后都在下滑。1825 ~ 1830 年以后，美国的收益率呈现大幅上升趋势，而英国的收益率则进一步下跌。这就造成了从 19 世纪 30 年代一直到 19 世纪 70 年代的巨大差异，而这种差异毫无疑问鼓励了英国将大量投资抛向美国的证券。英国的收益率在美国的内战期间只是稍有上升，而美国的收益率则是大幅度上扬。

1870 年以后，两个市场再次齐动，并从此大部分时候都保持这种态势。虽然两个国家的收益率在 19 世纪的最后 30 年都在大幅度下跌，但美国的跌幅大大超过英国的跌幅，特别是在 19 世纪 70 年代。两者之间的差距这时已经部分消失。然而，美国的收益率并没有达到英国在 19 世纪期间的低收益率水平，而且事实上并没有跌至英国收益率之下，直到第一次世界大战以后。

政府财政和高级债券收益率详细历史

1790～1809 年。亚历山大·汉密尔顿著名的再融资举措——1790 年获得国会批准并于 1791～1794 年成功实施——创建了 3 个新债券品种：[注492]

1791～1794 年——

3 000 万美元："1790 年的 6s"，政府愿意时可以 100 的价格赎回，额度为每年不超过 2%。

1 460 万美元："1790 年的 6s 递延品种"，1800 年后付息 6%，赎回条件同上。

1 970 万美元："1790 年的 3s"，政府愿意时可以 100 的价格赎回。

---

6 430 万美元

这些债券以面值换面值的条件发售给革命战争期间和联邦期间国会发行的债务持有人，以及为了国家目的而发生的州债务持有人。国会债务持有人获得了 1790 年 6s 中本金的 2/3 和 1790 年 6s 递延品种的 1/3，因此取得平均利息为 1800 年之前 4%、之后 6%。他们的未付利息债权遭遇了面值换面值的 1790 年的 3s。获准州债务的持有人获得了 4/9 的 1790 年 6s、2/9 的 1790 年 6s 递延品种和 1/3 的 1790 年 3s。被接受换取这些新发品种的债券曾经以很大的贴现价格销售。因此，1790～1794 年的市场利率无法从这些名义利率中推断出来。

这种并转不是强迫性质的。人们普遍相信，市场利率会随着公共信用的上升而下跌。[注493]所有的旧债务在政府愿意的时候都可以赎回，而新发的 6s 赎回的速度不能超过每年 2%；因此，这种并转符合债权人的个人利益。国家财政收入和西部土地的销售收益被用做这些国内债务利息支付的抵押物，其前提仅仅是偿还 1 200 万美元的外国债务。外国债务总是被认为拥有优先权。

在 1791～1801 年期间，财政盈余超过了赤字。1792 年，汉密尔顿设立了一个定期偿债基金，作为改善政府信用、提高政府债券价格的一个工具。[注494]政府拨付了款项，指定了一个委员会在市场筹借资金、实施购买活动。"政府应当确定政策，"汉密尔顿说，"尽快将股票价值提高到它真实的标准。在达到这个标准后，外国的投机活动……就有利可图了。"尽管 1798 年前新政府债券的市场资料寥寥无几，但汉密尔顿的言论表明，利率为 6% 的债券在早先几年里的价值低于面值。1791 年资料记载的价格为 70，收益率为 8.57%。

财政的有利地位在 1797 ~ 1799 年发生了变化。当时爆发的与法国之间不宣而战的一场海战要求建设一个军事设施。1798 年，一笔新贷款获得批准，并于 1799 年和 1800 年以现金形式发售，其名义利率是我们的政府长期债券中最高的，直至最近：

1799 年——500 万美元“1798 年的 8s”，可在 1809 年赎回，* 售价 100 = 8%

1800 年——150 万美元“1800 年的 8s”，可在 1809 年赎回，* 售价 105.75 = 7.34% **

* 虽然这些利率为 8% 的贷款被官方描述为“15 年后可赎回”，这里的赎回日期却标明为 1809 年，因为该法案称，“含息 8% ……直至 1808 年 12 月 31 日，此后在国会愿意的期间也是含息 8%，直至赎回”。这种债券事实上在 1809 年赎回。

** 溢价水平的 8s 收益率的计算，是依据一种假设，即由于其高利率，赎回估计在最早可能的时候发生。

各种政府债券的市场价格从 1798 年起有了资料记载。[注495]如表 39 所示，在 1798 ~ 1799 年期间，联邦政府债券的市场低迷。这是因为公众预计会爆发战争和入侵。1790 年的 6s 售价低至 75，收益率 8%。这些价格解释了为什么财政部在 1799 年和 1800 年发行新债务时使用了高达 8% 的利率。

1798 年，1790 年的 3s 售价在 42.5 ~ 50 之间，当年收益率为 6% ~ 7.07%。这就相当于收益率比 1790 年的 6s 低大约 110 个基点，平均低于新发 8s 收益率 150 个基点。这种差距表明，投资人倾向于低利率贴现债券，而在欧洲的大部分国家，正是这样一种倾向性引起过人们的注意。3s 提供了一种利率良好的有把握的连续收入，而 8s 预计会很早到期——事实也的确如此——6s 很可能每年赎回 2%。这个新国家的打算是还清债务，不论期限如何，而且它也的确是这么做的。

1799 年和 1800 年，债券市场形势转好。第二次发行的 8s 发售时出现良好溢价，售价高达 110。6s 和 3s 上涨了 4 ~ 7 个点。1802 年，市场达到一个短期高点后下跌至 1805 年，接着又恢复上升至 1809 年的新高。政府连年盈余，国债迅速从 1804 年的 8 600 万美元减少到 1809 年的 5 700 万美元。外债全部还清。1809 年，两次发行的 8s 都以 100 的价格赎回。8% 的利率在赎回前十分诱人。这是一个债券收益率大幅度下跌的 10 年期。

这些早期发行的政府长期国内债券并没有像现代时期那样向投资人阐明他们享有要求在某个指定的未来日期收回本金的特权。本金的赎回当时是债务人的权利，而债务人通常不得不放弃这种权力若干年，以便使债券为人接受。

表 39　1798～1809 年长期高级债券价格和收益率

年份	美国 1790 年 6s 当年收益率						美国 1790 年 3s 当年收益率			
	年平均		年度高价	收益率（%）	年度低价	收益率（%）	年平均		年度高价	年度低价
	价格	收益率（%）					价格	收益率（%）		
1798	79.375	7.56	83.75	7.16	75	8.00	46.25	6.47	50	42.5
1799	82.5	7.29	86.25	6.95	78.75	7.62	47.5	6.31	50	45
		7.42 2 年平均						6.39 2 年平均		
1800	86.375	6.94	91.5	6.56	81.25	7.38	51	5.97	54.5	47.5
1801	93.25	6.44	100	6.00	86.5	6.93	56.25	5.33	60	52.5
1802	99.75	6.02	102	5.87	97.5	6.16	63	4.76	67	59
1803	97.5	6.16	100	6.00	95	6.31	59.5	5.05	62	57
1804	95.25	6.29	96.5	6.22	94	6.39	58	5.16	59	57
1805	94.25	6.38	97	6.19	91.5	6.56	55.25	5.43	57.5	53
1806	97.75	6.14	100	6.00	95.5	6.28	60.5	4.96	64	57
1807	98.75	6.08	101.5	5.91	96	6.26	63.25	4.74	65	61.5
1808	100.75	5.96	103.5	5.80	98	6.12	64.5	4.66	65.25	63.5
1809	102.5	5.85	104	5.76	101	5.94	66.25	4.53	67.5	65
10 年平均		6.22						5.06		

年份	美国 1798～1809 年 8s				马萨诸塞州 5s：当年收益率					
	年平均		年度高价	年度低价	年平均		年度高价	收益率（%）	年度低价	收益率（%）
	价格	收益率（%）			价格	收益率（%）				
1798					79.5	6.30	81.5	6.12	77.5	6.45
1799	104	7.42	106	102	81.25	6.16	82.5	6.08	80	6.25
						6.23 2 年平均				
1800	107	6.93	110	104	81.375	6.13	83.25	6.00	80	6.25
1801	110.5	6.31	115	106	88.75	5.63	92.5	5.40	85	5.89
1802	112.5	5.80	114	111	95.25	5.25	100	5.00	90.5	5.52
1803	109.75	6.03	112.5	107	98.5	5.06	100	5.00	97	5.15
1804	107.5	6.22	109	106	97.25	5.14	98	5.10	96.5	5.18
1805	105.25	6.50	106.5	104	93.25	5.36	96.5	5.18	90	5.55
1806	105	6.12	106	104	94	5.32	98	5.10	90	5.55
1807	103	6.37	105	101	96	5.21	98	5.10	94	5.32
1808	101.75	6.12	102.5	101	96.25	5.19	99.5	5.02	93	5.38
1809	1809 偿还				99.5	5.02	100	5.00	99	5.04
		6.30 9 年平均				5.33 10 年平均				

资料来源：高价和低价数据摘自约瑟夫·G·马丁（Joseph G. Martin）的《马丁论波士顿股票市场》（*Martin's Boston Stock Market*），波士顿，1886 年出版，第 127 页。

这是欧洲有关偿债基金型永久债务的原则，可以追溯到中世纪的岁金年金时期。发放给外国的贷款通常都确定一个债务人必须偿还债务的到期日。政府的短期贷款通常也明确到期日。虽然美国政府长期贷款没有具体的到期条款，或者措辞含糊，但是几乎所有发行品种事实上都在最早赎回日期或者该日期后几年内就赎回。

这些年的资料记载中有马萨诸塞州利率为 5% 的债券的市场价格和当年收益率数据，可以用来对比联邦政府债券的收益率。政府债券中没有名义利率相同的品种；因此，收益率的精确对比并非总是有可能进行。然而，马萨诸塞州 5s 的较低收益率出现在美国 1790 年 6s 以大幅度贴现价格发售时，出现在 6s 以面值价格发售时，从而表明政府新发国家债务还没有取得一国应有的信用地位。马萨诸塞州债券的逐年价格趋势与联邦政府债券的趋势相同。事实上，表 39 中所列所有 4 个债券品种的记载收益率数在一起波动，尽管到期日和价格水平相差甚大。这就说明我们所看到的是长期债务品种的真实市场情况。

1810～1829 年。尽管在 19 世纪第一个 10 年期间一再出现财政盈余情形，尽管创造了惊人的债务偿还纪录，美国的财政部和金融市场还没有为 1812 年的战争融资做好充分的准备。1811 年，第一家美国银行被注销注册，资金转到州银行的政府没有可靠的信贷来源。战争从政治上说在富裕的州很不受欢迎，国会也拒绝批准用不充裕的税收来支撑新的战争债务。面对国会在贷款利率和价格上的限制条件，以及投资人购买欲望的低迷，进退两难的财政部最后被迫接受非常不利的举债条件。

战争融资分为短期国库券和长期债券两种。除了小面额以外，所有票据都含息，通常是 5.40%。票据可以转兑成政府债券，战争结束后很快就用专款偿还了。[注496]

表 40 显示了政府债券市场在 1810 年和 1811 年保持了 1809 年的高位，尽管战争的乌云密布。1812 年，在较低价位市场上，政府在许多年里第一次发行现金债券品种：

1812 年——810 万美元“1812 年的 6s”，可在 1825 年赎回，售价 100 = 收益率 6%。

1813 年，债券市场进一步下跌几个点。财政部艰难地获得了国会的允许，以低于面值的价格发售债券，接着错误地向购买第一批贴现 6s 的投资人承诺：他们可以享有以后可以接受的任何更低价位的好处。这时，投资人享有市场进一步下滑时的短期利益。在此授权下，财政部发行了 3 种 6s，具体如下：

表 40　1810～1829 年长期高级债券价格和收益率

年份	美国 1790 年 6s 当年收益率：年平均价格	年平均收益率（%）	年度高价	收益率（%）	年度低价	收益率（%）	美国 1790 年 3s 当年收益率：年平均价格	年平均收益率（%）	年度高价	年度低价
1810	103	5.82	104	5.76	102	5.87	65.375	4.55	67.5	64
1811	100.75	5.95	104	5.76	97.5	6.15	62	4.84	66	58
1812	98	6.12	101	5.93	95	6.30	59	5.10	62	56
1813	95	6.30	100	6.00	90	6.68	55.25	5.43	57.5	53
1814	78.5	7.64	92	6.52	65	9.22	51.375	5.85	53.75	49
1815	85.5	7.02	90	6.68	81	7.41	47.25	6.33	51	44
1816	88.75	6.75	97.5	6.15	80	7.50	54.5	5.52	61	48
1817	102.125	5.86	108.25	5.52	96	6.25	65.5	4.56	70	61
1818	103.75	5.78	106.5	5.62	101	5.94	67.5	4.45	71	64
1819	101.5	5.90	103	5.82	100	6.00	65	4.61	68	62
10 年平均		6.33						5.14		
1820	105	5.71	108	5.53	102	5.87	67.5	4.45	70	65
1821	109.125	5.49	112	5.36	106.5	5.64	74.375	4.04	79.25	69
1822	106.5	5.63	111	5.40	102	5.87	76	3.95	79	73

年份	美国 1814～1827 年的 6s：年平均价格	当年收益率（%）	赎回收益率（%）	年度高价	年度低价	美国 1790 年 3s：年平均价格	年平均收益率（%）	年度高价	年度低价
1823	106.25	5.64	4.27	109	103.5	75.875	3.96	79	72.75
1824	108.75	5.52	2.94	112	105.5	84.5	3.56	90	79
1825	106.5	5.62	2.65	111	102	87.5	3.43	90	85
1826	103.5	5.79	3.10	106	101	83	3.62	86	80
1827	103.75	6.77	2.20*	106	101.5	84.25	3.57	88	80.5
1828	103.25	5.80	2.65*	106	100.5	85	3.54	37	83
1829	102.625	5.85	3.30*	104.75	100.5	86.625	3.47	89.25	84
10 年平均			1831 年偿还				3.76 1833 年偿还		

（续表）

年份	美国 1815～1824 年的 7s					美国 1821～1835 年的 5s				
	年平均			年度高价	年度低价	年平均			年度高价	年度低价
	价格	当前收益率（%）	赎回收益率（%）			价格	当前收益率（%）	赎回收益率（%）		
1810										
1811										
1812										
1813										
1814										
1815										
1816	96. 5	7. 25	7. 54	102	91					
1817	106. 75	6. 55	5. 92	111. 5	102					
1818	107. 5	6. 50	5. 68	110	105					
1819	105	6. 66	6. 00	106. 5	103. 5					
1820	108	6. 46	5. 16	110. 5	105. 5					
1821	110. 375	6. 32	4. 15	111. 75	109	106. 875	4. 57	4. 34	108**	105. 125**
1822	106. 25	6. 62	4. 74	108. 5	104					
1823	103. 25	6. 76	5. 20	104	102. 5	105. 25	4. 72	4. 42		105. 25**
			1825 年偿还							
	美国 1824～1832 年的 4. 5s									
1824	105. 75	4. 25	3. 66	105. 75		112	4. 46	3. 66	112	
1825	104	4. 32	3. 85	104		106. 5	4. 67	4. 20	108	105
1826	100	4. 50	4. 50	102	98	103. 5	4. 81	4. 30	107	100
1827	102. 25	4. 37	4. 00	103. 5	101	108	4. 62	3. 82	108	
1828	100. 125	4. 49	4. 45	102	98. 25	105. 5	4. 72	4. 10	108	103
1829	100	4. 50	4. 50	102	98	103. 375	4. 82	4. 35	105. 75	101
			1834 年偿还					4. 15 8 年平均 1834～1835 年偿还		

（续表）

年份	马萨诸塞州5s当年收益率					
	年度平均		年度高价	收益率（%）	年度低价	收益率（%）
	价格	收益率（%）				
1810	99.5	5.02	100	5.00	99	5.04
1811	98.25	5.09	100.5	4.98	96	5.21
1812	97.25	5.13	99.5	5.02	95	5.26
1813	99.25	5.03	101	4.95	97.5	5.12
1814	95	5.26	101	4.95	89	5.61
1815	94.5	5.29	101	4.95	88	5.68
1816	87.5	5.72	91	5.50	84	5.95
1817	95	5.27	100	5.00	90	5.56
1818	98.5	5.08	100	5.00	97	5.15
1819	96.75	5.17	98.5	5.08	95	5.27
10年平均		5.20				
1820	100	5.00	103	4.86	97	5.15
1821	101.5	4.93	103	4.86	100	5.00
			1822年偿还			
	波士顿市5s：1823年售价100					
1824	110.25	4.54	110.25	4.54		
1825	110.5	4.52	110.5	4.52		
1826						
1827	108.5	4.61	109	4.59	108	4.63
1828						
1829	104.5	4.77	104.5	4.77		

* 到期日前1年时。

** 新发品种价格。

资料来源：高价和低价数据摘自马丁前文引用著述，第127页。

1813年——1 810万美元“1813年第一笔贷款6s”，可在1826年赎回，售价88＝当年收益率6.83%。

1813～1814年——850万美元“1813年第二笔贷款6s”，可在1826年赎回，售价88.25＝当前收益率6.80%。

1814年——1 540万美元“1814年的6s”，可在1827年赎回，售价80＝当前收益率7.50%。

最后一笔贷款带来了麻烦。其中部分债券甚至卖出了州银行本票仅仅价值65铸币的价格，这时的收益率为9.25%。早先的认购者急忙提出增补债券，以弥补差价。

1814 年，1790 年的 6s 下跌到了 65 的低价，收益率为 9.22%。在这些年，美国政府长期债券表现出了 19 世纪期间的最高收益率。显然几乎没有人相信 6s 会在短短的 3 年时间从 65 的价格上升到 108，没有人相信几乎整个国债会在 20 年内全部还清。

1815 年，随着和平消息的传来，市场好转了一阵子。在这一年，财政部为了偿还其国库券，向国库券持有人推出了两种长期债券，其条件之差异令人诧异：

为面值低于 100 美元的国库券持有人提供：

1815 年——900 万美元"1815 年的 7s"，可在 1824 年以后赎回，售价 100 =7%。

为大面额国库券持有人提供：

1815 年——1 230 万美元"1815 年的 6s"，可在 1825 年以后赎回，售价 95.25 =6.31%。

这些收益率与 6.68% ~7.41% 的市场通行收益率之间的关系表明，财政部收取的价格实际上低于 95.25 和 100。可以作为付款凭证的国库券有时的售价只有 75 ~90。[注497]如果我们将国库券的市场价值当做是债券的价格，那么新发品种发售时的收益率为：

1815 年——1815 年的 7s 售价 75 ~90，收益率为 9.31% ~7.75%。

1815 年——1815 年的 6s 售价为 75 ~90 的 95.25，收益率为 8.22% ~7.00%。

1816 年，市场仍然受到 1815 年新发 7s 的压制，其售价达到 91 的低点，收益率为 7.69%。1817 年，真正的战后市场复苏开始了。1790 年的 6s 售价上升了 16 ~28 个点，1815 年的新发 7s 上升 20 个点达到 111.25，收益率为 5.30%。

没有固定到期日的政府债券价格超过 100 的情况，很难让人确定购买人无论以什么价位买入时期望获得的收益率究竟是多少。表中有些收益率是当年收益率，其计算方法只是简单地用利率除以价格；还有些收益率数据是按照最早赎回日期计算的。大部分债券都是在政府愿意的情况下未来的某个日期可以赎回，但是否赎回却不能肯定。这种债券构成了一种投机性质的回报率。因此，1814 ~1827 年的 6s 在 1824 年的售价高达 112，即当年收益率为 5.36%，但是如果在 1827 年以 100 的价格赎回，则它的收益率就只有 1.85%。对于这些债券品种，表中提供了当年收益率和最早赎回时的收益率，这样就体现了投资人面前的投机性选择余地。为了确定长期利益的通行利率，新发品种或者常年在市场上以 100 左右的价格出售且不可赎回的品种，比起高溢价债券品种的可靠性要大得多。

1819 年的一个特征是对债券市场几乎没有产生任何负面影响的一场工业和商业危机。在 1820 ~ 1821 年期间发行的 3 笔小规模贷款——其主要目的是为了能继续赎回高利率的战争贷款——提供了日益上升的债券市场上投资人倾向性的一个有趣线索。这 3 笔贷款是：

1820 年——100 万美元“1820 年的 5s”，可在 1832 年赎回，售价 100 = 5%。

1820 年——200 万美元“1820 年的 6s”，可在美国愿意的时候赎回，售价 102 = 5.88%。

1821 年——470 万美元“1821 年的 5s”，可在 1835 年赎回，售价 105.125 = 4.50% 和 108 = 4.25%。

早日赎回风险的债券品种的收益率最高，而具有较晚赎回风险的收益率则低得多。

在 1824 ~ 1825 年期间，市场达到了这个 10 年期间的价格最高点。财政部这时致力于重新融资，以便减少战争债务的利息支出。它的形式是 3 种利率为 4.5% 的债券，综合起来即：

1824 ~ 1825 年——1 450 万美元“1824 年的 4.5s”，可在 1832 ~ 1834 年赎回，售价 100 = 4.50%。

这是 1841 年前的最后一次长期融资。政府此时的问题是如何消化其盈余。

从 1825 年到 1829 年，债券市场温和下跌。4.5% 这样的利率似乎可以看成是具有较早赎回风险的债券品种的通行利率。到了 1835 年，债务已经完全偿还。

从 1810 年到 1829 年期间，马萨诸塞州债券和波士顿市债券的当年收益率（可同时参阅表 51）的波动幅度大大低于联邦政府债券的收益率。由于这些地方债务的名义利率为 5%，并且在 1820 ~ 1829 年的 10 年期间里享有溢价，因而其收益率有可能因为担心赎回而保持着高位。但是，在 1810 ~ 1819 年比较低迷的市场上，贴现非常常见，从而提供的真实收益率总是远远低于财政部的 6s 的收益率，有时也低于财政部的 3s。

在利率差异和贴现情形造成的扭曲忽略不计的情况下，马萨诸塞州债券受到

1812 年战争的影响似乎小于国库券，和平时期到来时的反弹幅度也比较小。收益率和价格上的差异在 19 世纪 20 年代并不是很大，表明国家政府债券的受欢迎程度也许在当时与马萨诸塞州和波士顿市债券不相上下。

1830～1859 年。国家债务在这 30 年期间的历史可以分为 3 个部分：（A）1830～1835 年所有剩余国债赎回；（B）1835～1842 年没有国债阶段；（C）1842～1859 年发放新国债阶段。从 1800 年起国债总额的变化情况如下表：

年份	百万美元	年份	百万美元
1800	83	1840	3
1804	86	1850	63
1810	53	1851	68
1820	91	1857	28
1830	48	1860	64
1835	0		

在 1830～1835 年最终债务赎回期间，政府债券收益率的趋势呈下滑态势，这是可以预料得到的。经过对波士顿市 5s——其波动范围为 4.79%～5.02%——进行市场研究发现，市场收益率的真实水平在这个阶段的变化可能微乎其微，而溢价政府债券的赎回型低收益率仅仅是反映了这种债券也许不会立刻赎回的可能性。

到了 1835 年 1 月，债务被彻底清偿。从 1835 年到 1841 年，没有未偿还政府债券，因而也就没有政府债券的收益率历史记录。然而，波士顿市和马萨诸塞州的债券却有定期的史料记载，而这些收益率数据可以有助于判断市场的水平和趋势。当地金融取向所产生特惠和影响的可能性，使我们无法通过一两个地方性债券品种的价格来得出全国市场趋势的确切结论。

波士顿债券的收益率在联邦债务已经彻底清偿的 1835 年没有变化，跟 1830 年一样。这一点进一步说明在这 5 年债务赎回期间，长期债务的通行利率几乎没有发生变化。在 1835～1841 年期间，也就是没有未偿还国家债务的阶段，地方债券的收益率上升。体现市场收益率上升的另一个事实是，1841～1842 年期间的首次政府融资采用了 6s 的形式，而产生了溢价、在 1830～1835 年期间赎回的债务品种，大部分都是 5s 和 4.5s。

这一为期 7 年的无债阶段事实上是金融动荡最严重的历史时期之一。第二家美国银行已经被注销，联邦存款已经转移到州银行。疯狂投机阶段在1837年以崩盘结束，随之而来的是一次深度萧条。国库盈余迅速变为赤字。

从1837年到1841年，财政部的赤字融资方式是通过发售大约4 000万美元的没有长期贷款追索权的国库券。为和平时期目的发行新国家债务的想法遭到了政治上的普遍反对；国库券被认为是临时性质的权宜之计。随着1841年新总统和新内阁的上任，将国库券并入长期债券的新政策出台了。第一笔贷款——仅仅3年后即可赎回——并没有取得成功，因而不得不分割成两部分：

1841年——320万美元1841年的5.5s，可在1845年赎回，售价100 =5.50%。

240万美元1841年的6s，可在1845年赎回，售价100 =6.00%。

不久之后，第二笔贷款发行，赎回日期不同寻常地变为漫长的20年，取得了成功：

1842年——830万美元“1842年的6s”，可在1863年赎回，售价97.5~100，收益率分别为6.14%和6.00%。

在1842~1843年期间，债券市场出现了显著的改善。财政部利用这一市场良好的势头，发行了另一笔长期贷款，条件优惠了许多：

1843年——700万美元“1843年的5s”，可在1853年赎回，售价101~103，当年收益率分别为4.95%和4.82%。

国库盈余的阶段再次来临。许多州的银行系统已经打下了坚实的基础。独立财政系统（Independent Treasury System）启动，以保护政府不会因为银行倒闭而蒙受损失。从那以后，国家财政资金以及地方财政资金在各个银行金库之间转移的权力，形成了一种没有得到充分认识或系统使用的事实上的货币政策武器。

在1844~1846年期间，债券市场下跌。1846~1848年的墨西哥战争导致了更多的长期债务。财政部发行了3种现金债券，其中两种的期限为不同寻常的20年，实现了大量的超额认购：

1846年——500万美元“1846年的6s”，可在1856年赎回，售价100 =6%。

1847年——2 820万美元“1847年的6s”，可在1868年赎回，售价102

=5.88%。

1848 年——1 600 万美元“1848 年的 6s”，可在 1868 年赎回，售价 104 = 收益率 5.76%。

1849 年，市场开始大幅度复苏，并一直持续到了 1853～1856 年。1853 年，1848～1868 年 6s 售价达到了平均 122。毫不为奇，为期 20 年的 6s 让财政部后悔不迭，让投资人趋之若鹜。

1857 年的恐慌导致了银行和铁路的倒闭潮。在 14 年里超过了 3 倍的债券流通水平在 1 年内就下跌了 1/4。财政盈余不再存在，赤字再次出现。这些都削弱了财政部的地位，而此时正是内战灾难逼近的时候。1858 年，财政部在 10 年期间里第一次求助于债券市场来获取现金：

1858 年——2 000 万美元“1858 年的 5s”，可在 1874 年赎回；售价 102～107，收益率为 4.81% 和赎回前的 4.36%。

表 41　1830～1859 年长期高级债券价格和收益率

年份	美国 1790 年的 3s 当年收益率				美国 1821～1835 年的 5s				
	年平均		年度高价	年度低价	年平均			年度高价	年度低价
	价格	收益率（%）			价格	当年收益率（%）	赎回收益率（%）		
1830	92.25	3.25*	95.5	89	105.25	4.72	3.82	108.5	102
1831	94	3.19	95.5	92.5	104.75	4.76	3.71	106.5	103
1832	98	3.06	100	96	104	4.80	3.57	105	103
1833		支付			101.75	4.92	4.04	103	100.5
1834					100.5	4.97	4.45	101	100
							3.92		
							5 年平均支付		
1835									
1836									
1837									
1838									
1839									

（续表）

	美国1842～1863年的6s						
	年平均			年度高价	当年收益率（%）	年度低价	当年收益率（%）
	价格	当年收益率（%）	赎回收益率（%）				
1840							
1841							
1842	98.75	6.07	6.12	100	6.00	97.5	6.14
1843	112.125	5.32	5.03	118.75	5.04	105	5.71
1844	114.125	5.24	4.85	115	5.21	113.25	5.27
1845	109.75	5.47	5.16	114	5.25	105.5	5.68
1846	105.5	5.68	5.50	112	5.33	99	6.06
1847	102.5	5.85	5.77	108	5.56	97	6.18
1848	102.875	5.84	5.71	108	5.56	97.75	6.13
1849	108.375	5.54	5.16	111.75	5.35	105	5.71
	8年平均			5.41			
	美国1848～1868年的6s						
1850	117.25	5.10	4.58	122	4.91	112.5	5.31
1851	118.25	5.05	4.47	122.5	4.90	114	5.26
1852	118.375	5.06	4.39	121	4.96	115.75	5.18
1853	122	4.91	4.02	124	4.83	120	5.00
1854	119.625	5.02	4.14	123.25	4.86	116	5.17
1855	118	5.08	4.18	120	5.00	116	5.17
1856	117.75	5.09	4.11	119	5.04	116.5	5.15
1857	114.75	5.22	4.30	118.5	5.06	111	5.41
1858	113.5	5.29	4.32	116	5.17	111	5.41
1859	109.25	5.49	4.72	111	5.41	107.5	5.57
10年平均			4.33				

（续表）

年份	波士顿市 5s 当年收益率				马萨诸塞州 5s 当年收益率					
	年平均		年度高价	年度低价	年平均		年度高价	收益率（%）	年度低价	收益率（%）
	价格	收益率（%）			价格	收益率（%）				
1830	102	4. 90	102							
1831										
1832	100	5. 00		100						
1833	102. 5	4. 87	102. 5							
1834	102. 5	4. 87	102. 5							
1835	103. 25	4. 83	107	99. 5						
1836	100. 75	4. 96	106. 5	95						
1837	101	4. 95	102. 5	99. 5	98. 625	5. 07	103. 5	4. 83	93. 75	5. 06
1838	99. 875	5. 01	102	97. 75	101. 5	4. 92	103	4. 86	100	5. 00
1839	96	5. 21	97	95	98. 75	5. 06	100	5. 00	97. 5	5. 13
9 年平均		4. 95								
1840	98. 75	5. 07	99. 5	98	98. 375	5. 08	99	5. 05	97. 75	5. 12
1841	100. 25	4. 99	100. 5	100	92. 375	5. 41	99. 25	5. 04	86	5. 81
1842	101	4. 95	102	100	88. 375	5. 65	92	5. 43	84. 75	5. 90
1843	102. 25	4. 88	104. 5	100	95. 125	5. 25	104	4. 81	86. 25	5. 79
1844	103. 375	4. 84	105. 25	101. 5	102. 875	4. 87	104. 5	4. 79	101. 25	4. 94
1845	103	4. 86	106	100	103. 5	4. 84	104	4. 81	103	4. 86
1846	101. 5	4. 92	105	98	100	5. 00	103	4. 86	97	5. 14
1847	97. 25	5. 14	103. 5	91	94	5. 34	98	5. 10	90	5. 55
1848	94. 25	5. 31	97. 5	91	90. 75	5. 52	93. 75	5. 35	88. 25	5. 66
1849	94. 25	5. 31	96. 5	92	93. 5	5. 36	95	5. 26	92	5. 43
10 年平均		5. 02				5. 23				
1850	97. 5	5. 13	100	95	97. 5	5. 13	100	5. 00	95	5. 26
1851	98. 5	5. 08	100	97	98. 75	5. 07	100	5. 00	97. 5	5. 13
1852	100. 5	4. 98	101	100	99. 25	5. 04	100. 5	4. 98	98	5. 10
1853	100. 25	4. 99	101. 5	99	100	5. 00	100. 5	4. 98	99. 5	5. 04
1854	97. 5	5. 13	101	94	97. 75	5. 12	100. 5	4. 98	95	5. 26
1855	97	5. 16	100	94	97. 75	5. 12	99	5. 05	96. 5	5. 18
1856	98	5. 10	99. 5	96. 5	97	5. 16	99	5. 05	95	5. 26
1857	95. 5	5. 24	99	92	95. 5	5. 24	99	5. 05	92	5. 43
1858	98. 25	5. 09	101. 5	95	98. 5	5. 08	101	4. 95	96	5. 20
1859	101	4. 95	102	100. 25	100. 75	4. 97	101. 5	4. 92	100	5. 00
10 年平均		5. 09				5. 09				

* 如果 1833 年确定赎回，则价格为 92. 25 时的收益率为 5. 85%。

资料来源：高价和低价数据摘自马丁前文引用著述，第 127 页。

在内战爆发前的最后几年里，溢价型政府债券市场出现下跌，但是同期的波士顿和马萨诸塞州 5s 却上升了 3 ~ 4 个点，收益率达到大约 5%。

1860 ~ 1879 年。* 内战期间，当国债总额从 6 000 万美元上升到 26.75 亿美元的时候，高级债券的收益率大幅度上升，但是没有达到 1812 年战争时期的高水平。内战对债券市场的影响也许被北方的富裕和繁荣、被无息法定纸币的大量发行而削弱了。

1860 年期间，全国预计战争一触即发。政府债券的价格下跌了 6 个多点，但是新英格兰市政债券的年均价格略有上涨，铁路债券的平均价格也上升了。1860 年 9 月，政府试图以略微超过 1859 年水平的利率进行融资，但是发售情况不好。

---

* 美国高级债券的收益率记录在内战期间及战后受两个复杂因素的影响而扭曲：

1. 所有债券数据用法定纸币记载，而法定纸币的贬值导致了纸币记载数据的收益率低估。法定纸币的黄金美元价值变化如下：[注490]

年份	低价（美元）	高价（美元）	年份	高价（美元）	低价（美元）
1861	1.00		1870	1.11	1.21
1862	1.01	1.32	1871	1.09	1.15
1863	1.25	1.60	1872	1.09	1.14
1864	1.55	2.33	1873	1.09	1.18
1865	1.36	2.16	1874	1.10	1.13
1866	1.27	1.52	1875	1.12	1.17
1867	1.35	1.43	1876	1.09	1.14
1868	1.34	1.45	1877	1.03	1.07
1869	1.21	1.39	1878	1.00	1.02

大部分债券品种被认为将用铸币偿还，但是合约并不总是那么明确。在战争期间，人们怀疑政府是否会使用或者事实上能否使用铸币来偿还。实际上，所有债券品种都按约定赎回，甚至包括那些在战争期间偿还的债券。因此，在高黄金价格那些年里赎回的债券获得了纸币上的溢价，而那些在黄金价格下降的后来那些年偿还的债券则没有获得或者获得了较小的溢价。按照纸币价格来计算的收益率低估了期望的回报率，因为赎回时的黄金价格是个未知数，而赎回日期本身由政府选择，因而也是未知数。幸运的是，有些尚未偿付的债券品种在许多年里都不可赎回，从而为债券收益率数据提供了更好的参考。然而，所有这一切都在 1862 年以后因为对黄金利润的预期而得到改善。因此，从 1863 年到 1870 年，债券收益率的各表数据并不能可靠地显示长期利率情况。

2. 1863 ~ 1865 年的联邦银行法（National Banking Acts）规定，政府债券可以而且必须用来担保银行本票。国家金融系统最终营造了对政府债券的需求，从而到了 19 世纪 70 年代中期，政府债券的价格上升到了收益率远远低于可接受长期利率的水平。然而，幸运的是，史料中包含良好数据记载的有覆盖 19 世纪下半叶的高级市政债券和覆盖最后 20 ~ 30 年的公司高级债券。有了这些数据的帮助，我们就能追寻高级长期利率的水平和趋势。

1860 年——700 万美元“1860 年的 5s”，可在 1871 年赎回，售价 101 =4. 92%。

1860 年 11 月的大选给公共信用和私人信用带来了沉重打击。贷款的压缩和南方资金的抽回导致了金融恐慌。[注498]财政部被迫发行了利率为 10% ~12% 的 1 年期国库券，是战争筹款的最高利率，而且恐怕也是这个世纪的最高利率。发行更多国库券的议案——利息从 15% 到 36% 不等——被否决。1858 ~1874 年的财政部 5s 从 104. 5 下跌到了 89。

到了 1861 年 3 月 4 日林肯宣誓就职的时候，市场稍微恢复了一些信心。为了给战争融资，国会批准发行利率为 7. 30% 的 3 年期国库券，即利率不超过 7% 的 20 年债券。认购利率为 7. 30% 的国库券的总额达到大约 1. 23 亿美元，主要是银行认购。当政府试图将硬币收益转移到地方财政时，银行无法抵御挤兑风潮。1861 年 12 月，各银行暂停硬币支付。财政部还发行了以下长期债务：

1861 年 2 月——1 840 万美元“1861 年 2 月的 6s”，可在 1881 年赎回，售价 89 =6. 73%。

1861 年 7 月——5 000 万美元“1861 年 7 月的 6s”，可在 1881 年赎回，售价 89. 25 =6. 70%。

1861 年，债券市场出现了战争期间的最低点。1848 ~1868 年的老 6s 售价达到了 86 的低点，当年收益率达到 6. 98%。市政债券和铁路债券的价格也同样大幅度下跌。

1862 年，为战争筹款的模式已经十分清晰。筹措款项将分为：（A）长期贷款，通常有较早赎回的特权；（B）含息短期纸币、临时贷款或者存款凭证；（C）无息法定纸币。在 1861 ~1865 年的整个战争期间，不同信贷形式筹措的资金如下：[注499]

长期贷款	10. 44 亿美元
含息纸币	8. 9 亿美元
临时贷款	2. 08 亿美元
无息法定纸币	4. 81 亿美元
	26. 23 亿美元

纸币经常可以兑换成长期债券。虽然纸币一般并不是以铸币偿还，但是可以转换成的债券被认为是以铸币偿还的。纸币为财政部接受用来支付各种税费，除了关税。债券可以豁免地方征税。财政部发现，大量未偿还可转换纸币促成了债券的发行，而时而发生的货币贬值也能产生同样效果。大部分债券品种都采取5年可赎回、20年到期的6s形式；这些就是著名的5－20s，发行了数期。它以现金发售，或用国库券兑换。

起初，这些利率为6%的5－20s卖得非常不好。未偿还的6s通常的售价都在面值以下。1862年的战争消息很不利。在批准的5.15亿美元额度中，财政部在1862年只售出了2 370万美元，具体如下：

1862年——2 370万美元“1862年的利率6%的5－20s”，可在1867年赎回，1882年到期，豁免地方赋税，售价大约100＝6.00%。

（该债券于1863年和1864年额外售出4.91亿美元。）

在1862年这关键的一年中，证券市场没有进一步衰退。1846～1868年6s的平均售价上升3点，达到96，新英格兰市政债券上涨了，而铁路债券价格急剧上扬。毫无疑问，铁路债券要归功于战争。铁路债券还不是高级证券。到1863年，国会赋予了财政部在发售债券或纸币方面很大的自由度。国会还通过了联邦银行法，从而提供了一个巨大的政府债券期货市场。人们对战争获胜的信心越来越强。最后，一种不同的债券发售方式得到采用。财政部不再请银行报价，而是聘用经验丰富的投资银行家杰伊·库克金作为代理商，代理佣金为1%的3/8。库克聘用了2 500名分代理商。

1863年，绿币的价格在债券市场的各个领域都有了大幅度提高。1864年，黄金升值到了战争时期的高点，即绿币2.33美元。结果，接近赎回日的黄金债券的绿币价格上升至大量溢价水平，虽然赎回的黄金价格和赎回政策还不为人知。比如，1848～1868年的6s从1863年93的低位上涨到1864年145的高位。这些债券实际上在1869年以黄金赎回，但是赎回的黄金价值大约为绿币1.25美元，而不是2.33美元。

较长期政府债券的价格在1864年也上升到了溢价水平。市政债券和铁路债券的平均价格跌幅与政府债券价格的投机性上涨形成了鲜明对比。

表 42 1860～1879 年高级长期债券价格和收益率

年份	美国 1848～1868 年的 6s					美国 1861～1881 年的 6s				
	年平均			年度		年平均			年度	
	价格	当年收益率（%）	赎回收益率（%）	高价	低价	价格	当年收益率（%）	赎回收益率（%）	高价	低价
1860	102.75	5.86	5.57	109.5	96					
1861	93	6.45		100	86	89.5	6.70		95.75	83
1862	96	6.25		107.125	85	97.625	6.12		107.25	87.5
1863	100	6.00	6.00	107	93	101.25	5.92	5.89	110.75	91.75
1864	125.875	4.75	无	145	106.75	110	5.45	5.07	118	102
1865	122.5	4.89	无	135	110	108	5.56	5.24	112.375	103.5
1866	128	4.69	无	142	114	109.25	5.49	5.11	114.75	103.75
1867	132.5	4.53	无	138	127	110	5.45	5.00	113.25	106.5
1868	137	4.38	无	142	132	113.25	5.29	4.62	118.125	108.375
1869			黄金支付			118	5.09	4.07	125	111
1870						115.375	5.20	4.24	118.5	112.375
1871						114.75	5.22	4.18	119.375	110.25
1872						117.5	5.12	3.70	120.625	114.25
	美国 1891 年的 4.5s 再融资									
1873						117.25	5.12	3.51	123.875	111.5
1874						119.375	5.03	2.91	122.125	118.625
1875						122.25	4.90	2.03	126.25	118.25
1876	109.625	4.10	3.66	111.375	108	122.125	4.91	1.40	128.75	115.5
1877	106.125	4.23	3.93	109	103.125	112.625	5.32	2.65	115.75	109.5
1878	103.5	4.35	4.15	105.25	101.875	108	5.55	3.20	110.75	105.375
1879	106	4.23	3.87	107.875	104	105.875	5.66	2.95	107.625	104.125
	美国 1858～1874 年的 5s					美国 1864～1874 年的 5s（10－40s）				
1860	96.875	5.16		104.5	89					
1861	86	5.81		97	75					
1862	87.875	5.74		97.5	78					
1863	93.25	5.33		101	85.5					
1864	103.5	4.82	4.56	112	95	98	5.10		103.5	92.5
1865	98.75	5.06		105	92.5	96.25	5.19		102.875	89.75

（续表）

年份	美国1858～1874年的5s					美国1864～1874年的5s（10－40s）				
	年平均			年度		年平均			年度	
	价格	当年收益率（%）	赎回收益率（%）	高价	低价	价格	当年收益率（%）	赎回收益率（%）	高价	低价
1866	99.5	5.03		106.5	92.5	96.5	5.17		103.25	90
1867	107	4.67	3.85	112	102	100.75	4.97	4.87	104	97.5
1868	115.5	4.32	2.22	123	108	105	4.76	4.05	109.625	100.25
1869	117.5	4.25	1.36	123	112	110.75	4.52	2.67	116.5	105
1870	109.625	4.56	2.45	114	105.25	109.25	4.56	2.55	114	104.75
1871	107.5	4.64	2.40	110	105	110	4.54	1.55	113.25	106.75
1872			1874年黄金支付			110.625	4.53	无	113.625	107.625
1873						110.5	4.53	无	116.125	105
1874						113.75	4.40	无	116.375	111.25
1875						116.75	4.28	无	119.75	113.75
1876						116.5	4.29	无	121.75	111.5
	美国1907年的4s再融资					美国1864～1874年的5s（10－40s）				
1877	103.5	3.87	3.81	106	101	111	4.51	无	114.875	107.375
1878	101.25	3.95	3.97	102.75	99.75	106.75	4.70	无	109.375	103.875
1879	101.625	3.94	3.96	104.25	99	104.125	4.80	无 赎回	108.375	100

年份	新英格兰市政债券收益率			较高级铁路债券调整后平均收益率		
	年平均（%）	季度低点（%）	季度高点（%）	年平均（%）	月低点（%）	月高点（%）
1860	4.79	4.77	4.81	6.04	5.81	6.44
1861	5.04	4.88	5.27	6.33	6.10	6.49
1862	4.91	4.51	5.23	5.52	4.94	6.14
1863	4.37	4.20	4.46	4.77	4.44	5.03
1864	4.80	4.67	5.06	4.83	4.36	5.19
1865	5.51	5.15	5.74	6.02	5.40	6.41
1866	5.50	5.23	5.75	6.37	6.16	6.61

（续表）

年份	新英格兰市政债券收益率			较高级铁路债券调整后平均收益率		
	年平均（%）	季度低点（%）	季度高点（%）	年平均（%）	月低点（%）	月高点（%）
1867	5.34	5.25	5.41	6.32	6.25	6.41
1868	5.28	5.24	5.37	6.26	6.17	6.44
1869	5.37	5.31	5.46	6.55	6.42	6.72
10年平均	5.10			5.90		
1870	5.44	5.40	5.51	6.41	6.30	6.65
1871	5.32	5.24	5.43	6.35	6.25	6.42
1872	5.36	5.31	5.46	6.18	6.07	6.26
1873	5.58	5.51	5.67	6.20	6.06	6.50
1874	5.47	5.41	5.64	5.91	5.70	6.08
1875	5.07	4.87	5.33	5.45	5.30	5.63
1876	4.59	4.47	4.77	5.16	5.09	5.24
1877	4.45	4.38	4.52	5.18	5.11	5.26
1878	4.34	4.30	4.38	5.11	5.03	5.16
1879	4.22	4.15	4.28	4.77	4.66	4.92
10年平均	4.98			5.67		

资料来源：

政府债券数据摘自《年度金融回顾》（*The Financial Review Annual*），Wm. B. Dana Co. 1921年出版，第221～232页。

新英格兰市政债券和高级铁路债券平均数摘自弗雷德里克·R·麦考利的《利率、债券收益率和股票价格变化》（*The Movements of Interest Rates, Bond Yields and Stock Prices*），纽约，全国经济研究所1938年出版，第A142ff和A174ff页。

1864年，虽然战争已经接近尾声，战争的筹款才完成了一半。财政部成功地发售了大量债券，但是发售的条件不如长年品种的市场价格。在那年年初，1862年的5－20s又发售了1亿美元，接着又发行了一种新的期限更长的品种，具体如下：

1864年——7 500万美元“1863年的6s”，可在1881年赎回，免税，售价104.45＝5.60%。

财政部不久又试图发售5s，但没有受到追捧。为了吸引投资人接受较低利率的品种，财政部将赎回日期从5年延长到了10年，有效期从20年增加到40年：

1864年——7 300万美元“利率5%的1864年10-40s”，可在1874年赎回，到期日1904年，免税，售价100=5%。

（在1865年，另外发售了1.23亿美元，价格上升到107=4.62%。）

1865年，随着战争胜利与和平时期的到来，黄金价格跌到了1.36美元的低点。各种类型的债券价格都应声下跌。政府债券的平均降幅为2~5个点。铁路债券急速下跌，平均收益率从1864年的4.83%上升到1865年的6.02%。铁路债券直到1879年才得以恢复；战后的繁荣对铁路信用产生了负面影响。1865年，财政部恢复了其长期债券的利率6%的品种，启动了一个强有力的债务偿还计划。1865~1866年期间新发品种为：

1865年——1.25亿美元“利率6%的1864年5-20s”，可在1869年赎回，到期日1884年，免税，平均售价102.5=赎回前的5.42%。

1865~1866年——2.03亿美元“利率6%的1865年5-20s”，可在1870年赎回，到期日1885年，免税，平均售价102.5=赎回前的5.42%。

到了这个时候，政府已经开始花大力气收缩货币，返回到金本位制。由于政治上的反对势力、战后经济动荡和1873~1877年期间的大萧条等缘故，铸币支付直到1879年才得以恢复。尽管如此，胜利已经在望，黄金溢价从1866年开始几乎是稳步下跌。货币重组和债务偿都极大地受益于新的国家银行系统的发展。

在1866~1870年期间，债券市场总体上保持低迷。然而，未偿还的政府债券价格却稳步上升，因为它对新的国家银行颇有吸引力。早期发生的政府再融资品种一般收益率都远远高于市场收益率，具体如下：

1867~1868年——3.33亿美元“1865年的国债6s”，可在1870年赎回，到期日1885年，售价103.625=赎回前的5.16%。

1868~1869年——3.79亿美元“1867年的国债6s”，可在1872年赎回，到期日1887年，售价101.625=赎回前的5.61%。

1869年——4 200万美元“1868年的国债6s”，可在1873年赎回，到期日1888年，售价100.5=赎回前的5.87%。

19 世纪 70 年代的债券市场可以分为两个部分：（A）前 4 年除了政府债券外所有债券价格保持低迷；（B）后 6 年大部分债券价格上涨。在这 10 年期间，为以较低利率再融资，财政部在利率为 6% 的债券品种方面取得了重大进展。欧洲政府债券的收益率当时在 3% ~4% 的范围内；因此，美国财政部 6% 的利率令人觉得难堪，在工业和房地产投资方面的运作很不理想。1870 年的再融资法案（Refunding Act）授权发行利率为 5% 的债券，可在 10 年赎回；发行利率为 4.5% 的债券，可在 15 年赎回；发行利率为 4% 的债券，可在 30 年赎回。所有债券都以铸币偿还，并享受联邦和地方税赋的豁免，售价均不得低于黄金的 100。距离赎回日期越久，利率越低；这是与投资人当时的倾向性相吻合的。政府用这种方法发行了长期债券，很难在短期内通过巨额财政盈余来清偿。这些再融资债券最终售价达到了超过 25% 的溢价。偿还的承诺是用“铸币”，而不是黄金，因而引发了 19 世纪最后几十年里有关银子的争议。

再融资计划因为 1873 年恐慌后产生的经济动荡而推迟。在 1877 年以前，发行的只有利率为 5% 的品种。该债券成功发行，兑换可赎回 6s：

1871 ~1876 年——5.17 亿美元“1881 年的 5s”，可在 1881 年赎回，售价 100 =5%。

1874 年以后，债券市场的各个领域都进入了长期上升阶段，持续了 25 年时间。从 1874 年到 1879 年，新英格兰市政债券的收益率平均从 5.64% 下跌到 4.15%，而铁路债券的平均收益率从 5.70% 跌到 4.66%。由于有流通方面的特惠，美国的 1861 ~1881 年 6s 的售价常常达到赎回前的 1% ~2%。1876 年，财政部推出了一批大型再融资债券品种：

1876 ~1878 年——2.50 亿美元“1891 年的 4.5s”，可在 1891 年赎回，免税，售价 100 =4.50%。

早在 1876 年，这些债券的售价就达到了 111.375 的高点，平均 109.625，当年收益率为最早赎回前的 4.10% 和 3.66%。

1878 ~1879 年，黄金溢价消失，铸币支付得以恢复。财政部发行了最后一次大规模战后再融资债务：

1878 ~1880 年——7.39 亿美元“1907 年的 4s”，可在 1907 年赎回，免税，

售价 100 = 4%。

从那以后直到1917年，财政部新发的大部分债券都是2s或者3s，以担保联邦银行纸币。

注：美利坚联邦（Confederate States）[注500]为其战争开支通过纸币融资60%，用赋税融资5%，用发售债券形式融资30%。1861年，利率为8%的长期债券以100的价格发售，1862年，利率为6%的债券发售，可以根据持有人的意愿赎回。1863年，用纸币购买债券的特权受到限制，因而在4月20日前用某种纸币购买的债券收益率达到8%；在那以后到8月份之前购买的，收益率为7%；8月份之后购买的则没有收益。后来发行的纸币被限制用于购买利率为7%、6%或者4%的债券。1864年，纸币被强制并入利率为4%的债券，没有并转的则每月征收10%的税。用纸币购买的美利坚联邦1861年债券的一部分市场价格体现了货币的贬值，如下：

1861年12月	100
1862年	103 ~ 104
1863年	109 ~ 200
1864年	130 ~ 172

1863年，“棉花贷款”（Cotton Loan）6s发行，以8美分一磅的价格用棉花支付。

美利坚联邦8s的铸币价格据记载，在1863年低至10，在1864 ~ 1865年期间低至5；此后则变得一文不值。

1880 ~ 1900年。在19世纪的最后20年期间，美国高级长期债券的收益率几乎稳步下跌。国家进入第一个低长期利率时期。最佳长期公司债券和市政债券的收益率范围达到3% ~ 3.5%，而同期的欧洲大部分国家的收益率则更低。荷兰是在17世纪第一次经历如此低的收益率，英国是在18世纪初，而欧洲总体上是在19世纪中叶。这时，“荷兰财政”已经越过太平洋来到了美国。

已经把内战抛在身后的美国正在依靠自身力量取得金融强国的地位。它已经不再需要为外国资本支付高额利息。商品的价格正在下降，跟欧洲的情况一样，而资本投资已经取得巨大发展。一个事实上的黄金本位制已经建立起来。虽然美国的短期利率继续疯狂地波动，偶尔飙升至类似 1899 年 186% 的高位，同年又跌至类似 1% 的低位，但是长期优质债券的收益率已经进入与欧洲相同的稳定、低位时期。

明确界定债券收益率的下跌是从 1873 ~ 1875 年开始的。新英格兰市政债券平均收益率在 1873 年为 5.67%，1879 年为 4.15%，1889 年为 3.35%，1899 年达到 3.07% 的低点。铁路债券的平均收益率在 1873 年高居 6.50%，1879 年为 4.66%——仍然大大高于市政债券的收益率——而到了 1889 年则为 3.48%，这时已经接近了市政债券的收益率水平，因而极其喜人，并且达到了 1899 年 3.07% 的低点。

这个为期 25 年的债券牛市只是给那些幸运地持有真正长期优质债券的投资人带来了可观的资本收益。高利息活期政府债券已经被消化。许多铁路债券发生了违约，另外许多铁路债券已经到期。只有少数几种高级债券的赎回期很长，足以令投资人从收益率的大幅度下跌中获取丰厚利润。下表中的几个例子显示了公司债券的收益率和市场升值情况的变化：

债券	1870 ~ 1873 年	1899 年
收益率最低的债券：理海谷（Lehigh Valley）1 期 6s——1898 年	93 = 6.58%	—
纽约中央（N. Y. Central）1 期 3.5s——1997 年	—	111.5 = 3.12%
莫里斯·埃塞克斯（Morris & Essex）7s——1914 年	97 = 7.42%	142 = 3.41%
理海谷 2 期 7s——1910 年	98 = 7.08%	130 = 3.70%
芝加哥西北公司（Chicago & Northwest）7s——1915 年	83 = 8.57%	145 = 3.34%

收益率的这种下跌如果适用到永久性低息债券的话，所产生的资本收益将达到或者超过 100%。在欧洲，正是这样的资本收益积累到了一直坚持投资贴现债券、避免到期型或赎回型品种的有眼光的投资人口袋里。持有高利息内战期间政府债券的美国投资人，几乎一概在赎回中早早地就抛弃了手里的债券。大部分州、市和公司债券都属于可赎回品种，或者到期日并不遥远。19 世纪 70 年代的市政债券市场记载的名义利率一般为 5s、6s 和 7s，但是到了 1900 年都是 3s 和 4s。

这时的投资人开始追寻长期非活期债券。到了世纪交替时期，如今的许多为期100年的非活期铁路债券才开始发行。

在1880~1900年的20年期间里，政府债券一概具有很高的溢价。联邦债务从1880年的19.19亿美元减少到1893年的8.38亿美元。国家银行纷纷购买债券来确保流通。新发行的1891年的4.5s在1877~1879年发行时价格为100，到了1882年上升到了平均114.75，收益率仅仅为赎回前的2.65%；没有黄金溢价，赎回似乎也是确定无疑的。1887年，售价达到118.5的高点，赎回前收益率为零。这是一个稀缺的市场，而巨大的财政盈余令这种稀缺性更加严重，其中的部分盈余被用来以高溢价购买国库券品种。

在这个阶段，几乎所有高息政府债务都被赎回，作为部分再融资的新发品种如下：

1881年——1.78亿美元“延续型3.5s”，可在美国愿意的时候赎回，免税，售价100=3.50%。

1882年——3.05亿美元“1882年的3s”，可在没有更高利率品种未偿还时赎回，豁免地方税，售价100=3%。

1891年——2 500万美元“偿债基金型2s”，可在美国愿意的时候赎回，免税，售价100=2%。

金融政策仍然是个政治问题。美国和国外的关税立法、商业动荡，以及对银子购买立法的担心，在1891年后导致了黄金的损失。1893年的恐慌造成了1894年财政上出现了大量赤字。政府的反应是再次确认金本位制，否决了银子购买的立法，并发售新债券来为黄金采购融资。由于国会拒绝批准新发债券，财政部被迫用原来的授权以高名义利率融资，具体如下：

1894年——1亿美元“1904年的5s”，可在1904年赎回，免税，售价117.22=赎回前的2.98%。

1895~1896年——1.62亿美元“1925年的4s”，可在1925年赎回，免税，售价104.5~111.17=3.75%~3.52%。

1898年的美西战争（Spanish American War）带来了又一批债券的发行，但并没有中断债券市场的上扬势头。发行的2亿美元3s产生了32万认购者和1.4亿美元的认购额：

1898 年——1.98 亿美元“1908 年的 3s”，可在 1908 年赎回，到期日 1918 年，售价 100 =3%。

表 43 1880 ~1900 年高级长期债券价格和收益率

年份	美国 1891 年的再融资型 4.5s					美国 1907 年的再融资型 4s				
	年平均			年度		年平均			年度	
	价格	当年收益率（%）	赎回收益率（%）	高价	低价	价格	当年收益率（%）	赎回收益率（%）	高价	低价
1880	109.5	4.11	3.45	112.625	106.375	106.25	3.76	3.63	113.625	103
1881	113.75	3.96	2.90	116.5	111.125	115.375	3.46	3.13	118.625	112.375
1882	114.75	3.93	2.65	116.5	112.875	119.125	3.35	2.91	121.75	117.25
1883	113.625	3.97	2.60	115	112.25	119.875	3.32	2.88	125.125	118.5
1884	112.5	4.00	2.55	114.875	110	121.5	3.29	2.76	124.875	118.5
1885	112.75	3.99	2.22	113.5	112	122.25	3.17	2.68	124.375	121.5
1886	112	4.02	1.95	114	109.875	126.25	3.16	2.43	129.375	123
1887	113.25	3.98	1.10	118.5	108	127.125	3.14	2.32	129.625	124.5
1888	107.875	4.17	1.80	109.375	106.375	127.75	3.13	2.27	130	123.75
1889	106.875	4.22	1.04	109	104.75	127.875	3.14	2.13	129.875	126.25
		于 1891 ~1892 年偿付								
	美国偿债基金型 2s（可在美国愿意时赎回）									
1890						122.75	3.26	2.37	126.5	121.5
1891						118.5	3.38	2.58	122	116
1892						115.625	3.46	2.73	118.125	114
1893	97.5	2.05		99.75	95.25	111.875	3.56	2.96	115	108
1894						114	3.51	2.72	116	112.5
1895	96.75	2.07		97	96.5	112	3.56	2.82	113.5	110
1896	93.5	2.14		96	91	108.75	3.78	3.06	112.5	106
1897	98.375	2.03		98.5	98.25	112.625	3.54	2.57	115	111.375
1898	98.75	2.02		99.5	98	111.5	3.58	2.50	114.75	107
1899	100.5	1.98		102	99	113	3.54	2.22	115.5	112
1900	100.375	1.98		100.5	100.5	115.125	3.47	1.70	118.5	114

（续表）

年份	新英格兰市政债券收益率			高级铁路债券调整后平均收益率		
	年平均（%）	季度低点（%）	季度高点（%）	年平均（%）	月低点（%）	月高点（%）
1880	4.02	3.94	4.20	4.46	4.18	4.64
1881	3.70	3.65	3.84	4.13	4.04	4.22
1882	3.62	3.60	3.70	4.20	4.16	4.23
1883	3.63	3.62	3.67	4.23	4.18	4.25
1884	3.62	3.59	3.65	4.15	4.06	4.25
1885	3.52	3.46	3.60	3.98	3.83	4.11
1886	3.37	3.36	3.42	3.81	3.64	3.77
1887	3.52	3.41	3.75	3.80	3.70	3.85
1888	3.67	3.61	3.74	3.69	3.64	3.74
1889	3.45	3.35	3.59	3.51	3.48	3.60
10年平均	3.60			4.00		
1890	3.42	3.34	3.54	3.68	3.59	3.83
1891	3.62	3.59	3.67	3.84	3.75	3.90
1802	3.60	3.58	3.66	3.72	3.68	3.75
1893	3.75	3.61	3.89	3.73	3.70	4.05
1894	3.70	3.65	3.75	3.62	3.51	3.73
1895	3.46	3.46	3.47	3.46	3.39	3.57
1896	3.60	3.43	3.72	3.50	3.44	3.69
1897	3.40	3.35	3.43	3.33	3.25	3.41
1898	3.35	3.19	3.61	3.26	3.17	3.38
1899	3.10	3.07	3.14	3.13	3.07	3.23
10年平均	3.50			3.53		
1900	3.15			3.18	3.15	3.20

资料来源：

政府债券数据摘自《年度金融回顾》，前文引用著述，第221～232页。

新英格兰市政债券和高级铁路债券平均数摘自麦考利前文引用著述，第A142ff、A174ff页。

短期利率

在本书中，19 世纪美国所表现出的短期市场利率与长期债券利率之间的界线是最清晰的。在 19 世纪初，良好商业票据的利率从 3. 5% 向上波动到 36%；活期贷款的利率在该世纪从 0. 5% 上升到 186%，甚至更高。这个波动范围甚至高于十五、十六世纪的史料记载中的欧洲中世纪的商贸重地安特卫普（Antwerp）。它大大超过了美国债券收益率的波动范围，而且不能单纯解释为因为这是个年轻的国家。原始国度常常出现高利率，但是从没有过最佳信贷的如此大幅度的波动范围的记录。这些高利率不符合美国 6% 的传统利率。

之所以出现这种短期高利率，至少其中的部分原因是由于缺乏有组织的货币市场而导致的金融经济的窘境。大部分借款人依赖的是他们个人的银行关系，并没有支付那么高的利息。当邻居们都处境艰难的时候，一个陌生人如果在公开市场寻找栖身之地来暂渡难关，就会被无情地要求付出昂贵代价。

世纪初期美国短期利率数据很不连贯。表 44 提供了 1831 ~ 1856 年新英格兰商业票据的一个系列数据，以及之后的纽约市精选商业票据的一个系列数据。这两个系列都用年度高点、低点和平均数来体现。该表还用月度平均数来显示从 1857 年起纽约证券交易所的活期贷款利率系列。在史料中有可用数据的时候，月度平均利率中还增加了活期贷款的每小时极端最高和最低利率。两个系列的年度平均数都在图 33 中显示出来。表 44 还包含了纽约鲍里储蓄银行（Bowery Savings Bank）向定期存款户支付的利息。

1830 年起的短期利率发展模式——正如图 30 的每 10 年平均数和图 33 中的年度平均数所显示的那样——不同于长期债券收益率的模式。内战并没有带来短期利率的高峰。金融恐慌的特征当然是短期利率的峰值。这些峰值数已经连续下降。短期利率的平均数已经在 19 世纪 70 年代前大幅度下跌了几十年，而从 70 年代开始，长期债券的收益率坚决地走上了下坡路。

表44　19世纪美国短期利率

年份	商业票据			活期贷款				储蓄银行支付定期储户利息
	年平均	高点	低点	年平均	月平均		极端数据	
					低	高		
1819			36.00					
1830								
1831	6.12	5.50	7.00					
1832	6.25	6.00	7.00					
1833	7.83	5.50	15.00					
1834	14.70	8.00	24.00					
1835	7.00	5.00	10.00					5.00
1836	18.00	10.00	36.00					5.00
1837	14.25	6.00	32.00					5.00
1838	9.04	6.00	18.00					5.00
1839	12.58	6.00	36.00					
9年平均	10.64							
1840	7.75	5.00	12.00					5.00
1841	6.80	6.00	12.00					5.00
1842	8.08	6.00	12.00					5.00
1843	4.41	8.50	6.00					5.00
1844	4.87	4.00	5.50					5.00
1845	4.71	5.00	6.00					5.00
1846	8.33	6.00	12.00					5.00
1847	9.59	6.00	18.00					5.00
1848	15.10	12.00	18.00					5.00
1849	10.25	7.00	15.00					6.00
10年平均	7.99							
1850	8.04	6.50	10.50					6.00
1851	9.66	6.00	16.00					6.00
1852	6.33	5.50	9.00					5.00
1853	10.25	6.00	18.00					5.00
1854	10.37	7.00	18.00					5.00
1855	8.92	6.00	15.00					5.00
1856	8.88	7.00	12.00					5.00

（续表）

年份	商业票据			活期贷款					储蓄银行支付定期储户利息
	年平均	高点	低点	年平均	月平均		极端数据		
					低	高			
1857	11.56	7.90	24.00	9.33	6.60	18.00			5.00
1858	4.81	3.64	7.50	4.15	3.50	6.50			5.00
1859	6.14	4.62	7.04	5.43	4.31	6.38			6.00
10 年平均	8.49			6.30					
				3 年平均					
1860	7.81	5.40	12.90	5.97	4.75	7.25			5.00
1861	6.70	5.50	8.00	5.75	4.50	6.50			5.00
1862	5.32	4.50	6.30	5.23	4.00	6.50			5.00
1863	5.65	5.20	6.80	6.19	5.20	7.00			5.00
1864	7.86	5.60	9.20	6.58	5.60	7.00			5.00
1865	7.77	6.70	9.00	6.17	4.90	7.00			5.00
1866	6.83	5.25	7.37	5.04	4.13	6.38	3.70	6.50	5.00
1867	7.32	6.50	8.56	6.25	4.25	10.76		11.45	6.00
1868	7.28	5.72	10.00	7.51	8.50	17.03		35.00	6.00
1869	9.66	7.69	11.94	10.21	5.63	23.67		30.10	6.00
10 年平均	7.07			6.50					
1870	7.23	5.46	9.00	5.70	4.20	11.45	4.00	18.40	6.00
1871	6.98	4.90	10.03	5.56	2.80	12.36	2.55	18.15	6.00
1872	8.63	6.00	11.62	8.34	3.65	20.06		58.65	6.00
1873	10.27	6.44	16.50	14.25	3.80	61.23		360.00	6.00
1874	5.98	5.44	7.44	3.44	2.50	5.50	2.00		6.00
1875	5.44	4.31	6.61	3.11	2.19	5.17	1.00	6.00	6.00
1876	5.13	3.60	6.44	8.34	1.70	5.83	1.00	7.50	6.00
1877	5.01	4.00	7.25	8.88	1.75	6.10	1.00	8.65	6.00
1878	4.82	3.60	5.85	4.23	1.75	9.76	1.00		5.00
1879	5.14	3.81	6.25	5.46	2.95	12.34	1.50	45.80	5.00
10 年平均	6.46			5.73					
1880	5.28	4.44	6.00	4.86	2.50	11.20	1.50	22.00	5.00
1881	5.86	3.50	6.80	5.73	8.15	15.91	2.00	50.12	4.00
1882	5.64	4.62	6.75	4.70	3.00	7.80	1.50	30.00	4.00

（续表）

年份	商业票据			活期贷款					储蓄银行支付定期储户利息
	年平均	高点	低点	年平均	月平均		极端数据		
					低	高			
1883	5.62	4.78	6.38	3.72	2.00	10.38	1.00	25.00	4.00
1884	5.21	4.62	5.95	3.03	1.44	14.98	0.50	1080.00	4.00
1885	4.05	8.50	4.69	1.68	1.19	2.75	0.50	10.00	4.00
1886	4.77	3.85	6.06	4.02	2.06	8.70	1.00	28.69	4.00
1887	5.78	4.81	6.94	5.01	3.56	7.20	1.00	33.26	4.00
1888	4.91	4.08	5.60	2.52	1.44	4.13	1.00	8.00	4.00
1889	4.85	3.85	6.09	4.50	2.31	8.30	1.00	30.00	4.00
10年平均	5.14			3.98					
1890	5.62	5.00	7.33	5.84	4.25	11.63	2.00	186.00	4.00
1891	5.46	4.83	5.83	3.42	2.13	4.50	1.00	25.00	4.00
1892	4.10	2.95	5.50	3.08	1.40	6.81	1.00	40.00	4.00
1893	6.78	8.66	10.88	4.58	1.16	8.88	0.75	74.00	4.00
1894	8.04	2.76	8.48	1.07	1.00	1.44	0.50	3.00	4.00
1895	2.83	2.62	4.75	1.88	1.03	4.56	0.75	100.00	4.00
1896	5.82	3.73	8.36	4.28	1.94	11.13	1.00	127.00	4.00
1897	8.50	8.00	4.19	1.77	1.19	2.92	1.00	5.50	4.00
1898	3.83	8.12	5.75	2.17	1.25	2.97	1.00	6.00	4.00
1899	4.15	2.90	5.88	5.08	2.47	11.18	1.00	186.00	3.50
10年平均	4.51			3.82					
1900	4.38	8.68	5.05	2.94	1.80	5.13	1.00	25.00	3.50

资料来源：

商业票据：1830～1857年的数据摘自比奇洛（Bigelow）的波士顿一级票据3～6个月利率数，由麦考利记载，前文引用著述，第A248页；1857年以后的数据摘自纽约市精选60～90天月均数字，麦考利的前文引用著述，第A142ff页。

活期贷款：纽约证券交易所月度平均高点和低点数据，摘自麦考利的前文引用著述，第A142页。其他数据为没有统一质量标准的极端数据，摘自多个渠道，包括《金融评述年鉴》（*The Financial Review Yearbook*），前文引用著述；欧文斯（Owens）和哈迪（Hardy）的《利率和股票投机》（*Interest Rates and Stock Speculation*），华盛顿，1930年出版，第145页；马丁的前文引用著述；国家金融委员会的前文引用著述第21卷，第119～138页；莱特的前文引用著述，第472、872页。

储蓄银行数据摘自纽约市鲍里储蓄银行的记录。

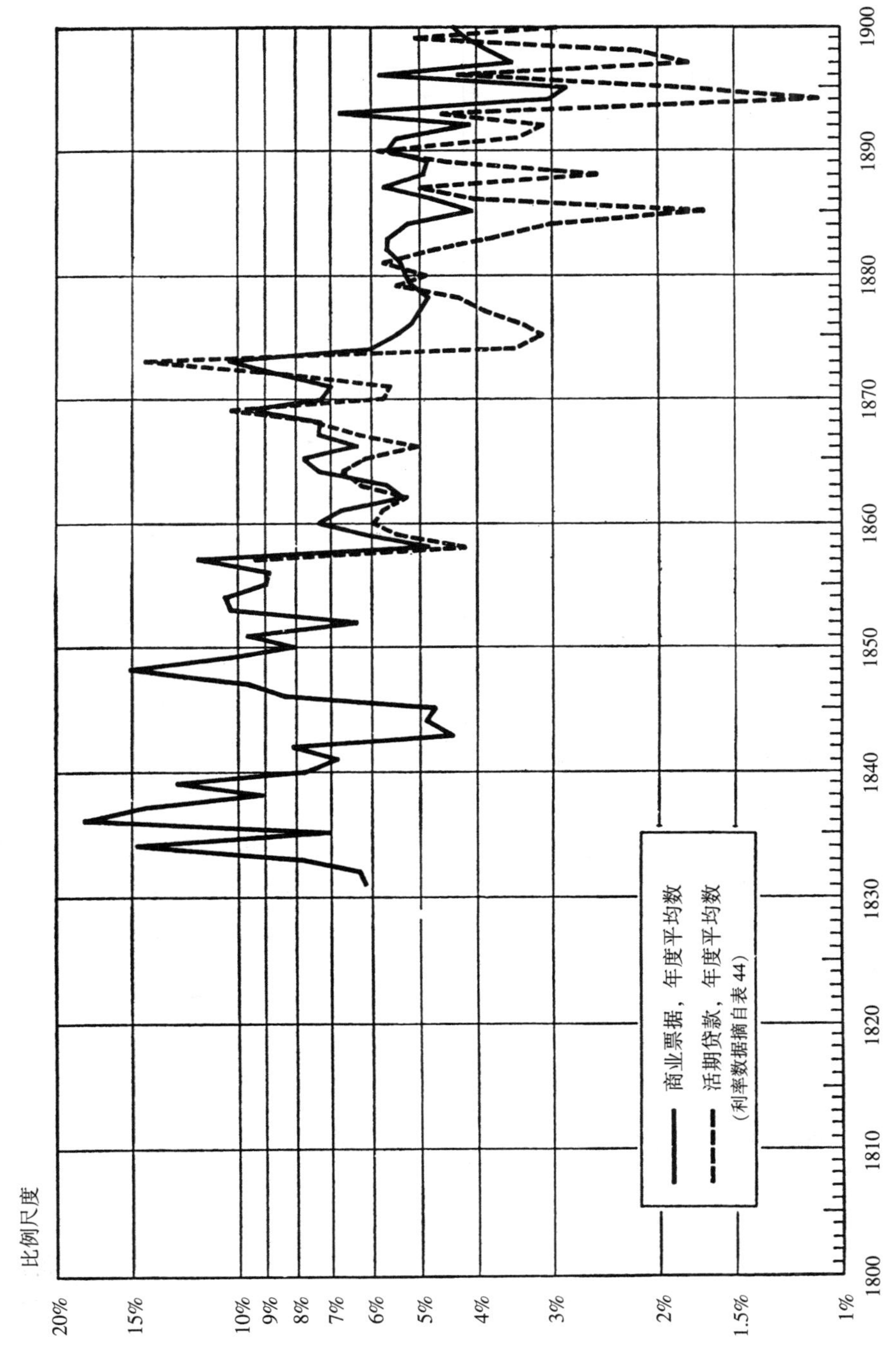

图 33 19 世纪美国短期利率

这些短期利率的年度平均数中的每10年平均数为：

年份	商业票据	活期贷款
1831～1839	10.64（9年平均）	
1840～1849	7.99	
1850～1859	8.49	
1860～1869	7.07	6.50
1870～1879	6.46	5.73
1880～1889	5.14	3.98
1890～1899	4.51	3.32

上表显示了至少从19世纪30年代开始的短期利率的下降趋势。这种稳定下降趋势从19世纪50年代开始，一直到世纪末。上表显示，活期贷款的平均利率大大低于商业票据，尽管偶尔活期贷款的利率要高出许多。

图30的每10年平均数表明，以商业票据来衡量的短期利率在整个19世纪大大超过优质长期债券的收益率。这种差距在19世纪50年代和60年代趋向于缩小。这种平均数据虽然对于确定一般的关系和趋势来说至关重要，却掩盖了市场的一个重要特性——与短期利率极端波动相比的长期利率所表现出来的相对稳定性，而短期利率的波动范围大大超过、远远低于长期利率的范围。英国就表现出了这种显著的差距，美国则更加走向极端。

在欧洲，在19世纪结束前的举债还债的几十年里，许多国家都经历了短期利率平均低于长期利率的一个漫长阶段。在美国，虽然长期优质债券的收益率在10年期间达到了接近3%的低点和3.5%的平均数，短期利率却没有长时间保持在低于长期利率的水平，平均大大高于长期利率。直到中央银行和现代货币市场建立之后，美国债券的低收益率才固定地遭遇更低的短期贷款市场利率。

高风险利率和不同寻常的地方性利率

19世纪的美国边境地区提供了一部色彩纷呈的利率史。数据马马虎虎、杂乱无章，而且没有足够的数量按照年代或者地理位置进行列示。利率范围大得出奇；与主流利率史几乎没有什么关联性。有些案例是通过鲜明对比的方式提供的，为的是再次体现优质信贷之市场利率概念的狭隘性。

就像早期美国殖民主义者那样，西部边境并不受限于早期定居者带到新英格兰的英国中等程度的利率传统和 6% 的惯例。西部不像殖民主义商人和种植园主们那样可以进入伦敦货币市场；事实上，它只能有限地进入美国东部的货币市场。货币十分匮乏，机会遍地都是，当地的债权人相应承担着高利的重负。

加利福尼亚一如既往地创下了一些别处难以匹敌的纪录。从墨西哥到美国，拥有权的转移因为淘金热所产生的经济影响而变得更加复杂。1849 年以后，加利福尼亚牛的价格成倍增长，然后又直线下跌。加利福尼亚南部大牧场的墨西哥主人们发现自己富得流油，十分随意地用自己的牧场作抵押来借款，而随着经济的崩溃，他们普遍都丧失了自己的农场。放债的通常是法国、瑞士、德国和美国的投机商。本书在此摘选一些案例:【注501】

在 1850 年的圣迭戈，D·J·班蒂尼（D. J. Bandini）以 4% 的利率借了一个月的 1 万美元，相当于年利率 48% 。

加利福尼亚南部的法官 B·D·海斯（B. D. Hayes）借了 500 美元纸币，付息每年 60% 。

1850 年，乔其姆·鲁伊斯（Joaqim Ruiz）将自己在加利福尼亚南部的 8 100 英亩土地抵押给了埃布尔·斯特恩斯（Abel Stearns），以借款 600 美元，年息 60% 。

1852 年，D·巴伦苏埃拉（D. Valenzuela）的两份总计为 2 200 美元的抵押贷款违约，累计利息为每年 96% 。

1854 年，J·R·亚巴（J. R. Yarba）抵押了自己在加利福尼亚南部的 1.7 万英亩土地，以借款 5 500 美元，年利息 60% 。

1854 年，乔斯·塞普尔韦达（Jose Sepulveda）欠款 7 000 美元，年息为 48% ~84% 不等。

1859 年，旧金山抵押了当地政府财政收入，以借款 25 万美元，年息 25% 。

1859 年，洛杉矶市出售为期 20 年的公共事业修缮债券，其利息为每月 1% ，相当于年息 12% 。

1861 年，J·维迪戈（J. Verdigo）抵押了自己的农场，以借款 3 445 美元，月息 3% ，9 年后他的债务增加到 58 750 美元。他失去了自己的农场。

据记载，从 1848 年到 1868 年，加利福尼亚的商业利率高达每年 120% ，但通常的年利率为 24% ~36% 。

1860 年，加利福尼亚的储蓄银行支付 15% 的利息。【注503】

到了1877年，加利福尼亚抵押贷款利率已经下跌，正常利率跌到了每年12%。[注502]

在密尔沃基，19世纪40年代的中等程度银行贷款利率和个人利率为每年10%~12%。[注504]据记载，发放给著名企业的商业贷款1859年的当地利率为10%，1871年的大笔银行贷款利率为10%。到了1873~1893年，这类利率数据为每年7%~10%。

在印第安纳州，利率的法定上限直到1833年才出现。常见契约利率据记载在该世纪最早的几十年里为大约每年50%。[注505]

在19世纪50年代的犹他州和19世纪60年代的布里格姆·扬（Brigham Young）确定了锡安储蓄信托银行（Zion's Savings and Trust Company）支付的利息为10%。

1879年，怀俄明州的银行通常收取抵押贷款和普通贸易信贷的利息为每年12%；事实上，这笔款有时事先从贷款额中扣除。[注506]然而，在1885~1890年间，夏延股票增长国家银行（Stock Growers National Bank of Cheyenne）对著名牧场主的贷款平均只收取9%的利息。[注507]大约在这个时期，密苏里州锡代利亚市以10%的利率发行了一笔公债。[注508]

在19世纪80年代的科罗拉多州，银行收取的通常利率为12%。[注509]1879年，蒙大拿的一位银行家指出，“18%是蒙大拿已知的最低利率。”到了1884年，他说他们银行的利率下降到了12%~15%，最长期限为6个月。[注510]

数个州的早期金融史与马萨诸塞州史料记载的公债的稳定低迷形成了鲜明的对比。在19世纪40年代担保了铁路和其他私人债务的几个州无力偿还债务的时候，所有州的信用都受到了影响。波动幅度比较大的几个案例有：

伊利诺伊州的6s在1841~1842年从62.5的价格下跌到了14.5，当年收益率从9.60%上升到41.0%。1843年，价格回升到45，而到了1853年又上涨到92.5，即收益率为6.49%，从低点价格计算升值了550%以上。

印第安纳州的5s从1841年73的价格下跌到1842年的16.5（收益率分别为6.85%和31%），从而维持了伊利诺伊州债券的市场溢价。1852年，价格回升到了102。

肯塔基州的6s在19世纪40年代的艰苦岁月期间售价从来没有低于72，即收益率8.35%，而在1845年以后普遍售价在溢价水平，高达113，即收益率5.30%。有时，它的售价收益率低于马萨诸塞州的债券。

俄亥俄州1860年的6s在1842年价格从97下跌到48.5，当年收益率达到

12.3%；第二年，价格就回升到 101.5。

宾夕法尼亚州的 5s 在 1842 年下跌到 40，收益率为 12.5%；1844 年，价格回升到 80。

弗吉尼亚州的 6s 不出意料地在内战期间大幅度下跌。价格从 1860 年的 95 下跌到 1861 年的 36，收益率为 16.67%，并于 1862 年回升到 65.5，1863 年回升到 75。然而，在战后时期，它的价格下跌到了 1867 年的 41、1874 年的 28 和 1876 年的 22。

加利福尼亚州的 7s 从内战期间的黄金溢价中受益，价格从 1861 年 71.5 的低点，即当年收益率 9.80%，上升到 1862 年 116.5 和 1864 年 167 的高点。加利福尼亚州富有黄金，并以黄金支付。到了 1873 年，这些债券的价格回到了 101。

		收益率（%）
1849 年	联邦债券	5.16
	马萨诸塞州债券	5.31
	纽约和伊利 1868 年的第一批 7s，高价时	6.60
	纽约和伊利 1859 年的第二批 7s，低价时	9.60
1854 年	联邦债券	4.11
	马萨诸塞州债券	5.10
	纽约中央 1883 年的 6s，低价时	7.54
	密歇根州中央 1882 年的 8s，低价时	8.72
1857 年	联邦债券	4.30
	新英格兰市政债券	5.30
	较高级铁路债券平均	6.97
	纽约中央 1883 年的 6s，低价时	9.85
	密歇根州中央 1882 年的 8s，低价时	11.60
1875 年	新英格兰市政债券	5.33
	较高级铁路债券平均	5.45
	纽约和伊利 1897 年的第一批 7s，高价时	6.57
	芝加哥和西北 1915 年的 7s，低价时	7.97
1800 年	新英格兰市政债券	3.34
	高级铁路债券平均	3.68
	宾夕法尼亚州 1910 年的铁路 6s，低价时	3.77
	纳什维尔、查塔努加和圣路易斯 1913 年的 7s，低价时	5.22
	俄勒冈 1922 年的短期 6s，低价时	6.35

到了19世纪90年代，州、市债券的市场已经变得十分单调。缅因州1921年的3s在1891～1897年期间的波动范围为93～101。马萨诸塞州1923年的3s同期的售价在95～100.5之间，而康涅狄格州1903年的3.5s售价在99～103.25的范围内。名义利率高的债券溢价水平也高：斯普林菲尔德1903年的水债券7s在1890年售价为137，收益率为到期前的3.45%。南方债券的收益率比较高：1890年，亚拉巴马州1920年的4s价格在93～104.75之间波动，而北卡罗来纳州1910年的4s在95.75～103之间。

少数几种铁路债券从19世纪40年代开始有了记载。起初，这些债券的期限通常相对比较短——10～20年。在该世纪后来的阶段中，期限延长到了50年，而到了世纪末，100年期限成了常见现象。前面表中所列局限于优质信贷并与高级债券收益率进行对比的少数几个铁路债券品种，体现出市场的范围。

A History of Interest Tates

第四部分

1900年以后的欧洲和北美

现在要来看看我们自己所在的这个世纪的情况。从1900年到1989年，我们看到在全球领先的金融中心，可交易的优惠现代工具出现了利率最低和最高的情形。17~19世纪期间的峰值债券收益率与20世纪的峰值收益率相差甚远。同样，20世纪的最低利率也大大低于早先的最低利率。

也许有人会认为，美国以及其他地方出现的信贷市场令人瞩目的发展和同时出现的市场技术和经济手段的提高，一定会导致一种更加稳定的利率范围。事实恰恰相反。规模更大、效率更高的信贷市场为自由世界几十年的经济发展立下了汗马功劳，但是，这些市场似乎可以根据要求提供无限资金的能力遭到了过度盘剥。信贷市场的高效率本身起到了为前所未有的通胀提供融资的作用，而在过去，这种通胀可以通过信贷市场本身的缺陷来加以控制。政治家们一般都无力抵御扩张和社会消费的压力。最终，只有市场原则通过惩罚性利率的方式阻止了一路上升的通货膨胀。

人们常常说，20世纪的科技进步没有能够赶上政治上的进步。在20世纪70年代之前，科技进步显然比不上金融的发展。在17~19世纪期间，中世纪的岁金年金、存款、特别合伙关系和汇票，发展成对债务人和债权人、对政府、对企业家、对投资人都一样方便的现代信贷工具，并可调整目的，或服务于战争，或服务于和平。在20世纪的上半叶，信贷形式并没有发生根本上的改变，但的确发展了庞大的投资机构网络，有能力调动个人和公司企业的储蓄，而且还开始了高效率国际市场结构的发展，有能力为最大规模的全球性企业提供融资。在经过了中世纪期间漫长的利率下跌时期后，18世纪和19世纪期间出现的利率范围适用于最先进国家的最佳信贷，并在20世纪60年代前证明足以满足现代世界的目的。20世纪大部分时候的利率有时达到了新低，有时达到了新高；但大部分时候都在传统范围内波动。

相比之下，1965年以后的25年间这些久经历史考验的发展出现了一种显著的方向性变化——甚至是一种断档。在这些年里，所有主要市场经济国家的利率都飙升到了现代历史中前所未有的高度，同时通货膨胀一发不可收拾，国际货币安排全部推倒重来。商品价格的冲击导致了第二次世界大战以后长期经济扩张速度的放缓，导致了经济停滞，同时出现了真正的国民生产总值（GNP）的停滞不前和通货膨胀的加剧。在进一步抛弃过去的过程中，一大批金融创新产品崭露头角并蓬勃发展起来。在美国，其中有可交易存款凭证、浮动利率型银行贷款、利率期货、无息债券、在交易所交易的期权、可转让提款指令（Negotiable Order of Withdrawal，NOW）账户、外汇期货、抵押型过手证券、国内资产信贷额度、现金管理/流动账户，以及个人退休金账户（Individual Retirement，IRAs）。一个新型的、越来越先进的金融世界诞生了，但是，尽管如此精密，却并不表明出现了一个显然比以前更加稳定的世界。

1815 年以后的 19 世纪被描写成欧洲相对和平、经济发展、硬通货和利率下滑的世纪。在这些属性当中，只有经济发展得到了延续。到现在为止，20 世纪是一个战火前所未有、经济发展、软通货和利率混乱无章的世纪。通货膨胀、战争和社会变革已经威胁了——但还没有摧毁——有几个世纪历史的强大资本主义经济体的储蓄和投资模式。17 世纪荷兰居民通过系统性含息储蓄和投资的方法来应对紧急情形的能力和愿望——为了他们的家人、为了他们的退休生活——已经遍布西方世界的社会构架。无论是富人还是穷人，如今都希望能够在适当的年龄退休，并依靠个人或者社会的累计储蓄所产生的直接或间接收入来安度晚年。

随着本书进展到今天的市场，我们觉得也许有必要在编撰安排方面做三个改变：第一，没有必要介绍那么多有关主要政治和经济事件以及标准信贷方式方面的背景情况，因为当代人对这些都非常熟悉；第二，历史可以演示更大区域范围内更多不同的利率，而重点却仍然是最先进商业国度最佳信贷的主要长期和短期市场利率；第三，本书的主线将转向美国，把美国当做市场主流来介绍。

在 18 世纪期间，并且尤其是 19 世纪期间，英国占据了世界贸易和金融领域的主导地位，因而伦敦市场理所应当地受到很大的关注。它甚至被当做一种惯例，用来衡量其他国家的利率水平和趋势。在 20 世纪的发展过程中，金融领头羊的位置传给了美国。尽管英国经历了两次绝望的战争，尽管其货币时而贬值且变得不可自由兑换，尽管失去了帝国势力，但它还是保留了在国际贸易和金融领域里的重要作用。然而，美国已经成为国际资本的主要来源地，成为储户与投资人相会的最大市场，尽管它获得了更大程度的自给自足，且在早期希望能够躲避对国际上的承诺。

然而，在 1914 年以后担任全世界金融领袖角色的美国，其目的或目标并不是以硬通货为基础的金融稳定，而这一点其前任英国已经在漫长的霸主阶段实现。更大程度的自给自足和平民主义传统导致了过度扩张和贬值，导致了侧重于刺激消费，而不是刺激生产，从而造成了全球范围内的严重通胀。在这种通货膨胀最严重的时候，美国政府于1981年大幅度削减了赋税，但不是减少费用支出。结果，在整个20世纪80年代，联邦政府的巨额预算赤字始终存在，美国的国家债务增长了3倍多。与此同时，美国突然之间从全世界最大国际债权国变成了最大国际债务国。无论这些最近的趋势是否会继续，无论——如果这种趋势得以持续——它是否与美国继续占据的金融领先地位保持同步，都还是没有答案的问题。

未来金融领袖候选国家并不难发现。西欧（包括英国）已经从20世纪上半叶的两次大战中恢复过来，组成了一个融合在一起的欧洲共同体，可以重新占领它在过去几个世纪当中国际金融领域的霸主地位。日本作为亚洲快速增长、大量存款的经济巨人和国际债权国，也是一个潜在候选国家。

各个国家和各个国家组成的联合体在这个世纪取得的成功经验和经历过的灾难教训，都在后面的几章中进行了精确描绘，都在后面的利率图表中展现了出来。战争、萧条、通货膨胀和各种影响程度相对小的事件都在历史记录中留下了各自的痕迹。

第十七章

20 世纪的美国：1900 ~ 1945 年

A History of Interest Tates

政治背景介绍

在 20 世纪前 90 年的多事之秋期间，有 4 件政治大事对美国事务产生了尤其重大的影响：（1）1914 ~ 1918 年的第一次世界大战；（2）1933 ~ 1938 年的新政（New Deal）；（3）1939 ~ 1945 年的第二次世界大战；（4）1974 ~ 1989（?）年的冷战。这里还必须提及对利率产生了重大影响的三大经济事件：（1）1914 ~ 1917 年美联储系统（Federal Reserve System）的创建；（2）1929 ~ 1939 年的经济大萧条；（3）从 1965 年开始的大幅度通货膨胀。第二次世界大战期间那些年的情形在本章做了详细描述，而 1945 年以后的情形则在下一章介绍。

在整个历史阶段中，利率一直是政治和信念方面的争论话题，到了今天也是如此。在 20 世纪期间，许多人对科学技术在控制自然环境方面的成功深有感触，希望也能控制经济环境。在许多国家，公平交易这种古老自由信条已经退位，有时在部分国家被彻底摈弃。然而，在这一切发生以后，不久就让人一目了然的事实是，控制经济跟控制自然环境不同，也许需要控制不那么合作的各类人群。要想实现这种控制的任何努力，尤其是在和平时期，就会在所有把自由当做一种政治传统的地方遭遇完全可以理解的反对，而且正如 20 世纪 80 年代所表明的那样，即便在没有这种传统的地方也同样遭到反对。各国在这个问题上做出的让步各有不同，主要取决于国人愿意接受或者无法避免的控制程度如何。但是，政府控制问题尽管与几十年前相比已经让人好理解了许多，却远远还不到解决的地步。这一点对本书非常重要，因为利率是各国政府最直接影响的价格之一。毫无疑问，历史的最终裁决会将最近几十年利率宽幅震荡的一部分原因与政治因素联系在一起。同样没有悬念的是，高利率或者低利率的政治含义还会在未来的几十年里继续频繁出现在头版头条，并将在确定未来市场模式方面发挥作用。

在美国、英国和其他地区，社会重点问题在20世纪30年代和40年代期间发生了变化。基于硬通货的经济稳定性退居二线，全面就业和增长拔得头筹。在20世纪50年代，曾经有一个时期我们仿佛奇迹般地可以兼得“鱼和熊掌”，但是20世纪60年代后期和70年代的一次真正测试迫使美国和大部分自由世界做出选择。不幸的结果是各国各不相同的直线上升的通货膨胀，通胀程度差别的部分原因是各地不同的重点领域和生产力。美国人民经历了和平时期飞速通货膨胀的第一次冲击。至于这次经历会否导致今后几十年在重点领域更加健康的平衡，还有待时间来证明。

1914～1917年建立的美联储系统允许政府采用在欧洲已经使用很久的方式来影响利率。它从根本上改变了美国货币市场的结构。通过集中银行储备金、设立最后贷款人机制，该立法终结了短期利率的无规律上扬——在过去，只要出现急需贷款额超过资金供应量，就会出现这种狂乱飙升。结果，不仅季节性利率波动得以舒缓——从而短期债务人不再担忧每年秋季农民的需求，不再担忧圣诞贸易的需求，不再担忧分红日的需求——而且商业危机期间的压力可以得到控制，防止其发展到恐慌的程度。短期利率仍然随着信贷供求关系的变化而起伏跌宕，但却有了封顶保底。有偿资金总是（或者说几乎总是）可以供应短期需求。

在建立美联储系统的时候，当时的希望主要是通过短期商业借贷交易来提供一种灵活货币以服务于贸易。然而，第一次世界大战不久后就爆发了，巨额政府新债改变了货币市场的结构，提升了美联储系统的政治责任。在接下来的几十年里，政府债务取代了会员银行和美联储银行投资组合中商业票据的地位。新政、大萧条和第二次世界大战都强化了这种趋势。与此同时，用非常低的利率来促进全面就业，已经成为一种政治目标。在20世纪50年代，美国和国外的各个中央银行转而推行传统形式的弹性利率政策。

第一次世界大战以后，银行资源通过大量进口黄金而增长。这种增长在美联储系统建立以后不久就发生了，因而无法将后来较低的短期利率范围完全归功于这一新的系统。然而，本书表明，在1921年以前，美国的利率通常平均远远高于最佳长期债券的收益率，而在1921年以后，短期利率通常平均低于长期债券的收益率——而且常常是低很多。综合来看，美联储系统的影响在其最初的几十年里有助于将利率降低到低于没有该系统时的水平，无论是在利率下降还是上升的阶段。

投资市场

世纪交替期间，美国投资市场主要交易的是下列贷款和证券类型：公司债券、州和市政债券、联邦政府债券、短期贷款、房地产抵押贷款、股票。今天的主要投资媒介仍然是这些。这种基本工具在先前的几个世纪都已经非常发达，并且从此没有什么本质上的改变；然而，我们应当注意到 1900 年以后市场结构方面的某些变化：

1. 19 世纪初期没有偿还日期的永久性年金和 1900 年深受欢迎的百年到期偿还的公司债券都已经彻底消失。投资人变得十分关注到期日，早先的永久年金概念丧失了其魅力。偿债基金有时被认为是一种额外诱惑，不利于投资人的赎回价格常常只能被动接受。换句话说，投资人表现出来一种确保本金回收的更加活跃的欲望，同时不再那么关心有保障的收益。另一方面，公司债务人希望能够通过赎回和偿债型基金的选择，或者通过分次到期的方法来保持对其资本结构的控制。在 20 世纪 90 年代，没有什么人会愿意考虑让自己或者自己的继承人置身于 2361 年或者 2862 年获得收益或者偿还债务的承诺；这两个年份正是 1900 年之前发行的两种到期偿还铁路债券的到期日。在 20 世纪 60 年代之前，大部分新发行公司债券都是 20 ~ 40 年到期。然而，在 20 世纪 70 年代和 80 年代，随着债券价格的大幅度下跌、收益率达到新高，许多投资人开始坚持着眼于 5 ~ 10 年到期的短期品种。当然，这对于有些公司来说是十分艰难的，因为新基金赚到的钱常常无法将债务在如此短的时间内摊销。尽管如此，许多这类债券还是上了市，因为没有其他办法来筹措必需的资金，尤其是需要用来偿还期限太短的债务的资金。

2. 在另一方面，19 世纪的美国观念已经发生了变化。这种观念是：国家债务是短期性质的，必须都可以赎回并且必须尽早赎回。跟欧洲人一样，美国人已经变得对永久国家债务泰然处之。他们对国债负担的计算已经不是从债务的本金出发，而是国债的利息，国债在通胀方面的影响，以及它（用排挤手法）对民间筹借人所构成的不利竞争。财政部甚至发售没有早期赎回特权的长期债券。然而，更重要的是，很大一部分国债都是短期品种，并且一直没有偿债基金。大部分这种短期债务的持有人是银行和公司，因为他们的业务总是需要大笔的短期投资。有了这些持有人稳定需求的保障，政府往往能够将其流动债务看成是永久性债务。短期债务和长期债务的部分界线因此已经变得模糊起来。现代银行系统的平稳运作似乎提供了一种保障——不仅对政府而言，而且也对高信用等级的筹款人来说是一种保障——即如果他们需要用钱，他们总是能够借到。除了政府之外的许多筹款人受到鼓励，筹借了短期债务，而这些筹款人在过去的年代里会选择长期借款，以确保在需要的时候资金能够到位。这种做法的危险在20世纪70年代不幸变得十分显著，当时有些借款人，比如宾夕法尼亚中央铁路公司（Penn Central）和纽约市，突然发现再融资市场已经向他们关闭。尽管如此，20世纪80年代国家债务的直线上升在继续抵消长期公司债券这样一种传统市场的重要性。

3. 累进所得税造成了对免税型州债券和市政债券的特殊需求，从而这两种债券不再是通行收益率的良好指数。它还鼓励了新证券的发行，并且改变了市场收益率对应税借款人和应税贷款人的意义。它将应税债券的市场集中在了低收入个人投资者的手里。它还刺激了对资本收益的追求。于是，这些税法造成了对公司和政府债券需求的减少，以及其收益率的上升。

4. 远远早于20世纪30年代的立法的社保概念导致了一大批投资机构的产生。这个队伍此时发展壮大到了大有取代证券市场上民间个人投资者的趋势。这些机构提供给储户的合约，其安全性和便利程度常常似乎比回报率更加重要，尤其是在所有利率都很低迷、公信度普遍下降的阶段。这种保险的支票账户证明方便之极，从而导致了以服务费形式表现出来的负回收。允许以很小的直接成本就立刻构成遗产的人寿保险，从收益率较高的投资市场吸引走了大量资金。免税养老金——其直接成本对于受益人来说很少显而易见——吸引了数十亿美元的资金，而最初几乎没有说明其本金能够赚取什么样的回报。只有在高利率阶段，这些机构才似乎在回报率方面相互竞争或者与债券市场竞争。不同的要求、不同的立法和不同的税法地位决定了他们的投资政策，并引导他们的资金进入有限的投资领域时，常常不顾利率情况。由此，受控制的买家群体产生了。20世纪50年代期间的影响是投资市场的分化，以及相互竞争的不同投资媒介收益率之间非常混乱的相互关联性。然而，从20世纪60年代到80年代，随着收益率的上升，机构之间的竞争日趋激烈，而事实上个人投资者将资金从机构转移到了直接市场投资。其结果之一是20世纪30年代开始一直受到严格监管的各个金融市场的松绑。于是，市场的分化程度被降低或者消除，因为所有人都转而追求最佳收益，无论这种收益出现在哪个投资领域。

5. 第二次世界大战以后，各种形式的信贷都在大幅度扩散，尤其是消费信贷和抵押贷款信贷，而现有信贷工具也出现了一些变化。新联邦政府机构采用了"道德责任"（moral obligation）债券，其主要目的是推动房地产抵押贷款市场，而这些新债券常常在金额上超过了财政部本身发行的新融资品种。由于这些机构债券的收益率往往大大超过财政部债券的收益率，因而批评家们质疑为什么财政部自己没有以较低利率来采取这样的融资方式。为政府机构融资的联邦机构以联邦政府的名义为各种民间债务担保。在公司领域，许多不同形式的租赁债务产生了，而有时债券品种中增加了参股内容，也即"权益分享"。公司集资本身规模并不大或者可以忽略不计，直到 20 世纪 60 年代后期公司管理层追求"业绩"并且常常能够实现业绩目标；到了 20 世纪 80 年代中期，到期的公司债券超过了新发行的债券品种，反映了低迷的股票价格、公司合并和杠杆收购的形势。

20 世纪高级债券收益率趋势总结

20 世纪美国最佳品质长期债券的收益率长期趋势可以通过优质长期公司债券的收益率历史来描绘。政府长期债券常常并不突出。税收方面的优势和其他优惠条件常常扭曲了政府债券和市政债券的收益率表现。

显示 20 世纪前 80 年期间美国优质长期公司债券收益率的各图呈现为一个巨大的字母 N，其截至 1981 年的最后一个上升笔画远远超出了先前的高点。1981 年以后，收益率尽管出现了大幅度下降，却从 20 世纪 90 年代开始保持了该世纪 1974 年以前从来没有达到过的高度。在世纪交替时期，如图 34 所示，收益率在下跌了 25 年多以后转头上行。在 20 年的大部分时候，收益率都在上升，并于 1920 年达到了自 19 世纪 70 年代以来的高点。从那以后，收益率开始下跌，在 26 年的大部分时候都在走下坡路，并于 1946 年跌至历史低点。接着，收益率掉头向上，再次在 35 年的大部分时候上涨。这是历史上幅度最大、历时最长的熊市，并于 1981 年达到最终的收益率高点。20 世纪前 90 年债券市场的这种发展模式可以非常方便地分为三个显著阶段：（a）1899 ~ 1920 年的第一个债券熊市；（b）1920 ~ 1946 年的债券大牛市；以及在下一章描写的（c）1946 ~ 1981 年历史上最大的债券熊市。从 1981 年开始的牛市持续到了 20 世纪 90 年代中期。具体请见本书第二十九章。

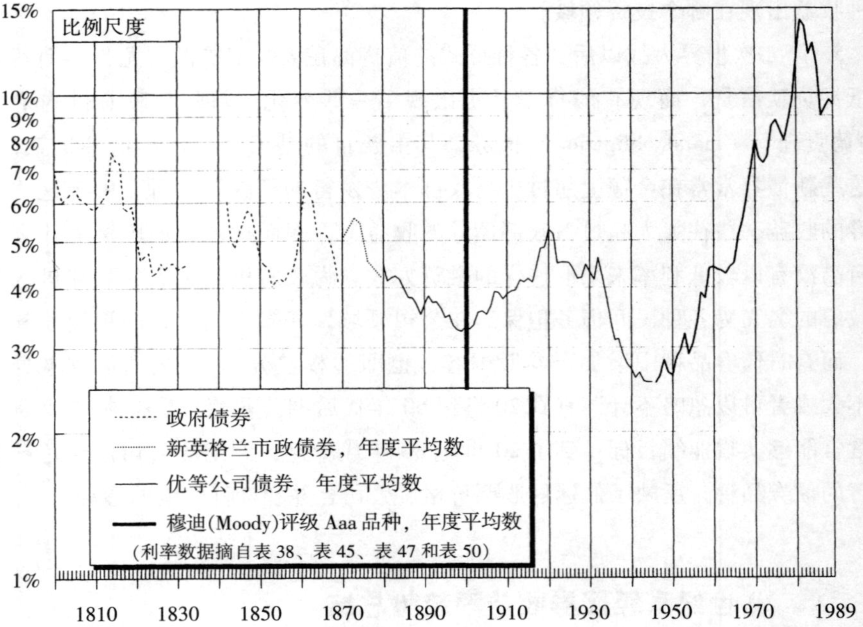

图 34　19 世纪和 20 世纪美国高级长期债券收益率

两次世界大战都正好在债券收益率出现重大转折点之前爆发。伴随第一次世界大战的是高位、上升期间的债券收益率，正如现代时期每次重大战事一样。在 20 世纪 60 年代前出现的债券收益率最高点发生在第一次世界大战结束两年后。相比之下，伴随第二次世界大战的是低位、下降期间的债券收益率；这次战争在该世纪债券收益率最低点出现之前一年结束。对于那些深切感受到几个世纪以来利率峰值与战争之巧合的人们来说，第二次世界大战表现出了一种显著的例外情形，无论是在美国还是在欧洲。而另一方面，几乎从第二次世界大战结束时就开始的冷战，或者说是武装和平期间，是一股基本膨胀力量，而且随之而来的是在本书记录中美国债券收益率的最大升幅和美国债券价格的最大跌幅。随着 20 世纪 80 年代的结束，冷战结束的迹象十分明显。冷战的结束更有可能是最大债券熊市的峰值收益率出现在 1981 年的原因。

在 1900 年前后时期，最佳公司债券的售价达到了收益率为 3.25% 左右的水平。至少有一个新债券品种进入市场，收益率低至 3%，而政府债券（享有支撑国家银行票据流通特权的品种）常常卖到收益率低于 2% 的价格。最佳市政债券的利息为 3%。

与之形成鲜明对比的是，1920 年，最佳公司债券卖到了收益率 5. 56% 的价格，是 19 世纪 70 年代以来最高的收益率水平。高级市政债券的收益率高达 5. 25%，而期限适中、不再享有流通特权但可以部分免税的政府债券，售价平均高达 5. 67% 的收益率。

1946 年出现了历史上最低的债券收益率。优质公司债券平均收益率只有 2. 37%；有一种长期应税政府债券的售价低到收益率只有 1. 93% 的水平；最佳长期市政债券售价的收益率还不到 1%。

到了 1959 年，收益率再次达到高位，虽然没有达到 1920 年或内战期间的高度。最佳品质的在市场交易的长期公司债券售价达到月平均 4. 65% 的水平，而新债券的收益率高达 5. 62%。长期政府债券的售价达到收益率 4. 50% 的高度，而中期政府债券的收益率超过了 5%。优质市政债券卖出了收益率 3. 65% 的价格，相当于如果计算免税条件时的应税债券 6% ~7% 甚至更高的收益率。自 19 世纪 70 年代以来，只有在非常少有的几年时间里美国优质长期债券的收益率到达过这个水平。

然而，在 1959 年的这种峰值收益率水平上，从 1946 年开始的这一债券大熊市无论从时间上还是在幅度上，都还只是 1981 年低价格、高收益率水平的一半。正如图 34 所示，从 20 世纪 60 年代中期一直延续到 1981 年的债券大熊市后半段并不比其上半段时间长多少，但是却醒目得多，新闻价值也高得多，因为它的收益率是现代历史中前所未有的。每个阶段的熊市一个接一个地刷新了历史纪录。在 1981 年的峰值时期，在市场交易的优质长期公司债券的售价达到收益率 15. 50% 的水平。商业票据的收益率达到 16. 66%，3 个月期国库券卖到了收益率大约 16. 30% 的水平，而美联储的贴现率提高到了 14%。1981 年的年均优惠利率为 18. 87%。

19 世纪和 20 世纪高级债券收益率趋势总结

从 1798 年开始的年度平均数历史中，我们可以看到美国长期债券收益率的五大漫长周期，如图 34 所示。我们在下面的表中进行了汇总。

这“五大周期”或“长期趋势”并没有表现出时机或者幅度上的统一性。迄今为止为期最长的熊市从 1946 年开始，一直延续到 1981 年。

从 1946 年到 1981 年，其间的优质公司债券收益率上升到了远远高于从前任何时候盛行过的水平。由此引发的问题是，在19世纪期间十分显著、规模巨大并且在20世纪上半叶得以继续的美国利率超长时期的下跌是否已经终止。如果是这样的话，那么1946年的转折点就比1899年和1920年的漫长转折点更加具有实质性；未来收益率的长期上升幅度将平均超过长期的下跌幅度；每一代人都将遭遇更高的平均收益率，并将回头将低利率看成是过时、瞬间或过渡性的不正常现象。然而，通过研究历史记录本身，并不能得出这样一种结论。好像也没有什么必要补充说，历史记录本身并不具有预测性，而未来的经济和政治事件就能回答这一问题。

1798～1981年债券收益率

	年平均收益率			变化幅度		周期（年）
	峰值(%)	贯通(%)	峰值(%)	基点	百分比(%)	
政府债券*						
1798	7.56?					
1810		5.82		-174	-23	12
1814			7.64	+182	+31	4
				+8		16
1814	7.64					
1824		4.25		-339	-44	10
1842			6.07	+182	+43	18
				-157		19
1842	6.07					
1853		4.02		-205	-34	11
1861			6.45	+243	+61	8
				+38		19
1861	6.45					
公司债券						
1899		3.24		-321	-50	38
1920			5.27	+203	+63	21
				-118		59
1920	5.27					
1946		2.53		-274	-52	26
1981			14.17	+1 164	+460	35
				+890		61

* 市场收益率数据摘自表38、表45和表50。

基于年度平均数的图 34 表明，1959 ~ 1960 年的峰值收益率低于 1920 年的峰值，1920 年的峰值又低于内战期间的峰值，而内战期间的峰值又低于 1814 年和可能更早时期的峰值。同样，在 1810 年、1824 年、1853 年、1899 年和 1946 年的低收益率阶段的收益率也在逐步下降。因而，从绝对数据比较的狭义角度说，债券收益率的超长期趋势在 20 世纪 60 年代前一直是下行。

然而，这种比较可能过多地着重于峰值和贯通数据；这些数据常常是过渡性质，并不能代表通行利率。每 10 年平均数则能提供更好的长期参考指数。图 35 显示了 19 世纪和 20 世纪美国数个利率系列的每 10 年平均数。由于在 19 世纪 70 年代至 20 世纪 20 年代期间影响美国政府债券的扭曲因素——主要是政府债券被各国家银行用来支撑银行纸币的流通——我们将这些债券从该记录中删除了。1900 年以后的市政债券也被删除，因为其免税优惠造成了数据的扭曲。

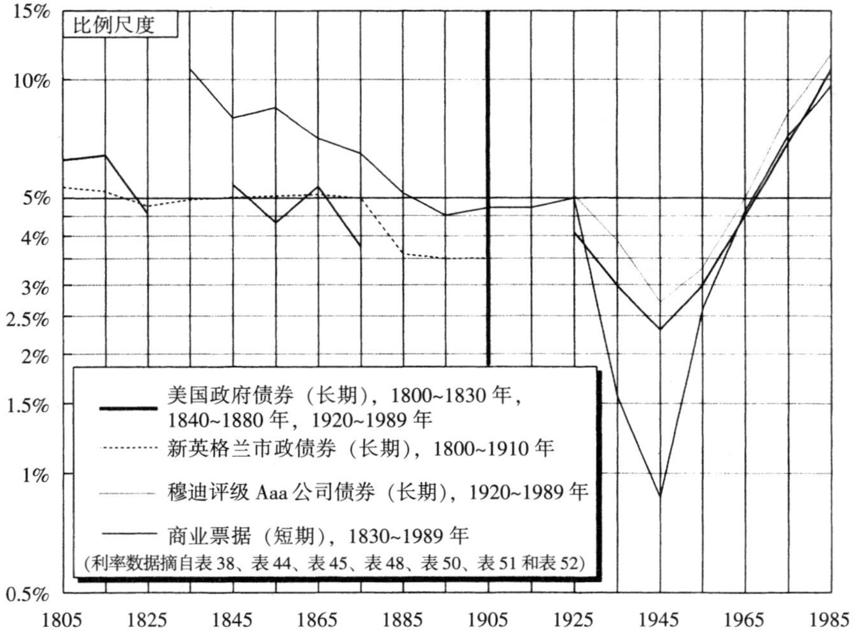

图 35　19 世纪和 20 世纪美国每 10 年平均数

该图清晰地表明，美国从最早时期到 20 世纪 40 年代，无论是长期还是短期，优惠利率都呈现超长期下跌态势。它还突出显示了 20 世纪 50 年代发生的趋势大幅度逆转现象，将长期收益率（但因小幅度差异没有将短期商业票据利率）带入了20世纪80年代每10年平均数的新高。

1899～1920年第一个债券熊市详细介绍

20世纪30年代前美国债券收益率的绝对低点出现在1899年。新英格兰市政债券和最佳公司债券的收益率当时介于3.07%～3.20%之间。这时是英国和欧洲大部分其他国家达到最低收益率两年以后。到了1899年，欧洲大部分利率正在大幅度上升，但是美国直到1902年才出现了显著的上升趋势。

有些案例表明了1897～1901年，这第一个低利率时期极端阶段最佳债券的市场水平，如下表所示。

1897～1901年高价格和低收益率

债券品种	到期日	价格	收益率（%）
宾夕法尼亚铁路总债券6s	1910	130.5	2.97
罗马、沃特敦和奥格登斯堡5s	1922	129	3.20
莱克肖尔和密歇根南3.5s	1977	109.75	3.18
纽约中央和哈得孙河3.5s	1997	112	3.11
芝加哥和西北3.5s	1987	109.75	3.17
芝加哥、伯灵顿和昆西（伊利诺伊区）3.5s	1949	104	3.33
韦斯特肖尔4s	2361	114.75	3.48
缅因州3s	1921	99	3.06
马萨诸塞州3s	1923	99.5	3.03
马萨诸塞州3.5s	1923	109	3.00
波士顿市4s	1923	112	3.31
底特律市4s	1920	109.5	3.40
圣路易斯市4s	1918	109	3.40

在20世纪的第一个10年期间，美国政府债券跟19世纪后期一样，仍然有流通特权的支持，从而允许国家银行系统里的银行发行由政府债券做抵押的银行本票。因此，政府债券卖出了高溢价的水平，以至于无法用来在投资市场上进行对比分析。比如，在1900～1902年，美国1930年的2s卖出了109.625的高价，收益率为1.55%；1925年的4s售价在136.5～139.875之间，收益率通常低于2%。

虽然这是个债券收益率非常低的阶段，但却不是短期利率非常低的时候。优质 4 ~6 个月期商业票据在该世纪的头 3 年平均为 5.71%、5.40% 和 5.81%。纽约证券交易所的活期贷款报价低至 1%、高达 75%。

1899 ~1920 年的债券熊市可以细分为 3 次价格大跌，其间有两次反弹。这些都在下表中用月均优质公司债券收益率和相应债券价格指数来表现。

1899 ~1920 年债券熊市

价格趋势日期	周期 年	周期 月	收益率(%)(摘自表 45)	收益率变化(基点)*	固定 30 年期 3.25s 债券价格变化(基点)
1. 1899 年 1 月					
跌至 1907 年 11 月	8	10	3.20 ~4.21	+101	-17.5
涨至 1909 年 2 月	1	3	-3.77	-44	+7.375
	10	1		+57	-10.125
2. 1909 年 2 月					
跌至 1915 年 9 月	6	7	3.77 ~4.30	+53	-8.5
涨至 1917 年 1 月	1	4	-3.98	-32	+4.5
	7	11		+21	-4
3. 1917 年 1 月					
跌至 1920 年 5 月	3	4	3.98 ~5.56	+158	-20.375 (23.6s)
1899 年 1 月至 1920 年 5 月总变化	21	4	3 20 ~5.56	+236	-34.5(基点和 s)

* 1 基点 = 收益率 0.01s。

1890 ~1907 年的第一次价格下跌幅度非常大，占了总跌幅的将近一半，但却跨越了 9 年的时间。1907 ~1917 年，价格的波动幅度比较小。最后，从 1917 年 1 月一直到 1920 年 5 月的 3 年期间，跌幅超过了 21 年熊市累计跌幅的一半。这 3 年的价格跌幅达到 23.6%；这样一种市场跌幅是 56 年以来的第一次，或者说是内战第一年开始的首次。它接近了 1812 年战争后期出现的政府债券市场信心崩溃时的跌幅。

在 20 世纪的头 20 年期间，美国的繁荣形势没有出现过重大挫折。在整个这一时期，价格都在上涨。美国劳工部统计局的批发物价指数（B. L. S. Index of

Wholesale Prices）从内战期间的285点下跌到1896年的100点，上升到1910年的150点，接着又上升到1920年的340点——这一水平略微高于内战期间的峰值，大约与1814年的峰值相同。这是截至当时美国历史上物价水平持续幅度最大的一次上涨。[注511]

图36和表45、表46表明，债券市场在1900年和1901年十分坚挺。1902年，优质债券的收益率开始上升。这是繁荣与投机的时期。收益率的上升持续到了1907年后期的恐慌阶段，当时有一天时间没有活期贷款资金，利率从1%上升到了125%——本书中最后一次超过30%的活期利率。仅仅在1907年，优质债券价格的平均跌幅就达到了大约12个点。

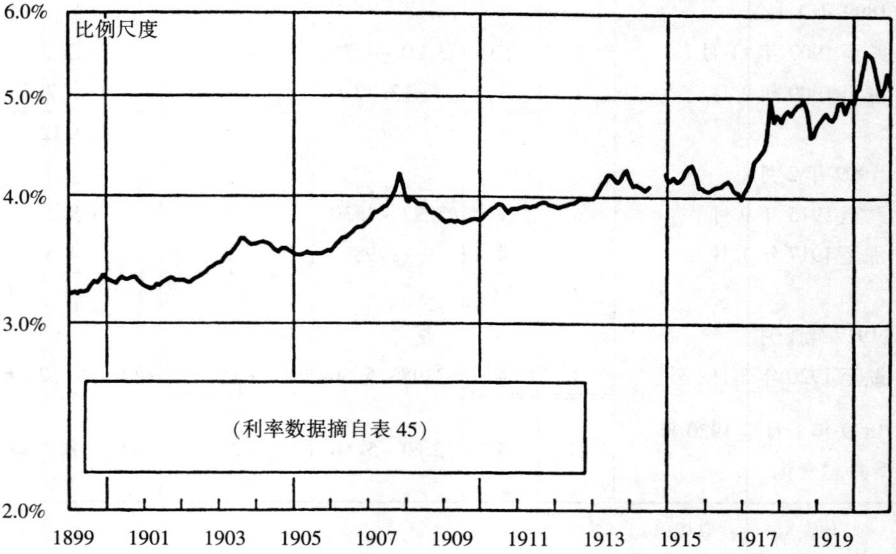

图36　1899～1920年美国优质公司债券收益率，月平均数

债券收益率在恐慌过后的1908年和1909年下跌，此后则稳步上升。1913年，更大的一次升幅将收益率推到了1907年的高度。到了这个时候，9.65亿美元政府债务的80%作为银行本票的抵押物为各国家银行而拥有。不时出现的货币短缺威胁产生了，因为债务正在减少。然而，1907年以及更早时期的教训最后导致立法系统设立了一个中央银行系统，由该系统来管理对商业需求十分敏感而不是对国库财政地位敏感的弹性货币。

表 45 1899 – 1920 年公司和市政长期债券收益率

年份	优质公司债券收益率（%）													高级市政债券收益率（%）				
														新英格兰年均	高级债券购买者年均指数	标准普尔		
	年均	1 月	2 月	3 月	4 月	5 月	6 月	7 月	8 月	9 月	10 月	11 月	12 月			年均	低点	高点
1899	3.24	3.20	3.20	3.21	3.20	3.22	3.21	3.22	3.26	3.29	3.28	3.31	3.34					
1900	3.31	3.31	3.30	3.29	3.28	3.31	3.32	3.31	3.31	3.32	3.32	3.29	3.27	3.15	3.25	3.12	3.08	3.13
1901	3.28	3.26	3.25	3.24	3.25	3.28	3.27	3.29	3.31	3.32	3.32	3.30	3.30	3.12	3.10	3.13	3.08	3.19
1902	3.34	3.30	3.30	3.29	3.29	3.31	3.32	3.33	3.35	3.37	3.40	3.41	3.43	3.21	3.18	3.20	3.15	3.25
1903	3.55	3.43	3.45	3.49	3.52	3.51	3.55	3.59	3.64	3.64	3.60	3.58	3.59	3.37	3.30	3.38	3.26	3.49
1904	3.57	3.59	3.60	3.61	3.60	3.59	3.57	3.54	3.53	3.55	3.55	3.54	3.53	3.45	3.40	3.45	3.39	3.52
1905	3.51	3.51	3.50	3.50	3.51	3.52	3.51	3.51	3.51	3.51	3.51	3.53	3.54	3.43	3.48	3.40	3.37	3.44
1906	3.65	3.53	3.55	3.59	3.61	3.64	3.64	3.66	3.60	3.72	3.73	3.73	3.75	3.60	3.43	3.57	3.44	3.70
1907	3.92	3.77	3.80	3.85	3.85	3.87	3.90	3.90	3.95	3.99	4.06	4.21	4.10	3.90	3.67	3.86	3.68	4.17
1908	3.90	3.96	3.95	3.99	3.96	3.93	3.93	3.92	3.88	3.85	3.85	3.83	3.81	4.02	3.87	3.92	4.79	4.17
1909	3.78	3.79	3.77	3.78	3.78	3.77	3.78	3.77	3.77	3.78	3.79	3.80	3.80	3.85	3.76	3.79	3.72	3.85
10 年平均	3.47													3.51	3.44	3.48		
1910	3.87	3.79	3.80	3.82	3.86	3.88	3.90	3.93	3.92	3.88	3.86	3.89	3.89	4.00	3.91	3.97	3.87	4.04
1911	3.93	3.89	3.90	3.91	3.91	3.90	3.91	3.91	3.93	3.94	3.94	3.92	3.92	4.00	3.98	3.98	3.96	4.01
1912	3.95	3.91	3.90	3.91	3.92	3.92	3.94	3.94	3.96	3.98	3.98	3.98	3.99	4.07	4.01	4.03	3.99	4.09

（续表）

年份	优质公司债券收益率（%）													高级市政债券收益率（%）				
	年均	1月	2月	3月	4月	5月	6月	7月	8月	9月	10月	11月	12月	新英格兰年均	高级债券购买者年均指数	标准普尔		
																年均	低点	高点
1913	4.14	3.99	4.00	4.07	4.12	4.16	4.21	4.21	4.17	4.13	4.17	4.23	4.24	4.40	4.45	4.22	4.08	4.36
1914	4.11	4.16	4.10	4.11	4.09	4.08	4.06	4.09					4.22	4.37	4.16	4.12	4.09	4.17
1915	4.18	4.17	4.15	4.19	4.14	4.15	4.19	4.25	4.28	4.30	4.21	4.08	4.08		4.24	4.16	4.02	4.23
1916	4.10	4.06	4.05	4.07	4.09	4.09	4.10	4.12	4.14	4.12	4.07	4.04	4.04		4.05	8.93	3.84	3.99
1917	4.41	3.98	4.05	4.10	4.19	4.32	4.36	4.41	4.45	4.54	4.98	4.73	4.81		4.23	4.21	3.82	4.51
1918	4.82	4.79	4.75	4.82	4.87	4.81	4.87	4.92	4.93	4.98	4.86	4.59	4.61		4.57	4.50	4.36	4.59
1919	4.84	4.71	4.75	4.79	4.83	4.77	4.76	4.80	4.95	4.96	4.83	4.94	4.99		4.50	4.46	4.43	4.53
10年平均	4.23														4.21	4.15		
1920	5.27	4.95	5.10	5.11	5.32	5.56	5.52	5.50	5.36	5.18	5.03	5.13	5.30		4.97	4.98	4.53	5.28

下划线表示公司债券收益率的年度高点和低点。

资料来源：

公司债券数据：30年期优质公司债券每2月份数据摘自杜兰德（Durand）的《公司债券基本收益率》（*Basic Yields of Corporate Bonds*），月度变化数据摘自麦考利的《调整后的铁路债券平均数》（*Adjusted Railroad Bond Average*）。

市政债券数据：新英格兰市政债券数据摘自麦考利前文引用著述，第A142ff页。高级债券购买者指数数据和标准普尔数据均摘自这些著述。

表 46　1900～1920 年美国政府长期债券价格和收益率

年份	1930 年的国债 2s①②				1907 年的 4s①②				1925 年的 4s①②			
	年均		高	低	年均		高	低	年均		高	低
	价格	赎回收益率（%）			价格	赎回收益率（%）			价格	赎回收益率（%）		
1900	104	1.82	105	103.125	115.125	1.70	118.5	114	136.375	2.12	136.375	138.625
1901	107.375	1.67	109.5	105.25	112.875	1.72	115.25	112	138.375	1.98	139.875	136.875
1902	108.75	1.62	109.625	107.75	110.5	1.81	113	108.75	138.125	1.93	139.75	136.5
1903	107.375	1.66	108.75	106	110.375	1.34	112	109.25	135.875	1.97	137.5	134.25
1904	105.375	1.74	106.25	104.5	106.75	1.68	108	104.5	132.5	2.08	134	130.875
1905	104.125	1.79	105.375	103.25	104.625	1.63	105.875	103.5	132.375	2.03	134.5	130.25
1906	104.125	1.78	105.25	103	102.875	1.11	104.875	101.875	130.875	2.03	132.25	129.375
1907	105.25	1.73	106.25	104.25	101	1.07	101.875	100.875	123.75	2.33	130.5	1.17
1908	104	1.77	104.125	104					122.125	2.39	123.5	120.75
1909	101.375	1.92	103	100.25					118.5	2.57	121	116
					1961 年的巴拿马运河 3s①③							
						到期收益率（%）						
1910	100.5	1.97	100.75	100.25					115.125	2.76	115.75	114.5
1911	100.875	1.94	101.75	100.125	102.375	2.92	103	101.75	115	2.70	116.375	113.75
1912	101	1.93	101.375	100.75	101.75	2.93	102	101.375	114	2.71	114.75	113.25
1913	98.375	2.11	101.25	95.5	101	2.96	103.125	99	111.75	2.83	114.5	109
1914	97.875	2.16	99	96.75	101.625	2.93	102.5	100.75	111.375	2.79	113.25	109.5
1915	98.125	2.14	99	97.25	101.375	2.94	102	100.75	110.5	2.79	111.5	109.5
1916	100	2.00	100.5	99.5	102.5	2.90	103.25	101.875	111.375	2.57	112.5	110.25
1917	98.25	2.16	99.75	96.75	93.5	3.27	102.75	84	107.5	2.95	111.125	104
1918	98	2.19	98.875	97.25	85.25	3.69	85.5	85	106	3.05	107	105
1919	99.125	2.09	100.25	98	89.25	3.49	91	87.5	105.375	3.02	106.375	104.25
1920	100.75	1.95	101	100.5	84.5	3.74	89.25	79.5	105.125	2.90	106.25	104

（续表）

战争贷款价格和收益率

年份	一期自由债券 3.5s 1932～1947 年[1][3]				三期自由公司 4.5s 1928 年[3]				四期自由公司 4.5s 1933～1938 年[3]			
	年均		高	低	年均		高	低	年均		高	低
	价格	到期收益率（%）			价格	到期收益率（%）			价格	到期收益率（%）		
1917	99.25	3.55	100.375	98								
1918	99.875	3.51	102.5	97.25	96.5	4.69	99.125	94	96	4.56	98.125	94
1919	99.625	3.52	101	98.25	94.875	4.96	96.625	93.25	93.375	4.79	95.75	91
1920	94.75	3.82	100.5	89.125[4]	90.375	5.76	95	85.625[5]	87.5	5.32	93	82[6]

① 免税。

② 有流通特权。

③ 无流通特权；部分免税。参阅正文。

④ 收益率 4.18%。

⑤ 收益率 6.58%。

⑥ 收益率 5.82%。

资料来源：《年度金融回顾》，1921 年，前文引用著述，第 221～232 页。

1914 年第一次世界大战的爆发让市场猝不及防。一股突如其来的国际清算浪潮在纽约市场汇集，证券交易所从 1914 年 7 月 31 日起关闭，直到 12 月 12 日。纽约的银根紧缩形势因为 1908 年的奥尔德里奇—弗里兰法案（Aldrich - Vreeland Act of 1908）授权发行了紧急货币而得到缓解。活期贷款利率没有超过 10%。1914 年年末，各美联储银行开门营业。当证券交易所恢复营业时，债券的价格仅仅比交易所休市时跌了几个点，并且迅速收复了大部分失地。战争开始时优质公司债券和市政债券的收益率平均为 4.25%。

债券收益率在 1915～1916 年呈现下跌趋势。新的美联储系统迅速调动全国银行储备金的很大一部分，准备以再贴现利率提供额外储备金——1914～1916 年的贴现率从 6% 跌到了 3%。商业票据的平均利率从 1913 年的 6.20% 下降到 1916 年的 3.84%。活期贷款资金在 1915 年的利率平均为 1.92%，而新发行的为期 5 年的利率 5% 的联合黄金贷款据记载价格收益率为 4.50%，菲律宾 4s 的收益率为 4%。[注512]

1917 年之前的财政融资主要是通过可以由银行持有来担保银行票据的债券形式。下表统计了除非另有说明一律具有免税和流通特权的主要新发长期债券。

1900～1907 年	6.46 亿美元："1930 年的 2s 国债"，可在 1930 年后赎回；售价 100＝2.00s。（用来为 1904 年的 5s 和 1907 年的 4s 等提供再融资。）
1906 年	0.3 亿美元："巴拿马运河 2s"，可在 1916 年以后赎回，到期日 1936 年；售价 104＝1.56s*。
1907 年	0.24 亿美元："巴拿马运河 2s"，可在 1916 年以后赎回，到期日 1936 年；售价 103＝1.63s*。
1908 年	0.30 亿美元："巴拿马运河 2s"，可在 1918 年以后赎回，到期日 1938 年；售价 102.375＝1.74s*。
1911 年	0.50 亿美元："巴拿马运河 3s"，到期日 1961 年，无流通特权；售价 102.625＝2.90s。
1916 年	0.29 亿美元："并转 3s"，两系列，到期日 1946 年和 1947 年，无流通特权；售价 103.5＝2.82s。
1917 年	同系列，兑换 2s 流通债券；售价 94.5＝3.28s。

* 赎回收益率。

1917 年 4 月，美国参战，债券市场立刻大幅度下跌。优质公司债券的收益率从 1 月份的 3.98% 上涨到 10 月份的 4.98%。即便在美联储坚持其3%～3.50% 的再贴现率情况下，商业票据的利率还是从 1916 年的平均 3.84% 上升到了 1917 年的平均 5.07%。1917 年的长期国库战争融资采取的是发行以下两期国债的形式，每一期都可以兑换成战争期间可能发行的更高利率的债券：

1917 年——20 亿美元"第一期自由贷款 3.5s"，可在 1932 年赎回，到期日 1947 年，免税；售价 100＝3.50%。

38 亿美元"第二期自由贷款 4s"，可在 1927 年赎回，到期日 1942 年，部分免税（部分免税型政府债券可以豁免普通所得税，但征收附加税）；售价 100＝4%。

这些新国债在爱国热忱和银行信贷的支持下成功发售，有助于重新建立政府债券的官方公共市场。然而，这些债券的利率却没有维持长期的竞争力。当免税型第一期自由贷款 3.5s 以 100 的价格发售时，最佳免税型州债券和市政债券的收益率从 3.82% 上升到了 4.51%。免税型 1961 年的巴拿马运河 3s 在市场上下跌了 17 个点，收益率 3.74%。自由贷款 3.5s 本身也迅速跌到了 98，收益率 3.61%。

第二期自由贷款 4s 由于只是部分免税，只得与优质公司债券竞争许多投资人的资金。这些债券的价格迅速下滑，收益率达到 4.98% 以上。第二期自由贷款 4s

本身迅速下跌到了97。当人们对这些利率的充足性表示怀疑的时候，自由贷款运动（Liberty Loan Drive）主席查尔斯·G·道斯（Charles G. Dawes）回答说："如果有人因为这个原因拒绝认购，就揍扁他。"证券交易所各成员宣称，凡是在面值以下价格出售自由债券的人，都应当因为不爱国而受到谴责。[注513]

1918年，随着战争的结束，市场仅仅大幅度反弹了2个月。然而，政府不得不为其新发债务支付4%以上的利息。新发国债都是4.5s，而即便这种利率水平还是无法与市场长期竞争。在交易开始后不久，两期新发债券都在以高达6个点的贴现价格出售。很显然，美国在该世纪世界大战期间的财政政策，并不包含要极大地满足投资人对战后资本收益的期望，而正是这种期望主宰了拿破仑战争期间和后来的英国财政，以及内战期间的大部分美国财政。

1918年的新发国债为：

1918年——42亿美元"第三期自由贷款4.5s"，到期日1928年，部分免税；售价100=4.25%。

70亿美元"第四期自由贷款4.5s"，可在1933年后赎回，到期日1938年，部分免税；售价100=4.25%。

这些是最后一批战争长期国债，是20世纪30年代之前除了再融资品种外的最后一批。

1919年，也就是第一个全年无战事的和平年度，债券市场停止了小幅度反弹，下跌到1918年的低点附近。伴随着短暂战后经济繁荣而来的是商品价格的上涨——此时已经达到1913年物价水平的272%，涨幅甚至超过了内战期间。在这个和平的一年里，美国银行贷款利率上涨了23%。[注514]1919年11月，再贴现利率提高到了4.75%。活期贷款的利率在1个月内平均达到10.89%。财政融资主要是中等期限的债券。它采用了38亿美元"胜利贷款4.75%票据"的形式，可在1922年赎回，到期日1923年，部分免税，售价100，收益率4.75%。

导致债券市场大幅度下跌的危机发生在1920年年初。各美联储银行将再贴现率提高到了7%，并在后来严重通货膨胀的全年保持在该水平。那年的商业票据利率平均为7.50%，是1969年以前的最高年平均利率。活期贷款摸到了25%的高位，平均为7.74%。财政部发行了利率为5.75%的6个月期债券和利率为6%的12个月期债券，发售价格的收益率高达7.75%。收益率曲线形成了一个深度负数：期限越短，收益率越高。

从 1920 年 1 月到 5 月，优质公司债券的平均收益率从 4.95% 上升到 5.56%，是该世纪 1967 年之前的最高收益率。然而，市场清算却集中在自由债券。据估计，在 1 800 万自由债券原始认购人当中，有 1 400 万人抛出了手中的债券。【注515】在 30 天内，价格的波动幅度高达 11.5%。1947 年的第一期 3.5s 从 100 的售价跌到了 89.125，收益率 4.18%，免税；相对短期的 1928 年的第三期 4.25s 从 95 的售价跌到了 85.625，收益率 6.58%，部分免税；而较长期的 1938 年的第四期 4.25s 从 94 的售价跌到了 82，收益率 5.82%，部分免税。下表罗列了一些具有代表性的高级公司债券售价处于该 10 年期间低点的情况。

1920 年的低价格和高收益率

债券名称	到期日	价格	收益率（s）
纽约中央 3.5s	1997 年	63	5.60
莱克肖尔和密歇根南方公司 3.5s	1997 年	65	5.43
宾夕法尼亚 4.25s	1960 年	84	5.48
莫里斯·埃塞克斯 3.5s	2000 年	63.5	5.57
诺福克和西部公司（Norfolk & Western）4s	1996 年	70.5	5.72
联合太平洋公司 4s	1947 年	77	5.67
新泽西中央铁路 5s	1987 年	91	5.52
阿奇森、托皮卡和桑塔铁路（Atchison, Topeka & Santa Fe Gen.）4s	1995 年	71.5	5.62

1920～1946 年债券大牛市详细介绍

在 1920 年 5 月之后的 26 年里，利率倾向于下跌，高级债券价格倾向于在大部分时候上扬（参见图 37 和表 47、表 48）。利率的这种下跌有时可以追溯到 1933～1934 年，当时美元的黄金价值下跌。然而，各图清楚地表明，下跌态势始于十三四年之前，即 1920 年。到了 1928 年，已经发生了收益率 26 年下跌幅度的几乎一半、债券价格 26 年上涨幅度的 1/3 以上。

为了便于描述，美国这一最大的债券牛市可以随意细分为三个价格上涨阶段，其间出现两次重大回调，如下表所示：

1920～1946 年的债券牛市

价格趋势日期	周期		收益率（%）（摘自表 47）	收益率变化（基点）*	固定 30 年期 5.5s 债券价格变化（基点）
	年	月			
1. 1920 年 5 月					
涨至 1928 年 1 月	7	8	5.56～4.04	－152	＋25.125
跌至 1929 年 9 月	1	8	～4.59	＋55	－10.625
	9	4		－97	＋14.5
2. 1929 年 9 月					
涨至 1931 年 5 月	1	8	4.50～3.99	－60	＋11.75
跌至 1932 年 6 月	1	1	～4.83	＋84	－15.875
	2	9		＋24	－4.5**
3. 1932 年 6 月					
涨至 1946 年 4 月	13	10	4.83～2.37	－246	＋56.625
1920 年 5 月至 1946 年 4 月总变化	25	11	5.56～2.37	－319	＋67*

* 基点和百分比。

** 此处原文即为 $-4\frac{1}{2}$。——译者注

1920 年的长期优质债券的平均收益率达到了一个峰值，超过了至少之前 45 年期间和之后 47 年期间达到过的任何高度，总计跨越了 92 年时间。20 世纪 20 年代优质债券收益率的每 10 年平均数是 80 年来的最高点，大约位于这 80 年的中心位置。

1920～1921 年的萧条是现代时期非常少见的，其间利率并没有大幅度下跌，而商业活动在走下坡路。1920 年 5 月以后，利率的确下跌了，但是幅度一般。各美联储银行维持 7% 的危机利率不变，直到 1920～1921 年势如破竹的通货膨胀即将结束的时候。储备银行的信贷从 35 亿美元降低到了 15 亿美元，商品价格下跌了将近 50%，而工业生产总值减少了 1/3。最后，在 1921 年春季过后，再贴现率通过一系列步骤从 7% 降低到了 4%。危机过去了。商业活动虽然仍然低迷，却有了改善。

公司债券收益率的一次真正的重大下跌始于 1921 年的 6 月。在 15 个月的时间里，收益率从接近高点的位置下跌到接近 20 世纪 20 年代的低点位置。长期部分免税型政府债券的平均收益率从其 1921 年 5.27% 的高点跌到 1922 年 4.12% 的低点。1933～1938 年的第四期自由债券 4.25s 从 1920 年 82 的价格上涨到 1922 年的 101.75。整个债券市场的战后跌幅在大约 1 年的时间里就全部收复。财政出现

图 37 1920～1946 年美国优质公司债券收益率，月度平均数

了盈余，战争债务得以减少。20 世纪 20 年代财政部的长期融资仅限于再融资品种，其收益率几乎是稳步下跌，如下表所示。

1922 年	8 亿美元	“1947～1952 年的 4.25s”，部分免税，售价 100 = 4.25%
1924 年	11 亿美元	“1944～1954 年的 4s，部分免税，售价 100 = 4.00%
1925 年		“1944～1954 年的 4s”，部分免税，售价 100.5 = 3.96%
1926 年	5 亿美元	“1946～1956 年的 3.75s”，部分免税，售价 100.5 = 3.72%
1927 年	5 亿美元	“1943～1947 年的 3.375s”，部分免税，售价 100.5 = 3.33%
1928 年	4 亿美元	“1940～1943 年的 3.375s”，部分免税，售价 100 = 3.37%
之后没有新发国债，直至 1931 年		

日期为最早赎回日期和到期日期。

从 1922 年以后，这个 10 年期的特点是一路上升的繁荣景象，除了农业领域。商品价格已经下跌。私人债务总额接近于翻倍。尽管如此，美国的储蓄不仅为这种信贷扩张提供了融资，而且还购买了价值大约 45 亿美元的外国长期债券，并在 1925 年以后为股票市场投机提供了资金。

在 1922 年以后的整个繁荣期间，债券收益率都在一个适中的范围内波动。短期利率变得远远低于第一次世界大战之前的繁荣时期达到过的水平。然而，1928年年初开始了一个短暂的利率上涨阶段，并持续到了灾难性的1929年秋季。从1928年1月到1929年8月，再贴现率提高了4次，从3.5%上升到6%。活期贷款利率从3.5%上涨到了20%。优质公司债券的收益率适度上涨，从1928年1月的4.04%上升到1929年9月4.59%的高点，也是过去5年和后来两年期间的高点。

随着股票市场在1929年秋季的崩盘，货币市场的压力立刻舒缓，利率急速下跌，债券市场开始回升。优质公司债券的收益率平均从1929年9月的4.59%跌至1931年5月的3.99%。到了1930年年中，再贴现率降到了3%，而到了1931年年中，则降到了1.5%。活期贷款利率从20%下跌到1931年1%的低点。所有这一切都迥异于1920~1921年萧条时期资金紧缺、再贴现率保持7%的形势。美联储系统的确借了一股强劲的东风，或者说看起来是这样，如果忽略现金股票和价格水平崩溃的因素。1931年，财政部在间隔了3年之后恢复了长期融资，充分利用了当时盛行的较低利率形势：

1931年3月——6亿美元“1941~1943年的3.375s”，部分免税，售价100=3.37%。

1931年6月——8亿美元“1946~1949年的3.125s”，部分免税，售价100=3.12%。

1931年9月——8亿美元“1951~1955年的3s”，部分免税，售价100=3.00%。

最后一次国债发售不幸地正值危机降临的前夜。拨款幅度达到了100%，首批报价为99.625，4个月内，债券的售价就跌到了82.125，收益率为4.24%。

1931年年底，国外的危机和贬值、银行系统的崩溃，以及对美元的不信任，导致了黄金的进口。美联储用传统的方式应对此次危机，即提高利率。跟1920~1921年期间一样，大萧条期间官方再次出台了通胀政策。美联储这时没有去借东风——此时已经变成了飓风——而是利用该形势，并在此过程中采取了一种很难维持的立场。面对严重的银行清算，债券市场突然结束了两年的上升趋势，陡然掉头下行。从1931年5月到1932年6月的低点，优质公司债券平均从3.99%的收益率上升到了4.83%。这个数字略微高于1929年达到的高点，而从这个意义上说，整个债券市场在1929~1931年期间的上涨被称做是一次虚假起步。

表 47 1920 ~ 1946 年公司和市政长期债券收益率

年份	优质公司债券收益率（s）												
	年均	1 月	2 月	3 月	4 月	5 月	6 月	7 月	8 月	9 月	10 月	11 月	12 月
1920	5.27	4.95	5.10	5.11	5.32	5.56	5.52	5.50	5.36	5.18	5.03	5.13	5.30
1921	5.16	5.13	5.17	5.23	5.26	5.29	5.42	5.28	5.20	5.14	5.12	4.92	4.78
1922	4.49	4.71	4.71	4.65	4.55	4.51	4.49	4.39	4.33	4.30	4.38	4.44	4.41
1923	4.51	4.39	4.61	4.54	4.58	4.52	4.56	4.58	4.57	4.61	4.64	4.62	4.65
1924	4.51	4.63	4.66	4.66	4.63	4.59	4.52	4.46	4.50	4.50	4.48	4.49	4.51
1925	4.50	4.51	4.50	4.48	4.47	4.42	4.43	4.47	4.53	4.49	4.51	4.49	4.46
1926	4.36	4.43	4.40	4.41	4.36	4.32	4.33	4.35	4.37	4.37	4.36	4.33	4.32
1927	4.18	4.30	4.30	4.26	4.21	4.19	4.23	4.23	4.19	4.15	4.11	4.06	4.04
1928	4.19	4.04	4.05	4.06	4.08	4.13	4.23	4.30	4.36	4.31	4.30	4.27	4.34
1929	4.47	4.38	4.42	4.46	4.46	4.48	4.53	4.56	4.52	4.59	4.56	4.46	4.43
10 年平均	4.56												
1930	4.31	4.42	4.40	4.33	4.38	4.35	4.32	4.27	4.21	4.14	4.12	4.16	4.22
1931	4.15	4.10	4.10	4.10	4.08	3.99	4.01	4.00	4.04	4.08	4.29	4.42	4.66
1932	4.61	4.64	4.70	4.60	4.76	4.77	4.83	4.73	4.48	4.40	4.41	4.44	4.33
1933	4.19	4.14	4.15	4.32	4.49	4.34	4.18	4.11	4.06	4.08	4.09	4.23	4.19
1934	3.83	4.07	3.99	3.93	3.86	3.82	3.74	3.74	3.79	3.86	3.79	3.70	3.66
1935	3.44	3.57	3.50	3.46	3.45	3.46	3.43	3.40	3.43	3.44	3.44	3.38	3.33
1936	3.11	3.26	3.20	3.14	3.12	3.09	3.07	3.09	3.10	3.07	3.05	3.01	2.95
1937	3.12	2.97	3.08	3.21	3.25	3.20	3.17	3.15	3.13	3.14	3.14	3.09	3.06
1938	2.90	3.04	3.03	3.01	3.03	2.95	2.94	2.92	2.92	2.92	2.88	2.83	2.81
1939	2.77	2.75	2.75	2.74	2.75	2.71	2.71	2.69	2.72	3.03	2.91	2.77	2.72
10 年平均	3.64												
1940	2.70	2.71	2.70	2.66	2.65	2.72	2.75	2.71	2.69	2.64	2.64	2.62	2.62
1941	2.59	2.66	2.65	2.63	2.64	2.61	2.58	2.54	2.53	2.54	2.52	2.51	2.60
1942	2.66	2.62	2.65	2.67	2.63	2.63	2.63	2.61	2.61	2.60	2.61	2.59	2.61
1943	2.55	2.60	2.57	2.57	2.56	2.56	2.53	2.51	2.52	2.54	2.53	2.54	2.58
1944	2.54	2.57	2.56	2.55	2.54	2.54	2.53	2.52	2.53	2.55	2.56	2.58	2.56
1945	2.54	2.54	2.53	2.52	2.51	2.52	2.51	2.53	2.55	2.54	2.53	2.54	2.54
1946	2.45	2.46	2.39	2.38	2.37	2.41	2.41	2.41	2.43	2.50	2.53	2.53	2.58
7 年平均	2.58												

带有下划线的数字表示年度高收益率和低收益率。

表 47（续）

年份	高级市政债券收益率（%）								
	新发优质债券			穆迪评级 Aaa 债券			高级债券购买者指数		
	年均	高	低	年均	高	低	年均	高	低
1920		4.80	4.80				4.97	4.53	5.25
1921		4.70	5.00				5.02	4.48	5.16
1922		3.80	4.30				4.19	4.05	4.37
1923		3.80	4.15				4.23	4.10	4.38
1924		3.70	4.15				4.19	4.07	4.35
1925		3.75	4.05				4.09	3.98	4.23
1926		3.80	4.10				4.08	4.05	4.13
1927		3.70	4.00				3.97	3.91	4.10
1928		3.65	3.95				3.98	3.83	4.15
1929		3.95	4.10				4.29	4.13	4.47
10 年平均		3.97	4.26				4.30		
1930		3.65	4.10				4.08	6.92	4.25
1931		3.20	3.85				3.88	3.60	4.23
1932		3.15	3.95				4.33	4.02	4.66
1933		3.05	3.85				4.30	3.81	4.90
1934		2.90	3.85				3.73	3.38	4.50
1935		2.35	3.00				2.99	2.79	3.30
1936		2.25	2.65				2.63	2.35	2.84
1937		2.35	3.00	2.50	2.18	2.81	2.67	2.35	2.90
1938		2.30	2.60	2.24	2.14	2.45	2.58	2.42	2.75
1939		1.75	2.10	2.07	1.90	2.32	2.42	2.26	2.94
10 年平均		2.70	3.30				3.36		
1940	1.60	1.60	2.00	1.83	1.56	2.06	2.20	1.82	2.66
1941	1.82	1.35	1.80	1.52	1.39	1.71	1.80	1.57	2.13
1942	1.47	1.70	2.00	1.63	1.54	1.84	1.88	1.72	2.19
1943	1.15	1.25	1.75	1.38	1.25	1.56	1.58	1，35	1.80

（续表）

年份	高级市政债券收益率（%）								
	新发优质债券			穆迪评级 Aaa 债券			高级债券购买者指数		
	年均	高	低	年均	高	低	年均	高	低
1944	1. 05	1. 10	1. 20	1. 16	1. 14	1. 21	1. 34	1. 30	1. 44
1945	1. 12	0. 95	1. 20	1. 08	0. 95	1. 22	1. 21	1. 06	1. 43
1946		0. 90	1. 50	1. 10	0. 91	1. 38	1. 23	1. 04	1. 66
7 年平均		1. 23	1. 64	1. 39			1. 61		

资料来源：

公司债券数据：30 年期优质公司债券每年 2 月份数据摘自杜兰德的前文引用著述，月度变化数据摘自麦考利的《调整后的铁路债券平均数》，直至 1936 年；之后数据摘自《穆迪评级 Aaa 的公用事业平均数》（*Moody's Aaa Public Utility Average*）。

市政债券数据：《穆迪评级 Aaa》（*Moody's Aaa*）和《高级债券购买者指数》平均数摘自这些著述。截至 1940 年的新发行债券收益率数据主要摘自 30 年期纽约州发行债券，而在没有新发债券时则采用市场记载数据。1940 年以后的新发行债券收益率数据摘自私人编撰的、反映销售良好的所有主要 20 年期优质债券的收益率数据。

表 48　1920 ~ 1946 年美国政府长期债券价格和收益率

年份	政府长期债券平均收益率*（%）			1933 ~ 1938 年的第四期自由债券 4. 5s，部分免税				1943 ~ 1947 年的 3. 375s 部分免税			
	年均	月度		高价	到期收益率**（%）	低价	到期收益率**（%）	高价	到期收益率**（%）	低价	到期收益率**（%）
		低	高								
1920	5. 32	4. 93	5. 67	93	4. 82	82	5. 82				
1921	5. 09	4. 47	5. 27	98. 125	4. 41	85. 5	5. 57				
1922	4. 30	4. 12	4. 50	101. 75	4. 04	95. 25	4. 62				
1923	4. 36	4. 32	4. 40	99. 25	4. 32	96. 25	4. 53				
1924	4. 06	3. 87	4. 30	103	3. 86	98. 25	4. 42				
1925	3. 86	3. 79	3. 96	103. 125	3. 78	101. 625	4. 02				
1926	3. 68	3. 56	3. 77	103. 5	3. 65	101. 875	3. 96				
1927	3. 34	3. 17	3. 51	104. 375	3. 50	103. 375	3. 68	103. 125	3. 13	100. 25	3. 36

（续表）

年份	政府长期债券平均收益率*（%）			1933～1938年的第四期自由债券4.5s，部分免税				1943～1947年的3.375s部分免税			
	年均	月度		高价	到期收益率**（%）	低价	到期收益率**（%）	高价	到期收益率**（%）	低价	到期收益率**（%）
		低	高								
1928	3.33	3.17	3.48	104	3.48	103.125	4.23	103.375	3.10	98.25	3.51
1929	3.60	3.35	3.74	101.75	3.76	98.25	4.49	100.25	3.35	95.375	3.72
10年平均	4.09										
1930	3.29	3.19	3.43	103.75	2.87	100.875	3.92	102.75	3.10	99	3.45
1931	3.34	3.13	3.03	105.25	2.05	98.5	4.51	103.5	3.02	90.625	4.21
1932	3.68	3.35	4.26	104.25	0	98.25	4.60	102.5	3.10	87.625	4.55
1933	3.31	3.19	3.53	首次赎回				102.875	3.05	97.125	3.63
1934	3.12	2.92	3.50					105.5	2.67	98.75	3.50
1935	2.79	2.69	2.88					108	2.27	103.875	2.86
								1956～1959年的2.75s部分免税			
1936	2.65	2.51	2.80								
1937	2.68	2.46	2.76					103.5	2.52	98	2.87
1938	2.56	2.48	2.65					103.5	2.51	100.5	2.72
1939	2.36	2.13	2.65					109	2.12	99.125	2.81
10年平均	2.98			1967～1972年9月的2.5s银行有资格持有品种，应税							
1940	2.21	1.89	2.39					111.25	1.92	103.75	2.47
1941	1.95	1.85	2.10	103.625	2.31	100	2.50	112	1.82	106.75	2.23
1942	2.46	2.43	2.50	101.5	2.42	100	2.50	110	1.94	107.375	2.16
1943	2.47	2.45	2.49	101.25	2.43	100.25	2.49	112.5	1.70	108.375	2.04
1944	2.48	2.30	2.50	100.75	2.46	100.25	2.49	112.25	1.60	110.75	1.75
1945	2.37	2.30	2.45	108.875	1.99	100.75	2.46	115.25	1.24	112.125	1.61
1946	2.19	2.17	2.44	109.625	1.93	104.625	2.22	116.5	1.10	111.5	1.48
7年平均	2.30										

*　《银行与货币统计》（*Banking and Monetary Statistics*），美联储委员会出版物，华盛顿特区，1943年。此后为《联邦储备公告》（*Federal Reserve Bulletins*）。依据截至1925年所有部分免税8年期以上债券的收益率数据。之后为12年期以上数据。1941年后为长期应税债券的平均数。

**　溢价收益率按最早赎回日期计算。

1931 ~ 1932 年债券市场的跌势是对之前 12 年的大部分时间里和之后 14 年多的时间里债券市场长期上扬态势的一次跌幅很深、历时很短的中断。剧烈下跌阶段仅仅持续了 4 ~ 9 个月。大部分失地在后来的 6 个月时间内就再次收复。虽然 1933 年（银行休业日）、1934 年、1937 年（储备金要求加倍）和 1939 年（欧洲爆发战争）出现过中度的价格反弹，但债券市场在 1932 年 6 月到 1946 年 4 月的大部分时间里都在上涨。

1932 年，短期利率也恢复了下跌态势。在那一年，活期贷款利率降到了 1%，商业票据利率跌到了 1.5%。利率为 0.08% 的国库券走进了企业家和社会改革家们都不时梦想的名义收益率仙境。

1934 年 2 月，公司债券平均收益率跌到了 4% 以下。到了 1934 年 12 月，该平均数跌到了 3.66%。到了 1936 年 3 月，它跌到了曾经在 1899 年出现过的历史最低点。到了 1936 年 12 月，平均收益率位于 2.95% 这个历史新低。

在 1932 ~ 1936 年期间，商业大幅度复苏，物价上涨了 35%。然而，失业率仍然居高不下，对信贷的信心仍然很低。风险利率非常高。大量的避难黄金从欧洲进口到了美国。短期利率进一步下滑，有些到了名义利率的水平；商业票据跌到了 0.75%，银行承兑到了 0.16%，而国库券跌入了 0.06% ~ 0.23% 的月度范围，且偶尔利率还要低。受财政部力争低利率的努力及其频繁赤字财政的刺激，这个阶段对政府债券的投机非常活跃。财政部新发行的长期债券如下页表所示。

1936 年年末，美联储委员会担心物价上涨和过度黄金储备带来的潜在通胀危险，宣布商业银行的储备金增加一倍，于 1937 年初分阶段实施。这一新政策造成了债券市场急跌 6 个点。这件事的影响非常短暂。到了 1937 年 7 月，债券价格再次开始上扬，短期利率下滑。到了秋季，股票市场大幅度下跌，且这一时期随着衰退的开始，对膨胀的恐惧心理爆发。债券收益率更低的一个新时期开始了，并且一直持续了 9 年。

到了 1938 年的 6 月，公司债券平均收益率跌到了 2.94% 的新低。短期利率也下来了，其中有些也创下了新低。国库券的收益率有时记载为 0.001%，偶尔还有以负收益率的价格出售，因为它可以享受某些州的个人财产税的豁免权。短期债务的最低收益率发生在 1938 ~ 1941 年期间，虽然最低长期债券收益率发生在 5 ~ 8 年以后的 1946 年。

1933 年	14 亿美元："1943 ~ 1945 年的 3.25s"，部分免税，售价 101.5 = 3.07%
1934 年	15 亿美元："1944 ~ 1946 年的 3.25s"，部分免税，售价 100 = 3.25%
1934 年	10 亿美元："1946 ~ 1948 年的 3s"，部分免税，售价 100 = 3.00%
1934 年	10 亿美元："1946 ~ 1948 年的 3s"，部分免税，售价 103.25 = 2.67%
1934 年	5 亿美元："1949 ~ 1952 年的 3.125s"，部分免税，售价 100 = 3.12%
1935 年	26 亿美元："1955 ~ 1960 年的 2.875s"，部分免税，售价 100 = 2.87%
1935 年	26 亿美元："1955 ~ 1960 年的 2.875s"，部分免税，售价 103.375 = 2.79%
1935 年	12 亿美元："1945 ~ 1947 年的 2.75s"，部分免税，售价 100 = 2.75%
1936 年	12 亿美元："1948 ~ 1951 年的 2.75s"，部分免税，售价 100 = 2.75%
1936 年	16 亿美元："1951 ~ 1954 年的 2.75s"，部分免税，售价 100 = 2.75%
1936 年	10 亿美元："1956 ~ 1959 年的 2.75s"，部分免税，售价 100 = 2.75%
1936 年	18 亿美元："1949 ~ 1953 年的 2.5s"，部分免税，售价 100 = 2.50%

第十八章将记录一些在这些年期间同时出现的非常高的风险利率。在这个阶段，全国很大一部分流动资本试图挤进总是非常有限的无风险投资领域。1937 ~ 1938 年期间的深度衰退粉碎了有些最坚定不移的乐观主义者的最后希望，即 1932 年仅仅是一个传统型周期危机，而美国跟以往一样总是能够恢复到上升通道并攀升至新的繁荣高度。这种悲观情绪在过了 15 年以后还没有完全消除。

欧洲爆发的战争造成了债券市场短暂的深度下跌，但没有对货币市场产生显著的影响。从 1939 年 7 月到 9 月，优质公司债券的价格平均下跌了 6.5%。到了 1939 年 12 月，跌去价格的全部或者几乎全部都反弹了回来。

战争的最初几年造成了优质公司债券收益率的逐步进一步下跌。优质市政债券收益率的下跌幅度更大，因为赋税加重了，从而提高了免税的价值。1938 ~ 1940 年期间的财政长期融资也呈现了收益率下滑态势，如下表所示。

1941 年年初，在美国重整军备的时候，新的立法规定，所有新发政府债券必须全面课税。在试行这些新规定的时候，收益率比新发行部分免税债券的最低收益率高出 0.50%。然而，这种差异的一部分原因可能是因为其新颖，因为政府债券（跟公司债券一样）的市场主要在不纳税的机构手中。

1938 年	5 亿美元："1948 年的 2.5s"，部分免税，售价 100 = 2.50%
1938 年	9 亿美元："1958 ~ 1963 年的 2.75s"，部分免税，售价 100 = 2.75%
1938 年	12 亿美元："1950 ~ 1952 年的 2.5s"，部分免税，售价 100 = 2.50%
1938 年	15 亿美元："1960 ~ 1965 年的 2.75s"，部分免税，售价 100 = 2.75%
1939 年	11 亿美元："1951 ~ 1953 年的 2.25s"，部分免税，售价 100 = 2.25%
1940 年	7 亿美元："1954 ~ 1956 年的 2.25s"，部分免税，售价 100 = 2.25%
1940 年	7 亿美元："1953 ~ 1955 年的 2s"，部分免税，售价 100 = 2.00%
1941 年 3 月	10 亿美元："1952 ~ 1954 年的 2.5s"，全面免税，售价 100 = 2.50%
1941 年 6 月	15 亿美元："1956 ~ 1958 年的 2.5s"，全面免税，售价 100 = 2.50%
1941 年 10 月	27 亿美元："1967 ~ 1972 年的 2.5s"，全面免税，售价 100 = 2.50%

珍珠港事件只是造成了公司债券和政府债券市场的中度下跌——跌幅远远比不上 1939 年"二战"爆发后。公司债券价格平均下跌了 4 个点，政府债券下跌了大约 2 个点。优质市政债券因为其免税特权受到战争情结的威胁，售价平均下降了 11 个点。在从这次短暂下跌中恢复过来以后，优质公司债券和政府债券的价格在战争期间保持基本稳定，而市政债券的价格却大幅度上升到了新的高点。

财政部的战争融资依据的是一个固定收益率计划。各美联储银行买入所要求的任何品种的债券，以维持这一计划。3 个月期的国库券利率为 0.375%（主要为各美联储银行买入）、1 年期国债凭证为 0.875%，短期债券为 2%，长期债券为 2.25%，25 ~ 30 年期债券为 2.5%。起初，商业银行没有资格拥有这最后一种债券类型。财政部的主要长期债券品种——全部全面应税——如下表所示：

1942 年	15 亿美元："1952 ~ 1955 年的 2.25s"，全面应税，售价 100 = 2.25%
1942 年	21 亿美元："1962 ~ 1967 年的 2.5s"，全面应税，售价 100 = 2.50%
1942 年	28 亿美元："1963 ~ 1968 年的 2.5s"，全面应税，售价 100 = 2.50%
1943 年	77 亿美元："1964 ~ 1969 年的 2.5s"，（2 期），应税，售价 100 = 2.50%
1944 年	38 亿美元："1956 ~ 1959 年的 2.25s"，全面应税，售价 100 = 2.25%
1944 年	52 亿美元："1965 ~ 1970 年的 2.5s"，全面应税，售价 100 = 2.50%
1944 年	35 亿美元："1966 ~ 1971 年的 2.5s"，全面应税，售价 100 = 2.50%
1945 年	88 亿美元："1959 ~ 1962 年的 2.25s"，（2 期），应税，售价 100 = 2.25%
1945 年	197 亿美元："1967 ~ 1972 年的 2.5s"，（2 期），应税，售价 100 = 2.50%

1945 年以后，8 年时间内没有发行新的长期债券。第二次世界大战爆发时，人们对第一次世界大战以后自由债券市场下跌 18 个点的情形记忆犹新。对于财政是否有能力以 2.5% 的利率筹措战争资金，普遍表示怀疑。但是，在战争期间的繁荣阶段，个人和公司的储蓄量巨大，因为收入很高，而开销和投资受到了限制。可供选择的“安全”投资品种稀缺，而之所以要求安全性，是因为人们普遍预期繁荣时期会随着战争的结束而结束。随着战争的结束，人们对政府维持低利率和债券收益率的信心在增强。有些投资人认为，如果有能力和意愿，就没有理由接受低于 2.5% 的利率，即便是在投资短期基金的时候。稳定在 100 的长期债券对于短期基金来说并不是安全的，但是人们相信，随着期限的缩短，市场上的价格应该会上升，首先是达到 2.25% 的收益率，最终是 0.875% 的收益率，因为期限比较短的债券获取的是这种比较低的收益率。由此，债券便能产生资本收益。这叫做“驾驭收益率曲线”，它成了个人和机构投资人的一项有利可图的运动。

战争结束的时候，有些人觉得财政部不会总是发行利率高达 2.5% 的债券，也许像 2.5% 这样的高利率会永远不再出现。因此，1945 年，“二战”结束以后，最后一批 2.5s 国债的买入资金接近了 200 亿美元。财政部的确彻底停止了新债券的发行。战争时期的“限制持有资格”债券——也叫做“内部”2.5s 国库券，所谓“内部”是因为商业银行没有资格持有，且发行期间没有规模限制——在 1946 年年初的市场价格上升到 106.125，收益率 2.12%，而银行有资格持有的 1967 ~ 1972 年的 2.5s 则上涨到了 109.625，收益率 1.93%。这是持续了 26 年的债券牛市的最高峰值。美国优质公司债券的收益率下跌到了 2.37%。美国债券收益率终于在市场的巅峰时期跌破了英国基金 15 年前达到的极端低收益率水平。

在供应萎缩、赋税加重的激励下，市政债券的价格上涨的幅度更大。期限长的优质市政债券在 1946 年的市场高点达到了只有 0.90% 的收益率；它表明 4 年间的价格升值大约为 21%。于是，牛市之上又叠加了另一个牛市。利率为 4% 的 30 年期优质市政债券（有固定期限）的价格指数多年来的波动情况如下：

从	1920 年的 80
上涨到	1931 年的 110
下跌到	1932 年的 90
上涨到	1937 年的 140
下跌到	1937 年的 124
上涨到	1941 年的 165
上涨到	1946 年的 178

虽然从 1920 年或者从 1932 年起优质、长期、不可赎回型应税债券的价格涨幅比不上类似市政债券的涨幅，但也是非常可观的。大部分公司债券都已经赎回，或者已经无力赎回，或者已经失去信用等级。没有沾染上任何此类污点的少数几种公司债券——大部分为铁路债券——为其持有人立下了喜人的功劳。其中几个案例见下表：

债券名称	1920 年低点	1932 年低点	1946 年高点
阿奇森铁路 1995 年的 4s	71.5	80	141
诺福克和西部公司 1996 年的 4s	70.5	83.5	143
切萨皮克和俄亥俄 1992 年的 4.5s	70.5	77.5	151.125
北太平洋铁路公司 1997 年的 4s	70.625	71.75	127.75
霍金谷（Hocking Valley） 1999 年的 4.5s	62.25	69.25	150
阿奇森调节（Atchison Adjustment） 1995 年的 4s	64.125	70.5	131.25

1900～1945 年的短期利率

表 49 罗列了 1900～1945 年的美国短期利率数。它包含 7 个类型的货币市场利率：（1）优质 4～6 个月期商业票据利率，以年平均数、月度平均高利率数和月度平均低利率数来体现；（2）截至 1936 年的优质 60～90 天期商业票据利率，以年平均数来体现；（3）活期贷款利率，以年平均数、月度平均高利率数和低利率数以及极端记载数据来体现；（4）1920～1931 年的财政部短期债务凭证市场利率和 1931 年以后的 3 个月期国库券的市场利率，以年平均数和月度高利率数和低利率数来体现；（5）纽约美联储银行（Federal Reserve Bank of New York）优质票据的再贴现率，以年平均数和年高利率数和低利率数来体现；（6）1918 年以后的优质 90 天期银行承兑利率，以年平均数来体现；（7）1 年期公司债券每年 2 月份的（杜兰德）基本收益率。该表还显示了与货币市场联系不那么紧密的另外几种短期利率系列：1934 年以后商业贷款的优惠利率、平均商业贷款利率、一家储蓄银行的分红率（不是真正意义上的利率数），以及从 1918 年到 1933 年的活期存款利率。商业票据、活期贷款和短期国库券利率都显示在图 38 中。

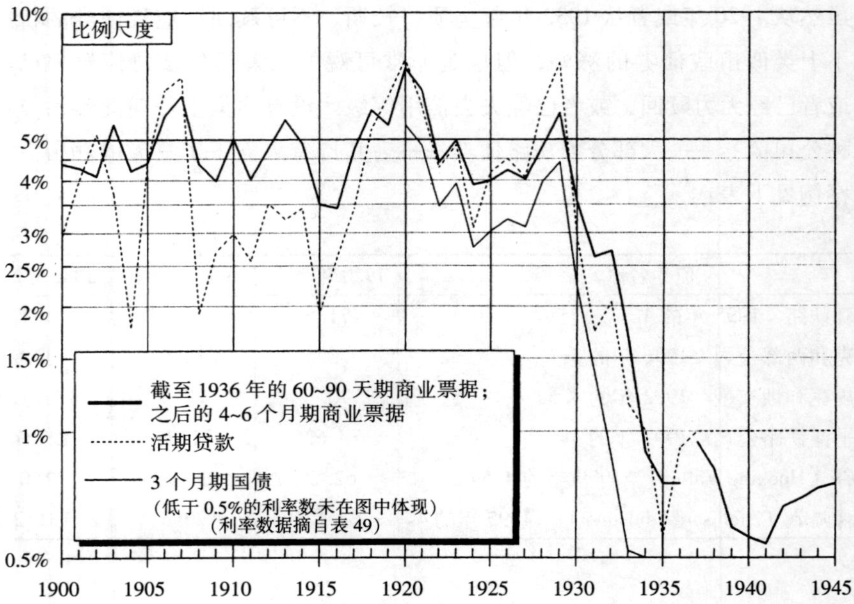

图38　1900～1945年美国短期利率（年平均数）

表49　1900～1945年美国短期利率

年份	优质商业票据（%）				活期贷款（%）				
	4～6个月期			60～90天期年均	年均	月均		极端数据	
	年均	月均							
		低	高			低	高		
1900	5.71	5.00	6.60	4.38	2.94	1.30	5.13	1.00	25.00
1901	5.40	4.83	5.79	4.28	4.00	2.00	6.88	1.00	75.00
1902	5.81	5.25	6.93	4.09	5.15	2.38	10.80	2.00	35.00
1903	6.16	5.60	6.75	5.44	3.71	2.03	6.00	1.00	15.00
1904	5.14	4.63	5.75	4.21	1.78	0.90	3.13	0.50	6.00
1905	5.18	4.71	6.75	4.40	4.44	2.05	16.50	1.50	125.00
1906	6.25	5.75	7.21	5.68	6.54	2.97	14.00	1.50	60.00
1907	6.66	5.71	7.33	6.34	7.01	2.31	21.00	1.00	125.00

（续表）

年份	优质商业票据（%）				活期贷款（%）				
	4～6 个月期			60～90 天期年均	年均	月均		极端数据	
	年均	月均							
		低	高			低	高		
1908	5.00	4.25	6.70	4.37	1.92	1.06	4.75	0.75	20.00
1909	4.69	4.15	5.98	3.98	2.71	1.81	5.03	1.00	7.00
10 年平均	5.60			4.72	4.02				
1910	5.72	5.16	6.31	5.02	2.98	1.55	4.72	1.00	14.00
1911	4.75	4.28	5.25	4.02	2.57	2.28	4.03	1.00	5.00
1912	5.41	4.50	6.50	4.75	3.52	2.28	6.50	1.50	20.00
1913	6.20	5.50	6.66	5.58	3.22	2.25	4.63	1.00	10.00
1914	5.47	4.28	7.60	4.89	3.43	1.78	6.25	1.37	10.00
1915	4.01	3.45	4.38	3.50	1.92	1.78	2.13	1.00	3.00
1916	3.84	3.50	4.38	3.43	2.62	1.88	4.44	1.50	15.00
1917	5.07	3.98	5.75	4.73	3.43	2.05	5.16	1.50	10.00
1918	6.02	5.83	6.22	5.86	5.28	4.10	6.00	2.00	6.00
1919	5.37	5.13	5.88	5.40	6.32	4.64	10.89	2.00	30.00
10 年平均	5.19			4.72	3.53				
1920	7.50	6.00	8.13	7.38	7.74	6.96	9.94	5.00	25.00
1921	6.62	5.13	7.88	6.53	5.97	4.97	7.26	3.50	9.00
1922	4.52	4.13	5.00	4.41	4.29	3.72	4.90	2.75	6.00
1923	5.07	4.50	5.38	4.98	4.86	4.32	5.11	3.50	6.00
1924	3.98	3.13	4.88	3.90	3.08	2.00	4.39	2.00	5.75
1925	4.02	3.63	4.38	3.99	4.18	3.32	5.32	2.00	6.00
1926	4.34	4.00	4.63	4.23	4.50	3.81	5.16	3.00	6.00
1927	4.11	4.00	4.25	4.02	4.06	3.60	4.38	3.50	5.50
1928	4.85	4.00	5.63	4.81	6.04	4.24	8.60	3.50	12.00
1929	5.85	5.00	6.25	5.78	7.61	4.83	9.23	4.50	20.00

（续表）

年份	优质商业票据（%）				活期贷款（%）				
	4~6个月期			60~90天期年均	年均	月均		极端数据	
	年均	月均				低	高		
		低	高						
10年平均	5.09			5.00	5.23				
1930	3.59	2.88	4.88	3.56	2.94	2.00	4.64	1.50	6.00
1931	2.64	2.00	4.00	2.63	1.74	1.45	2.70	1.00	3.50
1932	2.73	1.50	3.88	2.72	2.05	1.00	2.65	1.00	3.50
1933	1.73	1.25	3.00	1.66	1.16	0.75	3.32	0.75	5.00
1934	1.02	0.88	1.50	0.89	1.00	1.00	1.00		1.00
1935	0.76	0.75	0.88	0.75	0.56	0.25	1.00	0.25	1.00
1936	0.75	0.75	0.75	0.75	0.91	0.75	1.00	0.75	1.00
1937	0.94	0.75	1.00		1.00	1.00	1.00	1.00	1.00
1938	0.81	0.63	1.00		1.00	1.00	1.00	1.00	1.00
1939	0.59	0.56	0.69		1.00	1.00	1.00	1.00	1.00
10年平均	1.56				1.34				
1940	0.56	0.56	0.56		1.00	1.00	1.00	1.00	1.00
1941	0.54	0.50	0.56		1.00	1.00	1.00	1.00	1.00
1942	0.66	0.56	0.69		1.00	1.00	1.00	1.00	1.00
1943	0.69	0.69	0.69		1.00	1.00	1.00	1.00	1.00
1944	0.73	0.69	0.75		1.00	1.00	1.00	1.00	1.00
1945	0.75	0.75	0.75		1.00	1.00	1.00	1.00	1.00
6年平均	0.66				1.00				

表 49（续）

年份	优质银行承兑90天期，年均（%）	优质公司债券1年期2月份平均（%）	1931年后3个月期国库券（%）			纽约美联储银行再贴现率（%）		
			年均	月均		年均	低	高
				低	高			
1900		3.97						
1901		3.25						
1902		3.30						
1903		3.45						
1904		3.60						
1905		3.50						
1906		4.75						
1907		4.87						
1908		5.10						
1909		4.03						
10年平均		3.98						
1910		4.25						
1911		4.09						
1912		4.04						
1913		4.74						
1914		4.64				5.50	5.00	6.00
1915		4.47				4.13	4.00	5.00
1916		3.48				3.66	3.00	4.00
1917		4.05				3.05	3.00	3.50
1918	4.19	5.48				3.87	3.50	4.00
1919	4.37	5.58				4.12	4.00	4.75
10年平均	4.28	4.48				4.06		
1920	6.06	6.11	5.42	4.50	5.88	6.48	4.75	7.00
1921	5.28	6.94	4.83	3.90	5.67	5.88	4.50	7.00
1922	3.51	5.31	3.47	3.13	3.90	4.21	4.00	4.50
1923	4.09	5.01	3.93	3.65	4.22	4.45	4.00	4.50
1924	2.98	5.02	2.77	1.90	3.76	3.66	3.00	4.50

（续表）

年份	优质银行承兑90天期，年均（%）	优质公司债券1年期2月份平均（%）	1931年后3个月期国库券（%）			纽约美联储银行再贴现率（%）		
			年均	月均		年均	低	高
				低	高			
1925	3.29	3.85	3.03	2.61	3.65	3.44	3.00	3.50
1926	3.59	4.40	3.23	2.93	3.58	3.83	3.50	4.00
1927	3.45	4.30	3.10	2.68	3.39	3.79	3.50	4.00
1928	4.09	4.05	3.97	3.27	4.70	4.54	3.50	5.00
1929	5.03	5.27	4.42	3.03	5.09	5.21	4.50	6.00
10年平均	4.14	5.03	3.82			4.55		
1930	2.48	4.40	2.23	1.40	3.39	3.00	2.00	4.50
1931	1.57	3.05	1.40	0.48	3.25	2.12	1.50	3.50
1932	1.28	3.99	0.88	0.08	2.68	2.83	2.50	3.50
1933	0.63	2.60	0.52	0.10	2.29	2.50	2.00	3.50
1934	0.25	2.62	0.26	0.07	0.67	1.54	1.50	2.00
1935	0.13	1.05	0.14	0.06	0.21	1.50	1.50	
1936	0.16	0.61	0.14	0.08	0.23	1.50	1.50	
1937	0.43	0.69	0.45	0.10	0.70	1.29	1.00	1.50
1938	0.44	0.85	0.05	0.01	0.10	1.00	1.00	
1939	0.44	0.57	0.02	0.01	0.06	1.00	1.00	
10年平均	0.78	2.04	0.61			1.83		
1940	0.44	0.41	0.01	无	0.07	1.00	1.00	
1941	0.44	0.41	0.10	无	0.30	1.00	1.00	
1942	0.44	0.81	0.33	0.21	0.37	1.00	1.00	
1943	0.44	1.17	0.37	0.37	0.37	1.00	1.00	
1944	0.44	1.08	0.37	0.37	0.37	1.00	1.00	
1945	0.44	1.02	0.37	0.37	0.37	1.00	1.00	
6年平均	0.44	0.82	0.26			1.00		

表 49（续）

年份	商业贷款优惠利率年平均(%)	商业银行收取的平均商业贷款利率年平均(%)	储蓄银行1月1日分红率(%)	纽约清算银行最多支付活期存款利息(%)	
				低	高
1900			3.50		
1901			4.00		
1902			4.00		
1903			3.50		
1904			3.50		
1905			4.00		
1906			3.50		
1907			4.00		
1908			4.00		
1909			4.00		
10 年平均			3.80		
1910			3.50		
1911			3.50		
1912			3.50		
1913			3.50		
1914			3.50		
1915			3.50		
1916			3.50		
1917			4.00		
1918			4.00	2.00	
1919			4.00	2.00	2.25
10 年平均			3.65		
1920		6.58	4.00	2.25	
1921		6.68	4.00	2.25	
1922		5.53	4.00	2.00	2.35
1923		5.52	4.00	2.00	
1924		5.10	4.00	2.00	
1925		4.98	4.00	2.00	
1926		5.08	4.00	2.00	
1927		4.96	4.00	2.00	

（续表）

年份	商业贷款优惠利率年平均(%)	商业银行收取的平均商业贷款利率年平均(%)	储蓄银行1月1日分红率(%)	纽约清算银行最多支付活期存款利息(%)	
				低	高
1928		5.38	4.00	2.00	
1929		6.02	4.50	2.00	
10年平均		5.58	4.05		
1930		4.85	4.50	1.50	2.00
1931		4.30	4.00	1.00	1.50
1932		4.71	3.50	0.50	1.00
1933		4.27	3.00	0.00	1.00
1934	1.50	3.45	3.00	此后为零	
1935	1.50	2.93	2.50		
1936	1.50	2.68	2.00		
1937	1.50	2.59	2.00		
1938	1.50	2.53	2.00		
1939	1.50	2.78	2.00		
10年平均	1.50	3.51	2.85		
1940	1.50	2.63	2.00		
1941	1.50	2.54	2.00		
1942	1.50	2.61	2.00		
1943	1.50	2.72	2.00		
1944	1.50	2.59	1.50		
1945	1.50	2.39	1.50		
6年平均	1.50	2.58	1.83		

资料来源：

4~6个月期商业票据、活期贷款平均数、银行承兑、短期国债、再贴现率、商业贷款数据：摘自美联储委员会出版物。

活期贷款极端波动数据为无统一标准贷款，数据来自多个渠道，包括纽约证券交易所图书馆。60~90天期商业票据数据：摘自麦考利前文引用著述，第A142ff页。

优质公司债券数据：摘自杜兰德的《基本收益率》（*Basic Yields*），前文引用著述。储蓄银行正常存款利率数据：摘自纽约鲍里储蓄银行的记录。

活期存款利率数据：私人收集。

优惠利率数据：摘自标准普尔出版物。

虽然货币市场上的这些利率数一般都同时升、同时降，虽然都是期限为 1 年或者不足 1 年的优惠贷款利率，但彼此之间的差异常常令人吃惊。体现这种差异性的部分案例的年平均数见下表：

年份	4 ~ 6 个月期商业票据（%）	活期贷款（%）	国库券（%）	再贴现率（%）	银行承兑（%）
1900	5.71	2.94			
1904	5.14	1.78			
1908	5.00	1.92			
1914	5.47	3.42		5.50	
1917	5.07	3.43		3.05	
1920	7.50	7.74	5.43	6.48	6.06
1925	4.02	4.18	3.03	3.44	3.29
1929	5.85	7.61	4.42	5.21	5.03
1932	2.73	2.05	0.88	2.83	1.28
1935	0.76	0.56	0.14	1.50	0.13
1939	0.59	1.00	0.02	1.00	0.44
1945	0.75	1.00	0.37	1.00	0.44

品质相似、均属短期的贷款利率所表现出来的巨大差异再次让分析家们警醒，不能笼而统之地一概而论“短期利率水平”。较短期限或者较长期限贷款的市场参考数，并不能解释——比如说—— 4 ~ 6 个月期商业票据与 1 天期活期贷款之间的大部分差异。这种差异的主要原因既不是贷款期限，也不是贷款品质。这些利率之间的差异常常源自货币市场的结构和信贷工具的便利程度，技术上的意义并不起眼。

在几十年期间，多种形式的短期信贷的相对重要性出现过重大变化。在 19 世纪，商业票据主宰着市场。在 19 世纪后期，活期贷款作为一种更加便利的二级银行储备形式而迅速发展起来。活期贷款的利率虽然波动性非常大，在 19 世纪后期和 20 世纪初期却平均大大低于商业票据利率的波动幅度，其主要原因可能就是活期贷款的便利性。然而，到了 1920 年，日常账务结算可以在美联储银行进行。活期贷款利率在 20 世纪 20 年代大约上涨到了商业票据利率的水平，而且常常超过了这个水平。其中部分原因是，短期优质商业票据可以在新成立的美联储银行再贴现，而证券抵押贷款却不能；另一部分原因是，活期贷款的总额在20世纪20年代大幅度上升，而商业票据则不然。美国的公司跟英国一样，当时倾向于更多地在自己的银行按照信贷额度借款，而不是频繁光顾商业票据市场。

在20世纪30年代，商业票据市场和活期贷款市场都表现为严重萎缩。活期贷款的重要性从此再也没有显示，其中部分原因是严格的保证金规则。然而，自20世纪30年代以来，无论是在美国还是在国外，国库券主宰了货币市场。国库券在20世纪30年代的利率下跌幅度远远超过其他短期信贷形式的跌幅，有时在投资人或投资机构希望在工作单位记账，而不是胡乱平账时还会跌到负收益率的水平。

在该世纪初期，商业票据的利率按照1970年前的标准属于高位，而活期贷款利率尽管波动很大，却常常也处在高位。在建立美联储系统之前，商业票据的利率有几天冲到18%或者36%的情况，以及活期贷款利率短暂突破100%的情况，并非罕见。

4～6个月期商业票据的平均利率从该世纪第一个10年到第二个10年、从第二个10年到第三个10年，实际上是在下跌。活期贷款的利率从第一个10年到第二个10年也下跌了，但却在第三个10年期间掉头上升。相比之下，1年期的优质公司债券收益率在第一个和第二个10年期间与长期债券的收益率一起上涨，但在第三个10年期间甚至涨幅更大。能够解释这种鲜明差异的，恐怕主要是因为事实上新的美联储系统对商业票据市场的帮助大于对这些其他短期市场的帮助。

在20世纪30年代期间，所有短期利率都在大幅度下跌。其中大部分跌到了名义利率之下的1%以下，因为漫长的大萧条抑制了借贷行为。在20世纪40年代初期，大部分短期利率开始逐渐上涨，但还维持在非常低的水平。财政部限制了与战争无关的借贷行为，并将短期政府借贷利率保持在20世纪30年代的低水平上。

第十八章

20 世纪的美国：1946～1990 年

A History of Interest Tates

政治和经济背景介绍

从第二次世界大战到 1990 年的几十年，可以分为时间跨度大体相同，但经济和金融形势迥异的两个时代。从战争结束一直到 20 世纪 60 年代中期，美国在世界各国之中如同鹤立鸡群。美国的经济经历了稳定的经济增长，其间的通货膨胀微乎其微，帮助战争创伤累累的欧洲复苏，协助不发达国家提高经济水平，并准备将人类迁居月球。“美国的世纪”之说成为共识。在 20 世纪 60 年代后期，“美国的世纪”开始瓦解。从那时起一直到 1990 年，历史见证了一场不受欢迎的亚洲战争、社会的不满、政治丑闻、更加滞涨且不稳定的经济、货币的动荡、使美国坠入世界债务国地位的庞大的预算和贸易赤字，以及最重要的，是一个漫长的价格飞涨时期。所有这些变化都对利率产生了严重的、前所未有的影响。

1946～1981 年第二次债券熊市详细介绍

历史上最大的债券熊市从 1946 年 4 月开始，到 1981 年 9 月结束，将优质长期美国公司债券的收益率从历史最低点推到了最高点。老牌优质债券的收益率指数从 2.46% 上涨到 15.49%，优质新发品种中工业债券上涨到 16.5%，公用事业债券上涨到 18.0%。也就是说，老牌债券收益率上涨了1 303个基点，1981 年的收益率峰值比 1946 年的低点收益率高出 6 倍多。大熊市持续了大约 35 年时间，是美国历史上迄今为止历时最长的一个债券熊市。如果一种利率为2.5%、固定30年期的债券在该世纪第二次熊市期间一直持有的话，那么其价格从1946年的101跌到了1981年的17，跌幅83%。相比之下，在1899~1920年该世纪第一次债券熊市期间，同样的债券价格跌幅是35%。最近的债券熊市在社会和经济方面的意义似乎大大超过了早先的那次熊市。在所有其他熊市中，债券的收益率在数个世纪中都一直在传统的范围内波动；而这一次，它却毅然决然地突破了这个传统范围。

1946~1981年的债券熊市可以细分为7个价格重大下跌时期，其间有过6次反弹。所有这些我们都在下表中用优质公司债券收益率的月平均数和利率为2.5%、固定到期日的债券的相应价格指数来进行汇总。

1946~1981年债券熊市

价格趋势日期	周期		收益率（摘自表50）	收益率变化（基点）	定期30年期利率2.5%债券价格变化（点数）
	年	月			
起始日期：1946年4月				起始价格：100.875	
1. 跌至1948年8月	2	4	2.46~2.84	+38	-7.75
涨至1950年1月	1	5	~2.57	-27	+5.375
	3	9		+11	-2.375
2. 跌至1953年6月	3	5	~3.40	+83	-15.375
涨至1954年4月	—	10	~2.85	-55	+9.875
	4	3		+28	-5.5
3. 跌至1957年9月	3	5	~4.12	+127	-20.75
涨至1958年5月	0	8	~3.57	-55	+8.25
	4	1		+72	-12.5
4. 跌至1970年	1	5	~4.57	+100	-14
涨至1963年2月	3	4	~4.19	-38	+4.875
	4	9		+62	-9.125

（续表）

价格趋势日期	周期		收益率（摘自表 50）	收益率变化（基点）	定期 30 年期利率 2.5% 债券价格变化（点数）
	年	月			
5. 跌至 1960 年 10 月	7	4	～8.48	+429	-37.125
涨至 1972 年 1 月	1	7	～7.19	-129	+9.75
	8	11		+300	-27.375
6. 跌至 1974 年 10 月	2	9	～9.27	+208	-14.375
涨至 1977 年 9 月	2	11	～7.92	-135	+8.625
	5	8		+73	-5.875
7. 跌至 1981 年 9 月	4	0	～15.49	+757	-21
1946 年 4 月至 1981 年 9 月总变化：	35	5		+1 303	-83.75（-83%）最终价格：17.125

从 1946 年到 20 世纪 60 年代中期的战后时期经济形势十分有利，常常是生气勃勃。直到 1958 年，人们对通货膨胀的预期才昭然若揭，一时间出现了抛弃债券、抛弃美元的黄金价值、外汇或证券的现象。到了 1961 年，稳定得到了恢复，通货膨胀率在后来的 5 年当中微乎其微。然而，1965 年，一个危险的通胀升势开始，并伴随着一次非常短暂的超级火暴，直到止于 1970 年的一次衰退。1971 年实施、1973 年松绑的工资和价格控制政策没有对物价水平产生持久的影响。通货膨胀在 1974 年达到了两位数，其中部分原因是欧佩克组织在 1973 年年末实施的石油价格急剧上涨措施。通胀蔓延到了自由世界的大部分地区。有时，似乎没有一个国家的政府能够获得政治上的多数支持来有效地抵御通胀。1974～1975 年的衰退降低了通胀率，从两位数降到了 1975～1976 年的 6% 以下，但这只是一次短暂平息，1979～1981 年通胀席卷而来，再次回到两位数水平。1979 年的又一次石油价格飙升再次引发了物价飞涨。1980 年的短暂衰退对通货膨胀几乎没有任何影响。由于1973～1975 年和 1980～1982 年的两次经验，“滞胀”一词得到普遍使用。战后几十年期间最初的乐观经济形势已经让位于 20 世纪 70 年代和 80 年代初

期的深度悲观。利率上升到了美国历史上的最高水平，导致了1981~1982年的严重衰退。之后，通货膨胀在20世纪80年代剩余那些年里减弱到每年3%~5%的通胀率。利率和收益率也随之下滑，但在20世纪80年代仍然保留在1974年前美国市场从来没有出现过的水平（见图39和表50、表51）。

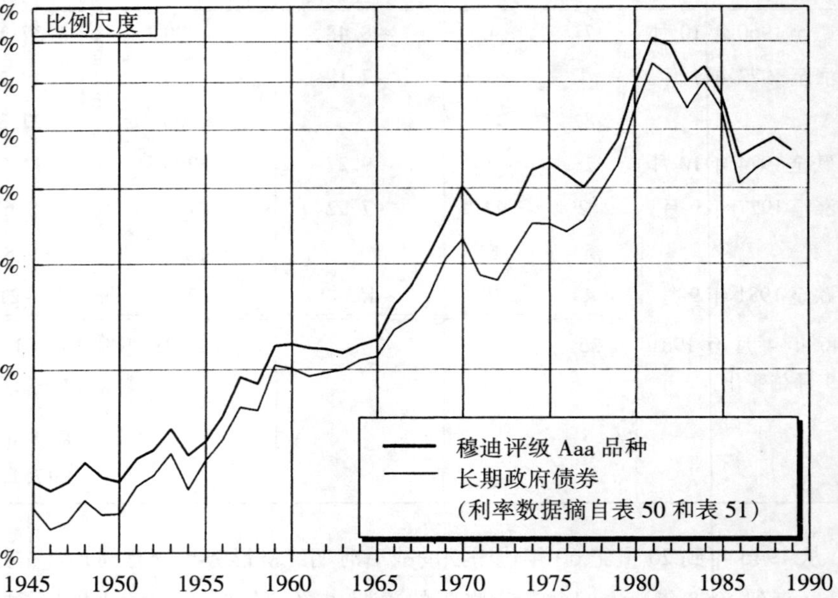

图39　1945~1989年优质美国债券收益率（年度平均数）

在1946~1948年这个债券熊市的第一个阶段，公司债券平均价格下跌了大约10%；政府债券平均——反映了财政部和美联储系统的持续稳定政策——只下跌了7.5%，而优质市政债券平均下跌了23%。市政债券的收益率翻了一倍以上。大规模新发市政债券过度地抽调了高端投资人的资源，迫使市场去寻找更大范围的客户群。在1948年11月民主党取得了出人意料的竞选胜利之后，商业界出现了跌跌撞撞的前进步伐迹象，所有债券的价格得到了恢复。

1950年1月，债券价格再次开始下跌。1950年6~12月，也就是朝鲜战争的头6个月里，债券市场停滞下来，仿佛在思忖这场新的战争是意味着回到了战时的紧缩和低利率时期，还是意味着将允许通货膨胀催涨利率。市政债券的价格急剧上升，因为人们预期会出现高赋税和战时对开支的控制。事实上，朝鲜战争突破了8年以来政府为了自己的债券而对市场实施的控制。虽然杜鲁门总统用总统办公室的名望来支持财政部长的要求，即政府债券必须得到保持面值水平的支撑，但是 1951 年 2、3 月，财政部和美联储委员会达成了一致：结束大力支撑的政策。在该协定达成之后，长期政府债券在市场上跌了 4～7 个点，优质公司债券跌了 7 个点，市政债券跌了 13%。

1952 年的总统大选带来了新一轮商业兴隆的浪潮，并在财政和金融政策上转向右倾。债券市场的又一次下跌条件已经具备，并于 1953 年春季成为事实。再贴现率上升到了 2%，也就是自 1933 年以来的最高水平。票据贴现率上升到了 2.23%。各储备银行向会员银行施加压力，要他们降低再贴现率。财政部发行遭遇困难，有一周甚至无法确保足够的申购人来消化总发行量。公开声明向市场保证新政府将实施货币紧缩政策。虽然政府债券正位于 6 个点的跌幅，财政部还是发行了自 1945 年以来的第一批长期债券，也是在后来 2 年内的最后一次发债：

1953 年　16 亿美元"1978～1983 年的 3.25s"，全面应税，售价 100 = 3.25%。

新债券价格立刻跌到了 98.5，收益率达到 3.34%。从 1953 年 1 月到 6 月的低点，公司债券的平均价格跌了 6.5%，市政债券平均跌了 10.125%。

表 50　1946～1989 年公司和市政长期债券收益率

年份	优质公司债券收益率（s）												
	年均	1 月	2 月	3 月	4 月	5 月	6 月	7 月	8 月	9 月	10 月	11 月	12 月
1946	2.53	2.54	2.48	2.47	2.46	2.51	2.49	2.48	2.51	2.58	2.60	2.59	2.61
1947	2.61	2.57	2.55	2.55	2.53	2.53	2.55	2.55	2.56	2.61	2.70	2.77	2.86
1948	2.82	2.86	2.85	2.83	2.78	2.76	2.76	2.81	2.84	2.84	2.84	2.84	2.79
1949	2.66	2.71	2.71	2.70	2.70	2.71	2.71	2.67	2.62	2.60	2.61	2.60	2.58
4 年平均	2.66												
1950	2.62	2.57	2.58	2.58	2.60	2.61	2.62	2.65	2.61	2.64	2.67	2.67	2.67
1951	2.86	2.66	2.66	2.78	2.87	2.89	2.94	2.94	2.88	2.84	2.89	2.96	3.01
1952	2.96	2.98	2.93	2.96	2.93	2.93	2.94	2.95	2.94	2.95	3.01	2.98	2.97
1953	3.20	3.02	3.07	3.12	3.23	3.34	3.40	3.28	3.24	3.29	3.16	3.11	3.13
1954	2.90	3.06	2.95	2.86	2.85	2.88	2.90	2.89	2.87	2.89	2.87	2.89	2.90
1955	3.06	2.93	2.93	3.02	3.01	3.04	3.05	3.06	3.11	3.13	3.10	3.10	3.15

（续表）

年份	优质公司债券收益率（s）												
	年均	1月	2月	3月	4月	5月	6月	7月	8月	9月	10月	11月	12月
1956	3.36	3.11	3.08	3.10	3.24	3.28	3.26	3.28	3.43	3.56	3.59	3.69	3.75
1957	3.89	3.77	3.67	3.66	3.67	3.74	3.91	3.99	4.10	4.12	4.10	4.08	3.81
1958	3.79	3.60	3.59	3.63	3.60	3.57	3.57	3.67	3.85	4.09	4.11	4.09	4.08
1959	4.38	4.12	4.14	4.13	4.23	4.37	4.46	4.47	4.43	4.52	4.57	4.56	4.58
10年平均	3.30												
1960	4.41	4.61	4.56	4.49	4.45	4.46	4.45	4.41	4.28	4.25	4.30	4.31	4.35
1961	4.35	4.32	4.27	4.22	4.25	4.27	4.33	4.41	4.45	4.45	4.42	4.39	4.42
1962	4.33	4.42	4.42	4.39	4.33	4.28	4.28	4.34	4.35	4.32	4.28	4.25	4.24
1963	4.26	4.21	4.19	4.19	4.21	4.22	4.23	4.26	4.29	4.31	4.32	4.33	4.35
1964	4.40	4.37	4.36	4.38	4.40	4.41	4.41	4.40	4.41	4.42	4.42	4.43	4.44
1965	4.49	4.43	4.41	4.42	4.43	4.44	4.46	4.48	4.49	4.52	4.56	4.60	4.68
1966	5.13	4.74	4.78	4.92	4.96	4.98	5.07	5.16	5.31	5.49	5.41	5.35	5.39
1967	5.51	5.20	5.03	5.13	5.11	5.24	5.44	5.58	5.62	5.65	5.82	6.07	6.19
1968	6.18	6.17	6.10	6.11	6.21	6.27	6.28	6.24	6.02	5.97	6.09	6.19	6.45
1969	7.03	6.59	6.66	6.85	6.89	6.79	6.98	7.08	6.97	7.14	7.33	7.35	7.72
10年平均	5.01												
1970	8.04	7.91	7.93	7.84	7.83	8.11	8.48	8.44	8.13	8.09	8.03	8.05	7.64
1971	7.39	7.36	7.08	7.21	7.25	7.53	7.64	7.64	7.59	7.44	7.39	7.26	7.25
1972	7.21	7.19	7.27	7.24	7.30	7.30	7.23	7.21	7.19	7.22	7.21	7.12	7.08
1973	7.44	7.15	7.22	7.29	7.26	7.29	7.37	7.45	7.68	7.63	7.60	7.67	7.68
1974	8.57	7.83	7.85	8.01	8.25	8.37	8.47	8.72	9.00	9.24	9.27	8.89	8.89
1975	8.83	8.83	8.62	8.67	8.95	8.90	8.77	8.84	8.95	8.95	8.86	8.78	8.79
1976	8.43	8.60	8.55	8.52	8.40	8.58	8.62	8.56	8.45	8.38	8.32	8.25	7.98
1977	8.02	7.96	8.04	8.10	8.04	8.05	7.95	7.94	7.98	7.92	8.04	8.08	8.19
1978	8.73	8.41	8.47	8.47	8.56	8.69	8.76	8.88	8.69	8.69	8.89	9.03	9.16
1979	9.63	9.25	9.26	9.37	9.38	9.50	9.29	9.20	9.23	9.44	10.13	10.76	10.74
10年平均	8.23												

（续表）

年份	优质公司债券收益率（s）												
	年均	1 月	2 月	3 月	4 月	5 月	6 月	7 月	8 月	9 月	10 月	11 月	12 月
1980	11. 94	11. 09	12. 38	12. 96	12. 04	10. 99	10. 58	11. 07	11. 64	12. 02	12. 31	12. 97	13. 21
1981	14. 17	12. 81	13. 35	13. 33	13. 88	14. 32	13. 75	14. 38	14. 89	15. 49	15. 40	14. 22	14. 23
1982	13. 79	15. 18	15. 27	14. 58	14. 46	14. 26	14. 81	14. 61	13. 71	12. 94	12. 12	11. 85	11. 83
1983	12. 04	11. 79	12. 01	11. 73	11. 51	11. 46	11. 74	12. 15	12. 51	12. 37	12. 25	12. 41	12. 57
1984	12. 71	12. 20	12. 08	12. 57	12. 81	13. 28	13. 55	13. 44	12. 87	12. 66	12. 63	12. 29	12. 13
1985	11. 37	12. 08	12. 13	12. 56	12. 23	11. 72	10. 94	10. 97	11. 05	11. 07	11. 02	10. 55	10. 16
1986	9. 02	10. 05	9. 67	9. 00	8. 79	9. 09	9. 13	8. 88	8. 72	8. 89	8. 86	8. 68	8. 49
1987	9. 38	8. 36	8. 38	8. 36	8. 85	9. 33	9. 32	9. 42	9. 67	10. 18	10. 52	10. 01	10. 11
1988	9. 71	9. 88	9. 40	9. 39	9. 67	9. 90	9. 86	9. 96	10. 11	9. 82	9. 51	9. 45	9. 57
1989	9. 26	9. 62	9. 64	9. 80	9. 79	9. 59	9. 10	8. 93	8. 96	9. 01	8. 92	8. 89	8. 86
10 年平均	11. 34												

年份	中级公司债券年均收益率（%）	优质新发 Aaa 级公用事业债券收益率（%）		
		年均	低点	高点
1946	3. 05			
1947	3. 24			
1948	3. 47			
1949	3. 42			
4 年平均	3. 30			
1950	3. 24			
1951	3. 41			
1952	3. 52			
1953	3. 74			
1954	3. 51			
1955	3. 53			
1956	3. 88			
1957	4. 71			
1958	4. 73			
1959	5. 05			

（续表）

年份	中级公司债券年均收益率（%）	优质新发 Aaa 级公用事业债券收益率（%）		
		年均	低点	高点
10 年平均	3.93			
1960	5.19	4.63	4.19	4.93
1961	5.08	4.35	4.05	4.62
1962	5.02	4.19	4.12	4.40
1963	4.86	4.21	4.08	4.35
1964	4.83	4.34	4.25	4.39
1965	4.87	4.50	4.30	4.84
1966	5.67	5.43	4.78	5.85
1967	6.23	5.82	5.18	6.59
1968	6.94	6.50	6.18	6.93
1969	7.81	7.71	6.98	8.82
10 年平均	5.65			
1970	9.11	8.68	7.93	9.25
1971	8.56	7.62	7.28	8.04
1972	8.16	7.31	7.09	7.45
1973	8.24	7.74	7.38	8.36
1974	9.50	9.33	8.12	10.38
1975	10.61	9.40	8.97	9.68
1976	9.75	8.48	7.94	8.82
1977	8.97	8.19	8.07	8.34
1978	9.49	8.96	8.68	9.28
1979	10.69	10.03	9.48	11.42
10 年平均	9.31			
1980	13.67	12.74	11.73	14.51
1981	16.04	15.56	14.12	17.21
1982	16.11	14.41	11.70	15.93
1983	13.55	12.73	11.92	13.29

（续表）

年份	中级公司债券年均收益率（%）	优质新发Aaa级公用事业债券收益率（%）		
		年均	低点	高点
1984	14. 19	13. 81	12. 88	15. 00
1985	12. 72	12. 06	10. 91	13. 17
1986	10. 39	9. 61	9. 08	10. 74
1987	10. 58	9. 96	8. 82	11. 07
1988	10. 83	10. 20	9. 75	10. 61
1989	10. 18	9. 79	9. 28	10. 37
10年平均	12. 83	12. 09		

年份	高级市政债券收益率（%）								
	优质新发债券			穆迪评级Aaa品种			高级债券购买指数		
	年均	低	高	年均	低	高	年均	低	高
1946	1. 12	0. 90	1. 50	1. 10	0. 91	1. 38	1. 23	1. 04	1. 66
1947	1. 46	1. 35	1. 80	1. 45	1. 35	1. 69	1. 63	1. 56	1. 85
1948	1. 91	1. 70	2. 15	1. 87	1. 75	1. 96	2. 16	2. 00	2. 25
1949	1. 65	1. 60	1. 70	1. 66	1. 61	1. 71	1. 92	1. 84	1. 99
4年平均	1. 54			1. 52			1. 74		
1950	1. 52	1. 40	1. 65	1. 57	1. 42	1. 66	1. 74	1. 58	1. 86
1951	1. 79	1. 40	2. 00	1. 60	1. 30	1. 78	1. 75	1. 43	2. 02
1952	2. 02	1. 85	2. 25	1. 79	1. 67	1. 99	1. 98	1. 84	2. 20
1953	2. 45	2. 25	2. 75	2. 31	2. 04	2. 64	2. 50	2. 21	2. 85
1954	2. 32	2. 15	2. 45	2. 03	1. 93	2. 18	2. 24	2. 10	2. 37
1955	2. 34	2. 25	2. 40	2. 17	2. 06	2. 29	2. 33	2. 24	2. 50
1956	2. 54	2. 30	2. 85	2. 50	2. 19	3. 04	2. 62	2. 34	3. 10
1957	3. 05	2. 70	3. 25	3. 10	2. 79	3. 43	3. 15	2. 89	3. 43
1958	2. 87	2. 65	3. 30	2. 92	2. 69	3. 28	3. 05	2. 80	3. 51
1959	3. 31	3. 10	3. 65	3. 35	3. 06	3. 60	3. 43	3. 15	3. 70
10年平均	2. 42			2. 33			2. 48		

（续表）

年份	高级市政债券收益率（%）								
	优质新发债券			穆迪评级 Aaa 品种			高级债券购买指数		
	年均	低	高	年均	低	高	年均	低	高
1960	3. 40	3. 10	3. 65	3. 26	2. 99	3. 53	3. 37	3. 12	3. 65
1961	3. 38	3. 25	3. 40	3. 27	3. 12	3. 37	3. 35	3. 16	3. 44
1962	3. 21	3. 10	3. 35	3. 03	2. 88	3. 26	3. 10	2. 92	3. 28
1963	3. 19	3. 10	3. 30	3. 06	2. 93	3. 18	3. 10	2. 95	3. 24
1964	3. 26	3. 20	3. 35	3. 09	2. 99	3. 16	3. 15	3. 06	3. 25
1965	3. 32	3. 15	3. 50	3. 16	2. 97	3. 39	3. 21	2. 99	3. 47
1966	3. 72	3. 45	4. 10	3. 67	3. 40	3. 93	3. 72	3. 43	4. 14
1967	3. 91	3. 30	4. 30	3. 74	3. 38	4. 15	3. 87	3. 32	4. 37
1968	4. 40	3. 90	4. 90	4. 20	4. 00	4. 50	4. 33	3. 96	4. 72
1969	5. 71	4. 80	6. 35	5. 45	4. 58	6. 50	5. 60	4. 68	6. 74
10 年平均	3. 75			3. 59			3. 68		
1970	6. 35	5. 25	6. 95	6. 12	5. 81	6. 81	6. 12	5. 02	7. 00
1971	5. 55	5. 15	6. 25	5. 22	4. 75	5. 75	5. 25	4. 75	6. 04
1972	5. 20	5. 00	5. 30	5. 04	4. 84	5. 23	5 05	4. 78	5. 35
1973	5. 20	5. 00	5. 50	4. 99	4. 76	5. 26	5. 09	4. 87	5. 45
1974	5. 90	5. 05	6. 50	5. 89	5. 03	6. 65	5. 93	5. 04	6. 71
1975	6. 59	6. 30	7. 00	6. 42	5. 96	6. 67	6. 62	5. 94	7. 23
1976	6. 02	5. 50	6. 40	5. 66	5. 07	6. 22	6. 18	5. 59	7. 64
1977	5. 45	5. 30	5. 60	5. 20	5. 07	5. 31	5. 36	5. 20	5. 57
1978	5. 75	5. 40	6. 15	5. 52	5. 11	5. 91	5. 70	5. 36	5. 98
1979	6. 18	5. 85	7. 00	5. 92	5. 54	6. 50	6. 13	5. 81	6. 91
10 年平均	5. 82			5. 60			5. 74		
1980	8. 15	7. 20	9. 20	7. 85	6. 58	9. 44	8. 15	6. 85	9. 68
1981	10. 81	9. 40	12. 75	10. 43	8. 98	12. 05	10. 79	9. 27	12. 58
1982	11. 32	9. 60	12. 75	10. 88	9. 15	12. 30	11. 44	9. 70	12. 89

（续表）

年份	高级市政债券收益率（%）								
	优质新发债券			穆迪评级 Aaa 品种			高级债券购买指数		
	年均	低	高	年均	低	高	年均	低	高
1983	9.15	9.00	9.60	8.80	8.28	9.34	9.22	8.56	9.63
1984	9.80	9.40	10.75	9.61	9.00	10.10	9.98	9.34	10.64
1985	8.95	8.30	9.50	8.60	7.98	9.18	9.10	8.34	9.78
1986	7.57	6.80	8.85	6.95	6.19	7.74	7.25	6.61	8.24
1987	7.83	6.75	8.90	7.14	6.05	7.90	7.45	6.43	8.41
1988	7.57	7.20	7.85	7.36	7.05	7.56	7.57	7.22	7.85
1989				7.00	6.72	7.40	7.12	6.75	7.62
10 年平均	9.02（9 年平均）			8.46			8.81		

资料来源：

优质和中级公司债券及优质新发公用事业债券数据：穆迪评级 Aaa 和 Baa 数据和 Aaa 公用事业债券数据摘自美联储的《1941～1970 年银行与货币统计》（*Banking and Monetary Statistics* 1941～1970），1976 年出版；美联储的《年度统计摘选》（*Annual Statistical Digest*）和《美联储公告》（*Federal Reserve Bulletin*）。

市政债券数据：穆迪评级 Aaa 数据摘自与公司债券相同的来源。优质新发债务和高级债券购买指数摘自所罗门兄弟公司出版物《收益及收益利差分析记录》（*An Analytical Record of Yields and Yield Spreads*），1989 年 7 月出版及其更新数据。

表 51　1946～1989 年美国政府长期债券价格和收益率

年份	政府长期债券平均收益率（%）												
	年均	1 月	2 月	3 月	4 月	5 月	6 月	7 月	8 月	9 月	10 月	11 月	12 月
1946	2.19	2.21	2.12	2.09	2.08	2.19	2.16	2.18	2.23	2.28	2.26	2.25	2.24
1947	2.25	2.21	2.21	2.19	2.19	2.19	2.22	2.25	2.24	2.24	2.27	2.36	2.39
1948	2.44	2.45	2.45	2.44	2.44	2.42	2.41	2.41	2.45	2.45	2.45	2.44	2.44
1949	2.31	2.42	2.39	2.38	2.38	2.38	2.38	2.27	2.24	2 22	2.22	2.20	2.19
4 年平均	2.30												
1950	2.32	2.20	2.24	2.27	2.30	2.31	2.33	2.34	2.33	2.36	2.38	2.38	2.39
1951	2.57	2.39	2.40	2.47	2.56	2.63	2.65	2.63	2.57	2.56	2.61	2.66	2.70

（续表）

年份	政府长期债券平均收益率（%）												
	年均	1月	2月	3月	4月	5月	6月	7月	8月	9月	10月	11月	12月
1952	2.68	2.74	2.71	2.70	2.64	2.57	2.61	2.61	2.70	2.71	2.74	2.71	2.75
1953	2.92	2.80	2.83	2.89	2.97	3.12	3.13	3.04	3.05	3.01	2.87	2.86	2.79
1954	2.54	2.69	2.62	2.53	2.48	2.54	2.55	2.47	2.48	2.52	2.54	2.57	2.59
1955	2.84	2.68	2.77	2.78	2.82	2.81	2.82	2.91	2.95	2.92	2.87	2.89	2.91
1956	3.08	2.88	2.85	2.93	3.07	2.97	2.93	3.00	3.17	3.21	3.20	3.30	3.40
1957	3.47	3.34	3.22	3.26	3.32	3.40	3.58	3.60	3.63	3.66	3.73	3.57	3.30
1958	3.43	3.24	3.26	3.25	3.12	8.14	3.19	3.36	3.60	3.75	3.76	3.70	3.80
1959	4.07	3.90	3.92	3.92	4.01	4.08	4.09	4.11	4.10	4.26	4.11	4.12	4.27
10年平均	2.99												
1960	4.01	4.37	4.22	4.08	4.17	4.16	3.99	3.86	3.79	3.82	3.91	3.93	3.88
1961	3.90	3.89	3.81	3.78	3.80	3.73	3.88	3.90	4.00	4.02	3.98	3.98	4.06
1962	3.95	4.08	4.09	4.01	3.89	3.88	3.90	4.02	3.97	3.94	3.89	3.87	3.87
1963	4.00	3.88	3.92	3.93	3.97	3.97	4.00	4.01	3.99	4.04	4.07	4.10	4.14
1964	4.15	4.15	4.14	4.18	4.20	4.16	4.13	4.13	4.14	4.16	4.16	4.12	4.14
1965	4.21	4.14	4.16	4.15	4.15	4.14	4.14	4.15	4.19	4.25	4.127	4.34	4.43
1966	4.66	4.43	4.61	4.63	4.55	4.57	4.63	4.74	4.80	4.79	4.70	4.74	4.65
1967	4.85	4.40	4.47	4.45	4.51	4.76	4.86	4.86	4.95	4.99	5.18	5.44	5.36
1968	5.25	5.18	5.16	5.39	5.28	5 40	5.23	5.09	5.04	5.09	5.24	5.36	5.65
1969	6.10	5.74	5.86	6.05	5.84	5.85	6.06	6.07	6.02	6.32	6.127	6.51	6.81
10年平均	4.51												
1970	6.59	6.86	6.44	6.39	6.53	6.94	6.99	6.57	6.75	6.63	6.59	6.24	5.97
1971	5.74	5.91	5.84	5.71	5.75	5.96	5.94	5.91	5.78	5.56	5.46	5.44	5.62
1972	5.63	5.62	5.67	5.66	5.74	5.64	5.59	5.57	5.54	5.70	5.69	5.50	5.63
1973	6.30	5.94	6.14	6.20	6.11	6.22	6.32	6.53	6.81	6.42	6.26	6.31	6.35
1974	6.99	6.56	6.54	6.81	7.04	7.07	7.05	7.18	7.33	7.30	7.22	6.93	6.78
1975	6.98	6.68	6.61	6.73	7.03	6.99	6.86	6.89	7.06	7.29	7.29	7.21	7.17
1976	6.78	6.94	6.92	6.87	6.73	6.99	6.92	6.85	6.79	6.70	6.65	6.62	6.39
1977	7.06	6.68	7.15	7.20	7.14	7.17	6.99	6.97	7.00	6.94	7.08	7.14	7.23
1978	7.89	7.50	7.60	7.63	7.74	7.87	7.94	8.09	7.87	7.82	8.07	8.16	8.36
1979	8.74	8.43	8.43	8.45	8.44	8.55	8.32	8.35	8.42	8.68	9 44	9.80	9.59

（续表）

年份	政府长期债券平均收益率（%）												
	年均	1 月	2 月	3 月	4 月	5 月	6 月	7 月	8 月	9 月	10 月	11 月	12 月
10 年平均	6. 87												
1980	10. 81	10. 03	11. 55	11. 87	10. 83	9. 82	9. 40	9. 83	10. 53	10. 94	11. 20	11. 83	11. 89
1981	12. 87	11. 65	12. 23	12. 15	12. 62	12. 96	12. 39	13. 05	13. 61	14. 14	14. 13	12. 68	12. 88
1982	12. 23	13. 74	13. 63	12. 98	12. 84	12. 67	13. 32	12. 97	12. 15	11. 48	10. 51	10. 18	10. 33
1983	10. 84	10. 37	10. 60	10. 34	10. 19	10. 21	10. 64	11. 10	11. 42	11. 26	11. 21	11. 32	11. 44
1984	11. 99	11. 29	11. 44	11. 90	12. 17	12. 89	13. 00	12. 82	12. 23	11. 97	11. 66	12. 25	11. 21
1985	10. 75	11. 15	11. 35	11. 78	11. 42	10. 96	10. 36	10. 51	10. 59	10. 67	10. 56	10. 08	9. 60
1986	8. 14	9. 51	9. 07	8. 13	7. 59	8. 02	8. 23	7. 85	7. 72	8. 08	8. 04	7. 81	7. 67
1987	8. 64	7. 60	7. 69	7. 62	8. 31	8. 79	8. 63	8. 70	8. 97	9. 58	9. 61	8. 99	9. 12
1988	8. 98	8. 82	8. 41	8. 61	8. 91	9. 24	9. 04	9. 20	9. 33	9. 06	8. 89	9. 07	9. 13
1989	8. 58	9. 07	9. 16	9. 33	9. 18	8. 95	8. 40	8. 19	8. 26	8. 31	8. 15	8. 03	8. 02
10 年平均	10. 38												

资料来源：美联储数据来源，同表 50。

1953 年 7 月，一次小规模的商业衰退出现，货币政策放松，债券市场开始了一轮为期 10 个月的大幅飙升。到了 1954 年 4 月，公司债券的平均价格恢复了 12%，美国政府 1967 ~ 1972 年的 2. 5s 从 89. 75 上涨到了 100. 875，这个价格超过了达成前文所述协定之前的支撑水平，但却是在没有这种政策支撑的情况下实现的。战后早期那些年的低利率和高债券价格又回来了——但只是昙花一现。

1955 年年初的几个月里，随着商业活动的恢复，债券价格再次开始下跌。2 月和 7 月，财政部再次发行长期债券：

1955 年　27 亿美元（两期）“1955 年的 3s”，全面应税，售价 100 = 3%。

1956 年 4 月，债券市场开始了一轮更大幅度的下跌。商业界此时已经进入了传统的资本商品热的阶段，并一直持续到 1957 年年底。消费信贷的上升打破了先前的纪录。公司债券价格的下跌从 1954 年 4 月到 1957 年 9 月平均达到大约 22%；这一跌幅大约与早先的 1917 ~ 1920 年那次最大循环下跌的幅度相同。优质市政债券的价格下跌了大约 21%。美国政府 1978 ~ 1983 年的 3. 25s 的价格从 1954 年

112.375 的高点，下跌到 1957 年 92.375 的低点，总跌幅接近 18%。票据贴现率从 1954 年的 0.65% 上升到 1957 年的 3.59%。

1957 年期间，财政部发行了两笔新的长期债券：

1957 年 10 月　7 亿美元“1969 年的 4s”，全面应税，售价 100 = 4.00%。

1957 年 12 月　7 亿美元“1974 年的 3.875s”，全面应税，售价 100 = 3.87%。

1957 年年底，债券市场的跌势突然之间大幅度扭转。股票市场的下跌产生的信号是，商业兴隆态势在衰退。11 月，各美联储银行通过降低再贴现利率发出了一个政策转向的信号。在 2 ~ 4 个月的期间里，公司债券价格指数上升了 12.5%，财政部 1978 ~ 1983 年的 3.25s 上升了 12%，市政债券价格指数上升了 13%。票据贴现率下跌了 0.88%。1958 年年初，财政部利用市场情况的好转发行了下列债务：

1958 年 2 月　17 亿美元“1990 年的 3.5s”，全面应税，售价 100 = 3.50%。

1958 年 6 月　11 亿美元“1985 年的 3.25s”，全面应税，售价 100.5 = 3.23%。

正如 1957 ~ 1958 年的商业衰退幅度大、时间短一样，债券市场在 1957 ~ 1958 年期间的飙升也是幅度大、时间短。价格的回升幅度大约与 1953 ~ 1954 年的升幅相同，但却是在 2 ~ 4 个月的时间内实现的，而相比之下，1948 ~ 1950 年的回升用了 17 个月，1953 ~ 1954 年的回升用了 10 个月。

1958 年上半年的特征是，政府债券前所未有的投机。1958 年 5 月和 6 月，商业界回升的早期信号打了个债券投机商措手不及，短暂而大幅的债券市场飙升形势顿时坍塌。由于估计商业恢复阶段会出现大量财政赤字，国内出现了通货膨胀的预期、国外出现了美元贬值的担忧。投资人鉴于过去的教训，纷纷抛弃美元转向资产，抛弃债券转向股票。美国政府 1978 ~ 1983 年的 3.25s 从 1958 年年初的 103.375 的价格，也即收益率 3.07%，跌到了 1959 年年末的 82.875，收益率 4.42%。公司债券的平均价格跌了大约 18%，收益率达到 4.57%。此次下跌持续了 1 年又 5 个月。它大幅度向下探底，直指自从 1879 年恢复铸币以来的市场历史低点。优质公司债券和政府债券的收益率只有在 1920 年和 1932 年危机年份的前后才平均高出许多。如果计算免税的价值，优质市政债券的收益率已经达到了历史最高点。

1959 年，再贴现率上升到 4%，也即 1930 年以来的高点；商业票据利率上升到了 4.88%；活期贷款（在 1960 年年初）达到 5.5%；90 天期国库券上升到了 4.57%，其中有些较长期品种远远超过 5%。短期和中期债券的收益率再次超过了长期债券。财政部认为自己受法律限制，长期融资的最高收益率上限为 4.25%。尽管如此，它还是成功地发售了以下 3 种小规模长期债券：

1959 年　9 亿美元“1980 年的 4s”，全面应税，售价 99 = 4.06%。
1959 年　6 亿美元“1969 年的 4s”，重新发售，全面应税，售价 100 = 4.00%。
1960 年　5 亿美元“1975～1985 年的 4.25s”，全面应税，售价 100 = 4.25%。

财政部在第二次世界大战以后用来为其长期债券融资的息票顺序与其在 20 世纪 20 年代战后早期繁荣时期采用的息票顺序对比如下：

1922～1931 年 4.25%、4%、3.75%、3.375%、3.125%、3%
1953～1960 年 3.25%、3%、4%、3.875%、3.5%、3.25%、4%、4%、4.25%

1959 年 10 月，公司债券和市政债券价格的平均数达到了各自的低点，然后掉头上行。政府债券价格在 1960 年 1 月掉头上行。价格上涨的犹豫、不规律态势一直持续到 1960 年年中，并在 1961 年年初恢复。到了 1961 年，价格的回调幅度几乎与 1957～1958 年一样大，但却是在疑虑和踟蹰中实现的，而且从来没有像 1958 年年初那样吸引了其后的投机行为。市场已经懂得如何预期高位、上升中的收益率，学会了如何将下跌中或者适中的收益率看成是过渡性商业衰退的一种临时表现。尽管如此，1961～1962 年期间的商业回升并没有导致高收益率。

相反，从 1961 年起一直到 1965 年，呈现出来的是战后阶段的一种最不同寻常的稳定时期。优质公司债券的收益率在 5 年时间里保持了接近 4.50% 的水平。在 1960 年经历过大幅度下跌（3 月期票据从 4.52% 跌到 2.19%）的短期利率，在 1961 年开始上涨，并在 1963 年和 1964 年大幅度上升，但是长期债券的收益率并没有顺势大幅度上涨。在这些年里，财政部花了大力气延长其债务的期限，发售了下列长期债券，一律全面应税，其中许多是作为交换或者预再融资：

1961 年	13 亿美元：	“1980 年的 3.5s”	售价 91.375 = 4.16%
	13 亿美元：	“1990 年的 3.5s”	售价 90.875 = 4.28%
	12 亿美元：	“1998 年的 3.5s”	售价 88.5 = 4.10%
1962 年	6 亿美元：	“1980 年的 4s”	售价 99.5 = 4.64%
	9 亿美元：	“1990 年的 3.5s”	售价 90.875 = 4.21%
	9 亿美元：	“1998 年的 3.5s”	售价 88.75 = 4.19%
	4 亿美元：	“1987 ~ 1992 年的 4.5s”	售价 101 = 4.19%
	？亿美元：	“1980 年的 4s”	售价 99.5 = 4.07%
1963 年	3 亿美元：	“1988 ~ 1993 年的 4s”	售价 99.875 = 4.61%
	11 亿美元：	“1986 年的 4s”	
	16 亿美元：	“1989 ~ 1994 年的 4.125s”	售价 100.5 = 4.10%
1964 年	7 亿美元：	“1975 ~ 1985 年的 4.25s”	售价 100 = 4.25%
	35 亿美元：	“1987 ~ 1992 年的 4.25s”	售价 100 = 4.25%

这些是财政部 1971 年之前的最后一批融资债券。

债券市场历史的一个全新的革命性阶段始于 1965 年。“伟大社会计划”（Great Society program）已经展开，商业界得到保证，永远不会再允许出现哪怕是最轻微的衰退。许多人对此笃信不疑。风险看起来是不会再有了。除了已经通胀的背景之外，在越南的战争正在升级。

“新时代”在 1965 年悄然无声地开始，期间短期利率在继续上升，使得 3 个月期的国库券从 3.81% 上升到 4.47%。美联储正在施加温和的压力，再贴现率已经从 3.50% 上涨到 1964 年年末的 4%。尽管如此，债券收益率直到该年的年末都一直保持几乎不变的水平。然后，突然之间，市场崩溃，带头大幅度下跌的是最近发售的财政部 1987 ~ 1992 年的 4.25s。新的公用事业债券收益率从 4.40% 上涨到 4.90%，而长期政府债券的收益率也从 4.22% 上涨到 4.50%，从而超过了在 1959 年的峰值收益率。一直固守传统标准的市场心理崩溃，深度熊市的气氛已经形成。

1966 年是一次灾难的彩排。新发售的高级公用事业债券的收益率从 4.90% 起步，突破了 6%，而老牌债券的收益率则超过了 5.50%。国库券的利息涨到了 5.59%，市政债券收益率大幅度飙升。夏末的时候，出现了廉价清算，货币市场面临巨大压力。针对这一威胁，美联储临时放松了其压力，债券市场出现了持续 5 个月的中度上涨。

1967 年令 1966 年相形见绌。从 1966 年 10 月开始的微型上涨仅仅持续到了 1967 年的 2 月。人们开始认为，债券市场已经成为历史。市场几乎在全年都呈现稳步下跌态势。新发售的公司债券收益率从 5.05% 上升到了 6.90%。神奇的 6% 防线被撕开了一个大口子。老牌优质公司债券的收益率从 5.03% 上涨到了 6.19%。长期政府债券的收益率从 4.47% 上涨到 5.64%。优质长期市政债券的收益率从 3.35% 上涨到 4.30%。这些数据表明价格在 1 年之内下降了 15%～20%。1967 年长期债券收益率的飙升并不是因为也没有造成短期利率的相应上涨；事实上，在 1967 年期间，贴现率临时从 4.5% 下降到了 4%，联邦基金利率下降了 100 多个基点，而国库券利息先跌后涨，在 1967 年结束时几乎没有变化。问题主要是心理方面的。在这个时候，一股新生的市场力量亮相：私人投资者开始从机构撤出资金，转而购买高收益率的债券。他们注定要成为未来若干年的一股基本市场力量。在当时，这种脱离金融机构的行为——后来的人们如此描述这种绕过金融机构的做法——是许多机构恐慌心理的一股反作用力。后来，这种脱离金融机构行为以更大的规模给这些金融机构及其监管部门造成了许多问题。

1968 年是长期应税市场的一个迂回曲折的年份。收益率再次下跌、上涨、下跌、再上涨，在 1967 年结束的时候略微有所上升。长期市政债券的收益率上涨幅度超过了应税债券，而短期利率则大幅度飙升。

1969 年，所有收益率都大幅度上升——有些品种在上升基点数上达到了创纪录的最大涨幅。新发售的优质公用事业债券收益率从大约 7% 上升到大约 9%，这在当时的美国长期债券市场历史上是个前所未有的高度。老牌优质长期公司债券的收益率从 6.59% 上涨到了 7.72%，远远落后于新发售的债券品种。由于没有新发售品种，长期政府债券也被落在了后面，当时的收益率从 6.05% 上涨到了 6.83%，而优质市政债券的收益率则从 4.90% 猛涨至 6.60%。联邦基金从 6% 上涨到 9% 以上，而贴现率还固定在 6%。这种市场大动荡的不利因素是危险重重的商业繁荣、遍及各地的投机炒作，以及通胀特别是通胀预期的大幅度上升。

1969～1970 年的小规模衰退导致了短期利率的普遍下跌。3 个月期的国库券利息从 8% 下跌到大约 5%。这次下跌从 1970 年年初开始，几乎全年保持着不变的跌势，而所有短期利率的表现也基本相同。然而，1970 年的长期债券市场却呈现出一种截然不同的轨迹：长期债券的收益率在上半年期间继续上涨，并在 1970 年 6 月达到顶峰，然后掉头下行，年末时大大低于年初的水平。宾夕法尼亚中央铁路的破产迅速有效地给通胀热心理降了温。老牌优质长期公司债券的收益率在年初为7.91%，上涨到8.48%的峰值，然后在年末收于7.64%。

收益率在1971年进一步小幅度下跌，1972年保持稳定，然后在1973年再次开始上扬。这些年的强行商业复兴和工资、价格控制，遮掩了继续居高不下并不断上升的通货膨胀率。短期利率再次走出不同于长期利率的形态：在1971年进一步下跌，在1972年年底开始再次上扬，在时间上稍微早于长期债券收益率。

1973年，大繁荣形势达到顶点，但债券收益率或通货膨胀率却远非如此。从1973年11月开始的衰退是基于供应的稀缺，而不是需求的匮乏。这一点在1974年体现了出来。1973年恐慌造成的库存囤积造成了信贷方面的巨大需求——也就是所有利率再一次大幅度上升的开始。1973年，3个月期国库券的利息从5.12%上涨到9.05%的高点，短暂跌到了7%，然后于1974年达到9.74%的历史高点。联邦基金利率在1973年从5.44%上涨到11%，并在1974年年中达到13.75%的峰值。贴现率在1973年从4.5%上涨到7.5%，并在1974年达到8%的峰值。

在长期债券市场，老牌优质长期公司债券的收益率在1973年从7.15%上涨到7.68%，然后于1974年10月尼克松总统辞职后不久达到9.27%的峰值。新发行的高级长期公司债券的利息在1973年从7.35%上涨到8.50%，然后在1974年年末达到10.50%的峰值。长期政府债券的收益率在1973年从5.95%上涨到7.97%，然后于1974年达到8.75%的峰值。在另一方面，优质长期市政债券的收益率在1973年保持相对坚挺，在接近5.25%的水平，于1974年上涨到6.80%，于1975年达到7.00%左右的峰值。因此，收益率的峰值并不是发生在繁荣期间，而是在一次非常严重的衰退期间——而这次衰退曾经一度导致了创纪录的通货膨胀率。直到通货膨胀率在1975年大幅度回落之后，债券的表现才有了改善。

1975年，衰退形势越来越严重，然后在4月份探到了底部并开始回升。在1974年年末已经下跌了的短期利率在1975年大幅度下滑。国库券利息跌到了1975年和1976年的将近5%的水平。短期市场再次进入传统的波动范围，但是远远没有达到早先衰退时期的通常水平。长期市场再次做出不同的反应：收益率在整个1975年期间都保持着很高的水平，尽管出现了衰退和短期利率大幅度下降的形势。优质长期老牌公司债券的收益率从1974年9.27%的历史高点温和下跌到1975年的平均8.83%，然后开始逐渐回落到1977年9月的7.92%的低点。

正是在这个时候，也就是20世纪70年代中期，债券市场开始被一股新生的活跃力量主宰。联邦政府的赤字预算在1975年（日历年份，以国民收入和生产值来计算）大幅度上升到了694亿美元的历史水平。虽然在典型的衰退后复苏和扩张形态中，败政赤字在 1975～1979 年之间有所下降，但在 1980 年和 1981 年（也就是衰退的年份里）回升到接近 1975 年的水平，然后于再次衰退中的 1982 年急剧攀升到 1 459 亿美元的水平。在 20 世纪 80 年代初期的衰退结束以后，财政赤字一改从前的形态，没有在复苏和扩张过程中减少。相反，1986 年的赤字上升到了 2 069 亿美元的新纪录，并在 20 世纪 80 年代的最后几年保持或者超过了 1982 年的水平。推动这一前所未有形势的是 20 世纪 80 年代初期的大幅度削减税率，即里根政府推行的一项政策，同时并没有相应削减政府的开支。这些赤字造成的后果是，公众手中的联邦债务从 1974 年的 3 440 亿美元上涨到 1980 年的 7 090 亿美元、1989 年的22 000亿美元。

如前所述，在 1964～1971 年期间，财政部没有发行长期债券。年度发债从 1971 年开始，但是未付可交易型政府债券在 1974 年期间事实上在继续减少，因为到期的债券多于新发行债务，而财政部越来越依赖较短期债券和票据来为其当时比较适度的赤字提供融资。这一趋势在 1975 年发生了变化，当年未付可交易型长期政府债券开始增长。从 1974 年到 1989 年，随着国债总额的大幅度上升，债券在可交易品种中的比例从 1/8 上涨到 1/6，绝对数从 330 亿美元上升到 3 000 亿美元以上。以下表中罗列的是 1971～1989 年发行的主要长期债务，其中一部分用于兑换而没有现金价格。由于财政部在这 20 年期间频繁光顾债券市场，息票利率和新发行债券平均收益率的上升提供了一个相当精确的画面，可以描绘出这些年长期债券市场的剧烈波动情况。

1971～1989 年主要长期债券

1971 年	18 亿美元	“1980 年的 6. 125s”	
1972 年	26 亿美元	“1982 年的 6. 375s”	售价 100. 60 = 6. 29%
1973 年	23 亿美元	“1984 年的 6. 375s”	
	6 亿美元	“1993 年的 6. 75s”	售价 99. 50 = 6. 79%
	7 亿美元	“1993～1998 年的 7s”	售价 98. 75 = 7. 11%
	5 亿美元	“1988～1993 年的 7. 5s”	售价 95. 00 = 8. 00%
	3 亿美元	“1988～1993 年的 7. 5s”	售价 101. 625 = 7. 35%
1974 年	3 亿美元	“1988～1993 年的 7. 5s”	售价 100. 50 = 7. 46%
	6 亿美元	“1994～1999 年的 8. 5s”	售价 102. 875 = 8. 23%

（续表）

	9 亿美元	“1994 ~ 1999 年的 8. 5s”	售价 98. 75 = 8. 63%
	9 亿美元	“1994 ~ 1999 年的 8. 5s”	售价 103. 00 = 8. 21%
1975 年	9 亿美元	“1995 ~ 2000 年的 7. 875s”	售价 99. 25 = 7. 95%
	12 亿美元	“1990 年的 8. 25s”	售价 99. 50 = 8. 30%
	16 亿美元	“2000 ~ 2005 年的 8. 25s”	售价 99. 50 = 8. 30%
	11 亿美元	“1995 ~ 2000 年的 8. 375s”	售价 99. 25 = 8. 44%
	12 亿美元	“1995 ~ 2000 年的 8. 375s”	售价 101. 50 = 8. 23%
1976 年	6 亿美元	“2000 ~ 2005 年的 8. 25s”	售价 101. 75 = 8. 09%
	9 亿美元	“1995 ~ 2000 年的 7. 875s”	售价 96. 73 = 8. 19%
	16 亿美元	“1996 ~ 2001 年的 8s”	售价 99. 89 = 8. 01%
	10 亿美元	“1995 ~ 2000 年的 7. 875s”	售价 100. 79 = 7. 80%
1977 年	11 亿美元	“2002 ~ 2007 年的 7. 625s”	售价 99. 94 = 7. 63%
	19 亿美元	“2002 ~ 2007 年的 7. 625s”	售价 98. 25 = 7. 77%
	15 亿美元	“1992 年的 7. 25s”	售价 99. 61 = 7. 29%
	12 亿美元	“2002 ~ 2007 年的 7. 625s”	售价 98. 94 = 7. 72%
	15 亿美元	“2002 ~ 2007 年的 7. 625s”	售价 99. 26 = 7. 94%
1978 年	15 亿美元	“1993 年的 7. 875s”	售价 99. 32 = 7. 95%
	20 亿美元	“2000 ~ 2005 年的 8. 25s”	售价 100. 13 = 8. 23%
	24 亿美元	“1995 ~ 2000 年的 8. 375s”	售价 99. 02 = 8. 47%
	18 亿美元	“1993 年的 8. 625s”	售价 99. 92 = 8. 63%
	21 亿美元	“2003 ~ 2008 年的 8. 375s”	售价 99. 40 = 8. 43%
	15 亿美元	“1993 年的 8. 625s”	售价 99. 84 = 8. 64%
	24 亿美元	“2003 ~ 2008 年的 8. 75s”	售价 98. 85 = 8. 86%
1979 年	15 亿美元	“1994 年的 9s”	售价 99. 96 = 9. 00%
	28 亿美元	“2003 ~ 2008 年的 8. 75s”	售价 97. 05 = 9. 03%
	15 亿美元	“1994 年的 9s”	售价 98. 79 = 9. 14%
	22 亿美元	“2004 ~ 2009 年的 9. 125s”	售价 98. 94 = 9. 23%
	15 亿美元	“1994 年的 10. 125s”	售价 99. 62 = 10. 17%

（续表）

	20 亿美元	“2004～2009 年的 10.375s”	售价 99.41＝10.44%
1980 年	15 亿美元	“1995 年的 10.5s”	售价 99.20＝10.60%
	20 亿美元	“2005～2010 年的 11.75s”	售价 99.26＝11.84%
	15 亿美元	“1995 年的 12.625s”	售价 99.49＝12.69%
	20 亿美元	“2005～2010 年的 10s”	售价 98.88＝10.12%
	15 亿美元	“1995 年的 10.375s”	售价 99.66＝10.42%
	15 亿美元	“2004～2009 年的 10.375s”	售价 96.91＝10.71%
	15 亿美元	“1995 年的 11.5s”	售价 99.17＝11.61%
	20 亿美元	“2005～2010 年的 12.75s”	售价 99.54＝12.80%
1981 年	15 亿美元	“2001 年的 11.75s”	售价 99.41＝11.82%
	26 亿美元	“2005～2010 年的 12.75s”	售价 100.43＝12.68%
	18 亿美元	“2001 年的 13.375s”	售价 99.31＝13.21%
	23 亿美元	“2006～2011 年的 13.875s”	售价 99.19＝13.99%
	18 亿美元	“2001 年的 13.375s”	售价 99.38＝13.45%
	23 亿美元	“2006～2011 年的 13.875s”	售价 99.47＝14.98%
	18 亿美元	“2001 年的 15.75s”	售价 99.70＝15.78%
	20 亿美元	“2006～2011 年的 14s”	售价 99.30＝14.10%
1982 年	18 亿美元	“2002 年的 14.25s”	售价 99.90＝14.25%
	26 亿美元	“2006～2011 年的 14s”	售价 96.08＝14.56%
	28 亿美元	“2002 年的 11.625s”	售价 99.50＝11.68%
	32 亿美元	“2007～2012 年的 10.375s”	售价 99.23＝10.46%
	30 亿美元	“2003 年的 10.75s”	售价 99.94＝10.75%
1983 年	39 亿美元	“2007～2012 年的 10.375s”	售价 94.40＝11.01%
	39 亿美元	“2007～2012 年的 10.375s”	售价 100.78＝10.29%
	35 亿美元	“2003 年的 11.125s”	售价 99.18＝11.22%
	49 亿美元	“2008～2013 年的 12s”	售价 99.36＝12.08%
	35 亿美元	“2003 年的 11.875s”	售价 99.74＝11.90%
	47 亿美元	“2008～2013 年的 12s”	售价 101.55＝11.80%

（续表）

	38 亿美元	“2003 年的 11.875s”	售价 99.31 = 11.95%
1984 年	52 亿美元	“2008 ~ 2013 年的 12s”	售价 100.98 = 11.88%
	50 亿美元	“2009 ~ 2014 年的 13.25s”	售价 99.49 = 13.32%
	50 亿美元	“2004 年的 13.75s”	售价 99.85 = 13.76%
	51 亿美元	“2009 ~ 2014 的 12.5s”	售价 99.84 = 12.52%
	40 亿美元	“2004 年的 11.625s”	售价 99.47 = 11.69%
	60 亿美元	“2009 ~ 2014 年的 11.75s”	售价 99.35 = 11.83%
	43 亿美元	“2004 年的 11.625s”	售价 98.13 = 11.86%
1985 年	62 亿美元	“2015 年的 11.25s”	售价 99.83 = 11.27%
	43 亿美元	“2005 年的 12s”	售价 99.62 = 12.04%
	64 亿美元	“2015 年的 11.25s”	售价 98.82 = 11.38%
	45 亿美元	“2005 年的 10.75s”	售价 99.93 = 10.75%
	72 亿美元	“2015 年的 10.625s”	售价 99.69 = 10.66%
	69 亿美元	“2015 年的 9.875s”	售价 99.46 = 9.93%
	48 亿美元	“2006 年的 9.375s”	售价 99.47 = 9.43%
1986 年	73 亿美元	“2016 年的 9.25s”	售价 99.70 = 9.28%
	93 亿美元	“2016 年的 7.25s”	售价 98.56 = 7.37%
	90 亿美元	“2016 年的 7.25s”	售价 95.52 = 7.63%
	94 亿美元	“2016 年的 7.5s”	售价 99.53 = 7.54%
1987 年	95 亿美元	“2016 年的 7.5s”	售价 100.08 = 7.49%
	94 亿美元	“2017 年的 8.75s”	售价 99.90 = 8.76%
	91 亿美元	“2017 年的 8.875s”	售价 99.84 = 8.89%
	49 亿美元	“2017 年的 8.875s”	售价 100.84 = 8.79%
1988 年	88 亿美元	“2017 年的 8.75s”	售价 102.53 = 8.51%
	87 亿美元	“2018 年的 9.125s”	售价 99.54 = 9.17%
	90 亿美元	“2018 年的 9s”	售价 98.97 = 9.10%
1989 年	96 亿美元	“2019 年的 8.875s”	售价 99.64 = 8.91%
	96 亿美元	“2019 年的 8.875s”	售价 97.55 = 9.11%
	98 亿美元	“2019 年的 8.125s”	售价 99.83 = 8.14%
	101 亿美元	“2019 年的 8.125s”	售价 102.875 = 7.87%

无论是长期利率还是短期利率，在 1976 年期间都在温和下跌。那是自 1972 年以来通货膨胀率最低的一年。第二年，也就是 1977 年，却是个反差巨大的一年。优质公司债券逐月的收益率惊人地稳定；收益率在 9 月份触到了 7.92% 的低点，后来证明是 1974 年年初到 20 世纪 90 年代之间公司债券市场的低点。12 月份的收益率平均比 1 月份仅仅高出 23 个基点。长期政府债券在一年期间略有上升，缩小了公司债券和政府债券之间的差距。相比之下，随着商业复苏的继续、通货膨胀的加剧，短期利率在 1977 年上涨了大约 150 ~ 200 个基点。

1978 年，通货膨胀率（CPI 指数）达到 9%，所有利率都在上涨。长期利率上涨了 75 ~ 100 个基点，其领涨者是随着财政债券发行在频率和数额上的增加而领先于其他品种的政府债券。短期利率在一年期间大幅度飙升；国库券从 1 月到 12 月上涨了 260 ~ 270 个基点，而 6 个月期的商业票据从 6.79% 上升到了 10.43%。

从 1979 年到 1982 年，美国货币和资本市场在其漫长的历史中做出了不凡而前所未有的表现。通货膨胀率（CPI 的年度平均数）在 1979 ~ 1981 年的 3 年期间达到了两位数的水平。在市场上，利率和收益率在 1979 年上半年都相对稳定，也即处于高位。优质公司债券的收益率从 3 月到 5 月上升到了超过 1974 年的峰值水平，但是接着又退回到年初的水平。然而，从 7 月一直到 9 月，大部分短期利率都上涨了 100 个基点以上，危机的乌云笼罩着美国国内外的各个市场。正是在这个时候，在新任命主席保罗·沃尔克（Paul Volcker）领导下的美联储委员会宣布要更改货币政策的方向。新政策号召联邦政府以货币流通额为目标，任由利率在市场平衡供给关系过程中达到任何水平。在后来的 3 年中，利率和收益率出现了前所未有的波动，并在 1981 年年末攀升到了美国历史上的最高水平。

1979 ~ 1982 年期间的收益率波动情况在图 40 中一目了然。这期间出现过两个阶段的收益率快速上升、两个阶段的收益率下跌，以及超过以往的连续高点和低点。优质公司债券收益率从 1979 年 9 月的 9.93% 上升到 1980 年 3 月的 12.96%，跌到 1980 年 6 月的 10.58%，上升到 1981 年 9 月创纪录的 15.49%，然后又退回到 1982 年 11 月的 11.0%。与此同期的长期政府债券综合平均收益率从 8.68% 上升到 11.87%，下跌到 9.40%，然后上升到 1981 年 9 月 12.92% 的峰值水平，最后跌到 1982 年 11 月的 10.18%。在这些年期间，1980 年出现了一次微型衰退，以及由此产生的卡特政府旨在抑制利率和信贷增长的短命政策举措。接着，一次严重的衰退出现在 1981 ~ 1982 年，并于 1982 年 11 月触底，导致失业率达到两位数。从本书的角度说，长期债券市场上发生的一件事尤其令人瞩目：在1981年其收益率达到峰值水平的时候，美国政府通过发售利率为15.75%的债券筹借20年的资金，其售价略微低于面值，收益率达到15.78%。这是在美利坚合众国200年的历史上政府债券达到的最高收益率。

图40　1979～1989年美国优质公司债券和政府债券收益率
（月度平均数）

短期利率在这些年的波动一如既往地比长期品种收益率更加突出。由于从1979年10月以后的重点在于控制货币流通量，美联储必须控制银行储备金。关键性联邦基金利率，也即隔日银行同业储备金拆放贷款的利率，在1979年上半年稳定在10%附近。1980年4月，该利率上升到17.61%的月均水平，7月跌回到9.03%，接着又于12月上升到18.90%。1981年，联邦资金利率平均为16.38%，6月达到峰值19.10%。18个月后，也就是1982年12月，在1981～1982年衰退即将结束的时候，基金利率下降到8.59%。商业银行的优惠利率在1980年12月达到峰值21.5%（1981年的年度平均利率为18.87%），3个月期国库券在1981年达到峰值16.30%（1981年的年度平均利率为14.03%）。

1982年年底，一轮持续性经济扩张开始，贯穿了整个20世纪80年代。虽然这些年的货币和资本市场不像 1979～1982 年期间那么剧烈波动，1979～1982 年的金融习惯依然存在，具体表现为联邦预算赤字在继续，银行和储蓄与贷款（Savings and Loan，S & L）破产失效，欠发达国家（Less Developed Countries，LDCs）出现债务危机，股票市场上涨到创纪录水平，但期间出现过价格狂跌造成的中断，而这种情形在第二次世界大战以后直至当时从来没有出现过。虽然有这些问题，利率和收益率在 1981 年以后的趋势是下行。通货膨胀率和通胀预期的降低是造成利率下跌的一个重要因素。尽管如此，20 世纪 80 年代结束时的利率和收益率水平是 1974 年以前很少出现的。

一轮强有力的经济复苏从 1982 年年底和 1983 年年初的衰退和衰退之后的低点开始，伴随着通货膨胀率的小幅度上升，推动着市场利率和收益率上行，直至 1984 年的中期。当时到达的峰值水平远远低于 1981 年年底，并且在此之后是一直持续到 1987 年年初的深幅下跌。优质公司债券的收益率从 1983 年 5 月的 11.46% 的低点上升到 1984 年 6 月的 14.40%，然后下跌到 1987 年年初的 8.36%。长期政府债券的综合指数从 10.2% 上涨到 13%，然后在同期下跌到 7.6%。在 1984～1987 年利率下跌期间，石油输出国组织在 1985 年 12 月出现分裂，石油价格在国际市场上狂跌。这一点有助于将 1986 年的通货膨胀率控制到 20 年来的最低点，而以温和速度扩张的实体经济对此也作出了贡献。

到了 1987 年年初，石油价格的显著下降对通货膨胀所产生的影响已经结束，价格水平再次开始以 1983～1985 年期间的速度上扬。美联储担心潜在的经济过热，允许联邦基金利率从 1987 年 2 月到 10 月上升 120 个基点，利率和收益率的整体结构大幅度上升。比如，优质公司债券的收益率从 3 月的 8.36% 上涨到 10 月的 10.52%，而长期政府债券的综合指数从 7.6% 上升到 9.6%。股票市场在 8 月底平了当时的最高历史纪录水平，然后在 10 月 19 日狂跌 20% 多。狂跌之后，收益率一直跌到 1988 年年初，这时美联储给重创之下的市场提供了流通能力。值得注意的是，1987 年 10 月，收益率的峰值远远低于 1984 年 6 月的水平，而 1984 年 6 月的峰值收益率又远远低于 1981 年 9 月的水平。虽然收益率按照历史标准保持在高位，但第二次世界大战以后的漫长债券熊市似乎在 1981 年已经结束。

收益率在 1988 年从狂跌之后的低点开始向上攀升，但是其 1988 年的峰值低于 1987 年的峰值水平，而 1989 年的峰值收益率又低于 1988 年。这一点可以看做是一种进一步的证据，表明债券大熊市已经消亡、逝去，但是它同时又符合 1989 年较慢的经济增长速度和恐惧心理，即在经过了 7 年的扩张之后，又一轮衰退即将来临。1988～1989 年期间的大部分短期利率都高于 1986～1987 年，而美联储则继续奋力控制——如果说并没有从事实上降低的话——从 1965 年到 1989 年这 1/4 个世纪期间顽固的通货膨胀。1990 年并没有出现衰退，收益率趋势在继续下行，直到 1994 年（参阅第二十九章）。

1946～1989 年的短期利率

表 52 提供了从 1946 年～1989 年期间美国短期利率的主要系列。本书第 17 章中 1900～1945 年期间的大部分系列还在继续，同时又出现了数个新的系列：（a）从 1955 年一直到 1989 年的联邦基金，这是理解美联储政策的一个关键性利率数，以年度平均数和月度高点、低点来显示；（b）1 年期国库券/国债；（c）3 个月欧元利率；（d）二级市场上的可转让大额定期存款单（large negotiable certificate of deposit，CD）利率。

表 52　1946～1989 年美国短期利率

年份	优质商业票据（%）				联邦基金（%）			优质银行承兑90天期年均（%）	1年期国库券系列年均（%）
	4～6个月期			60～90天，年均	年均	月均			
	年均	月均							
		低	高			低	高		
1946	0.81	0.75	1.00					0.61	0.82
1947	1.03	1.00	1.19					0.87	0.88
1948	1.44	1.31	1.56					1.11	1.14
1949	1.48	1.33	1.56					1.12	1.14
4年平均	1.19							0.93	1.00
1950	1.45	1.31	1.73					1.15	1.26
1951	2.16	1.86	2.31					1.60	1.73
1952	2.33	2.31	2.38					1.75	1.81
1953	2.52	2.25	2.75					1.87	2.07
1954	1.58	1.31	2.11			0.90	1.26	1.35	0.92
1955	2.18	1.47	2.99		1.78	1.35	2.48	1.71	1.89
1956	3.31	3.00	3.63		2.73	2.44	2.96	2.64	2.83

（续表）

年份	优质商业票据（%）				联邦基金（%）			优质银行承兑90天期年均（%）	1年期国库券系列年均（%）
	4~6个月期			60~90天，年均	年均	月均			
	年均	月均							
		低	高			低	高		
1957	3.81	3.63	4.10		3.11	2.90	3.50	3.45	3.53
1958	2.46	1.50	3.49		1.57	0.63	2.72	2.04	2.09
1959	3.97	3.26	4.88		3.30	2.40	4.00	3.49	4.11
10年平均	2.58				2.50			2.11	2.22
1960	3.85	3.23	4.91		3.22	1.98	3.99	3.51	3.55
1961	2.97	2.72	3.19		1.96	1.16	2.54	2.81	2.91
1962	3.26	3.16	3.36		2.68	2.14	2.94	3.01	3.02
1963	3.55	3.25	3.96		3.18	2.90	3.50	3.36	3.28
1964	3.97	3.88	4.17		3.50	3.36	3.85	3.77	3.76
1965	4.38	4.25	4.65		4.07	3.90	4.32	4.22	4.09
1966	5.55	4.82	6.00		5.11	4.42	5.77	5.36	5.17
1967	5.10	4.65	5.73		4.22	3.88	5.00	4.75	4.84
1968	5.90	5.50	6.25		5.66	4.60	6.12	5.75	5.62
1969	7.83	6.53	8.84		8.22	6.30	9.19	7.61	7.06
10年平均	4.64				4.18			4.42	4.33
1970	7.72	5.73	8.78		7.18	4.90	8.98	7.31	6.90
1971	5.11	4.19	5.75		4.66	3.71	5.57	4.85	4.88
1972	4.69	3.93	5.45		4.43	3.29	5.33	4.47	4.96
1973	8.15	5.78	10.23		8.73	5.94	10.78	8.08	7.31
1974	9.87	7.83	11.72		10.50	8.53	12.92	9.92	8.18
1975	6.33	5.79	7.30		5.82	5.20	7.13	6.30	6.76
1976	5.35	4.70	5.94		5.04	4.65	5.29	5.08	5.88
1977	5.60	4.74	6.64		5.54	4.61	6.56	5.54	6.09
1978	7.99	6.79	10.43		7.93	6.70	10.03	8.06	8.34
1979	10.91	9.71	13.26		11.19	10.01	13.78	10.99	10.67
10年平均	7.17				7.10			7.06	7.00

（续表）

年份	优质商业票据（%）				联邦基金（%）			优质银行承兑90天期年均（%）	1年期国库券系列年均（%）
	4~6个月期			60~90天，年均	年均	月均			
	年均	月均				低	高		
		低	高						
1980	12.29	8.03	16.50		13.36	9.03	18.90	12.72	12.05
1981	14.76	11.96	16.66		16.38	12.37	19.10	15.32	14.78
1982	11.89	8.50	14.27		12.26	8.95	14.94	11.89	12.27
1983	8.89	8.15	9.68		9.09	8.51	9.56	8.90	9.57
1984	10.16	8.55	10.94		10.23	8.38	11.64	10.14	10.89
1985	8.01	7.38	9.23		8.10	7.53	8.58	7.92	8.43
1986	6.39	5.61	7.62		6.80	5.85	8.14	6.39	6.46
1987	6.85	5.76	7.96		6.66	6.10	7.29	6.75	6.77
1988	7.68	6.58	8.97		7.57	6.58	8.76	7.56	7.65
1989	8.80	7.93	9.97		9.21	8.45	9.85	8.87	8.53
10年平均	9.57				9.97			9.65	9.74

年份	3个月期国库券（1931年后国库券）（%）			纽约美联储银行再贴现率（%）		
	年均	月均		年均	低点	高点
		低点	高点			
1946	0.37	0.37	0.37	1.00	1.00	
1947	0.59	0.37	0.94	1.00	1.00	
1948	1.04	0.97	1.15	1.35	1.25	1.50
1949	1.10	0.98	1.16	1.50	1.50	
4年平均	0.78			1.21		
1950	1.22	1.09	1.37	1.60	1.50	1.75
1951	1.55	1.39	1.73	1.75	1.75	
1952	1.77	1.57	2.13	1.75	1.75	
1953	1.93	1.40	2.23	2.00	2.00	

（续表）

年份	3 个月期国库券（1931 年后国库券）（%）			纽约美联储银行再贴现率（%）		
	年均	月均		年均	低点	高点
		低点	高点			
1954	0.95	0.65	1.21	1.58	1.50	2.00
1955	1.75	1.18	2.56	1.92	1.50	2.50
1956	2.66	2.31	3.23	2.79	2.50	3.00
1957	3.28	3.10	3.59	3.12	3.00	3.50
1958	1.84	0.88	2.81	2.12	1.75	3.00
1959	3.40	2.71	4.57	3.38	2.50	4.00
10 年平均	2.04			2.20		
1960	2.93	2.27	4.43	3.50	3.00	4.00
1961	2.38	2.27	2.62	3.00	3.00	3.00
1962	2.78	2.69	2.95	3.00	3.00	3.00
1963	3.16	2.90	3.52	3.23	3.00	3.50
1964	3.54	3.46	3.84	3.54	3.50	4.00
1965	3.95	3.80	4.37	4.04	4.00	4.50
1966	4.85	4.50	5.36	4.50	4.50	4.50
1967	4.30	3.53	4.96	4.24	4.00	4.50
1968	5.33	4.97	5.94	5.15	5.00	5.50
1969	6.64	6.01	7.81	5.85	5.50	6.00
10 年平均	3.99			4.01		
1970	6.42	4.87	7.87	5.94	5.00	5.75
1971	4.33	3.38	5.39	4.88	4.50	5.25
1972	4.07	3.20	5.07	4.50	4.50	4.50
1973	7.03	5.41	8.67	6.44	5.00	7.50
1974	7.84	7.12	8.96	7.83	7.50	8.00
1975	5.80	5.23	6.44	6.33	6.00	7.25

（续表）

年份	3 个月期国库券（1931 年后国库券）（%）			纽约美联储银行再贴现率（%）		
	年均	月均		年均	低点	高点
		低点	高点			
1976	4.98	4.36	5.41	5.50	5.50	6.00
1977	5.27	4.54	6.19	5.46	5.25	6.50
1978	7.22	6.31	9.12	7.46	6.50	9.50
1979	10.04	9.05	12.07	10.28	9.50	12.00
10 年平均	6.30			6.46		
1980	11.51	7.00	15.66	11.77	10.00	13.00
1981	14.08	10.93	16.30	13.41	12.00	14.00
1982	10.69	7.75	13.78	11.02	8.50	12.00
1983	8.63	7.86	9.39	8.50	8.50	8.50
1984	9.58	8.16	10.49	8.75	8.00	9.00
1985	7.48	7.01	8.92	7.67	7.50	8.00
1986	5.97	5.18	7.04	6.78	5.50	7.50
1987	5.78	5.45	6.40	5.66	5.50	6.00
1988	6.67	5.69	8.07	6.20	6.00	7.50
1989	8.11	7.63	8.82	7.00	7.00	7.00
10 年平均	8.85			8.68		

年份	商业贷款优惠利率年均（%）	商业银行平均收取商业贷款利率年均（%）	投保储蓄与贷款红利利率年均（%）	欧元 3 个月期银行拆借利率年均（%）	二级市场大额存单年均（%）
1946	1.50	2.34	2.31		
1947	1.51	2.28	2.34		
1948	1.83	2.57	2.43		
1949	2.00	2.68	2.52		
4 年平均	1.71	2.47	2.40		
1950	2.05	2.79	2.55		

（续表）

年份	商业贷款优惠利率年均（%）	商业银行平均收取商业贷款利率年均（%）	投保储蓄与贷款红利利率年均（%）	欧元 3 个月期银行拆借利率年均（%）	二级市场大额存单年均（%）
1951	2.75	3.11	2.62		
1952	3.00	3.49	2.75		
1953	3.17	3.69	2.87		
1954	3.06	3.61	2.95		
1955	3.41	3.70	3.01		
1956	3.77	4.20	3.13		
1957	4.17	4.62	3.37		
1958	3.85	4.34	3.49		
1959	4.48	5.00	3.66		
10 年平均	3.37	3.86	3.04		
1960	4.83	5.20	3.86		
1961	4.50	5.00	3.90	3.60	
1962	4.50	5.00	4.08	3.73	
1963	4.50	5.00	4.17	3.91	
1964	4.50	5.00	4.19	4.31	3.91
1965	4.54	5.10	4.23	4.83	4.35
1966	5.62	6.00	4.48	6.12	5.47
1967	5.62	6.00	4.68	5.46	5.02
1968	6.31	6.68	4.71	6.36	5.86
1969	7.90	8.21	4.81	9.76	7.77
10 年平均	5.28	5.72	4.31	5.34	5.40
1970	7.87	8.48	5.14	8.52	7.56
1971	5.75	6.32	5.30	6.58	4.99
1972	5.30	5.82	5.37	5.41	4.67
1973	8.02	8.30	5.51	9.28	8.41
1974	10.69	11.28	5.96	11.04	10.24
1975	7.88	8.65	6.21	7.03	6.44

（续表）

年份	商业贷款优惠利率年均（%）	商业银行平均收取商业贷款利率年均（%）	投保储蓄与贷款红利利率年均（%）	欧元3个月期银行拆借利率年均（%）	二级市场大额存单年均（%）
1976	6.84	7.52	6.31	5.58	5.27
1977	6.82	7.83	6.39	6.03	5.64
1978	9.06	9.81	6.56	8.78	8.22
1979	12.67	13.18	7.29	11.96	11.22
10年平均	8.09	8.72	6.00	8.02	7.27
1980	15.17	15.17	8.78	13.07	14.00
1981	18.87	19.54	10.71	15.91	16.79
1982	14.86	14.69	11.19	12.27	13.12
1983	10.79	10.64	9.71	9.56	9.07
1984	12.04	12.02	9.93	10.73	10.37
1985	9.93	11.93	9.03	8.28	8.05
1986	8.33	8.04	7.84	6.71	6.51
1987	8.21	8.04	6.92	7.06	6.87
1988	9.32	9.18	7.20	7.85	7.73
1989	10.87	11.04	7.70	9.16	9.09
10年平均	11.85	12.03	8.90	10.06	10.16

资料来源：

优质商业票据、联邦基金、银行承兑、1年期国库券、3个月期票据、再贴现率、欧元3个月期银行拆借利率和大额存单利率数据，摘自表50所示美联储来源渠道。

投保储蓄与贷款红利利率（基金成本）数据，摘自联邦住宅管理局（Federal Housing Administration）、联邦住宅贷款银行委员会（Federal Home Loan Bank Board）和节约监督局（Office of Thrift Supervision）的出版商。

图41提供了3个最重要的短期利率。在第二次世界大战期间和战争刚刚结束的时候，美联储将3个月期国库券利息固定为每年0.375%，以便协助财政部的战争融资并且压低偿还联邦债务的成本。在战后早期的那些年里，物价管制被取消，货币政策在促进物价水平稳定性和最大程度降低财政部偿还国债成本方面出

现了明显的冲突。这一冲突在 1951 年财政部与美联储委员会达成的协定中得以解决——该协定解除了美联储委员会在支持政府债券价格方面的义务。到了 20 世纪 50 年代中期，主要短期利率齐头并进，大幅度上升，尽管出现了与商业周期相关的起伏跌宕，并一直上升到 1981 年的巨大峰值水平。在该世纪的早些时候，货币市场的结构特性导致了各种短期利率之间迥然的差异；这种差异在最近的几十年里已经不再那么显著。美联储开始在联邦基金、银行间隔日储蓄基金拆借贷款市场上实施其政策，而其他主要短期市场也在追随联邦基金市场。

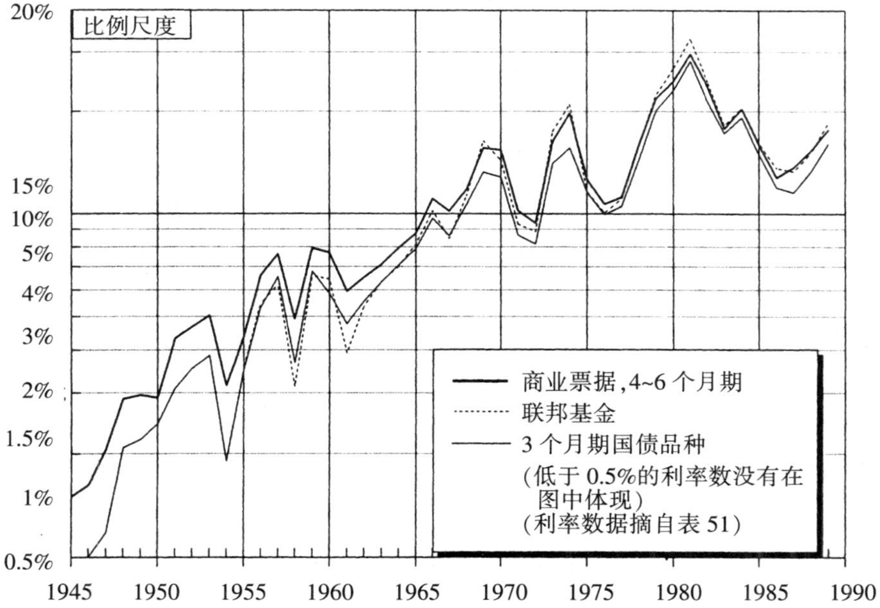

图 41 1945～1989 年美国短期利率（年度平均数）

虽然短期和长期利率总体上在漫长的时期里都是齐头并进，其中短期利率的波动幅度通常超过长期利率，但是也有一些有趣的例外情形。比如，在 20 世纪 80 年代后期，相对于长期利率而言，短期利率向上攀升幅度很大，缩小了长期利率与短期利率之间的差异。美联储通过保持短期利率的相对高点来控制通货膨胀；从某种程度上说，它在这种努力中取得的成功在中度至下跌的长期利率中表现得非常显著。

利率的期限结构

从理想的角度说，利率的期限结构应当可以同时比较相同举债机构不同债务期限的收益率。美国政府债券符合这一理论，但是在考虑长期历史阶段的时候存在着某些缺陷。政府并不总是信贷市场上一个积极参与者和常客。此外，政府债券的收益率有时是固定的，比如在第二次世界大战期间和之后的时期。这就是为什么本书的前几个版本着重研究的是优质公司债券收益率的期限结构。然而，从20世纪50年代以来，政府债券市场并没有表现出前面所提到的缺陷；事实上，它已经成为美国债券市场上的主宰型、领头型角色。因而，20世纪的期限结构可以通过同时研究公司债券市场和政府债券市场来得出最佳结果。

表53A和表53B提供了期限结构的两组数据。从1900年到1975年，表53A呈现的是杜兰德的公司债券基本收益率，提供了每个重要到期品种2月的收益率数据[注516]。从1950年到1989年，表54B呈现的是美国政府债券的收益率，也是2月份数据，相似但并不相同的期限系列。表54罗列了1900~1955年期间公司债券和1956~1989年期间政府债券中，1年期和10年期品种之间、10年期和20年期品种之间以及20年期和30年期品种之间的差异，以及1年期和30年期债券之间的总差异。此外，它还将优质商业票据利率与（穆迪评级Aaa）长期公司债券收益率进行了对比，将3个月期国债收益率与长期国债综合收益率进行了对比。

收益期限结构数据以4个方式进行图示。图42描绘的是1年期与10年期、10年期与20年期、20年期与30年期和1年期与30年期公司债券的收益率的差异性，均采用1900年以来的每年2月份的数据。它表明，期限所产生的收益利差之绝大部分表现在1年期与10年期品种之间，而几乎所有剩余部分则表现在10年期与20年期品种之间。差异趋势通常但并非总是同样的走势。

图43A和图43B描绘的是因此产生的指定日期的收益率形态，叫做收益率曲线。每个曲线所连接的是截至所述日期同时产生的1~30年期债券收益率。有些曲线相对比较平坦；也就是说，所有期限的债券收益率基本上都一样（如1918年和1989年）。有些为正曲线，也就是说期限越长收益率越高（如1941年和1984年）。而有些则为负曲线，即期限越长收益率越低（如1921年和1981年）。

在19世纪期间，4~6个月期商业票据利率平均大大高于优质长期债券的收益率（参见第十七章图35中的每10年平均数）。这种关系出现在了20世纪前30

年，但是从那以后债券的收益率平均高于商业票据的利率。同样，在 1900～1930 年的大部分时候，优质公司债券的收益率曲线倾向于负曲线（长期债券收益率低于短期债券收益率）；当曲线脱离负曲线形态时，通常表现为平坦的直线。在 1930 年之前只有 2 年（1916 年和 1925 年）出现过正曲线（长期债券收益率高于短期债券收益率）。

1930 年以后，收益率正曲线成了一种常态，直至 1960 年。差异性在 20 世纪 30 年代变得巨大，当时短期利率为名义利率，长期利率非常低。短期债券的收益率在 1940～1941 年期间达到了极端低点，从那以后开始上升，而长期债券的收益率却持续下跌到 1946 年。于是，从 1940 年直到 1946 年，出现了一个罕见的阶段，即短期利率和长期利率在数年里呈现分道扬镳的走势，1946 年以后，差异几乎稳步缩小，并最终于 1960 年在另一个当时叫做高利率的时期成为负数。1960 年以后，收益率的差异性比该世纪早些时候的变现更加混乱。1964 年以后，收益率形成负曲线，有时呈现差异巨大的负曲线。接着，突然之间，它在 1971 年变成了差异巨大的正曲线，并呈现出保持正曲线的态势，直至 20 世纪 70 年代后期，其间只有 1974 年市场面临极端压力的阶段除外。这种正曲线有时被有些人理解为收益率更高的一种预测。这种预测被证明是正确的，因为收益率在 1979～1981 年期间上涨到了创纪录的水平，而在此期间，收益率负曲线成了常态。在 1989 年收益率曲线成为平坦的直线之前，收益率总体表现为正曲线，只有 30 年期品种的收益率常常低于 20 年期的品种。

表 53A　1900～1975 年优质公司债券基本收益率——到期收益率

（2 月份数据）

2 月份	期限（年）						
	1	5	10	15	20	25	30
1900	3.97	3.36	3.30	3.30	3.30	3.30	3.30
1901	3.25	3.25	3.25	3.25	3.25	3.25	3.25
1902	3.30	3.30	3.30	3.30	3.30	3.30	3.30
1903	3.45	3.45	3.45	3.45	3.45	3.45	3.45
1904	3.60	3.60	3.60	3.60	3.60	3.60	3.60
1905	3.50	3.50	3.50	3.50	3.50	3.50	3.50
1906	4.75	3.67	3.55	3.55	3.55	3.55	3.55
1907	4.87	3.87	3.80	3.80	3.80	3.80	3.80

（续表）

2月份	期限（年）						
	1	5	10	15	20	25	30
1908	5.10	4.30	4.02	3.95	3.95	3.95	3.95
1909	4.03	3.97	3.91	3.86	3.82	3.79	3.77
10年平均	3.98	3.63	3.57	3.56	3.55	3.55	3.55
1910	4.25	4.10	3.99	3.99	3.87	3.83	3.80
1911	4.09	4.05	4.01	3.97	3.94	3.99	3.90
1912	4.04	4.00	3.96	3.93	3.91	3.90	3.90
1913	4.74	4.31	4.12	4.06	4.02	4.00	4.00
1914	4.64	4.45	4.32	4.92	4.16	4.12	4.10
1915	4.47	4.39	4.31	4.25	4.20	4.17	4.15
1916	3.48	4.03	4.05	4.05	4.05	4.05	4.05
1917	4.05	4.05	4.05	4.05	4.05	4.05	4.05
1918	5.48	5.95	5.05	4.91	4.82	4.77	4.75
1919	5.58	5.16	4.97	4.87	4.81	4.77	4.75
10年平均	4.48	4.38	4.28	4.22	4.18	4.16	4.15
1920	6.11	5.72	5.43	5.26	5.17	5.12	5.10
1921	6.94	6.21	5.73	5.46	5.31	5.22	5.17
1922	5.31	5.19	5.06	4.95	4.85	4.77	4.71
1923	5.01	4.90	4.80	4.73	4.68	4.64	4.61
1924	5.02	4.90	4.80	4.73	4.69	4.67	4.66
1925	3.85	4.46	4.50	4.50	4.50	4.50	4.50
1926	4.40	4.40	4.40	4.40	4.40	4.40	4.40
1927	4.30	4.30	4.30	4.30	4.30	4.30	4.30
1928	4.05	4.05	4.05	4.05	4.05	4.05	4.05
1929	5.27	4.72	4.57	4.49	4.45	4.43	4.42
10年平均	5.03	4.89	4.76	4.69	4.64	4.61	4.59
1930	4.40	4.40	4.40	4.40	4.40	4.40	4.40
1931	3.05	3.90	4.03	4.08	4.10	4.10	4.10
1932	3.99	4.58	4.70	4.70	4.70	4.70	4.70
1933	2.60	3.68	4.00	4.07	4.11	4.14	4.15
1934	2.62	3.48	3.70	3.83	3.91	3.96	3.99

（续表）

2 月份	期限（年）						
	1	5	10	15	20	25	30
1935	1.05	2.37	3.00	3.23	3.37	3.46	3.50
1936	0.61	1.86	2.64	2.88	3.04	3.14	3.20
1937	0.69	1.68	2.38	2.72	2.90	3.01	3.08
1938	0.85	1.97	2.60	2.81	2.91	2.97	3.00
1939	0.57	1.55	2.18	2.50	2.65	2.72	2.75
10 年平均	2.04	2.95	3.36	3.52	3.61	3.66	3.69
1940	0.41	1.28	1.95	9.34	2.55	2.65	2.70
1941	0.41	1.21	1.88	2.28	2.50	2.61	2.65
1942	0.81	1.50	2.16	2.47	2.61	2.64	2.65
1943	1.17	1.71	2.16	2.45	2.61	2.65	2.65
1944	1.08	1.58	2.20	2.54	9.60	2.60	2.60
1945	1.02	1.53	2.14	2.45	2.55	2.55	2.55
1946	0.86	1.32	1.88	2.26	2.35	2.40	2.43
1947	1.05	1.65	2.08	2.30	2.40	2.46	2.50
1948	1.60	2.03	2.53	2.66	2.73	2.77	2.80
1949	1.60	1.92	2.32	2.54	9.62	2.68	2.74
10 年平均	1.00	1.57	2.13	2.43	2.55	2.60	2.63
1950	1.42	1.90	2.30	2.40	2.48	2.54	2.58
1951	2.05	2.22	2.39	2.51	2.59	2.63	2.67
1952	2.73	2.73	2.73	2.81	2.88	2.94	3.00
1953	2.62	2.75	2.88	2.97	3.05	3.11	3.15
1954	2.40	2.52	2.66	2.78	2.88	2.95	3.00
1955	2.60	2.70	2.80	2.88	2.95	3.00	3.04
1956	2.70	2.78	2.86	2.93	2.99	3.04	3.09
1957	3.50	3.50	3.50	3.50	3.50	3.60	3.68
1958	3.21	3.25	3.33	3.40	3.47	3.54	3.61
1959	3.67	3.80	4.03	4.10	4.10	4.10	4.10
10 年平均	2.69	2.82	2.95	3.03	3.09	3.15	3.19
1960	4.95	4.73	4.60	4.55	4.55	4.55	4.55
1961	3.10	3.75	4.00	4.06	4.12	4.16	4.22

（续表）

2 月份	期限（年）						
	1	5	10	15	20	25	30
1962	3.50	3.97	4.28	4.37	4.40	4.41	4.42
1963	3.25	3.77	3.98	4.05	4.10	4.14	4.16
1964	4.00	4.15	4.25	4.29	4.33	4.33	4.33
1965	4.15	4.29	4.S3	4.35	4.35	4.35	4.35
1966	4.95	4.95	4.90	4.85	4.80	4.78	4.75
1967	5.29	5.28	5.23	5.08	5.00	4.95	4.95
1968	6.24	6.24	6.20	6.08	6.00	5.99	5.93
1969	7.05	7.05	7.05	6.95	6.77	6.60	6.54
10 年平均	4.65	4.89	4.88	4.86	4.84	4.83	4.82
1970	8.15	8.10	8.00	7.75	7.60	7.60	7.60
1971	4.60	5.88	7.05	7.12	7.12	7.12	7.12
1972	4.25	6.50	7.05	7.08	7.05	7.03	7.01
1973	6.25	6.85	7.05	7.15	7.20	7.20	7.20
1974	7.26	7.47	7.67	7.78	7.80	7.80	7.80
1975	7.55	7.70	8.00	8.25	8.35	8.35	8.35
6 年平均	6.34	7.08	7.47	7.52	7.52	7.52	7.51

资料来源：

1900～1942 年数据：摘自戴维·杜兰德的《1900～1942 年公司债券基本收益率》（*Basic Yields of Corporate Bonds*, 1900～1942），国家经济研究局，技术报告 3（1942 年）。

1943～1947 年数据：摘自杜兰德和威利斯·J·温（Willis J. Winn）的《1926～1947 年债券基本收益率：数据计算和形态》（*Basic Yields of Bonds*, 1926～1947：*Their Measurement and Patterns*），国家经济统计局，技术报告 6（1947 年）。

1948～1952 年数据：摘自《1953～1954 年经济年鉴》（*The Economic Almanac*, 1953～1954），纽约，Thomas Y. Crowell Company 于 1953 年出版。

1953～1958 年数据：摘自戴维·杜兰德发表在《金融期刊》（*Journal of Finance*）第 8 卷第 3 期上的《1952～1957 年公司债券基本收益率季度数据系列及部分相关保留观点》（*A Quarterly Series of Corporate Basic Yields*, 1952～1957, *and Some Attendant Reservations*）（1958 年 9 月）。

1959～1975 年数据：摘自悉尼·霍默（Sidney Homer）用与杜兰德相似方法编制的预测数据：参阅本章结尾总结处的描述。

表 53B　1950 ~ 1989 年美国政府债券基本收益率——到期收益率

（2 月份数据）

2 月份	期限（年）						
	1	2	3	5	10	20	30
1950	1. 17	1. 23	1. 29	1. 45	1. 98	2. 29	
1951	1. 52	1. 60	1. 63	1. 75	2. 32	2. 45	
1952	1. 77	1. 99	2. 12	2. 22	2. 50	2. 73	
1953	2. 12	2. 21	2. 28	2. 42	2. 65	2. 79	
1954	1. 13	1. 32	1. 53	1. 99	2. 49	2. 64	2. 91
1955	1. 28	1. 87	2. 12	2. 33	2. 55	2. 74	2. 98
1956	2. 48	2. 55	2. 60	2. 63	2. 78	2. 80	2. 87
1957	3. 28	3. 36	3. 39	3. 35	3. 28	3. 19	3. 25
1958	1. 98	2. 37	2. 64	2. 76	2. 97	3. 28	3. 32
1959	3. 40	3. 68	3. 82	3. 88	3. 89	3. 95	3. 97
10 年平均	2. 01	2. 22	2. 34	2. 48	0. 74	2. 89	3. 29
1960	4. 44	4. 58	4. 69	4. 82	4. 51	4. 39	4. 34
1961	2. 77	3. 18	3. 42	3. 69	3. 85	3. 91	3. 95
1962	3. 22	3. 57	3. 75	3. 95	4. 12	4. 15	4. 16
1963	3. 04	3. 20	3. 37	3. 68	3. 86	3. 97	4. 01
1964	3. 77	3. 92	3. 98	4. 05	4. 15	4. 16	4. 19
1965	3. 94	3. 97	4. 02	4. 08	4. 19	4. 18	4. 18
1966	4. 81	4. 87	4. 92	4. 93	4. 67	4. 58	4. 54
1967	4. 62	4. 61	4. 61	4. 60	4. 50	4. 44	4. 42
1968	5. 30	5. 37	5. 41	5. 47	5. 47	5. 37	5. 29
1969	6. 30	6. 23	6. 17	6. 07	6. 00	6. 00	6. 00
10 年平均	4. 22	4. 35	4. 43	4. 53	4. 53	4. 52	4. 51
1970	8. 11	8. 12	8. 16	8. 16	7. 50	6. 84	6. 82
1971	4. 31	4. 59	5. 23	5. 73	5. 99	5. 97	5. 95
1972	4. 20	4. 85	5. 24	5. 67	6. 19	5. 90	5. 89

（续表）

2月份	期限（年）						
	1	2	3	5	10	20	30
1973	6.08	6.23	6.32	6.41	6.49	6.85	6.89
1974	7.10	6.79	6.79	6.82	6.93	7.38	7.39
1975	6.14	6.92	6.90	7.20	7.00	7.64	7.95
1976	5.48	6.35	6.88	7.40	7.38	7.85	8.01
1977	5.50	6.13	6.49	6.91	7.40	7.68	7.74
1978	7.99	7.40	7.51	7.68	7.89	8.09	8.12
1979	10.12	9.60	9.19	8.94	8.92	8.84	8.80
10年平均	6.43	6.70	6.87	7.09	7.17	7.30	7.36
1980	12.32	11.73	11.10	11.09	11.11	11.11	11.08
1981	13.92	13.26	12.91	12.73	12.64	12.40	12.23
1982	14.05	14.17	14.23	14.09	14.19	14.17	13.88
1983	8.99	9.59	9.98	10.44	10.75	11.08	11.8
1984	9.76	10.54	10.78	11.31	11.59	11.77	11.73
1985	9.15	9.99	10.29	10.80	11.07	11.30	11.19
1986	7.55	7.94	8.14	8.59	9.04	9.41	9.33
1987	5.92	6.33	6.42	6.73	7.17	7.74	7.51
1988	6.68	7.27	7.49	7.82	8.31	8.53	8.50
1989	9.02	9.10	9.11	9.04	8.98	8.92	8.83
10年平均	9.73	9.99	10.05	10.26	10.49	10.64	10.55

资料来源：

1950～1969年数据：摘自所罗门兄弟公司的《收益及收益利差分析记录》(1989年)。

1970～1989年数据：摘自美联储的《年度统计摘选》和《美联储公告》，所罗门兄弟公司的前文引用著述补充。

表 54 1900 ~ 1989 年不同期限品种的收益利差（基点）

年份	美国政府长期债券比 3 个月期政府债券，年均	优质 30 年期公司债券收益率比商业票据利率 2 月平均数	优质公司债券，2 月份平均数			
			10 年期比 1 年期	20 年期比 10 年期	30 年期比 20 年期	30 年期比 1 年期
1900		-110	-67	0	0	-67
1901		-44	0	0	0	0
1902		-70	0	0	0	0
1903		-103	0	0	0	0
1904		-118	0	0	0	0
1905		-28	0	0	0	0
1906		-148	-120	0	0	-120
1907		-214	-107	0	0	-107
1908		-111	-108	-7	0	-115
1909		27	-12	-9	-5	-26
10 年平均		-92	-41	-2	-0	-44
1910		-64	-26	-12	-7	-45
1911		-16	-8	-7	-4	-19
1912		15	-8	-5	-1	-14
1913		-90	-62	-10	-2	-74
1914		25	-32	-16	6	-54
1915		40	-16	-11	-5	-32
1916		93	57	0	0	57
1917		-4	0	0	0	0
1918		-93	-43	-23	-7	-73
1919		-43	-61	-16	-6	-83
10 年平均		-14	-20	-10	-4	-34
1920	-10	-123	-68	-26	-7	-101

（续表）

年份	美国政府长期债券比3个月期政府债券，年均	优质30年期公司债券收益率比商业票据利率2月平均数	优质公司债券，2月份平均数			
			10年期比1年期	20年期比10年期	30年期比20年期	30年期比1年期
1921	26	-258	-121	-42	-14	-177
1922	83	-17	-25	-21	-14	-60
1923	43	-7	-21	-12	-7	-40
1924	129	-12	-22	-11	-3	-36
1925	83	-12	65	0	0	65
1926	45	25	0	0	0	0
1927	24	14	0	0	0	0
1928	-64	43	0	0	0	0
1929	-82	-114	-70	-12	-3	-85
10年平均	28	-46	-26	-12	-5	-43
1930	106	-22	0	0	0	0
1931	194	160	98	7	0	105
1932	280	82	71	0	0	71
1933	279	277	140	11	4	155
1934	286	228	108	21	8	137
1935	265	275	195	37	13	245
1936	251	245	203	40	16	259
1937	223	233	169	52	18	239
1938	251	200	175	31	9	215
1939	234	219	161	47	10	218
10年平均	237	190	132	25	8	164
1940	220	214	154	60	15	229
1941	185	209	147	62	15	224

（续表）

年份	美国政府长期债券比 3 个月期政府债券，年均	优质 30 年期公司债券收益率比商业票据利率 2 月平均数	优质公司债券，2 月份平均数			
			10 年期比 1 年期	20 年期比 10 年期	30 年期比 20 年期	30 年期比 1 年期
1942	213	202	135	45	4	184
1943	210	196	99	45	4	148
1944	211	191	112	40	0	152
1945	200	180	112	41	0	153
1946	182	170	102	47	8	157
1947	174	158	103	32	10	145
1948	140	138	93	20	7	120
1949	121	118	72	30	12	114
10 年平均	186	178	113	42	8	163
1950	110	117	88	18	10	116
1951	102	70	34	20	8	62
1952	91	63	0	15	12	27
1953	101	68	26	17	10	53
1954	160	132	26	22	12	60
1955	109	88	20	15	9	44
1956	42	5	30	2	7	39
1957	19	8	0	-9	6	-3
1958	159	133	99	31	4	134
1959	67	41	49	6	2	57
10 年平均	96	73	96	14	10	50
1960	108	56	7	-12	-5	-10
1961	152	138	108	6	4	118
1962	117	107	90	3	1	94
1963	84	71	82	11	4	97

（续表）

年份	美国政府长期债券比3个月期政府债券，年均	优质30年期公司债券收益率比商业票据利率2月平均数	优质公司债券，2月份平均数			
			10年期比1年期	20年期比10年期	30年期比20年期	30年期比1年期
1964	60	43	38	1	3	42
1965	26	11	25	-1	0	24
1966	-22	-42	-14	-9	-4	-27
1967	53	41	-12	-6	-2	-20
1968	-9	28	17	-10	-8	-1
1969	-58	-80	-30	0	0	-30
10年平均	51	37	23	-4	-2	17
1970	19	32	-61	-66	-2	-129
1971	141	228	168	-2	-2	164
1972	156	252	199	-29	-1	169
1973	-73	-71	41	36	4	81
1974	-85	-130	-17	45	1	29
1975	121	250	86	64	31	181
1976	181	308	190	47	16	253
1977	179	242	190	28	6	224
1978	70	74	67	20	3	90
1979	-133	-128	-120	-8	-4	-132
10年平均	58	106	74	14	5	93
1980	-52	-35	-121	0	-3	-124
1981	-116	-59	-128	-24	-17	-169
1982	162	190	14	-2	-29	-17
1983	223	315	183	33	10	226
1984	247	255	183	18	-4	197

（续表）

年份	美国政府长期债券比 3 个月期政府债券，年均	优质 30 年期公司债券收益率比商业票据利率 2 月平均数	优质公司债券，2 月份平均数			
			10 年期比 1 年期	20 年期比 10 年期	30 年期比 20 年期	30 年期比 1 年期
1985	327	336	192	23	－11	204
1986	217	263	149	37	－8	178
1987	286	253	125	57	－23	159
1988	231	303	163	22	－3	182
1989	47	35	－4	－6	－9	－19
10 年平均	157	186	76	16	－10	82

资料来源：

政府债券数据：摘自表 48 和表 51 中所述美联储来源渠道。

公司债券数据：摘自表 53（1900～1945 年）中的基本收益率（杜兰德）和表 50 中的穆迪评级 Aaa。

商业票据数据：截至 1936 年 60～90 天期优质票据数据摘自麦考利的前文引用著述，第 A152 页；之后 4～6 个月期或 6 个月期优质票据数据摘自表 50 中所述美联储来源渠道。

最后，图 44A 和 44B 用三维透视图形式将所有公司债券的收益率曲线合并在一起，以显示从 1900 年到 1975 年每个到期品种的收益率历史，而图 45A 和图 45B 以略微不同的角度显示了从 1950 年到 1989 年的美国政府债券收益率曲线。到期日最短的收益率距离读者最近，期限最长的位于每个图的最后，所有其他期限的品种位于这两者之间。图 44A 从 1900 年开始一直到 1975 年，其中从 1930 年到 1940 年期限较长收益率的重大下跌在图中是看不到的。图 44B 从一个不同的视角将同样的数据进行了图示，显示出了图 44A 中隐藏起来的部分。图 45A 和图 45B 用同样的方式勾画了从 1950 年到 1989 年美国政府债券的情形，虽然我们必须注意到，并非整个这个时期的所有期限的收益率都显示了出来。图中同时显示了 3 个变量因素：收益率、期限和年代。当强劲的利率上升或下降急流与强劲的长期利率/短期利率关系变化急流交叉的时候，这些图中就显示出了对流情景。

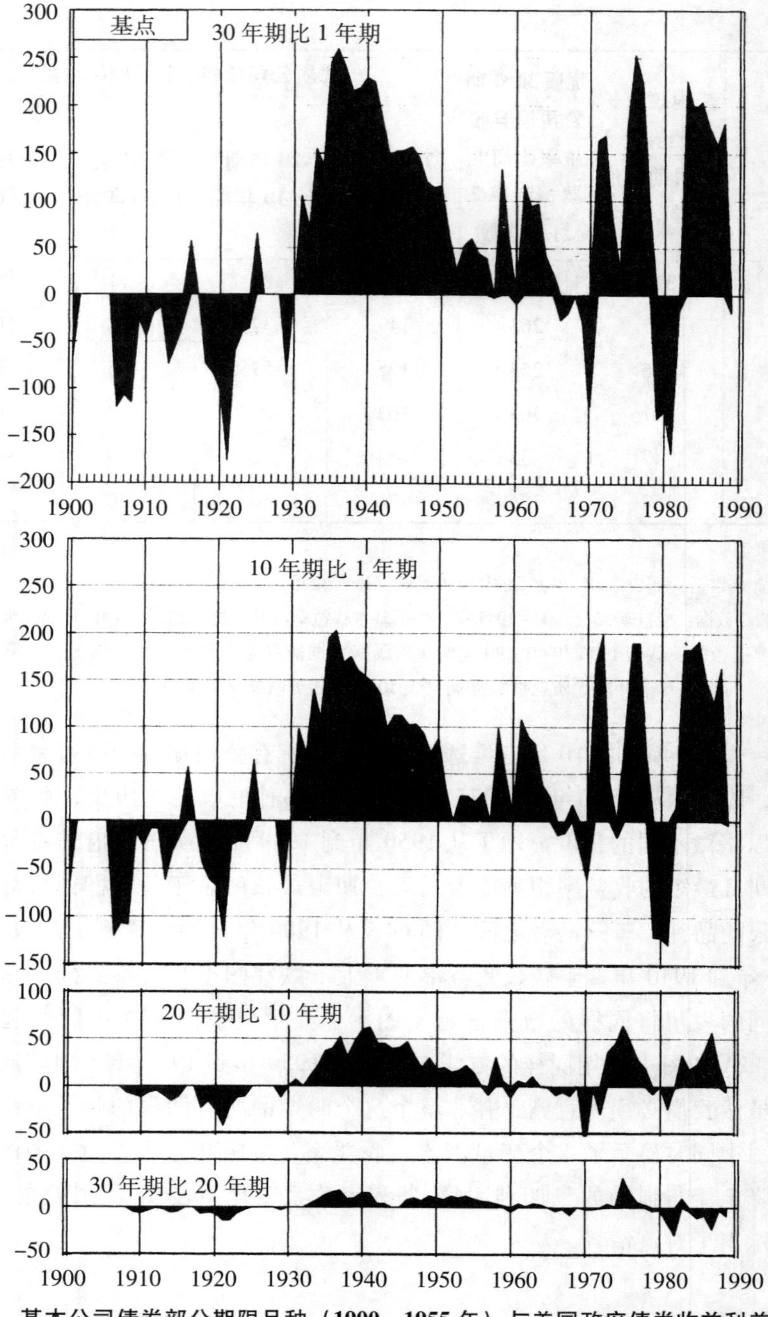

图 42　基本公司债券部分期限品种（1900～1955 年）与美国政府债券收益利差历史

（差异数据摘自表 54）

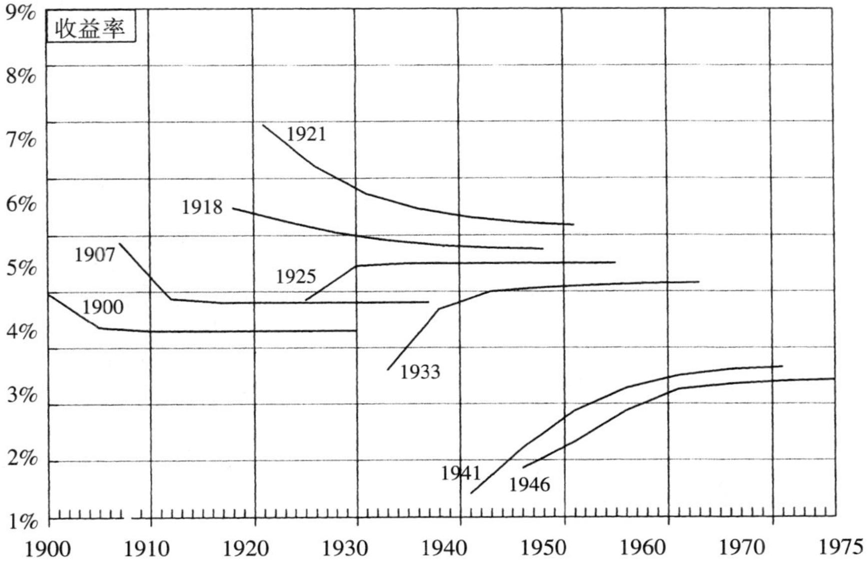

图 43A　1900 ~ 1946 年优质公司债券基本收益率部分 2 月份收益率曲线

（收益率数据摘自表 53）

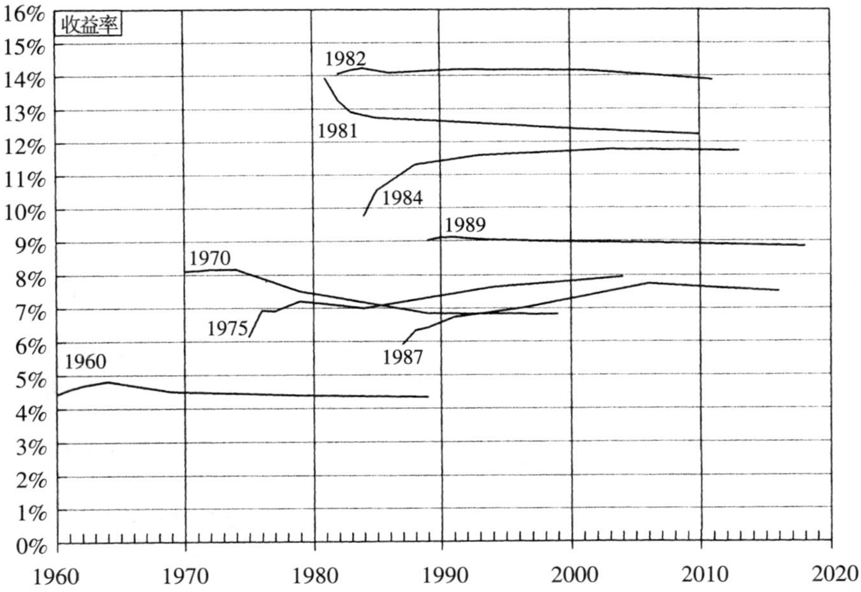

图 43B　1960 ~ 1989 年美国政府债券部分 2 月份收益率曲线

（收益率数据摘自表 53）

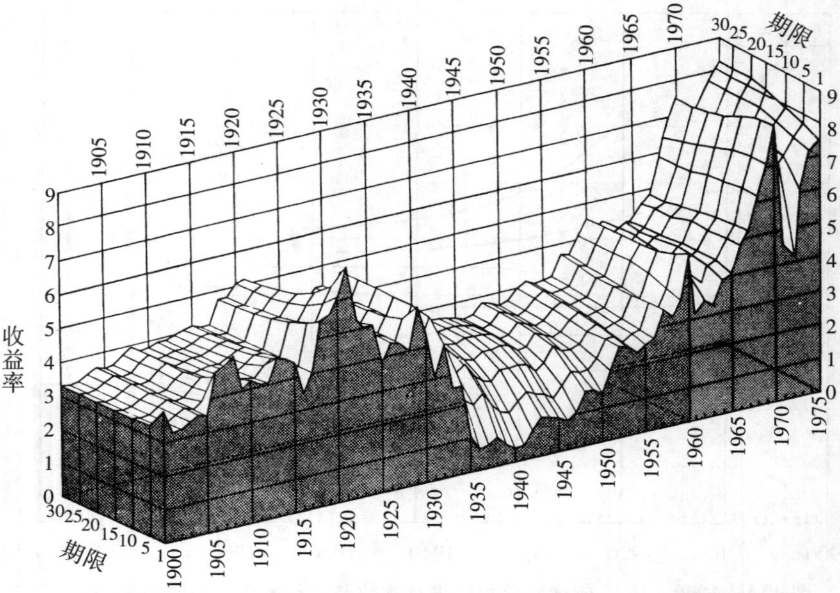

图 44A　1900～1945 年不同期限的优质公司债券基本收益率透视图 1

（收益率数据摘自表 53）

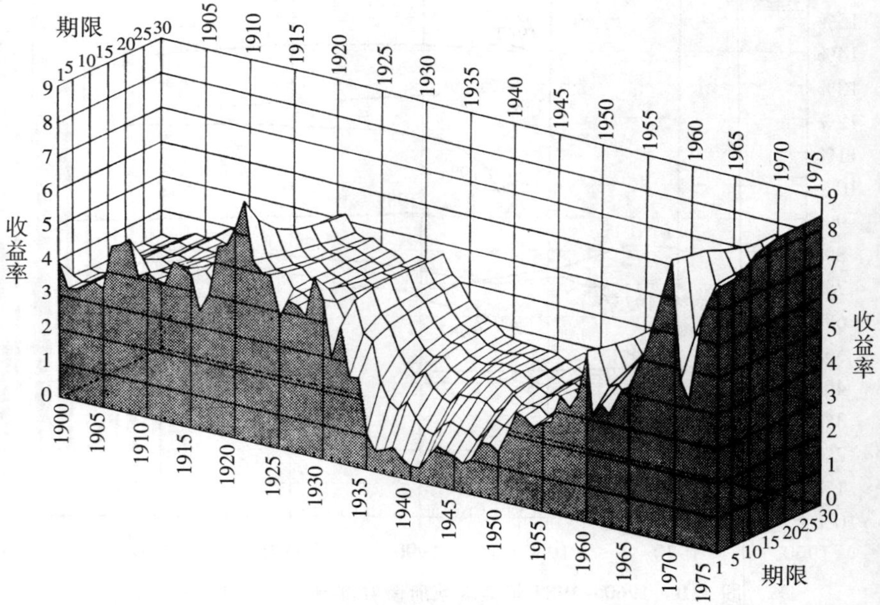

图 44B　1900～1945 年不同期限的优质公司债券基本收益率透视图 2

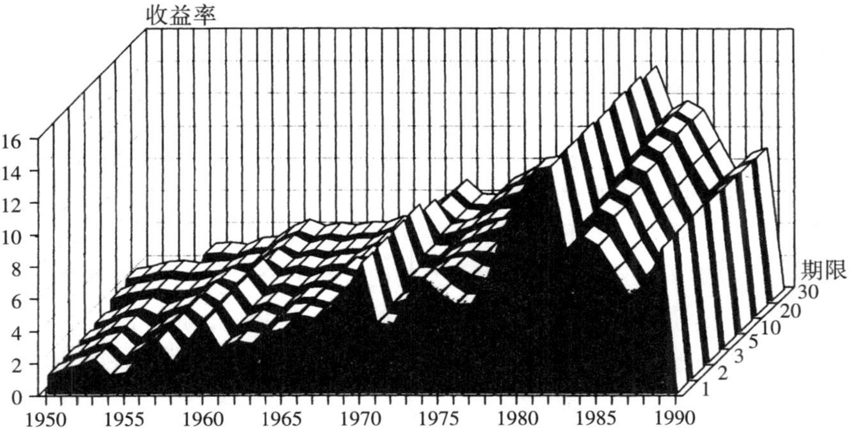

图 45A　1950 ~ 1989 年不同期限的美国政府债券收益率透视图 1

（收益率数据摘自表 53）

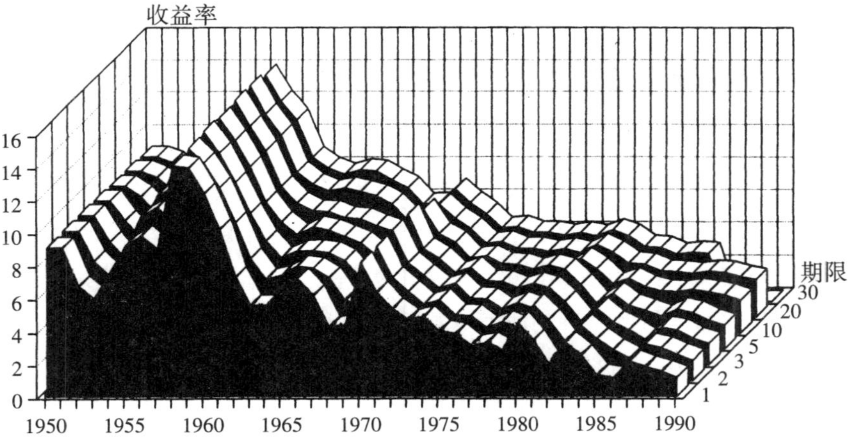

图 45B　1950 ~ 1989 年不同期限的美国政府债券收益率透视图 2

从期限非常短的品种到期限非常长的品种，勾画这些平坦收益率曲线时一不小心就有可能会掩盖短期贷款和长期贷款之间的根本性差异。这是因为没有一个精确的期限点正好是短期品种结束、长期品种开始的时候。纵观利率史，我们发现长期和短期贷款拥有非常不同的原始起点和历史过程。中世纪的金融家们会感到非常吃惊——假如有人试图将他们的汇票与永久性收入契约（比如他们的永久年金）连接在一起。汇票的实质是本金的偿还，年金通常不考虑偿还本金。

因此，这些期限曲线是将各个迥然不同的市场或者分市场上通行利率组合在一起进行对比的结果[注517]，而这些不同市场上通行的利率在其投资属性上并非总是那么相似，因而取决于各自的供求关系。这些供求关系常常大量重叠，从而短期、中期和长期利率在大部分时候倾向于朝着同一个方向发展变化，但是绝无以相似幅度进行发展变化的趋势。在表53所包含的90多个2月份数据中，1年期和30年期的利率一般同时上升、下降。公司1年期债券和30年期债券的收益率在1900～1975年期间只有7年是朝着相反方向发展的。在1955～1989年这个较短时期里，美国政府1年期债券和30年期债券的收益率也只有7年是朝着相反方向发展的。

长期限和短期限品种的利率一般在类似的时间出现低点和高点。但是，也有一些重要的例外情形。短期品种的低利率出现在1939～1942年，但是期限较长品种的低利率往往出现在1946年左右，甚至到1950年才出现。在20世纪上半叶，各种期限的高收益率都发生在1918～1922年；而在20世纪下半叶，都发生在1980～1982年。

高级新发债券的收益率和收益利差

本章通过介绍老牌债券市场收益率的方式，而不是介绍新发行债券收益率，勾画了公司债券市场的趋势和水平。然而，市场的回顾分析需要记载新发行品种的收益率情况。表55介绍了新优质公司债券新发品种的一个收益率样本，依据的是一组优质债券。在1946年以前，收益率数据并不一定具有代表性，数量和统一性不一定足够提供新发品种的收益率指数。但是，从1946年到1989年，这些数据依据的是评级为Aa的长期公用事业新发债券收益率具有可比性的平均数，选用的都是这个类别中重要的新发品种。

表55　1900～1989年高级公司债券新发品种的条件、收益率和收益利差

年份/日期	新发债券条件			收益利差（基点）	
	利率（%）	到期日	发行时收益率（%）	老债券收益率	政府债券收益率*
1900年4月	3.5	2000	3.00	-28	
1902年4月	3.5	1952	3.22	-7	
1903年1月	3.5	1952	3.34	-9	

（续表）

年份/日期	新发债券条件			收益利差（基点）	
	利率（%）	到期日	发行时收益率（%）	老债券收益率	政府债券收益率*
1905 年 6 月	3.5	1946	3.50	-1	
1908 年 8 月	4	1948	4.05	+17	
1909 年 1 月	4	1933	3.84	+5	
1911 年 3 月	4	1943	3.89	-2	
1914 年 5 月	4	1987	4.22	+14	
1915 年 1 月	3.5	2000	4.21	+4	
1915 年 1 月	4.5	1960	4.31	+14	
1916 年 10 月	4	1951	4.11	+4	
1917 年 1 月	4	1948	4.14	+16	
1918 年 12 月	5	1968	5.04	+43	
1919 年 4 月	4.5	1957	5.25	+42	+53
1920 年 12 月	5	1952	6.06**	+76**	+66**
1922 年 1 月	5	1941	4.92	+21	+47
1922 年 6 月	5	1937	5.00**	+51**	+55**
1923 年 3 月	4.5	1973	4.69	+15	+31
1924 年 10 月	4	1943	4.81	+33	+94
1925 年 5 月	4	1955	4.55	+13	+68
1927 年 3 月	4.5	1977	4.65	+39	+128
1927 年 12 月	4	2003	4.32	+26	+115
1928 年 12 月	4.5	1958	4.69	+35	+124
1929 年 10 月	5	1941	5.00	+44	+139
1930 年 5 月	5	1970	4.86	+51	+155
1931 年 1 月	4.5	1981	4.45	+35	+125
1932 年 4 月	4.5	1961	5.00	+24	+116
1932 年 7 月	5	1962	5.30	+57	+160

（续表）

年份/日期	新发债券条件			收益利差（基点）	
	利率（%）	到期日	发行时收益率（%）	老债券收益率	政府债券收益率*
1935年5月	4	1965	3.94	+48	+115
1935年7月	3.5	1965	3.30	-10	+51
1936年5月	3.5	1966	3.17	+8	+24
1938年8月	3.5	1968	3.01	+9	+29
1939年6月	3	1969	2.75	+4	+34
1940年12月	2.75	1970	9.52	-10	+33
1941年11月	2.75	1971	2.55	+4	+15
1942年6月	3	1972	2.79	+16	+29
1944年9月	3	1974	2.71	+16	+16
1945年12月	2.75	1985	2.65	+11	+14
1946年年均	2.625	1976	2.57	+12	+27
1947	2.75	1977	2.76	+19	+43
1948	3	1978	3.05	+23	+58
1949	2.75	1979	2.79	+11	+42
1950	2.75	1980	2.71	-1	+33
1951	3.125	1981	3.09	+13	+49
1952	3.25	1982	3.19	+12	+50
1953	3.5	1983	3.49	+18	+42
1954	3	1984	3.03	+5	+33
1955	3.25	1985	3.22	+9	+35
1956	3.75	1986	3.71	+31	+64
1957	4.625	1987	4.61	+61	+113
1958	4.125	1988	4.08	+28	+61
1959	4.75	1989	4.74	+26	+66
1960	4.75	1990	4.73	+32	+66

（续表）

年份/日期	新发债券条件			收益利差（基点）	
	利率（%）	到期日	发行时收益率（%）	老债券收益率	政府债券收益率*
1961	4. 5	1991	4. 52	+17	+58
1962	4. 375	1992	4. 36	+8	+30
1963	4. 375	1993	4. 33	+10	+25
1964	4. 5	1994	4. 46	+5	+25
1965	4. 625	1995	4. 57	+8	+31
1966	4. 5	1986	5. 45	+27	+73
1967	5. 875	1987	5. 57	+33	+93
1968	6. 625	1998	6. 61	+46	+121
1969	7. 75	1999	7. 75	+71	+147
1970	8. 875	2000	8. 83	+76	+201
1971	7. 75	2001	7. 74	+50	+162
1972	7. 5	2002	7. 41	+34	+150
1973	7. 75	2003	7. 74	+28	+74
1974	10. 5	2004	10. 50	+57	+175
1975	9. 5	2005	9. 51	+90	+126
1976	8. 75	2006	8. 69	+57	+72
1977	8. 25	2007	8. 28	+54	+56
1978	9	2008	9. 06	+42	+60
1979	10. 125	2009	10. 10	+53	+85
1980	13. 5	2010	13. 11	+61	+175
1981	16. 125	2011	16. 12	+126	+245
1982	15. 375	2012	15. 33	+82	+203
1983	12. 5	2013	12. 47	+23	+102
1984	13. 625	2014	13. 61	+30	+107
1985	12	2015	11. 94	+25	+86

（续表）

年份/日期	新发债券条件			收益利差（基点）	
	利率（%）	到期日	发行时收益率（%）	老债券收益率	政府债券收益率*
1986	9.375	2016	9.36	-19	+134
1987	9.625	2017	9.63	-7	+108
1988	10	2018	9.97	+11	+105
1989					

* 1928 年以后，政府债券的收益利差根据到期日的不同进行了调整；在 1928 年以前，收益利差根据的是长期政府债券收益率的平均数。1941 年以前，政府债券收益率包含部分免税优惠，之后为应税的收益率。

** 品质不如其他品种。

资料来源：

新发品种的价格和收益率数据摘自证券手册和期刊。1946 年以前记载的每年 1～2 个品种不足以全面体现市场情况。样本采用的是发行时收益率最低、不重要、定期性长期公司债券。1946 年以后，综合新发品种的平均数据选自《收益及收益利差分析记录》（所罗门兄弟公司出版）。

该表罗列了 1946 年以前几乎每年出现的、1～2 种发行时收益率最低、优质大型直接长期公司新债券的收益率。它没有包含可以转换、系列型和具有特殊性能的债券品种。表中的每一品种发行时收益率都用来对比同时出现的 30 年期老牌公司债券的平均收益率。1920 年以后，这种对比还包含了同时出现的较长期政府债券的收益率。对比之差叫做收益利差。

由于 1946 年之前的新发品种不是平均数，也不是统一选取，因而光看收益率是无法获得准确趋势的，这些收益利差也不能综合产生精确的关系。但是，该表的确表现出了有些时候收益利差较大、有些时候收益利差较小的趋势，以及新发债券收益率的波动性比平稳的老牌债券收益率大得多的趋势。

表 56 对比了优质老牌 30 年期公司债券和长期政府债券的收益率。收益利差显示出的波动性不如新发债券的收益利差，但趋势相似。该表还对比了高级市政债券平均收益率和同时出现的优质老牌公司债券的平均收益率。市政债券和公司债券之间的关系如图 46 所示。在联邦所得税率平均比较高的时候，市政债券收益率相对于公司债券而言往往比较低（即市政债券价格比较高），因为市政债券是免税的。20 世纪 70 年代通胀时期税级递进政策的影响在图 46 中显而易见，就像

20 世纪 80 年代里根政府的减税政策一样。相对于公司债券来说，前者令市政债券的需求上升，相应收益率下降，而后者产生的则是相反的效果。

表 56 1900～1989 年长期政府债券、公司债券和市政债券之间的收益利差

年份	优质 30 年期公司债券与政府债券年平均		长期市政债券与优质 30 年期公司债券年平均	
	收益利差（基点）	公司债券收益率比政府债券收益率（%）	收益利差（基点）	公司债券收益率比政府债券收益率（%）
1900			－6	98
1901			－18	94
1902			－16	95
1903			－25	93
1904			－17	95
1905			－3	99
1906			－22	94
1907			－25	93
1908			－3	99
1909			－2	99
10 年平均			－13	96
1910			+4	101
1911			+5	101
1912			+6	102
1913			+31	108
1914			+5	102
1915			+6	102
1916			－5	99
1917			－18	96
1918			－25	95
1919			－34	93
10 年平均			－3	99

（续表）

年份	优质30年期公司债券与政府债券年平均		长期市政债券与优质30年期公司债券年平均	
	收益利差（基点）	公司债券收益率比政府债券收益率（%）	收益利差（基点）	公司债券收益率比政府债券收益率（%）
1920	-5	99	-47	91
1921	+7	101	-31	94
1922	+19	105	-44	91
1923	+15	104	-53	88
1924	+45	111	-59	87
1925	+64	116	-60	87
1926	+68	118	-41	91
1927	+84	125	-33	92
1928	+86	126	-39	91
1929	+87	126	-45	90
10年平均	+47	113	-45	90
1930	+102	131	-44	90
1931	+81	125	-62	85
1932	+93	125	-106	78
1933	+88	127	-74	82
1934	+71	123	-46	87
1935	+65	123	-76	81
1936	+46	118	-66	78
1937	+44	117	-44	86
1938	+34	113	-45	84
1939	+41	117	-85	70
10年平均	+67	122	-65	82
1940	+49	122	-90	67
1941	+64	132	-99	62
1942	+20	108	-84	68

（续表）

年份	优质 30 年期公司债券与政府债券年平均		长期市政债券与优质 30 年期公司债券年平均	
	收益利差（基点）	公司债券收益率比政府债券收益率（%）	收益利差（基点）	公司债券收益率比政府债券收益率（%）
1943	+8	103	-108	58
1944	+6	102	-139	45
1945	+17	107	-149	41
1946	34	116	-143	43
1947	36	116	-116	56
1948	38	116	-95	66
1949	35	115	-100	62
10 年平均	14	114	-45	57
1950	32	114	-105	60
1951	54	123	-126	56
1952	39	115	-117	60
1953	52	119	-89	72
1954	-2	99	-87	70
1955	22	108	-89	71
1956	28	109	-86	74
1957	42	112	-79	80
1958	36	110	-87	77
1959	31	108	-103	76
10 年平均	33	112	-97	70
1960	40	110	-115	74
1961	45	112	-108	75
1962	38	110	-130	70
1963	26	107	-120	72
1964	25	106	-131	70
1965	28	107	-133	70

（续表）

年份	优质30年期公司债券与政府债券年平均		长期市政债券与优质30年期公司债券年平均	
	收益利差（基点）	公司债券收益率比政府债券收益率（%）	收益利差（基点）	公司债券收益率比政府债券收益率（%）
1966	47	110	–146	72
1967	66	114	–177	68
1968	93	118	–198	68
1969	93	115	–158	78
10年平均	50	111	–142	72
1970	145	122	–192	76
1971	165	129	–217	71
1972	158	128	–217	70
1973	114	118	–245	67
1974	158	123	–268	69
1975	185	127	–241	73
1976	165	124	–277	67
1977	96	114	–282	65
1978	84	111	–321	63
1979	89	110	–371	61
10年平均	136	120	–263	68
1980	113	110	–409	66
1981	130	110	–374	74
1982	156	113	–291	79
1983	120	111	–324	73
1984	72	106	–310	76
1985	62	106	–277	76
1986	88	111	–207	77

（续表）

年份	优质 30 年期公司债券与政府债券年平均		长期市政债券与优质 30 年期公司债券年平均	
	收益利差（基点）	公司债券收益率比政府债券收益率（%）	收益利差（基点）	公司债券收益率比政府债券收益率（%）
1987	74	109	–224	76
1988	73	108	–235	76
1989	68	108	–226	76
10 年平均	96	109	–288	75

资料来源：

公司债券收益率数据摘自杜兰德截至 1945 年的基本收益率，选自本书第二版（1977 年）中表 49 的数据，以及表 50 中 1946 ~ 1989 年穆迪评级 Aaa 的数据。市政债券数据为截至 1920 年的高级债券购买指数、截至 1940 年的纽约州数据和截至 1945 年的长期优质新发债券数据，摘自表 45 和表 47，以及表 50 中 1946 ~ 1985 年穆迪评级 Aaa 的数据。政府债券为截至 1941 年的部分免税债券和 1941 年以后的应税债券，摘自表 46、表 48 和表 51。

风险利率

虽然优质债券的收益率在 20 世纪前 60 年的美国一般都在 2.50% ~ 5% 之间，但是投资人却面临大量的机会来更加努力地运用自己的资金。要想比较一段时间内优惠利率和风险利率之间的差异，并没有什么精确的方法，因为不存在计算风险的精确办法。风险是一种主观的东西，不是客观事物。图 47 提供了一种简单的方式，用来计算被评为优质或者 Aaa 的债券与被评为一般或者 Baa 的债券之间的收益利差。在 20 世纪 30 年代大萧条期间，收益利差大幅度上升的情形十分显著，就像 20 世纪 20 年代期间，尤其是现代时期的较低收益利差一样。

以下几个表为美国投资人提供了几种高收益率的债券。第 429 页的表汇总了 20 世纪 20 年代期间一些外国新发债券的发行时的收益率；第 430 页的表显示的是 20 世纪 30 年代老牌标准型和没有违约的受追捧型美国国内公司债券的市场收益率。前者显示的是一种热门的传统风险类型，一般会导致失望，而后者显示的是一些非传统型黑马类机会，风险很小，回报颇丰。

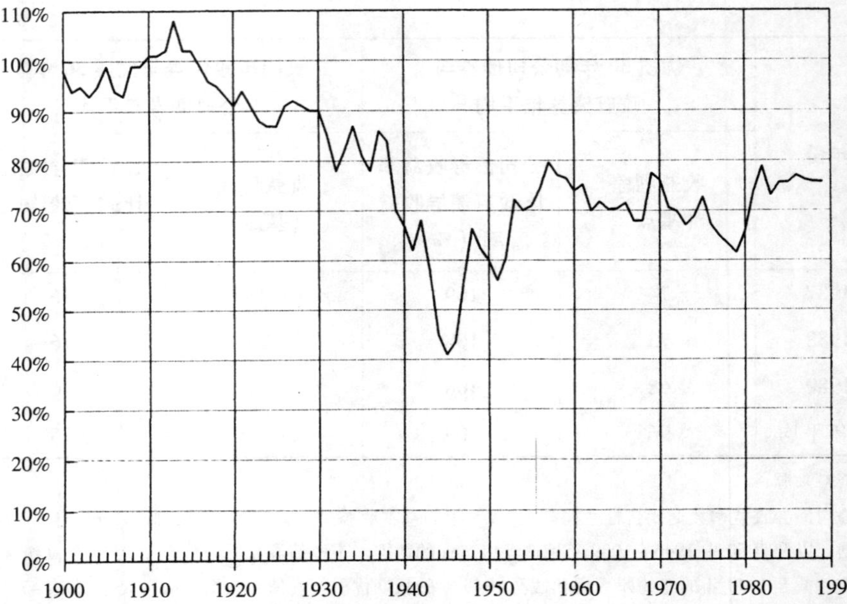

图 46　1900～1989 年市政债券收益率与具有可比性的公司债券收益率之比（%）

（收益率比较数据摘自表 56）

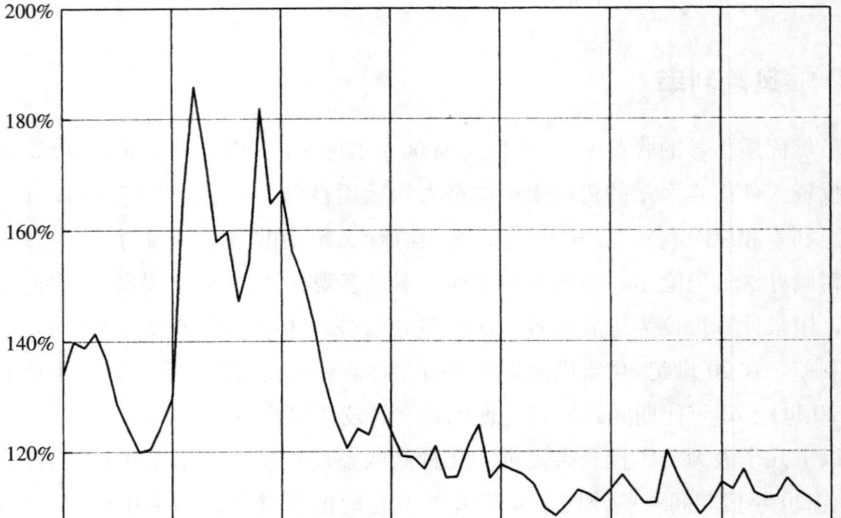

图 47　评级 Baa 公司债券收益率与评级 Aaa 公司债券收益率之比（%）

（数据摘自表 50）

第 430 页上的表没有包含的是 20 世纪 30 年代出现了违约的大量债券品种。其中有许多是以名义价格出售的。比如 1949 年 12 月的密苏里太平洋可转换 5.5s，位于 0.5 的低价；1965 年的密苏里太平洋再融资 5s，位于 12.5 的低价；1959 年的佐治亚中央 5.5s，位于 0.75 的低价；1934 年的芝加哥、罗德岛和太平洋 4s，位于 4 的价位。这种类型的大部分债券在 20 世纪 40 年代都有显著回升，所达到的价值水平相当于这些市场低位的许多倍。相比之下，优质公司债券在 20 世纪 30 年代却从来没有严重受抑。优质铁路债券的平均收益率在那 10 年期间从来没有超过 4.83%。

在 20 世纪 60 年代的投机时期，追求高收益率的人一般都要求自己的债券投资入股，或者推断股票组合能够有优异的业绩表现。私人投资人一般都青睐优质债券、市政债券或者公司债券。在 20 世纪 70 年代初期，优质债券所产生的收益率非常高，而风险债券的市场完全被忽略。此外，20 世纪 70 年代中期宾夕法尼亚中央的破产和纽约市丧失偿债能力所表现出来的严重的清偿力风险，更令投资人采取保守态势。

1916～1928 年纽约部分外国新债券及其发行价格和收益率

年份	债券品种	利率（%）	到期日	价格	到期收益率（%）
1916	俄罗斯沙皇政府	5.5	1921 年	94.75	6.75
1922	柏林市	6	1958 年	95	6.36
1922	塞尔维亚、克罗地亚和斯洛伐克	8	1962 年	95.5	8.40
1923	玻利维亚	8	1947 年	101	7.90
1925	哥伦比亚安蒂奥基亚	7	1945 年	90	8.00
1925	比利时王国	7	1955 年	98	6.65
1925	波兰共和国	8	1950 年	95	8.45
1925	巴西圣保罗	8	1950 年	99.5	8.04
1926	巴登市政	7	1951 年	93	7.62
1927	英国和匈牙利银行	7.5	1962 年	98.75	7.54
1927	哥伦比亚农业抵押银行	6	1947 年	92	6.72
1927	哥伦比亚共和国	6	1961 年	92.5	6.55
1928	秘鲁共和国	6	1961 年	91	6.65
1928	智利共和国	6	1961 年	94	6.45

随着收益率上升到20世纪70年代末、80年代初的创纪录水平，公司长期债券市场从整体上说失去了其重要性，尤其是相对于美国政府债券市场而言——充斥后者的是日益上升的财政赤字。公司债券跟州债券和市政府债券一起，越来越多地依赖短期、中期筹款形式，牺牲了长期债券。公司债券的质量分布情况也在走下坡路，能够评上高等级的品种越来越少，中等和低等品种越来越多。[注518] 20世纪80年代底中期和后期的较低收益率或多或少恢复了债券市场的活力，但却远远不同于早先几十年传统的高级市场，市场上的重点品种也多了许多。在买方积极的合并、收购、公司兼并、杠杆收购热潮的刺激下，在20世纪80年代初期投资人角度的高收益率欲望的刺激下，低等级债务品种（“垃圾债券”）滋生起来。这些品种的收益率比高级债券高数百个基点。到了这个10年的末期，发行垃圾债券的几个机构面临偿债困难，而这个高风险市场领域是否能够经受得住20世纪90年代形成的低通胀环境，还是个未知数。

20世纪30年代部分优质低价债券的高市场收益率

债券品种	利率（%）	到期日	低价	到期收益率（%）
阿奇森、托皮卡和桑塔可转换债券	4	1955年	60	7.60% *
贝尔电话（加拿大）（Bell Telephone of Canada）（美元价格）	5	1960年	79	6.70% *
加拿大自治领（Dominion of Canada）（美元价格）	3	1967年	59	6.10% *
太平洋中央铁路（Central Pacific R. R.）第一次再融资	4	1949年	48.5	10.60% *
C. B &Q. R. R. 第一次再融资	4.5	1977年	65	7.20% *
埃尔迈拉和威廉斯波特（Elmira & Williamsport）（宾夕法尼亚铁路公司担保）	5	2862年	75	6.65% **
大北方铁路公司（Great Northern R. R.）再融资	4.5	1977年	34	13.40% **
堪萨斯天然气与电力公司（Kansas Gas & Elec.）债券	6	2022年	61.25	9.80% *
洛里拉德（Lorillard）	5	1951年	76.5	7.28% *
纽约中央公司再融资	4.5	2013年	31	15.00% **
北太平洋公司再融资	6	2047年	45	13.30% **
俄亥俄电力（Ohio Power）债券	6	2024年	70	8.55% *
宾夕法尼亚天然气与电力公司（Penn. Gas & Elec.）第一次再融资	6	1958年	50	10.60% *

（续表）

债券品种	利率（%）	到期日	低价	到期收益率（%）
宾夕法尼亚铁路总公司（Pennsylvania R. R. Gen.）	5	1968	54.5	9.45% *
罗彻斯特天然气与电力总公司（Rochester Gas & Elec. General）	4.5	1977 年	75	6.20% *
圣华金照明与电力（San Joanquin Light & Power）	6	1952 年	88	7.15% *
南太平洋公司（Southern Pacific）债券	4.5	1969 年	29	15.40% **
南太平洋公司第一次再融资	4	1955 年	50	9.25% *

* 到期收益率。

** 当期收益率。

房地产抵押债券

房地产抵押债券的利率一般都高于优质可交易债务的利率，直到 20 世纪 70 年代。按照一些理论家的观点，高于优惠利率的大部分利率都是风险利率，但是对收益利差的这种解释忽略了成本、流通性、便利和传统的因素。20 世纪 50 年代根据凯普哈特修正案（Capehart Amendment）发布的联邦住宅管理局抵押贷款数据中有一个完全属于无争议信贷领域里的案例。抵押贷款由美国政府的一个部门设定，由美国的几个机构提供保险。这些抵押贷款债券在 1960 年年初售价达到收益率 5.25%，而条件相似的同期可交易政府债券的售价却是 4.25% 的收益率。这里 100 个基点的利差中并没有什么隐含的风险，而且事实上成本也极低。产生利差的原因是机构所致：便利性和流通性。“凯普哈特抵押贷款债券”的二级市场很惨淡：债券只有大宗的，一般是 100 万美元或者以上，而购买这种债券涉及一些复杂的谈判和文书工作。风险因素远远不是其利率超过优惠利率的唯一解释。

在第二次世界大战的战后时代，美国的政府信用得以延伸，消除了来自大量私人信贷工具的风险，其中有许多是以抵押贷款债券形式出现的。数个联邦机构买进了抵押贷款债券，而那些机构又转售他们自己的债券，或者为抵押债券提供担保并公开出售。抵押市场有了这种助力，就能吸收全国总储蓄中超比例的金额。

表 57 列举了美国部分房地产抵押贷款利率数据，其中有一些在图 48 中也有显示。农场抵押贷款利率是所有未偿还债务的一个混合利率，因而只是逐渐地调整到新发行债务的利率趋势。下表的 10 年平均数表明传统型美国抵押贷款利率对

20 世纪 70 年代前优质公司债券的收益率变化所做出的反应十分迟钝；在 20 世纪 70 年代和 80 年代，抵押贷款利率与债券收益率之间的相对差距缩小，并且这两种债务出现了齐动。正如该表同时显示的那样，从大约 1970 年开始，抵押贷款利率相当迅速地应其他收益率的变化而作出了调整。

1900～1989 年抵押贷款利率与公司债券收益率 10 年平均数

10 年期	传统美国抵押贷款利率（%）	优质公司债券利率（%）	抵押贷款利率比优质债券收益率（%）
1900～1909	5.35	3.47	155
1910～1919	5.51	4.23	130
1920～1929	5.89	4.56	128
1930～1939	5.40	3.64	148
1940～1949	4.85	2.61	185
1950～1959	5.29	3.33	156
1960～1969	6.47	4.94	131
1970～1979	8.93	8.23	109
1980～1989	2.68	11.40	111

正如上表所显示的那样，抵押贷款利率的平均数大大高于 20 世纪 40 年代的举债还债阶段和 20 世纪 50 年代的公司债券收益率。随着收益率在 20 世纪 60 年代的上升，抵押贷款利率的正收益利差大幅度下降，而在 20 世纪 70 年代和 80 年代，这种收益利差几乎已经消失。事实上，在 20 世纪 70 年代和 80 年代的有些时候，老牌公司债券的收益率超过了某些抵押贷款的收益率，而新发行的公司债券收益率则远远超过高级抵押贷款的收益率。收益率关系的这种巨大变化是最近几十年中最显著的变化之一。如果抵押贷款的收益率少于优质公司债券，并且如果抵押贷款投资组合的费用计算在内的话会少得多，那么储蓄机构为什么要青睐抵押贷款呢？于是，政府机构进行了干预，允许抵押贷款市场挖掘货币市场和债券市场的资源。由于这种干预的缘故，即便是在 20 世纪 80 年代末大量储蓄和贷款机构倒闭的情况下，抵押贷款利率也只是受到了微乎其微的影响。

表57 1900～1989年美国传统房地产抵押贷款利率

年份	曼哈顿/住宅管理局年均（%）	契约利率年均（%）	新居抵押贷款收益率年均（%）	农场抵押贷款年均（%）
1900	5.17			
1901	5.11			
1902	5.09			
1903	5.18			
1904	5.35			
1905	5.50			
1906	5.68			
1907	5.45			
1908	5.60			
1909	5.35			
10年平均	5.35			
1910	5.35			6.0
1911	5.47			6.0
1912	5.46			6.1
1913	5.50			6.1
1914	5.58			6.1
1915	5.60			6.1
1916	5.50			6.2
1917	5.47			6.1
1918	5.55			6.1
1919	5.65			6.1
10年平均	5.51			6.1
1920	5.75			6.1
1921	5.97			6.2
1922	5.95			6.3
1923	5.91			6.4
1924	5.99			6.3

（续表）

年份	曼哈顿/住宅管理局年均（%）	契约利率年均（%）	新居抵押贷款收益率年均（%）	农场抵押贷款年均（%）
1925	5.90			6.3
1926	5.89			6.2
1927	5.88			6.1
1928	5.85			6.1
1929	5.92			6.0
10年平均	5.89			6.2
1930	5.95			6.0
1931	5.75			6.0
1932	5.77			6.0
1933	5.60			6.0
1934	5.45			5.8
1935	5.26			5.5
1936	5.09			5.1
1937	5.11			4.9
1938	5.00			4.7
1939	5.05			4.6
10年平均	5.40			5.5
1940	5.03			4.6
1941	4.90			4.5
1942	4.98			4.4
1943	4.77			4.4
1944	4.71			4.4
1945	4.70			4.5
1946	4.74			4.5
1947	4.80			4.5
1948	4.91			4.5
1949	4.93			4.5

（续表）

年份	曼哈顿/住宅管理局年均（%）	契约利率年均（%）	新居抵押贷款收益率年均（%）	农场抵押贷款年均（%）
10年平均	4.85			4.5
1950	4.95			4.5
1951	4.93			4.6
1952	5.03			4.6
1953	5.09			4.7
1954	5.15			4.7
1955	5.18			4.7
1956	5.19			4.7
1957	5.42	5.79		4.7
1958	5.58	5.75		4.8
1959	5.71	5.92		4.9
10年平均	5.22	5.82		4.7
1960	6.30	5.98		5.0
1961	6.97	5.93		5.1
1962	5.93	5.81		5.2
1963	5.81	5.84		5.3
1964	5.80	5.78	5.3	
1965	5.83	5.76	5.4	
1966	6.40	6.14	5.4	
1967	6.53	6.33	5.4	
1968	7.12	6.83	5.5	
1969	7.99	7.66	5.7	
10年平均	6.47	6.21		5.3
1970	8.52	8.27	8.45	5.8
1971	7.75	7.60	7.74	6.0

（续表）

年份	曼哈顿/住宅管理局年均（%）	契约利率年均（%）	新居抵押贷款收益率年均（%）	农场抵押贷款年均（%）
1972	7.64	7.45	7.60	6.1
1973	8.30	7.78	7.95	6.4
1974	9.22	8.71	8.92	6.6
1975	9.10	8.75	9.01	7.0
1976	8.99	8.76	8.99	7.6
1977	8.95	8.80	9.01	7.6
1978	9.68	9.30	9.54	7.4
1979	11.15	10.48	10.77	7.9
10年平均	8.93	8.59	8.80	6.2
1980	13.95	12.25	12.65	8.3
1981	16.52	14.16	14.74	9.1
1982	15.79	14.47	15.12	9.7
1983	13.43	12.20	12.66	9.7
1984	13.80	11.87	12.37	9.6
1985	12.28	11.12	11.58	9.4
1986	10.07	9.82	10.16	9.1
1987	10.17	8.94	9.31	9.0
1988	10.30	8.81	9.18	9.5
1989	10.22	9.76	10.11	9.4
10年平均	12.68	11.34	11.79	9.3

资料来源：

曼哈顿抵押贷款利率数据摘自本书第二版中的表56；从1970年以后的数据摘自美联储的《年度统计摘选》和《美联储公告》中联邦政府住宅管理局系列数据。传统契约利率和新居抵押贷款收益率数据也摘自相同的美联储资料。农场抵押贷款利率（所有未偿还抵押贷款的混合型利率）数据摘自《美国历史统计数据》（*Historical Statistics of the United States*）、《美国统计数据摘要》（*Statistical Abstract of the United States*）和美国农业部的《农业统计数据》（*Agricultural Statistics*）。

在 20 世纪 60 年代前，各种利率的一个特征是高位相对稳定，比如抵押贷款利率，其中涉及巨大的还款成本和债权人沉重的责任。这些成本和责任很少会随着利率发生变化。我们的祖先也许在他们邻居的农场抵押贷款上投资了。如果是这样的话，他们就得四处奔波去收取债款、细致观察他们邻居的庄稼情况和邻居的个人习惯。他们赚取了相当可观的额外抵押贷款收入。与拥有并偿还住宅抵押贷款相比，在储蓄账户上存钱总是容易得多——于是就出现了利率差，其中部分原因，也许是很小一部分原因，是风险因素，而大部分原因属于成本和便利性。

然而，随着最近几十年里抵押贷款市场越来越像债券市场，抵押贷款利率已经不再跟过去一样具有相对于债券利率的稳定性。在 1965 ~ 1989 年之间的利率大幅度飙升和跳水过程中，抵押贷款的利率从时间形态上几乎与债券收益率相同。

图 48　1900 ~ 1989 年美国抵押贷款利率

消费信贷利率和法定上限

住宅抵押贷款利率虽然高于优惠利率，却一直低于相对期限较短的大部分消费信贷的通行利率。在中世纪时期，长期贷款常常是相对中等的利率，以农场或者房产做抵押，但是当铺利率却高得多，包括公众捐助的慈善性当铺。这些利率比较高的原因也许并非主要是因为提供贵重抵押物作抵押的短期贷款的风险大于住宅作抵押的长期贷款风险，而是因为大部分小规模短期贷款的放贷成本非常高。[注519]

现代高利贷法规通常允许两种商业借贷利率：在没有双方认可的利率的情况下债务所负担的利率；通过协议允许收取的最高利率。相关条款规定管辖着房地产贷款和消费贷款。在20世纪50年代中期，有1个州的法定利率为4%，5个州为5%，40个州为6%，4个州为7%。大部分州仍然坚持沿用斯图亚特王朝的6%传统利率。有10个州设定的最高利率与法定利率相同；有30个州设定的最高利率高于法定利率；有4个州没有设定最高利率。对高利贷的处罚也各不相同，从无处罚到没收额外利息、本金丧失，甚至是罚款和监禁。公司发债人一般并不受高利贷法规的保护。佣金、经纪费和法律收费常常被允许是最高利息偿付之外的款项。

在利率上升的最近几十年里，许多州都大幅度提高了法定上限，并用其他方式放松了他们的高利贷法规。到了20世纪80年代中期，有5个州的法定利率仍然是5%，15个州和哥伦比亚特区为6%，21个州为7%～10.5%，9个州为12%～18%，1个州（爱达荷）没有限制。通过契约或协议确定的允许的最高利率一般都高于法定利率，有时固定为另外一个利率，比如高于美联储贴现率5%（阿拉斯加和阿肯色）、高于6个月期国库券6%（北卡罗来纳）、高于纽约市银行优惠利率6%（蒙大拿）。有12个州对契约利率没有限制，另有13个州对超过某些最低金额的贷款的契约利率没有限制。有几个州在自己的法律中加上了一句话：每年超过45%的利率被认为是“过分”或者“极不公平”的。

通常在19世纪写下的老法律条文并没有考虑到现代消费信贷。根据那些法律，市区工人常常没有用于小额个人贷款的合法资本。他们当中很多人被推到了非法高利贷者那里。这种情形本书的最前几章中曾再三介绍过。在古巴比伦、古希腊和古罗马，以及中世纪的欧洲，消费者信贷方面的法律条款和规定是一个亟待解决的政治和社会问题。

20世纪的立法对高利贷法所允许的通过法律辖下机构获取较高利率小规模个人贷款做出了规定。此外，消费品的采购可以合法地通过销售金融公司获取较高利率的融资，从而以贴现价格从经销商那里购买分期付款票据。20 世纪 50 年代后期的分期贷款有效利率允许提高到每年 12% ~ 24%。同样，商业银行被允许以高达 7% ~ 14% 的利率提供消费信贷[注520]，有时甚至更高。1960 年，最小个人融资贷款（通常是 300 美元或以下）的法定利率上限在美国的大部分州为 30% ~ 48%，最普遍的法定上限为 36%。

消费贷款公司提供的较大规模贷款（通常在 1 000 美元左右）的法定上限一般都在每年 8% ~ 36% 的范围之间。纽约的当铺被允许收取头 6 个月 3%、后 6 个月 1.5% 的月息，即第一年 27%。在宾夕法尼亚，当铺利率为商品抵押每月 3%、珠宝抵押每月 1.5%。新泽西允许每月 2%，即每年 24%。消费信贷的现代模式已经淘汰了当铺，后者的重要性远远不如从前。

这些现代消费信贷利率必须结合本书的前面几个章节内容。巴比伦王朝的 20% 法定上限、埃及托勒密王朝收取的 24% 利率和罗马的 8% ~ 12% 法定上限，都属于我们现代消费信贷的利率范围之内；中世纪时期慈善性当铺收取的 15% 利率也是这个范畴。

20 世纪 70 年代初首次通过的所谓的“贷款实情”立法，要求贷款人向借款人提供消费信贷和其他信贷形式所包含的真实的年利率情况。此举使得我们有可能收集并出版重要消费信贷类型所收取的平均利率方面的全国范围内的数据。表 58 和图 49 显示了从 1972 年一直到 1989 年的数个此类年度平均利率。新的汽车贷款和个人贷款利率形态总体上与这个时期的货币市场和债券市场的利率相同，但是这些利率的表现比公开市场利率更加迟缓，即市场利率呈上升趋势的时候上升得比较慢，市场利率呈下跌趋势时下降得也比较慢。在美国历史上货币市场和债券市场利率波动幅度最大的阶段，相对于其他利率而言，信用卡利率平均几乎丝毫没有变化。我们先前说到的有关抵押贷款利率相对比较稳定的原因，至少在政府进行干预和担保之前的稳定性原因，有一部分也适用于消费信贷。公开发表的利率包含变化不大的高成本组成部分，即便在公开市场利率大起大落的时候。消费信贷利率长期以来之所以一方面高于市场利率，一方面又更加稳定，这就是其中的一个重要原因。

表 58 1972～1989 年美国消费信贷商业银行利率

年份	收益率（%）		
	新汽车信贷（36～48 个月）*	个人贷款（24 个月）	信用卡
1972	10.05	12.46	17.21
1973	10.21	12.60	17.91
1974	10.97	12.99	17.21
1975	11.36	13.08	17.16
1976	11.07	12.77	17.05
1977	10.92	12.97	16.89
1978	11.02	13.19	17.03
1979	12.02	13.85	17.03
8 年平均	10.95	12.99	17.10
1980	14.30	15.47	17.31
1981	16.54	18.09	17.78
1989	16.83	18.65	18.51
1983	13.92	16.88	18.78
1984	13.71	16.47	18.77
1985	12.91	15.94	18.69
1986	11.33	14.82	18.26
1987	10.46	14.23	17.93
1988	10.85	14.68	17.78
1989	12.07	15.44	18.02
10 年平均	13.29	16.07	18.18

* 1972～1982 年期间为 36 个月，1983～1989 年期间为 48 个月。

资料来源：美联储的《年度统计摘选》和《美联储公告》。

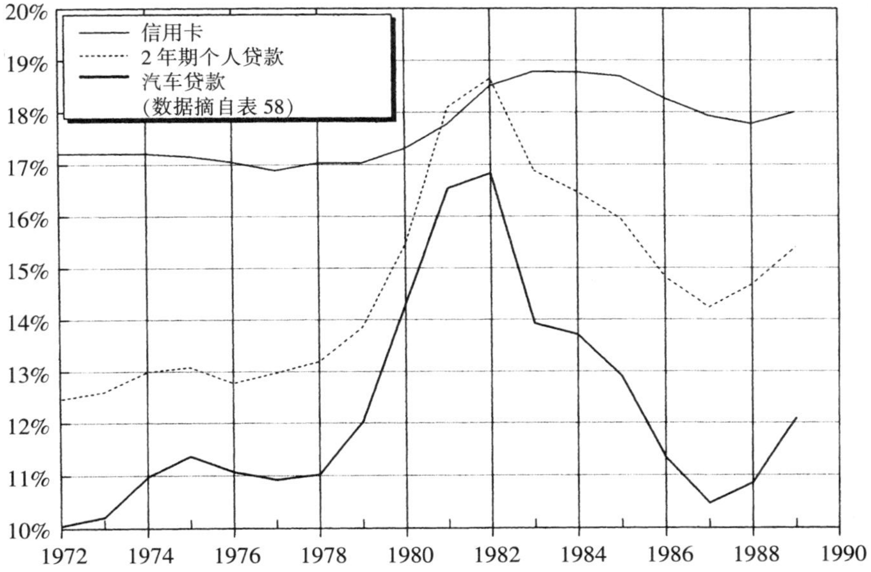

图 49　1972～1989 年美国分期消费信贷利率

高利贷者

就像在古雅典和本书中的所有其他时期一样，高利贷者允许收取的费用一直都没有限制。现代高利贷者很多通过高额薪水或者出售标价虚高的商品来打法律的擦边球。有一项对没有注册消费信贷公司的几个州的调查显示，在大萧条期间，这种类型的贷款的通行利率为每年 240%，甚至到1 500%。[注521]这些都是短期贷款，通常商定的是每周或者每月的利率，我们在这里将其折算成了年利率。几天或者几周的利率折算成年利率，从统计学上说为了便于比较是有必要的，但是所表现的这种交易的情形有可能在债务人和债权人眼中是扭曲的。

在 20 世纪的早些时候，在美国城市地区非法小型贷款的优惠利率似乎是 5 美元贷款每周 1 美元利息。需要钱的工人们也许会在星期六借 5 美元，并答应在发工资的那天还 6 美元，也就是下周五。他们毫无疑问会觉得，这笔贷款给他们带来的一次“狂欢”机会，或者是让他们可以看一次医生，代价是额外付出 1 美元。我们的数学知识告诉我们，他们支付的利息是每周 20%，即每年1 040%。如果他们每周都去续借，或者说更加可能的情形是每个星期五还账、每个星期六再借款，他们每年因为使用 5 美元而付出的事实上确实是 52 美元。在 20 世纪 50 年代期间，纽约郡频繁惩处高利贷者的情景所表现出来的正是这种利率。

在20世纪20年代，纽约金融地区的一群牧师固定地按以下条件从事借钱给其他牧师的业务：星期一借5美元、星期五还6美元。1960年，有关纽约高利贷集团的一则信息（相当于起诉）——该集团在10年期间一直向出租车司机提供贷款——提到平均100美元的贷款，借款人在周末偿还120美元，如时间更长或者在有尾款未还清的情况下，每周外加25美元。折算起来还是每年1 040%，且没有加上罚金，从而理论上的利率高达每年1 295%。在20世纪30年代以及更早的时期，美国南方的黑人据说要支付该纽约高利贷利率的两倍；一周内任何时间段里使用5美元，需要在星期五偿还7美元。该年利率为2 080%。[注522]

可以想象，规模较大的非法贷款要求的利率较低。一次国会调查中发现，纽约一伙不法歹徒向其他黑帮放贷，总额至少为30万美元，其利率各不相同，据记录有每年30%、47%、65%、73%、104%、173%和198%。[注523]

这种交易的类似利率在最近几十年的媒体上也有报道。显然，这种利率类型不会随着货币市场的波动而升降。

实际利率

对于20世纪70年代期间和80年代初期利率和市场收益率达到创纪录水平的这种涨势，我们在理解时不能不考虑通货膨胀和实际利率这种经济概念因素。如果贷款人考虑出借100美元、为期1年的合理性，在于获得4%的实际收益，也就是说购买力或者不变美元价值增长4%，那么如果那年的通货膨胀率预计为10%的话，他就会要求收取14.4%的名义利率。那么，假设预计的通货膨胀率成了事实，1年之后偿还的114.40美元的构成就是偿还本金的110美元——即等于物价水平上涨10%之前的那100美元——外加4.40美元，也就是物价上涨10%之前的4%的利息。在这个案例中，名义利率或者说市场利率是14.4%，而实际利率或者说经过通胀调整后的利率是4%。[注524]

在20世纪60年代后期开始的通货膨胀上升之前，实际利率还是个仅限于学术领域的概念。除了战争时期的某些事件以外，通货膨胀既不是经济生活中的一种显著现象，也不是投资人重点关心的问题。事实上，经历过20世纪30年代大萧条时期的人们很可能把通货紧缩看成是一种严重得多的威胁，因而对于年复一年小幅度的物价上涨很可能会采取一种多少有点乐观的态度，只要经济保持繁荣就行。然而，从 20 世纪 60 年代开始，较高的通货膨胀率及其经常上升的态势已经将实际利率的概念推进到了贷款人和借款人的优先考虑范围。市场利率和收益率的通胀预期的影响已经变得十分显著、突出。【注525】

由于实际利率取决于通胀预期，因而直接观察是不可能的。理论概念常常约等于市场利率或者名义利率减去预计通胀率，而有时——在事后——实际利率的粗略计算办法是通行名义利率或者市场收益率减去实际通胀率。比较精确复杂的预测模型往往假设预计未来通胀率是当前和/或最近通胀率。因此，实际利率是没有踪迹的；有的只是测算出大约数的各种尝试。

下表和图 50 中显示的就是用这样一种尝试方法测算出来的美国自 1857 年以来的大约实际利率。该表给出了从 1857 年到 1989 年期间公司债券每 10 年期的年度平均名义收益率，以及预计平均实际利率和预计通胀率。表中的利率数据是用名义利率减去预计通胀率后得出的，只是一个粗略的大约数。

预计实际利率

10 年期	年均名义利率（%）*	预计通胀率（%）**	实际年均利率（%）
1857～1859	9.84	0.64	9.19
1860～1869	8.00	5.80	2.20
1870～1879	7.41	–3.22	10.64
1880～1889	5.14	–0.97	6.12
1890～1899	4.51	–1.23	5.75
1900～1909	4.16	0.82	3.34
1910～1919	4.77	3.73	1.04
1920～1929	5.08	3.00	2.08
1930～1939	3.89	–2.12	6.01
1940～1949	2.71	4.49	–1.78
1950～1959	3.31	2.65	0.66
1960～1969	5.02	1.81	3.20
1970～1979	8.24	5.97	2.97
1980～1989	11.32	6.63	4.69

* 名义利率数据为债券收益率，其中 1857～1919 年期间的数据摘自麦考利前文引用著述中的表 A10，1919～1989 年期间的数据为穆迪评级 Aaa 的公司债券系列，摘自美联储出版物。

** 预计通胀率是通过之前 7 年期间消费价格指数通胀率的加权平均而估算出来的，权重设置为之前第 1 年 0.33，之前第 2～7 年每年减少 30%。该数据经过北卡罗来纳州大学（North Carolina State University）的杰克·W·威尔逊（Jack W. Wilson）教授分析。要注意，预计通胀率并不等于 10 年期间的实际通胀率；预计通胀率的测算受到之前 10 年期间的实际通胀率的影响。

从上表中可以明显看出，19 世纪的实际利率一般都高于 20 世纪。同样显然的是，每 10 年期和每年（见图 50）的实际利率变化幅度很大。即便在 20 世纪，每 10 年的平均数变化范围也在 +6.01 到 -1.78 之间。所谓 20 世纪美国实际利率在 2% ~3% 的普遍认识是没有什么基础的。[注526] 所谓 20 世纪 80 年代实际利率比较高的观点而产生的预计数据是有根据的，但是这个时期的实际利率并没有高于 20 世纪 30 年代和 19 世纪的大部分时候。图 50 所显示的实际利率的极端变化主要是因为与战争或者萧条相关的通胀（或者通缩）的极端变化所致。在 20 世纪 70 年代之前，名义利率比通货膨胀率或者实际利率都要稳定得多。

实际利率的历史性波动与战争和萧条的关系，不仅仅解释了实际利率概念在近代之前被严重忽略的原因。事实上，本书的最早两个版本，以及大部分学术界和金融界的论述，都没有提及这个概念。战争和萧条——以及随之产生的通胀或者通缩影响——要么是始料未及，要么是被认为属于临时现象，或者两者兼而有之。一旦战争和萧条过去以后，合理程度的稳定物价预计就会恢复。20 世纪 30 年代之前的金本位制的经历，以及 20 世纪 70 年代之前的金汇兑本位制和布雷顿森林体系（Bretton Woods System）的经历，总体上都强化了这种预期。

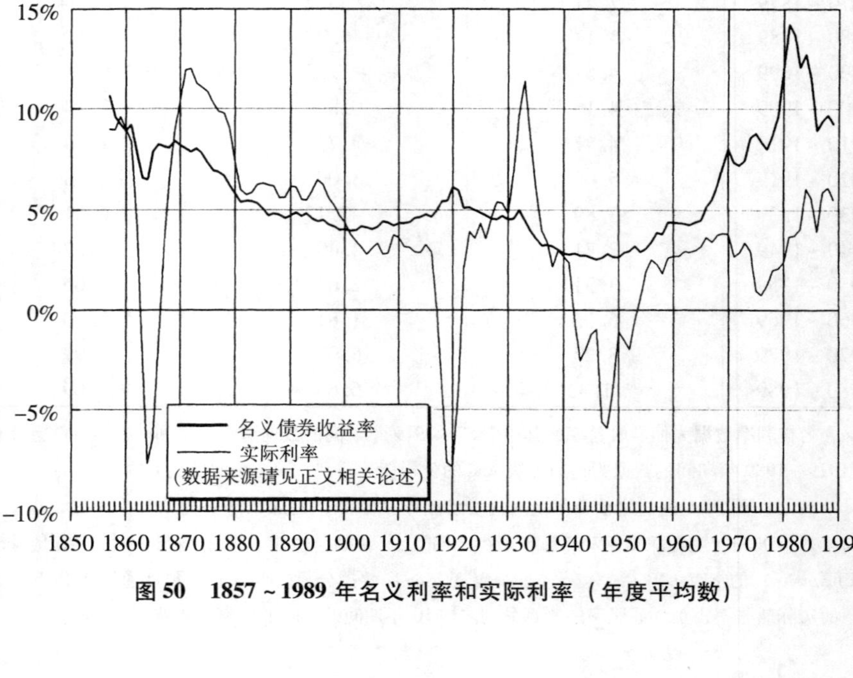

图 50　1857 ~ 1989 年名义利率和实际利率（年度平均数）

20 世纪 70 年代和 80 年代期间所发生的变化是，人们已经预计将出现顽固的持续通胀，而强化这种预期的是切断了从前美元和其他货币与黄金之间的关联性。随着通货膨胀率的上升，债券收益率和短期利率——慢半拍地——也紧随其后。而随着通货膨胀率的下降，市场利率和收益率——还是慢半拍地——也应声下降。在这种新的金融和经济环境中，货币未来价值方面的风险和不确定性大了许多。考虑买入 20 年期或者 30 年期债券的投资人十分清楚债券的当期市场收益率，但要预测其到期时的实际收益率，却要求对今后 20 年、30 年的平均通货膨胀率进行预测。这是一种非常不确定的预测，不仅取决于经济情况，而且还取决于甚至更多地取决于未来的政治形势。这种不确定性将这种美国历史上大部分时候一直都属于保守型投资的长期、利息固定型债券，转变成了一种高风险、具有相当投机性的投资。

在 20 世纪 70 年代和 80 年代期间，人们越来越普遍地理解了实际利率的概念，以及不确定的通胀环境中传统放贷和投资的风险，从而导致了利率、市场收益率和信贷工具在几个方面的影响。为了消弭增大了的风险和通胀的不确定性，贷款人和投资人要求取得看起来比较高的利率。借款人为了避免万一通胀率实际上低于预期的情况出现时自己被套进高成本的长期承诺，则越来越多地转向较短期融资。这些行为消除了 20 世纪 70 年代中期以后传统长期债券市场和固定利率型债券的相对重要性。

另一个影响是，人们更多地讨论并且实际上出现了通货膨胀指数化债券。英国政府从 1981 年开始，最大程度地应用了这种新发明，我们将在本书的下一章具体论述。美国政府在 1981 年考虑了发行通货膨胀指数化债券，但实际上并没有发行。从 1982 年开始，利率和债券收益率开始下降，从而抵消了推出这种新发明工具的部分压力。尽管如此，美国有少数几家金融机构还是在 20 世纪 80 年代发行了通货膨胀指数化工具。这些工具支付的是恒定的实际利率，外加消费价格指数（Consumer Price Index，CPI）中所计算的通货膨胀率。[注527]

除了收益率下降以外，通货膨胀指数化债券在后来一段时期内没有怎么在美国出风头。可变利率，也即浮动利率工具——贷款、本票和房地产抵押贷款——作为应对市场波动和通货膨胀的另一种方式出现了。这种工具的利率与其他关键利率联系在了一起，比如美国政府债券、本票和债券利率，或者欧元市场上类似美国联邦债券利率的伦敦同业拆借利率（London Inter－Bank Offered Rate，LIBOR）。从这种关键利率与通货膨胀率保持同步的程度来看，可变利率或者浮动利率融资与通胀指数化之间并没有多少差别。

有关公司债券平均收益率和指数的说明

类型和条件定义清晰的最佳债券通行市场收益率，在当代债券交易商和专业投资人眼里通常每天都在一个窄幅范围内波动。尽管如此，要想根据这些市场收益率长期以来的历史表现修建一条时间数据线，却不是一件简单的事。经济学家们有时会提出不可能的要求：要从每个10年期内条件和质量基本相同的工具中得出长期的收益率或者利率系列数据。要想实现某些形式的经济分析目的，要求的正是这样一种统一性。在现实生活中，这种统一性往往并不存在，即便是每年的统一性。

在本书一开始的时候，我们就十分明确地指出，所引用的各个不同时期和地区的利率数据所涉及的证券品种无法永远都是统一的。主要系列数据所提供的这种跨时代的可对比性，产生于对各个时代和地区仅仅是最受青睐信贷类型的利率进行的尝试性比较。在某个时期的最低可接受市场收益率被用来比较另一个时期的最低可接受市场收益率，其前提是，条件相似、价格没有因为外部事件而扭曲。这些“优惠利率”被当做具有可比性的限定数据。

弗雷德里克·R·麦考利做出了一个重要的尝试，即获得美国公司债券的平均收益率数据，不受构成平均数的债券品种平均质量变化的影响。他那调整后的1875~1937年高级铁路债券平均收益率[注528]引用在了本书描述19世纪的各个表中。然而，我们不能从表面层次去看待其目的。1860年的铁路债券不太可能具有1900~1925年期间几十种铁路债券所具有的质量。麦考利收集了从1857年以来所有主要铁路债券品种的月度价格和收益率数据，剔除了那些期限很短或者因为其他原因不适用的品种，并得出了一直到1937年的未经调整的平均数，作为一个收益率连锁指数。这些都是典型收益率数据，不是高级品种的收益率。接着，他通过研究较低和较高收益率的分布情况，得出了经过调整的平均数，来反映最佳质量债券的收益率水平。这种高度理论性的平均数在大部分时候都十分接近最佳铁路债券所要求的通行收益率，虽然有时该理论性平均数略微低于最低通行收益率。

戴维·杜兰德的《公司债券基本收益率》提供了从1900年到1958年——在此更新到了1975年——优质公司债券按照到期年数的收益率最佳指数。[注529]该指数依据的是一种完全不同于计算平均数的原理。各种期限的所有主要高级公司债券品种的市场收益率都在散布图中设定为每年两份数据。那些具有不符合条件特性的品种都被剔除出去，比如价格高于活期、存在偿债基金、具有可兑换性等。接着，一条手绘曲线就穿过了所有期限品种的最低收益率。这条曲线提供了每种期限中最受青睐品种的收益率指数。这种方法唯一不理想的时候，出现在期限范围内缺少优质债券品种时。然而，具有代表性的长期债券品种从来就没有缺过。必须认识到的是，在收益率大幅度飙升时期，低利息、高贴现品种的收益率通常低于高利息品种。杜兰德系列数据要引用的正是这些低收益率数据，因而对于 20 世纪 70 年代和 80 年代的高收益率环境不很理想。杜兰德的 30 年期公司债券基本收益率数据出现在第十七章的 1900 ~ 1945 年期间所有公司债券的表中，而全部系列数据显示在了本章的表 53 中。表 50 显示了 1945 ~ 1989 年期间穆迪评级 Aaa 的公司债券指数。它在重叠年份里与杜兰德的系列数据十分相似，尽管它并不是精确的 30 年期指数。从 20 世纪 50 年代以后，同类型的美国政府债券市场也按照期限提供了最佳收益率指数。这些每年 2 月份数据也体现在了表 53 中。

由于杜兰德的基本收益率仅仅计算了每年第一季度或 2 月份的数据，因而不能提供每月的波动情况。因此，在月度表中，通过插入麦考利经过调整的 1930 年之前数据，以及 1930 年以后评级为 Aaa 和 Aa 公用事业平均数的月度波动数据，2 月份基本收益率数据已经调整为月度波动数据。穆迪评级为 Aaa 的系列每月都提供数据。

计算债券收益率平均数的大部分努力都遇到了某些困难，主要表现为：

1. 未偿还债券品种数量的变化问题。比如，10 种最佳铁路债券的平均数在某个时刻代表的是适用活跃品种的 1/10，在另一个时刻可能代表所有适用活跃品种的一半，从而在相对质量方面出现了缺憾。

2. 具体品种进行平均时的质量标准问题。在 20 世纪 20 年代获得最高机构评级的几种铁路债券，被纳入在 20 世纪 30 年代违约的最高级债券的平均数中。大部分其他品种在没有违约的情况下丧失了地位。要想以足够的提前量——也即在债券进入恶化之前——剔除这些品种，以防止平均数本身丧失地位，显然是没有可能的。因此，在 20 世纪 30 年代初期的许多平均数都大大高于优质公司债券的真实通行市场收益率。

3. 期限问题。大部分平均数曾经包含各种期限的品种，仅仅剔除了真正短期的债券品种。在本世纪的早期阶段和 20 世纪 20 年代中期，也就是 15 年期和 40

年期债券之间，并没有多少或者完全不存在收益率差别的时候，这个问题并不是个障碍。然而，在1920年，也就是中期债券的售价达到了收益率远远高于长期品种时，平均数中出现的几个10~20年期品种就会将其收益率提高到超过长期债券真实通行收益率的水平。相反，当20世纪30年代的收益率曲线呈大幅度正曲线时，较短期品种的数据就抑制了平均收益率。在整个20世纪50年代，这个问题一直存在。后来，在高利率导致了收益率负曲线时，中期债券的平均数就夸大了波动性。然而，总体上说，在同类型的美国政府债券市场上，10~30年期品种的收益利差一般都不是很大。

4. 活期价格问题。在20世纪30年代和40年代的高位债券市场时期，有时大部分优质公司债券的售价达到了接近或者超过活期价格的水平。基于这些品种的平均数这时就会出现高于通行利率的收益率。

5. 报价数问题。许多老牌公司债券已经非常不活跃。有些平均数所采用的证券交易所的报价数据依据的是某种债券的单价，从而对真实市场水平的指示性很差。

6. 偿债型基金问题。在最近几十年的较低位债券市场时期，也就是债券市场包含了拥有大型偿债型基金、以大幅度贴现价格发售的一大批高质量工业品种的时候，工业债券收益率的平均数有时被抑制到远远低于投资人愿意接受的通行收益率的水平。不得不提供完全由工业债券构成的平均数的各个机构，发现很难不低估市场收益率水平。

7. 利息问题。高利息公司债券和政府债券常常产生远远高于类似的低利息债券的收益率，尤其是在价格低迷时期。

杜兰德的计算公司债券基本收益率指数的方法合理地解决了这些问题的大部分。从20世纪70年代开始，美国财政部和美联储的出版物公布了多个1~30年期政府债券的“恒定期限”收益率系列数据。这些数据的计算方法与杜兰德所采用的方法很相似。

从20世纪30年代开始，计算收益率指数的技术得到了改进。信用评级变得十分严苛，优质市场的品种具有大得多的统一性。在20世纪30年代和40年代较高位市场时期，活期价格成了主要问题，似乎导致了某些收益率平均数略微高于未受活期价格影响的债券的通行市场收益率。然而，这里的差异非常小。从20世纪40年代到70年代（杜兰德系列数据结束的时候），杜兰德系列数据和穆迪评级Aaa的公司债券系列数据如前所述，已经相当接近。

在 20 世纪 70 年代和 80 年代的高收益率时代，计算债券平均数的主要问题源自低利息债券和相似高利息品种之间巨大的收益率差异。事实上，在所有收益率数据中最敏感的，也就是新发行品种的收益率，几乎总是大大高于类似老牌品种的收益率。唯一彻底的解决办法是计算不同利息类型和不同期限类型的系列平均数。这种月度高级债券收益率平均数据——其中有些可以追溯到 1946 年——出现在所罗门兄弟公司的出版物《收益及收益利差分析记录》中。

第十九章
20 世纪的英国

A History of Interest Tates

政治和经济背景介绍

有一句老话，意思是：在法国，事物越是发生变化，越是保持不变；而在英国，事物越是保持不变，越是发生变化。英国在20世纪丧失了自己在金融稳定性和领导地位方面的大部分影响力。两次世界大战所产生的金融后果是其中的部分原因，而同样对此发挥了作用的是英国在第二次世界大战以后的几十年里几乎不惜血本地疯狂追求全面就业。尽管如此，它原来的领头羊地位还遗留了一些细微的迹象。英国的长期利率在20世纪70年代达到了峰值，远远早于在20世纪80年代初期达到峰值的其他工业大国。英国深受干预主义政策和令人质疑的全面就业政策的伤害，也是率先摈弃这些政策的国家之一。在金融领域承担创新性领袖地位的另一个迹象是，政府在1981年初推行了通货膨胀指数化债券，是对通货膨胀对利率所产生后果的一种正式、明确的承认。

我们希望，英国对传统的眷恋情结能够引导英国人民原谅我们按照我们的传统总是称呼他们的国家为英国，而不是更加全面准确的大不列颠及北爱尔兰联合王国。

政治与经济背景介绍

第一次和第二次世界大战主宰了英国在20世纪前60年的金融史。两次大战都要求以此前闻所未闻的规模调动金融资源。英国虽然在两次世界大战中都取得了胜利，却失去了在全世界的政治和金融霸主势力，但尽管如此还是保留了大量的金融资源和商业及政治势力。然而，在 20 世纪 60 年代和 70 年代，出现了极其不稳定的政治局势，以及一系列软弱或者少数党政府。大量的社会开支用于争取选民的支持，超出了生产的增幅。其结果是：资本的慌忙撤离、国家债务的大量增加、货币储备的损失、出口的减少、进口的增加、巨额国际举债、灾难性通货膨胀，以及前所未有的利率飙升。有时候，在许多人看来这种政治斗争的内部胜利似乎比民族的存亡还要重要。20 世纪 70 年代后期和 80 年代带来了比较保守的经济政策做法，或者说是新自由主义和货币主义的做法。20 世纪 80 年代的通货膨胀率跌到了 1965～1980 年期间的一半。

在 1960 年以前，英国的国家债务一直主要是战争债务。从 1945 年到 1960 年，国债的增幅很小，但 1960 年以后增长幅度却非常大，外加地方当局和上市公司的大量举债。如果将所有政府机构的债务加在一起，1965 年以后的公债总额几乎翻了一番，并于 1975 年达到了 610 亿英镑。在后来的 5 年内，公债几乎再次翻番，达到 1980 年的 1 170 亿英镑。公债总额的增长速度从那以后缓慢了下来，但还是在 1987 年达到了 2 050 亿英镑。正式的国家债务在 20 世纪的增长轨迹如下：

英国国家债务

年份	亿英镑
1900	6
1914	7
1920	79
1930	76
1939	83
1945	224
1960	280
1970	341
1975	455
1980	942
1987	1 913

迎接20世纪的是1899~1902年的布尔战争。该战争令债务上涨，但是没有产生多大的经济压力。20世纪第一个10年的特征是劳动力的调动和社会利率，比如退休养老金、健康与失业保险和所得说。1904年与法国签订的和平条约（Entente Cordiale）和与德国的海上竞争预示着下一个10年期间的灾难，但是这是个和平和繁荣的时期。英镑"跟黄金一样好"，是真正的国际货币。英国资本的积累和在英国国内寻找这种资本的有利出路方面的困难，导致了国外投资的增加，达到了国家财富的1/4以上。[注530]在1896年达到低点的物价呈不规则上升态势，但从1896年到1914年累计上涨幅度为40%。[注531]英国的繁荣仅仅受到微小的影响。在第一次世界大战前的18个月期间，利率几乎是稳步上涨，并在战争期间和战争结束后两年保持继续上涨（见图51）。

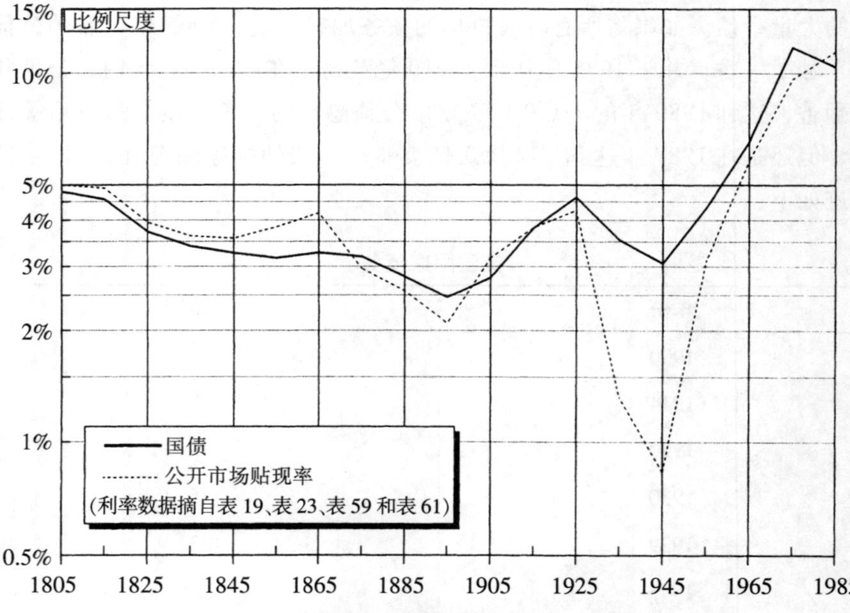

图51　19世纪和20世纪英国每10年平均数

1914~1918年的第一次世界大战令全世界的各个市场措手不及，导致了一股清算的浪潮。后来，战争成了被封锁在欧洲的轴心国（Central Powers）和全世界大部分其他国家之间的资源竞赛。必要的资源调动为政府干预经济事务创下了一个先例，从此提高了英国政府以及大部分其他国家政府的经济作用。虽然英国的赋税提高了3倍，战争费用中只有28%来自税收。国债上涨了11倍，银行存款增加了大约 450%。尽管因为战争导致了巨大的通胀，其中物价水平上涨了 130%，但是在美国信贷和严格控制手段的帮助下，英国有决心并且成功地保持了英镑的汇率合理地接近黄金价值。

第一次世界大战刚结束的时候，英国经济的发展轨迹与美国经济相似：1919 ~ 1920 年期间一次短暂而大幅度的繁荣和 1920 ~ 1921 年期间一次更大幅度的萧条，其间英国的失业率上升到了 10%。然而，在那以后英国的恢复速度却不如美国。国外市场已经失去，出口减少到了战前总额的 50%。[注532]世界范围的保护性关税阻碍了英国的贸易。英国政府在整个 20 世纪 20 年代都在奋力要将英镑恢复到战前的价值并保持这一水平。此举令国外市场的恢复困难重重。利率保持在接近战争时期的高水平。

1929 年美国股票市场的崩盘导致了伦敦交易市场的大幅度下滑，并在全世界范围内掀起了一股信贷清算潮流。在 20 世纪 20 年代为很大一部分世界贸易提供融资的美国资本此时再也得不到了。英国的物价从 1929 年到 1931 年下降了 24%。清算和深度萧条导致许多国家放弃了他们新近恢复的金本位制，从而对伦敦货币市场构成了压力。奥地利信贷银行（Austrian Creditanstalt）在 1931 年的破产引发了欧洲各地的金融危机。1931 年 9 月，英国放弃了金本位制，让英镑随着供求关系而波动。英镑与美元的汇率从 1∶4. 86 美元降到了 1∶3. 49 美元，跌幅将近 30%。到了 1932 年年末，共有 35 个国家放弃了金本位制，只有美国、法国、瑞士、荷兰和比利时还保持金本位制，组成了“金本位制国家集团”（gold block）。在后来的几年里，货币贬值成为普遍现象。美国在 1933 ~ 1934 年令美元贬值，英镑上升到了 1∶5美元。

英国放弃金本位制后不久，英国的货币政策就转了向。利率被迅速压低，政府采取了各种方法来鼓励生产和消费。通货膨胀的风险似乎非常遥远。然而，这些新政策的经济影响却被冲击了寻常和平时期经济形势的小规模战争的爆发和政治危机掩盖。1934 年德国对《凡尔赛条约》（Treaty of Versailles）的废止、1935 ~ 1936 年期间意大利与埃塞俄比亚的冲突、1936 ~ 1939 年的西班牙内战、1936 年莱茵兰的再占领，以及对爆发新世界大战的恐惧心理，造成了国际贸易、预算和经济再调整方面的混乱。在这些年期间，英国的贸易恢复了生机，但是繁荣和稳定性并没有得到恢复。全世界黄金储备的很大一部分都流向了美国。

1939 ~ 1945 年的第二次世界大战是真正称得上“全面战争”的第一场战争。交战各国在战争物资方面的预算开支预计为 11 540 亿美元。[注533]英国调动金融的力量也许超过了任何一个交战强国。这个国家在1944~1945年花费了其国民收入的54%。政府开支从1938~1939年期间的11.47亿英镑上升到了1944~1945年期间的61.9亿英镑。

1939年战争的爆发并不令人意外。各个市场早就对战争做好了准备，流通性非常强。1914年发生的金融恐慌没有再现。英国制订了经济调动的详细计划。英国彻底意识到，经济资源是决定战争结果的一个重要因素。消费实行了配给制，物价受到控制，出口和进口为了国家目的受到监管，国民的外国资产被调动起来。投资市场受到严格控制，利率不允许像第一次世界大战期间那样上涨。此时的英国不像1915~1917年期间那样为战争贷款支付4.5%~5%的利息，而是在打一场利息为3%的战争。从1939年到1946年，只要政府债券的市场收益率没有被冻结，市场往往就会下跌。

高额税收承担着政府总开支的48.5%，远远高于第一次世界大战时期的28.5%。[注534]国家债务增长了140亿英镑，即175%，而相比之下，第一次世界大战期间债务总额小得多，增幅为1 100%。尽管政府积极成功地将政府债券推销给了公众，通货膨胀并没有被避免，但在战争期间却被控制在一个合理的范围内。1939~1945年，本票的流通上涨了160%，银行储蓄增长了145%，批发价格上涨了74%。

英国大量调用其外国资产，为基本进口提供融资。它还失去了很重要一部分出口市场。海外“减少投资”总额为39亿英镑，战争结束时英国成了一个纯债务国。因此，它需要用比战前大得多的出口来平衡它的国际贸易。

第二次世界大战之后，金融恢复和取得国家偿债能力的努力，因为意识形态和政治观点方面的差异而变得更加复杂。有些战争时期的控制在工党的眼里是良好的政策，适用于和平时期的经济。补贴、配给制、物价控制、投资控制和利率水平，都成了政治话题，并且还添加了公众拥有重工业的问题。1946年，工党政府将利率压制到低于20世纪30年代的水平，以面值价格发售了利率为2.5%的长期债券。然而，很快就显现的是，公众更感兴趣的是花费自己在战争期间被迫储蓄起来的一部分资金，而不是用新储蓄资金来购买税前2.5%利息的债券。与此同时，政府需要用大量新发行的政府债券来为国家化工业融资，或者用来购买新近国家化的工业股票。工党改变了其低利率政策，而这种改变因为一系列收支危机而加速。冷战局面阻碍了国际问题的全面、合理解决，而英国比其他大部分国家都更加需要这种解决来实现自身的繁荣。大量美元信贷很快就用尽了。1949

年，在战争时期稳定在 1 英镑 4 美元的汇率，贬值到了 2.80 美元。因此，在 20 世纪的前 60 年期间，英镑损失了 42% 的美元价值。这一损失远远小于许多其他货币。1967 年，又一轮贬值使得英镑与美元的汇率跌到了 1∶2.40 美元。在 1972 年允许浮动之后，英镑进一步下跌，跌破了 1∶2 美元。

在 1949 年以后的那些年里，英镑保持在贬值后的水平，但仅仅是在经受住了黄金和美元储备的一系列新危机之后。尽管如此，大规模的国家债务得到稳定的清算。20 世纪 50 年代国家在政治上变得保守，而大部分战争期间的控制政策最终得到缓和或者放弃。货币市场回归到了正统轨道，并由此降低了经济的过度流通性。银行利率政策和其他信贷控制政策得到大力推行，以抵消商业的循环趋势并保持黄金储备。绝大部分流动债务得到了偿债基金。高债券收益率成了政府政策中的一个主观目标。

然而，这些保护英镑的传统做法并没有触及问题的本质。公众要求巨额社会开支，而与此同时英国工业的生产力在下降。1965 年以后，一场全世界范围的通货膨胀浪潮袭来，不久英国的形势就比其他工业国家更加严峻。公众完全无法就控制通货膨胀达成一致的理性策略。石油禁运更令危机雪上加霜。货币供给在以不可思议的速度减少，政府在国外大量举债。共同市场（Common Market）上的会员国身份并不能解决问题。然而，最后失控通胀造成的全面痛苦似乎营造了一个较好的政治氛围，政府宣布了减少消费、鼓励生产的步骤。在 20 世纪 80 年代，撒切尔夫人的保守党政府追寻的是类似美国里根政府的政策。

长期利率汇总

20 世纪英国长期利率的发展轨迹如图 52 所示，构成了一个 M 型，与美国长期利率的轨迹非常相似，但最后的飙升幅度大得多，达到了超过以往任何时候的高度——比如国债上升到了 18%。1896～1920 年，利率几乎是稳步上涨，然后 1920～1946 年非常不规则地下滑，1946～1974 年期间出现了几次周期性反复时的上涨，接着下跌到 20 世纪 80 年代末（在 1980～1981 年期间出现一次反复）。

图 52 包括了可以追溯到 1750 年的长期收益率汇总。很显然，20 世纪的形态与 18 世纪和 19 世纪很不相同。18 世纪的市场轨迹形成了一个 U 型：利率在该世纪上半叶期间几乎稳定下滑（图中没有显示），然后在该世纪下半叶非常曲折地

上行，但是没有恢复到早先的高点。19 世纪的形态是一个几乎稳定下滑的轨迹。从 1900 年的角度来看这段历史时，英国投资人完全可以合理地认为和平时期的债券收益率一般都下跌。但是，当 20 世纪前 90 年的轨迹添加到图中时，显著下跌的视觉感消失了。1971 年的高收益率大大超过了 1920 年和 18 世纪 90 年代；1935 年和 1946 年的低收益率高于 1896 年的低收益率。给人的感觉是幅度为 6% 到 2.25% 的 200 多年的摆动。然而，1960 年以后发生的事件再次大大改变了图的形态。收益率不仅突破了这一历史幅度范围，即高点为 6%，而且有几年达到了这个水平的两倍。1974 年以后，收益率下跌，但却在 20 世纪 90 年代开始时保持在远远高于该范围的水平。迄今为止，20 世纪英国优质长期收益率的长期趋势已经一目了然。

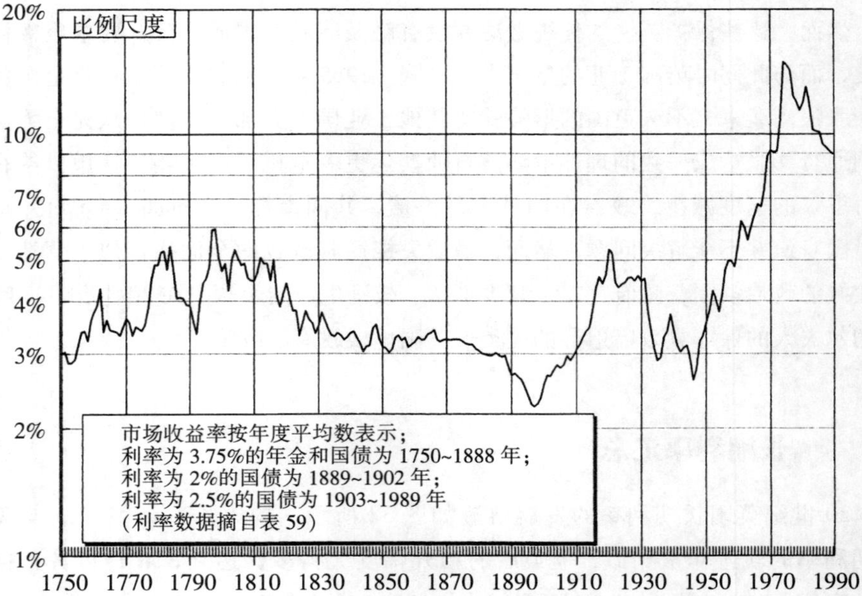

图 52　1750 ~ 1989 年英国长期政府债券收益率

有关英国政府债券的技术说明

20 世纪英国基金的收益率史已经不能再单独依据国债的收益率数据。在 18 世纪的相当一部分时候和 19 世纪的大部分时候，依赖某一个品种的收益率数据是可以的，因为当时国债构成了国家债务的很大一部分。然而，20 世纪的两次世界大战是通过各种不同债券品种来融资的，利率和期限条件各不相同。有些品种没有注明到期日，有些期限很长，有些为中等期限，有些则为短期。大部分债券都有赎回日期和更加遥远的到期日，永久性偿债基金型债务这种老概念已经被融资和再融资的概念取代。投资人追求的是一种丰厚的本金回报，担负着收入损失的风险，而政府转让了这种权利。这种变化的最显著案例是 1917 年发行的巨额 5s 战争贷款，到期日 1947 年，仅仅 12 年就可赎回，即 1929 年。可以早日兑现的优惠条件巧妙地弥补了财政部要求的高利率；1932 年，债券被再融资为永久性 3.5s 的战争贷款。

名义利率比较高的大部分此类债券多数时候获得的市场收益率高于 2.5s 国债。国债的市场收益率似乎是恒定的，其升值的可能性与较高价格品种的债券相比，可能性大。这一点在一个征收高额所得税而没有资本收益税的国家来说十分重要。然而，在 20 世纪 70 年代，当国债价格跌到 25 以下的时候，资本收益的古老美梦似乎破灭了，低息品种变得不受欢迎，有时国债的售价达到了收益率超过高息品种的水平。因此，1918 年以后的国债收益率不能看成是市场的典型数据，尽管通常情况下差异并不是很大。

在表 59 中，国债的价格和收益率都罗列了出来，以便体现连贯性。这些国债的收益率数据还增添了两个系列品种的收益率，体现了同期所有 30 年期以上政府债券截至每年 12 月 31 日的最低和最高利率收益率。这一组数据应当能够令人满意地描绘英国长期政府债券的收益率趋势和水平。有一种复杂情形涉及在 20 世纪 30 年代和 40 年代高债券市场期间溢价债券所产生的投机性收益率，而这种债券也许会在最早赎回日期兑现。收益率数据依据的是假设溢价品种将会尽早赎回。该表还提供了另一种计算方式：售价达到溢价水平的债券的最大当期收益率。如果利率上升并且这些品种没有赎回，那么这种收益率是有可能实现的。20 世纪 30 年代和 40 年代的这些较高当期收益率高出市场太多，因而无法当做投资人预计获得的长期债券通行利率。这些数据列入了表中，但没有包含在相应的图 53 中。

与美国债券收益率的比较

图 53 描绘了英国长期政府债券 12 月 31 日的收益率数据，并与美国优质公司债券的年度平均收益率进行了对比。与美国政府债券收益率数据对比固然可

取，但是，由于美国政府债券在1917年之前的流通优惠、1917~1941年期间的部分免税优惠，以及经常出现的缺少新发行债券品种的情形，我们无法获得几十年的可用系列数据。美国优质公司债券收益率系列数据具有相当程度的统一性，而且包含在系列数据中的债券品种质量都非常高。然而，美国公司债券收益率与其他国家政府债券的比较——我们在本书的这一部分中经常进行这种比较——必须直接按照对比结果来研判。如果美国的长期政府债券——很长——存在一种具有可比性的系列，那么它的平均数至少会略微低于这些美国公司债券的收益率，正如第二十八章中美国市场收益利差分析所显示的那样。

从广义上说，英国和美国的债券市场在20世纪都走出了相同的轨迹。英国债券的收益率在1896年开始上升，美国债券的收益率在1899年开始上升。两者都在1920年达到高点，都在1946年达到下一个低点，而且从1946年到1981年大部分时候都在上升，但是英国的峰值出现在1974年。因此，这两个国家都出现了一个持续到1920年的债券大熊市、1920~1946年的债券牛市，以及1946年后开始并一直持续到20世纪80年代的第二次程度大得多的债券熊市。虽然发生了国际金本位制的中断，虽然两个国家之间中断过平稳的国际投资活动，两国的债券收益率趋势通常都是朝着同一个方向发展。事实上，从长期的角度说，20世纪两者之间的关系比19世纪密切得多。

20世纪开始的时候，英国政府债券的收益率大大低于美国公司债券的收益率。1897年，英国国债的低收益率为2.21%，美国优质公司债券的收益率为3.25%，差距超过100个基点。到了1900年，由于英国国债的收益率大幅度上升而美国的收益率在原地踏步，差距缩小到了大约50个基点。这种差距有一部分保持了14年，但是在1915年却完全消失了。英国政府债券的收益率在1915~1932年的大部分时候平均超过了美国公司债券的收益率。从1932年到1936年，英国的收益率再次低于美国，但是1937年以后却高出许多，直到20世纪80年代呈现与美国收益率相似的水平。因此，差距呈现经常变化的态势。

表 59　20 世纪英国政府长期债券价格和收益率

年份	利率 2.5%的国债						30 年期或以上所有品种 12 月 31 日收益率范围		
	年度平均		年度高点		年度低点		低收益率（%）	高收益率（%）	溢价品种最高当期收益率（%）
	价格	收益率（%）	价格	收益率（%）	价格	收益率（%）			
1900	99. 625	2. 54	103. 25	2. 44	96. 75	2. 62	2. 57	2. 82	
1901	94. 1875	2. 67	97. 875	2. 57	91	2. 77	2. 67	2. 82	
1902	94. 5	2. 66	97. 875	2. 57	92. 125	2. 73	2. 69	2. 80	
1903	90. 9375	2. 75	93. 625	2. 68	86	2. 92	2. 84	2. 88	
1904	88. 375	2. 83	91. 25	2. 74	85	2. 94	2. 83	2. 92	
1905	89. 9375	2. 78	91. 8125	9. 73	87. 5	2. 86	2. 79	2. 91	
1906	88. 375	2. 83	91	2. 75	85. 5625	2. 92	2. 90	2. 98	
1907	84. 1875	2. 97	87. 375	2. 86	80. 75	3. 10	2. 97	3. 04	
1908	86. 25	2. 90	88. 375	2. 83	83. 3125	3. 00	2. 97	3. 04	
1909	83. 875	2. 98	86	2. 91	82. 0625	3. 05	3. 01	3. 08	
10 年平均		2. 79					2. 82	2. 93	
1910	81. 1875	3. 08	83. 25	3. 00	78. 375	3. 19	3. 15	3. 23	
1911	79. 375	3. 15	82. 1875	3. 05	76. 375	3. 27	3. 24	3. 38	
1912	76. 25	3. 28	79. 1875	3. 16	72. 5	3. 45	3. 32	3. 50	
1913	73. 75	3. 39	75. 625	3. 31	71	3. 52	3. 48	3. 67	
1914	72. 25	3. 46	77. 6875	3. 22	69. 25	3. 61	3. 65	3. 65	
1915	65. 5	3. 82	68. 75	3. 64	57	4. 38	4. 22	4. 58	
1916	58	4. 31	61. 75	4. 05	56. 75	4. 41	4. 52	5. 00	
1917	54. 5625	4. 58	56. 375	4. 43	50. 125	4. 99	4. 58	5. 00	
1918	56. 8125	4. 40	63. 25	3. 95	53. 5	4. 67	4. 23	4. 51	
1919	54. 125	4. 62	60	4. 17	49. 875	5. 01	4. 87	5. 49	
10 年平均		3. 81					3. 93	4. 20	

（续表）

年份	利率2.5%的国债						30年期或以上所有品种12月31日收益率范围		
	年度平均		年度高点		年度低点		低收益率（%）	高收益率（%）	溢价品种最高当期收益率（%）
	价格	收益率（%）	价格	收益率（%）	价格	收益率（%）			
1920	47	5.32	52	4.81	43.625	5.73	5.55	5.97	
1921	48	5.21	50.75	4.93	44.625	5.60	4.99	5.39	
1922	56.4375	4.43	60.25	4.15	49.625	5.04	4.48	4.75	
1923	58	4.31	60	4.17	54.625	4.58	4.49	4.66	
1924	56.9375	4.39	58.875	4.25	54.375	4.60	4.37	4.64	
1925	56.4375	4.43	58.375	4.28	54.25	4.61	4.55	4.87	
1926	54.9375	4.55	56.4375	4.43	53.5	4.67	4.62	4.76	
1927	54.8125	4.56	56.125	4.45	53.75	4.65	4.41	4.73	
1928	55.9375	4.47	56.9375	4.39	54.75	4.57	4.37	4.66	
1929	54.375	4.60	56.625	4.42	52	4.81	4.60	4.92	
10年平均		4.63					4.64	4.94	
1930	56	4.46	59.25	4.22	52.75	4.74	4.27	4.44	
1931	55.1875	4.53	60.875	4.11	49.5	5.05	4.57	5.07	
1932	66.5	3.76	78.5	3.18	54.375	4.60	3.37	3.62	3.77
1933	74	3.38	77.25	3.24	70.25	3.56	3.37	3.48	3.66
1934	81.1875	3.08	93.25	2.68	73.9375	3.38	2.72	3.02	3.40
1935	86.5	2.89	94.375	2.65	80	3.13	2.88	3.13	3.48
1936	85	2.94	87.25	2.87	82.25	3.04	2.96	3.17	3.54
1937	76.25	3.28	84.8125	2.95	73.125	3.42	3.37	3.43	3.64
1938	74	3.38	79.1875	3.16	64	3.91	3.56	3.62	
1939	67.25	3.72	71.125	3.51	61	4.10	3.65	3.77	3.87
10年平均		3.54					3.47	3.68	
1940	73.5	3.40	77	3.25	68.125	3.67	3.25	3.44	3.62

（续表）

年份	利率 2.5%的国债						30 年期或以上所有品种 12 月 31 日收益率范围		
	年度平均		年度高点		年度低点		低收益率（%）	高收益率（%）	溢价品种最高当期收益率（%）
	价格	收益率（%）	价格	收益率（%）	价格	收益率（%）			
1941	79. 875	3. 13	82. 875	3. 02	76. 75	3. 26	3. 03	3. 19	3. 58
1942	82. 5	3. 03	83. 625	2. 99	81	3. 09	3. 03	3. 18	3. 62
1943	80. 625	3. 10	83. 25	3. 00	78. 25	3. 19	3. 14	3. 23	3. 65
1944	79. 625	3. 14	82. 25	3. 04	78. 6875	3. 18	3. 07	3. 18	3. 62
1945	85. 625	2. 92	92. 8125	2. 69	91. 5625	3. 06	2. 74	2. 91	3. 62
1946	96. 1875	2. 60	99. 625	2. 51	81. 125	3. 08	2. 53	2. 67	3. 44
1947	90. 5	2. 76	99. 125	2. 52	80	3. 12	3. 00	3. 05	3. 69
1948	77. 875	3. 21	83. 1875	3. 01	74. 5	3. 36	3. 13	3. 19	3. 65
1949	75. 75	3. 30	81. 9375	3. 05	65. 125	3. 84	3. 56	3. 81	3. 94
10 年平均		3. 06					3. 05	3. 19	
1950	70. 375	3. 55	74. 6875	3. 35	68. 125	3. 67	3. 53	3. 73	3. 90
1951	66	3. 79	71. 5	3. 50	60. 125	4. 16	4. 06	4. 44	
1952	59. 125	4. 23	62	4. 03	55	4. 55	4. 27	4. 61	
1953	61. 25	4. 08	64. 25	3. 83	58. 375	4. 28	3. 89	4. 27	
1954	66. 5	3. 76	69. 75	3. 58	58. 375	4. 28	3. 81	4. 15	
1955	60	4. 17	66. 5	3. 76	54. 875	4. 56	4. 39	4. 50	
1956	52. 75	4. 74	56. 75	4. 41	49. 875	5. 01	4. 90	5. 08	
1957	50. 25	4. 98	55. 6875	4. 49	45	5. 56	5. 41	5. 62	
1958	50. 25	4. 98	52. 8125	4. 73	46. 75	5. 35	4. 89	5. 20	
1959	51. 875	4. 82	53. 625	4. 66	48. 625	5. 14	4. 99	5. 40	
10 年平均		4. 31					4. 41	4. 70	
1960	46. 375	5. 40	49. 75	5. 02	43. 875	5. 71	5. 68	6. 07	
1961	40. 375	6. 20	44. 0625	5. 70	36. 125	6. 92	6. 48	6. 83	

（续表）

年份	利率 2.5% 的国债						30 年期或以上所有品种 12 月 31 日收益率范围		
	年度平均		年度高点		年度低点		低收益率（%）	高收益率（%）	溢价品种最高当期收益率（%）
	价格	收益率（%）	价格	收益率（%）	价格	收益率（%）			
1962	41.375	5.98	45.75	5.46	37.9375	6.59	5.38	5.79	
1963	44.75	5.58	47.125	5.30	40.875	6.11	5.60	6.00	
1964	41.5	6.03	43.625	5.73	39.5	6.33	6.17	6.54	
1965	39	6.42	41.375	6.04	36.75	6.80	6.37	6.64	
1966	36.75	6.80	39.1875	6.38	34.25	7.30	6.59	6.93	
1967	37.375	6.69	39.875	6.27	34.375	7.27	6.93	7.26	
1968	33.5	7.39	35.8125	6.98	30.375	8.23	7.79	8.24	
1969	28.25	8.88	31.25	8.00	25.4375	9.83	8.36	8.36	
10 年平均		6.54					6.54	6.87	
1970	27.25	9.16	30.125	8.30	25	10.00	9.25	9.93	
1971	27.625	9.05	30.25	8.26	25.0625	9.97	7.65	8.66	
1972	27.5	9.11	30.8125	8.11	25	10.00	9.05	9.99	
1973	23.25	10.85	26.25	9.52	19.4375	12.96	11.06	12.45	
1974	16.75	14.95	20.4375	12.23	13.875	18.02	16.02	17.72	
1975	17.25	14.66	18.375	13.60	14.125	17.70	14.31	15.18	
1976	17.6	14.25	19.1	13.12	16.6	15.05	13.46	16.03	
1977	20.43	12.31	24	10.41	17.3	14.49	10.98	15.48	
1978	21	11.93	23.9	10.47	19.8	12.65	11.06	13.22	
1979	22.1	11.39	23.6	10.60	20	12.53	11.68	14.72	
10 年平均		11. 77					11.45	13.34	
1980	21.1	11.88	22.4	11.26	19.7	12.72	13.07	14.70	
1981	19.3	13.01	20.8	12.02	17.7	14.14	13.64	15.95	
1982	21.4	11.90	25.7	9.73	18	13.89	10.50	15.65	
1983	24.5	10.24	25.4	9.83	23	10.96	10.29	11.60	

（续表）

年份	利率 2.5%的国债						30 年期或以上所有品种 12 月 31 日收益率范围		
	年度平均		年度高点		年度低点		低收益率（%）	高收益率（%）	溢价品种最高当期收益率（%）
	价格	收益率（%）	价格	收益率（%）	价格	收益率（%）			
1984	24.7	10.16	25.5	9.82	23	10.89	10.23	11.67	
1985	24.8	10.11	25.6	9.87	93.9	10.46	10.22	11.06	
1986	26.4	9.47	28.9	8.54	24.1	10.36	8.76	10.80	
1987	26.8	9.31	28.3	8.80	24.6	9.82	8.82	10.09	
1988	27.4	9.12	27.8	8.93	26.6	9.33	9.12	9.60	
1989	27.8	8.97	29.2	8.56	26.6	9.42	9.15	9.88	
10 年平均		10.42					10.38	12.10	

资料来源：

英国中央统计局（Central Statistical Office），《年度统计摘要》（*Annual Abstract of Statistics*）和《金融统计》（*Financial Statistics*）。

沃伦和皮尔森，前文引用著述，第 273 页。

《银行家年鉴》（伦敦：Thomas Skinner & Co. 出版）。

《经济学家》。

《联合国统计年鉴》（*United Nations Statistical Year Book*）。

公司数据摘自 Pember & Boyle 和 Kitcat & Aitken。

英国政府长期债券收益率详史

在第一次世界大战爆发前的 16 年期间，英国债券的收益率大部分时候呈上升态势。到了 1907 年，国债收益率自 1888 年以来第一次超过 3%。这就表明和平时期的价格下跌 29%，即从 1897 年的高点到 1920 年的低点的总跌幅的将近一半。到了 1912 年，国债跌到了 72.5，收益率为 3.45%，这是自 1848 年以来从来没有被超越多少的收益率水平，并且远远高于 19 世纪 7 个 10 年期的平均数。从 1897 年到 1912 年的价格下跌是 1897～1920 年期间总跌幅的将近 60%，其原因常常主要归咎于战争。

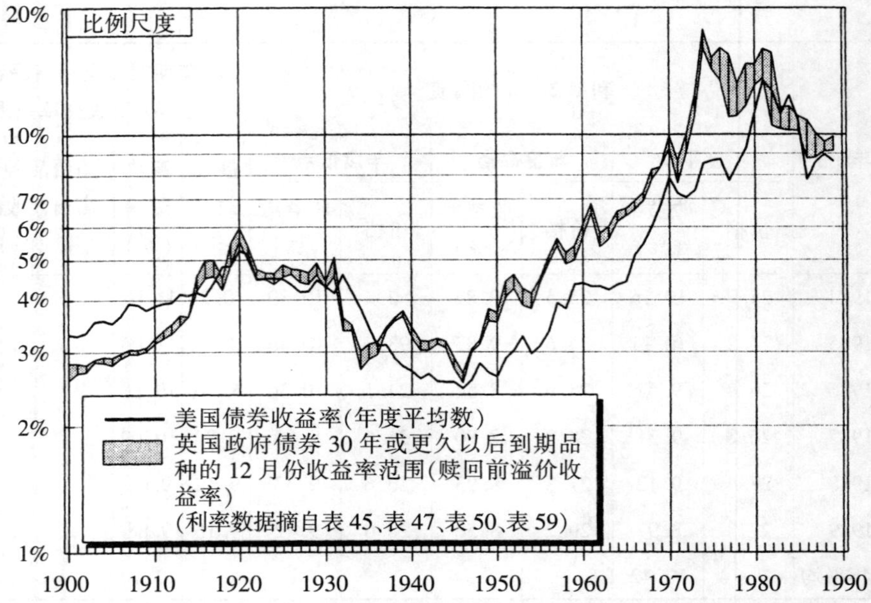

图 53　1900～1989 年英国长期政府债券和美国 30 年期优质公司债券收益率

第一次世界大战的第一年只是造成了中等程度的物价水平的进一步下滑，但是在 1915 年，以及 1917 年，市场陡然跳水。战争融资在 1914 年为 3. 96%，1915 年为 4. 50%，1917 年为 5. 33%。在经过了 1918 年可观的反弹之后，英国债券于 1919 年和 1920 年再次下跌，当时国债达到了 43. 625 的低点，收益率为 5. 73%，而其他品种的售价达到了 6% 或更高的收益率。

从 1897 年的高点坠入 1920 年低点的国债价格下跌幅度为 70. 25 点，即 62%。这是截至 1961 年国债历史上的最大价格跌幅——1961 年国债价格达到了新低。然而，1920 年的收益率远远低于 6. 35% 的历史最高水平（截至 1961 年），那是利率为 3% 的老国债于 1798 年跌到 47. 25 点时实现的。1920 年，短期利率也达到了 1961 年之前该世纪的最高点。银行利率范围在 6% ~7%，公开市场的贴现率平均为 6. 38%。

在 20 世纪 20 年代的整整 10 年期间，英国的一个显著标志是为通过恢复英镑至战前价值、重振金融威望而长期努力。尽管出现了物价的稳定或下跌，以及大量未使用的资源，利率还是在高位上维持了 10 年以上的时间。在该 10 年期间，银行利率平均为 4. 82%，是自拿破仑战争以来的最高 10 年平均数。国债平均为 4. 63%，是自 1820 年以来最高 10 年平均数。20 世纪 20 年代的这个 10 年事实上创造了和平时期独一无二的高利率纪录，虽然其高利率在 1961 年以后被大大超过。这是一个失业与社会动乱的 10 年期。战争债务和赔款扭曲了商业的流动，而美国信贷也只是推迟了静思反省的时间。

1922 年，国债从其 1920 年的极端低点收回了大约 10 个点。1923 年，它进一步小幅上扬，接着一直下跌到 1929 年。相对短期的巨额 5s 战争贷款把市场压了下来。1921 年以后新发行的长期政府融资为 4. 71% ~5. 00%。英国下大力气通过高利率的手段吸引国际资金进入英国，但是在国际动乱和美国股票投机的形势下，这一努力没有如愿以偿。

1931 ~1932 年的危机首先导致的是利率上升，接着是所有利率跳水至低点。这一困境主要来自外国。英国在 20 世纪 20 年代几乎没有经历过繁荣阶段。美国股票市场的崩盘、美国和欧洲的银行倒闭潮、流通性的急流和对外收支平衡的清算，所有这一切都对新近自由兑换的英镑产生了难以抵御的压力。1931 年，银行利率从 2. 5% 被推到了 6%，国债跌了 10 个点，达到 49. 5，收益率 5. 05%——仍然远远超过 1920 年的低价格水平。

1931 年年底，英镑从金本位制解脱出来，货币政策转向。1932 年，银行利率被压至到 2% 的传统低点。除了 1939 年的短暂回升外，这个利率一直保持了 18 年。在 1931 ~1932 年期间，公开市场贴现率从 5. 88% 下跌到 0. 68%，并维持在低位。利率为 2. 5% 的国债在几个月的时间里从 49. 5、收益率 5. 05%，上升到 78. 5、收益率 3. 18%——这是自 1912 年以来的高价，价格涨幅达到 58%。1932 年，利率为 5% 的巨额战争贷款被赎回，成功地以 99 的价格兑换成 3. 5s 战争贷款，收益率 3. 54%。新贷款要到 1952 年才能赎回，而按照古老传统，除非政府选择赎回，否则它就是永久债务。

英国再次进入举债还债时期。长期债券的收益率没有跌到 19 世纪后期的低点，但是短期利率跌到了新低。然而，此时的经济和政治环境不幸地不同于 19 世纪的举债还债时期的那几十年。国内有失业和萧条问题；国外有一步步逼近的战争。

在整个 20 世纪 20 年代，英国债券的收益率走出了一条与美国债券收益率十分相似的轨迹。两者从 1931 年一直到 1939 年分道扬镳，而在那以后有一段时间再次与美国债券收益率趋势并驾齐驱。在美国，收益率在 1932 年上升，然后几乎是稳定下跌，直到 1946 年。在英国，收益率比美国早一年，也就是 1931 年开始下跌，于 1935 年达到低点，上升到 1939 年，然后回归跌势，于 1946 年达到阶段性低点。

到了 1935 年，英国国债上升到了 94. 375 的价格，收益率为 2. 65%。这个价位从1902年起一直没有达到过。到了1939年第二次世界大战爆发，英国国债已经下跌到61，收益率4.10%。这基本上就是第一次世界大战第一年期间的低价位。

不久，银行利率固定在2%，公开市场贴现率保持在1%左右。很显然这不会是又一场利率为5%的战争。政府债券的发售价格为一贯的3%，而即便是这种债券也是在相对很短的几年内赎回。1941年，长期债券在市场上恢复到了3.03%~3.09%的收益率范围，并一直保持到1945年。

1945~1946年，英国的债券市场跟美国一样，以最后一次大幅度向上飙升来庆祝和平的到来。美国的市场达到了新的价格高点，而在英国，距离19世纪的高点还差14个点。在美国，这一股最后的向上浪潮似乎是市场乐观态度的一部分自然表达。在英国，这种上升依据的是工党政府一个新的官方政策，是通过各种货币工具来实施的。然而，上扬的债券价格并没有达到英国投资人或投机人的想象程度。国债从1945年81.5的价格、收益率3.06%，强行上升到1946年的高点99.625、收益率2.51%。自1900年以来，价格从来没有达到过面值水平，而在1946年也没有完全实现。政府发行了利率为2.5%、未注明到期日的新财政债券，即“多尔顿债券”（Daltons），发售价格为100。该债券据说比可赎回国债更好，因为它在1975年前无法赎回。

1946年，英国债券市场开始了一次漫长的颓势，除了期间偶尔的周期性反弹外，一直持续到了1974年。英国货币政策在1952年之前一直维持着非常低的短期利率，企图支撑债券市场。但是，长期投资人并不理会政府债券。他们怀念拿破仑战争以后享受过的潜在资本收益，怀念第一次世界大战以后享受过的高收益率。1974年，国债跌回到了80。1948年，国债价格跌到了74.5，收益率为3.36%。1949年，英镑贬值，国债价格跌到65.125，收益率为3.84%。1950年，市场表现略有改善。然而，1951年，国债跌到了60.125，收益率为4.16%。

1952年，货币市场回归正统。作为正式打击通货膨胀、保护货币储备的一部分，短期利率在21年以来第一次人为提高。银行利率从2%拉升到4%，政府发行了利率为4.25%的新债券，收益率达到4.31%。国债价格跌到了55，收益率4.55%。市场再次迈入了高收益率范围，与20世纪20年代的范围相似，超过了1820年以来任何一个长期的收益率范围。这些都证明是后来3年里的低价格、高收益率水平。1953年和1954年出现了一个短暂的举债还债比较容易的阶段，从时间上恰逢美国出现的一次小规模商业衰退和举债还债阶段。国债价格从55上升到了69.75，上升幅度超过25%。

1955 年，利率再次上扬，债券市场迅速跌到了战后的新低。苏伊士运河危机爆发了，而 1957 年出现了一次危险的英镑挤兑。政府政策此时转了一个 180 度的大弯，准备运用每一种传统货币政策工具来压制通货膨胀、恢复外国信心。黄金储备通过巨额外国信贷得到巩固，1957 年的银行利率自 1920 年以来第一次上升到了 7% 的危机利率水平。公开市场的贴现率上升到了 6. 81%。1958 年，政府以贴现价格发售了利率为 5. 25% 和 5. 5% 的债券。国债价格在 1957 年下跌到了 45，收益率为 5. 56%。价格几乎跌到了但没有完全达到 1920 年实现的 43. 625 的早期低点。对英镑的信心得到了恢复，储备量上升了。

1958 年又出现了一次短暂萧条，与往常一样导致了利率的下跌。国债价格在 1959 年达到了 53. 625 的高点，收益率为 4. 66%，与 1957 年的低点相比上升了 19%。

1959 年，随着保守党在一次民意测验中占了上风之后，是商业的强劲复苏和银行信贷的大规模扩张。当局采取了措施来抵御通货膨胀的卷土重来，不再顾及是否收支平衡。银行利率提高到 1960 年的 6%、1961 年的 7%。长期债券的收益率通过大规模融资被人为提高。国债价格在 1961 年跌到了 36. 25 的历史新低，收益率为 6. 90%。此后，价格回升 25%，达到 45，收益率为 5. 55%。

1964 年，短期利率开始大幅度上升，银行利率从 4% 上涨到了 7%。然而，国债价格只是温和下跌。1965 年，短期利率的上涨在继续，但是国债价格还仅仅是温和下跌。这些年仅是全世界范围内重大经济不稳定和通货膨胀阶段的开始。对美元的信心开始动摇。美国的一次大繁荣已经开始，将对世界各地产生致命的影响，对美元和英镑的国际地位产生了巨大的压力，在 20 世纪 70 年代导致了货币贬值和浮动货币。伦敦的短期利率从 1965 年开始几乎稳步上升到了 1974 年的高点。银行利率从 7% 上涨到 13% 的高点，票据利率从 7% 达到 15. 5% 的高位。

在长期市场上，虽然国债价格在 1966 年达到了新低，但是收益率的大幅度上涨直到 1968 年才开始。国债价格从 1967 年的 40 左右，收益率 6. 25%，跌到了 1974 年的 14 上下，收益率 18%。财政部发行了长期债券，利息为 13. 25%。人们对英国总体经济的可行性产生了疑虑，更严重的是对其政治结构产生了怀疑。通货膨胀率已经失控，有时超过了 30%。英国收益率的这次上涨大大超过了美国和所有主要工业国家的收益率上升幅度。从 1964 年到 1974 年，英国国债的价格从 43. 625 下跌到 13. 875，即大约 66% 的跌幅。在此期间，收益率几乎上涨了 3 倍。

1974 年以后，英国的长期收益率与其早期历史阶段和其他大国的同期长期收益率相比，都保持在高位。但是，跟这些其他国家的收益率不同的是——他们的收益率在20世纪80年代初上升到了历史新高——英国维持了1974年的峰值。英国的长期收益率温和下跌，直到1978年、1979年，然后又温和上升直到1981年。但是，1981年的峰值收益率远远低于1974年的水平。英国国债在1981年的低价格水平上收益率大约为14%，相比之下1974年的收益率为18%；1981年，其他长期品种的收益率低于16%，而不是1974年接近18%的水平。从这个意义上说，英国早于其他国家转向了较低收益率。1981年以后，英国的长期收益率总体上走出了与美国和其他国家在20世纪80年代的收益率相同的下跌轨迹。

下表罗列了20世纪每10年期间英国长期政府债券的名义收益率高点和低点。名义收益率的峰值出现在1977年——利率为15.5%的财政部贷款在1998年到期。当人们结合（如前所述）20世纪70年代和80年代英国国家债务的增长速度来考虑英国长期收益率的上升幅度时，很显然政府面临巨大压力，要降低其融资成本。短期市场在削减这种成本方面提供的机会十分有限，因为英国短期利率（见本章下一节）在这些年里总体上与长期利率一样高，或者更高。

1900～1989年英国主要长期政府债券名义收益率范围

10年期	低息（%）	高息（%）
1900～1909年	2.75	2.75
1910～1919年	3.5	5
1920～1929年	3.5	5
1930～1939年	2.5	4.5
1940～1949年	2.5	3
1950～1959年	3	5.5
1960～1969年	5	8.75
1970～1979年	7.75	15.5
1980～1989年	8	14

资料来源：本书第二版，表58，英国国家统计局补充数据摘自《统计摘要》和伦敦《泰晤士报》。

英国政府正是在这种金融方面绝望的形势下，于1981年大规模推出了通货膨胀指数化债券。[注535]这是一种相当重要的金融创新，虽然它没有能够吸引金融形势不像英国那么严峻的其他发达国家。这些债券提供固定的实际利率，并按照通货膨胀率来逐年提高本金价值（以及最终的赎回价值）。起初，发行时的实际收益率低于3%，虽然在20世纪80年代中期和后期随着其他国家一起上升到了

3% ~4% 的范围。通货膨胀率是根据英国的零售价格指数变化来衡量的，债券的价值与该指数挂上了钩。于是，这种债券常常被称做“与指数挂钩金边债券”（index - linked gilts），其中 gilts 是“金边债券”（gilt - edged bonds）的缩写，即英国人对其固定利息政府债券的称谓。

英国政府在发行通胀指数化债券后获得的优势有时非常可观。在 20 世纪 80 年代中期，它可以以大约 3% 的实际利率通过指数化金边债券来举债。当时的通货膨胀率大约为 5%，因此融资成本大约为 8%，而相比之下新发行的非指数化金边债券的收益率为 12% ~13%。对于购买这种债券的投资人来说，其优势当然是消除了意料之外的通货膨胀而造成实际收益损失的风险，20 世纪世界各地众多投资已发生了这种风险。

表 60 提供了 20 世纪 80 年代几个指数化金边债券的年度高价和低价范围，以及实际收益率的大约范围。这些债券的市场价值稳步上升，与最近几十年高通胀率下传统型非指数化固定收益率债券的价格形成了鲜明的对比。实际收益率也发生波动，但是波动范围远远不如传统型债券的名义收益率。英国的创新推荐价值很高，而形势的发展是否会导致这种创新在更大的范围内被接受，还有待观察。

表 60 1981 ~1989 年具有代表性的英国指数化政府债券的价格和实际收益率

年份	1996 年的 2s			2006 年的 2s			2011 年的 2.5s		
	价格范围		实际收益率范围（%）	价格范围		实际收益率范围（%）	价格范围		实际收益率范围（%）
	高	低		高	低		高	低	
1981	100.75	90.5	2 ~2.8	92.5	86.375	2.6 ~2.7			
1982	108	93	2 ~2.3	104.25	88	2.2 ~3.0	106.5	90	2.6 ~3.0
1983	111.75	99.375	2.5 ~3.5	107.25	94.75	2.4 ~3.2	109.5	97	2.5 ~3.1
1984	111.5	98.75	3.6 ~4.2	104.25	90.25	3.2 ~3.5	106.75	91.75	3.1 ~3.5
1985	114.5	108	3.7 ~4.3	107	99	3.3 ~3.9	108.5	100.75	3.2 ~3.7
1986	122	108.75	3.8 ~4.2	110.5	96.75	3.8 ~3.9	111.5	97	3.6 ~3.7
1987	130.375	117.875	3.1 ~3.9	113	94.75	3.3 ~4.1	113.5	93.125	3.2 ~4.0
1988	142	127.625	2.9 ~3.4	120.875	110	3.7 ~3.8	118	99.625	3.7 ~3.8
1989	155.375	139.125	n. a.	131.5	117.625	n. a.	128	114.5	n. a.

资料来源：伦敦《泰晤士报》。实际收益率范围依据的是每年每季度开始时的收益率数据，因而只是个大约数。

短期利率

英国的短期利率在这里仅仅通过大量短期信贷中的两种形式的利率来表现。表 61 和图 54 包含了银行利率和公开市场的贴现率，用年度平均数和极端波动数来体现。公开市场利率是指 3 个月期银行票据利率或 3 个月期银行承兑利率，采用这些利率数的原因是其两个世纪期间的长期持续性，而不是因为他们如今比其他短期利率类型更能代表伦敦货币市场。其他短期货币市场的重要利率数为财政部票据利率和活期利率。公开市场贴现率和 3 个月期财政部票据利率往往比较相似，而活期贷款利率往往低于这两种利率。

图 54 和表 61 表明，短期利率在 20 世纪前 90 年期间的走势多少有点不同于长期政府债券的收益率。主要的差别在于，20 世纪 30 年代和 40 年代的短期低利率平均大大低于早先的举债还债阶段的短期利率，而 20 世纪 30 年代和 40 年代的长期债券低收益率则高于早先的债券低收益率水平。公开市场利率的年度平均数在 19 世纪只有 2 年期间跌至 1% 以下；在 20 世纪，平均低于 1% 的时候有 13 年。20 世纪 30 年代和 40 年代的每 10 年平均数大大低于任何一个早先的 10 年期平均数。另一个重大差别是，英国的短期利率峰值出现在 1980 年，比长期利率峰值晚 6 年。此外，在 20 世纪 80 年代，短期利率保持在大大超过 1970 年以前的水平，而长期利率则失去了其 1970 年以后的大部分升幅。

图 51 中所示的短期利率每 10 年平均数在 20 世纪的前 30 年呈上升趋势，但是其上升的幅度不如长期利率。20 世纪 20 年代债券高收益率的 10 年期不如短期高利率显著。在 20 世纪 30 年代和 40 年代，短期利率在大部分时候大大低于任何一个早先的 10 年期。在 20 世纪 50 年代，在所有利率都上涨的时候，短期利率平均低于其早先高利率时期的水平，但是长期利率则接近其最高水平，并且事实上在 1961 年上升到了新高点。从那以后，短期利率保持基本稳定，直到 1964 年，然后在仅有的极少数反弹的情况下几乎稳定上升至 1981 年。20 世纪 70 年代和 80 年代的水平大大高于英国短期利率的任何一个早先的峰值。

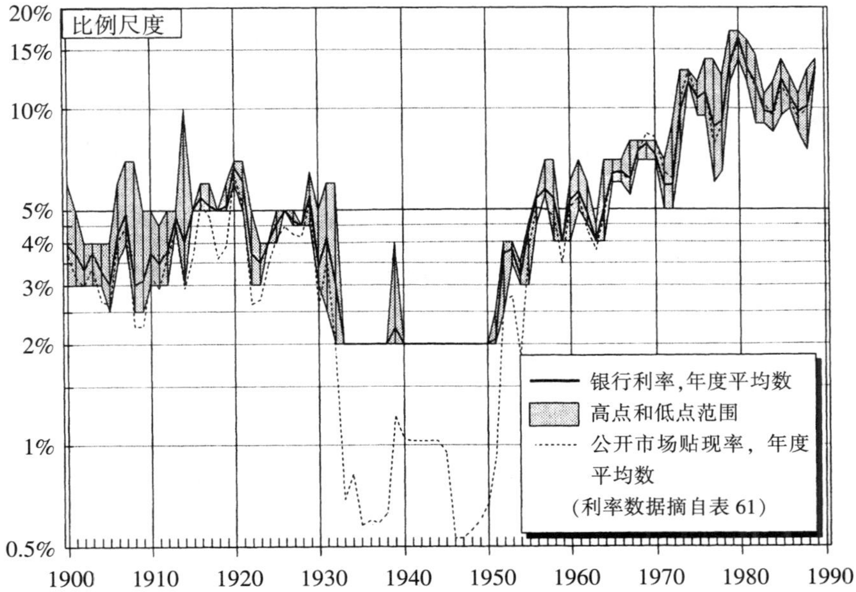

图 54　1900～1989 年英国短期利率

短期利率与长期利率的比较

表 61 还提供了英国长期政府债券最高收益率与公开市场贴现率年度平均数之间的差别。该表数据反映了短期利率与长期政府债券收益率之间本质上非常混乱的关系。

表 61　20 世纪英国短期利率

年份	银行利率（%）			公开市场贴现率（%）			长期政府债券最高收益率与公开市场贴现率之差（基点）
	平均	低	高	平均	低	高	
1900	3.94	3	6	3.70	2.61	4.03	-88
1901	3.72	3	5	3.17	2.32	4.15	-35
1902	3.33	3	4	2.97	2.49	3.90	-17
1903	3.75	3	4	3.40	2.42	4.00	-52

（续表）

年份	银行利率（%）			公开市场贴现率（%）			长期政府债券最高收益率与公开市场贴现率之差（基点）
	平均	低	高	平均	低	高	
1904	3.30	3	4	2.68	2.05	3.25	+24
1905	3.01	2.5	4	2.63	1.75	3.98	+28
1906	4.27	3.5	6	4.04	3.15	5.85	-106
1907	4.88	4	7	4.46	3.26	6.45	-142
1908	3.00	2.5	7	2.26	1.28	4.19	+78
1909	3.10	2.5	5	2.26	1.36	4.23	+82
10年平均	3.63			3.16			-23
1910	3.72	3	5	3.18	2.07	4.42	+5
1911	3.47	3	4.5	2.92	2.03	3.80	+46
1912	3.78	3	5	3.63	2.86	4.85	-13
1913	4.77	4.5	5	4.37	3.71	4.91	-70
1914	4.03	3	10	2.93	2.00	5.21	+72
1915	5.00	5	5	3.64	1.38	5.19	+94
1916	5.47	5	6	5.20	4.56	5.58	-20
1917	5.15	5	6	4.77	4.60	5.11	+23
1918	5.00	5	5	3.58	3.49	4.01	+93
1919	5.15	5	6	3.95	3.21	5.80	+154
10年平均	4.55			3.82			+38
1920	6.71	6	7	6.38	5.58	6.77	-41
1921	6.10	5	7	5.19	3.56	6.70	+20
1922	3.71	3	5	2.63	1.89	3.58	+212
1923	3.49	3	4	2.71	1.99	3.31	+195
1924	4.00	4	4	3.44	3.01	3.79	+120
1925	4.56	4	5	4.14	3.58	4.77	+73

（续表）

年份	银行利率（%）			公开市场贴现率（%）			长期政府债券最高收益率与公开市场贴现率之差（基点）
	平均	低	高	平均	低	高	
1926	5.00	5	5	4.46	4.25	4.76	+30
1927	4.65	4.5	5	4.24	3.88	4.32	+49
1928	4.50	4.5	4.5	4.16	3.82	4.39	+50
1929	5.49	4.5	6.5	5.26	4.32	6.15	-34
10 年平均	4.82			4.26			+68
1930	3.41	3	5	2.56	2.07	4.06	+188
1931	4.13	2.5	6	3.61	2.11	5.88	+146
1932	3.01	2	6	1.87	0.68	5.56	+175
1933	2.00	2	2	0.69	0.42	1.16	+279
1934	2.00	2	2	0.82	0.47	1.01	+220
1935	2.00	2	2	0.58	0.36	0.74	+255
1936	2.00	2	2	0.60	0.55	0.87	+257
1937	2.00	2	2	0.59	0.55	0.74	+284
1938	2.00	2	2	0.63	0.53	0.99	+299
1939	2.24	2	4	1.22	0.55	3.48	+255
10 年平均	2.48			1.32			+236
1940	2.00	2	2	1.04	1.03	1.09	+240
1941	2.00	2	2	1.03	1.03	1.03	+216
1942	2.00	2	2	1.03	1.03	1.03	+215
1943	2.00	2	2	1.03	1.03	1.03	+220
1944	2.00	2	2	1.03	1.03	1.03	+215
1945	2.00	2	2	0.95	0.53	1.03	+196
1946	2.00	2	2	0.53	0.53	0.53	+214
1947	2.00	2	2	0.53	0.53	0.53	+252

（续表）

年份	银行利率（%）			公开市场贴现率（%）			长期政府债券最高收益率与公开市场贴现率之差（基点）
	平均	低	高	平均	低	高	
1948	2.00	2	2	0.56	0.54	0.56	+263
1949	2.00	2	2	0.60	0.56	0.62	+321
10年平均	2.00			0.83			+235
1950	2.00	2	2	0.67	0.62	0.69	+306
1951	2.07	2	2.5	0.92	0.69	1.50	+352
1952	3.71	2.5	4	2.70	1.50	3.00	+191
1953	3.81	3.5	4	2.78	2.19	3.00	+149
1954	3.18	3	3.5	1.84	1.60	2.19	+231
1955	4.31	3	4.5	3.75	2.02	4.22	+75
1956	5.37	4.5	5.5	5.05	4.22	5.34	+3
1957	5.71	5.5	7	4.98	4.04	6.81	+64
1958	5.37	4	7	4.75	3.34	6.51	+45
1959	4.00	4	4	3.49	3.28	3.72	+191
10年平均	3.95			3.09			+161
1960	5.29	4	6	5.05	4.14	5.76	+102
1961	5.65	5	7	5.44	4.35	6.91	+139
1962	4.85	4.5	6	4.31	3.81	5.69	+148
1963	4.00	4	4.5	3.79	3.56	3.91	+221
1964	5.05	4	7	4.77	3.87	6.81	+177
1965	6.40	6	7	6.37	5.87	6.81	+27
1966	6.47	6	7	6.41	5.87	6.97	+52
1967	6.15	5.5	8	6.02	5.31	7.75	+124
1968	7.46	7	8	7.38	6.94	7.75	+86
1969	7.84	7	8	8.41	7.25	8.75	-5

（续表）

年份	银行利率（%）			公开市场贴现率（%）			长期政府债券最高收益率与公开市场贴现率之差（基点）
	平均	低	高	平均	低	高	
10 年平均	5.92			5.80			+99.3
1970	7.25	7	8	8.19	8.00	8.75	+174
1971	5.91	5	7	6.44	4.34	8.00	+222
1972	5.91	5	9	6.18	4.36	8.75	+381
1973	9.86	7.5	13	10.49	7.69	14.13	+196
1974	11.94	12	13	13.04	11.79	15.56	+468
1975	10.75	9.5	12	10.61	9.44	12.44	+457
1976	11.12	9.5	14	11.23	8.50	14.78	+480
1977	8.83	6	14	7.79	4.53	13.52	+769
1978	9.13	6.5	12.5	8.98	5.98	12.50	+424
1979	13.74	12	17	13.45	11.16	16.88	+127
10 年平均	9.44			9.64			+369.8
1980	16.27	14	17	15 84	13.63	17.78	−114
1981	13.28	12	16	13.17	11.47	15.94	+228
1982	11.87	9	14.5	11.52	8.56	14.69	+413
1983	9.81	9	11	10.35	8.88	11.03	+125
1984	9.69	8.5	12	9.39	8.38	11.63	+228
1985	12.22	9.5	14	11.71	9.56	13.56	−65
1986	10.88	10	12.5	10.50	9.28	12.75	+30
1987	9.75	8.5	11	9.36	8.22	10.75	+73
1988	10.12	7.5	13	9.94	7.34	12.69	−34
1989	13.23	13	14	12 78	12.38	13.69	−240
10 年平均	11.71			11.46			+64.4

资料来源：

英国国家统计局《年度统计摘要》和《金融统计摘要》。

尤金·A·伯恩鲍姆（Eugene A. Birnbaum）的一份未发表的报告，国际货币基金组织（International Monetary Fund），1958 年。

国际货币基金组织《国际金融统计》（*International Financial Statistics*）。

《美联储公告》。

英国银行《季度公告》（*Quarterly Bulletin*）。

图51所示的每10年平均数描绘了长期以来短期和长期利率的趋势。它表明，短期利率的平均数从1800年一直到19世纪60年代都高于英国国债的收益率；在19世纪后期的举债还债时期平均低于国债的收益率；在20世纪早期平均高于国债的收益率；在20世纪20年代低于国债的收益率；而在20世纪30年代和40年代大大低于国债的收益率。在20世纪50年代和60年代，差距趋向于缩小，但是短期利率的确回到了高于长期利率的平均数，直至20世纪80年代。从1988年到1992年，英国在欧洲货币体系（European Monetary System）中捍卫英镑之战的悲惨结局造成了其短期利率平均数大大高于长期利率（见第二十九章）。

第二十章

20 世纪的欧洲：法国、荷兰、比利时、德国、意大利

A History of Interest Rates

本章要讨论的，是在 1957 年与小国卢森堡一起组成了欧洲经济共同体（European Economic Community）——也叫共同市场的 5 个欧洲国家的 20 世纪利率史。这些国家构成了欧洲共同体的核心，在 1992 年计划着几乎完全彻底的经济融合。英国于 1973 年加入了欧洲共同体，丹麦和爱尔兰也在 1973 年加入，接着是希腊在 1981 年、西班牙和葡萄牙在 1986 年加入。除了希腊以外，后来加入欧洲共同体的这些国家，连同非成员国瑞士、奥地利、瑞典、挪威和土耳其，我们将在下一章讨论。各国的利率史澄清了欧洲共同体内金融融合问题，以及它与其欧洲邻国和全世界之间金融融合的关系。

法国

法国度过 20 世纪前 90 年几次危机的代价，主要是牺牲了其岁金和其他法郎资产的持有人。法郎对美元兑换价值在表 62 已概括反映。

法郎的美元价值损失了 99% 以上，其中大部分发生在 1958 年以前，但这一点并不能构成岁金克星的全部故事。美元自身也贬值了数次，此外美元的购买力也大幅度降低了。这与 19 世纪的法郎的稳定性形成了鲜明的对比。

年　份		法国法郎的价值（美分）
1900～1918		20.0～18.0
1920～1922		9.1～6.0
1923～1926		6.0～2.5
1926～1933	法郎稳定	4.0
1934～1936	美元贬值	6.7
1936～1940		6.7～2.0
1940～1945		2.0
1946～1947		0.83
1948～1957		0.29
1958～1990	（旧版法郎）	0.25～0.17

主宰20世纪法国政治历史的是构成了整个世界文明历史的两次世界大战。以沉重代价取得第一次世界大战胜利的法国，在第二次世界大战中扮演了被动的角色，但还是以取得战争胜利的一个盟国身份胜出。在19世纪期间不断出现，而且事实上自路易十六世以来就不断出现的政治上的不稳定，在20世纪的前60年期间还在继续。这也许解释了为什么这么一个富裕而繁荣出众的国家，在战争中取得了胜利，而且还拥有大量的物质和金融资源，却没有能够维持自己的货币的价值。然而，在1960～1990年期间，法国取得了程度大得多的政治稳定性，而这一点帮助了这个国家遏制通货膨胀、维持法郎的价值。

法国长期利率。图55显示了19世纪和20世纪期间法国的长期和短期利率的每10年平均数。与法国在过去50年里动荡的货币和金融历史相比较，我们会吃惊地发现，截至1960年，法国的利率结构竟然变化如此小。法国岁金在20世纪的前60年一直在其19世纪的范围内波动。无论是法国银行的贴现率，还是巴黎的公开市场贴现率，范围都低于各自在19世纪的平均数。然而，有些时候，利率本身并不能说明全部问题。在通货膨胀严重的阶段，图中所示的低利率的贷款并不容易得到。政府常常在为自己的债务融资和再融资时遇到巨大困难，即便在高利率的情况下，并且——作为部分原因所导致的结果是——发售了与股票价格挂钩或与黄金挂钩的指数化债券，或附带其他有利条件的债券。

在20世纪50年代，法国的收益率大体稳定在当时认为比较高的范围。在20

世纪 60 年代初，收益率呈现下降趋势。然而，在 1968 年的危机过后，法国债券的收益率与大部分其他品种一起上涨，并于 1981 年达到了接近 17% 的极端高点。

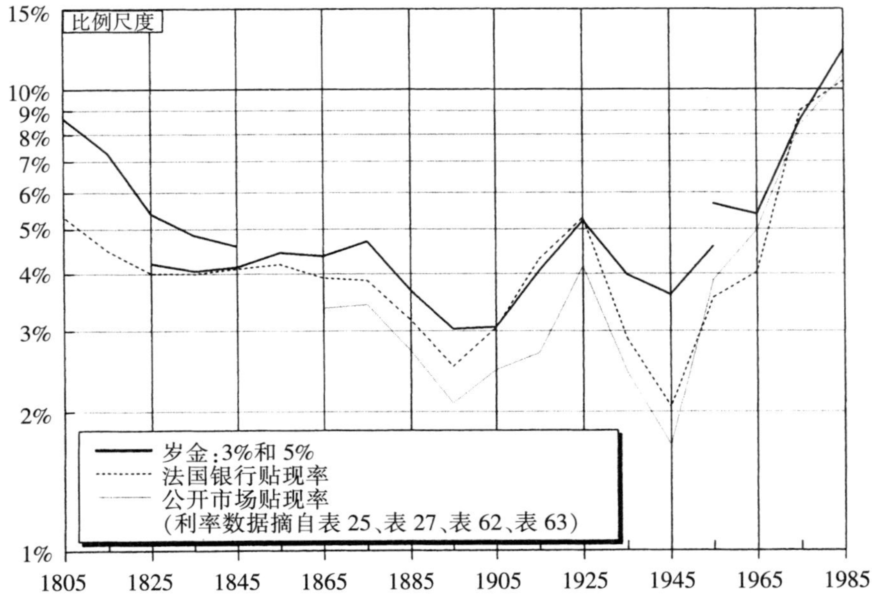

图 55　19 世纪和 20 世纪法国 10 年平均数

表 62 描述了法国长期利率史，其中部分用利率为 3% 的岁金来表现，因为该品种提供了 1825 年以来的连贯系列数据。本书第十四章包含了这个系列以及从 1797 年到 1852 年利率为 5% 的岁金的另一个价格和收益率数据系列。表 62 还提供了从 1949 年到 20 世纪 80 年代利率为 5% 的一个新发行岁金的系列数据。这些以简单当期收益率来计算的市场收益率数据总是高于名义利率更高、价格更高的品种；因此，5s 的收益率不能用来比较 3s 的收益率，虽然这两个系列显示出了不同的趋势。政府自第二次世界大战以来发行的带有特别赎回特性的指数化债券没有包含在表和图中，因为通过这些债券无法计算出真实的利率。从 1970 年开始的数年里，法国债券收益率的一个新系列数据出现，包含了按到期收益率计算的长期政府债券的平均数。这些品种的售价能够产生略微高于岁金的收益率。

在 20 世纪 50 年代，法国发行了与外国货币挂钩、与黄金挂钩和与股本挂钩的一些指数化债券。这些指数化债券对于本书的重要性表现在两种情形中：他们提供了一个与法郎脱钩的渠道，而这一点往往抑制了岁金的价格。然而，反过来说，岁金的持有人有时可以获得将自己持有的部分或全部岁金兑换成指数化债券的特权，而这种兑换往往能提高岁金的价格。由于兑换许可的出现杂乱无章，在兑换生效期间对各个年度的高位数据产生了巨大差异，在没有兑换期间对各个低位数据产生了巨大差异。因此，1950年以后，岁金的这种平均收益率数据必须理解为常常反映没有特殊优惠条件时低于可接受范围的收益率。新发行品种的收益率常常远远高于老牌岁金的市场收益率。

表62　20世纪法国长期政府债券的价格和收益率

年份	利率3%的永久岁金					
	年度平均		年度高位		年度低位	
	价格	收益率（%）	价格	收益率（%）	价格	收益率（%）
1900	100. 75	2. 98	102. 375	2. 94	99. 125	3. 04
1901	101. 125	2. 96	102. 5	2. 90	99. 875	3. 01
1902	100. 25	2. 99	102	2. 96	98. 5	3. 06
1903	98. 25	3. 06	100. 125	2. 99	96. 25	3. 12
1904	96	3. 11	99. 125	3. 02	94	3. 20
1905	99. 125	3. 03	100. 5	2. 98	97. 75	3. 10
1906	97. 375	3. 08	99. 875	3. 01	94. 875	3. 14
1907	94. 875	3. 16	96. 25	3. 12	93. 75	3. 26
1908	95. 875	3. 13	97. 625	3. 10	94. 125	3. 15
1909	97. 75	3. 07	99. 25	3. 04	96. 25	3. 12
10年平均		3. 06				
1910	97. 75	3. 06	99. 25	3. 05	96. 5	3. 11
1911	95. 5	3. 14	97. 5	3. 10	93. 5	3. 16
1912	91. 375	3. 27	95. 625	3. 15	88. 25	3. 36
1913	87. 125	3. 44	90. 75	3. 30	83. 5	3. 54
1914	77. 375	3. 78	88. 5	3. 40	70. 25	4. 22
1915	68. 75	4. 36	73. 75	4. 01	63. 75	4. 71
1916	62. 5	4. 80	64. 625	4. 55	60. 375	4. 92

（续表）

年份	利率3%的永久岁金					
	年度平均		年度高位		年度低位	
	价格	收益率（%）	价格	收益率（%）	价格	收益率（%）
1917	60.625	4.95	62.75	4.80	58.5	5.15
1918	60.875	4.94	64.25	4.55	56.75	5.30
1919	62.25	4.82	65.125	4.52	59.375	5.08
10 年平均		4.06				
1920	56.5	5.30	60.125	4.98	53	5.62
1921	56.5	5.30	59.5	5.02	53.375	5.58
1922	59.625	5.05	64.125	4.55	54	5.52
1923	55.125	5.42	59.125	5.02	51	5.97
1924	53.125	5.58	59	5.04	48	6.12
1925	47.125	6.37	51.75	5.78	42.5	7.00
1926	50.25	6.15	56.375	5.30	44.25	6.96
1927	65.5	4.60	72.25	4.15	58.75	5.05
1928	69	4.35	75.875	3.98	62.25	4.80
1929	74.375	4.08	76.25	3.94	72	4.22
10 年平均		5.22				
1930	87.25	3.44				
1931	86.25	3.48	88.25	3.40	79	3.80
1932	78.125	3.84	83.375	3.61	73.375	4.09
1933	68.5	4.38	70.25	4.27	67.875	4.47
1934	72.5	4.14	78.5	3.82	65.75	4.56
1935	77.375	3.88	79.125	3.79	71.75	4.18
1936	69.5	4.32	74.75	4.01	65.75	4.56
1937	70.25	4.27	72	4.17	69.125	4.34
1938	74.25	4.04	87.75	3.42	87.25	4.44

（续表）

年份	利率3%的永久岁金					
	年度平均		年度高位		年度低位	
	价格	收益率（%）	价格	收益率（%）	价格	收益率（%）
1939	75. 5	3. 97	82. 625	3. 63	67. 25	4. 46
10年平均		3. 98				
1940	73. 875	4. 06	74. 625	4. 02	69. 625	4. 31
1941	94	3. 19				
1942	95. 5	3. 14				
1943	96. 5	3. 11				
1944	99. 625	3. 01				
1945	100. 375	2. 99	104. 125	2. 87	99	3. 04
1946	94. 625	3. 17	99	3. 04	89. 25	3. 35
1947	76. 75	3. 91	90. 125	3. 34	67	4. 48
1948	64. 875	4. 62	75. 125	4. 00	60	5. 00
1949	62. 75	4. 78	76. 375	3. 95	58. 25	5. 15
10年平均		3. 60				
1950	59. 75	5. 02	63. 875	4. 70	55. 5	5. 41
1951	56. 25	5. 31	59. 75	5. 02	52. 75	5. 70
1952	62. 25	4. 81	72	4. 17	52. 75	5. 70
1953	60. 875	4. 93	63. 75	4. 71	58. 125	5. 16
1954	66. 25	4. 53	73. 125	4. 10	59. 25	5. 07
1955	70. 5	4. 25	75. 875	3. 96	65	4. 62
1956	65. 375	4. 59	71. 875	4. 18	59. 25	5. 07
1957	58. 125	5. 16	61. 875	4. 86	54. 625	5. 49
1958	76. 625	3. 92	98. 125	3. 06	54. 625	5. 49
1959	88	3. 41	92. 75	3. 24	83. 25	3. 61
10年平均		4. 59				

（续表）

年份	利率3%的永久岁金					
	年度平均		年度高位		年度低位	
	价格	收益率（%）	价格	收益率（%）	价格	收益率（%）
1960	84.875	3.54	90.875	3.30	78.875	3.82
1961	78.5	3.81	82.625	3.64	75.25	3.98
1962	81.25	3.70	84.875	3.53	77.5	3.87
1963	82	3.66	87.5	3.43	76.25	3.94
1964	73.75	3.84	78.875	3.80	68.75	4.36
1965	71.25	4.20	74	4.05	68.375	4.39
1966	66	4.55	72.625	4.13	59.375	5.05
1967	63.75	4.75	66.5	4.51	60	5.00
1968	61	4.90	65	4.62	57.125	5.25
1969	62.875	4.80	66.625	4.50	59.125	5.08
10年平均		4.18				
	政府债券收益率（I）					
1970		8.06		n. a.		n. a.
1971		7.74		n. a.		n. a.
1972		7.35		7.16		7.72
1973		8.25		7.63		8.90
1974		10.49		9.44		11.83
1975		9.49		8.59		10.68
1976		8.25		7.50		8.86
1977		8.77		6.80		9.94
1978		8.96		8.33		9.61
1979		9.48		7.86		11.46
10年平均		8.68				

（续表）

年份	利率3%的永久岁金					
	年度平均		年度高位		年度低位	
	价格	收益率（%）	价格	收益率（%）	价格	收益率（%）
	政府债券收益率（Ⅱ）					
1980		13.03		11.75		13.72
1981		15.79		12.28		16.84
1982		15.69		14.82		16.06
1983		13.63		13.11		14.39
1984		12.54		11.23		12.96
1985		10.94		10.67		11.44
1986		8.44		7.67		10.26
1987		9.43		8.55		10.66
1988		9.06		8.62		9.86
1989		8.89		8.45		9.44
10年平均		11.74				
1949	79.75	6.28	84	5.95	75.75	6.60
1950	76.625	6.52	83.5	5.99	75.875	6.59
1951	76.5	6.54	83.25	6.00	76	6.58
1952	89.25	5.60	100.5	4.98	76.25	5.56
1953	92.375	5.41	99.375	5.03	89.375	5.51
1954	93	5.38	99.875	5.01	92	5.45
1955	96	5.21	101	4.95	93	5.37
1956	94.625	5.28	100.25	4.99	90.25	5.55
1957	84.5	5.92	94.625	5.26	81.25	6.15
1958	88	5.68	100.75	4.96	79.875	6.26
1959	94.875	5.27	106	4.71	91	5.50
10年平均		5.68				
1960	97.125	5.15	105.25	4.75	94.25	5.31
1961	98.625	5.07	103.75	4.82	97.25	5.13

（续表）

年份	利率3%的永久岁金					
	年度平均		年度高位		年度低位	
	价格	收益率（%）	价格	收益率（%）	价格	收益率（%）
1962	99.375	5.03	102.625	4.87	97.125	5.15
1963	100.625	4.97	104	4.81	98.25	5.09
1964	98.5	5.08	100.625	4.97	93.25	5.36
1965	94.875	5.27	98.375	5.08	91.375	5.47
1966	92.625	5.40	95.625	5.23	88.625	5.64
1967	88.375	5.66	91.875	5.44	84	5.95
1968	85.375	5.86	87.375	5.72	83.375	6.00
1969	77.75	6.43	84.375	5.93	73.625	6.80
10年平均	93.375	5.39				
1970	66.125	7.56	71.75	6.97	64.375	7.77
1971	65.75	7.61	68.125	7.34	64.125	7.80
1972	69.75	7.17	71.5	6.99	68.25	7.32
1973	63.625	7.86	68	7.35	60.625	8.24
1974	60.125	8.33	66.5	7.52	55.25	9.06
1975	58	8.60	61	8.20	55	9.10
1976	52.125	9.60				
1977	51.25	9.76				
1978	53	9.43				
1979	48.5	10.31				
10年平均		8.62				
1980	44.125	11.32				
1981	37.875	13.20				
1982	34.375	14.56				
1983	39	12.81				

（续表）

年份	利率3%的永久岁金					
	年度平均		年度高位		年度低位	
	价格	收益率（%）	价格	收益率（%）	价格	收益率（%）
1984	43.375	11.52				
1985	51	9.80				
1986						
1987						
1988						
1989						
6年平均		12.20				

资料来源：

利奥尼达斯·J·洛切特（Lenoidas J. Louchitch）《1800年至今法国利率变化》（*Des Variationes du Taux de l' Intérêt en France de* 1800 *à Nos Jours*）（巴黎：Libraire Felix Alcan于1930年出版）。

国际联盟（League of Nations）《统计年鉴：1939～1940年》（*Statistical Year Book*, 1939～1940），第224页。

联合国《月度统计公告》（*Monthly Bulletin of Statistics*）。

国际货币基金组织《国际金融统计》。

《法国统计年鉴》（*Annuaire Statistique de la France*）。

经济合作与发展组织（Organization of Economic Cooperation and Development，OECD）《月度金融统计》（*Financial Statistics Monthly*）。

图56将20世纪与19世纪联系在一起，显示了法国债券收益率杂乱无章但却十分顽固的19世纪跌势是如何演变成20世纪宽幅震荡的系列数据的。然而，这个幅度与1800～1900年期间的幅度非常相似。20世纪40年代的战争时期低收益率仅仅略微高于19世纪90年代的低位。1925年3s的高收益率中度超出其1871～1872年的高点，而1950年5s的高收益率也是中度超过1848年5s的高点。在20世纪70年代之前，资料记载的收益率从来没有回到过拿破仑时期的高点；在20世纪80年代初期，收益率甚至接近了法国革命结束时委顿市场的高收益率水平。

法国债券在20世纪的收益率趋势形态与图57中所示的美国收益率趋势十分相似。这种国际性的比较只是长期以来的相对变化，而不是绝对水平。比如，法国岁金豁免所得税，而美国公司债券则不免。

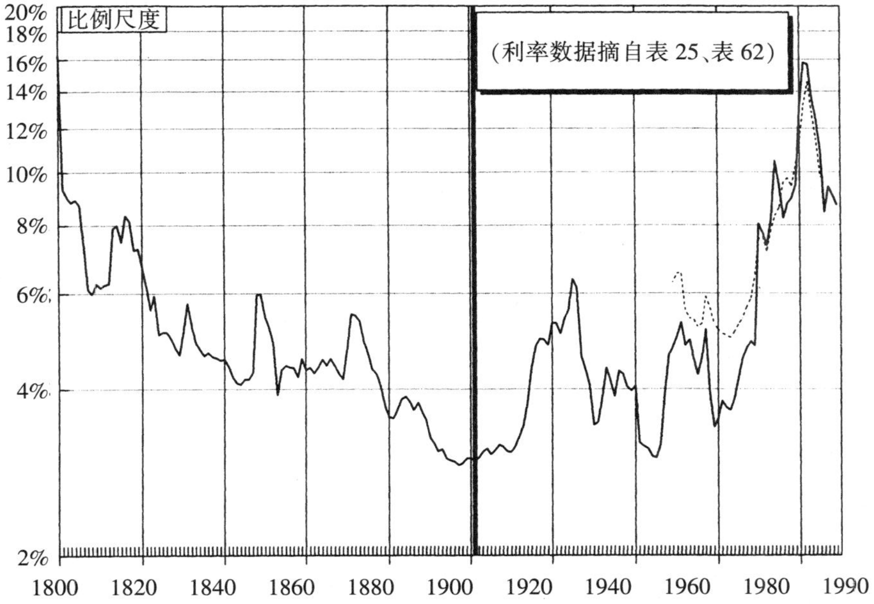

图 56　1800～1989 年法国岁金收益率（市场年度平均数）

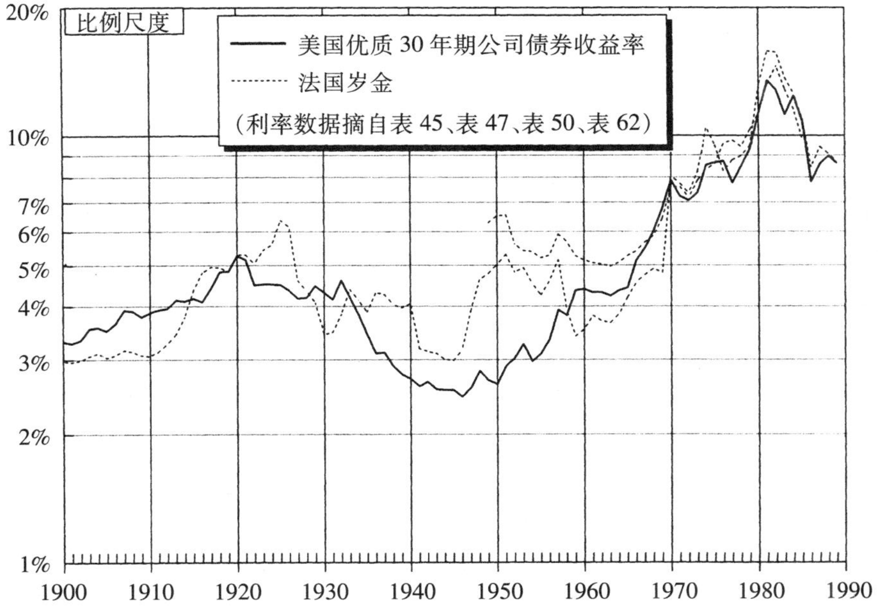

图 57　1900～1989 年法国岁金和美国公司债券收益率（年度平均数）

法国政府债券的收益率在20世纪之初大大低于美国公司债券的收益率。在第一个10年期间，法国的收益率保持稳定、低位，而美国的收益率则在大幅度上升。在第一次世界大战的10年期里，法国的收益率大幅度上涨；到了1916年，该收益率在相当大的程度上超过了美国的收益率，但是在1917~1920年美国收益率大幅度上升之后，法国岁金的收益率与美国优质公司债券相同。在美国收益率抵达1920年的高点时，法国、美国和英国的各个市场收益率数据非常接近，具体如下：

	1920年高收益率（%）*
美国公司债券	5.56
法国利率为3%的岁金	5.62
英国利率为2.5%的国债	5.73

* 描绘年度收益率的各图并没有包含这些月度高收益率数据。

1920年以后，法国收益率趋势偏离了美国和英国的收益率趋势（见图53和图57）。那一年绝对不是法国债券市场的一个转折点，不像其他国家那样。在后来的5年里，法国与通货膨胀奋力斗争，并且在1926年之前无法找到一个足够强大的政府来解决战争遗留下来的紧迫的金融和政治问题。利率为3%的岁金价格从1920年的低点又下跌了22%，到1925年，形成新的低点。而美国和英国的债券价格却在恢复。利率为3%的岁金在1920年达到了42.5的价格，收益率为7%。从1900年到1925年，其累计价格跌幅为57.5%。这一跌幅与英国国债从1900年到1920年的跌幅基本相同，但却大大超过了美国30年期债券指数的跌幅。1925年的高位收益率关系已经发生了重大变化：

	1925年的高位收益率（%）
美国公司债券	4.53
英国国债	4.61
法国利率为3%的岁金	7.00

1925年是法国市场的转折点。货币被稳定下来，一个更加强大的政府至少做出了临时安排，解决急迫的国际问题。随着法国比英国和美国提前6年进入举债还债阶段，岁金的价格大幅度飙升。到了1930年，利率为3%的岁金上升到了

87.25 的平均价格，收益率为 3.44%，虽然新发行品种的收益率更高些。岁金价格自 1925 年以来升值超过了 100%。食利者稍微挽回了一点损失。整个战争时期的岁金跌幅都已经得到恢复。法国短暂地占领了英国在 19 世纪后期的地位：一个硬通货和低利率的壁垒。1930 年的平均收益率如下：

	1930 年的平均收益率（%）
法国利率为 3% 的岁金	3.44
美国公司债券	4.31
英国国债	4.46

这个法国债券低收益率时期非常短暂。1930 年和 1931 年的金融危机并不是法国的危机，但却推动了法国收益率的上行。当 1931 年以后美国和英国的收益率跳水的时候，利率为 3% 的法国岁金却进一步上升，并稳定在 4% 左右，而新发行品种的收益率则超过了 5%。法国的货币已经在 1925 ~ 1926 年期间贬值，不能再次贬值。在整个 20 世纪 30 年代期间，法国在世界性的萧条和战争一触即发的形势下，为保护法郎付出的努力毫无收效。到了 1939 年，法国再次成为相对高收益率的国家，如下表所示：

	1939 年的平均收益率（%）
美国公司债券	2.77
英国国债	3.72
法国利率为 3% 的岁金	3.97（新发行品种为 5.10%）

在第二次世界大战期间，包括在被占领期间，法国岁金的市场据记载为高价格、低收益率。从 1941 年开始一直到 1945 年，利率为 3% 的岁金售价接近 100。这就意味着其收益率接近了其历史低点。然而，这还是远远高于美国战争时期的收益率水平，与英国利率为 3% 的战争贷款基本相同。我们已经指出，这种比较只是相对的。赋税优惠方面的差异和这些市场结构方面的差异不允许用一个市场与其他市场做绝对的比较。

1945 年战后，岁金价格立刻大幅度下跌，法国的收益率开始上升，而与此同时，美国和英国的收益率也开始了长期上升态势。法国的收益率起初上涨速度远远超过美国甚至英国的收益率。法郎在国际市场上几乎稳步下跌，而法国一届又一届政府试图稳定法郎的努力都没有奏效。到了1949年，利率为3%的岁金跌到了58.25的价格，收益率为5.25%；到了1951年，价格跌到了52.75，收益率为5.70%。然而，这些收益率数据却比不上1925年的7%收益率。

1948～1949年期间，定期55年的一种新型永久性岁金以面值价格发售，收益率为5%。该岁金没有分摊优惠，但附有一个承诺，即如果国家未来发行的债券利率超过5.5%，那么它的利率也会上涨。它还包含认购未来贷款的权利。长期持有利率为3%岁金的60岁以上人士有权兑换成这种利率为5%的岁金。

1949年，利率为5%的新岁金售价低至75.75，收益率达到6.60%。与此同时，利率为3%的岁金的售价没有低于58.25，收益率为5.15%。之所以有这种巨大的差异，不仅有贴现的影响，还有其他福利的影响，比如以面值兑换的优势，而这一点对3s的帮助大于5s。事实上，在1949年以后，继续肆虐的通货膨胀和政府为了为其赤字融资而采用的复杂而新颖的金融工具大幅度扭曲了所有岁金的收益率数据，从而使得这些表格在计算20世纪50年代的收益率水平或趋势方面几乎没有任何意义。我们无法断定如果持有人没有预计兑换优势的话，这里引用的利率数据是否盛行过。

然而，毫无疑问的是，到了1950年，法国的收益率已经大幅度上涨，与法国早期收益率和其他国家的收益率相比都属于高位。1950年的平均收益率关系如下所示：

	1950年的平均收益率（%）
美国公司债券	2.62
英国国债	3.55
法国利率为5%的岁金	6.52

这是法国收益率与其他国家收益率相比之下的最大差距。在20世纪50年代，美国和英国的债券收益率都在大幅度上升，而法国岁金的市场收益率却趋向于下跌，虽然它在1957～1958年曾经短暂上扬，并且保持在高收益率范围。到了1959年，据资料记载5s价格高达106，或4.71%的收益率，也就是在法郎汇率价值温和下跌但创下新低期间，升值幅度大约为40%，然后企稳。1959年它与其他收益率的关系如下所示：

	1959 年的平均收益率（%）
美国政府债券	4. 07
英国国债	4. 82
法国利率为 5% 的岁金	5. 27（新发行品种为 6%）

从 1950 年开始，这种国际差异已经大大缩小。法国与美国的利差从 390 个基点缩小到 91 个基点，而法国与英国的利差则从 297 个基点缩小到 45 个基点。到了 1960～1961 年，英国收益率范围实际上已经超过了法国的收益率。

对于法国收益率在 20 世纪 50 年代的下跌，在分析时必须部分考虑新指数化债券和岁金兑换指数化债券优惠的因素。这里，有两个重要的指数化债券必须提及：

1952～1958 年："皮奈"（Pinay）3. 5s，到期日 2012 年，按政府意愿可在 1970 年后赎回，豁免所得税和遗产税，从 1953 年到 2012 年每年分摊两次，其提款依据自由市场 20 法郎金币价值，售价 100 = 3. 50%

年份	皮奈 3. 5s 的价格	
	高价	低价
1956	112	97
1960	119	105
1965	140	137
1970	172	141
1973	300	196（赎回时 251. 5）

1957 年：指数化 5s，1958～1967 年平均每年两次付款，价格确定方式为每种债券名义价值乘以上一年度的普通股票价格指数，再除以 1956 年的指数。售价 100 = 5%

年份	高价	收益率（%）	低价	收益率（%）
1957	103	4. 86	97. 875	5. 24
1958	111	4. 51	95. 375	5. 25
1959	118. 875	4. 22	106. 375	4. 70
1960	119. 5	4. 19		

在导致岁金价格上扬的兑换优惠条件中，1958 年有一次提供给 1949 年的利率为5%岁金的持有人的优惠条件是，100%兑换成“皮奈”黄金 3.5s；提供给利率为3%的岁金的持有人的优惠条件是，50%兑换成“皮奈”黄金 3.5s。由于“皮奈”3.5s 当时的市场价格范围为97.25～106.5，那一年的5s 价格上扬，达到1958 年的高点98.125。事实上，在1959 年，3s 的售价没有低于83.25，即收益率为3.61%，大大低于其他品种的长期利率。

在20 世纪 60 年代，法国的债券收益率下跌了 5 年，然后开始上扬。到了1969 年，在经历了1968 年的危机之后，岁金售价达到了6.5%以上的收益率。这个收益率基本上与1925 年和1950 年危机时期达到的峰值相同，高于1820 年以来所有其他岁金收益率。尽管如此，收益率还在继续上升。到了1970 年，长期政府债券的收益率高达8%。通货膨胀十分严重，货币很不稳定，利率几乎都在上涨。法国长期收益率与大部分其他品种一起在1981 年达到峰值，接着又一起回落。在峰值水平时，如下表所示，法国债券的收益率大大超过美国债券的收益率和英国国债的收益率。然而，后者的收益率在1974 年的上一个利率峰值期间比法国债券高出了许多。

	1981 年的平均收益率（%）
美国政府债券	12.87
英国国债	13.01
法国政府债券	15.79

法国政府有大量未偿还债务，到期日、赎回日期和兑换优惠条件各不相同。任何一个时候的收益率范围都可能非常大。尽管有这些复杂情形，尽管因此没有可能确定某个系列的收益率数据来代表法国的长期通行利率，但是也许可以有把握地断定，法国的收益率在20 世纪 50 年代和60 年代初期下跌，并且从那以后稳步上升至20 世纪 80 年代初。20 世纪 70 年代、80 年代和90 年代的收益率形态与美国和西欧其他国家相似（见第二十九章）。

法国短期利率。法国短期利率在表 63 和图 58 中用两组数据来体现：法国银行的贴现率，表现为年度平均数和年度范围；以同样方式表示的1900～1914 年的一系列公开市场贴现率、1925～1939 年的私人贴现率，以及1940 年以后的活期贷款或货币市场利率。这些并不是精确的对比，但是足以显示出市场趋势。

表 63 20 世纪法国短期利率

年份	法国银行贴现率（%）			公开市场贴现率（%）		
	年度平均	年度低点	年度高点	年度平均	年度低点	年度高点
1900	3.21	3	4.5	3.04	2.62	4.19
1901	3.00	3	3	2.41	1.69	2.85
1902	3.00	3	3	2.39	1.89	2.97
1903	3.00	3	3	2.70	2.22	2.84
1904	3.00	3	3	2.14	1.14	2.81
1905	3.00	3	3	2.11	1.34	3.06
1906	3.00	3	3	2.68	2.25	2.98
1907	3.46	3	4	3.35	3.00	3.84
1908	3.04	3	3.5	2.14	1.15	3.41
1909	3.00	3	3	1.75	1.12	2.78
10 年平均	3.07			2.47		
1910	3.00	3	3	2.39	2.00	2.91
1911	3.12	3	3.5	2.61	2.12	3.50
1912	3.38	3	4	3.12	2.56	3.88
1913	4.00	4	4	3.82	3.56	4.00
1914	4.54	3.5	6	2.87	2.75	3.52
1915	5.00	5	5			
1916	5.00	5	5			
1917	5.00	5	5			
1918	5.00	5	5			
1919	5.00	5	5			
10 年平均	4.30			2.96（5 年平均）		
1920	5.75	5	6			
1921	5.79	5.5	6			
1922	5.10	5	5.5			

（续表）

年份	法国银行贴现率（%）			公开市场贴现率（%）		
	年度平均	年度低点	年度高点	年度平均	年度低点	年度高点
1923	5.00	5	5			
1924	5.92	5.5	7	私人贴现率（%）		
1925	6.58	6	7	5.69	4.78	6.40
1926	6.50	6	7.5	5.66	4.25	7.25
1927	5.33	4	6.5	2.91	1.82	4.99
1928	3.54	3.5	4	3.02	2.62	3.41
1929	3.50	3.5	3.5	3.47	3.37	3.50
10年平均	5.30			4.15		
1930	2.75	2.5	3.5	2.35	2.03	3.38
1931	2.13	2	2.5	1.56	1.06	1.90
1932	2.50	2.5	2.5	1.30	0.91	1.75
1933	2.50	2.5	2.5	1.63	1.12	2.26
1934	2.63	2.5	3	2.02	1.44	2.75
1935	3.50	2.5	6	3.24	1.79	5.89
1936	4.04	2	6	3.68	1.96	5.60
1937	3.92	2	6	3.83	2.22	5.20
1938	2.79	2.5	3	2.76	2.23	3.25
1939	2.04	2	2.5	2.05	1.88	2.70
10年平均	2.88			2.44		
				活期贷款利率（%）		
1940	2.00	2	2	1.72	1.25	1.94
1941	1.81	1.7	2	1.67	1.50	1.94
1942	1.75	1.75	1.75	1.62	1.42	1.74
1943	1.75	1.75	1.75	1.65	1.61	1.73
1944	1.75	1.75	1.75	1.64	1.49	1.73
1945	1.63	1.63	1.63	1.37	0.74	1.65

（续表）

年份	法国银行贴现率（%）			公开市场贴现率（%）		
	年度平均	年度低点	年度高点	年度平均	年度低点	年度高点
1946	1. 63	1. 63	1. 63	1. 31	1. 19	1. 36
1947	2. 19	1. 75	3	1. 57	1. 39	2. 12
1948	2. 98	2. 5	4	2. 09	2. 00	2. 84
1949	3. 00	3	3	2. 26	2. 03	2. 55
10 年平均	2. 05			1. 69		
1950	2. 54	2. 5	3	2. 43	2. 18	2. 70
1951	2. 79	2. 5	4	2. 70	2. 45	3. 50
1952	4. 00	4	4	3. 85	3. 50	4. 00
1953	3. 83	3. 5	4	4. 04	3. 75	4. 34
1954	3. 25	3	3. 5	3. 59	3. 29	3. 82
1955	3. 00	3	3	3. 16	2. 99	3. 27
1956	3. 00	3	3	3. 18	2. 95	3. 71
1957	4. 17	3	5	5. 35	3. 52	7. 94
1958	4. 88	4. 5	5	6. 48	5. 17	10. 04
1959	4. 08	4	4. 5	4. 07	3. 67	4. 39
10 年平均	3. 55			3. 89		
1960	3. 90	3. 5	4	4. 08	3. 70	4. 53
1961	3. 50	3. 5	3. 5	3. 65	3. 51	3. 91
1962	3. 50	3. 5	3. 5	3. 61	3. 46	3. 98
1963	3. 58	3. 5	4	3. 98	3. 13	5. 26
1964	4. 00	4	4	4. 70	4. 13	6. 18
1965	3. 63	3. 5	4	4. 17	3. 77	4. 62
1966	3. 50	3. 5	3. 5	4. 79	3. 83	5. 68
1967	3. 50	3. 5	3. 5	4. 77	4. 29	5. 57
1968	4. 42	3. 5	6	6. 21	4. 75	9. 16
1969	6. 83	6	8	8. 96	7. 88	9. 55

（续表）

年份	法国银行贴现率（%）			公开市场贴现率（%）		
	年度平均	年度低点	年度高点	年度平均	年度低点	年度高点
10年平均	4.04			4.89		
1970	7.66	7	8	8.68	7.30	10.21
1971	6.50	6.5	6.75	5.84	5.27	6.46
1972	7.15	5.75	7.5	4.95	3.75	7.31
1973	8.92	7.5	11	8.91	7.22	11.52
1974	12.16	11	13	12.91	11.83	13.84
1975	9.54	8	12	7.92	6.45	11.42
1976	9.08	8	10.5	8.56	6.36	10.44
1977	10.08	9.5	10.5	9.07	8.30	9.94
1978	9.50	9.5	9.5	7.98	6.67	10.18
1979	9.50	9.5	9.5	9.04	6.64	12.17
10年平均	9.01			8.39		
1980	9.50	9.5	9.5	11.85	10.74	12.96
1981	15.74	10.75	22	15.30	10.74	19.93
1982	15.21	12.5	17.5	14.87	12.88	16.81
1983	12.30	12	12.5	12.53	12.27	12.84
1984	11.44	10.75	12	11.74	10.95	12.48
1985	9.78	8.75	10.55	9.93	8.98	10.67
1986	7.46	7	8.7	7.74	7.05	8.84
1987	7.60	7.25	8 5	7.98	7.36	8.90
1988	7.21	6.75	7.7	7.52	7.11	8.20
1989	8.64	8.25	9.5	9.07	8.31	10.48
10年平均	10.49			10.85		

注：截至1981年2月底，该利率为法国银行给予7~10日期国库券的贴现率。

资料来源：

R·G·霍特里（R. G. Hawtrey）《百年银行利率》（*A Century of Bank Rate*）（伦敦：Longmans, Green & Co. 于1938年出版）。

联合国《月度统计公告》。

美联储《金融与货币统计》（*Banking and Monetary Statistics*）（1976年出版）、《年度统计摘选》和《美联储公告》。

国际货币基金组织《国际金融统计》。

经济合作与发展组织《月度金融统计》。

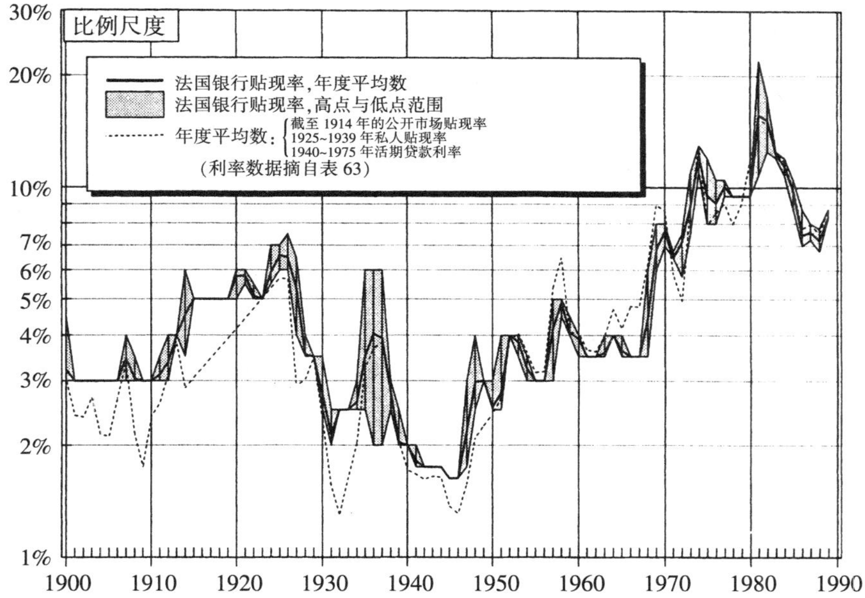

图 58　1900 ~ 1989 年法国短期利率

法国短期利率在 20 世纪的第一个 10 年期间保持在低位，跟法国债券收益率一样。继第二个 10 年期间的大幅度上升之后，是 20 世纪 20 年代短期利率的进一步上升。法国银行的贴现率于 1926 年上升到了 7.5%。然而，到了 1931 年，银行贴现率跌到了 2%，而到了 1932 年，私人贴现率跌到了 0.91%。到了 20 世纪 30 年代中期，来得容易的资金已经消失，银行贴现率上升到 6%，而私人贴现率曾一度上升到 5.89%。第二次世界大战期间短期利率回归低位，当时的银行贴现率被压低到了 1.625% 的新低。

法国的战后短期利率史不同于法国的战后长期债券收益率史。两者都在上升，但是到了 1951 年，贴现率仅仅上升到 2.5% ~4%，而债券的收益率超过了 6%。在 20 世纪 50 年代，短期利率继续上升，而债券收益率则呈现不规则的波动态势，然后下滑。到了 1958 年，短期利率达到峰值，而银行贴现率上升到了 5%，活期贷款利率曾一度达到过 10.04%，平均为 6.48%。1959 年，短期利率与债券收益率一起大幅度下跌，并一直保持低位至 1968 年的危机时期。接着，在 1970 年、1974 年和 1981 年，短期利率上升到新的峰值，每次峰值都超过了上一次的峰值。20 世纪 80 年代，利率大幅度下跌，尽管法国的通货膨胀率事实上只是勉强低于1965～1980年的水平。

10年平均利率比较

10年期	美国商业票据（%）	英国公开市场（%）	法国公开市场和活期贷款（%）	美国公司公司债券（%）	英国国债（%）	1950年前法国利率为3%的岁金，1950年后法国利率为5%的岁金（%）
1880～1889	5.14	2.57	2.71	4.00	2.97	4.01
1890～1899	4.51	2.09	2.09	3.53	2.47	2.98
1900～1909	4.72	3.16	2.47	3.47	2.79	3.06
1910～1919	4.72	3.82	3.97估计	4.23	3.81	4.06
1920～1999	5.00	4.26	4.66估计	4.56	4.63	5.22
1930～1939	1.56	1.32	2.44	3.64	3.54	3.98
1940～1949	0.87	0.83	1.69	2.61	3.06	3.60
1950～1959	2.58	3.09	3.88	3.33	4.31	5.68
1960～1969	4.63	5.80	4.90	4.94	6.53	5.39
1970～1979	7.17	9.44	8.39	8.93	11.77	8.68
1980～1989	9.57	11.71	10.79	11 34	10.42	11.74

在法国，公开市场的短期利率在整个20世纪期间平均低于资料记载的岁金收益率，跟19世纪后来几十年一样。差距在第二个10年期很小；在20世纪40年代和50年代通常差距很大，但从那以后再次缩小。上表的10年平均数可以用来对比法国长期利率和法国短期利率，以及两者与美国和英国利率的比较。

荷兰

在20世纪，荷兰保持了它政治和金融稳定的长期传统。在第一次世界大战期间保持中立和繁荣的荷兰，在第二次世界大战期间被占领，并且不久以后便丧失了其大部分帝国势力。作为一个贸易国家，它无法避免给它的庞大邻国带来一系列危机的剧烈政治和经济动荡的影响。在19世纪保持稳定的荷兰盾的价值在20

世纪发生了波动。

荷兰长期利率。图 59 显示了 19 世纪和 20 世纪的长期和短期利率每 10 年平均数。在 20 世纪，荷兰的利率比美国、英国、法国和大部分其他国家都稳定。表 64 显示了荷兰长期政府债券的收益率，主要表现为同一系列的利率为 2.5% 的永久债券，该债券从 1814 年一直延续到整个 19 世纪。采用该品种是因为它的连贯性，并且它没有赎回的风险。然而，它的收益率并非总是能够代表荷兰长期政府债券的市场收益率，因为这些收益率跟大部分国家一样，往往低于名义利率较高的债券的收益率。但是，这些数据足以描绘荷兰债券收益率的趋势。该表还显示了 1950 ~ 1985 年期间利率为 3.25%、到期日为 1998 年的一个债券品种的年度平均数。这些收益率往往比 2.5s 的收益率高出 10 ~ 50 个基点。两者之间的差距在较高收益率时期增大，在较低收益率时期缩小。从 1970 年起，我们增添了一个新的、更具有代表性的品种：它构成了长期政府债券。

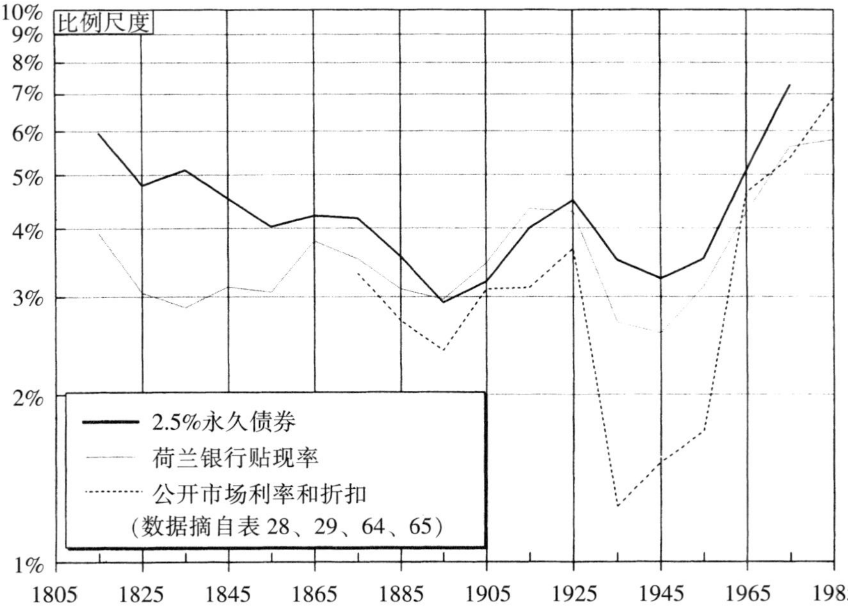

图 59　19 ~ 20 世纪利率 10 年平均数

图 60 描绘了 1814 ~ 1989 年永久型 2.5s 的年度高点、低点和平均收益率。波动的形态与我们研究过的其他国家相似，但是同时存在着一些重要区别。相似的是 19 世纪整个下半叶期间利率的下跌、1896 ~ 1920 年的上升、1938 ~ 1945 年前

的下跌，以及1945年以后的上升。荷兰的这些长期利率在1938年几乎达到了19世纪90年代的低点，并且在1946年再次几乎触底，而1935～1946年期间美国长期利率的低点则远远低于其19世纪的低点。有一个十分显著的差别是，荷兰在20世纪50年代期间的长期利率并不像许多其他国家那样上升到接近1920年高点的水平。图60给我们的印象是：截至1960年，波动的幅度在减小，最低点牢牢地稳定在2.75%附近，下跌中的最高点为：1814年8.20%，1831年和1848年7.35%，1920年6.10%，1951年3.81%。然而，1955年以后，荷兰的长期债券收益率大幅度上涨，跟所有国家的收益率一样，从1955年到1968年翻了一番左右，并且在1968年到1981年期间几乎再次翻番，达到了11.55%。因此，保持了100年的波动幅度态势被坚决地打破了，荷兰收益率达到了资料记载中几个世纪的最高点。

表64　20世纪荷兰长期政府债券的价格和收益率

年份	利率为2.5%的中央政府永久债务						1998年到期的3.5s到期收益率年度平均	政府债券收益率年度平均数
	年度平均		年度高点		年度低点			
	价格	收益率(%)	价格	收益率(%)	价格	收益率(%)		
1900	76	3.29	82.5	3.03	75	3.34		
1901	77.125	3.24	81	3.09	76.5	3.27		
1902	82.5	3.07	85	2.94	80	3.12		
1903	80.375	3.11	82.75	3.02	78	3.21		
1904	79	3.12	80.5	3.10	79.875	3.13		
1905	78.75	3.16	80.125	3.12	77.75	3.22		
1906	75.5	3.17	80.5	3.10	76.875	3.25		
1907	75.5	3.31	78	3.21	72.75	3.44		
1908	76.5	3.31	77.5	3.23	74	3.38		
1909		3.27	80	3.12	75.5	3.31		
10年平均		3.21						
1910	74.625	3.35	77.375	3.23	72.5	3.45		
1911	71	3.52	73.375	3.41	68.25	3.66		
1912	67.375	3 71	71	3.52	65.125	3.84		
1913	71.5	3.50	77.875	3.21	64.5	3.88		

（续表）

年份	利率为 2.5%的中央政府永久债务						1998 年到期的 3.5s 到期收益率年度平均	政府债券收益率年度平均数
	年度平均		年度高点		年度低点			
	价格	收益率（%）	价格	收益率（%）	价格	收益率（%）		
1914	71.75	3.49	77.875	3.21	65	3.85		
1915	63.25	3.95	77	3.25	59	4.24		
1916	61.125	4.09	65.5	3.82	56	4.46		
1917	60.625	4.12	63	3.97	59	4.24		
1918	55.25	4.52	60.125	4.16	49.75	5.02		
1919	50	5.00	55.875	4.47	44	5.68		
10 年平均		3.93						
1920	45	5.56	49.375	5.06	41	6.10		
1921	48	5.21	53.75	4.69	42.625	5.87		
1922	51.5	4.86	57.75	4.33	48.625	5.14		
1923	54	4.63	58.25	4.29	50.375	4.96		
1924	53.125	4.70	55.125	4.54	48.5	5.15		
1925	59.75	4.18	64.125	3.90	55.5	4.50		
1926	62.5	4.00	64.75	3.86	61.25	4.08		
1927	62.375	4.01	64.5	3.88	60.5	4.13		
1928	64.5	3.88	65.5	3.80	62.375	4.01		
1929	63.5	3.94	65	3.85	60	4.17		
10 年平均		4.50						
1930	65.625	3.81	68	3.68	62.125	4.02		
1931	64.75	3.86	70.375	3.55	51.625	4.84		
1932	64.25	3.89	71.625	3.49	54.375	4.60		
1933	68	3.68	71.5	3.50	62.75	3.98		
1934	74.625	3.35	80.375	3.11	69.875	3.58		
1935	72.875	3.43	82.75	3.02	67	3.73		
1936	75.25	3.32	86.875	2.88	71.75	3.48		
1937	79.875	3.13	85.5	2.92	77	3.25		
1938	83.625	2.99	91.75	2.72	75	3.33		
1939	70.25	3.56	83	3.01	61	4.10		

（续表）

年份	利率为2.5%的中央政府永久债务						1998年到期的3.5s到期收益率年度平均	政府债券收益率年度平均数
	年度平均		年度高点		年度低点			
	价格	收益率（%）	价格	收益率（%）	价格	收益率（%）		
10年平均		3.50						
1940	62.75	3.98	70.375	3.55	56.375	4.43		
1941	68	3.68	76.75	3.26	62	4.03		
1942	77.625	3.21	81	3.09	72.5	3.45		
1943	80.375	3.11	85.875	2.91	78.375	3.19		
1944	80.875	3.09	85.5	2.92	80.875	3.09		
1945	83.75	8.01	84.5	2.96	82	3.05		
1946	83.625	2.99	91.875	2.72	81	3.09		
1947	81.625	3.06	83.5	2.99	80.125	3.12		
1948	80.875	3.09	82.125	3.04	80.375	3.11		
1949	80.125	3.12	81.125	3.08	77.625	3.22		
10年平均		3.23						
1950	80.125	3.12	81.5	3.07	78.25	3.19	3.28	
1951	73.125	3.42	77.375	3.23	65.625	3.81	3.88	
1952	73.375	3.41	77.625	3.22	69	3.62	3.95	
1953	78.625	3.18	80	3.12	76.5	3.27	3.43	
1954	79.125	3.16	81.75	3.06	76.5	3.27	3.31	
1955	78.375	3.18	81.75	3.06	75	3.33	3.26	
1956	72.875	3.42	79.75	3.13	66	3.79	3.84	
1957	61.75	4.05	70.375	3.55	53.25	4.69	4.58	
1958	61.25	4.07	65.5	3.82	56.75	4.41	4.32	
1959	60	4.17	64.375	3.89	56.625	4.42	4.12	
10年平均		3.52					3.80	
1960	58.5	4.26	60	4.16	57.25	4.35	4.20	
1961	61	4.11	63.875	3.92	58	4.31	3.91	
1962	57.5	4.35	60	4.16	55	4.54	4.21	
1963	56	4.45	60	4.16	52	4.80	4.22	
1964	53	4.70	55.25	4.53	51	4.90	4.92	
1965	49.5	5.05	53	4.70	46	5.55	5.21	
1966	43.625	5.70	46.375	5.40	41	6.08	6.24	

（续表）

年份	利率为2.5%的中央政府永久债务						1998年到期的3.5s到期收益率年度平均	政府债券收益率年度平均数
	年度平均		年度高点		年度低点			
	价格	收益率（%）	价格	收益率（%）	价格	收益率（%）		
1967	45.375	5.50	47.25	5.30	43.5	5.71	6.00	
1968	41.625	6.00	44.25	5.65	39	6.40	6.22	
1969	36.5	6.85	40	6.25	33	7.51	7.84	
10年平均		5.10					5.30	
1970	34.75	7.20	37.875	6.60	31.125	8.00	7.85	8.22
1971	38.375	6.50	40.75	6.15	36	6.91	7.05	7.35
1972	37.5	6.65	39.875	6.25	35	7.10	6.67	6.88
1973	33.5	7.45	36.625	6.80	30.25	8.20	7.31	7.72
1974	30.25	8.20	34.75	7.20	25.75	9.80	9.20	9.83
1975	32.5	7.71	35.5	7.05	29.5	8.50	7.96	8.79
1976							8.10	8.95
1977							7.30	8.10
1978							6.70	7.74
1979							7.07	8.78
10年平均							7.52	8.24
1980							7.84	10.21
1981							8.46	11.55
1982							6.77	10.10
1983							5.66	8.61
1984							5.55	8.33
1985							4.81	7.34
1986								6.35
1987								6.38
1988								6.29
1989								7.22
10年平均							6.52	8.24

资料来源：

荷兰中央统计局《荷兰统计年鉴》（*Statistical Yearbook of the Netherlands*）。

国际货币基金组织《国际金融统计》。

摩根担保信托公司（Morgan Guaranty Trust Company）《世界金融市场》（*World Financial Markets*）。

经济合作与发展组织《月度金融统计》。

图60　1814～1975年荷兰2.5%永久型债券和1976～1989年政府债券收益率

荷兰的长期利率数据中1814年以前没有精确的系列。然而，有关荷兰长期年金利率的零星信息已经在本书前面几章提供，可以追溯到16世纪。由于荷兰共和国是开发欧洲低利率的先驱，以下将这种早期零星信息笼统纳入比较精确的现代利率数据的努力，似乎应该是值得冒出错的风险的。几个世纪以来荷兰长期债务工具的可获得的最低收益率数据显示在下表中。

荷兰长期利率最低资料数据

16世纪	上半叶	8.33%
	下半叶	6.16%
17世纪	上半叶	5.00%
	下半叶	3.00%
18世纪	上半叶	3.00%
	下半叶	2.50%
19世纪	上半叶	3.75%
	下半叶	2.60%
20世纪	上半叶	2.72%
	下半叶	3.06%

如果这样一个列表可以当做参考的话，看起来荷兰的 20 世纪低利率并没有大大低于资料记载中的 18 世纪的低点。在我们研究过的国家中，19 世纪或 20 世纪的低利率都大大低于早期的低点。我们无须比较这些早期零星信息与现代记载数据，就可以断定荷兰利率在很早的时候就很低，而 19 世纪和 20 世纪的低利率阶段对于荷兰人来说并不新鲜，不像美国人和大部分其他国家的人一样。至于在入侵和危机期间有时很难见到的高利率，几个世纪期间可靠的记载中没有超过 8% 的利率，而 8% 只是在拿破仑入侵期间才出现过。相比之下，1981 年的峰值大约为 12% 。

图 61 展现了 20 世纪荷兰长期利率趋势的另一个角度。该图比较了荷兰长期政府债券和美国公司债券的收益率。20 世纪早期的荷兰这些政府债券的收益率一般都低于美国公司债券的收益率，超过英国国债的收益率，接近法国岁金的收益率。在前两个 10 年期间，荷兰的收益率跟其他收益率一起上升。到了 1920 年，收益率略微高于美国的收益率，大约与法国的收益率持平，低于英国的收益率。在 20 世纪 20 年代，荷兰的收益率不像法国收益率那样进一步上升，而是跟美国和英国的收益率一起下降，而且跌幅远远超过美国和英国。1925 年，收益率跌到了 4% 以下，并保持在了这个水平。1929 年没有什么波动，1931 年也只有一次短暂上扬。在 20 世纪 30 年代初期，荷兰的收益率保持在远远低于美国收益率的水平。然而，1931 年以后它却没有像英国和美国收益率那样大幅度下跌，在 1935 年和 1946 年也没有跌到那么低。1937 年以后，当美国的收益率跳水至 3% 以下时，荷兰的收益率跟欧洲的其他收益率一起上升，直到第二次世界大战爆发。在被占领时期，荷兰的收益率再次跌到 3% ，正如战争时期的英国和法国的收益率一样，但是却保持在大大高于美国收益率的水平。

1946 年以后，跟所有其他收益率一样，荷兰的收益率上升，但却远远不如许多其他国家的收益率。战争以后几年里，永久型 2. 5s 得到可以用来支付临时战争赋税的优惠。到了 1959 年，这些荷兰收益率基本上跟美国的收益率相同，远远低于英国和法国的收益率。

1960 年以后，荷兰收益率几乎与美国收益率的巨大涨幅并驾齐驱，直至 20 世纪 70 年代中期。从那以后一直到 20 世纪 80 年代，荷兰收益率显著低于美国收益率。其中的差距对于荷兰的 3. 25s 来说相当大，如图 61 所示，但同时也存在于荷兰的其他利率中。

荷兰短期利率。荷兰的短期利率在表 65 中用两组数据体现：（a）荷兰银行

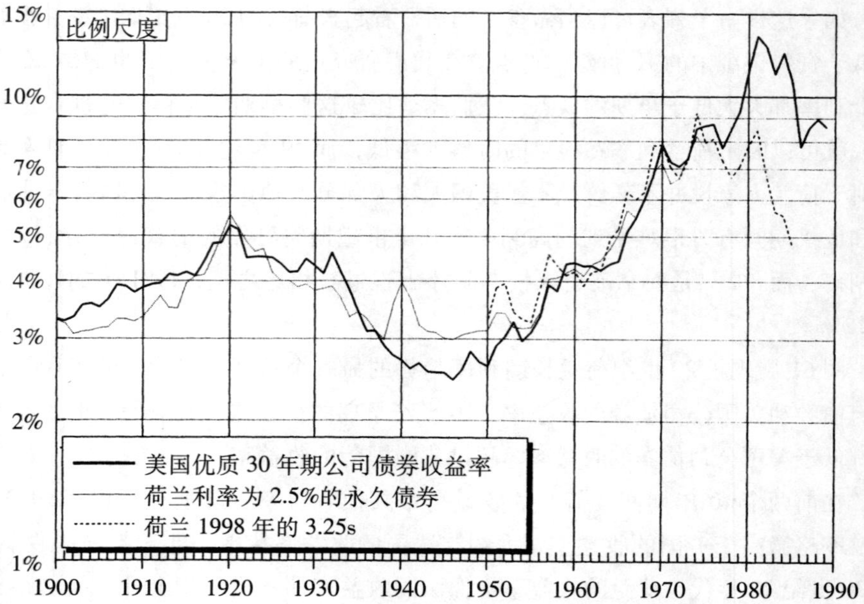

图 61　1900～1989 年荷兰长期政府债券和美国公司债券收益率
（年度平均数）

的贴现率，用年度平均数和波动范围来表示；（b）1900～1912 年和 1915～1941 年的阿姆斯特丹市场贴现率，也即私人贴现率，以及 1945～1989 年的 3 个月期国库券利率，均通过年度平均数和年度高点和低点来表示。贴现率仍然是处罚率，跟 19 世纪一样，而公开市场利率经常低于该利率；在举债还债时期，公开市场利率大大低于该利率。这些短期利率数体现在图 62 中。

荷兰短期公开市场利率在 20 世纪初上升。然而，其上升的幅度为中等，跟欧洲的其他短期利率一样，不同于处于高位的美国的商业票据利率。除了同样发生在其他国家的 1906～1907 年的波动以外，荷兰的公开市场利率维持在中等水平，直到 1910 年。在第一次世界大战期间，尽管贴现率上升并最终固定在 4.5%，但是公开市场利率曾经一度跌到了 2% 以下。1920 年，它只上升到了 4.22%，而此时的英国公开市场利率上升到了 6% 以上。显然，荷兰货币市场上的短期利率保持在低位，远远低于交战国的水平。相比之下，荷兰债券的收益率上升到了超过 1920 年 6% 的高点。德国在 1920～1923 年期间的通货膨胀没有对荷兰货币市场产生多少影响，后者在 20 世纪 20 年代保持相对稳定。这时，平均利率保持在 19 世纪 60 年代以来的最高点，但却大大低于英国和法国的短期利率。

在 20 世纪 30 年代，荷兰的短期利率大幅度下跌，跟其他国家的短期利率一样。荷兰短期利率在 1935 年大幅度上升，接着又跌到新的低点。在第二次世界大战期间，荷兰的短期利率保持在低位。战争以后以及 1949 年的整个贬值期间，荷兰的官方贴现率保持在 2.5%，而公开市场利率允许下跌到 1% 附近。这一点与战后英国非常低的短期利率政策相似，与法国和美国的上升中的短期利率形成了鲜明对比。

荷兰货币市场与其他国家货币市场反差最大的是在 20 世纪 50 年代。在经过了 1951 年的波动后，短期利率保持在低位，在 1956～1957 年的又一次波动中仅仅中度上升。1957 年，贴现率短暂上升到了 5%，而此时的英国银行利率位于 7%。荷兰票据利率平均为 3%，而英国的公开市场利率平均为 5%，法国则平均超过 6%。1957 年后不久，荷兰的公开市场利率再一次下跌，达到 2% 以下水平。荷兰短期公开市场利率在 20 世纪 50 年代平均为 1.72%，而此时的英国公开市场利率平均超过 3%，法国公开市场利率平均接近 4%，美国商业票据平均为 2.58%。

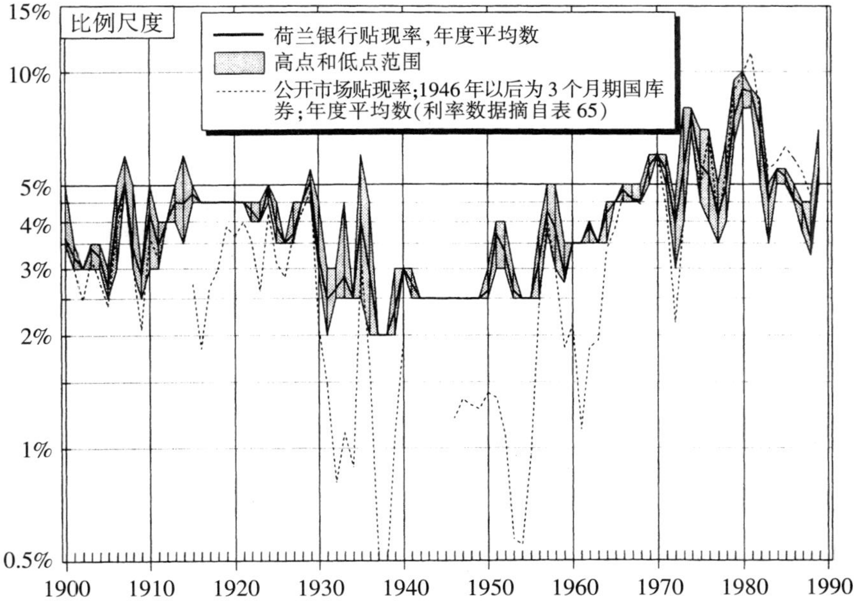

图 62　1900～1989 年荷兰短期利率

表65　20世纪荷兰短期利率

年份	荷兰银行贴现率（%）			阿姆斯特丹公开市场贴现率（%）		
	年度平均	年度低点	年度高点	年度平均	年度低点	年度高点
1900	3.61	3.5	5	3.44		
1901	3.23	3	3.5	3.00		
1902	3.00	3	3	2.47		
1903	3.40	3	3.5	3.19		
1904	3.23	3	3.5	2.77		
1905	2.68	2.5	3	2.39		
1906	4.11	3	5	3.77		
1907	5.10	5	6	4.86		
1908	3.38	3	5	3.01		
1909	2.88	2.5	3	2.07		
10年平均	3.46			3.10		
1910	4.23	3	5	3.64		
1911	3.45	3	4	3.17		
1912	4.00	4	4	3.91		
1913	4.50	4	5			
1914	4.48	3.5	6			
1915	4.75	4.5	5	2.76	2.44	3.09
1916	4.50	4.5	4.5	1.84	1.03	2.60
1917	4.50	4.5	4.5	2.68	1.58	3.78
1918	4.50	4.5	4.5	2.99	2.23	3.72
1919	4.50	4.5	4.5	3.87	3.57	4.18
10年平均	4.34			3.11		
1920	4.50	4.5	4.5	3.65	3.08	4.22
1921	4.50	4.5	4.5	3.99	3.59	4.42
1922	4.27	4	4.5	3.55	2.75	4.34
1923	4.02	4	4.5	2.62	2.93	4.28
1924	4.94	4.5	5	4.19	2.88	5.19
1925	3.90	3.5	4.5	3.10	2.14	3.72
1926	3.50	3.5	3.5	2.84	2.19	3.39
1927	3.71	3.5	4.5	3.67	2.97	4.50
1928	4.50	4.5	4.5	4.23	3.97	4.46

（续表）

年份	荷兰银行贴现率（%）			阿姆斯特丹公开市场贴现率（%）		
	年度平均	年度低点	年度高点	年度平均	年度低点	年度高点
1929	5.10	4.5	5.5	4.82	3.52	5.37
10 年平均	4.29			3.67		
1930	3.23	3	4.5	2.08	1.31	2.99
1931	2.48	2	3	1.47	1.05	2.76
1932	2.65	2.5	3	0.81	0.37	2.24
1933	2.85	2.5	4.5	1.10	0.37	3.54
1934	2.50	2.5	2.5	0.89	0.50	2.07
1935	4.02	2.5	6	3.18	0.58	5.48
1936	2.92	2	4.5	1.64	0.76	3.92
1937	2.00	2	2	0.19	0.13	0.52
1938	2.00	2	2	0.15	0.13	0.32
1939	2.33	2	3	1.10	0.13	2.94
10 年平均	2.70			1.26		
1940	3.00	3	3	1.96	1.35	2.25
1941	2.75	2.5	3	2.00	1.88	2.25
1942	2.50	2.5	2.5			
1943	2.50	2.5	2.5			
1944	2.50	2.5	2.5	**3 个月期国库券（%）**		
1945	2.50	2.5	2.5			
1946	2.50	2.5	2.5	1.20	0.90	1.52
1947	2.50	2.5	2.5	1.35	0.93	1.72
1948	2.50	2.5	2.5	1.30	1.03	1.56
1949	2.50	2.5	2.5	1.27	1.07	1.43
10 年平均	2.58			1.51		
1950	2.62	2.5	3	1.40	1.20	1.57
1951	3.71	3	4	1.36	1.16	1.55
1952	3.33	3	4	1.08	0.84	1.40
1953	2.63	2.5	3	0.57	0.03	0.93
1954	2.50	2.5	2.5	0.55	0.23	0.88
1955	2.50	2.5	2.5	0.96	0.75	1.49

（续表）

年份	荷兰银行贴现率（%）			阿姆斯特丹公开市场贴现率（%）		
	年度平均	年度低点	年度高点	年度平均	年度低点	年度高点
1956	3.12	2.5	3.75	2.38	1.32	3.48
1957	4.26	3.75	5	4.06	3.47	4.87
1958	3.83	3	5	3.01	2.26	4.43
1959	2.87	2.75	3.5	1.85	1.61	2.52
10 年平均	3.14			1.72		
1960	3.50	3.5	3.5	2.14	1.51	2.53
1961	3.50	3.5	3.5	1.12	0.77	1.74
1962	3.88	3.5	4	1.85	1.02	2.46
1963	3.50	3.5	3.5	1.94	1.67	2.25
1964	4.21	3.5	4.5	3.37	2.31	4.26
1965	4.50	4.5	4.5	3.83	3.05	4.29
1966	4.83	4.5	5	4.74	4.32	5.00
1967	4.58	4.5	5	4.58	4.47	4.87
1968	4.54	4.5	5	4.44	4.19	4.65
1969	5.58	5	6	5.55	4.90	6.00
10 年平均	4.26			3.36		
1970	6.00	6	6	5.97	5.75	6.00
1971	5.46	5	6	4.34	3.59	5.60
1972	3.92	3	4.5	2.16	0.70	3.61
1973	5.50	4	8	4.07	1.22	6.41
1974	7.75	7	8	6.90	6.00	7.50
1975	5.63	4.5	7	4.91	2.60	6.60
1976	5.29	4	7	6.80	2.50	14.50
1977	4.13	3.5	5	4.01	2.75	6.38
1978	4.96	4	6.5	5.49	4.10	9.50
1979	7.58	6.5	9.5	8.90	6.75	14.00
10 年平均	5.62			5.36		
1980	9.00	8	10	9.87	8.00	10.87
1981	8.83	8	9	11.23	8.75	15.25

（续表）

年份	荷兰银行贴现率（%）			阿姆斯特丹公开市场贴现率（%）		
	年度平均	年度低点	年度高点	年度平均	年度低点	年度高点
1982	6.96	5	8.5	7.74	5.63	9.63
1983	4.50	3.5	5	5.48	4.50	6.50
1984	5.46	5	5.5	5.73	5.38	6.12
1985	5.25	5	5.5	6.30	5.69	7.00
1986	4.58	4.5	5	5.86	4.75	6.88
1987	4.40	3.75	4.5	5.40	4.75	5.94
1988	3.54	3.25	4.5	4.68	4	5.56
1989	5.92	5	7	6.69	6.44	7
10 年平均	5.84			6.90		

资料来源：

美联储《金融和货币统计》（1943 年、1976 年出版）、《统计年鉴摘要》和《美联储公告》。

摩根担保信托公司《世界金融市场》。

荷兰中央统计局《荷兰统计年鉴》。

国际货币基金组织《国际金融统计》。

经济合作与开发组织《月度金融统计》。

很显然，荷兰人一如既往地依赖着低利率的优势。他们允许比他们大的邻国采用货币紧缩武器来对付战后的通货膨胀，从而帮助压低荷兰的物价。荷兰没有摈弃其古老的低利率传统。这一政策一直坚持到 20 世纪 60 年代期间，而且事实上一直坚持到 1973 年通货膨胀失控的时候。荷兰国库券在 20 世纪 60 年代的 10 年利率平均数为 3.36%，相比之下美国为 3.97%，法国为 4.90%，英国为 5.80%。荷兰国库券到 1972 年才出现年平均数 2%。接着，发生了第一次石油价格冲击。1974 年，荷兰的贴现率达到了 8%，短期利率达到峰值 7.50%。1980 年，贴现率冲到了 10%，短期利率于 1981 年涨到了 15.25%。然而，在 20 世纪 80 年代中期到后期阶段，荷兰的短期利率又回到了该世纪早先时期的范围。

在 19 世纪和 20 世纪期间，资料记载中的荷兰短期公开市场利率平均低于记载中的荷兰债券收益率。两者的差异和持续程度都超过了其他国家。低短期利率是早期荷兰市场的一个显著特征，在 20 世纪 80 年代仍然很突出。

比利时

比利时在 20 世纪上半叶的利率史被两次世界大战中断。在两次世界大战期间，它都成了被占领国家。1831 年的“永久中立国”还原了其历史角色——欧洲最喜欢的战场。这个国家既不能避免也无法建设性地影响它那些强大邻国之间的政治和经济斗争。

比利时法郎的波动态势与法国法郎非常接近，直到第二次世界大战以后，其美元价值损失了 90% 。从那以后，比利时法郎基本上维持了美元价值，而法国法郎则再一次损失了 90% 的美元价值。但是，尽管出现了这种金融灾难，尽管最终丧失了其非洲帝国势力，比利时在工业领域发展起来，并在和平时期实现了高水平的商业繁荣。

比利时长期利率。表 66 和图 63、图 64、图 65 所示的比利时长期利率包括 1830 年以来有资料记载的同一种比利时岁金的收益率。利率为 2.5% 和 3% 的岁金在各表中一直延续到 1914 年。战争期间没有资料数据。利率为 3% 的一个新岁金品种从 1919 年一直延续到 1939 年，而利率为 4% 的岁金系列（“统一债务”，无到期日）则从 1935 年一直延续到 1960 年。1960 年，一个新的系列数据开始呈现，是所有期限超过 5 年期的债券的平均数。

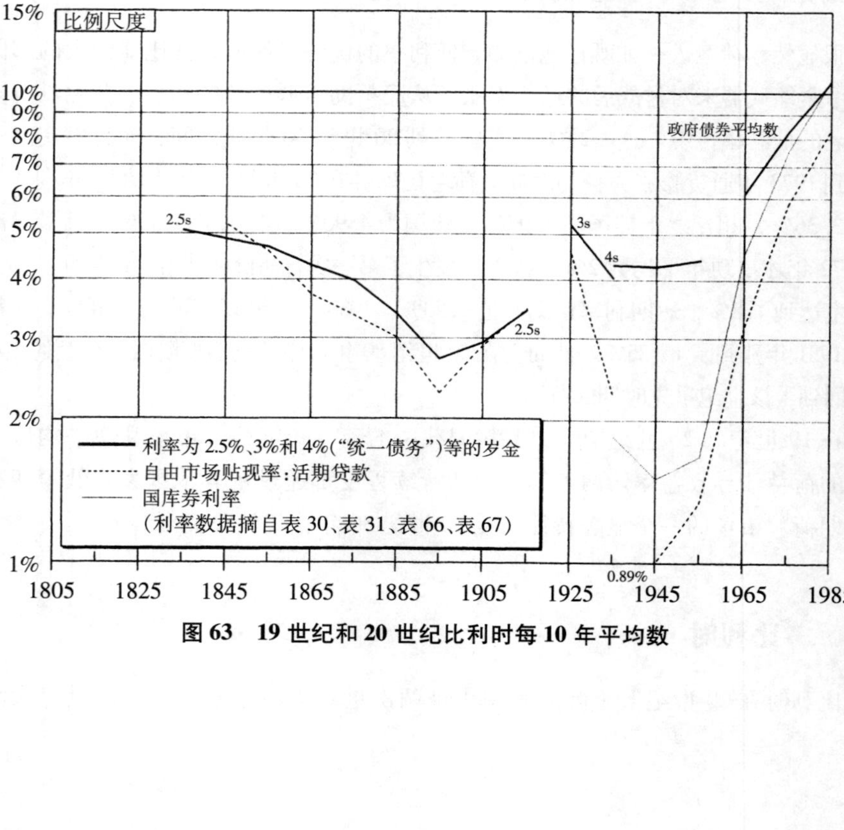

图 63　19 世纪和 20 世纪比利时每 10 年平均数

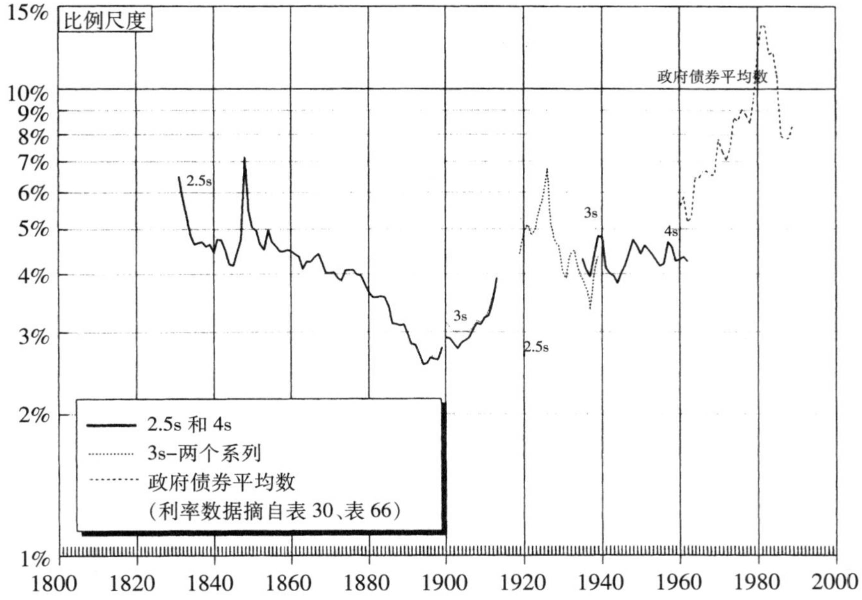

图 64　1831～1989 年比利时岁金收益率
（年度平均数）

表 66　20 世纪比利时长期政府债券的价格和收益率

年份	年度平均数					
	利率 2.5% 的岁金		利率 3% 的岁金		利率 4% 的统一债券（无到期日）部分免税	
	价格	收益率(%)	价格	收益率(%)	价格	收益率(%)
1900	85.625	2.92	95.25	3.15		
1901	86	2.91	97.375	3.08		
1902	88.125	2.84	99.625	3.01		
1903	90.125	2.77	99.625	3.01		
1904	87.625	2.85	99.625	3.01		
1905	87	2.88	99.625	3.01		
1906	85.75	2.92	99.625	3.01		
1907	82.625	3.03	97.75	3.07		
1908	79.375	3.14	95.25	3.17		

（续表）

年份	年度平均数					
	利率 2.5%的岁金		利率 3%的岁金		利率 4%的统一债券（无到期日）部分免税	
	价格	收益率(%)	价格	收益率(%)	价格	收益率(%)
1909	80.375	3.11		3.15		
10 年平均		2.94		3.07		
1910	77.75	3.22	93.75	3.20		
1911	76.875	3.25	89.875	3.34		
1912	71.375	3.50	83.375	3.60		
1913	63.75	3.92	76.625	3.90		
4 年平均		3.47		3.51		
			利率 3%的岁金，第二系列			
1919			67.75	4.43		
1920			60.625	4.95		
1921			59	5.08		
1922			61.75	4.86		
1923			59.375	5.05		
1924			54.625	5.49		
1925			51	5.88		
1926			44.625	6.72		
1927			58.875	5.10		
1928	63.875	4.70				
1929	64.75	4.63				
10 年平均				5.25		
1930			74.375	4.03		
1931			76.5	3.92		
1932			67.125	4.47		

（续表）

年份	年度平均数					
	利率 2.5%的岁金		利率 3%的岁金		利率 4%的统一债券（无到期日）部分免税	
	价格	收益率(%)	价格	收益率(%)	价格	收益率(%)
1933			66.125	4.54		
1934			73.125	4.10		
1935			76.5	3.92	92.625	4.32
1936			80.25	3.74	97.875	4.09
1937			90.125	3.33	101.5	3.94
1938			75.5	3.97	91.625	4.36
1939			68.625	4.37	82.75	4.83
10 年平均				4.04		4.31（5 年平均）
1940					83.125	4.81
1941					96.875	4.13
1942					99.625	4.01
1943					101.125	3.96
1944					104.625	3.82
1945					99.75	4.01
1946					95.875	4.17
1947					90	4.44
1948					84.25	4.75
1949					87	4.60
10 年平均						4.27
1950					90.5	4.42
1951					86.625	4.62
1952					88.625	4.51
1953					90.875	4.40

（续表）

年份	年度平均数					
	利率2.5%的岁金		利率3%的岁金		利率4%的统一债券（无到期日）部分免税	
	价格	收益率(%)	价格	收益率(%)	价格	收益率(%)
1954					93.625	4.27
1955	96.125	4.16				
1956	95	4.21				
1957	85.25	4.69				
1958	87.5	4.57				
1959	93.625	4.27				
10年平均						4.41
	政府债券平均					
1960		5.55			93	4.30
1961		5.87			91.75	4.36
1962		5.18			93.875	4.26
1963		5.28				
1964		6.45				
1965		6.44				
1966		6.65				
1967		6.68				
1968		6.55				
1969		6.55				
10年平均		6.12				4.31（3年平均）
1970		7.81				
1971		7.35				
1972		7.04				
1973		7.44				

（续表）

年份	年度平均数					
	利率 2.5%的岁金		利率 3%的岁金		利率 4%的统一债券（无到期日）部分免税	
	价格	收益率（%）	价格	收益率（%）	价格	收益率（%）
1974		8.68				
1975		8.54				
1976		9.05				
1977		8.80				
1978		8.45				
1979		9.51				
10 年平均		8.27				
1980		12.04				
1981		13.71				
1982		13.56				
1983		11.86				
1984		11.98				
1985		10.61				
1986		7.93				
1987		7.83				
1988		7.85				
1989		8.64				
10 年平均		10.60				

资料来源：

《经济科学院公告》（*Bulletin de l' Institute des Sciences Economiques*），鲁汶大学（Université Catholique de Louvain）于 1937 年 8 月出版，第四册第 435 ~ 36 页；1933 年 11 月出版，第一册第 104 页。

比利时国家银行（Banque National de Belgique）《1919 ~ 1928 年比利时经济统计》（*Statistiques Economiques Belges*，1919 ~ 1928），第 36 页；《1929 ~ 1940 年比利时经济统计》，《1941 ~ 1950 年比利时经济统计》，第 74、76 页，第 82 页。

国际货币基金组织《国际金融统计》。

经济合作与发展组织《月度金融统计》。

名义利率比较高的债券跟往常一样，收益率也比较高。我们研究过的债券中没有一种的售价长时间位于面值以上。我们掌握的资料中没有一种比利时债券系列能够可靠地描绘比利时的通行长期利率——不像18世纪和19世纪的英国国债、英国长期利率板块数据及20世纪美国公司债券平均收益率。

比利时长期利率的趋势在该世纪前20年里跟我们讨论过的其他国家的总体趋势很相似：收益率在1910年以后大幅度上升。在20世纪20年代，比利时市场偏离了美国、英国和荷兰的市场走势，转向追寻法国的市场：收益率进一步上涨至1925年，当时这两种法郎都受到攻击，然后在贬值和稳定之后，在1926年以后大幅度下跌。在20世纪30年代，比利时市场继续跟随法国的轨迹，而不是美国、英国和荷兰市场的态势。尽管短期利率非常低，但债券的收益率当时并没有跌到非常低的水平。从1937年到1940年，比利时的收益率大幅度上升。在第二次世界大战期间，比利时收益率跟其他国家一样下跌，但是跌幅不深。战争结束后，4s所体现的比利时收益率走出了一个独特的形态。它不像我们讨论过的大部分国家那样从1945年到20世纪60年代初期大幅度上升；但也没有跌到非常低的水平。它只是在大部分时候在4.25%～4.75%之间波动。而美国的收益率从2.37%上升到了4.60%，英国从2.50%上升到7.00%，法国从3%上升到高点6.50%。

比利时的中等期限新政府债券在20世纪50年代期间发行时的平均收益率为4.78%。有时，收益率超过了5%。4s的较低收益率的部分原因是利率为4%的债券的期限和优惠条件。然而，债券收益率不同寻常的稳定性，以及事实上不同寻常的经济稳定性，构成了比利时在第二次世界大战后期间的特征。这个稳定阶段在1964年突然结束。从那以后，收益率飙升至6.5%，并在这个位置上稳定了数年之后于1970年再次上升至大约7.50%，又稳定了3年后，上升到1974年的平均8.68%。从1975年到1978年，比利时的收益率保持在8.5%～9.0%的范围内，接着于1981年、1982年继续攀升，峰值超过了13.50%。因此，它的高点低于美国的高点，大大低于英国和法国的高点。接着，收益率下跌到20世纪80年代后期的8%左右。

图65所示与美国公司债券收益率的比较，体现了20世纪期间比利时收益率在趋势方面的相似性和差异性。跟欧洲大部分国家的收益率一样，比利时的收益率在世纪初低于美国的收益率，上升的速度超过美国。1920年的高收益率的危机并没有在比利时发生，但是跟法国一样，危机发生在了1925～1926年。1926年以后，比利时的收益率跌到了美国的水平，美国更低一些，而法国的收益率当时

跌到了大大低于美国的水平。

20 世纪 30 年代初期，比利时的收益率呈现出与美国收益率一起波动的趋势，但是 1937 年以后，比利时收益率的升幅大大超过了美国的收益率。在这一点上，它走出了法国的形态。1946 年以后，与其他国家的趋势的差异变得十分显著。从 1946 年到 1960 年，4s 的收益率没有大幅度上升，不像我们讨论过的几乎所有其他国家的债券收益率那样。1959 年，美国的收益率上涨，并追上了比利时 4s 的收益率。虽然比利时的其他品种的收益率超过了 4s，20 世纪 50 年代的收益率上升幅度却小得不同寻常。从那以后，收益率急升至 1981 年，几乎完全平了美国的收益率，接着在 20 世纪 80 年代纷纷落在了美国收益率的后面。

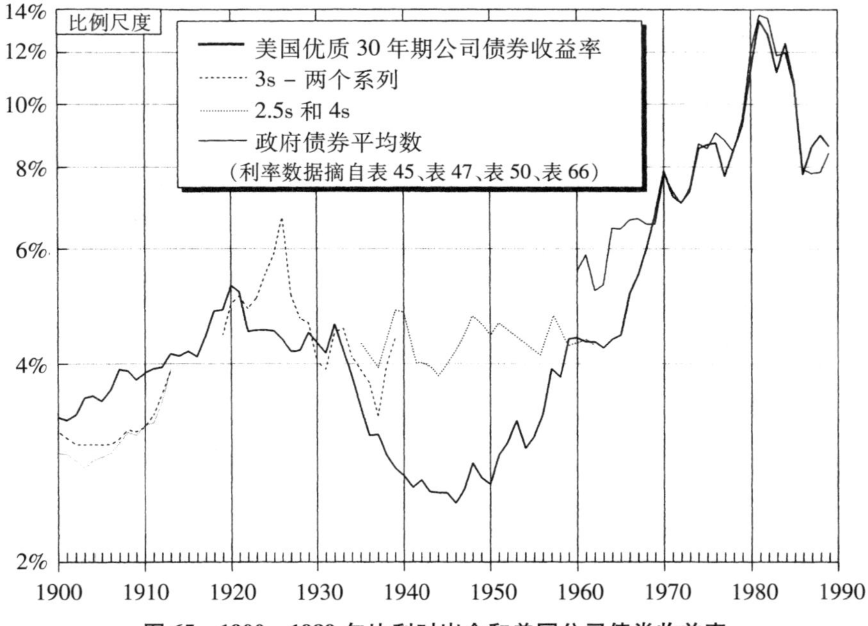

图 65　1900 ~ 1989 年比利时岁金和美国公司债券收益率
(年度平均数)

比利时短期利率。在表 67 中，比利时短期利率以 4 种系列体现：(a) 比利时国家银行的官方贴现率；(b) 1900 ~ 1913 年、1919 ~ 1940 年商业票据的自由市场贴现率年度平均数和高点、低点；(c) 1927 ~ 1989 年期间活期贷款年度平均数和高点、低点；(d) 1937 ~ 1939 年、1942 ~ 1989 年国库券年度平均数和高点、低点。最后这个品种是财政部以固定价格不限量发行的；从 1946 年到 1956 年，利率固定在1.31%。这些短期利率也体现在了图66中（同时参阅图63中的10年平均数）。

比利时短期利率在20世纪的前20年期间上升。它跟1925~1926年危机时期的法国短期利率一起上升到截至20世纪70年代和80年代的高点，但没有在1920年追随美国和英国。在20世纪30年代期间，比利时的短期利率跳水至1%以下，虽然比利时的债券收益率保持在高位。短期利率在大部分时候保持在低位，直到1946年。比利时甚至出现过1.5%的贴现率——低于英国最低银行利率。1946年以后，活期贷款和票据利率保持在非常低的水平，但是贴现率却上升到了3%、4%，并在大部分时间保持在这个范围内，直到1960年。在1957~1958年期间，利率短暂地急升至4.5%，但不是英国的6%或7%的危机利率。

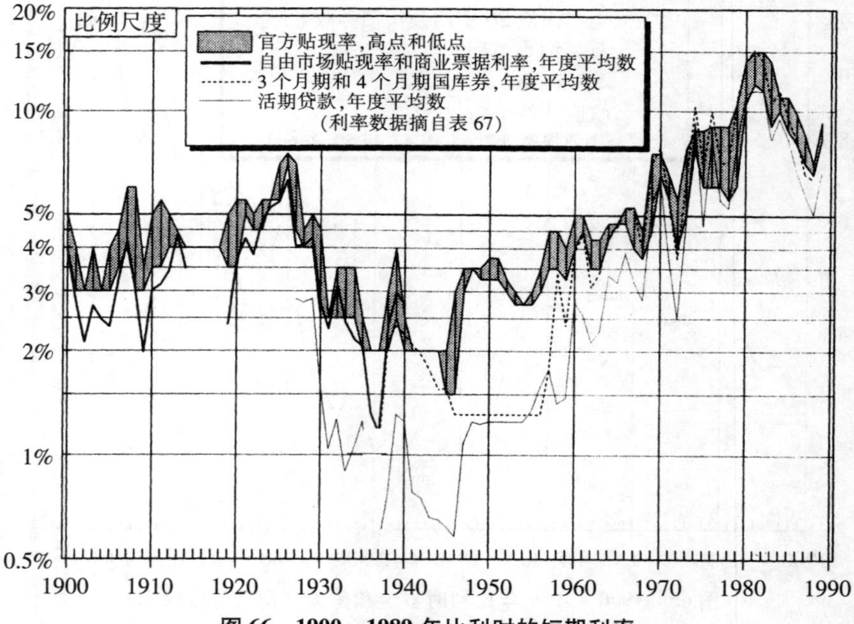

图66　1900~1989年比利时的短期利率

在20世纪60年代，比利时的短期利率持续而逐步上升至1969年，而此时的贴现率上升到了7.5%。在20世纪70年代初期，利率大幅度下滑。危机于1973年突然降临，并于1974年达到顶峰，票据收益率一度达到了11.75%的高度。除了短暂变化外，短期利率在20世纪70年代后期保持在5%~10%的范围内，然后在20世纪80年代初攀升到前所未有的水平。跟其他国家一样——比如美国——

比利时的利率在 20 世纪 80 年代中后期跌幅相当大，但是仍然保持在比 1970 年以前任何时候都高的水平。

表 67　20 世纪比利时短期利率

年份	官方贴现率（%）		自由市场贴现率（%）			活期贷款（%）			4 个月期国库券（%）		
	低点	高点	年均	低点	高点	年均	低点	高点	年均	低点	高点
1900	4	5	3 94	3. 62	4. 75						
1901	3	4	2. 81	2. 50	3. 50						
1902	3	3	2. 12	2. 12	2. 12						
1903	3	4	2. 72	2. 50	3. 12						
1904	3	3	2. 47	2. 25	2. 75						
1905	3	4	2. 36	2. 12	2. 75						
1906	3. 5	4. 5	3. 24	2. 97	3. 62						
1907	4	6	4. 17	3. 56	4. 62						
1908	3	6	3. 04	1. 93	5. 19						
1909	3	3. 5	1. 98	1. 87	2. 12						
10 年平均	3. 25		2. 89								
1910	3. 5	5	3. 01	2. 62	3. 50						
1911	3. 5	5. 5	3. 13	2. 12	4. 37						
1912	4	5	3. 42	3. 12	3. 85						
1913			4. 38	4. 32	4. 50						
1914	4	4	3. 49								
1915	4	4	4 年								
1916	4	4	平均								
			商业票据贴现率（%）								
1917	4	4									
1918	4	4									
1919	3. 5	5	2. 39	2. 00	2. 88						
10 年平均	3. 83										

（续表）

年份	官方贴现率（%）		自由市场贴现率（%）			活期贷款（%）			4个月期国库券（%）		
	低点	高点	年均	低点	高点	年均	低点	高点	年均	低点	高点
	9年平均										
1920	3.5	5.5	3.69	2.00	4.75						
1921	5	5.5	4.25	4.00	4.37						
1922	4.5	5	3.81	2.75	4.25						
1923	4.5	5.5	4.81	3.94	5.37						
1924	5.5	5.5	5.25	5.12	5.37						
1925	5.5	7	5.44	5.12	6.94						
1926	7	7.5	6.28	4.32	7.27						
1927	4.5	7	4.05	3.79	4.25	2.85	1.68	4.02			
1928	4	4.5	4.06	3.87	4.40	2.78	1.71	3.64			
1929	4	5	4.30	3.96	4.94	2.85	2.11	3.48			
10年平均	4.80		4.59			2.83					
						3年平均					
1930	2.5	4.5	2.78	2.05	3.41	1.59	0.90	2.59			
1931	2.5	2.5	2.32	2.13	2.44	1.04	0.78	1.28			
1932	2.5	3.5	3.12	2.91	3.36	1.27	0.88	2.27			
1933	2.5	3.5	2.42	2.12	2.89	0.89	0.72	1.07			
1934	2.5	3.5	2.16	1.93	2.38	1.05	0.75	2.09			
1935	2	2.5	2.06	1.88	2.38	1.25	0.50	2.24			
1936	2	2	1.32	1.00	1.52	n.a.	n.a.	n.a.			
1937	2	2	1.16	1.00	1.78	0.55	0.50	0.78	1.07	0.74	1.89
1938	2	3	2.35	1.50	3.26	0.76	0.50	1.45	2.12	1.41	2.85
1939	2.5	4	2.96	1.98	4.28	1.31	0.50	2.20	2.38	1.56	2.75
10年平均	2.30		2.27			1.08			1.86		

（续表）

年份	官方贴现率（%）		自由市场贴现率（%）			活期贷款（%）			4 个月期国库券（%）		
	低点	高点	年均	低点	高点	年均	低点	高点	年均	低点	高点
						9 年平均			3 年平均		
1940	2	2.5	2.75	2.68	2.94	1.25	1.00	1.50			
1941	2	2				0.78	0.75	1.00			
1942	2	2				0.75	0.75	0.75	1.94	1.94	1.94
1943	2	2				0.66	0.63	0.75	1.75	1.63	1.94
1944	2	2				0.65	0.63	0.89	1.55	1.38	1.63
1945	1.5	2				0.62	0.50	1.00	1.56	1.56	1.56
1946	1.5	3				0.58	0.50	1.00	1.31	1.31	1.31
1947	3	3.5				1.08	1.00	1.25	1.31	1.31	1.31
1948	3.5	8 5				1.25	1 25	1.25	1.31	1.31	1.31
1949	3.25	3.5				1.23	1.11	1.25	1.3I	1.31	1.31
	2.2										
10 年平均	2.28					0.89			1.51		
									8 年平均		
1920	3.25	3.75				1.25	1.25	1.25	1.31	1.31	1.31
1951	3.25	3.75				1.25	1.25	1.25	1.31	1.31	1.31
1952	3	3.25				1.25	1.25	1.25	1.31	1.31	1.31
1953	2.75	3				1.25	1.25	1.25	1.31	1.31	1.31
1954	2.75	2.75				1.25	1.25	1.25	1.31	1.31	1.31
1955	2.75	3				1.35	1.25	1.50	1.31	1.31	1.31
1956	3	3.5				1.58	1.46	1.70	1.31	1.31	1.31
1957	3.5	4.5				1.78	1.70	2.25	1.76	1.31	4.25
1958	3.5	4.5				1.41	1.11	2.08	3.40	2.50	4.25
1959	3.25	4				1.47	1.00	1.03	2.38	2.25	3.50
10 年平均	3.10					1.38			1.67		

（续表）

年份	官方贴现率（%）		自由市场贴现率（%）			活期贷款（%）			4个月期国库券（%）		
	低点	高点	年均	低点	高点	年均	低点	高点	年均	低点	高点
									3个月期国库券（%）		
1960	4	5				2.79	2.07	3.80	3.92	3.50	4.50
1961	4.5	5				2.56	2.25	2.90	4.38	4.00	4.50
1962	3.5	4.25				2.13	1.48	2.73	3.09	2.90	3.60
1963	3.5	4.25				2.29	1.76	2.87	3.42	3.00	4.10
1964	4.25	4.75				3.35	2.83	3.95	4.43	4.20	4.75
1965	4.75	4.75				3.19	2.23	3.98	4.62	4.50	4.80
1966	4.75	5.25				3.89	3.16	4.57	5.25	4.75	5.85
1967	4	5.25				3.19	2.53	3.71	5.18	4.40	5.75
1968	3.75	4.5				2.84	2.45	3.36	3.96	3.75	4.75
1969	4.5	7.5				5.40	3.16	7.46	7.08	5.40	8.50
10年平均	4.15					3.16			4.53		
1970	6.5	7.5				6.26	5.30	6.74	7.80	6.95	8.50
1971	5.5	6.5				3.72	1.65	4.84	5.40	4.60	6.80
1972	4	5.5				2.51	1.69	3.70	3.75	3.45	4.80
1973	5	7.75				4.80	2.96	8.52	6.38	4.80	7.65
1974	7.75	8.75				9.24	7.94	10.34	10.30	7.65	11.75
1975	6	8.75				4.68	3.88	6.47	6.80	6.05	10.05
1976	6	9				8.31	3.99	15.52	10.00	6.05	13.40
1977	6	9				5.49	3.42	7.16	7.05	6.05	8.45
1978	5.5	9				5.23	3.63	7.56	7.05	5.60	9.15
1979	6	10.5				7.97	4.81	11.32	10.75	7.90	14.35
10年平均	5.83					5.82			7.53		
1980	10.5	14				11.22	9.50	14.83	14.08	12.25	17.38
1981	12	15				11.47	8.98	16.44	15.21	12.37	17.19

（续表）

年份	官方贴现率（%）		自由市场贴现率（%）			活期贷款（%）			4个月期国库券（%）		
	低点	高点	年均	低点	高点	年均	低点	高点	年均	低点	高点
1982	11.5	15				11.44	9.29	13.05	14.10	12.25	15.38
1983	9	14				8.18	5.85	11.28	10.56	9.25	13.63
1984	10	11				9.47	7.17	11.13	11.41	10.75	12.25
1985	8.75	11				8.27	6.60	9.45	9.59	8.68	10.75
1986	8	9.75				6.64	5.09	8.67	8.11	7.35	9.75
1987	7	8.5				5.67	4.61	6.90	6.51	6.65	7.75
1988	6.5	7				5.04	4.15	6.30	6.29	6.10	6.86
1989	8.25	10.25				7.02	5.37	8.55	8.68	7.58	10.04
10年平均	9.15					8.44			10.45		

资料来源：见表 66 的资料来源。

未发表数据由比利时信贷银行国内部（Studiedienst of the Krediet Bank of Belgium）收集。

经济合作与发展组织《月度金融统计》。

德国

在 20 世纪，德国创造了金融历史和政治历史。第一次世界大战以后的巨大通胀是举世闻名的大事，而不那么著名的事实是柏林股票交易所一度记载过活期贷款市场利率超过年 10 000%。

在 19 世纪期间，德国有效地应用了荷兰和英国通过发售长期债券调用人民储蓄的体系。德国人民起初购买的是普鲁士、巴伐利亚、萨克森和一大批公国的债券，而在实现了统一之后，人们购买德意志帝国债券和抵押银行的债券。在 19 世纪的最后 30 年和 20 世纪的第一个 10 年期间，这些储蓄几乎史无前例地为经济和军事扩张提供了融资。

图 67 显示了 19 世纪和 20 世纪的长期和短期利率每 10 年平均数，而图 68 显示了在这两个世纪期间的长期债券收益率年度平均数。在 1870 ~ 1910 年强劲扩张的几十年期间，德国政府债券的收益率实际上是在下跌。德国的收益率并不像英

国、荷兰和法国的收益率跌得那么深，但却位于非常低的水平，足以表明人民的储蓄跟得上经济快速增长的融资需求。德国正在享用这一强大武器的好处，即每年平稳积累的新储蓄在寻求含息债券的投资机会。在1914年以前那些年，德国的债券收益率与美国的收益率相似，而美国也是在1870～1914年期间快速发展的大国。

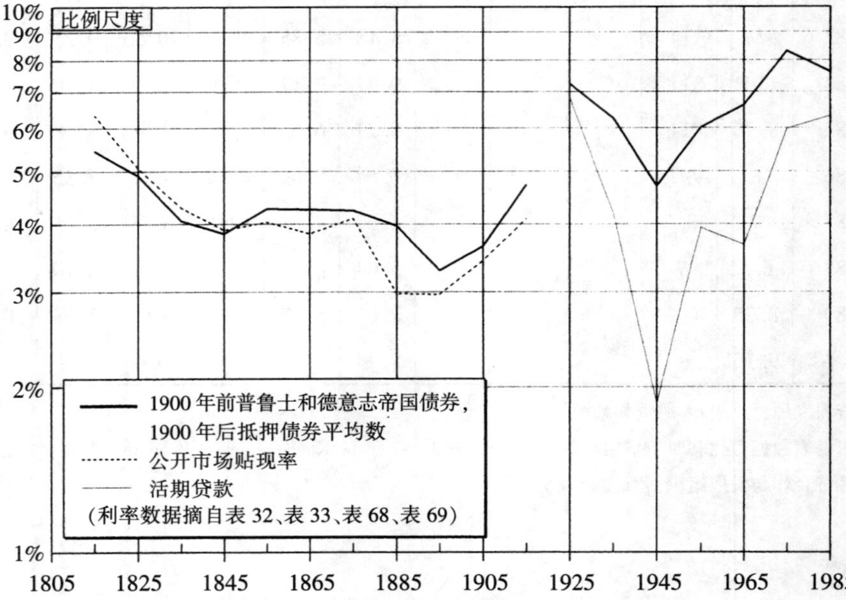

图67　19世纪和20世纪德国每10年平均数

20世纪期间两次世界大战的战败改变了德国。每次战争之后，德国的货币就变得一钱不值。第二次世界大战以后，国家被分裂，被占领，并且遭到严重的破坏。因此，毫不奇怪的是，德国从1914年以后的利率史时常混乱不堪。所有德国利率系列数据都经常被中断，并且有些阶段的记载数据仅仅是走形式。

然而，从20世纪60年代以后，西德的经济取得了巨大的繁荣在国际经济中占有重要地位。国际贸易中的巨大顺差与美国、英国和其他国家的赤字形成了鲜明的对比。西德在最近几十年经历的通货膨胀不如大部分大国严重，成了货币和价格稳定的杰出典范。这一点常常被认为是反映了德国人民对世纪早期灾难的负面记忆。新德国相对保守的金融政策带来的一个后果是，西德的利率，尤其是长期利率，在战后阶段的大部分时候都高于美国的利率。然而，从20世纪70年代开始，西德的收益率总体上低于美国的收益率。西德在20世纪下半叶的利率趋势因此不同于大部分其他西方国家。西德的长期利率在 20 世纪 50 年代比较高，在 20 世纪 60 年代和 70 年代的通胀困扰期间升幅较小，并且在 20 世纪 70 年代后期和 80 年代低于其他国家的利率，比如美国。从 20 世纪 40 年代后期到 80 年代后期，西德的短期利率虽然逐年都在波动，却总体上呈现平稳步的长期趋势，而相比之下，其他许多国家在这 40 年期间却表现为大幅度上升趋势。

德国长期利率。为了描绘德国的长期市场利率情形，表 68 提供了数个系列数据。具体为：（a）德意志帝国的 3s 收益率，直至 1908 年；（b）1900～1921 年、1924～1943 年和 1948～1989 年经过计算的高级债券平均收益率；（c）1927～1944 年和 1956～1989 年的德国长期政府债券平均收益率。平均数所依据的债券名义利率范围很大，而活期和赎回优惠情况非常复杂、多种多样。世纪初期的收益率无疑可以对比 19 世纪的收益率。1929 年以后的收益率至少在 20 世纪 60 年代之前很难进行每 10 年的对比。

20 世纪的德国收益率所形成的态势与我们讨论过的大部分国家都很不相同。德国收益率在 1924 年、1932 年、1974 年和 1981 年的 4 个重大危机期间上升，每次长期政府债券都超过了 10% 的水平（见图 68）。在各个峰值之间的时期，德国的收益率当然是大幅度下跌，但是没有跌到大部分国家的低水平，直到 20 世纪 70 年代后期和 80 年代——此时的西德债券常常低于其他国家。因此，20 世纪 30 年代后期和第二次世界大战期间的低收益率平均没有低于 3.5%，而在第二次世界大战以后，也很少低于6%。然而，在20 世纪 80 年代，西德的长期平均收益率远远低于具有可比性的美国公司债券和政府债券的收益率。

图 69 对比了德国和美国的收益率，表明尽管差距甚大，德国在 20 世纪期间的收益率通常都在美国收益率上升的时候上升、在美国收益率下降的时候下降，但是也有些重大的例外情形。从 1900 年到 1920 年，德国的收益率随大流上涨。德国政府债券的收益率在世纪初期略微高于美国公司债券的收益率。在第一个 10 年期间，它跟美国的收益率一起上升，在第二个 10 年期间上升的速度快得多。1912 年和 1913 年的急跌非常显著。从 1920 年到 1925 年的严重通货膨胀期间，德国收益率继续上升。这一点与美国、英国和荷兰在通胀期间的下降趋势迥然不同。然而，在德国，通货膨胀形势极端得多，收益率的上升幅度也更大。不幸的是，在 1922 年和 1923 年的通胀期间，资料来源中没有计算任何债券的收益率数据，无疑这是因为当时市场和货币的混乱形势。1924 年，也就是稳定的第一年，经过计算的平均数为 9.97%，高点为 20%。

表 68　20 世纪德国长期政府债券的价格和收益率

年份	德意志帝国 3s 年度平均数		年度平均数（%）		年份	德意志帝国 3s 年度平均数		年度平均数（%）	
	价格	收益率（%）	高级债券收益率	政府贷款		价格	收益率（%）	高级债券收益率	政府贷款
1900	86.75	3.46	3.68		1920			6.34	
1901	89.25	3.36	3.65		1921			6.45	
1902	92.25	3.25	3.52		1922				
1903	91.5	3.28	3.53		1923				
1904	90.125	3.33	3.57		1924			9.97	
1905	90.125	3.33	3.57		10 年平均			6.61	6.59
1906	87.75	3.42	3.63		1925			8.45	
1907	84.25	3.56	3.75		1926			6.71	
1908	83.375	3.60	3.80		1927			5.93	6.97
1909			3.70		1928			6.89	7.00
10 年平均			3.64		1929			7.27	7.01
1910			3.76		10 年平均			7.25（8 年平均）	6.99（3 年平均）
1911			3.79		1930			7.24	7.21
1912			3.91		1931			7.33	12.47
1913			4.09		1932			10.19	8.17
1914			5.06		1933			7.81	6.62
1915			5.06		1934			6.77	5.20
1916			5.10		1935			4.78	4.96
1917			5.11		1936			4.77	4.94
1918			5.11		1937			4.60	4.88
1919			6.20		1938			4.51	4.61
10 年平均			4.72						

（续表）

年份	德意志帝国3s年度平均数		年度平均数（%）	
	价格	收益率（%）	高级债券收益率	政府贷款
1939			4.56	4.61
10年平均			6.26	6.37
1940			4.49	3.92
1941			4.40	3.69
1942			4.35	3.57
1943			4.35	3.56
1944				3.56
1945				
1946				
1947				
1948			5.39	
1949			5.22	
10年平均			4.70 6年平均	3.66 5年平均
1950			5.78	
1951			6.33	
1952			5.28	
1953			5.67	
1954				
1955				
1956			6.23	6.90
1957			6.64	7.50
1958			6.28	6.80
1959			5.86	5.77
10年平均			6.01 8年平均	6.74 4年平均
1960			6.50	6.40
1961			6.00	5.90
1962			6.03	5.90
1963			6.12	6.05
1964			6.17	6.23
1965			6.74	7.04
1966			7.64	8.12
1967			7.01	6.96
1968			6.84	6.45
1969			7.02	6.84
10年平均			6.61	6.59
1970			8.14	8.33
1971			8.28	7.99
1975			8.36	7.87
1973			9.59	9.33
1974			10.73	10.38
1975			9.00	8.48
1976			8.20	7.80
1977			6.60	6.20

（续表）

年份	德意志帝国 3s 年度平均数		年度平均数（%）		年份	德意志帝国 3s 年度平均数		年度平均数（%）	
	价格	收益率（%）	高级债券收益率	政府贷款		价格	收益率（%）	高级债券收益率	政府贷款
1978			6.40	5.80	1984			7.80	7.80
1979			7.70	7.40	1985			7.00	6.90
10 年平均			8.30	7.96	1986			6.10	5.90
1980			8.70	8.50	1987			5.90	5.80
1981			10.60	10.40	1988			6.10	6.10
1982			9.10	9.00	1989			7.00	6.80
1983			8.00	7.90	10 年平均			7.63	7.51

资料来源：

赫尔曼·艾伯特（Herman Albert）博士《1895～1908 年德国利率的历史变迁》（*Geschichtliche Entwickelung des Zinsfusses in Deutschland*，1895～1908）（莱比锡，1910 年出版），第 36 页。

1910～1913 年、1924～1930 年、1926～1934 年平均数由国家经济研究局汇编，来自多个出版渠道。

德国联邦银行（Deutsche Bundesbank）出版物。

国际货币基金组织《国际金融统计》。

经济合作与发展组织《月度金融统计》。

经过了 1924 年的一次小幅下跌之后，德国债券收益率再次快速上升。在 1930～1932 年的危机期间，只有德国产生了极高的收益率。收益率范围为 10%～12%，相当于或者超过了 1924 年的水平，但是可能低于没有记载的 1923 年通胀期间的收益率。

1932 年以后，德国的收益率大幅度下跌，正如所有其他国家的收益率一样。希特勒的独裁政权强制实行了中等程度但并不十分低的利率。大量新发行的政府债券——通常利率都在 4.5%——卖给人民，用来投资道路、建筑和武器。在第二次世界大战期间，收益率进一步下跌，但是保持在远远高于美国 2.5% 和英国 3% 的水平。

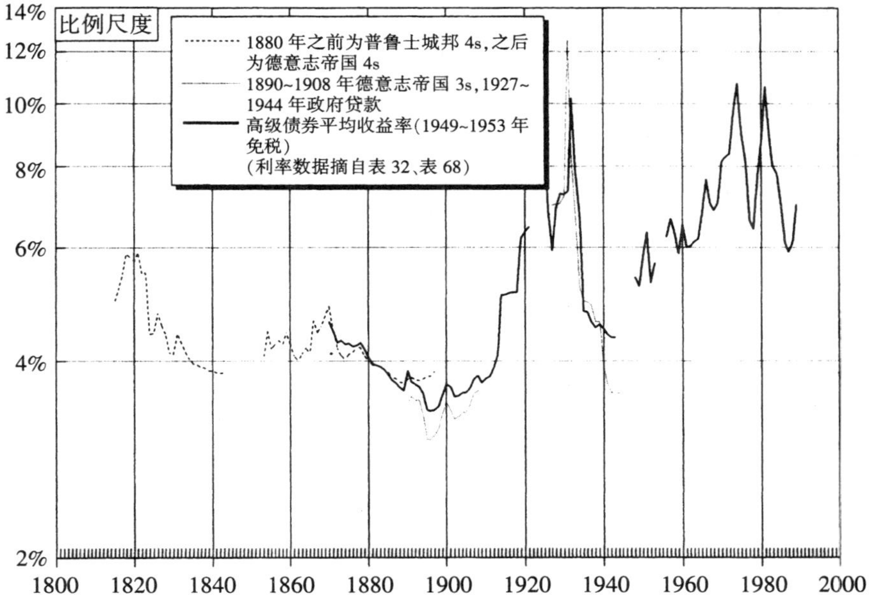

图 68　1815～1989 年德国债券收益率（年度平均数）

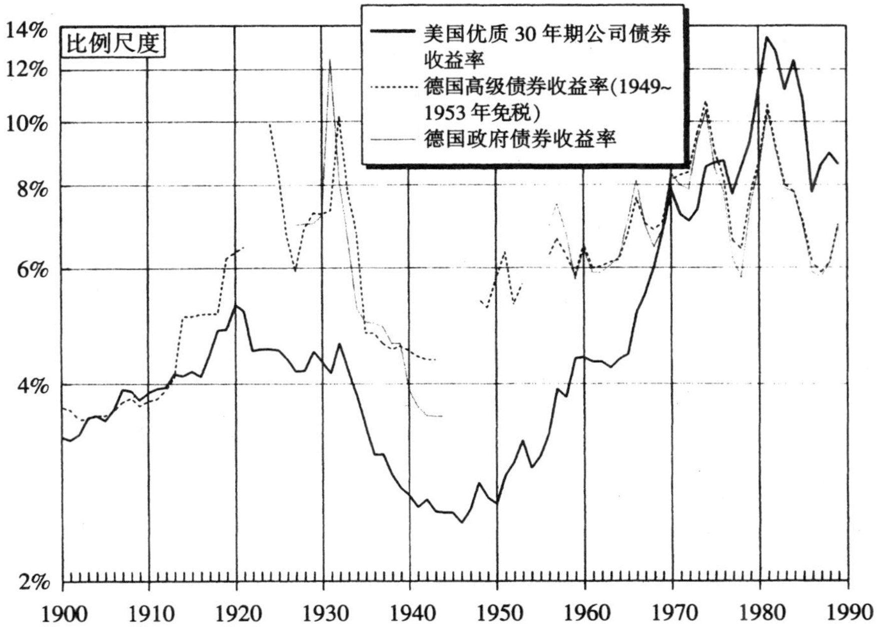

图 69　1900～1989 年德国政府债券和抵押债券、美国公司债券收益率

第二次世界大战以后，西德的收益率与所有其他国家的收益率一起上涨。经过了一个数据空白期之后，收益率在1950年上升到6%左右，20世纪50年代期间收益率在5.50%～6.50%之间波动。各种各样的名义利率、赎回期限、偿还和税收规定，使得这个10年期的详细收益率数据失去了意义。由于赋税条件和管辖或者控制市场的法律的变更，我们无法进行年与年之间的比较。然而，毫无疑问，西德在20世纪50年代的收益率相对于其他西方国家的收益率来说非常高。

1950年，西德的优质长期债券收益率比美国的类似收益率高出355个基点。到了1960年，这个差距缩小到175个基点。到了1970年，差距消失，而在20世纪70年代后期和80年代期间，两者之差变成了负数。因此，虽然西德的收益率跟所有其他国家的收益率一样从战后一直到1981年都在上升，西德的升幅却比其他国家小得多，因为它的收益率是在一个非常高的水平起步的。

通货膨胀。德国1923年的通货膨胀已经成为现代工业国家通胀的经典案例。不难想象的是，它为利率历史学家提供了不同寻常的紧密数据。这些数据值得花几个段落详细说明。[注536]

在1922年年初，德意志银行的官方贴现率为5%，这是战争期间的利率。已经逐步发展了数年的通货膨胀这时停住了脚步，贴现率成功地提升到7%、8%和10%。最后这个利率数是英国银行有时应用的传统危机利率，在德国仅仅在19世纪初期出现过。高贴现率并不能证明能有效地抵御供货膨胀。1923年1月，官方贴现率提高到12%，4月份又提高到18%。在这种利率水平上，德意志银行的信贷唾手可得，通货膨胀如脱缰野马般肆虐。1923年8月，德意志银行宣布了一种新的贴现："恒定价值"贷款。贷款的偿还不得少于贷款金额英镑汇兑价值的4/5。德意志银行没有该"恒定价值"条款的票据贴现率提高到了30%，接着又上升到90%。包含"恒定价值"条款的票据，利率为10%。通货膨胀还在继续。

在1923年通货膨胀达到高潮的时候，用于印刷德意志银行本票的特殊用纸正在20家纸厂生产。这还不够。从1923年1月到6月，通胀率上升了800%，生活成本上升了600%，而市场上的美元价值从3 644上升到了22 301。从1923年7月到10月，货币流通量增长了300 000%。

1922年，柏林的公开市场贴现率从3.75%上涨到了10.5%。我们掌握的

1923 年最具有参考性的公开市场利率为官方马克贴现率 10% ~90% 的水平，而这个利率水平几乎总是超过公开市场利率的惩罚性利率。然而，在 9 月和 10 月，活期贷款利率达到了折算为每年的 1 606% 和 1 825% 的水平。[注537] 在 1923 年 11 月通货膨胀的顶点，柏林股票交易所的活期贷款上升到了无马克贬值保险的贷款 30% 每天。折算过来，等于年利率 10 950% 。

在 1923 年 11 月和 12 月，马克稳定下来。然而，信心并没有立刻得到恢复。12 月份记载的活期贷款利率为可用新马克纸币偿还的贷款 3% ~5% 每天，即年利率 1 095% ~1 825% ，而有货币贬值担保的贷款则是低得多的每月 1% ~1.5% ，即年利率 12% ~18% 。即便在 1914 年，在马克很稳定的时候，用新马克偿还的贷款据记载利率高达每年 72% ，而用外汇偿还的贷款则为 15% ~16% 。但是，到了 1924 年 10 月，马克贷款跌到了每年 13% ，外汇贷款跌到了每年 7.2% 。

在 1924 年的初步稳定时期，高级抵押债券——此时有了“恒定价值”条款——据记载收益率高达 15% ~20% 。高级长期债券的收益率在 1924 年经计算平均为 9.97% 。

到了 1926 年，贴现率终于下降到了 6% 。活期贷款从 1925 年 10 月的 9.41% 下跌到 1926 年 4 月的 5.64% ；抵押债券收益率幅度从 1925 年的 8.02% ~9.64% 下降到 1926 年 4 月的 6.08% ~8.13% ；抵押贷款的费用（利息加上佣金和其他费用）从 1925 年名义资本的 15% 降到了 1926 年的 10% 。

1925 ~1927 年期间的利率下跌并没有持续下去。一场政治和经济危机正在酝酿之中。恢复资本市场名义利率水平的努力没有取得成功，利率为 7% 的抵押债券受到冷遇。1928 年和 1929 年，利率大幅度上升。到了 1931 年，据计算抵押贷款的平均成本为 9.50% 。即便在没有通货膨胀的情况下，德意志银行的贴现率还是在 1931 年上涨到了 15% ，公开市场利率上涨到了 10% 。

德国短期利率。德国短期利率以 3 组系列数据体现在表 69 中：（a）1900 ~1989 年中央银行的官方贴现率，表现为年度平均数和范围；（b）1900 ~1959 年柏林公开市场贴现率，表现为年度平均数和月度均高点和低点；（c）1925 ~1944 年和 1950 ~1989 年活期贷款，表现为年度平均数，包括 1923 年和 1924 年的部分出奇高的现汇汇率。图 70 描绘了这些短期利率。

图 70 表现出了以下总体情形：德国的短期利率在第一个 10 年期间比较高。贴现率两次超过 7% ，公开市场利率上升到年均 5% 。第一次世界大战并没有导致

短期利率的上升；相反，短期利率稳定在5%或更低水平。1920年没有出现高利率为标志的危机，不像在英国和美国所发生的情形；带有格外高利率的危机出现在几年以后。通货膨胀之后，短期利率在1927年短暂下跌，但迅速再度上升，并在20世纪30年代初期达到非常高的水平。短期利率在20世纪30年代期间下跌，但是保持在远远高于美国和英国短期利率的水平。典型的贴现率为4%。第二次世界大战刚刚结束，短期利率就上涨到了5%或6%。但是，这些利率并没有接近20世纪20年代的通货膨胀时期的利率，尽管新近出现了马克的贬值，以及国家的分裂和破坏。在20世纪50年代期间，西德的短期利率不规则地下跌，而此时美国和英国的短期利率在上涨，虽然西德的债券收益率大大超过美国的债券收益率。

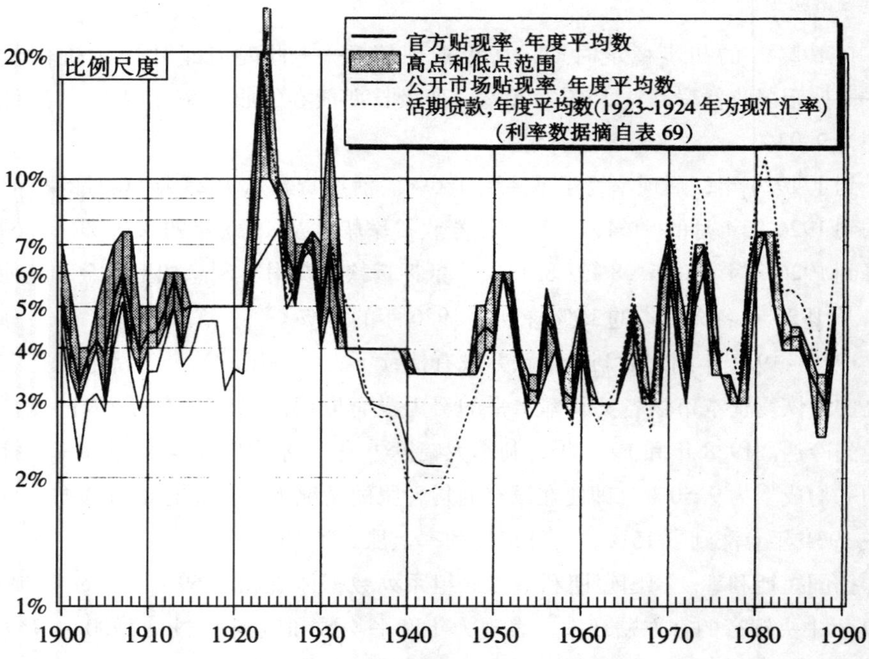

图70　1900~1989年德国短期利率

表 69 20 世纪德国短期利率

年份	官方贴现率（%）			公开市场贴现率（%）			活期年均（%）
	年均	年度低点	年度高点	年均	年度低点	年度高点	
1900	5.33	5	7	4.41	3.63	5.63	
1901	4.10	3.5	5.5	3.06	2.18	4.13	
1902	3.32	3	4	2.19	1.5	3.63	
1903	3.84	3.5	4	3.01	1.89	3.89	
1904	4.22	4	5	3.14	2.25	4.25	
1905	3.82	3	6	2.85	1.75	5.38	
1906	5.15	4.5	7	4.04	3.13	6	
1907	6.03	5.5	7.5	5.12	4	7.38	
1908	4.76	4	7.5	3.52	2.25	6	
1909	3.93	3.5	5	2.86	1.75	4.63	
10 年平均	4.45			3.42			
1910	4.35	4	5	3.54	2.75	4.75	
1911	4.40	4	5	3.54	2.25	5	
1912	4.95	4.5	6	4.22	3	6	
1913	5.88	5	6	4.98	4.06	6	
1914	4.89	4	6	3.63	2	4	
1915	5.00	5	5	3.89	3.25	4.5	
1916	5.00	5	5	4.62	5.38	5.5	
1917	5.00	5	5	4.63	4.63	4.63	
1918	5.00	5	5	4.63	4.63	4.63	
1919	5.00	5	5	3.19	4.63	4.63	
10 年平均	4.95			4.09			
1920	5.00	5	5	3.59	3.25	4.25	
1921	5.00	5	5	3.49	3	4.5	

（续表）

年份	官方贴现率（%）			公开市场贴现率（%）			活期年均（%）
	年均	年度低点	年度高点	年均	年度低点	年度高点	
1922	6.31	5	10	5.94	3.75	10.5	
1923	38.68	10	90				10 950
1924	10.00	10	10				13～72
1925	9.15	9	10	7.62	6.75	8.31	8.96
1926	6.74	6	9	4.92	4.13	6.38	5.22
1927	5.82	5	7	5.49	4	7	5.88
1928	7.00	7	7	6.53	5.89	6.89	6.65
1929	7.11	6.5	7.5	6.87	5.5	7.5	7.50
10年平均	10.08			6.29 (5年平均)			6.84 (5年平均)
1930	4.93	4	7	4.43	3.13	6.89	4.78
1931	6.91	5	15	6.78	4.63	10	7.23
1932	5.21	4	8	4.95	3.89	7	6.06
1933	4.00	4	4	3.88	3.89	3.89	5.03
1934	4.00	4	4	3.77	3.5	3.89	4.64
1935	4.00	4	4	3.15	3	3.75	3.36
1936	4.00	4	4	2.96	2.89	3	2.87
1937	4.00	4	4	2.91	2.89	3	2.76
1938	4.00	4	4	2.88	2.89	2.89	2.79
1939	4.00	4	4	2.82	2.75	2.89	2.47
10年平均	4.51			3.85			4.20
1940	3.67	3.5	4	2.36			1.95
1941	3.50	3.5	3.5	2.18			1.78
1942	3.50	3.5	3.5	2.13			1.85

（续表）

年份	官方贴现率（%）			公开市场贴现率（%）			活期年均（%）
	年均	年度低点	年度高点	年均	年度低点	年度高点	
1943	3.50	3.5	3.5	2.13			1.88
1944	3.50	3.5	3.5	2.13			1.91
1945	3.50	3.5	3.5				
1946	3.50	3.5	3.5				
1947	3.50	3.5	3.5				
1948	4.25	3.5	5				
1949	4.46	4	5				
10 年平均	3.69			2.19（5 年平均）			1.87（5 年平均）
1950	4.33	4	6				4.20
1951	6.00	6	6				6.02
1952	5.25	4.5	6	4.88	4.00	5.89	5.17
1953	3.71	3.5	4	3.63	3.00	4.25	3.58
1954	3.21	3	3.5	2.75	2.38	3.13	2.94
1955	3.21	3	3.5	3.00	2.38	3.63	3.13
1956	4.83	3.5	5.5	4.63	3.63	5.63	4.70
1957	4.33	4	4.5	4.13	3.38	4.75	4.08
1958	3.21	3	3.5	3.00	2.50	3.63	2.93
1959	3.08	2.75	4	3.00	2.13	3.89	2.67
10 年平均	4.12			3.63（8 年平均）			3.94
1960	4.83	4	5				4.54
1961	3.17	3	3.5				2.96
1962	3.00	3	3				2.69
1963	3.00	3	3				2.97

（续表）

年份	官方贴现率（%）			公开市场贴现率（%）			活期年均（%）
	年均	年度低点	年度高点	年均	年度低点	年度高点	
1964	3.00	3	3				3.29
1965	3.71	3.5	4				4.11
1966	4.67	4	5				5.34
1967	3.33	3	4.5				3.35
1968	3.00	3	3				2.58
1969	5.42	3	6				4.81
10年平均	3.71						3.66
1970	6.87	6	7.5				8.65
1971	4.75	4	6				6.10
1972	3.42	3	4.5				4.30
1973	6.25	5	7				10.18
1974	6.88	6	7				8.86
1975	4.42	3.5	6				4.40
1976	3.50	3.5	3.5				3.90
1977	3.46	3	3.5				4.10
1978	3.00	3	3				3.40
1979	4.50	3	6				5.90
10年平均	4.71						5.98
1980	7.25	6	7.5				9.10
1981	7.50	7.5	7.5				11.30
1982	5.00	5	7.5				8.70
1983	4.17	4	5				5.40
1984	4.29	4	4.5				5.50
1985	4.29	4	4.5				5.20

（续表）

年份	官方贴现率（%）			公开市场贴现率（%）			活期年均（%）
	年均	年度低点	年度高点	年均	年度低点	年度高点	
1986	3.58	3.5	4				4.60
1987	3.25	2.5	3.5				3.70
1988	2.96	2.5	3.5				4.00
1989	4.92	4	6				6.59
10 年平均	4.72						6.41

资料来源：

阿瑟·斯皮霍夫（Arthur Spiethoff）《经济形势变化》（*Die Wirtschaflichen Wechsellagen*）（苏黎世：1955 年出版）。

美联储《金融与货币统计》（1976 年出版）、《统计年鉴摘要》和《美联储公告》。

1900～1939 年公开市场贴现率数据由国家经济研究局汇编，摘自多个出版渠道。

国际货币基金组织《国际金融统计》。

德国银行（Bank Deutscher Lander）《统计手册》（*Statistical Manual*）。

康斯坦丁·布雷斯阿尼－特洛尼（Constantine Bresciani－Turroni）《通胀经济学》（*The Economics of Inflation*）（纽约：Barnes & Noble 于 1973 年出版）。

摩根担保信托公司《世界金融市场》。

经济合作与发展组织《月度金融统计》。

1960 年以后，西德政府和联邦银行，也即中央银行，推出了一个强有力的利率政策，以应对两个相互矛盾的目标：防止马克国际价值的快速上升、控制通货膨胀率。官方贴现率频繁波动，大幅度地上升、下降：低至 3%，高达 7%。短期利率在 20 世纪 60 年代期间平均低于 4%，在 20 世纪 70 年代大约为 6%，在 20 世纪 80 年代期间略微超过 6%。西德的这些利率通常比大部分其他国家都要低，逐年的稳定性也更强。

自 19 世纪 50 年代以来，德国债券的平均收益率几乎总是高于记载中的德国短期利率。1922～1923 年通货膨胀时是个例外，当时出现了奇高的短期利率。两者之间的差距在 20 世纪 30 年代和 40 年代加大，在 20 世纪 50 年代和 60 年代缩小，但是保持着很大的差距，大约为 300 个基点。在 20 世纪 70 年代和 80 年代，随着短期利率增长幅度超过长期利率，差距进一步缩小。德国的货币市场从两次灾难性战争和两次通货膨胀的影响中恢复过来，增长速度超过了德国长期债券投资市场。在20世纪70年代和80年代，西德的相对金融稳定性完成了长期市场的复苏。1990年的德国统一令所有利率上升，一度几乎令长期和短期利率平起平坐（见第二十九章）。

意大利

意大利现代利率史非同寻常，因为意大利银行家在中世纪时期曾经扮演过金融领头羊的角色，而且意大利新近取得了在世界金融市场上的重要地位。在16世纪、17世纪意大利银行家遭遇灭顶之灾以后，史料记载中几乎没有了意大利利率的踪影。在漫长的数个世纪期间，已经没有了意大利国度。在1861年宣布成立、1862年建立了牢固基础的新的意大利王国，以传统的欧洲模式组织自己的金融业。经过了几十年的赤字和财政困难之后，1893～1896年的改革导致了预算的平衡、意大利银行（Bank of Italy）的成立，以及信贷和货币结构的重组。

表70首先展现了1924年之前的少数几种意大利政府债券的收益率，其依据是利率为5%的政府债券在市场上的高点和低点。1873年，收益率位于9.05%，于1881年跌到5.40%，于1883年上升到5.88%，于1886年跌到5%，然后于1894年危机与改革期间再次上升到7.55%。这些数据大大高于当时在欧洲和美国金融中心盛行的债券收益率。然而，1894年以后，意大利利率稳步下跌：1902年4.90%、1905年4.80%、1912年3.86%，依据的是新发行的政府债券3.5s。这个数据接近其他国家的政府债券收益率范围。在以下年份期间意大利政府债券收益率超过英国国债的收益利差如下：

年份	基点	年份	基点
1873	+578	1894	+496
1881	+249	1902	+233
1883	+286	1905	+194
1886	+207	1912	+70

意大利收益率从1881年上升到1884年，而此时欧洲其他国家的收益率正下跌到历史低点。从1894年到1912年，当欧洲其他国家的收益率正在上升的时候，意

大利收益率大幅度下跌。国内事件的影响力显然超过了国外的利率趋势。1912 年以后，意大利的债券收益率趋势倾向于与欧洲总体形态相吻合。

在 20 世纪，意大利经历了两次世界大战和战后通货膨胀的痛苦。它在第一次世界大战中是一个战胜国，在第二次世界大战中是个战败国，但是无论是战胜还是战败，随之而来的总是货币贬值和高利率。意大利里拉在截至 1960 年的 20 世纪期间丧失了 99% 的美元价值，基本上与法国法郎的损失相同。然而，意大利的债券收益率在 20 世纪初大大高于法国的债券收益率，而在 20 世纪 50 年代结束时却非常接近法国的债券收益率。

表 70 提供了 1924 年以后的意大利利率年度数据。其中包括 1924～1989 年的官方贴现率；1924～1939 年的私人贴现率；1952～1971 年和 1974～1989 年的国库券利率；以及从 1937 年一直到 1940 年和 1950 年一直到 1969 年的利率为 5% 的一个政府债券系列、从 1924 年一直到 1953 年的利率为 3. 5% 的一个政府债券系列、从 1970 年一直到 1989 年的相对长期政府债券品种的平均数。贴现率和政府债券收益率在图 71 中显示。

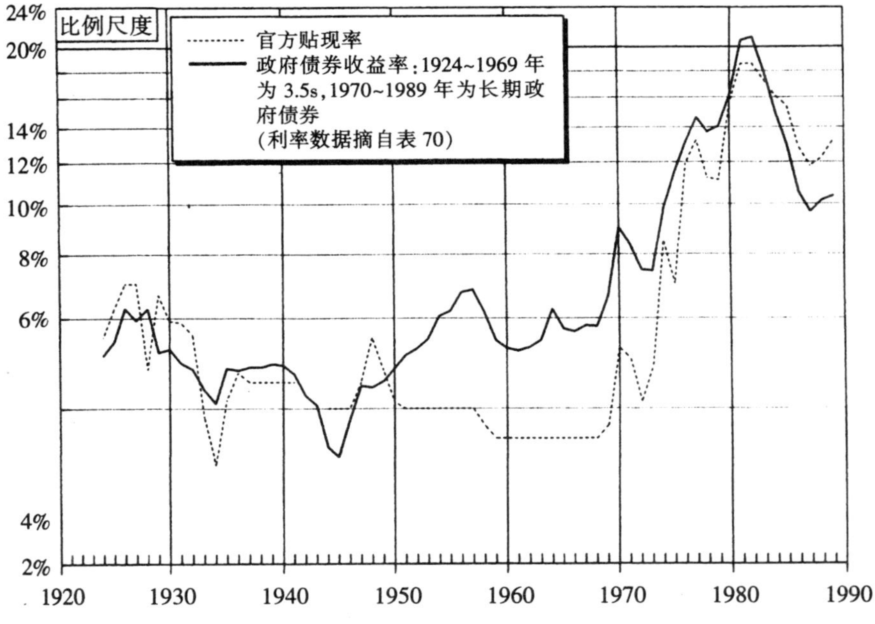

图 71　1924～1989 年意大利利率（年度平均数）

表70和图71显示了1925年和1926年收益率的迅速上升，当时通货膨胀终于得到抑制、货币实现了稳定。从那以后，收益率下跌到了1934年，接着开始上升。在第二次世界大战期间，收益率下跌到了3.22%，这是对于意大利来说非常低的利率，略微高于英国战争期间的3%。高利率在1945年以后迅速卷土重来。债券收益率上升到1950年的5.73%和1957年的6.81%，到了1960年又下跌到5.24%。意大利政府债券的收益率在1960年之前一直保持在大大高于英国和美国的收益率水平，如下表的每10年平均数所示；但是，在1959～1961年，它跌到了低于上升中的英国收益率的水平。在20世纪70年代，意大利收益率达到了低于英国收益率的峰值，但还保持在远远大于美国收益率的水平。在20世纪80年代期间，意大利的通货膨胀率一直保持在1965～1980年的两位数水平，而英国的通胀率已经大幅度减小，美国略有减小。结果，无论是绝对数还是相对数，意大利的收益率都在上升。

政府债券收益率每10年平均数

平均年份	意大利（%）	英国（%）	美国（%）
1920～1929	5.68（6年平均）	4.63	4.09
1930～1939	4.74	3.54	3.34
1940～1949	4.16	3.06	2.31
1950～1959	6.12	4.31	2.99
1960	5.24	5.40	4.01
1960～1969	5.70	6.53	4.51
1970～1979	10.91	11.77	6.87
1980～1989	14.42	10.42	10.40

表70　19世纪后期和20世纪意大利利率年度平均数

年份	官方贴现率（%）	私人贴现率（%）	政府债券收益率（%）	
			3.5s	5s
1873				9.05
1881				5.40
1883				5.88
1886				5.00

（续表）

年份	官方贴现率（%）	私人贴现率（%）	政府债券收益率（%）	
			3.5s	**5s**
1894				7.55
1902				4.90
1905				4.80
1912			3.86	
1924	5.50	5.37	5.07	
1925	6.25	7.40	5.38	
1926	7.00	8.45	6.28	
1927	7.00	7.72	5.94	
1928	4.77	5.46	6.27	
1929	6.66	6.86	5.14	
6 年平均	6.20	6.88	5.68	
1930	5.93	5.93	5.21	
1931	5.88	5.91	4.90	
1932	5.56	5.80	4.77	
1933	3.85	3.87	4.35	
1934	3.10	3.10	4.09	
1935	4.16	4.17	4.79	
1936	4.69	4.70	4.74	
1937	4.50	4.80	4.81	5.46
1938	4.50	5.00	4.81	5.41
1939	4.50	5.00	4.88	5.49
10 年平均	4.67	4.83	4.74	5.45（3 年平均）
1940	4.50		4.85	5.51
1941	4.50		4.67	
1942			4.24	

（续表）

年份	官方贴现率（%）	私人贴现率（%）	政府债券收益率（%）	
			3.5s	5s
1943			4.06	
1944	4.00		3.36	
1945	4.00		3.22	
1946	4.00		3.81	
1947	4.50		4.43	
1948	5.50		4.40	
1949	4.75		4.52	
10 年平均	4.47（8 年平均）		4.16	
1950	4.12		4.79	5.73
1951	4.00		5.08	6.11
1952	4.00	2.75	5.23	5.90
1953	4.00	2.75	5.46	6.06
1954	4.00	2.75		6.06
1955	4.00	2.75		6.20
1956	4.00	2.75		6.74
1957	4.00	2.75		6.81
1958	3.70	2.45		6.16
1959	3.50	2.25		5.43
10 年平均	3.93	2.65（8 年平均）	5.14（4 年平均）	6.12
1960	3.50	3.63		5.24
1961	3.50	3.63		5.18
1962	3.50	3.60		5.26
1963	3.50	3.59		5.43
1964	3.50	3.63		6.26

（续表）

年份	官方贴现率（%）	私人贴现率（%）	政府债券收益率（%）	
			3.5s	5s
1965	3.50	3.63		5.72
1966	3.50	3.58		5.65
1967	3.50	3.58		5.81
1968	3.50	3.56		5.79
1969	3.71	3.99		6.64
10年平均	3.52	3.64		5.70
			长期政府债券	
1970	5.25	6.78	9.01	
1971	5.00	6.21	8.34	
1972	4.13		7.47	
1973	4.83		7.42	
1974	8.50	13.50	9.87	
1975	7.00	10.14	11.50	
1976	11.90	10.51	13.08	
1977	13.20	13.15	14.62	
1978	11.20	11.44	13.70	
1979	11.10	13.53	14.05	
10年平均	8.21	10.66（8年平均）	10.91	
1980	15.50	15.94	16.11	
1981	18.60	19.63	20.58	
1982	18.60	19.35	20.90	
1983	17.30	17.81	18.02	
1984	16.10	15.33	14.95	
1985	15.40	13.85	13.00	

（续表）

年份	官方贴现率（%）	私人贴现率（%）	政府债券收益率（%）	
			3.5s	5s
1986	12.83	11.55	10.52	
1987	11.79	10.73	9.65	
1988	12.21	11.15	10.16	
1989	13.33	12.30	11.61	
10年平均	15.17	14.76	14.55	

资料来源：

1873～1912年数据摘自W·L·雷蒙德（W. L. Raymond）《美国和外国投资债券》（*American and Foreign Investment Bonds*）（波士顿：Houghton－Mifflin于1916年出版），第77页。

美联储《银行与货币统计》（1943年、1976年出版）、《年度统计摘要》和《美联储公告》。

国际联盟《统计年鉴：1939～1940年》（*Statistical Year Book*，1939～1940），第220、221页。

国际货币基金组织《国际金融统计》。

《欧洲统计评论》（*Eurostat Review*）。

摩根担保信托公司《世界金融市场》。

经济合作与发展组织《月度金融统计》。

表70和图71表明，意大利短期利率在我们研究的大部分时期也是相对比较高的。但是，在20世纪50年代期间，在大部分其他国家允许经济增长将短期利率推至高点的时候，意大利的贴现率保持着稳定。于是，意大利贴现率的国际地位从高点转为平均至低点。在1958年和1959年，它从4%降到了3.5%，而在这个位置上，它有时低于美国具有可比性的利率、大大低于英国的利率。因此，在20世纪50年代后期，意大利的利率趋势倾向于脱离其他国家的上升趋势——转为下行。债券收益率保持在相对的高位，但是短期利率变得相对比较低。在20世纪60年代，意大利的官方贴现率继续走低，与其他国家的大幅度上升形成了鲜明对比；它平均低于美国的利率，大大低于英国的利率。但是，在20世纪70年代，意大利的贴现率终于加入了世界的行列，走向高利率。利率的上升持续到了20世纪80年代——在此10年期间，意大利利率上升到了非常高的水平，然后开始下跌，但是跌幅低于西方大部分其他国家。短期利率的变化情况见下表的每10年平均数：

贴现率每 10 年平均数

平均年份	意大利（%）	英国（%）	美国（%）
1920～1929	6.20（6 年平均）	4.82	4.55
1930～1939	4.67	2.48	1.83
1940～1949	4.46（8 年平均）	2.00	1.09
1950～1959	3.93	3.95	2.20
1960	3.50	5.29	3.50
1960～1969	3.52	5.72	4.01
1970～1979	8.21	9.44	6.46
1980～1989	15.15	11.71	8.65

与其他工业化国家相比（见第二十九章），20 世纪 90 年代的意大利长期和短期利率继续保持比较高的位置，且形态多少有些不同。

第二十一章

20世纪的欧洲：瑞士、奥地利、瑞典、挪威、丹麦、爱尔兰、葡萄牙、西班牙和土耳其

A History of Interest Tates

本章要介绍的欧洲和地中海国家，要么是西欧共同体的一部分，要么是在金融上与共同体关系密切的国家。他们比较传统的信贷形式的近代利率史受到本书在第17 ~20章中介绍和分析的西方主流利率史的重大影响。然而，除了瑞士以外，也许瑞典也属于例外，这些国家对于主流所产生的影响微乎其微。

在这里介绍的这些国家的利率往往是模仿大型金融中心主要信贷形式的那种贷款类型的利率：一般都是官方贴现率和政府债券的市场收益率。几乎所有现代国家都系统性地向国际货币基金组织上报这些利率数据，而这些数据也正是本章所引用的大部分数据的来源。这些国家不上报的——也就是本书没有包含的——是大部分工人、银行家和企业家在当地支付的真正本土的利率。这些国家无疑存在着不同于本书引用的丰富而未透露的地方性利率史。

我们在此没有尝试去研究这些国家的信贷结构，也没有尝试去揭示影响着所上报利率水平的当地条件。由于这些国家的许多市场规模很小，因而地方性习俗和规定对于主流利率的影响不大，所以很难通过这里记载的债券收益率和利率趋势进行概括总结。

瑞士

瑞士经历了一个半世纪以上的不同寻常的政治和经济稳定时期。这个小国在两次世界大战期间都受到了围困，但没有遭到摧残，因而成了中立、货币和价格

稳定、资金保险箱的象征。通过一个庞大复杂的数字编码银行账号系统，瑞士银行家们保护了瑞士和外国客户的资金，并用来进行投资，而客户的身份有时他们并不知道。这些大笔资金在瑞士证券市场无法找到足够的投资渠道，但却以瑞士银行的名义投资于国外。资金根据各种货币的强度和机会情况从一个市场转向另一个市场，以赚取收益或利润。

瑞士法郎在通胀和贬值的世纪中一直保持着相对的稳定。它只贬值了一次，而且那是 1936 年，当时法国和整个“金本位制国家集团”终于都进入了货币贬值时期。瑞士法郎的贬值程度低于早先发生的美元贬值，因而在 1970 年之前，1 瑞士法郎的价值超过了 23 美分，而相比之下，1900 年 1 瑞士法郎的价值为 20 美分。在 1973 年以后通货膨胀和浮动汇率的那些年里，瑞士法郎的价值大幅度上涨，达到了 20 世纪 90 年代初的 65 美分。瑞士的人均产值以美元计算，超过了美国，占据世界首位。

在 20 世纪初，瑞士是个相对高利率的国家。在第二次世界大战期间和大战之后，瑞士的债券收益率涨幅更大，超过了许多交战国的水平。即便在 20 世纪 30 年代期间，瑞士利率继续高于大部分领先金融中心的水平。然而，第二次世界大战以后，瑞士成了一个低利率的国家。

瑞士利率在表 71 中以 4 组系列数据体现：（a）从 1900 年开始的年均官方贴现率。这个系列数据是先前引用过的从 1837 年开始的系列。瑞士国家银行（Swiss National Bank）到了 1907 年才成立；此前的贴现率是由数个发债行确定的。（b）1900 ~ 1975 年的 3 个月期票价的年均私人贴现率和1980 ~ 1989 年国库券的利率。（c）从 1937 年开始的断断续续的活期贷款年均利率；在 1950 年前是银行间贷款。（d）从 1907 年开始的政府债券收益率年度平均数；在 1950 年前是 12 种 5 年期以上政府债券和联邦铁路债券的加权平均到期前的收益率。这种相对较短的期限很难与其他国家的长期收益率进行比较。

图 72 表现的是 1873 年以来的官方贴现率、1907 年以来的政府债券收益率每 10 年平均数。图 73 表现的是 1900 ~ 1975 年的私人贴现率年度平均数、1980 ~ 1989 年的国库券利率和 1907 年以来的政府债券收益率。

表 71　20 世纪瑞士利率

年份	年度平均数（%）			
	官方贴现率	3 个月期票据私人贴现率	活期贷款	政府债券收益率（5 年期以上）
1900	4.88	4.31		
1901	3.98	3.30		
1902	3.77	2.93		
1903	4.06	3.34		
1904	4.05	3.44		
1905	4.05	3.56		
1906	4.76	4.32		
1907	4.93	4.49		3.66
1908	3.73	3.41		3.73
1909	3.22	2.75		3.64
10 年平均	4.14	3.59		3.68（3 年平均）
1910	3.51	3.36		3.70
1911	3.70	3.40		3.85
1912	4.20	3.89		4.02
1913	4.81	4.52		4.17
1914	4.34	4.04		4.16
1915	4.50	3.52		
1916	4.50	2.46		4.85
1917	4.50	2.66		5.03
1918	4.75	4.15		5.34
1919	5.32	4.69		5.56
10 年平均	4.41	3.67		4.52（9 年平均）
1920	5.00	4.56		7.00
1921	4.44	3.39		6.10
1922	3.39	1.68		4.80

年份	年度平均数（%）			
	官方贴现率	3 个月期票据私人贴现率	活期贷款	政府债券收益率（5 年期以上）
1923	3.47	2.63		4.79
1924	4.00	3.54		5.31
1925	8.90	2.27		5.05
1926	3.50	2.52		4.80
1927	3.50	3.27		4.79
1928	3.50	3.81		4.73
1929	3.50	3.81		4.66
10 年平均	3.82	3.10		5.20
1930	2.89	2.01		4.12
1931	2.03	1.44		3.86
1932	2.00	1.52		3.80
1933	2.00	1.50		4.02
1934	2.00	1.50		4.16
1935	2.33	2.20		4.64
1936	2.30	2.06		4.43
1937	1.50	1.03	1.00	3.41
1938	1.50	1.00	1.00	3.24
1939	1.50	1.08	0.50	3.76
10 年平均	2.01	1.53	0.83	3.94（3 年平均）
1940	1.50	1.36	1.72	4.06
1941	1.50	1.25		3.39
1942	1.50	1.25		3.15
1943	1.50	1.25		3.32
1944	1.50	1.25		3.27
1945	1.50	1.25	1.00	3.29
1946	1.50	1.25	1.00	3.10

（续表）

年份	年度平均数（%）			
	官方贴现率	3 个月期票据私人贴现率	活期贷款	政府债券收益率（5 年期以上）
1947	1.50	1.28	1.11	3.17
1948	1.50	1.56	1.50	3.42
1949	1.50	1.55	1.12	2.94
10 年平均	1.50	1.33	1.24（6 年平均）	3.31
1950	1.50	1.50	0.96	2.67
1951	1.50	1.50	1.13	2.95
1952	1.50	1.50	1.05	2.84
1953	1.50	1.50	1.01	2.55
1954	1.50	1.50	1.03	2.62
1955	1.50	1.50	1.38	2.97
1956	1.50	1.50	1.45	3.11
1957	2.16	2.18	1.80	3.64
1958	2.50	2.50	1.19	3.19
1959	2.04	2.10	1.01	3.08
10 年平均	1.72	1.73	1.20	2.96
1960	2.00	2.00	1.10	3.09
1961	2.00	2.00	1.03	2.96
1962	2.00	2.00	1.33	3.12
1963	2.00	2.00	1.75	3.25
1964	2.25	2.37	2.35	3.97
1965	2.50	3.00	2.63	3.95
1966	3.00	3.74	3.18	4.16
1967	3.25	4.07	2.71	4.60
1968	3.00	3.75	2.26	4.37

年份	年度平均数（%）			
	官方贴现率	3 个月期票据私人贴现率	活期贷款	政府债券收益率（5 年期以上）
1969	3.25	3.90	3.49	4.90
10 年平均	2.53	2.88	2.18	3.84
1970	3.75	5.14	3.44	5.82
1971	3.75	5.25	2.39	5.27
1972	3.75	4.81	2.83	4.97
1973	4.50	5.09	5.38	5.60
1974	5.50	6.63	2.31	7.15
1975	4.30	6.25	0.60	6.44
1976	2.00		0.68	4.99
1977	1.50		1.68	4.05
1978	1.00		0.49	3.33
1979	2.00		0.67	3.45
10 年平均	3.21	5.53（6 年平均）	2.05	5.11
1980	3.00	5.15	2.30	4.77
1981	6.00	7.82	4.18	5.57
1982	4.50	3.87	2.09	4.83
1983	4.00	3.04	2.42	4.52
1984	4.00	3.58	1.97	4.70
1985	4.00	4 15	1.97	4.78
1986	4.00	3.54	1.78	4.29
1987	2.50	3.18	1.37	4.12
1988	3.50	3.01	2.46	4.15
1989	5.08	6.35	6.46	5.20
10 年平均	4.06	4.37	2.70	4.69

资料来源：

瑞士国家银行统计部，国际货币基金组织《国际金融统计》，《美联储公告》，摩根担保信托公司《世界金融市场》，经济合作与发展组织《月度金融统计》

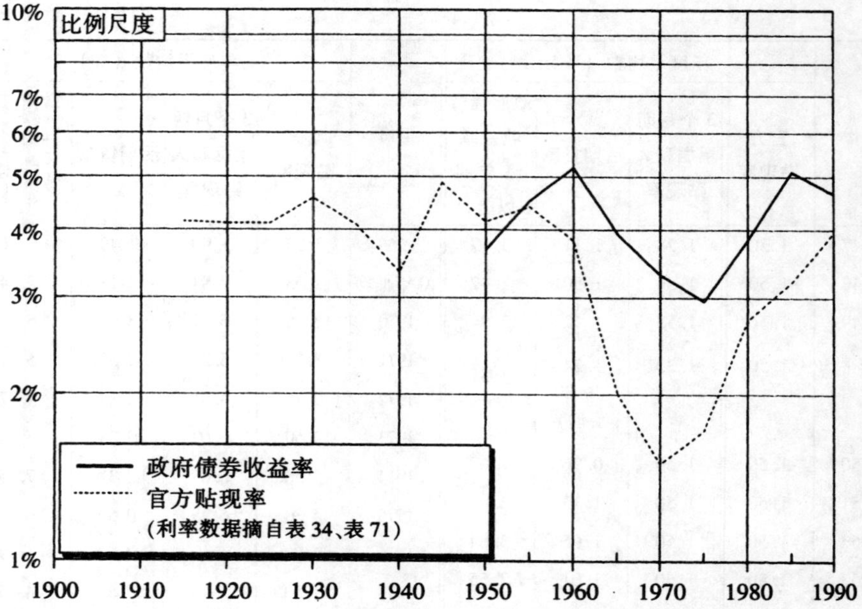

图72　19世纪和20世纪瑞士每10年平均数

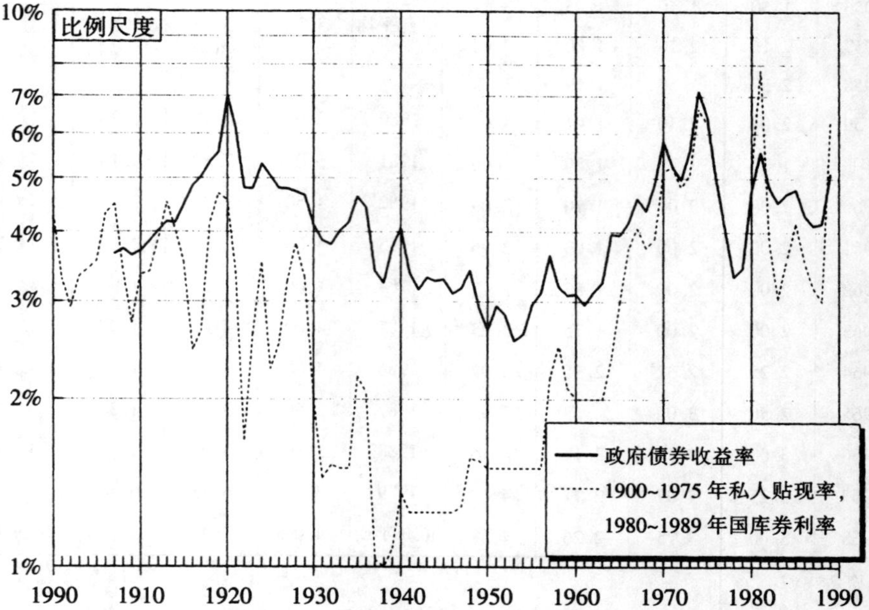

图73　1900~1989年瑞士利率（年度平均数）

在 20 世纪初，瑞士利率跟德国利率相似，高于欧洲大部分其他国家。从 1900 年到 1989 年的瑞士官方贴现率平均为 4.14%，而英国平均为 3.63%，荷兰平均为 3.46%，法国平均为 3.05%。瑞士政府债券的收益率在 1907 ~ 1909 年平均为 3.68%，而收益率最高的英国政府债券的收益率为 3.05%，法国岁金的收益率为 3.17%，荷兰永久型债券的收益率为 3.30%。瑞士债券在这个阶段的收益率基本上与美国公司债券相同。虽然瑞士的这些债券平均期限短于所引用的其他国家的债券品种，但这一点在世纪初期可能不会造成多少区别，然而在后来的深度正收益曲线期间却影响了比较结果。

第一个 10 年期以后，瑞士债券收益率走出了与瑞士短期利率截然不同的态势。债券收益率在第一次世界大战期间大幅度上扬，并在大部分时候保持在相对高位，直至第二次世界大战以后。短期利率在第一次世界大战期间涨幅很小，并在不久以后处于相对低点。瑞士债券的收益率在 1920 年上涨到年均 7% 的水平，高于交战各国的债券收益率。相比之下，瑞士短期利率在 1929 年的峰值期间也只有 4.56% ~5.00%，低于大部分其他国家，并且大大低于瑞士债券的收益率。在这种形态下，瑞士在债券收益率峰值期间形成了一个深度正收益曲线的态势。这一点与美国和英国的负曲线正相反。从 1910 年到 1920 年，瑞士债券的收益率上涨了 330 个基点，而瑞士私人贴现率只上涨了 120 个基点。这一情形构成了一种有趣的例外事件，因为常规情况下，短期利率的波动幅度大于长期利率。

1920 年以后，瑞士债券的收益率下跌，因而与美国、英国和荷兰的市场趋同，不同于法国、比利时和德国市场——后者的收益率持续上涨，直到 1923 ~ 1926 年的稳定时期。瑞士收益率接着迅速下跌，到了 1930 年，它的 4.12% 基本上与美国和英国的收益率相同。

在 20 世纪 30 年代期间，瑞士债券的收益率进一步下跌，但是跌幅不如美国和英国的收益率。它的波动形态更像法国，于 1935 年上升到 4.64%，而当时瑞士和法国都在努力避免贬值，已经贬值的美国和英国正出现非常低的债券收益率。然而，就在第二次世界大战前夕，瑞士的收益率下跌到了 20 世纪的新低，即 3.24%，并在 1939 年的一次反弹之后，在战争期间保持在接近 3.25% 的水平。这个水平仍然高于美国和英国的战争期间债券的收益率。

从 1900 年到 1946 年，瑞士的债券收益率从宏观上走出了美国和英国的形态：大幅度上涨至 1920 年，然后算是稳步下跌至 1946 年。然而，1946 年以后，瑞士债券的收益率走出了一个独立的形态：它不是跟其他国家那样上升，而是下跌了。在20世纪60年代之前，瑞士没有出现持续性战后债券熊市，不同于许多其他国家。从1946年到1948年，瑞士的收益率只是略微上升。从1948年到1953年，瑞士的收益率大幅度下滑。它在1953年跌到了2.55%的20世纪年度平均低点，远远低于那一年美国和其他国家的债券收益率。从1953年到1957年，它曾一度随着利率的普遍上涨而上升到3.64%。但是，该水平只是略微高于1948年。从1957年一直到1961年，瑞士的债券收益率再次下跌，达到2.96%。在20世纪50年代，瑞士债券收益率的每10年平均数跌到了20世纪的低点。

在20世纪60年代，瑞士债券的收益率持续上升，但是幅度不大，一直没有达到过平均5%。但是，1969~1970年，它的上升速度加快，达到了年均5.82%。接着，它开始下跌，直到1974年达到年均7.15%的峰值——远远低于大部分其他国家。从1974年到1979年，瑞士的收益率跌到了不足1974年峰值的一半水平，当时资金都在寻找逃避通货膨胀的安全港。接着收益率开始上升，直至1981年，但那年的峰值远远低于1974年，与所有其他国家形成了鲜明的对比。在20世纪80年代剩下的那些年里，瑞士的收益率相对于其他国家来说处于低位且十分稳定。

瑞士的短期利率进入低位的时间大大早于瑞士债券的收益率。这种变化在第一次世界大战期间非常明显。在1916年，瑞士的私人贴现率跌到了2.46%的年均水平。1920年，官方贴现率保持在5%，而美国的再贴现率和英国的银行利率都上升到了7%。在20世纪20年代，瑞士的短期利率在3%上下浮动，而瑞士债券的收益率平均超过了5%。在20世纪30年代，瑞士的短期利率下跌，跟其他国家一样，但是没有跌到低于1%的名义利率。自第二次世界大战以来，瑞士的短期利率已经上升，但是一直保持在低位。在20世纪50年代，私人贴现率平均为1.73%，而官方贴现率没有超过2.50%的水平；在1960年，两者都接近2%。在20世纪60年代，瑞士的短期利率平均低于3%。在20世纪70年代，它有时上升到了5%左右，并在1974年一度上升到6%~7%之间。跟长期收益率不同的是，瑞士的短期利率于1981年达到峰值水平，超过了1974年的水平，但20世纪80年代大部分时候都在3%~4%范围内波动。瑞士短期利率的每10年平均数一直远远低于瑞士债券收益率的每10年平均数，并且低于其他国家的短期平均数，但是长期与短期之间的差距在20世纪70年代和80年代趋向于缩小，甚至在20世纪90年代初期出现了颠倒（见第二十九章）。

奥地利

奥利地利率史在表 73 中用 1935 年以后的官方贴现率和 1965 年以后的政府债券收益率来体现。奥匈帝国在 19 世纪和 20 世纪初期的利率史在此被省略，因为它跟德国的利率史几乎并驾齐驱，历时相对比较短，并于 1918 年结束。

在 20 世纪 30 年代，奥地利的官方贴现率固定在 3. 50%。第二次世界大战结束后，该利率得到恢复。1951 年，灵活货币政策再次实施；贴现率于 1952 年上升到 5. 50% 的相对高点，但是 20 世纪 50 年代的平均数只有 4. 52%，而这也是 20 世纪 60 年代的平均数。在 20 世纪 70 年代，平均数上升到 5. 13%。在 1980 ~ 1981 年，奥地利的贴现率达到了 20 世纪的峰值 6. 75%，但是 20 世纪 80 年代的平均数跌回到了 4. 70%。奥地利政府债券的收益率在 1965 年以后走出了与其他国家相同的上升态势，但是只有一次——也就是 1981 年——平均数超过了 10%。奥地利成了一个利率稳定和相对低位的国家。

瑞典

瑞典跟瑞士一样，在 20 世纪的两次世界大战期间被交战的邻国允许保持中立与和平。然而，瑞典并没有如瑞士一样经济稳定。虽然瑞典克朗的美元价值在第一次世纪大战中毫发无损，但它没有逃过 1931 年、1949 年和后来的普遍贬值。

在 19 世纪和 20 世纪初期，瑞典利率高于本书介绍的许多欧洲国家。在 20 世纪 30 年代和 40 年代，瑞典利率与其他国家的利率一起下跌。在 20 世纪 50 年代，瑞典利率上升，但幅度低于本书介绍的大部分国家。净比较的结果是，瑞典到了 1960 年的利率几乎位于平均水平，不再是高于大部分其他国家。1960 年以后，瑞典利率走出了大部分西方国家的形态，除了以下解释的个别情形。

瑞典利率在表 72 中用三个系列来表示：（a）瑞典银行（Bank of Sweden）收取的官方贴现率，表现为年度平均数和年度范围。（b）长期政府债券新发行品种的有效利率，直至 1945 年。（c）1922 年以后长期政府债券的市场收益率，依据的是收益率的年度平均数。图 74 描绘了 1830 年以后的官方贴现率和 1856 年以后长期政府债券收益率的每 10 年平均数。图 75 用 1900 年以后的年度平均数的形式表现了相同系列数据。

瑞典债券收益率的年度平均数在整个世纪期间总体上走出了与美国、英国和荷兰相同的形态。它在1920年前上升，1938~1948年下跌，之后再次上升。其走向较低利率的趋势不像瑞士那样显著，但也很明显。这是这两个永久中立国家共有的一个特征。

瑞典政府债券的收益率在20世纪开始的时候高于美国公司债券的收益率，大大高于欧洲大部分国家政府债券的收益率。它在19世纪的最后几年期间跌到了4%以下的水平，但是在世纪交替期间没有出现非常低收益率的阶段，不像常见于其他国家的情形。

表72　20世纪瑞典利率

年份	瑞典银行贴现率（%）			国家发行长期贷款		长期政府债券市场收益率，年度平均数（%）
	年均	年度低点	年度高点	有效利率收益率（%）	利息	
1900	5.87	5.50	6.00	3.82	3.5s，4s	
1901	5.46	5.00	6.00			
1902	4.51	4.00	5.00			
1903	4.50	4.50	4.50			
1904	4.61	4.50	5.00	3.64	3.5s	
1905	4.72	4.50	5.50			
1906	5.20	5.00	5.50	3.64	3.5s	
1907	6.10	5.50	6.50	3.77	3.5s，4s	
1908	5.88	5.50	7.00	3.87	3.5s，4s	
1909	4.69	4.50	5.50			
10年平均	5.15			3.75（5年平均）		
1910	4.62	4.50	5.00			
1911	4.57	4.00	5.00	4.00	3.5s，4s	

（续表）

年份	瑞典银行贴现率（%）			国家发行长期贷款		长期政府债券市场收益率，年度平均数（%）
	年均	年度低点	年度高点	有效利率收益率（%）	利息	
1912	4.80	4.50	5.50			
1913	5.50	5.50	5.50	4.81	4.5s	
1914	5.23	4.50	6.50	5.03		
1915	5.51	5.50	6.00			
1916	5.23	5.00	5.50	5.10	5s	
1917	5.68	5.05	7.00	5.03	5s	
1918	5.93	6.50	7.00	5.36	5s	
1919	6.38	6.00	7.00	6.36	6s	
10 年平均	5.45			5.10（7 年平均）		
1920	6.92	6.00	7.50			
1921	6.49	5.50	7.50	6.24	6s	
1922	4.84	4.50	6.00			4.82
1923	4.64	4.50	5.50	5.03	5s	4.86
1924	5.50	5.50	5.50	5.74	5.5s	4.90
1925	5.21	4.50	5.50			4.83
1926	4.50	4.50	4.50			4.68
1927	4.17	4.00	4.50	4.58	4.5s	4.58
1928	4.00	3.50	4.50			4.59
1929	4.75	4.50	5.50	4.57	4.5s	4.56
10 年平均	5.10			5.23（5 年平均）		4.73（8 年平均）
1930	3.79	3.50	4.50	4.53	4.5s	4.18
1931	4.16	3.00	8.00	4.36	4s	4.22

（续表）

年份	瑞典银行贴现率（%）			国家发行长期贷款		长期政府债券市场收益率，年度平均数（%）
	年均	年度低点	年度高点	有效利率收益率（%）	利息	
1932	4.50	3.50	6.00	4.60	4.5s	4.32
1933	3.17	2.50	3.50	4.37	4s	4.02
1934	2.50	2.50	2.50	3.59	3.5s	3.47
1935	2.50	2.50	2.50	2.82	2.5s	3.19
1936	2.50	2.50	2.50			3.12
1937	2.50	2.50	2.50	3.05	3s	3.04
1938	2.50	2.50	2.50			2.34
1939	2.50	2.50	2.50	2.75	2.75s	2.90
10 年平均	3.06			3.76 （8 年平均）		3.48
1940	3.29	3.00	3.50	4.05	4s	3.91
1941	3.21	3.00	3.50	4.03	4s	
1942	3.00	3.00	3.00	3.51	3.5s	
1943	3.00	3.00	3.00	3.50	3.5s	
1944	3.00	3.00	3.00	3.50	3.5s	
1945	2.54	2.50	3.00			3.04
1946	2.50	2.50	2.50			3.01
1947	2.50	2.50	2.50			3.02
1948	2.50	2.50	2.50			3.08
1949	2.50	2.50	2.50			3.02
10 年平均	2.80			3.72 （5 年平均）		3.18 （6 年平均）
1950	2.54	2.50	3.00			3.11
1951	3.00	3.00	3.00			3.23

（续表）

年份	瑞典银行贴现率（%）			国家发行长期贷款		长期政府债券市场收益率，年度平均数（%）
	年均	年度低点	年度高点	有效利率收益率（%）	利息	
1952	3.00	3.00	3.00			3.28
1953	2.97	2.75	3.00			3.27
1954	2.75	2.75	2.75			3.24
1955	3.50	2.75	3.75			3.70
1956	3.79	3.75	4.00			3.75
1957	4.50	4.00	5.00			4.33
1958	4.66	4.50	5.00			4.33
1959	4.50	4.50	4.50			4.28
10年平均	3.52					3.65
1960	4.98	4.50	5.00			4.56
1961	5.00	5.00	5.00			4.55
1962	4.33	4.00	5.00			4.40
1963	3.79	3.50	4.00			4.45
1964	4.50	4.00	5.00			4.80
1965	5.38	5.00	5.50			5.01
1966	5.79	5.50	6.00			5.75
1967	5.21	5.00	6.00			5.31
1968	5.42	5.00	6.00			5.90
1969	6.42	5.00	7.00			6.83
10年平均	5.08					5.16
1970	7.00	7.00	7.00			7.39
1971	5.92	5.00	7.00			7.23
1972	5.00	5.00	5.00			7.29
1973	5.00	5.00	5.00			7.39

（续表）

年份	瑞典银行贴现率（%）			国家发行长期贷款		长期政府债券市场收益率，年度平均数（%）
	年均	年度低点	年度高点	有效利率收益率（%）	利息	
1974	6.17	5.00	7.00			7.79
1975	6.58	6.00	7.00			8.79
1976	6.29	5.50	8.00			9.28
1977	8.00	7.50	8.00			9.74
1978	6.92	6.50	7.50			10.09
1979	7.25	6.50	9.00			10.47
10年平均	6.41					8.55
1980	10.00	10.00	10.00			11.74
1981	11.75	11.00	12.00			13.49
1982	10.17	10.00	11.00			13.04
1983	8.63	8.50	9.00			12.30
1984	9.08	8.50	9.50			12.28
1985	10.33	9.50	11.50			13.09
1986	8.13	7.50	9.50			10.26
1987	7.50	7.50	7.50			11.49
1988	8.13	7.50	8.50			11.20
1989	9.33	8.50	10.50			11.30
10年平均	9.31					12.02

资料来源：

瑞典中央银行（Sveriges Riksbank）统计。

国际货币基金组织《国际金融统计》。

美联储《年度统计摘要》。

摩根担保信托公司《世界金融市场》。

经济合作与发展组织《月度金融统计》。

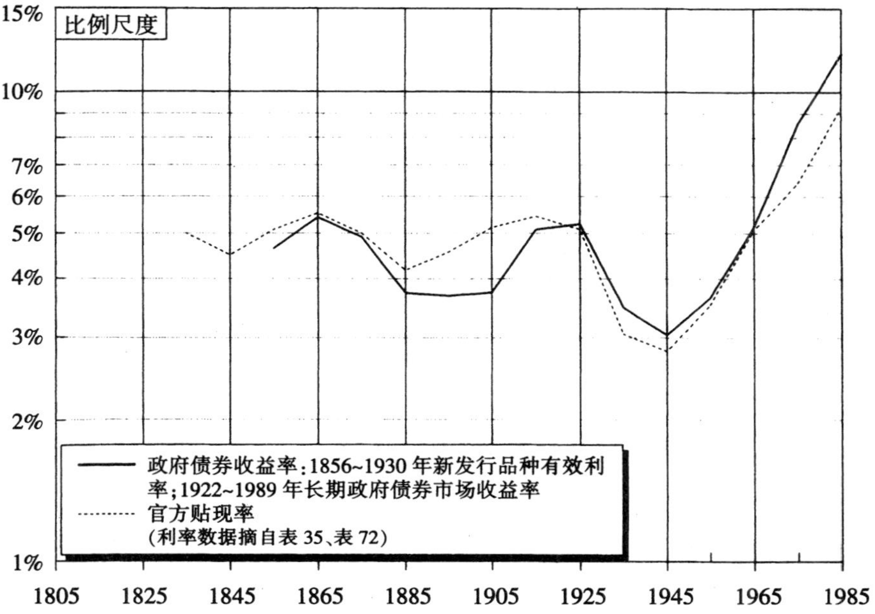

图 74　19 世纪和 20 世纪瑞典每 10 年平均数

根据能够追踪到的长期政府债券新发行品种的有效收益率数据，瑞典债券收益率在第一个 10 年期的后期上升，在第二个 10 年期以更大幅度上升。它在1919 ~ 1921 年期间达到高点，而正是大约这个时候，美国、英国和荷兰的收益率达到了一个高点。瑞典政府接着以贴现价格发售了 6s。在 20 世纪 20 年代，瑞典债券的收益率大幅度稳步下跌。到了 1930 年，政府发售了 4. 5s，贴现型永久债券的市场收益率为 4. 18% 。

1933 年以后，跟许多其他国家一样，瑞典也采用了低利率，作为一项经济政策。贴现率压到了 2. 5% ，政府发行了 4s，然后是 3. 5s，接着是 2. 5s。1938 年，2. 34% 的年度低收益率在公开市场立住脚。该收益率后来证明是瑞典债券收益率的历史低点。这个低点的到来比美国和英国市场达到 20 世纪收益率低点的时间早了 8 年，低于英国在 1946 年的低收益率。这是瑞典的一个短暂事件。到了 1940 年，政府再次发行 4s。在战争的后期，它又发行了 3. 5s。

第二次世界大战以后，瑞典再次出现了一个低利率的阶段，并持续到了 20 世纪 50 年代中期。贴现率在 2. 50% 的位置上保持了 5 年时间，而永久型政府债券的市场收益率在略微高于 3% 的位置上浮动。1949 年的贬值之后，收益率开始了一个漫长而缓慢的上升时期，开始的速度低于美国或英国。到了1953年，平均收益率仅仅上升到3.27%，贴现率仍然位于3%或者更低。瑞典利率的较大幅度上升是在1955年开始的。1957年，收益率上升到4.33%。经过了两年的稳定时期后，它于1960年再次上升到4.60%。在这些年里，瑞典的政府债券收益率接近了美国优质公司债券，远远低于英国政府债券的收益率。从20世纪60年代初期到20世纪80年代初期，瑞典债券的收益率稳步、大幅度上升，从而跟几乎所有国家一样进入了大熊市。其中主要的区别在于，在瑞典的熊市上，反弹很少，很有限。其他国家在1974年达到了一个顶点，接着经过几年的较低收益率时期后，再次普遍达到了1981年的更高峰值。但是在瑞典，20世纪70年代后期没有出现债券市场的反弹，在20世纪80年代，收益率跌幅低于其他国家。瑞典的战后债券熊市总体上说不像美国或英国严重，而1981年以后的反弹也更加有限。

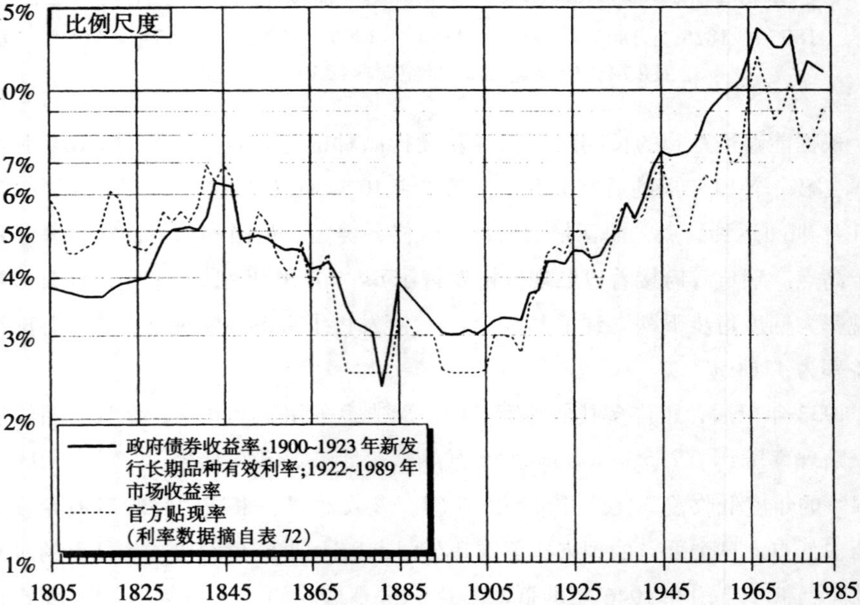

图75　1900～1989年瑞典利率（年度平均数）

瑞典银行的贴现率在20世纪的大部分时候都相对比较高，跟19世纪一样。它在世纪初期达到6%，在1920～1921年期间上升到7.5%的高点。在20世纪20年代，它的平均数超过了5%，并在1931年上升到了8%，而这是1976年之前再也没有达到过的水平。然而，从 1933 年到 1954 年，它的波动范围一般为2.50% ~ 3.00%。1954 年以后，它开始逐步上升。在 20 世纪 60 年代，它的平均数在 5% 左右，但是到了 1969 年却上升到了 7%。10 年以后，瑞典贴现率达到了 9%，并于 1981 年达到了峰值 12%。1989 年，9.5% 的贴现率超过了瑞典 1900 ~ 1979 年间的任何时候。

跟其他国家一样，应该是顽固的通货膨胀造就了瑞典在 20 世纪 70 年代和 80 年代的高利率史。从 1971 年到 1979 年，瑞典的消费价格翻了一番，然后从 1979 年到 1988 年再次翻番。

挪威

挪威官方贴现率和政府债券收益率体现在表 73 中。政府债券收益率此时是通过 15 年期以上债券的平均数来计算的。在 20 世纪 60 年代之前，它的计算依据是 1955 年发行、1975 年到期的一个 4s 品种的到期收益率；1946 ~ 1954 年的计算依据是利率为 2.5% 的各种债券的平均到期收益率；1940 ~ 1946 年的计算依据是利率为 3.6% 的债券。利息的这种变化导致了收益率的巨大差距，因而表 73 所表现出来的是一种无法让人满意的数据水平状况；但是，它也许表现出了一个相当不错的趋势指数。

表 73 说明，从 1930 年开始，挪威利率的趋势走出与英国、美国和荷兰相同的态势，但也有一些重要区别。挪威的长期和短期利率在 20 世纪 30 年代下跌，在 20 世纪 40 年代变得非常低，从 20 世纪 50 年代一直到 20 世纪 80 年代末稳步上升。但是，在 20 世纪 30 年代期间，挪威债券的收益率跌幅非常小。它保持在相对的高位。虽然瑞典的政府债券收益率从 1930 年的 4.18% 跌到了 1938 年的 2.34%，挪威的系列品种同期只是从 5.05% 微跌到 4.33%。1940 年，挪威的收益率上升到了 5.39%，也就是 20 世纪 70 年代前的高点。随着战争和被占领，一个新的债券系列发售，其中等收益率水平在 3.50% 上下。战争结束后，当时欧洲盛行的举债还债的政策在挪威得到实施，一个新的债券系列提供了 2.50% 左右的收益率——大大低于瑞典的水平，甚至低于英国的水平。债券收益率的大幅度上升直到 1955 年才开始。1958 年，一个新的利率为 4% 的债券系列以贴现价格发售，收益率高达年均 4.76%，高于瑞典的通行水平，但是低于英国的水平。

在 20 世纪 60 年代，挪威的债券收益率十分稳定。接着，在少有反弹的情况下，1987 年它上升到了峰值 13. 56%，大大晚于其他国家在 1981 年出现的峰值。挪威政府在危险的通货膨胀面前倾向于采取低利率的政策，从而推迟了但却几乎无法避免收益率达到创纪录的水平。

虽然挪威的债券收益率在 20 世纪 50 年代末出现了跟其他国家的债券类似的上升，但是官方贴现率并没有上涨到 3. 5% 的水平，直到 1969 年，尽管 1957 年瑞典的贴现率上升到了 7%。即便在 20 世纪 70 年代，挪威的贴现率也是适中水平，平均 5. 65%。

表 73　1930 ~ 1989 年奥地利、挪威、丹麦和爱尔兰年均利率

年份	奥地利		挪威		丹麦		爱尔兰	
	官方贴现率（%）	政府债券收益率（%）	官方贴现率（%）	政府债券收益率（%）	官方贴现率（%）	政府债券收益率（%）	官方贴现率（%）	政府债券收益率（%）
1930			4. 53	5. 05	4. 19	4. 71		
1931			4. 65	5. 01	4. 22	4. 66		
1932			4. 68	5. 02	4. 50	4. 84		
1933			3. 70	4. 95	3. 17	4. 01		
1934			3. 50	4. 67	2. 50	3. 94		
1935	3. 50		3. 50	4. 44	2. 86	4. 20		
1936	3. 50		3. 53	4. 52	3. 56	4. 38		
1937	3. 50		4. 00	4. 46	4. 00	4. 48		
1938			3. 51	4. 33	4. 00	4. 27		
1939			3. 83	4. 58	4. 08	4. 66		
10 年平均	3. 50（3 年平均）		3. 94	4. 70	3. 71	4. 42		
1940			4. 50	5. 39	4. 12	4. 99		
1941			3. 00	3. 67	3. 50	4. 15		
1942			3. 00	3. 54	3. 50	4. 06	2. 50	
1943			3. 00	3. 52	3. 50	4. 38	2. 50	

（续表）

年份	奥地利		挪威		丹麦		爱尔兰	
	官方贴现率（%）	政府债券收益率（%）	官方贴现率（%）	政府债券收益率（%）	官方贴现率（%）	政府债券收益率（%）	官方贴现率（%）	政府债券收益率（%）
1944			3.00	3.45	3.50	3.97	2.50	
1945	3.50		3.00	3.42	3.50	3.76	2.50	
1946	3.50		2.50	2.96	3.00	3.55	2.50	
1947	3.50		2.50	2.50	3.00	3.65	2.50	
1948	3.50		2.50	2.49	3.00	4.07	2.50	
1949	3.50		2.50	2.50	3.00	4.44	2.50	
10 年平均	3.50（5 年平均）		2.95	3.34	3.36	4.10	2.50（8 年平均）	
1950	3.50		2.50	2.58	3.62	4.53	2.50	
1951	3.87		2.50	2.74	4.50	5.14	2.50	
1952	5.50		2.50	2.74	4.50	5.29	3.50	4.53
1953	4.62		2.50	2.72	4.50	5.08	3.50	4.58
1954	3.62		3.50	2.69	4.75	5.24	3.00	4.42
1955	4.45		3.50	2.99	5.37	5.55	4.00	4.47
1956	5.00		3.50	4.31	5.50	5.71	5.00	5.29
1957	5.00		3.50	4.58	5.50	5.77	6.00	5.59
1958	5.00		3.50	4.76	5.00	5.24	4.25	5.61
1959	4.62		3.50	4.61	4.75	5.32	4.25	5.10
10 年平均	4.52		3.10	3.47	4.80	5.29	3.85	4.95（8 年平均）
1960	5.00		3.50	4.58	5.50	5.76	4.90	5.45
1961	5.00		3.50	4.64	6.50	6.02	5.42	6.04

（续表）

年份	奥地利		挪威		丹麦		爱尔兰	
	官方贴现率（%）	政府债券收益率（%）	官方贴现率（%）	政府债券收益率（%）	官方贴现率（%）	政府债券收益率（%）	官方贴现率（%）	政府债券收益率（%）
1962	5.00		3.50	4.95	6.50	6.32	4.39	6.06
1963	4.71		3.50	4.96	5.50	6.44	3.93	5.48
1964	4.50		3.50	4.94	6.50	6.24	4.72	5.93
1965	4.50	6.52	3.50	4.99	6.50	7.35	6.10	6.24
1966	4.50	6.93	3.50	5.00	6.50	7.86	6.38	6.96
1967	4.18	7.24	3.50	5.00	7.50	8.17	7.78	6.99
1968	3.75	7.74	3.50	4.94	6.00	8.43	7.17	7.36
1969	4.08	7.52	3.83	5.12	9.00	9.34	8.25	9.71
10年平均	4.52	7.19（5年平均）	3.53	4.91	6.60	7.19	5.90	6.62
1970	5.00	7.82	4.50	6.29	9.00	10.57	7.31	9.86
1971	5.00	7.71	4.50	6.40	7.50	10.67	4.81	8.48
1972	5.50	7.37	4.50	6.27	7.00	10.37	8.00	9.46
1973	5.50	8.25	4.50	6.19	9.00	11.08	12.75	12.33
1974	6.50	9.74	5.50	7.10	10.00	14.55	12.00	16.86
1975	6.00	9.61	5.00	7.29	7.50	13.10	10.00	14.64
1976	4.00	8.75	6.00	7.25	10.00	13.21	14.75	15.49
1977	5.50	8.74	6.00	7.39	9.00	13.38	6.75	11.30
1978	4.50	8.21	7.00	8.45	8.00	14.54	11.85	12.83
1979	3.75	7.96	9.00	8.59	11.00	15.82	16.50	15.07
10年平均	5.13	8.42	5.65	7.12	8.80	12.73	10.47	12.63
1980	6.75	9.24	9.00	10.27	11.00	17.66	14.00	15.35
1981	6.75	10.61	9.00	12.31	11.00	18.92	16.50	17.26

（续表）

年份	奥地利		挪威		丹麦		爱尔兰	
	官方贴现率（%）	政府债券收益率（%）	官方贴现率（%）	政府债券收益率（%）	官方贴现率（%）	政府债券收益率（%）	官方贴现率（%）	政府债券收益率（%）
1982	4.75	9.92	9.95	13.20	10.00	20.39	14.00	17.06
1983	3.75	8.17	9.43	12.86	7.00	14.46	12.25	13.90
1984	4.50	8.02	10.15	12.16	7.00	13.93	14.00	14.62
1985	4.00	7.77	10.60	12.89	7.00	12.01	10.25	12.64
1986	4.00	7.33	13.55	13.47	7.00	10.76	13.25	11.07
1987	3.00	6.91	13.86	13.56	7.00	11.10	9.25	11.27
1988	4.00	6.67	13.04	12.97	7.00	11.19	8.00	9.49
1989	5.50	7.10	10.56	10.75	7.00	10.48	8.40	8.66
10 年平均	4.70	8.17	10.91	12.44	8.10	14.09	11.99	13.13

资料来源：

奥地利数据：国际货币基金组织《国际金融统计》。

挪威数据：同上；国际联盟《统计年鉴：1939～1940 年》，第 221 页。

丹麦数据：同上，第 221 和 224 页；摩根担保信托公司《世界金融市场》；国际货币基金组织《国际金融统计》。

爱尔兰数据：同上。

丹麦

现代丹麦利率主要引用官方贴现率和政府债券收益率系列来表现（见表 73）。自第二次世界大战以来，丹麦经历的通货膨胀程度几乎与其他斯堪的纳维亚国家相同，虽然丹麦的通货膨胀率从 20 世纪 60 年代末到 20 世纪 80 年代初略高于挪威和瑞典，而在此期间各国的利率都在飙升。

从 1930 年到 1990 年的整个时期，丹麦的利率都相对比较高。与挪威的利率相比，丹麦利率更高。在 20 世纪 30 年代的大部分时候，丹麦的贴现率和债券收益率都低于挪威，但是高于瑞典。在 20 世纪 40 年代，丹麦的利率高于挪威和瑞典。从 20 世纪 50 年代到 80 年代，丹麦的利率上升速度高于大部分国家，远远高于挪威和瑞典的利率。这些比较结果在表73中用每10年平均数体现。

丹麦的利率趋势遵循的是一个总体形态。它在20世纪30年代倾向于下滑，但却从来没有达到过非常低的水平。贴现率在1934年跌到了2.50%，债券收益率跌到了略微低于4%的水平。在20世纪30年代末，丹麦的利率上升，并且达到或者超过了1930年的高利率水平。在20世纪40年代期间，丹麦的利率再次下跌，贴现率跌到了3%，债券收益率接近3.50%。这些利率数远远高于大部分国家。在20世纪50年代，丹麦的贴现率上升到5.50%，债券收益率常常接近6%，远远高于其1930年的水平。

在20世纪60年代，丹麦的收益率大幅度飙升，大大超过非常高的英国利率水平，无论是长期利率还是短期利率。在20世纪70年代，丹麦所有收益率再次大幅度上升。丹麦的贴现率在1979～1981年期间达到了11%的峰值。政府债券收益率的峰值出现在1982年，超过了20%。长期收益率平均高于出奇高的英国收益率，远远高于所有其他斯堪的纳维亚国家的收益率。这与挪威的低收益率相比反差非常大，至少在20世纪80年代中期之前——当时丹麦的收益率自1940年以来第一次低于挪威的收益率。

爱尔兰

近代爱尔兰利率史在表73中用两个系列数据表现：官方贴现率和政府债券收益率。

爱尔兰与英国在金融方面保持着非常密切的关系。虽然爱尔兰的贴现率走势并没有遵循英国银行利率的每年态势，但它的每10年平均数在20世纪50年代和60年代几乎跟英国完全相同。但是，在20世纪70年代和80年代，爱尔兰的利率平均甚至超过了英国的利率。官方贴现率于1973年上涨到了12.75%，并于1979年和1981年进一步上升到16.50%，与英国银行利率的峰值平行。

据记载，爱尔兰政府债券的收益率在20世纪50年代和60年代与英国的长期债券收益率非常接近。爱尔兰的收益率在1965年开始上涨，跟其他国家一样。从那时起，爱尔兰的债券收益率总体范围超过英国的收益率。

葡萄牙

葡萄牙是一个古老的贸易国家，应该拥有悠久而丰富的利率史，可以追溯到许多世纪之前。不幸的是，早期葡萄牙利率的记载数据无从获得。因此，葡萄牙利率在表 74 中仅仅表现为 1930 年开始的两个系列：官方贴现率和政府债券收益率。后者此时依据的是所有未偿付债券的平均收益率；在 1973 年之前，计算的依据是 1980 年到期的利率为 4% 的债券。

葡萄牙利率的形态不同于欧洲的总体形态，尤其是 1940 年以后。在 1930 ~ 1931 年，7.30% ~7.71% 的贴现率和 6.66% 的债券收益率都属于非常高的水平。这些利率在 20 世纪 30 年代都在下跌，跟其他国家的利率一样，但是没有跌到非常低的水平。在这些年期间，葡萄牙的专制政府将这个国家置于严格的经济控制之下。它不同寻常地保持了几十年的金融稳定。

在第二次世界大战期间，葡萄牙政府将官方贴现率稳步地从 4% 压低到 2%，并稳定在该水平。政府债券的收益率从 1939 年的年均 3.97% 下跌到 1944 年的大约年均 2.76%。1946 年以后，收益率保持在相对低的水平，直到 20 世纪 70 年代初期。它在 1950 年曾经短暂上升到 3.92%，但是在 1956 ~ 1959 年再次跌到 3.03%，这一趋势与其他国家盛行的上升趋势正相反。它在 20 世纪 60 年代呈现温和的上升，在 20 世纪 70 年代初期略微进一步上升，达到 6%。当时，专制政权被一个比较民主的政府取代。葡萄牙的利率迅速攀升到相对高的水平，并保持高位至 20 世纪 80 年代。

表 74　1930 ~ 1989 年葡萄牙、西班牙和土耳其年均利率

年份	葡萄牙		西班牙		土耳其	
	官方贴现率（%）	政府债券收益率（%）	西班牙银行利率（%）	国库券利率（%）	官方贴现率（%）	政府债券收益率（%）
1930	7.71		5.73			
1931	7.30	6.66	6.24			
1932	6.63	6.03	6.41		7.52	
1933	6.07	4.78	6.00		5.75	
1934	5.48	4.00	5.91		5.50	
1935	5.00	4.05	5.27		5.50	
1936	4.67	3.65	5.00		5.50	
1937	4.25	3.61	4.87		5.50	

（续表）

年份	葡萄牙		西班牙		土耳其	
	官方贴现率（%）	政府债券收益率（%）	西班牙银行利率（%）	国库券利率（%）	官方贴现率（%）	政府债券收益率（%）
1938	4.00	3.74	4.37		4.75	
1939	4.00	3.97	4.00		4.00	
10年平均	5.51	4.50（9年平均）	5.38		5.50（8年平均）	
1940	4.00	3.83	4.00		4.00	
1941	3.62	3.61	4.00		4.00	
1942	3.50	2.92	4.00		4.00	
1943	2.75	2.82	4.00		4.00	
1944	2.00	2.76	4.00		4.00	
1945	2.00	2.83	4.00		4.00	
1946	2.00	2.83	4.00		4.00	
1947	2.00	3.04	4.12		4.00	
1948	2.00	3.24	4.50		4.00	6.90
1949	2.00	3.76	4.00		4.00	6.84
10年平均	2.59	3.16	4.06		4.00	
1950	2.00	3.92	4.00		4.00	6.52
1951	2.00	3.79	4.00		3.00	5.49
1952	2.00	3.48	4.00		3.00	4.95
1953	2.00	3.38	4.00		3.00	4.21
1954	2.00	3.27	3.87		3.00	4.81
1955	2.00	3.18	3.75		4.12	4.81
1956	2.00	3.03	4.00		5.62	4.82
1957	2.00	3.05	4.62		6.00	4.80
1958	2.00	3.03	5.00		6.00	4.72
1959	2.00	3.45	5.62		6.00	4.79

（续表）

年份	葡萄牙		西班牙		土耳其	
	官方贴现率（%）	政府债券收益率（%）	西班牙银行利率（%）	国库券利率（%）	官方贴现率（%）	政府债券收益率（%）
10 年平均	2.00	3.36	4.29		4.37	4.99
1960	2.00	3.46	4.60		6.75	4.74
1961	2.00	3.82	4.60		8.25	4.77
1962	2.00	3.96	4.60		7.50	4.71
1963	2.00	4.18	4.60		7.50	4.64
1964	2.00	3.94	4.60		7.50	4.64
1965	2.17	3.88	4.60		7.50	4.63
1966	2.50	3.96	4.60		7.50	4.63
1967	2.50	5.00	5.10		7.50	4.56
1968	2.50	5.11	5.10		7.50	4.54
1969	2.73	5.15	5.10		7.50	4.02
10 年平均	2.24	4.25	4.75		7.50	4.59
1970	3.50	5.28	6.50		9.00	
1971	3.75	5.70	5.00		9.00	
1972	4.00	6.01	5.00		9.00	
1973	5.00	5.50	6.00		8.75	
1974	7.50	n. a.	7.00		9.00	
1975	6.50	n. a.	7.00		9.00	
1976	6.50	9.74	7.00		9.00	
1977	13.00	10.80	8.03		9.00	
1978	16.33	16.17	9.02	14.41	10.00	
1979	18.00	16.68	7.98	15.70	10.75	
10 年平均	8.41	9.49	6.85	15.06	9.25	
1980	18.00	16.68	10.90	15.70	26.00	
1981	18.00	16.71	10.51	15.80	31.50	

（续表）

年份	葡萄牙		西班牙		土耳其	
	官方贴现率（%）	政府债券收益率（%）	西班牙银行利率（%）	国库券利率（%）	官方贴现率（%）	政府债券收益率（%）
1982	18.75	16.79	18.40	15.70	31.50	
1983	23.17	19.22	21.40	19.80	48.50	
1984	25.00	21.50	12.50	13.43	52 00	
1985	23.50	20.75	10.50	10.90	52.00	
1986	17.00	n. a.	11.84	8.63	48.00	
1987	14.96	15.02	13.50	11.32	45.00	
1988	13.71	13.87	12.40	10.79	54.00	
1989	14.00	13 86	14.03	13.76	54.00	
10 年平均	18.61	15.44	13.60	13.58	44.25	

资料来源：

国际联盟《统计年鉴：1939～1940 年》，第 221 页和第 225 页。

国际货币基金组织《国际金融统计》。

摩根担保信托公司《世界金融市场》。

在 20 世纪 70 年代初期的革命之前，葡萄牙的股票价格、商品价格、生活成本和其他经济指数都惊人地稳定。国家没有进入其他国家盛行的增长阶段。规模非常小的国债几乎没有任何增长，而且其大部分都是由银行系统之外持有。葡萄牙的利率史可以看成是一种例外情形，因为普遍的规则是，主要金融中心所盛行的通常都是相对比较低的债券收益率。更有可能的是，它代表的是专制政权统治下常见的市场控制。推翻独裁政权的革命结束后，市场更加自由地对通胀型经济政策做出反应。葡萄牙的通货膨胀率大幅度飙升，葡萄牙的利率也随之猛涨。

西班牙

现代西班牙利率史在表 74 中用官方贴现率和 1978 年以后的国库券利率来表现。即便在其势力最大的数个世纪期间，西班牙也从来没有在金融方面高度发展。影响它的金融业的是其他国家。这个国家对文艺复兴时期的利率史几乎没有任何贡献。在现代时期，西班牙继续在经济上独立于邻国的经济体。20 世纪 30 年代，在经过了漫长的政治动乱之后，国家的经济落入一个专制形式的政府的控制之中。因此，西班牙的利率对于其他国家的利率来说没有什么经济影响。跟葡萄牙一样，专制政权在 20 世纪 70 年代让位与一个比较民主的政府。从此利率更加能够体现自由市场上的供求关系。

西班牙的贴现率在 20 世纪 30 年代非常高，几乎是本书介绍的该 10 年期间所有国家中最高的水平，而在这个时期，西班牙正处于内战。但是，银行利率年度平均数稳步下跌，从 1932 年的 6.41% 下跌到 1939 年的 4% 。西班牙内战似乎并没有中断这一跌势。尽管如此，其利率平均数比当时英国和美国盛行的官方贴现率高出一倍多。

从 1939 年到 1953 年，西班牙的贴现率保持在 4% 的水平，几乎没有任何震荡。这在当时是一个比较高的利率。在 1955 年，也就是其他国家的利率正在上涨的时候，它却下降到了 3.75% 。这是它在 1930 ~ 1989 年期间的最低点。在 1957 ~ 1960 年，它在一个经济改革时期稳步而大幅度地上涨。

西班牙贴现率在 20 世纪 50 年代末的上升与葡萄牙 2% 的贴现率形成了鲜明的对比。此外还有其他反差甚大之处。在那 10 年中，西班牙的生活成本翻了一番，而葡萄牙的生活成本仅仅上涨了 9% 。西班牙比塞塔的美元价值跌了 50% ~ 75% ，而葡萄牙埃斯库多的美元价值却没有变化。这种反差意义重大，因为这两个国家都处于专制政府的统治之下。

在 20 世纪 60 年代期间，西班牙银行（Bank of Spain）的贴现率保持在 4.6% ，直到 1967 年，然后开始上升，达到 1974 ~ 1976 年的 7% 。从那以后，在比较自由的市场体制下，它迅速上升，尤其在 1981 ~ 1983 年期间，翻了一番还多，达到了 21.40% 的峰值。民主政府得以恢复以后，西班牙的通货膨胀率低于葡萄牙，而西班牙的利率总体上也低于葡萄牙的利率。

土耳其

土耳其的利率在表 74 中表现为 1932 年以后的官方贴现率和 1948 ~ 1969 年的两个政府债券系列的收益率。于 1952 年结束的第一个系列依据的是 1965 年到期的一个 7s 品种的到期市场收益率。从 1953 年开始的第二个系列依据的是 1972 年到期的一个 5s 品种的到期收益率。从 1969 年以后，债券收益率数据没有记载。

在整个该期间中，土耳其记载的利率按照欧洲标准属于高位。在最近20年该国极端高的通货膨胀形势下，这一点尤其突出。

土耳其的贴现率从1932年的年均7.52%跌到了1939年的4%，在1951～1954年跌到3%，然后迅速上升到1957年的6%和1961年的9%。虽然贴现率的这种下跌和回升跟欧洲的形态一样，但是土耳其的政府债券收益率却走出了一个不同的态势：从1948年到1953年几乎是稳步下跌。这种下跌的部分原因无疑是由于1952～1953年期间的名义利率变化，但是名义利率7%让位于名义利率5%的简单事实表明收益率在下降，而且这两个系列的收益率每年都在下跌。1953年以后，债券收益率开始上升，然后稳定在远远低于贴现率的水平。

在20世纪50年代期间，土耳其的金融形势很不稳定。在10年中，里拉丧失了2/3的美元价值和60%的购买力。强大的政府无法稳定这个国家落后的农业经济。跟西班牙一样，货币价值下跌，贴现率上升。尽管如此，土耳其的债券收益率下跌了。

在20世纪60年代，官方贴现率在许多年里固定在7.5%，这在当时属于高得不同寻常的水平。1970年，它上升到了9%，并且在1979年又升至10.75%。这种上升并非完全反映了土耳其上升之中的通货膨胀率，当时其1979年的物价水平比1970年上涨了7倍多。20世纪80年代的形势发生了变化。贴现率在1980年上升到了26%，并在1988～1989年站上了54%的高点。1988年，土耳其的物价水平几乎是其1979年的20倍。这些利率和通胀率数据都高得不同寻常，与欧洲的总体形态相反。

第二十二章
20 世纪的加拿大

A History of Interest Tates

加拿大没有提供什么独立的利率史资料。在 19 世纪，加拿大几乎可以说根本不存在有组织的债券市场。这个国家当时正在由外国资本开发，主要是英国资本。从 1900 年到第一次世界大战期间的一个非常迅猛的增长阶段，主要也是靠大约 25 亿美元的外国资本投资的，其中的一半以上来自伦敦。1914 年以后，加拿大短暂转向纽约，来帮助它满足战争融资的需要。当美国于 1917 年进入战争以后，加拿大第一次不得不依赖自己的金融资源。[注538]

加拿大的战争投入非常大。它为第一次世界大战提供了大约 64 万军队，耗资 15 亿美元。利率为 5% 和 5.5% 的胜利贷款（Victory Loan）运动导致了国内债券市场的发展。在 1918 年 10 月的活动中，100 多万人认购了 7 亿美元。在此之前，英联邦加拿大的债券主要是英镑债务，其利率属于英国市场的历史，而不是加拿大市场。虽然在第一次世界大战之前也有一个加拿大各省债务的地方市场，以及第一次世界大战以后的英联邦债务地方市场，但这两种市场在第二次世界大战之前都非常有限。

加拿大货币市场发展得更晚。加拿大银行（Bank of Canada）是在 1935 年才成立的。一个基于日拆信贷的现代货币市场直到 20 世纪 50 年代才组建起来。1867 年，当英属北美法案（British North America Act）确立了英联邦时，加拿大已经实现了很大程度的政治独立，但实现金融独立的时间却很晚。毫无疑问，加拿大大量的利润诱人的投资远远超过了这个人口稀少的国家的当地储蓄，从而对外国资本的依赖似乎顺理成章、不可避免。

加拿大之所以缺乏早期的利率史，其原因毫无疑问与导致美洲各个殖民地基本上没有利率史的情形相同。这里的土地非常原始，但是这里的人却不落后。他们带来了复杂的现代欧洲金融手段，并且在金融资源允许的时候立刻投入了应用。与此同时，他们还在伦敦和纽约融资。当加拿大的当地市场和利率最终出现的时候，他们并没有提供什么新鲜玩意儿，信贷形式还是欧洲和美国所熟悉的类型。跟我们研究的其他国家类似的利率范围，倾向于中等程度，高于美国。加拿大在本书占一个章的篇幅，并不是因为它的利率史有多么新颖、重要，而是因为它的市场如今正在实现独立性和重要性。

在成立英联邦之前，加拿大的英镑债务以高收益率的价格在伦敦市场交易。1860 年，加拿大合并英镑（Consolidate Sterling）5s 在伦敦市场发售，收益率为 5.12%，比英国国债的通行收益率高出 191 个基点。几年以后，英属哥伦比亚和温哥华岛推出了英镑 5s。1867 年以后，新英联邦债务的收益率下降。于 1903 年到期的加拿大 5s 英镑品种——英国政府未提供担保——产生的市场收益率如下表（以年度高价显示）:[注539]

年份	加拿大 1903 年的（英镑）5s 收益率（%）	超过英国国债的收益利差（基点）
1871	4.70	150
1872	4.50	147
1873	4.50	130
1874	4.45	125
1875	4.45	131
1876	4.07	139
1877	4.43	135
1878	4.40	134
1879	4.27	126
1880	4.05	107
1881	3.93	102

较低层加拿大行政单位在伦敦支付的利率更高。1874 年，魁北克发售了它的第一笔债务：这些英镑债务按发售时的收益率为 5.17%。1874 年，多伦多市发售了英镑债券 6s，1877 年英属哥伦比亚发售了英镑债券 6s。1879 年，魁北克发行了它的第一笔美元贷款；这些于 1908 年到期的 5s 发售时收益率为 5%，而当时美国政府债券的收益率为 3.96%，新英格兰市政债券的收益率为 4.22%，最佳美国

公司债券的收益率为 4.77%。

从 1880 年到 1900 年，高级债券的利率在伦敦下跌，加拿大的信贷进一步改善。1900 年，加拿大的一笔英镑永久型 3s 在伦敦以微小溢价价格发售，收益率为 2.97%，比英国国债的收益率仅仅高出 53 个基点。这种英镑债务品种显示了加拿大最佳信贷在国外所支付的利率水平。加拿大虽然还是个没有发展起来的国家，却享受着当时在伦敦盛行的低利率。这些英镑债务的收益率属于英国利率史的一部分，而不属于加拿大利率史；这些品种不能跟后来的加拿大国内品种的收益率联系起来，也不能用来进行比较，虽然他们构成了一个连贯的历史。在英联邦国内债务的市场于 1920 年发展起来之前，要了解加拿大债券收益率的历史必须依靠汇总加拿大国内的各省债券的收益率。

20 世纪的加拿大利率史在表 75 中进行了汇总。优质债券的收益率用两个系列品种来体现。这两个品种都没有覆盖整个阶段，但两者加在一起可以构成水平和趋势方面的合理指数：(a) 从 1900 年一直到 1943 年安大略省"最热门"债券品种的年均收益率；(b) 从 1920 年一直到 1989 年长期英联邦债券的年均收益率。该表还包含了从 1917 年一直到 1989 年加拿大房地产抵押利率的年度平均数。这些品种总体上可以对应信托公司抵押利率，但常常比人寿保险抵押利率高出半个百分点左右。加拿大短期利率用 3 个系列来表现：(a) 从 1935 年起加拿大银行的年均贴现率；(b) 从 1934 年起国库券年均利率，含 1955 年之前的所有国库券品种，以及 1955 年以后的 3 个月期国库券；(c) 从 1925 年起 2 年期英联邦债券的年均收益率。

图 76 显示了安大略省债券收益率和英联邦长期债券收益率的每 10 年平均数。图 77 用美国优质公司债券的年均收益率与 1900 ~ 1943 年的安大略省债券年均收益率和 1935 ~ 1989 年的英联邦债券年均收益率相比较。

由于安大略省享有很高的信用等级，在英联邦债券数据无法获得的时候，用安大略省债券的收益率数据取而代之是非常合理的。在两者的收益率数据都存在的那些年里，彼此之间很少出现巨大差异，而且这种差异可能主要是因为利息和到期日方面的不同，或者在供应方面的临时差异所致。英联邦债券本身的信用对安大略的经济状况的依赖程度，超过了美国政府信用对任何一个州的经济状况的依赖。

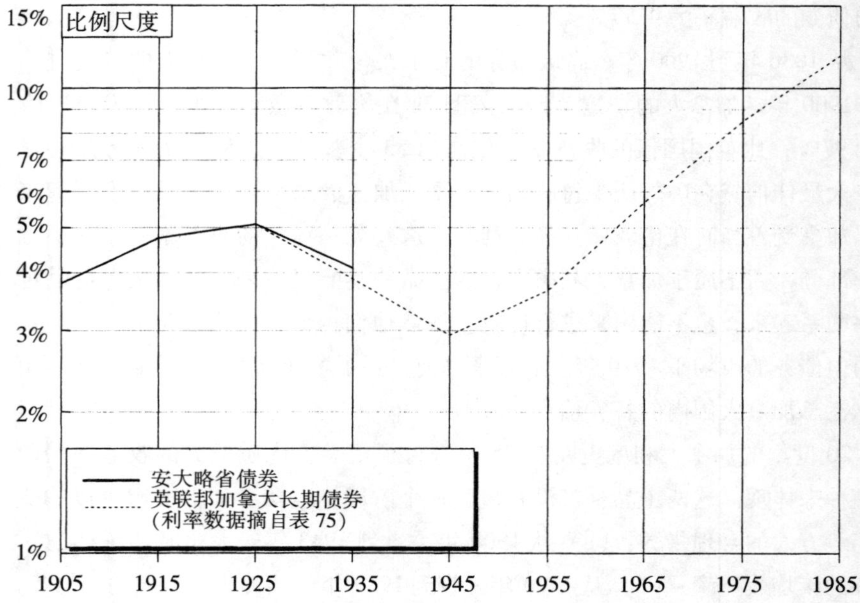

图 76　20 世纪加拿大每 10 年平均数

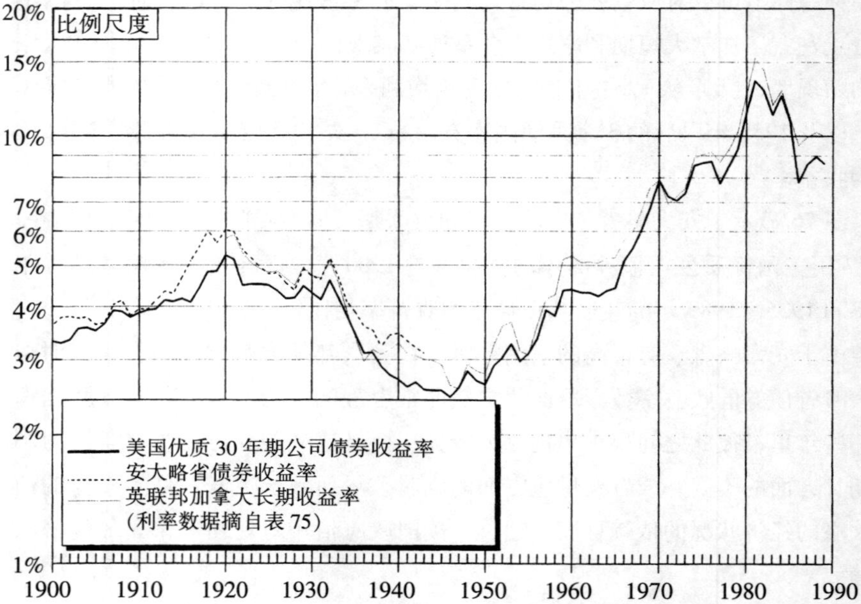

图 77　1900～1989 年加拿大各省债券、英联邦债券和美国公司债券收益率（年度平均数）

表 75　20 世纪加拿大利率

年份	安大略省债券，年均	英联邦加拿大		地产抵押利率，年均（%）	加拿大银行贴现率，年均（%）	国库券利率，年均（%）	英联邦 2 年期债券，年均（%）
		永久型英镑债券年均（%）	加拿大长期美元债券年均（%）				
1900	3.61	2.97					
1901	3.77	2.98					
1902	3.79	2.93					
1903	3.76	2.95					
1904	3.78	3.09					
1905	3.63	3.04					
1906	3.67	3.05					
1907	4.04	3.09					
1908	4.14	3.14					
1909	3.81	3.27					
10 年平均	3.80	3.05					
1910	3.95	3.28					
1911	3.94	3.27					
1912	4.14	3.32					
1913	4.34	3.56					
1914	4.29						
1915	4.68						
1916	5.12						
1917	5.51			7.64			
1918	6.01			7.76			
1919	5.63			7.51			
10 年平均	4.76	3.36（4 年平均）		7.64（3 年平均）			

（续表）

年份	安大略省债券，年均	英联邦加拿大		地产抵押利率，年均（%）	加拿大银行贴现率，年均（%）	国库券利率，年均（%）	英联邦2年期债券，年均（%）
		永久型英镑债券年均（%）	加拿大长期美元债券年均（%）				
1920	6.04		5.77	8.07			
1921	5.96		5.88	8.35			
1922	5.43		5.34	8.07			
1923	5.19		5.05	7.72			
1924	4.94		4.90	7.54			
1925	4.77		4.81	7.15			4.59
1926	4.79		4.84	6.99			4.83
1927	4.54		4.65	6.88			4.74
1928	4.37		4.48	7.08			4.64
1929	4.89		4.93	7.10			5.46
10年平均	5.09		5.07	7.50			4.85（5年平均）
1930	4.71		4.73	6.99			
1931	4.63		4.65	6.84			
1932	5.21		5.14	6.60			
1933	4.68		4.55	6.84			
1934	4.11		3.91	6.43		2.65	
1935	3.88		3.39	6.05	2.50	1.49	
1936	3.59		2.97	5.80	2.50	0.84	1.28
1937	3.59		3.17	5.75	2.50	0.72	1.37
1938	3.22		3.09	5.87	2.50	0.59	1.14
1939	3.42		3.16	6.01	2.50	0.71	1.51
10年平均	4.10		3.88	6.32	2.50（5年平均）	1.17（6年平均）	1.33（4年平均）

（续表）

年份	安大略省债券，年均	英联邦加拿大		地产抵押利率，年均（%）	加拿大银行贴现率，年均（%）	国库券利率，年均（%）	英联邦 2 年期债券，年均（%）
		永久型英镑债券年均（%）	加拿大长期美元债券年均（%）				
1940	3.46		3.28	5.90	2.50	0.70	1.48
1941	3.32		3.10	5.85	2.50		1.40
1942	3.20		3.06	5.76	2.50		1.48
1943	3.11		3.01	5.61	2.50		1.52
1944			2.99	5.33	1.50		1.46
1945			2.93	5.27	1.50	0.36	1.39
1946			2.61	5.28	1.50	0.39	1，39
1947			2.56	5.32	1.50	0.41	1.43
1948			2.93	5.42	1.50	0.41	1.41
1949			2.82	5.63	1.50	0.48	1.65
10 年平均	3.27（4 年平均）		2.93	5.54	1.90	0.46（5 年平均）	1.46
1950			2.78	5.64	1.62	0.55	1.89
1951			3.24	5.89	2.00	0.80	2.31
1952			3.59	6.40	2.00	1.07	2.69
1953			3.68	6.64	2.00	1.69	3.25
1954			3.14	6.71	2.00	1.44	2.25
1955			3.08	6.54	2.10	1.62	2.21
1956			3.61	6.71	3.12	2.92	3.61
1957			4.17	7.47	4.01	3.76	4.50
1958			4.26	7.27	2.50	2.25	n. a.
1959			5.17	7.39	5.06	4.81	n. a.
10 年平均			3.67	6.67	2.64	2.09	2.26（8 年平均）

（续表）

年份	安大略省债券，年均	英联邦加拿大		地产抵押利率，年均（%）	加拿大银行贴现率，年均（%）	国库券利率，年均（%）	英联邦2年期债券，年均（%）
		永久型英镑债券年均（%）	加拿大长期美元债券年均（%）				
1960			5.26	6.75	3.57	3.32	3.96
1961			5.08	6.71	3.09	2.82	3.59
1962			5.09	6.50	4.89	4.60	4.28
1963			5.07	6.35	3.88	3.38	4.21
1964			5.19	6.25	4.04	0.74	4.41
1965			5.22	6.25	4.29	3.73	4.52
1966			5.74	6.83	5.17	5.00	5.38
1967			5.96	7.34	5.00	4.60	5.29
1968			6.67	8.64	6.79	5.27	6.37
1969			7.58	9.40	7.46	7.19	7.24
10年平均			5.69	7.10	4.82	4.37	4.93
1970			7.91	10.06	7.13	5.99	6.32
1971			6.95	9.04	5.13	3.56	4.93
1972			7.23	8.95	4.75	3.56	5.54
1973			7.56	9.40	6.13	5.47	6.54
1974			8.90	10.06	8.50	7.83	8.03
1975			9.04	11.00	8.50	7.40	7.40
1976			9.18	11.72	8.50	8.87	8.11
1977			8.70	10.36	7.50	7.33	7.33
1978			9.27	10.29	10.75	8.67	8.75
1979			10.21	11.40	14.00	11.68	10.75
10年平均			8.50	10.23	8.09	7.04	7.37
1980			12.48	13.97	17.26	12.80	12.44

（续表）

年份	安大略省债券，年均	英联邦加拿大 永久型英镑债券年均（%）	英联邦加拿大 加拿大长期美元债券年均（%）	地产抵押利率，年均（%）	加拿大银行贴现率，年均（%）	国库券利率，年均（%）	英联邦2年期债券，年均（%）
1981			15.99	18.06	14.66	17.72	15.96
1982			14.26	16.85	10.26	13.64	13.82
1983			11.79	11.05	10.04	9.30	9.40
1984			12.75	12.00	10.16	11.06	11.67
1985			11.04	10.31	9.49	9.43	10.12
1986			9.52	10.15	8.49	8.97	9.09
1987			9.95	9.85	8.66	8.14	9.19
1988			10.22	10.73	11.17	9.48	9.68
1989			10.18	12.93	12.26	12.00	10.76
10年平均			11.74	12.59	11.25	11.25	11.21

资料来源：

加拿大中央统计局《月度统计公告》（*Monthly Bulletin of Statistics*）。

加拿大银行《评述》（*Review*）

国际联盟《统计年鉴：1939～1940年》，第223页。

加拿大官方调查委员会报告（Report of Official Board of Enquiry）《生活成本》（*Cost of Living*）（1915年发表）。

国际货币基金组织《国际金融统计》。

摩根担保信托公司《世界金融市场》。

经济合作与发展组织《月度金融统计》。

图77表明，加拿大债券收益率在20世纪的趋势与美国的债券收益率趋势十分接近。但是，加拿大的收益率几乎总是高于美国的收益率。加拿大的收益率波动形态与美国收益率的同步性大大超过英国收益率。英国的收益率得益于美国的收益率，尤其是1900～1915年，以及1934～1975年。加拿大的收益率并没有得益于美国的收益率，虽然在高收益率阶段收益利差在加大。

在这90年期间，加拿大与英国收益率之间的关系发生了重大变化。加拿大的收益率——在第一个10年期平均高出英国收益率87个基点——在20世纪20年代平均仅仅高出英国收益率15个基点。在20世纪40年代，它平均略微低于英国的收益率，虽然这种变化的一部分原因是采用品种的期限差别。在20世纪50年代的大部分时候，加拿大的收益率远远低于英国的收益率，虽然在1955年，以及在1960年的一个短暂阶段，加拿大的收益率上升到了英国的水平。在20世纪60年代，加拿大收益率平均低于英国收益率100多个基点，而在20世纪70年代出现危机的那些年里，英国的收益率大幅度飙升，但是加拿大的收益率上涨幅度小得多，平均比英国收益率低将近500个基点。在20世纪60年代的债券熊市时期，加拿大的收益率平均上涨幅度略微高于美国的收益率，平均高出68个基点，大大高于其早先的收益率溢价水平。但是，在20世纪70年代，加拿大的收益率上涨幅度低于美国的收益率，收益利差有时变成了名义利差。在20世纪80年代，加拿大与美国收益率的利差大幅度增加，而加拿大与英国之间的利差几乎消失殆尽。下表中的每10年平均数显示了这种国际关系的变化。

长期债券收益率每10年平均数

10年期	加拿大：1939年前安大略；1939年后英联邦（%）	英国：长期政府债券最高收益率（%）	美国：优质公司债券（%）	加拿大对比	
				英国	美国
1900～1909	3.80	2.93	3.47	+87	+33
1910～1919	4.76	4.20	4.23	+56	+53
1920～1929	5.09	4.94	4.56	+15	+53
1930～1939	4.09	3.68	3.64	+41	+45
1940～1949	2.93	3.19	2.61	-26	+32
1950～1959	3.67	4.70	3.30	-103	+37
1960～1969	5.69	6.87	5.01	-118	+68
1970～1979	8.49	13.34	8.23	-485	+26
1980～1989	11.74	12.10	10.20	-36	+154

在20世纪80年代之前，加拿大与美国之间的差异几乎没有任何变化。加拿大与英国之间差异的变化反映了美国与英国之间差异的变化。但是，加拿大与美国之间的差异每年的变化都很大。从该世纪初的+30个基点开始，差异在1906～1911年期间几乎完全消失，然后在1916～1922年期间有时上升到100多个基点。

这种差异在20世纪20年代减小，然后在20世纪30年代中期消失。在第二次世界大战期间，差异恢复到该世纪的平均水平上下，即40个基点，但是战争刚刚结束就再次消失。在20世纪50年代，差异的波动幅度加大，在收益率处于高位且上升阶段时接近零。这种趋势在20世纪60年代得以继续，但是，我们已经看到，利差在20世纪70年代大幅度减小。在20世纪80年代，利差大幅度增加，当时加拿大收益率的上涨幅度大大超过了美国收益率。换句话说，这两个市场的方向通常是一致的，但是英联邦债券的收益率范围比美国优质公司债券的收益率范围大得多。

加拿大的短期利率对于本书没有什么意义。有组织的货币市场直到20世纪50年代才发展起来，而即便在那个时候，市场规模也很小，属于实验性质。加拿大的票据利率跟其他国家的票据利率一样，在20世纪30年代末和40年代处于非常低的水平。2年期债券的收益率大大高于国库券的利率。但是，这两者都不具有代表性。加拿大的大部分企业只能从自己的银行借款，通常支付4%～5%或者更高的利息。当货币市场在20世纪50年代得以发展的时候，市场常常非常小，波动性非常大。有时候市场提供的资金几乎为零。1959年，有一次由于高利贷法的缘故，当票据利率上升到6%以上的时候，银行发现很难发放更多的贷款。加拿大的票据利率范围有时大大高于美国的票据利率，有时又低于美国的票据利率。这两个货币市场，跟这两个国家的债券市场一样，往往朝着同一个方向发展，但是加拿大的范围更大一些，加拿大的短期利率通常也更高。

第二十九章中的表90和表91提供了加拿大在20世纪80年代和90年代的长期和短期利率数据。

第二十三章

1700 年以后欧洲和北美利率总结及分析

A History of Interest Tates

1700 年以后不久的英国利率数据和 1800 年以后许多国家的利率数据足以提供年度市场趋势。当我们对这些数据进行细致的审视、解析的时候，就会发现一种清晰的波动形态，首先是一个国家的形态，接着是许多国家，而这种形态绝非模棱两可，信息价值很高。两三个世纪的重大政治和经济事件，可以从这些事件对各种利率的影响的角度来分析。其结果是表现国家经济和政治状况的一个动态图。虽然经济学家和历史学家对于如何解读这个动态图并非总是意见一致，尤其是如何定义正常情形和突出的极端情形，但是变化的方向清晰可见，政治和经济气候常常是一目了然。什么样的利率标志着经济和政治形势的健康发展，仍然是个有争议的问题。

资料数据

只有从 18 世纪初到目前，而且只有在英国，利率史可以依据年度或者月度的连续系列数据。精确的数据始于 18 世纪的英国，而不是 17 世纪的荷兰，这一点可能仅仅是早期财经新闻和后来的数据研究造成的一种偶然的副产品。在整个 18 世纪，还可能在 17 世纪的大部分时候，荷兰共和国都有一个每日交易的证券市场，但是价格和收益率数据还不是连续系列的形式。也许通过有条不紊地研究 17 世纪和 18 世纪的荷兰档案，可以对金融史作出宝贵的贡献，能够修正在本书应用的预测数据，并近距离检验现代偿债基金型债务和第一次现代低利率体验的实际源地。

本书前面几章中提供的现代利率年均数据足以定义许多国家的利率趋势，足以确定无疑地表明某个国家某种指定信贷类型的利率具体哪些年在上升，哪些年在下跌。此外，这些数据通常都能显示上升或者下跌的幅度。

利率水平是个比利率趋势更加复杂的概念。当两种利率水平进行较长时间的对比，或者两个国家之间的对比，或者某个时间和地点的不同贷款类型的利率水平对比时，这一点十分明显。以征税、市场结构、赎回或者转换前景、收购成本等方面的差异为例，各种影响因素都能质疑仅仅因为某一个市场提供的利率高于、低于或者等同于另一个市场而机械地推断出来的利率水平。毫无疑问，利率在某些时候上升，在某些时候则下跌；但是假如某种利率等于、高于或者低于另一个时间或地点的另一种利率或者另一种贷款类型的利率，要从中做出经济方面的结论就可能要求对利率水平进行解读。

在本书中，我们没有进行这种解读的企图，只是提供和分析原始数据。利率的呈现和对比完全是以数据形态进行：5%总是表现为比4.5%高正好50个基点，尽管其周围的环境可能会导致某个合约的4.5%的收益率比另一个合约的5%收益率还要值钱。原始利率趋势和水平只是构成了利率研究的开始，但的确构成了调整和解读的一个基本起点。

本书中的每一个市场都是通过很少几种利率系列来描述的，虽然大部分市场都非常复杂，而引用的少数系列数据并不能全面勾画利率结构。只有18世纪的大部分时候和19世纪期间的英国长期政府债券市场可以通过一个利率系列数据——也即英国国债收益率——来很好地总结。本书一直展现毛利率，虽然这些毛利率数据往往包含税收优惠、税收惩罚、赎回或再融资前景，以及可能会增加或者减少允诺的、实现的收益率水平的其他情形。

在本章中，我们把前面几章提供的数据进行进一步简化，因为这样就能得出与趋势和形态相关的一些有用的汇总。在总结性的表76和表77中，每个国家只引用了一个长期系列和一个短期系列。这些利率数据仅仅表现为50年低点和每10年平均数。因此，这些表不能用来进行环比分析，因为环比分析需要月度数据。本章中所分析的趋势都属于长期或者超长期趋势。

本章所总结的利率史分别为9个国家：英国、法国、荷兰、比利时、德国、瑞士、瑞典、美国和加拿大。虽然所有国家在所有时代都有一个利率史，通常都没有文献记载，但是现代商业，尤其是现代金融，仅仅在少数几个国家得到了充分的发展。在这些国家里，现代工具市场都已经有了最充分的文献记载。主流利率史在这里的定义是——也许这种定义不乏歧义——从古希腊和古罗马开始，经过中世纪的佛罗伦萨、威尼斯和热那亚，到中世纪的安特卫普和里昂，接着经过荷兰共和国到英国，然后一直到现代西欧的大部分国家和北美。日本作为经济强国的出现，以及相对近代的日本金融政策的解放，包括公开市场的解禁和发展，很可能意味着日本现在已经进入了主流利率史。

表 76 从第十章中的表 11 中提取了从 1200 年一直到 1700 年每半个世纪的最低长期利率数据。在这些古老利率数据基础上，我们用两种方式增添了现代长期利率数据：半世纪低点（通常都是最低每 10 年平均数）和所有每 10 年平均数。这里的各种系列数据并非基于相同的信贷工具，但都属于不同程度的长期品种。表 76 中的数据为了总结（a）长期利率趋势和（b）这些不同国家之间的趋势差异，用数种方式进行了分析和表示。

表 76　中世纪和现代时期西欧和美洲长期利率回顾

年代	每半世纪最佳信贷最低利率*										
	英国	法国	荷兰/荷兰共和国	西属荷兰与比利时	德国	瑞典	西班牙	瑞士	意大利	加拿大	美国
13 世纪											
上半叶				8.00							
下半叶		14.00		8.00					6.625		
14 世纪											
上半叶				8.00					4.875		
下半叶				8.00					5.25		
15 世纪											
上半叶		10.00		8.00			4.00		6.00		
下半叶		10.00		8.00	5.00		4.00		5.00		
16 世纪											
上半叶	10.00	8.33	8.33	4.00	4.00				4.00		
下半叶	10.00	8.33	6.17	4.00	4.00				4.00		
17 世纪											

（续表）

年代	每半世纪最佳信贷最低利率*										
	英国	法国	荷兰/荷兰共和国	西属荷兰与比利时	德国	瑞典	西班牙	瑞士	意大利	加拿大	美国
上半叶	8.00	8.33	5.00								
下半叶	4.00	5.00	3.00								
18世纪											
上半叶	3.05	5.00	3.00		4.00			5.00	4.00		
下半叶	3,13	5.00	2.50		4.00			4.00	4.00		
19世纪											
上半叶	3.26	4.06	4.53	4.43	3.84						4.55
下半叶	2.47	3.03	2.93	2.71	3.53	3.68					3.23
20世纪											
上半叶	2.79	3.06	3.20	2.94	3.64	3.04		3.31		2.93	2.31
下半叶	4.31	5.39	3.52	4.41	6.01	3.65		2.96		3.67	2.99

年代	每10年平均数*								
	英国	法国	荷兰	比利时	德国	瑞典	瑞士	加拿大	美国
18世纪									
第一个10年	7.00								
第二个10年	6.00								
第三个10年	3.40								
第四个10年	3.05								
第五个10年	3.22								
第六个10年	3.13								
第七个10年	3.59								
第八个10年	3.75								
第九个10年	4.64								
第十个10年	4.54	14.00	6.42						7.49

（续表）

年代	每 10 年平均数*								
	英国	法国	荷兰	比利时	德国	瑞典	瑞士	加拿大	美国
19 世纪									
第一个 10 年	4.80	8.66							6.23
第二个 10 年	4.57	7.29	5.95		5.45				6.39
第三个 10 年	3.72	4.21	4.79		4.91				4.55
第四个 10 年	3.40	4.06	5.11	5.05	4.05				4.95
第五个 10 年	3.26	4.14	4.53	4.43	3.84				5.41
第六个 10 年	3.16	4.45	4.02	4.25	4.08	4.64			4.33
第七个 10 年	3.27	4.37	4.21	3.62	4.03	5.41			5.34
第八个 10 年	3.19	4.71	4.17	3.72	4.29	4.91			4.98
第九个 10 年	2.97	3.68	3.55	3.38	3.82	3.73			3.60
第十个 10 年	2.47	3.03	2.93	2.71	3.53	3.68			3.23
20 世纪									
第一个 10 年	2.97	3.06	3.20	2.94	3.64	3.74	3.86	3.80	3.17
第二个 10 年	3.81	4.06	4.00		4.72	5.10	4.52	4.76	3.93
第三个 10 年	4.63	5.22	4.50	5.25	7.25	4.72	5.20	5.07	4.26
第四个 10 年	3.54	3.98	3.50	4.04	6.26	3.48	3.94	3.88	3.34
第五个 10 年	3.06	3.60	3.24	4.27	4.70	3.04	3.31	2.93	2.31
第六个 10 年	4.31	5.68	3.52	4.41	6.01	3.65	2.96	3.67	2.99
第七个 10 年	6.54	5.39	5.30	6.12	6.59	5.16	3.84	5.68	4.51
第八个 10 年	11.77	8.68	8.24	8.27	7.96	8.55	5.11	8.49	6.87
第九个 10 年	10.42	11.74	8.24	10.60	7.63	12.02	4.69	11.74	10.38

* 在有记载时为最低每 10 年平均数，否则为最低记载利率数。下划线数据为每个时期的最低收益率。

表 76 注释

英国：13～17 世纪为记载最低私人抵押利率，18～20 世纪为年金和国债市场收益率的每 10 年平均数。

法国：13～18 世纪为记载最低岁金年金和岁金利率，19～20 世纪为政府债券市场每 10 年平均数。

荷兰：13～18 世纪为记载最低政府年金利率，19～20 世纪为政府债券市场每 10 年平均数。

西属荷兰和比利时：13～16世纪为西属荷兰记载最低岁金年金利率，19～20世纪为比利时政府债券市场每10年平均数。

德国：15～16世纪和18世纪为记载最低岁金年金利率，19～20世纪为长期政府债券每10年平均数，包括市场抵押债券。

瑞典：1850～1920年为新发行长期政府债券每10年平均发售收益率，1920～1989年为政府债券市场收益率每10年平均数。

瑞士：18世纪为岁金年金记载最低利率，1900～1989年为5年期以上政府债券市场收益率每10年平均数。

意大利：13世纪和14世纪为威尼斯prestiti最低市场收益率，15世纪和16世纪为记载最低岁金年金利率。

加拿大：1900～1989年为安大略省债券市场收益率每10年平均数，1920～1989年为长期英联邦债券每10年平均数。

美国：1798～1829年长期政府债券市场收益率每10年平均数，1830～1839年优质市政债券市场收益率每10年平均数，1840～1869年长期政府债券市场收益率每10年平均数，1870～1889年优质市政债券市场收益率每10年平均数，1890～1939年优质长期公司债券（调整为理论上应税政府债券收益率全部减去30个基点）市场收益率每10年平均数，1940年以后的长期应税政府债券平均数。

本表中有些“每10年平均数”由于数据缺乏并未覆盖整个10年。这些数据也体现在了各个国家的数据表格中，而本表是从各国的表格中引用的数据。

利率数据均摘自前文中各国的表格。

中世纪和现代时期长期利率每半世纪超长期趋势

所有这些市场存在着长期利率趋势方面的足够相似性，足以促使我们进行归纳汇总。图78已经进行了汇总，不是通过平均计算，而是将所有9个国家中各自记载的最低长期利率每半个世纪平均数连接起来。本书认为，同期利率的巨大范围只有一个具体的界限，即最低利率。有时，最低利率可能高于或者低于其他时候，而这是确定趋势的一个合理方式。图78将这一原理应用到了国际范畴。所采用的1700年以后的最低利率数都是最低每10年平均数，前提是只要这种数据存在。

古代利率的超长期趋势在图1中用国别最低数来图示、讨论。图2C通过每半世纪最低数显示了中世纪的长期利率；图中的线条先是用一个国家的利率数据来体现，然后用另一个国家的利率数据—选取其中的最低数据。这种采用各个国家最低利率数据的方法对于现代时期来说很有信息价值，并应用在了图78中。以下国家记载了每半个世纪的最低长期利率数：

13 世纪	上半叶	西属荷兰
	下半叶	意大利
14 世纪	上半叶	意大利
	下半叶	意大利
15 世纪	上半叶	西班牙
	下半叶	西班牙
16 世纪	上半叶	西属荷兰—德意志—意大利
	下半叶	西属荷兰—德意志—意大利
17 世纪	上半叶	荷兰
	下半叶	荷兰
18 世纪	上半叶	荷兰—英国
	下半叶	荷兰
19 世纪	上半叶	英国
	下半叶	英国
20 世纪	上半叶	美国
	下半叶	瑞士

图 78 中的实线用每半世纪数据将图 2C 延伸到了 20 世纪下半叶。这条线的确说明了问题。它表明，长期利率的下跌趋势——在中世纪期间非常明显——在现代几个世纪期间一直在继续。虽然跌速减缓了，但还从来没有形成过超过半个世纪的反转情形。临时性的反弹出现在从 16 世纪下半叶到 17 世纪上半叶的时期，以及从 18 世纪下半叶到 19 世纪上半叶的时期。看起来，20 世纪下半叶的前 40 年似乎表现出了又一个趋势反转。只有时间才能证明这是否是个反转，而如果是的话，它是否跟先前的反转一样属于临时性质。否则的话，最低利率的半世纪趋势就已经保持了 7 个世纪的下行或者平行。最大的跌幅发生在 13 世纪初期和 14 世纪初期，以及 17 世纪期间。历史上的最低水平是在 20 世纪中叶实现的，当时长期美国应税政府债券的每 10 年平均数跌到了其收益率仅仅略低于 19 世纪后期英国国债每 10 年平均数低位的水平。

图 1 非常粗略地描绘了古希腊和古罗马最低利率的趋势。这些数据大部分都是传统短期贷款的利率，因此与现代的长期收益率有很大区别。每个古代文明史期间的利率都走出了蝶形。利率在早先几个世纪的发展和扩张期间下跌，在商业活动兴旺的时期触底，最后在社会和商业生活分裂瓦解的时候再次上升。图 78 依据的是构成我们常说的西方文明的那些国家的长期利率数据，表现出了类似蝶形的第一部分。

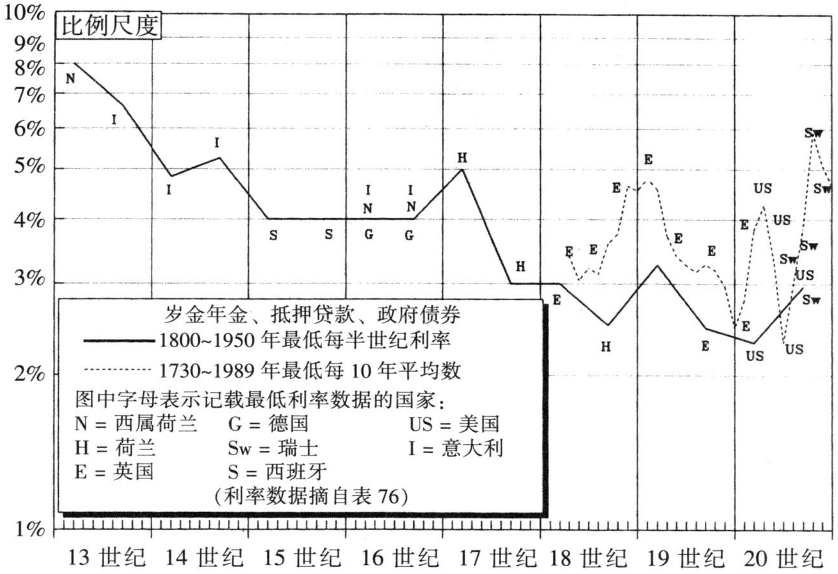

图78 西欧和美国最低长期利率每半世纪和每10年平均数

从这个意义上说，最近几十年出现的利率猛升的确让人警觉。20世纪70年代的平均数范围为低点5.11%（瑞士）、高点11.77%（英国）。即便是这些平均数的最低点，也即瑞士的平均数，也是一种突破性的水平，远远高于图中所示可以追溯到13世纪的任何一个先期的高点（别忘了，这些都是每10年或者半世纪平均数）。相对略低的瑞士20世纪80年代平均数4.66%，也就是那个10年期间的最低点，是19世纪第一个10年（当时英国正陷入拿破仑战争）以来的最高低点。此外，这9个国家中，有5个国家的20世纪80年代平均收益率都高于70年代。至于这种近期的高利率是否会持续足够长的时间而形成一种趋势，现在判断还为时过早，但是，那些通常设定未来几十年的波动幅度为5%～10%的人们却认定，自中世纪以来的长期收益率超长期下降趋势最近出现了一个重大转折。

希腊“正常安全贷款”的最低利率从公元前6世纪希腊金融史刚刚起步时期的16%，下跌到公元前4世纪、3世纪和2世纪希腊化时期的低点6%。罗马“正常安全贷款”的最低利率从罗马共和国最初阶段的8.33%法定下限，下跌到罗马帝国第一个世纪期间的4%。西方世界最佳长期信贷的最低利率最初记载的是13世纪的8%，下跌到14世纪的5%左右、15世纪的4%、17世纪的3%、18世纪和19世纪的2.5%，一直到20世纪中叶的2.33%或者更低水平。现代时期的利率范围远远低于古代时期。20 世纪中叶的长期收益率低点是史无前例的，而最近的高收益率也是绝无仅有。这就意味着 20 世纪 90 年代的波动范围显著扩大，实际上至少翻了一番。

图 1、图 2C 和图 78 有可能会导致人们对并不存在的精确信息产生一种错误印象。如果发现哪个半世纪期间有一个低于本书所采用的通行利率，那么曲线形态就会发生变化。本书所采用的最低利率中如有任何一个利率数被淘汰剔除，曲线的形态也会发生变化。本书之所以还提供这些图，是因为他们能说明的问题似乎总体上是正确的，因为有了这些图，我们可以纵观利率在历史长河中的宏观波动状况。

所谓自 12 世纪以来利率呈现出一个漫长的下跌历史的结论，并非依赖表 76 所选用的数据，也不是依据绘制图 78 时所采用的具体方法。有足够的证据表明，利率在中世纪后期和文艺复兴时期后期平均在下跌。英国国债在 18 世纪的利率为 3% 左右，毫无疑问该利率远远低于 14 世纪和 15 世纪的长期利率。英国国债在 19 世纪后期的每 10 年平均数 2.47% 实在是英国利率的一个新低，而 20 世纪第五个 10 年期间美国长期应税政府债券的平均利率 2.31% 毫无疑问是美国利率的一个新低。在遥远的过去出现过数个举债还债时期——下跌趋势并非一路平坦——但是 20 世纪的低点低于早先的低点，而 20 世纪的高点也高于早先的高点。

现代长期利率的长期趋势

用 50 年跨度安排数据的方法掩盖了 50 年期间内出现的多次大幅度波动情况。后者可以通过表 76 和图 78 中依据 1730 年以后的最低每 10 年平均数去窥见一斑。这些每 10 年平均数仅仅是英国的，直到 1790 年。

这种每 10 年平均数系列表明，在过去两个世纪期间出现的超长期利率下跌趋势有过三个阶段的长期增长：第一次是在 18 世纪后期；第二次是在 20 世纪初期；第三次是在第二次世界大战以后。年度数据——也就是每一个每 10 年平均数的计算基础——表明，从 1737 年开始，有一个 61 年时期，最低收益率通常都在上涨；接着是一个 99 年时期，最低收益率通常在下跌；然后是一个 23 年的上涨；接着是一个 26 年的下跌；最后是从 1946 年到 1974 年的 28 年上涨，当时瑞士的收益率达到峰值，虽然大部分其他国家的峰值出现在 1981 年。每 10 年和年度的低点呈现逐步走低态势。然而，20 世纪的低点并非远远低于 19 世纪。

1974年之前出现重大长期波动转折点的年份和利率如下表：

		年度平均数（%）	月度平均数（%）
1737年	英国：收益率低点	2.83	2.80
1798年	英国：收益率高点	5.94	6.35
1897年	英国：收益率低点	2.25	2.21
1920年	美国：收益率高点	5.32	5.67
1946年	美国：收益率低点	2.19	2.08（长期品种为1.93）
1974年	瑞士：收益率高点	7.15	7.40

该表提供了以下时间跨度和收益率波动情况：

		按年度平均数计算（基点）	按月度高点或低点计算（基点）
61年	收益率上升	+311	+355
99年	收益率下跌	-369	-414
23年	收益率上升	+307	+345
26年	收益率下跌	-313	-359（374）
28年	收益率上升	+496	+532

1946年，大部分国家开始了又一次长期债券收益率的长期上升，并一直持续到1981年。在有些国家，这种上升幅度非常大，收益率达到了新的历史高点。有些国家的上升幅度则小一些。20世纪70年代和80年代的较高收益率体现在了每10年平均数中。这些收益率数据打破了从18世纪初期一直持续到20世纪中叶的高点较低、低点较低的趋势。

现代长期利率的比较趋势

表76表明，本书讨论过的国家的债券收益率趋势通常都是同一个方向，但是各个国家之间的波动范围有很大差别。因此，一个国家的利率与大部分其他国家的利率之间的关系呈现大幅度波动的情形。图79试图描绘6个国家之间从1800

年开始这种差异的波动情况。由于货币、条件、赋税情况和其他方面的不同，绝对差异数是没有什么意义的。然而，差异的变化却很有意义。

在计算这 6 个国家之间的利率差异时，有可能会出现数据混杂的危险。这一点可以通过用每个国家的利率比较一个共同标准水平来解决。这些图的目的也正在于此：用这些国家中任何一个国家在每个时期的最低长期收益率作为标准水平，来对比每个国家的利率。因此，每个国家只显示了一个差异系列：其每 10 年平均利率与同期最低每 10 年平均数之间的差异。这种差异用基点来表示。

图 79 左边的图块显示了 3 个国家的每 10 年差异，而这三个国家——英国、美国和荷兰——都出现过最低收益率。该图没有显示 18 世纪初期英国市场的快速出现，而当时英国利率在 30 年的期间里从接近最高点跌到了几乎最低点。由于拿破仑战争的缘故，荷兰市场委顿，英国的利率虽然很高，却成了当时记载中的最低水平。从那以后，英国出现了最低利率的标准水平，直到 20 世纪。在经过了 20 世纪的两次世界大战以后，英国成了一个高债券收益率国家，正如截至 20 世纪 80 年代的法国和美国。

美国的收益率在 19 世纪上半叶相对比较高，波动的幅度也超过了英国的标准水平范围。内战结束后，美国的收益率下跌幅度大大超过英国的收益率。美国在 19 世纪后期和 20 世纪初期上升到金融领头羊的位置，从而产生了最低债券收益率。这种变化在图中十分显著，而同样一目了然的是 20 世纪 50 年代以后的重大逆转——美国的收益率从 6 个国家的几乎最低水平上升到最高水平之一。

在 19 世纪期间，荷兰的收益率——截至 1800 年已经达到非常高的水平——几乎是稳步下跌，且跌速远远超过英国的正常水平。到了第一次世界大战爆发的时候，荷兰再次成为收益率最低的国家，但是在第二次世界大战期间和之后再次退回到相对中度收益率的水平——低于英国的收益率，但高于美国，直到 20 世纪 80 年代，并且自 20 世纪 50 年代起远远低于瑞士的收益率。

图 79 右边显示的是法国和德国这两个大陆交战大国以及中立国瑞士的每 10 年差异。该图显示，法国市场在 19 世纪的前 30 年期间从委顿中迅速恢复至正常水平。1830 年以后，法国市场的表现在 40 年里远远不如英国和大部分其他国家的市场。1870 年的战争结束后，法国市场再次达到英国的正常水平。到了世纪交替的时候，法国已经成为相对收益率较低的国家。然而，第一次世界大战以后，法国市场稳步退缩，其速度甚至超过了英国市场。第二次世界大战以后，法国成了一个收益率非常高的国家。

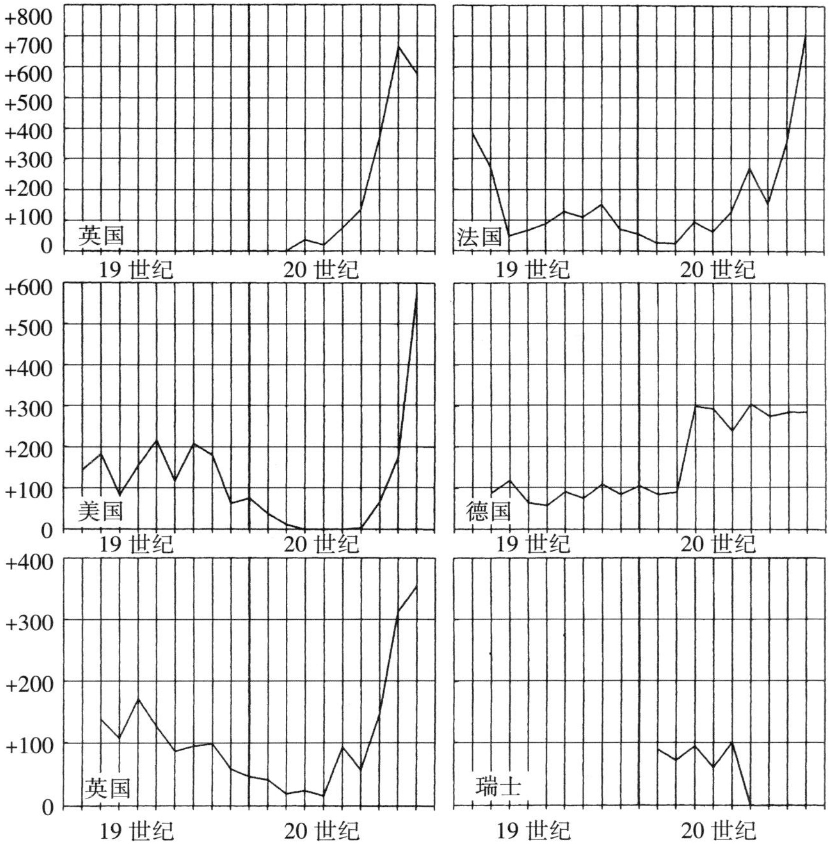

图79 19世纪和20世纪6个国家优质长期债券的收益率与最低通行收益率之间的收益利差

（差异数据从表**76**计算得出）

德国的收益率在整个19世纪期间都保持在相对高点，虽然它也跟英国的收益率一起在下跌。1870年以后，德国作为一个世界强国的迅速崛起，并没有相应导致债券平均收益率的更大跌幅。第一次世界大战和第一次德国通货膨胀之后，德国的收益率变得非常高。第二次世界大战以后，西德常常报出最高债券收益率，直到20世纪70年代——当时英国、法国和荷兰收益率的迅速上升将西德变成了一个相对低收益率的国家，虽然仍然高出瑞士的低收益率不少。从1920年以后，德国的收益率持续平均高于最低通行收益率2.5%～3%。这种持续性之所以导致德国从一个相对高收益率的国家变成相对低收益率国家之一，是因为在其他国家发生的事件的缘故。

瑞士的债券收益率在20世纪开始的时候远远低于正常水平，基本上跟德国债券的收益率一样高。瑞士的收益率保持在相对高位，直到第二次世界大战。从那以后，瑞士的平均数接近美国，然后成为到目前为止本书研究过的所有国家中最低的一个。虽然瑞士最近的收益率已经处于自17世纪后期以来最低通行收益率范围的高点，但是它是近代唯一一个没有突破这个范围的国家。所有其他国家的长期收益率都已经大幅度飙升，远远超过了这个历史范围。

现代短期利率趋势

一个国家的短期利率水平比长期利率水平更难定义，因为优质短期信贷工具的类型有很多，各自的利率相差很大，而且常常受到金融立法的管辖。然而，趋势通常并非模糊不清。由于同样的原因，不同国家的短期利率往往没有可比性，虽然差异趋势可以相对精确地描述出来。

表77汇总了这9个西方国家的短期利率，其汇总方法与总结这9个国家长期债券收益率的表76相同。每个国家每个时期只采用了一个短期利率数据。表中采用的系列数据的性质各国之间或者一个国家的不同时期之间并不相同，如表后的注释所示。

表77　中世纪和现代时期西欧和美国短期利率回顾

年代	每半世纪最佳信贷最低利率*								
	英国	法国	荷兰/荷兰共和国	西属荷兰与比利时	德国	瑞典	西班牙	意大利	加拿大	美国
13世纪										
上半叶				10.00				20.00		
下半叶		15.00		10.00				8.00		
14世纪										
上半叶		15.00		10.00				7.00		
下半叶		15.00		10.00				5.00		
15世纪										
上半叶	10.00			5.00	5.00			5.00		

（续表）

年代	每半世纪最佳信贷最低利率*									
	英国	法国	荷兰/荷兰共和国	西属荷兰与比利时	德国	瑞典	西班牙	意大利	加拿大	美国
下半叶	10.00			5.00	5.00			5.00		
16世纪										
上半叶		5.00		4.00	4.50			4.00		
下半叶		8.00		6.25	5.00			5.00		
17世纪										
上半叶	6.00		6.00							
下半叶	3.00[a]		1.75			6.00				
18世纪										
上半叶	3.00[b]	4.00	1.75			4.00				
下半叶	5.00[a]	4.00	2.00			3.00				
19世纪										
上半叶	3.57[b]	4.00[a]	2.87	3.71	3.90	4.00	4.11			7.99
下半叶	2.09[b]	2.09[b]	2.40	2.29	2.97	4.17	3.35			4.51
20世纪										
上半叶	0.83[b]	1.69	1.26	1.83	2.18	2.80	1.33		1.90	0.87
下半叶	3.09	3.88	1.72	2.65	3.66	3.52	1.73		2.09	2.58

年代	每10年平均数*								
	英国	法国	荷兰	比利时	德国	瑞典	瑞士	加拿大	美国
19世纪									
第一个10年	5.00[b]	5.32[a]							
第二个10年	4.90	4.49	3.91		6.33				
第三个10年	3.95	4.01	3.05	3.71	5.07				
第四个10年	3.62	4.00	2.87	4.67	4.28		4.14		10.46
第五个10年	3.57	4.10	3.13	4.25	3.90		4.11		7.99

（续表）

年代	每10年平均数*								
	英国	法国	荷兰	比利时	德国	瑞典	瑞士	加拿大	美国
第六个10年	3.84	4.20	3.06	4.59	4.03	5.09	4.11		8.49
第七个10年	4.18	3.37[b]	3.79	3.72	3.84	5.33	4.57		7.07
第八个10年	2.96	3.43	3.31	3.36	4.09	5.00	4.08		6.46
第九个10年	2.57	2.71	2.72	3.01	2.98	4.17	3.35		5.14
第十个10年	2.09	2.09	2.40	2.29	2.97	4.55	3.78		4.51
20世纪									
第一个10年	3.16	2.47	3.10	2.89	3.42	5.15	3.68		4.72
第二个10年	3.82	2.68	3.12	3.47	4.09	5.44	3.67		4.72
第三个10年	4.26	4.15	3.67	4.59	6.28[c]	5.10	3.10		5.00
第四个10年	1.32	2.44	1.26	2.26	3.85	3.06	1.53	2.50	1.56
第五个10年	0.83	1.69	1.51	1.83[d]	2.18[e]	2.80	1.33	1.90	0.87
第六个10年	3.09	3.88	1.72	2.65[d]	3.62	3.52	1.73	2.09	2.58
第七个10年	5.80	4.89	3.36	4.53	3.66	5.08	2.88	4.36	4.64
第八个10年	9.64	8.39	5.36	7.53	5.98	6.41	4.57[f]	8.09	7.17
第九个10年	11.46	10.85	6.90	10.45	6.41	9.31	4.37	11.25	9.57

* 在有记载时为最低每10年平均数，否则为最低记载利率数。下划线数据为每个时期的最低收益率。

a 官方贴现率。

b 自由公开市场。

c 1925～1929年。

d 在没有公开市场利率记载时为公开市场与官方贴现率之间早先或后来的预计关系。

e 1940～1944年。

f 10年平均数包含1976～1979年的以官方贴现率加上1.5%的预计市场利率。

表77注释

英国：15世纪和17世纪上半叶为最低记载商业贷款利率，17世纪下半叶和18世纪下半叶为最低银行利率，18世纪上半叶为最低公开市场利率，19世纪和20世纪为公开市场利率每10年平均数。

法国：13世纪、14世纪、16世纪和18世纪为最低记载商业贷款利率，19世纪前70年为官方贴现率平均数，1870～1939年为公开市场利率每10年平均数，1939～1989年为日间活期贷款每10年平均数。

荷兰：17世纪和18世纪为最低记载商业贷款利率，1814～1872年为官方贴现率每10年平均数，1873～1944年为公开市场利率每10年平均数，1946～1989年为3个月期国库券每10年平均数。

西属荷兰和比利时：13世纪至16世纪为最低记载商业贷款或公开市场利率，1823～1849年为官方贴现率每10年平均数，1850～1939年为每10年平均利率，1942～1989年为4个月期国库券每10年平均数。

德国：15世纪和16世纪为最低记载商业贷款利率，1814～1989年为公开市场利率每10年平均数。

瑞典：17世纪、18世纪和19世纪至1854年为最低官方贴现率，1855～1979年为官方贴现率每10年平均数。

瑞士：1837～1899年为官方贴现率每10年平均数，1900～1989年为3个月期票据私人贴现率每10年平均数，1980～1989年为国库券利率。

加拿大：1934～1989年为官方贴现率每10年平均数。

美国：1831～1989年为商业票据利率每10年平均数。

本表中有些“每10年平均数”由于数据缺乏并未覆盖整个10年。这些数据也体现在了各个国家的数据表格中，而本表是从各国的表格中引用的数据。

利率数据均摘自前文中各地区的表格。

中世纪和现代时期短期利率每半世纪超长期趋势

图80汇总了表77中7个世纪期间最低短期利率的趋势。汇总采用的原理与总结最低长期利率的图78相同。

该图清晰地显示了最低短期商业利率的宏观下跌趋势。每半世纪最低数总体来说处于稳定或者下跌水平，只有16世纪后期和18世纪后期开始的金融灾难期间除外。

汇总短期利率的图80与汇总长期利率的图78之间的比较显示出了差距。两个系列在1200年以后的大部分时候都呈现出下跌的趋势，但是短期利率的下跌幅度更深，形态也更加不规则。短期利率开始时高于、结束时低于长期利率。短期利率在13世纪、14世纪初期和15世纪高于长期利率，在16世纪初期与长期利率相同，在16世纪后期和17世纪初期涨幅超过长期利率，在17世纪后期跌幅远远超过长期利率。从此，它通常都低于长期利率。20世纪短期利率平均大大低于长期利率的幅度远远超过任何一个世纪。

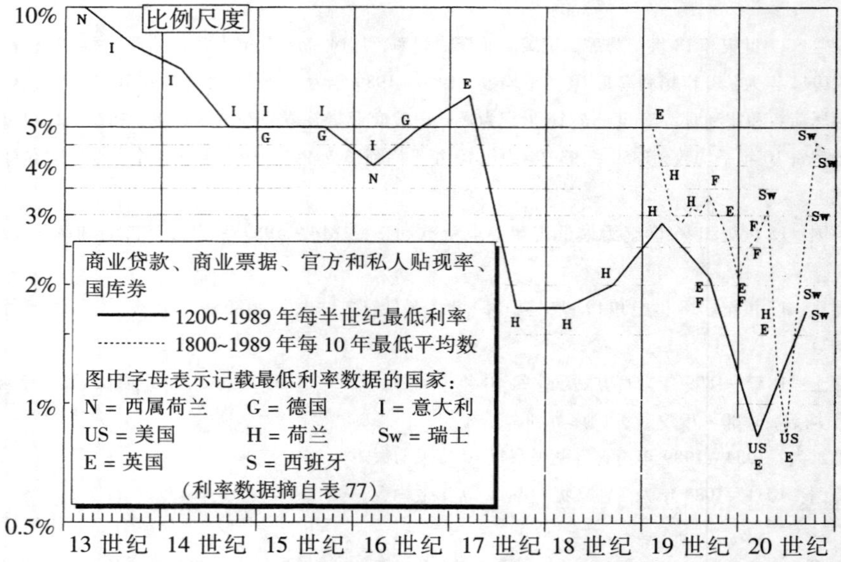

图 80　西欧和美国最低短期利率每半世纪和每 10 年平均数

现代短期利率长期趋势

图 80 还描绘了 1800 年以来每个 10 年期间的短期利率最低每 10 年平均数。记载最低每 10 年短期平均数的国家并非总是与记载最低每 10 年长期平均数的国家相同。具体名单见下表。

10 年期	最低长期利率	最低短期利率
1800 ~ 1809	英国	英国
1810 ~ 1819	英国	荷兰
1820 ~ 1829	英国	荷兰
1830 ~ 1839	英国	荷兰
1840 ~ 1849	英国	荷兰
1850 ~ 1859	英国	荷兰
1860 ~ 1869	英国	法国
1870 ~ 1879	英国	英国
1880 ~ 1889	英国	英国

（续表）

10年期	最低长期利率	最低短期利率
1890～1899	英国	英国、法国
1900～1909	英国	法国
1910～1919	英国	法国
1920～1929	美国	瑞士
1930～1939	美国	荷兰、英国
1940～1949	美国	英国、美国
1950～1959	瑞士、美国	瑞士、荷兰
1960～1969	瑞士	瑞士
1970～1979	瑞士	瑞士
1980～1989	瑞士	瑞士

美国看来只有一次记载了一个10年期间的最低平均短期利率。英国记载最低短期利率的次数远远少于其记载最低长期利率的次数。法国和荷兰记载最低短期利率的时候，其长期利率远远不是处于最低水平。这种对比表明了现代短期市场利率与现代长期债券收益率之间的差异。短期利率在货币政策功能方面远远超过长期利率，是官方组织的市场机制，是每个国家市场的技术构架。长期利率从宏观上说、相对比较自由的市场从长期来说，也许能够更好地反映众多的人在没有引导、强迫或者组织的情况下的经济行为和投资倾向。

在19世纪，短期利率的每10年系列数据所走出的长期形态与长期利率的每10年系列数据十分相似：两者在大部分时候都在下跌，且跌幅基本相同。然而，世纪中叶的反弹中，短期利率的幅度超过长期利率。

在20世纪，长期和短期的长期波动情况在时间上很接近，但是在程度上并不相同：短期利率在前30年的上涨幅度小，在第四、第五个10年期间跌幅却大得多。在1950年后的40年期间，短期利率通常涨幅超过长期利率。

现代短期利率的比较趋势

表77包含了品种繁多的短期信贷工具，要以此为据制出表现彼此之间差异的图表是不现实的。然而，该表却表明，在19世纪，英国的短期利率常常并不是最低水

平，虽然英国的长期利率总是属于最低。在 19 世纪的大部分时候，荷兰的短期利率平均远远低于英国的短期利率，而在世纪交替时期，法国的短期利率平均低于英国的短期利率。然而，英国短期利率在 20 世纪的第四、第五个 10 年期间迅速下跌，并且短暂达到最低短期利率水平。它在 20 世纪 40 年代与美国短期利率的水平基本相同——当时英国债券的收益率远远高于美国债券的收益率。1950 年以后，英国的短期利率上升幅度远远超过其他国家，达到了相对非常高的水平。从历史上来说，英国经常是债券收益率最低的国家，但是它成为最低短期利率国家的次数却少得多。

美国的短期利率在 19 世纪和 20 世纪上半叶期间的跌幅远远超过其他国家。在这个阶段，它从 9 个国家的最高水平跌到了最低水平。1950 年以后，美国的平均短期利率远远高于瑞士和荷兰的短期利率，而 20 世纪 60 年代以后，西德的短期利率也平均低于美国。

在过去 4 个世纪的大部分时候，荷兰的短期利率保持在或者相当接近最低水平。在 19 世纪后期和第二次世界大战期间，荷兰的差异出现温和的扩大。在过去 80 年里的 40 年当中，荷兰的短期利率低于英国短期利率，而除了一个 10 年期以外——也就是有可能进行这种对比的时候，它也低于美国的短期利率。法国短期利率在 18 世纪和 19 世纪上半叶期间相对比较高。不久以后，它成为短期利率最低的欧洲国家。法国债券的收益率在这个阶段总是高于英国的债券收益率，但是法国货币市场利率常常低于英国的货币市场利率。然而，第一次世界大战以后，法国短期利率跟其债券收益率一样，处于相对高点，而自第二次世界大战以来，它一直处于非常高的水平。

德国的短期利率自 1800 年以来通常相对比较高；与大部分其他国家相比，它并没有进入相对低点，直至 20 世纪 60 年代。在 19 世纪的上半叶期间，它的下跌速度远远超过其他国家，但是从德意志帝国成立后不久起，这种差异持续扩大。即便在排除非常型通胀利率的情况下，德国在 20 世纪 20 年代的短期利率也是所有 9 个国家中最高的。在 20 世纪 30 年代，德国的短期利率保持在相对高点。第二次世界大战以后，它的上涨幅度比大部分其他国家的短期利率要小许多，并在 20 世纪 80 年代成为最低的国家之一。

在 19 世纪，瑞士的短期利率相对比较高。然而，在 20 世纪上半叶期间，瑞士短期利率每个 10 年期都在下跌。在第二次世界大战以后的阶段里，瑞士的短期利率上涨幅度相对远远小于其他国家。从 20 世纪 50 年代一直到 20 世纪 80 年代，瑞士的短期利率一直保持在西方世界的最低水平。

A History of Interest Tates

第五部分

其他国家与20世纪90年代

本书的第二、第三和第四部分描绘了我们所说的主流利率史发展轨迹。这一人为的定义用来叙述了西欧和北美的主要信贷市场从其中世纪期间最初出现时一直到现在的发展历史，因为这些地区的信贷市场是全世界规模最大、结构最复杂的市场。从广义上说，主流的构成一个整体，其原因并非是资金可以从一个国家直接流向另一个国家——这种流动常常并非完美无缺——而是因为构成这个整体的各个重要金融国家具有文化和历史渊源方面的相似性，从而导致了相似的金融传统和方法。世界重大政治和经济事件对这些国家的影响是同时发生的，而且产生的影响相似，虽然影响的程度各不相同。

第五部分将要介绍的是一些其他国家的利率史。这些国家的利率史有两种类型。第一种类型是像俄国和中国这样的国家的利率史，他们都拥有独立的信贷传统和利率史，总体上独立于主流之外。西方的金融影响在 19 世纪和 20 世纪初曾经短暂地渗透到这两个国家，造成在几十年期间里他们的信贷工具和利率与主流国家非常相似。然而，这个相似时期非常短暂。苏维埃联盟发展的信贷工具和利率，是基于与西方世界有很大差别的技术手段和经济原理。中国拥有一个悠久的信贷和利率史，不受西方的影响，而这一传统在 1949 年以后共产党政权统治下得到了延续。然而，在最近这些年里，苏联和中国民众表现出了对西方市场方面的传统的欣赏。

第五部分中的第二种利率史类型属于亚洲、非洲和拉丁美洲的一些国家：他们受到主流利率史的严重影响，然而因为地域偏远、国家新建或者规模方面的原因对主流的发展轨迹并没有产生重大影响。有些国家——比如印度——在现代时期之前的确曾经拥有一个漫长的独立信贷史，但是当年的通行利率数据并没有流传到现在。还有些国家，比如澳大利亚和新西兰，相对比较年轻、欠发达，但是却直接继承了西方的金融传统和方法。

日本是第五部分所介绍的国家当中的一个特例。它的信贷传统独立于西方世界，但却受到西方世界的严重影响。在近代之前，日本对主流利率史的影响微乎其微。但是，迅速发展成为一个工业和贸易大国之后，日本突然之间在世界金融市场上扮演了一个重要角色。它现在在很大程度上是主流的一部分。

大部分这些国家的利率史没有追溯到早先几个世纪——那时的记载数据通常

没有流传到现在。然而，20世纪大部分时候的记载数据不仅存在，而且在这里提供给了读者。他们体现了世界许多地区的现代利率方面的相似性和巨大的差异性。有些国家的利率和债券收益率数据摘自规模非常小并且受到严格控制的市场，因而对世界大型投资市场没有构成重大的经济意义。本书没有试图去调查、介绍那些影响了这种利率数据的国家法规或经济形势。

第二十四章
日 本

A History of Interest Tates

在1970年以后的20年期间，日本已经成为一个世界金融大国。它在第二次世界大战以后的惊人复兴，依赖的是对制造装备业的大量投资和对出口的高度优先。出口市场在当时和现在都对日本尤其重要，因为出口对于一个相对缺乏自然资源的国家来说，提供了为进口原材料融资的途径。在日本从20世纪50年代到70年代的高速发展阶段，政府确定了几个重点发展的工业领域，然后通过保护其免受外国竞争冲击和提供优惠融资的方式来促进其发展。这些领域包括炼油、化工、汽车、工业机械和电子电器。

在高速发展阶段，日本采用了类似豁免利息税的储蓄账户等形式来鼓励个人大量存款。然而，日本的金融市场远远不如西欧和北美发达，日本的利率相对比较高；金融业十分分散，而不是集中的形式，利率受到管制，而且与其他国家的金融交易也受到控制。日本的企业严重依赖金融机构——主要是银行——来获得外部融资，债券市场和货币市场几乎不足挂齿。

自20世纪70年代中期以来，日本发生了金融革命。浮动汇率的进展，以及导致了日本——以及全世界——高通胀、衰退和收支平衡问题的1973年的第一次石油危机，造成了管制型旧金融系统的紧张。日本的经济已经发展到了规模巨大、国际上的作用十分重要的程度，无法在严格管制、封闭型的金融系统下继续。管制型壁垒已经变得不利于生产力的发展，阻碍了日本充分利用有利可图的金融机会——无论是国内市场还是国际市场。意识到这一点以后，日本在1975年以后放松了金融系统的大部分管制。活跃的日本货币市场和债券市场得以发展起来，并且伴随着日本股票市场的发展，越来越向国外开放。尤其是债券市场得到了发展，因为日本政府从1975年开始发生了通过发行债券进行融资的大规模财政赤字。[注540]在20世纪90年代开始的时候，日本的金融自由完善了许多。它的影响十分显著。日本已经不再是一个高利率的国家。事实上，在20世纪80年代期间，日本已经成为利率最低的国家之一，而在20世纪90年代，它的利率降到了更低的水平（见第二十九章）。

背景介绍

1867年，日本突然进入了现代世界，当时最后一个幕府倒台，而政治权力在经过了几个世纪以后回到了天皇的手里。在明治天皇（1852～1912年）的统治下，古老的封建社会急速进入了现代化社会。欧洲和美国的政治和经济形式得到了效仿，并根据日本的需要进行了调整。

日本文明非常古老。货币、信贷和银行业存在了数个世纪。在其悠久的历史中，有稻米货币、金属货币，甚至有些纸币。然而，这一历史不需要我们劳心，因为我们找不到有关当年通行利率的任何迹象。跟中国一样，日本是一个农业国家。日本还引进了中国的许多货币和金融技术。有关早期日本商业信贷市场的证据几乎不存在，因而有可能在早期的日本，跟中国一样，信贷主要是消费信贷的形式，可能期限很短，利率很高。

1867年以后不久，日本细致地研究了欧洲和美国的银行系统。起初，他们按照当时非常新颖的美国国家银行系统来建设自己的新银行系统。[注541]在没有一个中央银行的情况下大量滋生的银行，证明很不成功。1882年，日本按照西欧的模式创建了一个银行系统。日本成立了一个中央银行，即日本银行（Bank of Japan），该银行后来成了银行家的银行和政府的财政代理。然而，1900年以后，中央银行的权利被削减；许多其他大银行发展起来，而日本银行则丧失了对货币管理和利率管理的控制。跟英国的银行利率不同的是，日本银行收取的有些利率低于市场利率。这些并非惩罚性利率。银行的贷款受到限制，但限制贷款的并非利率，而是银行要求的担保条件，以及政府对贷款额度方面的严格限制。

日本同时迅速引进了西方世界的几乎所有信贷工具。政府发行了短期和长期债券，而这些债券在公开交易所进行买卖交易。储蓄银行、信用社和保险公司将民众的储蓄吸引到长期投资品种之中。工业和商业通过众多商业银行和投资银行进行短期和长期融资。早在 1879 年，日本就组建了清算行。

在接近现代时期之前，日本的利率按照西方的标准处于高位。虽然日本的法定利率为 5%，但是它没有高利贷法，而银行贷款往往收取高得多的利率。在日本，中央银行按照明码贴现率发放的贷款仅仅为有限的金额。在达到这个限定额度之后，利率就上升了。因此，贷款利率依据以下 3 个变量因素而各有不同：(a) 基础利率；(b) 贷款类型；(c) 每个成员银行获得的信贷额度。在日本现代史的大部分时候，银行系统之外的市场借贷交易少得可怜，因此长期贷款利率数据的记载少之又少，不具有西方国家的那种基本意义。在过去几十年，债券价格和利率常常被法令固定或者限定，跟战时的西方国家一样。从第二次世界大战一直到 20 世纪 70 年代，政府发行的债券非常少，而公司发行的债券往往被银行购买并持有。因此，公司债券跟长期银行贷款几乎没有区别。【注542】

利率

表 78 仅仅是依据现代日本记载的大量利率数据中的很少一部分。单日本银行就提供了许多不同的利率，与其他银行一样。该表包含了日本银行的贴现率，以及另一个系列数据，即从 1883 年一直到 1989 年日本银行的实际贷款的平均利率。该表还提供了从 1937 年一直到 1989 年银行贷款利率的平均数——这个平均数通常都高于日本银行的利率——以及从 1937 年开始的活期贷款数据，即货币市场系列，该系列数据在 20 世纪 50 年代之前都处于相对低位。长期债券收益率是通过 1930 年以后政府债券和公司债券来体现的。

下表通过 10 年平均数来粗略体现长期趋势和水平：

年份	日本银行贷款，年均低点（%）	日本银行贴现率，年均低点（%）	银行利率（%）	活期贷款（%）	政府债券年均低点（%）	公司债券年均低点（%）
1883～1889	6.50	6.73				
1890～1899	6.71	7.19				
1900～1909	7.34	7.81				
1910～1919	6.17	5.80				

（续表）

年份	日本银行贷款，年均低点（%）	日本银行贴现率，年均低点（%）	银行利率（%）	活期贷款（%）	政府债券年均低点（%）	公司债券年均低点（%）
1920～1929	7.07	7.05				
1930～1939	4.96	3.94	6.13*	2.57*	4.34	5.04
1940～1949	4.16	3.74	6.54	3.92	4.01	5.30
1950～1959	6.97	6.35	8.62	7.51**	5.99	8.37
1960～1969	7.19	5.99	7.79	7.77	6.68	7.99
1970～1979	6.81	5.25	7.61	7.27	6.99	7.74
1980～1989	5.26	4.28	6.47	6.07	5.91	6.33

* 3 年期。

** 6 年期。

在 19 世纪，日本的短期利率按照欧洲标准处于高位。此外，与欧洲趋势相反的是，日本短期利率倾向于从 19 世纪 80 年代开始上升，直到 20 世纪的第一个 10 年期间。年度的变化非常大。在此期间出现过比较低的利率，即 4.75%，比如 1893 年；还经常出现过超过 8%～9% 的利率。然而，日本有一个中央银行，而该银行没有记录过当时经常出现在美国活期贷款市场的危机利率。

在第一次世界大战期间，日本与西方的利率差在缩小。平均短期利率在战争期间下跌，接近了欧洲范围的较高水平。正是在这个时候，欧洲的利率开始上涨。在 20 世纪 20 年代，日本的利率再次上扬。在 20 世纪 30 年代，日本跟西方一起下跌，但是从来没有达到过当时在欧洲和美国常见的低利率水平。日本记载的利率数据在 20 世纪 30 年代的最低点为活期贷款 2.51%、官方贴现率 3.29%、同期银行贷款利率年度平均数 5.95%。日本在第二次世界大战期间达到的最低平均利率并不是很低。债券价格和贴现率按照西方的模式长期固定不变，市场力量显然不允许影响利率结构。3.10%～3.65% 的短期利率在战争期间获得允许，正如 3.75% 左右的政府债券收益率一样。

表 78　1883～1989 年日本利率

年份	日本银行贷款		日本银行贴现率		平均银行贷款利率（%）	活期贷款（%）	公司债券收益率（%）		长期政府债券收益率（%）	
	低点（%）	高点（%）	低点（%）	高点（%）			低点（%）	高点（%）	低点（%）	高点（%）
1883	7.99	7.99	8.03	8.40						
1884	7.99	9.02	7.30	9.49						
1885	7.01	10.00	7.67	10.22						
1886	5.00	7.01	5.48	7.67						
1887	5.51	5.99	6.02	6.57						
1888	5.80	6.79	6.02	7.30						
1889	6.21	7.01	6.57	7.67						
7 年平均	6.50	7.69	6.73	8.19						
1890	6.50	7.01	6.94	7.67						
1891	6.39	7.67	6.75	8.03						
1892	6.02	6.39	6.39	6.75						
1893	4.75	6.21	5.11	6.94						
1894	6.21	8.03	6.94	8.40						
1895	7.30	8.03	8.03	8.40						
1896	7.30	7.67	8.03	8.40						
1897	7.67	9.13	8.40	9.13						
1898	8.40	9.86	8.40	9.86						
1899	6.57	8.40	6.94	8.40						
10 年平均	6.71	7.84	7.19	8.20						
1900	8.03	9.86	8.03	9.86						
1901	2.86	2.86	2.86	2.86						
1902	6.94	9.86	7.30	9.86						
1903	6.21	6.94	6.94	7.30						

（续表）

年份	日本银行贷款		日本银行贴现率		平均银行贷款利率（%）	活期贷款（%）	公司债券收益率（%）		长期政府债券收益率（%）	
	低点（%）	高点（%）	低点（%）	高点（%）			低点（%）	高点（%）	低点（%）	高点（%）
1904	6.21	7.67	6.94	8.40						
1905	7.67	8.40	8.40	9.13						
1906	6.94	8.40	7.67	9.13						
1907	6.94	8.03	7.67	8.40						
1908	8.03	8.03	8.40	8.40						
1909	6.57	8.03	6.94	8.40						
10年平均	6.64	7.81	7.12	8.17						
1910	5.11	5.84	4.75	5.48						
1911	5.11	5.84	4.75	5.48						
1912	5.84	6.94	5.48	6.57						
1913	6.94	6.94	6.57	6.57						
1914	6.94	7.67	6.57	7.30						
1915	7.67	7.67	7.30	7.30						
1916	6.21	7.67	5.84	7.30						
1917	5.48	6.21	5.11	5.84						
1918	5.48	6.94	5.11	6.57						
1919	6.94	8.76	6.57	8.03						
10年平均	6.17	7.05	5.81	6.64						
1920	8.76	8.76	8.03	8.03						
1921	8.76	8.76	8.03	8.03						
1922	8.76	8.76	8.03	8.03						
1923	8.76	8.76	8.03	8.03						
1924	7.67	10.40	8.03	8.03						
1925	7.21	9.86	7.30	8.03						

（续表）

年份	日本银行贷款		日本银行贴现率		平均银行贷款利率（%）	活期贷款（%）	公司债券收益率（%）		长期政府债券收益率（%）	
	低点（%）	高点（%）	低点（%）	高点（%）			低点（%）	高点（%）	低点（%）	高点（%）
1926	6.21	9.13	6.57	7.30						
1927	4.75	8.76	5.48	6.57						
1928	4.38	7.67	5.48	5.48						
1929	5.48	6.21	5.48	5.48						
10年平均	7.07	8.71	7.05	7.30						
1930	5.48	5.66	5.11	5.48			6.36	6.62	5.50	5.72
1931	5.84	7.30	5.84	6.57			6.24	6.45	5.18	5.73
1932	5.11	7.30	4.38	5.89			6.49	7.00	5.47	6.02
1933	4.38	5.11	3.65	4.38			5.12	5.97	4.12	4.95
1934	5.11	5.29	3.65	3.65			4.60	4.78	4.12	4.12
1935	5.11	5.11	3.65	3.65			4.41	4.58	4.12	4.12
1936	4.75	5.11	3.29	3.65			4.38	4.38	3.70	3.91
1937	4.75	4.75	3.29	3.29	6.42	2.66	4.20	4.49	3.69	3.69
1938	4.56	4.75	3.29	3.29	6.24	2.51	4.31	4.33	3.69	3.69
1939	4.47	4.47	3.29	3.29	5.95	2.56	4.32	4.32	3.81	n. a.
10年平均	4.96	5.49	3.94	4.31	6.20（3年平均）	2.58（3年平均）	5.04	5.29	4.34	4.20（9年平均）
1940	4.02	4.02	3.29	3.29	5.00	2.81	4.31	4.32	3.81	
1941	4.02	4.02	3.29	3.29	4.96	2.59	4.31	4.32	3.83	
1942	4.02	4.02	3.29	3.29	4.86	2.74	4.31	4.32	3.78	
1943	4.02	4.02	3.29	3.29		3.03	4.29	4.30	3.77	
1944	3.65	4.02	3.29	3.29		3.10	4.29	4.29	3.76	
1945	3.65	3.65	3.29	3.29	4.70	3.10	4.28	4.28	3.76	

（续表）

年份	日本银行贷款		日本银行贴现率		平均银行贷款利率（%）	活期贷款（%）	公司债券收益率（%）		长期政府债券收益率（%）	
	低点（%）	高点（%）	低点（%）	高点（%）			低点（%）	高点（%）	低点（%）	高点（%）
1946	3. 65	4. 38	3. 29	4. 65	5. 62	3. 29	4. 30	4. 38	3. 70	
1947	4. 38	4. 38	4. 65	4. 65	7. 37	4. 02	4. 46	7. 03	3. 70	4. 44
1948	4. 38	5. 84	4. 65	5. 11	9. 67	5. 29	9. 07	10. 64	4. 50	5. 53
1949	5. 84	5. 84	5. 11	5. 11	10. 10	6. 21	10. 02	10. 83	5. 52	5. 54
10 年平均	4. 16	4. 42	3. 74	3. 93	6. 54（8 年平均）	3. 62	5. 36	5. 87	4. 01	5. 17（3 年平均）
1950	5. 84	5. 84	5. 11	5. 84	9. 23	6. 41	8. 95	9. 46	5. 50	
1951	5. 84	6. 57	5. 84	5. 84	9. 09	7. 12	8. 96	9. 00	5. 50	
1952	6. 57	6. 57	5. 84	5. 84	9. 13	8. 06	8. 99	9. 01	5. 50	
1953	6. 57	6. 57	5. 84	5. 84	8. 76	7. 82	8. 98	9. 02	5. 50	7. 22
1954	6. 57	6. 57	5. 84	5. 84	8. 76	7. 66	9. 00	9. 04	6. 32	6. 63
1955	6. 57	8. 03	5. 84	7. 30	8. 54	8. 03	8. 30	9. 00	6. 32	6. 37
1956	8. 03	8. 03	7. 30	7. 30	8. 16		7. 38	7. 97	6. 34	
1957	8. 03	9. 13	7. 67	8. 39	8. 16		7. 37	7. 91	6. 32	
1958	8. 03	9. 13	7. 30	8. 39	8. 40		7. 88	7. 90	6. 32	
1959	7. 67	8. 03	6. 94	7. 30	7. 97		7. 89	7. 92	6. 32	
10 年平均	6. 97	7. 45	6. 35	6. 79	8. 62	7. 52（6 年平均）	8. 37	8. 62	5. 99	6. 74（3 年平均）
1960	8. 03	8. 40	6. 94	7. 30	8. 24	8. 40	7. 85	8. 50	6. 43	6. 43
1961			6. 57	7. 30	8. 15	8. 31	7. 87	8. 50	6. 43	6. 43
1962			6. 57	7. 30	8. 34	8. 79	7. 90	8. 75	6. 43	6. 43
1963			5. 84	6. 57	7. 79	7. 48	8. 50	9. 20	6. 43	6. 43
1964			5. 84	6. 57	7. 90	10. 02				

（续表）

年份	日本银行贷款		日本银行贴现率		平均银行贷款利率（%）	活期贷款（%）	公司债券收益率（%）		长期政府债券收益率（%）	
	低点（%）	高点（%）	低点（%）	高点（%）			低点（%）	高点（%）	低点（%）	高点（%）
1965			5.48	6.21	7.80	6.87				
1966	6.98	7.21	5.48	5.48	7.48	8.84	7.51	7.84	6.80	6.80
1967	6.88	7.00	5.48	5.84	7.31	6.39	7.55	8.57	6.85	6.98
1968	7.04	7.23	5.84	6.21	7.46	7.88	8.03	8.22	7.01	7.05
1969	7.03	7.37	5.84	6.25	7.41	7.70	8.71	9.07	7.05	7.14
10年平均	7.19（5年平均）	7.44（5年平均）	5.99	6.50	7.79	8.07	7.99（8年平均）	8.58（8年平均）	6.68（8年平均）	6.71（8年平均）
1970	7.38	7.47	6.00	6.25	7.66	8.28	9.03	9.39	7.14	7.21
1971	7.10	7.45	4.75	5.75	7.59	6.41	7.42	8.72	7.20	7.24
1972	6.33	7.08	4.25	4.75	7.05	4.72	6.63	7.19	6.39	7.16
1973	6.32	7.91	4.25	9.00	7.19	7.16	7.08	10.73	6.41	7.79
1974	8.08	9.55	9.00	9.00	9.11	12.54	10.70	12.52	8.79	10.02
1975	8.60	9.51	6.50	9.00	9.10	10.67	9.10	11.83	9.30	10.05
1976	7.96	8.23	6.50	6.50	8.26	6.98	8.59	9.07	6.36	8.79
1977	6.34	7.95	4.25	6.50	7.56	5.68	6.36	8.37	6.27	8.58
1978	5.50	6.29	3.50	4.25	6.31	8.36	5.59	6.38	5.97	6.21
1979	4.44	6.51	3.50	6.25	6.29	5.86	6.93	8.34	6.11	8.76
10年平均	6.81	7.80	5.25	6.73	7.61	7.27	7.74	9.25	6.99	8.18
1980	6.71	9.40	6.25	9.00	8.32	10.93	8.12	9.50	8.50	10.30
1981	6.95	7.94	5.50	7.25	7.79	7.43	7.70	8.49	7.93	9.15
1982	6.28	6.77	5.50	5.50	7.23	6.94	7.34	8.10	7.50	8.53
1983	5.89	6.28	5.00	5.50	7.05	6.39	7.09	7.39	6.93	7.77
1984	5.70	5.81	5.00	5.00	6.66	6.10	6.21	7.16	6.30	6.94

（续表）

年份	日本银行贷款		日本银行贴现率		平均银行贷款利率（%）	活期贷款（%）	公司债券收益率（%）		长期政府债券收益率（%）	
	低点（%）	高点（%）	低点（%）	高点（%）			低点（%）	高点（%）	低点（%）	高点（%）
1985	5.69	5.78	5.00	5.00	6.52	6.46	7.56	6.26	5.82	6.79
1986	4.35	5.70	3.00	5.00	5.91	4.79	5.14	6.70	4.61	5.81
1987	3.37	3.75	2.50	3.00	5.09	3.51	4.71	6.89	3.38	5.48
1988	3.37	3.38	2.50	2.50	4.93	3.62	4.62	5.06	3.90	4.83
1989	4.25	5.75	2.50	4.25	5.34	4.87	4.50	6.47	4.26	5.87
10年平均	5.26	6.06	4.28	5.20	6.48	6.10	6.30	7.20	5.91	7.15

资料来源：

普拉·萨拉萨斯（Phra Sarasas）《日本的货币与银行》（*Money and Banking in Japan*）（伦敦：Health Cranton 于 1940 年出版）第 172ff 页。

日本银行《日本经济统计》（*Economic Statistics of Japan*）

国际货币基金组织《国际金融统计》。

摩根担保信托公司《世界金融市场》。

经济合作与发展组织《月度金融统计》。

日本在 1945 年投降后，利率立刻开始上升。在 20 世纪 70 年代之前，或者说在日本快速增长的整个阶段，利率一直保持在相对高的水平。从 1945 年到 1949 年，贴现率从 3.29% 上涨到 5.11%（年度低点），银行贷款利率从 4.70% 上涨到 10.10%（年度平均数）。活期贷款从 3.10% 上涨到 6.21%，而公司债券的收益率从 4.28% 上涨到了 10.02%。1949 年标志着战后日本公司债券收益率在 1973 年之前的高点，但并非所有短期利率的高点。到了 1959 年，日本银行的利率已经远远低于其 1949 年的水平，但是有些其他利率则更低。

在 20 世纪 60 年代，日本的利率趋势为混合结构。政府债券的收益率平均上涨，而公司债券的收益率则倾向于略微下跌。短期利率有涨有跌。活期贷款在 1964 年短暂上升到 10% 以上，但不久就下跌到 6% 以下。日本银行的贴现率一直没有上升到危机水平，而在这个 10 年期间的平均数则低于 20 世纪 50 年代。

在多事的 20 世纪 70 年代，日本的利率跟所有工业国家一起上升。在 1973～1975 年期间，日本银行的贴现率上涨到 9%，活期贷款达到 12.57%，公司债券达到 12.52%，政府债券上升到 10% 以上。日本应对了严重的通货膨胀，并且采用了传统的利率工具。图 81 表明，日本的政府债券收益率十分稳定，但是从 20 世纪 50 年代初期到 70 年代初期保持在相对高点；这些都是管制型利率，并且没有一个公开、活跃的政府债券市场，不像西方国家那样。石油价格冲击的影响导致收益率从 1973 年飙升到 1975 年。日本的贴现率——如图 82 所示——走出了一个类似的轨迹。

接着，日本的金融系统开始松绑。从 1975 年一直到 1978 年，债券收益率和贴现率双双跌至第二次世界大战以来的最低水平。1979 年，第二次石油价格冲击开始推动这两个利率数飙升，而到了 1980 年，利率达到了其 20 世纪 70 年代中期的水平。然而，在其他大部分国家，利率的表现更糟，其 1980 ~ 1981 年的利率远远突破了 1974 ~ 1975 年的水平。跟其他国家不同的是，日本避免了两位数通货膨胀和衰退的出现，虽然它的增长速度降低了。1980 年以后，日本利率——不论是长期还是短期——都出现了很大程度的下跌，成为世界上最低的水平之一。只有瑞士的利率更低。1989 年，日本的利率有所上升，有力地缩小了与主要西方国家之间的差距；然而在 20 世纪 90 年代期间，这种差距再次扩大（见第二十九章）。

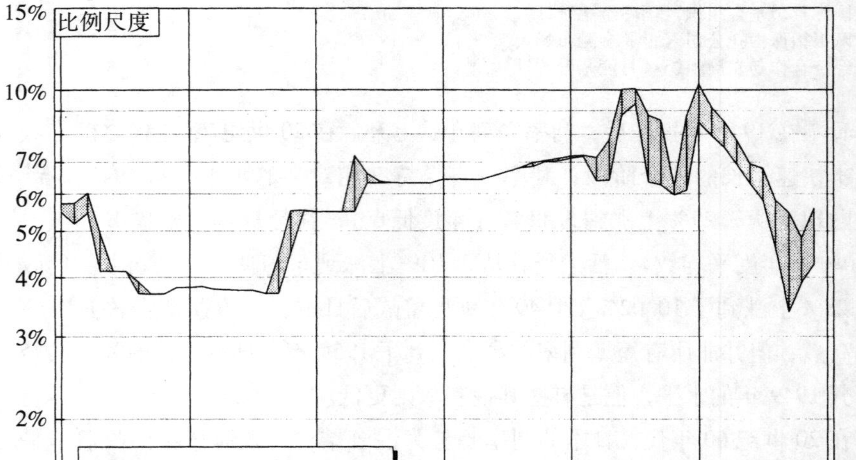

图 81　1930 ~ 1990 年日本政府债券收益率

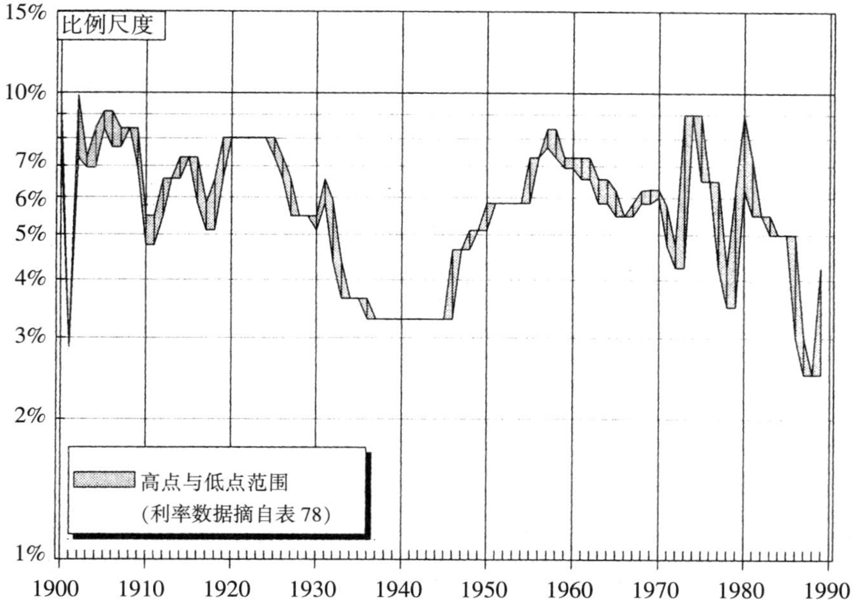

图 82　1900～1990 年日本贴现率

短期利率。日本短期市场利率的趋势在过去的一个世纪期间一直不同于欧洲和美国的利率趋势。日本的短期利率在 19 世纪后期上涨，而当时其他国家的短期利率却在下跌；在第一次世界大战期间，日本短期利率下跌，而同期的其他国家的利率却在上涨。20 世纪 20 年代以后，日本的利率略微趋向于总体形态：在 20 世纪 30 年代和 40 年代与其他国家一起下跌。1945 年以后，它跟欧洲利率一起上涨，并保持在发达工业和商业国家记载中的最高利率水平，直到 20 世纪 70 年代中期。当时，日本的峰值利率——无论是长期还是短期——都远远高于美国的利率，但却大大低于超常的英国利率。跟大部分其他国家（包括美国）不同的是，日本在 1975 年以后没有经历短期利率飙升至新高的阶段。事实上，日本短期利率在 20 世纪 80 年代后期的急跌，产生了自 1867 年以来日本现代历史期间的最低利率水平。在 20 世纪 90 年代期间，日本奋力应对其 20 世纪 80 年代“泡沫经济”造成的经济危机。各种问题的集中涌现——增长速度下降、衰退、日元升值、国内金融机构的窘境，以及物价水平的通胀——导致关键性的日本利率，无论是短期利率还是长期利率，都达到了对于现代时期任何一个国家而言都属于最低的水平之一（见第二十九章）。

第二十五章

英镑地区：澳大利亚、新西兰、南非、印度和巴基斯坦

A History of Interest Tates

本章要讨论的利率源自跟本书中任何一个地区一样文化传统多种多样的那些国家，但是他们在近代以前都与英国之间有着密切的金融纽带关系。他们的利率史所反映的几乎绝无当地的信贷传统，而是常常反映出英镑地区的财富情况和伦敦货币市场的领头羊作用。然而，伦敦的影响力有时被当地的形势和当地政府政策调整。此外，战后阶段的诸多英镑危机导致了与伦敦之间纽带关系的削弱；而英国加入欧洲共同体之举当然也起到了这种作用。英镑地区自身现在已经不过是一种历史记忆罢了。

澳大利亚

在美国和加拿大的早期英国殖民主义者并没有发展当地的信贷和金融史，因为他们带上了英国的商业传统，并在伦敦实现了其大部分商业活动的融资。澳大利亚则不同——它的位置太遥远了。此外，这个流放地的最初定居者在国内并没有良好的信用。因此，这个边陲信贷市场的确得到了发展并且记载了下来。

在1788年以后的一段时间里，当第一批定居者抵达澳大利亚的时候，他们面对的是一个没有货币的以物易物的社会。这个殖民地被要求自给自足。政府的商店成了贸易中心，商店的收据逐步作为货币流通起来。商店提供实物信贷，并收取利息。[注543]

1804年，在一次旨在控制利率的失败的努力中，总督将8%确定为每年最高的贷款利率，无论是货物贷款还是货币贷款。这一利率立刻就成了最低利

率。[注544]总督不久就把法定上限提高到10%，而接着它又成了最低利率。澳大利亚贸易商发行了他们自己的流通本票，以相对于稀缺英镑本票的大幅度折扣价格出售；于是，一个双货币系统产生了。

1817年，新南威尔士银行（Bank of New South Wales）注册成立，任意发行殖民地货币的行为被禁止。由于起初银行不支付存款利息，而商人支付8%的利息，因此新银行发展得十分缓慢。[注545]它发放的贷款利率为10%，以折扣价格接受商店收据为存款，并在到期时兑换成国库券。它发放的贷款包括用城镇财产作抵押的抵押贷款，贷款期限不超过12个月。

在19世纪20年代，又有7家澳大利亚银行成立。竞争导致新南威尔士银行于1826年将贴现率从10%下降到8%，但是在1828年贴现率再次上升到10%。为了获取资金，有些银行为6个月的定期存款支付5%的利息。一连串的狂热和危机导致了许多银行的破产。

在19世纪30年代，一些英国银行在澳大利亚成立。英国资金寻求在那里的投资机会。英国的储户为其永久投资获取5%的利息。[注546]透支得到允许，利率为10%。在19世纪30年代末，竞争形势迫使支付给储户的存款利息上升到高达7%的水平，前提是提前10天通知取款。[注547]1841年，塔斯马尼亚的德文特银行（Derwent Bank）在伦敦以8%的利息收取存款，以12.5%的利率将资金在塔斯马尼亚发放房地产抵押贷款。这是一个高点。在19世纪40年代，一次大衰退导致存款利息跌到了3%。然而，贷款利率仍然保持在10%或者更高水平。

1819年，第一家澳大利亚储蓄银行成立。它为1年期的存款支付7.5%的利息。[注548]罪犯必须在该银行存款。1832年，银行支付的利息下跌到了5%。它和其他储蓄银行都以10%的利率发放抵押贷款。

在19世纪最初的几十年里，澳大利亚的银行贷款通常为10%的利率，但常常达到12.5%～15%，并且偶尔达到20%。在18世纪30年代后期，3～10年期抵押贷款的利率为10%～20%。然而，这些都是“优惠利率”。高利贷是常见现象。短期贷款的记载为每星期6.67%～7%，相当于未计算复利情况下的年利率329%～364%。记载中还有现代高利贷的常见利率——每星期25%，相当于每年1 300%。[注549]

到了1850年，澳大利亚的“优惠利率”已经下跌。新南威尔士储蓄银行将其存款利率从5%下降到3.5%；它的抵押贷款利率为8%。[注550]有些其他银行的抵押贷款利率为7%。商业银行将其优惠短期贷款的利率从10%下降到6%，而对活期存款则不再支付利息。与伦敦的通讯正在改善，这个边陲流放地正在凭借自己的力量成为一个国家。

1851 年，澳大利亚发现了黄金。随之而来的是类似加利福尼亚几年前出现的淘金热。在 10 年间，澳大利亚的人口翻了 3 倍，工资和物价水平上涨。[注551] 黄金热遏制了 1850 年前发生的利率跌势。到了 19 世纪 50 年代中期，新南威尔士储蓄银行再次开始为存款支付 5% ~6% 的利息。该储蓄银行的样本抵押贷款利率仍然保持在早先的 7% ~8% 的范围；银行在这“10 年黄金期”的扩张很可能加剧了竞争，缩小了中介利差。在商业银行领域，活期存款在 1851 ~1875 年期间能够赚取 0% ~3% 的利息，而悉尼的银行通常以 5% ~7% 贴现票据，墨尔本的银行以 6% ~9% 贴现票据。透支利率在悉尼为 6% ~10%，在墨尔本为 6% ~12%。商业银行的数据太过分散，难以进行汇总，但是似乎没有迹象表明这个时期出现了向上或者向下的趋势。[注552]

在新南威尔士储蓄银行，储蓄利率数据则完整得多。这些数据表明从 19 世纪 50 年代到 1894 年，利率水平为 5% ~6%，接着下降到 3.5% ~4% 的范围，直到 1913 年，其间只有 1898 年除外——当时利率跌到了 3%。[注553] 该银行分散的抵押贷款利率只是略微高一些，最佳信贷的利率很可能也是如此。因此看起来澳大利亚的当地银行利率在 19 世纪后期几乎没有下跌，而此时欧洲和美国的利率却在下滑。澳大利亚的大部分下跌现象出现在 19 世纪 90 年代中期。从那时起到 1914 年，澳大利亚的利率几乎没有怎么上涨，而欧洲和美国的利率却正以更高的幅度上升。

表 79 描绘了 1930 年以来澳大利亚的市场利率史。该表提供了两个系列数据：短期和长期政府债券的市场收益率。这些都是 2 年期和 12 年期债券的理论收益率，是从所有应税品种的市场收益率数据中推算产生的。澳大利亚储备银行（Reserve Bank of Australia）并没有提供 1970 年以前的贴现率。在 20 世纪 70 年代期间，它的低点为 4.89%（1972 年），高点为 14.82%（1976 年）。在 20 世纪 80 年代，低点为 11.11%（1980 年），高点为 16.93%（1986 年）。

自 1930 年以来的记载利率都在西欧的利率范围之内，直到 20 世纪 80 年代——当时利率数据列略微高于西欧范围。这个边陲殖民地已经成为一个现代农业和工业国家，其利率有时稍微偏高，但是没有了 19 世纪初期原始金融市场的痕迹。

第二次世界大战以后，澳大利亚遭遇了跟所有英镑地区一样程度的通货膨胀。它的战后经济增长速度非常快，但却没有导致异常的利率水平。澳大利亚从20世纪30年代到70年代的宏观利率趋势与整个英镑地区相似，而且事实上与大部分西方国家相似。澳大利亚利率在20世纪30年代下跌，在40年代走向更低水平，然后在50年代和70年代大幅度上升。在20世纪80年代，当澳大利亚的物价水平翻了一番有余的时候，利率进一步大幅上扬。

表79 1930～1989年澳大利亚、新西兰和南非年均利率

年份	澳大利亚		新西兰		南非		
	政府债券					政府债券	
	短期（%）	长期（%）	官方贴现率（%）	长期政府债券（%）	官方贴现率（%）	3个月期（%）	长期（%）
1930		5.12			5.87		
1931		5.55			5.32		
1932		6.06			5.77		
1933		4.42		3.94	3.82		
1934		3.75	4.00	3.53	3.50		
1935		3.35	3.79	3.33	3.50		
1936		3.58	2.42	3.72	3.50	0.75	
1937	3.44	3.88	2.00	3.61	3.50	0.75	3.20
1938	3.38	3.84	2.21	3.81	3.50	0.75	3.45
1939	3.84	3.91	3.68	4.24	3.50	0.75	3.70
10年平均	3.55（3年平均）	4.35	3.02（6年平均）	3.74（7年平均）	4.18	0.75（4年平均）	3.45（3年平均）
1940		3.30	2.00	3.61	3.50	0.75	3.40
1941	2.38	3.23	1.50	3.37	3.12	0.75	3.00
1942	2.45	3.24	1.50	3.20	3.00	0.75	3.00
1943	2.48	3.23	1.50	3.18	3.00	0.75	3.00
1944	2.45	3.24	1.50	3.16	3.00	0.75	3.05
1945	2.48	3.25	1.50	3.18	3.00	0.74	3.05
1946	1.70	3.24	1.50	3.01	3.00	0.63	2.89
1947	2.12	3.17	1.50	3.02	3.00	0.63	2.63

（续表）

年份	澳大利亚		新西兰		南非		
	政府债券					政府债券	
	短期（%）	长期（%）	官方贴现率（%）	长期政府债券（%）	官方贴现率（%）	3个月期（%）	长期（%）
1948	2.34	3.14	1.50	3.03	3.00	0.69	2.90
1949	2.00	3.12	1.50	3.00	3.12	0.87	3.33
10年平均	2.27 (9年平均)	3.22	1.55	3.18	3.07	0.73	3.03
1950	1.95	3.14	1.50	3.07	3.50	1.00	3.63
1951	2.01	3.53	1.50	3.08	3.50	1.00	3.60
1952	2.49	4.34	1.50	3.85	4.00	1.37	4.28
1953	3.07	4.48	1.50	4.01	4.00	1.69	4.50
1954	3.34	4.46	3.12	3.98	4.00	1.91	4.46
1955	3.79	4.52	5.25	4.15	4.25	2.51	4.33
1956	4.71	5.03	7.00	4.65	4.50	3.21	4.73
1957	4.57	5.02	7.00	4.82	4.50	3.25	4.75
1958	4.29	4.97	7.00	4.95	4.50	3.63	5.13
1959	3.99	4.92	6.75	4.85	4.00	3.45	5.25
10年平均	3.42	4.44	4.21	4.14	4.08	2.30	4.47
1960	4.39	5.00	6.00	4.82	4.25	3.60	5.29
1961	4.99	5.27	7.00	5.08	4.75	4.25	5.77
1962	4.28	4.92	7.00	5.23	4.13	2.78	5.39
1963	3.81	4.58	7.00	5.15	3.50	1.99	4.75
1964	4.12	4.72	7.00	5.06	3.75	3.87	4.77
1965	4.85	5.21	7.00	5.10	4.92	4.04	5.60
1966	4.92	5.25	7.00	5.28	5.50	4.20	6.25
1967	4.55	5.25	7.00	5.51	6.00	4.86	6.50
1968	4.81	5.21	7.00	5.59	5.80	4.90	6.50
1969	5.25	5.81	7.00	5.54	5.50	4.62	6.50

（续表）

年份	澳大利亚		新西兰		南非		
	政府债券					政府债券	
	短期（%）	长期（%）	官方贴现率（%）	长期政府债券（%）	官方贴现率（%）	3个月期（%）	长期（%）
10年平均	4.60	5.12	6.90	5.24	4.81	3.91	5.73
1970	6.26	6.72	7.00	5.51	5.50	4.39	7.15
1971	6.14	6.87	7.00	5.52	6.50	5.38	8.38
1972	4.91	5.99	6.00	5.52	6.00	5.30	8.35
1973	6.30	7.11	6.00	5.80	3.78	3.18	7.83
1974	9.33	9.07	7.00	6.09	6.48	5.43	8.96
1975	8.46	9.75	7.00	6.33	7.42	6.12	9.71
1976	8.69	10.18	8.50	8.34	8.28	7.44	10.44
1977	9.74	10.28	10.00	9.23	8.41	7.87	11.01
1978	8.80	9.06	10.50	9.97	7.87	7.81	10.40
1979	9.62	9.76	13.00	12.04	4.70	5.26	9.26
10年平均	7.83	8.25	8.50	7.74	6.38	5.83	9.10
1980	11.50	11.65	14.00	13.29	6.54	4.65	10.09
1981	13.76	13.96	13.00	12.83	14.54	9.80	12.99
1982	15.18	15.35	13.00	12.91	14.35	15.59	13.51
1983	12.84	14.33	7.50	12.18	17.75	13.45	12.67
1984	12.25	13.83	13.50	12.57	20.75	19.33	15.23
1985	14.03	14.10	19.80	17.71	13.00	17.56	16.79
1986	13.97	13.56	24.60	16.52	9.50	10.43	16.37
1987	13.17	13.47	18.55	15.69	9.50	8.71	15.30
1988	12.18	12.32	15.10	13.11	14.50	13.54	16.37
1989	15.28	13.79	14.75	12.91	16.17	16.47	17.01
10年平均	13.42	13.55	15.06	13.68	12.86	11.58	14.29

资料来源：

国际联盟《统计年鉴：1939～1940年》，第221、225页。

国际货币基金组织《国际金融统计》。

在1930～1932年，澳大利亚的长期政府债券收益率从年均5.12%上升到6.06%。相比之下，加拿大的政府债券为4.73%～5.14%，英国的政府债券为4.46%～4.53%。澳大利亚长期债券的收益率当时高于其他主要的英联邦国家，也高于美国。在20世纪30年代，澳大利亚的长期收益率平均高于其他英联邦国家，但是不如欧洲一些国家的收益率高，比如挪威和意大利。然而，澳大利亚的长期收益率在1935年大幅度下跌，达到了3.35%。在第二次世界大战期间，长期收益率的范围接近3.25%，而当时英国的收益率范围接近3%。在1951年前，长期收益率保持在低点，但是接着迅速攀升，并于1956年达到年均5.03%。这个数据远远超过同期的加拿大政府债券当时3.61%的收益率，并且温和地高于英国政府债券当时4.74%的收益率。然而，在1957～1960年，澳大利亚的长期债券收益率略有下跌，而英国和加拿大的收益率则进一步攀升。到了1960年，澳大利亚的收益率相对于大部分其他英联邦国家来说已经不再是非常高的水平。它远远低于英国的收益率，但高于美国的收益率。在20世纪60年代，也就是通货膨胀率相对比较低的10年期间，澳大利亚的收益率只是温和地上升，处于相对低点。在20世纪70年代，即高通胀率但是低于英国通胀率的10年期间，澳大利亚的收益率大幅度飙升，达到峰值10.28%，仍然远远低于英国的收益率。20世纪80年代扭转了这一局面：澳大利亚的收益率飙升；而英国的收益率平缓，虽然平均高于20世纪70年代。这些对比数据可以从下表的每10年平均数中推算出来：

政府债券收益率与贴现率每10年平均数

平均年份	长期政府债券收益率（%）						
	澳大利亚	新西兰	南非	加拿大	印度	英国	美国
1930～1939	4.35	3.74 (7年平均)	3.45 (3年平均)	3.88	3.35 (6年平均)	3.54	2.98
1940～1949	3.22	3.18	3.04	2.93	3.15	3.06	2.31
1950～1959	4.45	4.13	4.50	3.67	3.74	4.31	2.99
1960～1969	5.12	5.24	5.73	5.68	4.84	6.53	4.51
1970～1979	8.25	7.74	9.10	8.50	5.97	11.77	6.87
1980～1989	13.55	13.68	14.29	11.74	n.a.	10.42	10.40

（续表）

平均年份	长期政府债券收益率（%）						
	澳大利亚	新西兰	南非	加拿大	印度	英国	美国
	（2年期政府债券）						
1930～1939	3.55	3.01（6年平均）	4.19	2.50	4.05	2.48	1.83
1940～1949	2.29	1.55	3.08	1.90	3.00	2.00	1.09
1950～1959	3.41	4.21	4.07	2.64	3.60	3.95	2.20
1960～1969	4.60	6.90	4.81	4.77	4.81	5.92	4.01
1970～1979	7.83	8.50	6.38	8.09	7.80	9.44	6.46
1980～1989	13.42	15.06	12.86	11.23	9.90	11.71	8.50

新西兰

表79包含了新西兰从1933年开始的两个利率系列：官方贴现率和长期政府债券的一个收益率系列。后者在1954年以后依据的是10年以上期限的债券的平均数；1954年之前依据的是相对短期的1960～1963年的3s的收益率。

新西兰从1933年到1970年的政府债券收益率趋势与澳大利亚政府债券的收益率并行。新西兰的这些收益率通常略低于表中显示的澳大利亚收益率。在20世纪30年代中期，新西兰债券的收益率跌至年均3.33%，于1939年上升到4.24%，然后在战争期间再次下跌到3.01%～3.20%，接近英国债券的收益率水平。英联邦的举债还债政策将战争以后的新西兰债券收益率压在低位，但在1952年，新西兰收益率开始上升。它上升到了1953年的平均4.01%、1969年的平均5.54%。1969年以后，新西兰的债券收益率走出了一个显然独立的态势。它在20世纪70年代初期上升幅度非常小，而当时大部分其他国家的收益率都在飙升，新西兰的贴现率保持在7%。从1975年到1980年，新西兰的贴现率和债券收益率翻了一番。接着，几年的稳定之后是1985～1987年货币紧缩、利率非常高的阶段，然后收益率跌到与20世纪80年代初期通行水平基本相同的位置。

上表中澳大利亚的每10年平均数表明，新西兰的债券收益率——它代表的是中期债务——在20世纪30年代和40年代略高于英国（未注明到期日的债务）的收益率，从20世纪50年代一直到70年代低于英国的收益率。在20世纪80年代，新西兰的利率飙升，跟澳大利亚一样，平均远远高于英国的利率。

南非

南非自1930年以后的利率在表79中通过三个系列数据表示：官方贴现率的年度平均数、国库券利率的年度平均数和长期政府债券收益率的年度平均数。债券收益率数据依据的是1954～1959年期间1974年的4.25s的到期收益率；在此之前的收益率数据依据的是1960～1970年的3s。1960年以后的收益率数据摘自长期债券的平均数。南非债券的收益率趋势走出了与英联邦国家接近的总体形态。它在20世纪30年代后期处于低位，在20世纪40年代进一步下跌，然后在20世纪50年代大幅度上升。在20世纪30年代后期，南非债券3.20%～3.70%的收益率低于大部分英联邦国家的债券收益率。在20世纪40年代，它跌到了平均3.04%，即基本上跟英国的平均数相同，低于其他许多国家。与此形成鲜明对比的是，在20世纪50年代，它的平均数超过了其他国家，虽然没有达到英国债券收益率在1957年和1961年达到的峰值。在20世纪60年代，南非的长期债券收益率从大约5.50%上升到6.50%，并在这个点位上远远超过了大部分其他英联邦国家的收益率，但是远远低于英国的收益率。在20世纪70年代，收益率再次上升，峰值达到11%左右——仍然远远低于英国的峰值利率，但是高于大部分其他国家。收益率在整个20世纪80年代期间上升，当时出现了政治动乱，并且国际社会越来越憎恶白人当局对待当地大多数黑人的政策。

在这几十年期间，南非的贴现率改变了其相对位置：从高位到居中位置，然后到达非常高的位置。在20世纪30年代，它没有跌到3.50%以下；在20世纪40年代，它没有跌到3%以下。然而，在20世纪50年代，它的上升幅度为中等，高点为4.50%。事实上，英镑地区的储备当时受到了保护，利率被用于防务，几乎完全都用在了存放英镑地区储备的伦敦。像南非这样的英镑地区的其他国家，由于缺少国际货币市场，没有为了吸引短期资金而与宗主国竞争。因此，南非和英镑地区的部分其他国家的短期利率在信贷紧缩阶段保持在远远低于长期债券收益率的水平，而当时英国、新西兰和加拿大的短期利率有时远远超过了各自的债券收益率。在20世纪60年代，南非短期利率保持在低点，国库券平均为3.91%。

在20世纪70年代的紧缩时期，它只是温和地上涨，平均低于6%，但是在20世纪80年代期间，南非成了一个相对高利率和债券收益率的国家。

印度

印度的古老文明所拥有的金融传统与西欧迥然不同。遗憾的是，本书无法获得它自己的独立信贷和利率史。本书表80记载的现代印度利率都是表现英国金融和现代西方商业习惯之影响的印度经济的一部分。近代印度市场利率在表80中通过四个系列数据体现：官方贴现率、截至1955年的国库券利率、孟买的银行间利率或货币市场贷款（活期贷款）利率，以及截至1986年的长期政府债券收益率。

现代印度的这些利率数不仅属于我们熟悉的20世纪西欧利率的范围，而且常常处于该范围的低位。在印度实现了自己的政治独立时，欧洲和印度利率都非常低。面对庞大的资本开支计划，印度政府没有允许这些需求体现在高利率上。也许这是因为资本开支的很大一部分不得不在国外融资。战后印度经济的增长按照有些标准属于高速，比如工业生产指数。国外和国内的资源已经耗尽，国外贷款已经大量发生，但是在1971年之前，增长带来的压力没有被允许产生破坏性的通胀、货币供应的不正常增长，或者对利率结构的巨大压力。然而，在20世纪70年代和80年代，通货膨胀加剧，短期利率大幅度上升，而长期利率涨幅为中等程度。

从1930年到1990年的印度利率趋势与总体欧洲趋势相似。利率在20世纪30年代下跌，在20世纪40年代进一步下跌，在20世纪50年代和60年代逐步上扬，在20世纪70年代和80年代以更快的速度上升。官方贴现率从1931年的年均7%以上下跌到1936年的3%，并将该点位保持到1950年。1950年以后，在所有英联邦国家的利率开始上升的时候，印度的贴现率也随了大流，达到了1966年的6%、20世纪70年代的9%、20世纪80年代的10%。因此，跟大部分英联邦国家的官方贴现率一样，印度的贴现率在一个比英国银行利率更窄的范围内波动。

跟其他国家的同期收益率相比，跟近代的印度短期利率相比，印度的政府债券收益率在早期的几十年里也保持在相对的低位。1933年以后，它跌到了平均3.35%，基本上与英国的长期债券收益率相同。在20世纪40年代中期，它进一步下跌。然而，印度独立以后，英国和印度的收益率出现分道扬镳的态势。英国的债券收益率在一个历史性的波动中从接近最低点上涨到一个大国的最高点。印度的债券收益率涨幅则小得多，并且不久就站在了低于英国债券收益率100～150个基点的位置。到了1960年，印度政府债券4%～4.1%的收益率常常低于美国政府债券的收益率，远远低于其他英联邦国家的政府债券收益率。在20世纪60年代，印度债券的收益率平均大约为5%。在1974～1975年，收益率平均略微超过6%，即远远低于美国的收益率，还不到英国收益率水平的一半。到了20世纪80年代中期，收益率接近了9%，仍然属于相对低位。印度的短期利率在1974年急剧上升，活期贷款达到13.5%，但是利率却在后来的15年里下滑了。在印度，短期利率与长期收益率之间的收益负曲线似乎常常表现出不同寻常的巨大差距。

巴基斯坦

表80用两个系列数据表现了巴基斯坦的利率：卡拉奇的活期贷款和1948年以来的政府债券收益率系列。巴基斯坦利率走出了与印度利率相似的形态：债券收益率与大部分其他国家相比往往处于非常低的位置，而短期利率的表现更像其他国家。然而，这两个系列的增长幅度都低于20世纪70年代和80年代大部分欧洲和北美国家具有可比性的系列。

表80　1930～1989年印度和巴基斯坦年均利率

年份	印度				巴基斯坦	
	官方贴现率（%）	国库券（%）	活期贷款（%）	长期政府债券收益率（%）*	活期贷款（%）**	长期政府债券收益率（%）
1930	5.89	5.26				
1931	7.09	6.41				
1932	5.03	4.14				
1933	3.56	1.46				
1934	3.50	1.72		3.39		
1935	3.45	1.48		3.54		
1936	3.00	0.72		3.16		

（续表）

年份	印度				巴基斯坦	
	官方贴现率（%）	国库券（%）	活期贷款（%）	长期政府债券收益率（%）*	活期贷款（%）**	长期政府债券收益率（%）
1937	3.00	0.90	0.44	3.26		
1938	3.00	1.33	0.63	3.20		
1939	3.00	2.03	1.26	3.56		
10年平均	4.05	2.55	0.78（3年平均）	3.35（6年平均）		
1940	3.00	1.21	0.68	3.61		
1941	3.00	0.76	0.28	3.33		
1942	3.00	0.86	0.29	3.45		
1943	3.00	0.96	0.25	3.20		
1944	3.00	0.57	0.25	3.11		
1945	3.00	0.39	0.25	3.10		
1946	3.00	0.43	0.49	2.79		
1947	3.00	0.44	0.49	2.86		
1948	3.00	0.49	0.51	2.97		2.91
1949	3.00	0.52	0.67	2.99	0.50	2.81
10年平均	3.00	0.66	0.42	3.14		
1950	3.00		0.58	3.11	1.02	2.96
1951	3.50		0.98	3.28	1.02	2.98
1952	3.50	2.14	2.03	3.69	2.10	2.98
1953	3.50	2.42	2.21	3.64	1.01	3.06
1954	3.50	2.60	2.45	3.65	1.30	3.14
1955	3.50		2.59	3.72	1.45	3.15
1956	3.50		3.21	3.93	2.04	3.14
1957	4.00		3.71	4.14	2.06	3.20
1958	4.00		2.96	4.18	1.62	3.20
1959	4.00		2.74	4.05	1.66	3.25

（续表）

年份	印度				巴基斯坦	
	官方贴现率（%）	国库券（%）	活期贷款（%）	长期政府债券收益率（%）*	活期贷款（%）**	长期政府债券收益率（%）
10年平均	3.60		2.35	3.74	1.53	3.11
1960	4.00		3.71	4.06	3.42	3.50
1961	4.00		4.35	4.11	3.87	3.69
1962	4.00		3.71	4.36	3.36	3.81
1963	4.50		3.78	4.68	3.01	3.93
1964	4.63		3.97	4.73	3.59	3.90
1965	5.92		6.27	5.33	5.86	4.20
1966	6.00		4.36	5.55	4.70	4.48
1967	5.00		5.71	5.52	6.57	4.47
1968	5.00		3.79	5.07	6.24	4.76
1969	5.00		3.91	5.00	5.40	5.21
10年平均	4.81		4.36	4.84	4.60	4.20
1970	5.00		5.68	5.00	5.50	5.50
1971	6.00		6.30	5.64	6.60	5.76
1972	6.00		4.69	5.65	5.34	5.76
1973	7.00		6.64	5.65	6.51	5.76
1974	9.00		13.52	6.03	10.33	5.77
1975	9.00		10.40	6.35	9.87	5.77
1976	9.00		11.28	6.29	9.37	9.04
1977	9.00		10.18	6.32	10.87	9.27
1978	9.00		8.05	6.37	10.41	9.48
1979	9.00		8.47	6.45	8.83	9.75
10年平均	7.80		8.52	5.98	8.36	7.19
1980	9.00		7.24	6.71	8.63	11.20
1981	10.00		8.61	7.15	9.27	9.40
1982	10.00		7.27	7.59	9.51	9.36

（续表）

年份	印度				巴基斯坦	
	官方贴现率（%）	国库券（%）	活期贷款（%）	长期政府债券收益率（%）*	活期贷款（%）**	长期政府债券收益率（%）
1983	10.00		8.30	7.99	8.15	9.31
1984	10.00		9.95	8.65	9.97	9.25
1985	10.00		10.00	8.99	8.13	9.19
1986	10.00		9.97		6.59	n. a.
1987	10.00		9.83		6.25	8.26
1988	10.00		9.74		6.32	8.32
1989	10.00		11.12		6.29	8.19
10年平均	9.90		9.20	7.85（6年平均）	7.91	8.25（9年平均）

* 孟买的银行间贷款。

** 卡拉奇的银行间贷款。

资料来源：

国际联盟《统计年鉴：1939～1940年》，第221、225页。

国际货币基金组织《国际金融统计》。

第二十六章
俄 国

A History of Interest Tates

背景介绍

俄国的金融史是一个货币长期贬值的历史。在16世纪，政府改铸外国货币，获利100%。在1645~1676年，政府成功地将价值5卢布的铜币改成面值312卢布的硬币，但不久就不得不贬值。在1689~1725年，卢布银币降低成色约42%。1769年，政府引进了一种纸币；到了1810年，纸币相对于银币贬值了75%。1839年，银本位制实施，纸币正式贬值71%。1853~1856年的克里米亚战争导致了新一轮的通货膨胀。直到1897年金本位制得到实施之后，俄国才享有一种稳定的货币，但也只持续了不到20年。[注554]

第一次世界大战和1917年的俄国革命导致了一个前所未有的通胀时期。到了1917年，卢布已经失去了其1913年汇率价值的75%；到了1920年，它已经失去了其1913年汇率价值的99.9%。物价指数从1913年到1918年上涨了5 800%，从1913年到1921年上涨了4 900 000%。[注555]1921年进行了货币改革，1个“1921年版”新卢布可以兑换1万个沙皇时期的卢布。1922年再次发生贬值，贬值率为1个“1922年版”卢布兑换100个“1921年版”卢布。这还不算完。1923年，通货膨胀加剧；卢布一度以每小时5%的速度贬值。[注556]1924年，在经过了再一次贬值之后，临时稳定得以实现。总体算来，500亿个沙皇时期的卢布兑换1个“1924年版”新卢布。1924年以后，物价继续上升，但是涨价速度有了秩序；比如，自由市场的面包价格1928年上涨了40%，1929年又上涨了119%。然而，配给制和价格控制政策掩盖了1924年以后的货币价值变化情况。最后，在1936年，一个真正的稳定期得以实现。然而，之后不久爆发了第二次世界大战，又一次通货膨胀，以及货币的其他“改革”。物价水平从20世纪40年代后期降到了50年代初期，此后有些证据表明出现了一定程度的物价稳定。但是，这些都是管制价格，而不是市场确定的价格。

俄国的经济史分为三个阶段。第一阶段是长达数个世纪的中世纪封建社会。当时落后的庄园经济与商业信贷和货币市场几乎没有任何关系。这一状态一直持续到进入19世纪很久之后。第二阶段是19世纪后期的一个短暂阶段，当时俄国试图以西欧的模式发展现代化工业经济和资本经济；这个阶段持续了大约80年。第三阶段是在那之后共产党统治下的70年社会主义社会。进入20世纪90年代以后，苏维埃俄国经济关系发生了重大变化。

数个世纪的漫长的俄国农奴时期没有任何利率史的记载。信贷总体上局限在个人消费贷款，跟大部分落后的农业社会一样。对外贸易是在国外融资的。在中世纪时期，意大利的银行家们并没有像他们在西欧各地那样在俄国建立分支机构。相反，德国、荷兰和英国的贸易商们在安特卫普进行波罗的海贸易的融资。然而，随着时间的推移，外国人来到了俄国，从事贸易和制造业。西方的金融手段通过这种方式逐渐渗透，并在大城市得到效仿。

早期的俄国银行很不成熟。到了1754年，国家成立了两家银行：“国家贵族贷款银行”（State Loan Bank for the Nobility）和“国家商业银行”（State Commercial Bank）。[注557]但是，贷款的发放依据的是关系远近，缺少良好的抵押物；这两家银行都在1786年关闭。国家在创建银行方面的进一步努力收到的成效非常有限。

在19世纪60年代，随着农奴得到解放，国家下大力气要以西方的模式创建一个银行系统。“国家银行”（State Bank）于1860年成立，以“促进贸易、稳定货币”。它接受活期存款和定期存款；提供以债券、土地或商业资产担保的贷款；贴现商业票据；购买债券和贵重金属；发行银行本票。然而，货币问题的困扰一直持续到了19世纪90年代，卢布在国际市场以巨大的折扣价格出售。1895～1897年的货币改革令卢布贬值了1/3，规定了硬币付款，并建立了金本位制。从那以后的14年里，外国资本被大量吸引进来，对俄国的经济发展起到了重要作用。国家银行执行着非常保守的政策；在外国的帮助下，货币经受住了1904～1905年的日俄战争（Russo－Japanese War）和1905～1906年的俄国革命。

1860年以后，联合股份商业银行也成立了。到了1914年，俄国已经拥有此类银行47家，设立分支机构743个。[注558]跟德国的银行一样，这些银行从事商业和投资银行业务。这些银行的很大一部分股份为外国拥有。到了1913年，还出现了大约300家私人银行机构；在总体上不受管制的情况下，这些机构代表了第一次世界大战之前一个当地商业阶层的发展。[注559]

在19世纪，小型城市银行和互助信用社成立了。联合股份土地银行大量成立，发行了他们自己的10~60年期的债券，并发放以农场作抵押的贷款。有些银行帮助新解放的农民购买农场，还有些银行帮助贵族保留自己的地产。国家储蓄银行也纷纷成立。到了1912年，储蓄银行已经超过了8 000家。证券市场组建了起来，从事国家债券、铁路债券和股份的交易。在1860年以后快速西方化的那几十年里，俄国的信贷形式和利率总体上与西欧相似。

第一次世界大战和1917年的俄国革命导致了这一资本主义发展的突然夭折。俄国对外国资本和外国商品市场的新的依赖，使得其金融系统极其容易遭受战争的破坏。俄国670亿卢布的总战争费用，有25%通过税收解决，29%通过长期贷款解决，23%通过国库券解决，23%通过本票流通解决。从1914年到1917年，货币的流通增长了15倍，零售价格上涨了15倍。[注560]

1918~1921年的“共产主义战争”（War Communism）时期和1922~1925年的“新经济政策”（New Economic Policy）时期，都出现了前文描述的超级通胀。在1917~1918年，土地的私人所有制被废除；工人们接管了国家经济的各个部门；所有公共债务被免除；银行实行了国有化。联合股份银行和抵押银行被清算。随之而来的是灾难性的经济活动衰退，并在1921~1922年导致了新经济政策的出台。这个权宜方案是基于这样的认识：国家生产和贸易的3/4仍然掌握在私人手里，需要有一个交换媒介和获取信贷、资本的某些渠道。在后来的几年里，商业活动得以恢复，通货膨胀在继续，俄国利率达到历史记录的最高点。

当时的银行系统是围绕着1921年成立的国家银行，即中央银行（Gosbank）而创建的。该银行宣称其目的是为了通过信贷和其他银行业务活动来帮助工业、农业和贸易的发展，并确保健康的货币流通。它为政府企业和其他人的活期存款和定期存款支付利息，提供有抵押物或者透支情况下的含息贷款。它买卖证券、商品、外汇和贵重金属。但是，它并不控制本票的发行——这部分业务仍然掌握在国家的手里——因而它几乎无法提供健康的货币流通。在该银行成立的最初几年里，超级通胀在继续、加剧。1922年，中央银行开始接受用卢布金币偿还的存款，并且为了保护自己免遭通胀的灾难，要求贷款的偿还也必须使用卢布金币。它还采用了一种更加稳定的记账单位——切尔逢涅茨（chervonetz）——以确保有序的信贷业务。

货币、银行贷款、银行存款的财务结算，以及贷款和存款的利息支付，在苏联仍然在继续，尽管其经济活动越来越多地走向社会主义，私人贸易活动萎缩。利率所发挥的功能不同于资本主义经济。法定利率是通过官方决定来确定的。储蓄银行的储户所获得的利息高低，取决于政府多么急迫地希望鼓励这种形式的储蓄，以及利息的支付对于实现这个目的能起到多大作用。国有企业在透支时被收取利息，是为了鼓励有效地使用资源、惩罚过度的流动资本需求。社会主义体制下的利率无法与自由市场国家的利率进行有意义的对比。然而，苏维埃联盟的确形成了一个独特的利率史。官方和非官方利率在20世纪20年代非常高；后来，官方利率变得很低。苏联的非官方利率没有记载资料，但可能存在于非正式的情形中。

1923年，苏维埃政府重新建立了储蓄银行系统。由于通货膨胀仍然在肆虐，这些银行有时用一种固定货币来计算从存款日到取款日的存款，并在取款时按照纸币的新价值支付，从而保护储户免遭贬值。[注561]到了1924年，储蓄银行共有2 506家，而到了1928年，这种银行共有16 924家。政府的这些金融机构分别坐落在邮局、火车站、药店、工厂，以及民众聚集的其他场所。银行投资于政府债券，而后者有时向他们支付一种特殊的利率，作为费用和高利息支付的补偿。在1924年的“货币稳定”之后，银行不再保护储户免遭贬值。他们是政府的机构，向公众出售政府债券。他们还安排支付储户定期发生的账单和其他汇款业务。1933年，各储蓄银行拥有2 400万储户[注562]，成为接受个人存款的唯一银行机构。在20世纪30年代，他们支付的利息——按照当时西方标准（每年6%～9%）属于高位——可以豁免所得税。

1924年的货币改革以后，国家成立了其他信贷机构。中央农业银行（Central Agricultural Bank）为地方农业合作银行和信用社提供长期和短期信贷。[注563]由于房地产不再是私人拥有，因而没有农场抵押；长期农场贷款期限为5年，用途是扩大开垦面积或者土地改良。1924年以后，省政府和市政府被允许成立地方性银行，前提是他们必须保持51%的股份。第一家、最大的地方性银行是莫斯科城市银行（Moscow City Bank）。这些城市银行帮助开展城市建设项目，并为地方商业活动提供融资。到了1928年，已经成立的城市银行达到50家，为了城市的目的提供长期信贷。1924年，政府组建了对外贸易银行（Bank for Foreign Trade），为进出口提供融资。

成立互助信用社也得到了允许。到了1927年，运营中的互助信用社达到了285家。他们吸引了私人资本，因为社员被要求提供其最高信用要求的10%。借款人有可能担负双重债务。信用社贴现可以接受的期限达6个月的双名票据，[注564]并提供其他抵押贷款。他们接受存款，安排转账，并且自身也向其他银行借款。他们为经济领域的私人界提供融资。因此，到了1930年，当私人贸易所占的比例越来越小时，互助信用社完全彻底地消失了。这里还必须提及的是合法成立的当铺——他们还在继续运营。此外，在20世纪20年代，还有一个非法的私人货币市场，提供着非常高的利率。

1928年，一个快速工业化时期开始了。在1928~1932年的第一个五年计划结束时，社会主义化的工业据说占了总工业生产的99%。信贷规划在国家的经济规划中起到了重要作用。国家银行及其分支机构严密控制着所有国有企业的汇款。它以存款形式持有企业的多余资金并为此支付利息；它向他们提供含息贷款，来解决流动资金的需要，并对逾期贷款收取更高的惩罚利息；它为在运货物提供利率格外低的贷款。

这种早期的信贷规划效果很差。国有企业可以要求获得贷款，并且在成品运输时自动获得贷款。有时事后表明，货物中有废品，或者购买货物的企业并没有准备接收货物或用完了其信用额度。在1930年和1931年，信用程序被彻底推倒重来。银行被赋予更大的权力：它可以拒绝提供信用，甚至扣押违约政府企业的资金；它可以对违约方的货物或其他资产实行强制出售；它被允许仅仅提供季节性信用。国家通过银行提供维持企业正常运转的流动资金。

通货膨胀从1928年一直持续到1933年，尽管配给商品的官方价格上并没有体现。然而，1933年，国家终于成功地实现了预算平衡。1935年，配给制结束。1936年，卢布的汇率价值降低，卢布得到了有效稳定。

这些年是快速增长和金融稳定时期。工业界应付政府的长期债务被免除，因为这种债务已经没有意义。企业不再为“注册资金”支付利息。但是，合作社还在继续为资本资金支付利息，工业界继续为短期贷款支付利息。在20世纪30年代期间，官方利率逐步降低，进入了西欧繁荣时期的利率范围。

这个增长与金融稳定的阶段在1939年被第二次世界大战中断。巨大的资源调动是通过外国援助、通过返回配给制、通过向公众强行销售债券、通过再次通货膨胀来融资的。

第二次世界大战以后，尽管战争带来了诸多创伤，在20世纪30年代建立起来的经济和金融系统并没有大幅度改变。战争并没有带来新的革命，尽管它的确导致了卢布的进一步贬值。拥有4 000多家分支机构的中央银行继续主宰着信贷的流动。此外，还有一家长期工业信贷银行，一家外贸银行，以及国家储备银行网络。1957年，国家彩票型债券向公众强行销售的行为被终止，并且国家宣布延期20年赎回未偿还债券。到了20世纪50年代，只有一个品种的政府债券——利率为3%——还没有偿还，可以自由地（与政府）买卖。1958年，消费者分期付款信用首次引进；要求首付款为20%～25%，余款分6～12个月还清。20世纪60年代的经济改革致力于增强银行系统在社会主义企业长期融资方面的作用；在此之前，银行只是扮演一个无关轻重的小角色。[注565]到了20世纪70年代，国家已经赎回了公众持有的利率为3%的债券；这些债券是苏维埃民众可以接触到的唯一证券品种。

俄罗斯帝国利率

在18世纪，俄罗斯的法定利率上限为5%。它没有得到实施，而最佳抵押物的普通最低利率为8%～10%。[注566]直到1911年，8%～9%的利率才在俄国的第一笔抵押贷款中提及。[注567]这些记载数据是从英国记者那里流传到我们手里的。那些记者之所以觉得这种利率具有新闻价值，是因为按照英国的标准，这些利率很高。按照其他国家的标准，比如中国的标准，它们似乎并不算高。

俄罗斯帝国政府贷款

年份	贷款类型	短期和长期（%）	长期（%）	资料来源
1817	7年期贷款名义利率	6.00		【注568】
	未注明到期日贷款名义利率		4.50	【注568】
1857～1867	政府担保铁路债券支付		5.00	【注569】
1859	政府发行凭证名义利率	4.00		【注569】
1850～1900	抵押银行发行债券支付名义利率		4.50	

（续表）

年份	贷款类型	短期和长期（%）	长期（%）	资料来源
	并发放再贷款利率		6.00	【注569】
1859	政府发行37年期凭证名义利率		5.00	【注570】
1863	政府发行8年期票据名义利率	4.32		【注571】
1888～1894	名义利率6%或5%兑换政府债务利率		4.00	【注572】
1894	政府发行贷款名义利率		3.50	【注572】
1895	大部分政府铁路债务支付名义利率		4.00～5.00	【注572】
1875	利率4%政府债券出售时收益率		4.64	【注573】
1877	利率4%政府债券出售时收益率		6.49	【注573】
1883	利率4%政府债券出售时收益率		5.48	【注573】
1891	利率4%政府债券出售时收益率		4.06	【注573】
1893	利率4%政府债券出售时收益率		4.28	【注573】
1896	利率4%政府债券出售时收益率		3.76	【注573】
1903	利率4%政府债券出售时收益率		3.99	【注573】
1907	利率4%政府债券出售时收益率		5.89	【注573】
1908	利率4%政府债券出售时收益率		4.71	【注574】
1909	利率4%政府债券出售时收益率		4.55	【注574】
1910	利率4%政府债券出售时收益率		4.26	【注574】
1911	利率4%政府债券出售时收益率		4.21	【注574】
1912	利率4%政府债券出售时收益率		4.30	【注574】
1913	利率4%政府债券出售时收益率		4.45	【注574】
1914	政府发行1年期国库券名义利率	5.00		【注575】

我们手里没有掌握截至1917年以前的任何真正的俄国当地利率史。俄罗斯帝国在奋力模仿西欧的金融，并且在19世纪后期取得了一定程度的成功。下表中记载的利率数据反映了这种总体上基于外国资本的效仿努力。由此说来，这些很难说是当地的数据。他们也许并没有体现俄罗斯人通常从其他俄罗斯人那里借款的利率水平。

这些利率受到了西欧货币市场的影响。利率在19世纪90年代下跌，在后来的10年期间上涨。因此，虽然它高于英国和法国的利率，却走出了一个类似的态势。它受到的1906～1907年商业危机的影响似乎与日俄战争和1905年的苏联革命的影响一样大。3.75%～6.50%的政府债券收益率范围仅仅是按照当代西方标准属于高位；以这种利率购买债券的俄罗斯人很可能寥寥无几。

俄罗斯帝国银行信贷

年份	信贷类型	利率（%）	资料来源
1857年以前	银行支付存款利息	5	【注576】
1860年以前	贵族国家土地银行贷款利率	5	【注577】
1862～1893	农民银行贷款利率	5.5	【注578】
1895	国家银行收取：贴现	5～7	【注579】
	抵押贷款	4～6.5	【注579】
	谷物贷款	4.5～5.5	【注579】
	农业与机械贷款	5.5	【注579】
	给制造商的贷款	6～7	【注579】
1888	圣彼得堡活期贷款利率	6～8	【注580】
1889	圣彼得堡活期贷款利率	4.5～8	【注580】
1890	圣彼得堡活期贷款利率	4.5～7	【注580】
1891～1892	圣彼得堡活期贷款利率	4～8	【注580】
1893	圣彼得堡活期贷款利率	4～7	【注580】
1888～1893	国家银行支付：活期存款账户	1.50～3.50	【注580】
1897	圣彼得堡市场贴现率	5.24	【注581】
1898	圣彼得堡市场贴现率	4.96	【注581】
1899	圣彼得堡市场贴现率	6.85	【注581】
1900	圣彼得堡市场贴现率	6.68	【注581】
1901	圣彼得堡市场贴现率	6.39	【注581】
1902	圣彼得堡市场贴现率	5.60	【注581】
1903	圣彼得堡市场贴现率	5.75	【注581】

（续表）

年份	信贷类型	利率（%）	资料来源
1904	圣彼得堡市场贴现率	6.61	【注581】
1905	圣彼得堡市场贴现率	6.29	【注581】
1906	圣彼得堡市场贴现率	8.04	【注581】
1907	圣彼得堡市场贴现率	7.71	【注581】
1908	圣彼得堡市场贴现率	6.54	【注581】

苏联利率

苏联利率史始于超级通胀期间的1921～1923年。在这个时候，国家开始组建几家专业银行，有些是为了社会主义经济的融资目的，有些是为了临时私人经济的融资。

苏联的银行系统是围绕中央银行建立的。为了保护自己和政府企业免受通货膨胀的灾难，这家中央银行创建了一个独立的记账单位，即切尔逢涅茨，相当于10个卢布金币，由金属储备担保，只是温和地遭受了继续肆虐的卢布贬值。国家银行以切尔逢涅茨和卢布纸币发放贷款、接受存款。它还制订了用外汇偿还或者以黄金计算的贷款和存款合约。

下表提供了中央银行为各种类型、各个时期存款所支付的利息的一个简略的汇总。1920～1924年超级通胀时期的高利率与1924～1934年中等程度通胀时期支付的较低利率，以及在那以后的更低利率形成了鲜明对比。各种形式的市场利率都在逐步消失，并被国家实施的人为利率取而代之。

当然，中央银行收取的贷款利息高于它支付的存款利息。在超级通胀的那些年里，如下表所示，它收取的利息标准主要是为了保护自己免于遭受通胀冲击。此外，在1922～1923年，银行还特别收取了贷款期限内50%～75%的卢布汇率贬值，外加贴现率。有时，它也签订协议，接受用货物或黄金或美元形式的还款。当时，它的贷款大部分都是以商业交易为抵押；2/3的贷款发放给国有企业，其余的发放给合作社、私人银行和私人界——他们当时还占国家经济活动的2/3。

中央银行支付的存款利息

年份	存款类型*	利息（%）	资料来源
1921～1922	卢布存款	36～60	【注 582】
1922～1923	卢布存款	48～72	【注 582】
	黄金存款	4	【注 582】
1927～1934	活期存款	6	【注 583】
	定期存款	7～8	【注 583】
1934～1936	活期存款	3～6	【注 584】
	定期存款	5～6	【注 585】
	集体农场活期存款	8	【注 585】
	集体农场定期存款	12	【注 585】
1936	国有企业存款	1.5	【注 586】
	城市银行存款	2	【注 586】
	储蓄银行和集体农场存款	3.5	【注 586】
	农业银行存款	3.75	【注 586】
1950～1952	国有企业和其他人存款	0～1.5	【注 587】
	储蓄银行和集体农场存款	3.5	【注 587】
1960	国有企业和其他人存款	0.5	【注 588】
1965	国有企业和其他人存款	0.5	【注 589】
	集体农场存款	0.75	【注 589】
	公众活期和定期存款	2～3	【注 589】

* 除非另有注明，否则均为卢布存款。

虽然这些都是人为制定的利率，并非对供求关系做出的直接反应，但是，经济目标很可能也是影响政府在利率方面做出决策时的考虑因素之一。1922 年以后的中央银行利率轨迹体现在后面的表里。

这些利率在 20 世纪 20 年代达到最高点，在 20 世纪 30 年代下跌，在 1952 年前几乎没有任何变化，然后再次下跌，直至 20 世纪 60 年代，也就是在那 10 年的改革提高了部分贷款利率之前。20 世纪 20 年代初期的 8%～12% 的利率仅仅是温和地超过了沙皇俄国最后几十年期间通行的短期市场利率水平：1900～1908 年，市场贴现率的年均水平为5.60%～8.04%。俄罗斯人对于8%以上的利率并非不习惯。随着国家发展其重工业，并在20世纪30年代配给制被废除以后，利率降了下来。它达到了超过西欧在20世纪30年代优惠利率的水平，但是低于大部分在此之前的俄国利率。第二次世界大战以后的新的严重通胀显然没有导致官方高利率。在20世纪20年代至关重要的私人经济几乎遭到了彻底的清算。

在1922～1925年的新经济政策时期，私人经济享有数个信贷渠道。它可以偶尔从政府银行那里借款，可以组成互助信用社，也可以从城市银行那里借款。在新经济政策下的私人经济的复苏十分短暂。但是，收取和支付的部分利率预计数据被记载了下来，并汇总进了下面的表中。

当铺在20世纪20年代的苏联十分兴旺。在第一次世界大战之前，当铺利率被法律限定在18%～24%。在20世纪20年代，当铺被允许收取小额贷款的10%～35%、10卢布以上贷款的24%～120%的利息。在最近的几十年里，当铺仍然是获得承认的一个消费信贷渠道。

中央银行收取的贷款利率

年份	贷款类型	利率（%）	资料来源
1921	卢布贷款	96～144+	【注590】
1922	卢布贷款	144～204+	【注590】
1923	卢布贷款	216+	【注591】
	给政府企业提供的切尔逢涅茨贷款	8～12	【注591】
	给其他人提供的切尔逢涅茨贷款	10～15.5	【注591】
1927	给政府企业提供的贷款	8～10	【注591】
	给其他人提供的贷款	15.5	【注591】
1931	在运货物贷款	8	【注592】
	计划需求贷款	8	【注592】
	计划外需求贷款	10	【注592】
	逾期欠款贷款	18	【注592】
1934	在运货物贷款	4	【注593】
	计划需求贷款	6	【注593】
	逾期欠款贷款	8	【注593】

（续表）

年份	贷款类型	利率（%）	资料来源
	给其他银行提供的贷款	5	【注 594】
1936	在运货物贷款	2	【注 595】
	其他用途贷款	4	【注 595】
	逾期欠款贷款	6	【注 595】
1950 ~ 1952	在运货物贷款	2	【注 596】
	其他用途贷款	4	【注 596】
	逾期欠款贷款	6	【注 596】
	给集体农场提供的贷款	1	【注 596】
1960	给国有企业提供的贷款，有担保	1 ~ 2	【注 597】
1965	给国有企业提供的贷款，有担保	1 ~ 2	【注 598】
1968	在运货物贷款	1	【注 598】
	运输库存贷款	6	【注 598】
	其他贷款	8	【注 598】

中央银行向政府企业收取一般用途贷款的利率

年份	利率（%）
1923	8 ~ 12
1927	8 ~ 10
1931	8
1934	6
1936	4
1950 ~ 1952	4
1960	1 ~ 2
1968	1 ~ 8

互助信用社利率[注599]

年份		存款利息（%）	贷款利率（%）
1923～1925	范围	3～36	
	通常利率	18	36
1927	范围		18～48
	平均	10.1	33.2

莫斯科城市银行利率[注600]

1923～1925	范围		12～48
1927	被命令不得高于		10
1927～1928	范围	6～9	8～17

非法私人市场收取的短期贷款利率[注601、602]

1922	从来未低于每日1%，达到过每日2%或更高（卢布）	360～720	
	私人黄金贷款要求利率	180	
1925	稳定后，卢布贷款，莫斯科	72	
	各省	96～120	
	高达	240	

农业信贷在苏维埃的规划中起到了重要作用。向地方农业信用机构收取存款、发放贷款的中央农业银行，收取的利率信息见下表。

中央农业银行向地方农业部门收取的利率

年份	贷款类型	利率（%）	资料来源
1924年	短期贷款	10～12	【注603】
	长期贷款	6～8	【注603】
1931～1936年	向集体农场和拖拉机站提供的长期贷款	4	【注604】
	向其他人提供的长期贷款	6	【注604】

在20世纪50年代，专业信用机构在某些情形下向个人提供高达1万卢布的贷款，用于修缮房屋。他们收取的利率为每年2%～3%，在10年期限内偿还。【注605】这种贷款是1958年以前苏联记载的非常少数的几种消费信贷形式之一。1958年批准的6～12个月分期付款计划收取每年2%的利息，并很快受到民众的青睐。【注606】

从俄国革命的早期开始，消费者手里的卢布就引起了政府的注意。储蓄银行是允许个人将节省下来的资金借给政府的主要媒介。储蓄银行在不同时期支付的利息情况如下表：

苏联储蓄银行支付的利息

年份	存款类型	活期存款（%）	定期存款（%）	资料来源
1923	包含通胀保值	6	6	【注607】
1924	“稳定”后无保值			
1925	个人存款	8	9	【注607】
	法人存款	6	6	【注607】
1934	个人存款	8	9	【注608】
	集体农场存款	6	6	【注608】
	法人存款	3	3	【注608】
1936	个人和集体农场存款	3	3	【注609】
	法人存款	1	1	【注609】
1950～1952	个人存款	3	5	【注610】
1959	个人存款	2	3	【注611】
1975	个人存款	2	3	【注611】

最后，还有一些政府贷款利率的记载。其中有些贷款直接出售给政府拥有的银行，有些贷款出售给政府拥有的工业企业，有些出售给公众。

政府贷款利率

年份	贷款类型	利率（%）	资料来源
1922～1923	6个月至1年期国库券	6	【注613】
1925	发售给国有企业的“经济建设贷款”	10	【注614】
截至1935	发售给公众的7种10年期贷款	10	【注615】
1934～1935	发售给公众的10年期债券	8	【注616】
1936年以后	兑换成20年期债券（或彩票型品种）的政府贷款	4	【注617】
1947	发给战争期间工人拖欠工资的债券	3	【注618】
1953	债券品种利息降低至	3	【注619】
1955	政府支付的平均利率	2.4	
1957	唯一可交易品种	3	
1971	国家彩票型债券	3	【注620】

当政府将债券发售给个人的时候，这些贷款是由储蓄银行管理的。认购行为只是在名义上属于自愿。[注612]有时，年度认购额的标准是两个星期的工资。转售行为常常是不允许的，否则就会受到当局惩处。这种贷款被认为是赋税的一种形式。有一个表明利率可以接受的迹象是，公众常常表现出对彩票型品种的决定性倾向，而不是含息品种。苏联政府为各种贷款类型支付利息的几个案例在上表进行了汇总。

苏联的利率显然不能起到规范货币量或者信贷额度的作用。然而，利率的确能起到其他一些作用：它可以支付或者帮助支付一个非常庞大而复杂的国有银行系统的经营费用。它可以惩罚那些管理现金流效率低下或者囤积货物或者耽误发货的国有企业；这些成本——利息收入的损失——可以通过有效管理来压缩到最小。利率还可以用来鼓励个人存款，或者将自己的存款交给国家来使用。苏联的很大一部分利息支付是由国家承担的，并且很大一部分利息是由国家来收取的，因为国家拥有企业和银行系统。无论政府的动机如何，这些表都清晰地表明，苏联的各种形式的官方利率从20世纪20年代到30年代在下跌，在第二次世界大战以后被压在低位，直至20世纪60年代。利率在20世纪30年代和40年代的下行趋势与西方的利率趋势相同，但是从20世纪50年代以后，在西方利率上升的时候。苏联的利率没有被允许上涨。严格管制型利率仅仅是国家对社会主义经济实施控制的许多形式之一。

第二十七章
中 国

A History of Interest Tates

背景介绍

纵观中国悠久的历史，信贷结构一直很不发达。在中国，信贷一般都是从私人或者当铺那里获得个人消费贷款的形式。用于生产目的的信贷即便在现代时期也十分罕见。商业信贷一般都用于投机目的。利率往往大大高于农业或者工业的正常盈利能力。

中国一直是一个以农业为主的国家。人们对拥有土地的兴趣大于商业，即便在土地投资的回报远远不如贸易投资或者借贷投资的时候。社会舆论和政府政策都不利于商人和银行家，而后者在早期被认为是奸诈之徒，并课以重税。

易货贸易在中国一直十分重要；尽管如此，硬币和金属锭形式的货币早在公元前4世纪就被用做交易媒介，[注621]甚至可能比这还早得多。中间有孔的铜币或者铁币在2 000多年里一直是小额交易的标准“现金”。大宗交易的结算采用的是以重量计算的金子或银子、以匹数计算的布料，或者其他贵重物品，但是在近代之前，租金和赋税的支付形式通常是实物。公元1000年以后，出现了几次纸币的尝试，叫做“飞钱”（flying money），因为它是一种汇票，用于将资金运送至遥远目的地。过度发行常常导致严重贬值。在13世纪，中国采用了银币。纸币直到19世纪才再次出现，当时中国受到了欧洲的影响。

中国的银行交易可以追溯到2 000多年前。在公元前1000年期间，政府设立了货币和产品交易机构，向农民发放资金和种子。私人信贷当时受到法规的管控。利率上限成为法定，正如巴比伦文化和罗马文化的最初历史阶段。然而，早期的中国银行业并不像古典时期或中世纪时期在地中海世界独立发展起来的银行业那样先进。[注622]马可·波罗（Marco Polo）的著述中没有提及中国存在像中世纪意大利那样复杂的金融机构。

中国最古老的信贷机构可能是寺院当铺，叫做质库。[注623]在公元200~300年，佛教的寺院从事典当生意，就像巴比伦王朝、希腊和罗马的寺庙一样。他们向富人和穷人提供信贷，抵押物为贵重金属、农产品和各种物品，并将抵押物存放在仓库里。私人当铺早在公元800年就有记载，而到了1500年，私人当铺已经取代了寺院当铺。到了18世纪，当铺被允许在政府注册并支付注册费。典当生意成了中国利润最丰厚的买卖之一；它在18世纪和19世纪初迅猛发展，甚至公共资金都交给当铺来投资。在那个时候，当铺的作用几乎等于商业银行，发放以商品作抵押的贷款。投机商用自己的设施来大量囤积原材料，而农民则典当谷物，以期获得更好的价钱。1850年以后，当铺的许多功能被银行取代，而银行所依赖的是他们的客户的个人信用。

贷款合作社可以追溯到公元800年。这种非正式机构为丧事、婚事、旅游、急事和生产性目的提供互助服务。他们往往拥有社区型储备资金。这种贷款一般都收取利息。信用社资金的使用权有时通过抽签来决定（一种掷骰子形式），有时根据哪个社员愿意支付的利息最高来决定（一种拍卖形式），有时采用轮流使用资金的形式来决定（一种轮换形式）。

在现代银行业之前出现的是：(a) 从公元800年起出现的保管钱财的柜房，接受现金和贵重金属，收取储藏费用，兑现汇票，核发存款凭证，而这种凭证后来进入了流通；(b) 金银铺，交易贵重金属和饰品、铸锭和保证锭，后来又发行进入流通的担保票据。在18世纪，一种更加先进的银行形式出现了：山西票号（Shansi banks），即汇票银行，最早出现在中国北方，为的是保护汇款在途中免遭抢劫。汇票代替了金属的运输。山西票号在全国各地建立了分支机构，安排有偿汇款事宜。后来，他们还运送、储藏政府资金，接受其他存款并发放贷款。他们支持有希望担任清朝政府职位的候选人，因而成功进入政府机构者的官方财政由他们负责处理。他们是中国本土产生的最强大的金融机构，直到遭遇清朝覆灭的灭顶之灾。

在19世纪，中国本土的许多其他银行形式发展了起来。他们被叫做“钱庄”（money shops），从事地方性业务。他们兑换货币、发行自己的本票、发放贷款、接受存款。中国大城市里最大的银行都属于结算协会：他们每天聚集在一起，确定当天银行间信贷的利率标准，也即“拆款”（chop loans）。现代银行是在19世纪后期发展起来的，其遵循的模式是当时已经非常成熟的外国银行分支机构。

1840年以后，政府已经无力维系其以现金形式满足公共开支的传统政策。这时，政府开始依赖国内贷款和外国银行的贷款。辛亥革命以后，4家官方银行成立，负责政府的财政，并行使西方中央银行的部分职能。19世纪和20世纪的这些银行机构都是欧洲银行机构的改编形式。

中国含息贷款的做法至少可以追溯到公元前400年。[注624]有关最高利率和贷款期限的政府规定每个朝代都公之于众，但是常常被忽视。贷款一般都是短期性质，利率很高，并且用于消费者的开销；商业赊销非常罕见。贷款常常是通知偿还，不过一般都是3～6个月的期限。在出现违约情况时，债务人的财产可以被没收、出售。复利一般属于违法。[注625]

最终债权人常常是政府。公元700年以后，政府将自己的资金托付给“捉钱令史”，由他们将资金贷给公众。政府收取的利息被分配用于具体的公共目的。利率常常非常高。然而，1069年启动了一项改革计划；政府资金在春季贷给农民，在秋季偿还，利率10%～20%。这种慈善性贷款被叫做“青苗钱”（green sprout money）。在13世纪，政府资金被贷给关系良好的商人，名义利率为每年9.6%，而这些商人有时将这些资金转而贷给公众，收取年利率100%，从而在10年的时间里，本金和复利能够达到最初本金的1 024倍。这就是所谓的“羊羔息”（young lamb interest）。[注626]法定利率上限很少得到实施。18世纪的一个常见规避方法叫做“印子钱”（seal print money），即贷款本金按日或月分期偿还，而法定利率则按照最初本金额收取。还有一种做法是实际发放的资金少于名义上的贷款额。

在19世纪后期和20世纪初期，古老的中国信贷机构与以欧洲模式成立的现代机构共存。然而，后者一直没有成为大部分民众日常生活中的一个主宰型因素。无论是债券还是股票，都没有发展为大规模受欢迎的投资市场。证券市场上的交易大部分都局限在各个银行和一小批投机商之间。政府新发行的债券通常并不是发售给公众，而是发售给各个银行。

在中国，信贷从来没有服务于经济发展目的，不像在欧洲和美国。储户的资金显然从来没有有意识地通过证券或者银行机构的媒介流向投资人。在几个世纪里，中国的信贷一直几乎完全由个人之间的消费贷款构成。

在现代中国，大约有70%的家庭仍然生活在农村。1933年的一次调查显示，农村人口的一半以上担负着因为消费需求而产生的现金债务的负担。这种农村信贷的来源如下表所示：

信贷来源	信贷比例（%）
私人贷款人	74
抵押机构	17
贷款合作社	4
当铺	2
店铺	2
其他	1
	100

这些信贷的一半都没有担保。信贷的目的——大部分为非生产性——如下表：

贷款目的	信贷比例（%）
家庭开支	32
婚事、丧事、疾病	20
官司、匪徒敲诈等	13
商业	11
投资和其他生产性目的	17
其他	8
	100

这种信贷的期限通常都很短：

信贷期限	信贷比例（%）
少于 6 个月	13
6～12 个月	65
12～24 个月	4
24～36 个月	5
超过 36 个月	9
永久型	11
	100

根据调查，1933 年收取的这种农村信贷年利率结构如下表：

年利率（%）	贷款比例（%）
10～20	9
20～30	36
30～40	30
40 以上	24
	100

提供大部分此类信贷的私人贷款人属于地主、商人和退休官员阶层。他们发放种子和现金。用土地作抵押的贷款通常为期 2 年或更长时间，贷款形式是有条件出售土地或有条件出售价值达到土地价值 50%～60% 的抵押物。由于 20% 或者更高的抵押利率通常都超过了土地的效能，因此这种贷款很少能够用于生产性目的。

有关中国农业信贷的这一调查在这里进行了详细叙述，因为它总体描绘了本书将在下文介绍的中国利率所代表的许多贷款的性质。虽然调查相对比较现代，但是农村负债的性质并没有发生重大变化。这些贷款与古代巴比伦王朝、希腊和罗马的个人贷款十分相似，与本书前面几章介绍的现代欧洲和美国商业贷款和政府贷款却迥然不同。

在 19 世纪期间，贸易顺差让银子更多地流进了中国，从而强化了传统的银本位制。新的现代银行和古老的本土银行也在发行银行本票。辛亥革命以后，4 家政府银行试图控制货币。银本位制持续到了 1935 年，然后由一种外汇本位制取代。

在 1937～1945 年的抗日战争期间，出现了可以分为三个部分的一种经典型纸币通胀：（a）1937～1939 年，物价上涨，年均涨幅 50%；（b）1939～1941 年，物价每年上涨 160%；（c）1941～1945 年，物价下跌了几个月，但是一场超级通胀于 1946 年开始，物价每两三个月翻一番。当时启动的有关货币改革的许多尝试都不成功。到了 1948 年 10 月，物价已经是每天翻一番。由此，中国为我们提供了超级通胀期间的又一个利率数据。

利率

我们前文提供的有关中国利率的信息来自公元前200年直至公元后220年的汉朝。这部分信息的构成主要是政府的法规和学者有关公平利率的观点。有位研究早期汉朝的历史学家撰文说，在公元前2世纪，贷款的回报范围为每年20%～33.3%；[注629]他认为后面的那个利率数太过贪婪。这些利率比提及的后来几个世纪的利率都要低。在公元前1世纪即将结束的时候，信贷条件导致了一场改革运动。政府为丧事提供免费贷款，为困境中的穷人提供利率为每年36%的其他贷款。由于这种利率被认为是慈善性质，那么通行的利率一定更高。

在3～6世纪，出现了国内战乱和许多王朝。我们没有掌握这几个世纪的利率数据。从618～907年的唐朝开始，资料信息比较多：利率开始很高，然后似乎在下跌。法定贷款利率和政府——当时的主要债权人——实际收取的利率如下表所示：

年份	法定上限（%）		政府收取利率（%）
	私人贷款	政府贷款	
600～650	72	84	96
650～728	72	84	84
728年及以后年份	48	60	60
960年及以后年份	48	60	?

唐朝时期官方利率的下跌十分显著，虽然利率并没有回到前文提及的早期汉朝的20～33.3%的水平。在765年，政府仓库的种子贷款按照仅仅每年45%的利率发放，但是在同一个世纪和9世纪，政府发放的种子贷款据记载也有过4个月期50%，也即每年150%的利率数。[注630]

从7世纪一直到10世纪的私人贷款合约表明，法定利率限定并没有得到实施。782年的一份借钱契约表明，一个名叫马林芝的缺钱兵士向护国寺的方丈建英以每月10%的利率借用现金，还款条件是通知即付；贷款的担保为有权没收其财产并无须理算金额，背书人是他的母亲和妹妹。它意味着不计算复利情况下的年利率120%。我们研究过的唐朝时期的大部分合约都规定3～6个月偿还，利息为每月6%～10%，也即每年72%～120%。

在960～1279年的宋朝时期和1280～1368年的元朝时期，官方利率和传统利率似乎有所下跌。各种贷款类型的法定利率据记载如下表：[注631]

年份	法定年利率（%）
960	48～60
1260	36
1368	36

虽然这些法定上限还是没有得到实施，但是私人借款契约也表明了利率的下跌。具体下跌情况估计如下表：[注632]

世纪	私人贷款合约（年利率%）
7～10世纪	72～120
12世纪	50～70（有时达100%）
13世纪	36～60（有时达120%）
14世纪	36～60（有时达100%，即“羊羔息”）

发放给农民的政府种子贷款是中国一贯正常的储备计划的一个常见组成部分，其利率高于货币贷款的利率。它常常得到从播种到收割季节期间若干个月共50%的利率，相当于大约100%～150%的年利率。改革计划有时能将这些利率压低。比如，1069年的“青苗法”，在春季贷给农民，在秋季收取10%～20%的利息，相当于年利率20%～50%[注633]。

在1368～1644年的明朝时期，利率的下跌十分显著，而在之后的1644～1912年清朝时期，利率似乎已经进一步下跌。具体下跌情况据记载如下表：[注634]

年代	法定年利率（%）
1368年	36
1644年	36
17世纪后期	18～36
18世纪	10～36
19世纪	24
20世纪	20

下表所示记载数据表明，利率的下跌并不受限于法定利率：

世纪	私人贷款合约（年利率%）	资料来源
14 世纪，“正常利率”	36 ~ 60	【注 635】
15 世纪，“正常银子利率”	60	【注 635】
17 世纪	36 ~ 60	【注 636】
18 世纪，政府贷给商人的贷款	24	【注 637】
19 世纪，政府贷给商人的贷款	12	【注 637】
19 世纪，山西票号收取利息	9. 6 ~ 10. 8	【注 638】

没有迹象表明 18 世纪和 19 世纪记载过这种较低利率应用在了消费信贷或大城市以外的其他贷款。现代商业信贷形式在中国的东部发展起来，而正是这些利率据记载比较低。

西方主流利率史在 19 世纪和 20 世纪初期短暂进入过中国的沿海。它带来的几十年商业活动，其融资利率按照中国标准非常低，但是按照欧洲标准往往很高。在 19 世纪后期，在签约开放的口岸，尤其是在上海的欧洲银行，为这些地区压低利率起到了重要作用。[注639]欧洲投资人受到诱惑，大量投入了资金，因为他们认为 6% ~10% 的利率非常高。

与较低的开放口岸利率形成鲜明对比的是，内陆的利率还是保持在高位。一直到 1920 年，中国村庄里的分期付款贷款利率据记载为 60%。1933 年，据估计中国农民平均支付的利息为种子贷款 85. 2%、货币贷款 34%。[注640]最高利率一定远远高于这些平均数。1927 ~1937 年，当铺实际上收取的利息从法定上限 20% ~72% 不等；贷款合作社收取高达 30% 的利率，而农村抵押贷款需要承担 20% 或者更高的成本。[注641]到了 1959 年，中国台湾地区当局组建了一个机构，以 18% 的利率发放生产性贷款，因为通行私人利率超过了 30%。[注642]

因此，中国在 19 世纪和 20 世纪还是一个利率非常高的国家。20 世纪早期上海的一些利率数——根据下表的记载数据——表明西方经济习俗在一个时期在中国得到了效仿。这些表格旨在举例说明 19 世纪后期和 20 世纪初期在上海和其他大城市里的中国和外国银行支付、收取的利率情况；第一个表将上海的利率与内陆的利率进行了对比。

银行间活期贷款（"拆款"）或其他短期贷款利率

年份		利率（%）	资料来源
1844	北京	4.8～6	【注643】
	苏州	7.2	【注643】
1870～1920	山西票号	7.2～10.8	【注643】
	内陆	上海	
1930		2.52	【注644】
1931		4.68	【注644】
1932	54.0	3.60	【注644】
1933	32.0	1.80	【注644】
1934	23.0	3.24	【注644】
1935	48.0	5.44	【注644】
1936	24.0	2.88	【注644】

大城市银行收取的标准贷款利率

年份	银行	利率（%）	资料来源
1870～1920	本土银行贷给工业界	8.4～14.4	【注635】
1926	外国银行贷给外国工业界	6.5～10	【注646】
1926	本土和外国银行贷给工业界	12～24	【注646】

大城市银行支付的存款利息

年份	银行	利率（%）	资料来源
1870～1920	本土银行支付利息	4.8～9.6	【注650】
1926	外国银行支付3～5年期存款利息	9～11	【注651】
1927～1937	本土银行支付固定存款利息	4.8～9.6	【注652】
	政府银行支付活期存款利息	2	【注653】
	政府银行支付储蓄存款利息	8～9.5	【注653】
	商业银行支付定期存款利息	4～8	【注654】
	商业银行支付储蓄银行利息（至10年）	5～10	【注654】
1939	政府银行发行储蓄凭证利息	6～9	【注655】
1940	政府银行发行储蓄凭证利息	8～12	【注655】

这些表格表明，那些没有受到西方影响的地区，通常还是一个高利率的地区，而在签约开放口岸地区，通行的常常是较低利率。

从1937年开始的抗日战争导致了一场通货膨胀，并在1945年战争结束后引发了一场恶性超级通胀。在该时期出现的商业信贷利率也许可以通过下表来汇总。

抗日战争期间和之后银行间活期贷款（“拆款”）利率

平均市场利率	贵州（%）[注656]	重庆（%）[注657]	上海（%）[注658]
1842年	40.8	33.6	
1943年	45.6	72	
1944年	72	111.6	
1945年	180	121.2	
黑市利率			
1946年1月			132[注659]
1947年1月			216
12月			276
1948年6月			360
10月			1 440
1949年4月			3 000

在这些年里，政府常常试图通过限制投机性信贷和利率来抑制通货膨胀。在1946年初，中央银行的再贴现率为21%，私人银行不得为存款支付8.4%以上利息，不得收取活期贷款超过84%的利息，而同期的黑市利率为132%。这就是所谓的“举债还债政策”。1948年，为了抑制通货膨胀，中央银行改变了政策：物价上限被取消，银行为存款支付180%的利息，并以234%～291%的利率发售为期1个月的国库券。[注660]1948年晚些时候，该政策再次发生变化：6%被确定为最高法定利率，而所有中央银行的信贷都被禁止。

国内政府贷款

年份	贷款类型	利率（%）	资料来源
1912～1920	按照传统习惯抵押，名义利率	6	【注661】
	无抵押，名义利率	8	【注661】
1919～1922	短期贷款	6～22	【注661】
1920～1925	按照传统习惯抵押，名义利率	6～8	【注661】
1913～1926	共27个品种，名义利率	8	【注662】
1923	利率8%的债券，售价仅20	40	【注662】
1923	短期贷款	8.4～21.6	【注662】
1926	按照传统习惯抵押，名义利率	6～8	【注663】
1927～1933年	名义利率7%～8%的债券的市场收益率	10～20	【注664】
1927	名义利率9.6%、售价80的新发行品种	20.6	【注665】
1932	计划延期债务，市场收益率	27.7	【注665】
1936	高信用等级，债务再融资利率	6～7.6	【注666】
1937	利率为6%的债券，售价89	6.75	【注667】
1938	利率为6%的债券，售价40	15+	【注667】
1941	利率为6%的债券，售价68～78	8+	【注667】

1953～1982年中国存款和贷款利率

年份	存款利率（%）		贷款利率（%）				
	活期	定期（1年）	国有工业企业	国有商业企业	农业合作社和国有农场	农村信贷机构	农民个人
1953	5.40	14.40	5.40～5.76	8.28	9.00	14.40	9.00
1955				7.20	7.20	10.80	9.00
1958	2.88	9.72	7.20	7.20	5.76	6.12	8.64
1959	2.16	4.80～6.12	7.20		7.20		7.20
1961			7.20	7.20	5.76		5.76

（续表）

年份	存款利率（%）		贷款利率（%）				
	活期	定期（1年）	国有工业企业	国有商业企业	农业合作社和国有农场	农村信贷机构	农民个人
1965	2. 16	3. 96					
1971	2. 16	3. 24					
1972			5. 40 ~ 5. 76	7. 20	4. 32 ~ 5. 76		
1979	2. 16	3. 96					
1980	2. 88	5. 40					
1982	2. 88	5. 76	5. 04 ~ 7. 20	5. 04 ~ 7. 20	4. 23 ~ 5. 76	2. 16	4. 32 ~ 8. 64

在20世纪，中国政府在西方的影响下，不再是一个聚财囤积型债权人，而是成了国外和国内的举债人。中国政府的现代国内贷款的部分记载数据见前面的相关表格。

在抗日战争期间，向公众发售债券的努力总体上没有成功。债券卖给了银行，而银行则以此为基础来扩张银行本票。因此，记载数据对于通行利率来说，没有多少参考意义。

我们几乎没有最近几十年的任何具有市场意义的利率数据。在中国，就像在苏联一样，政府通过行政方式来确定利率。前面的表中罗列了从20世纪50年代一直到20世纪80年代初期的几个存款和贷款数据，资料记载[注668]中的所有月度利率数据都通过乘以12而变成了年度利率数。

第二十八章 拉丁美洲

A History of Interest Tates

拉丁美洲的利率一般都大大高于欧洲和北美的利率。有关19世纪和20世纪初的零星记载数据都相对较高。1930年以后比较充分的数据表明，利率已经变得更高。总体上说，利率在20世纪30年代保持在高位，而同期全世界大部分其他地区的利率都在下跌。拉丁美洲许多国家的利率在20世纪40年代下跌，但是20世纪50年代的通胀常常导致非常高的利率。

从20世纪60年代开始一直贯穿20世纪80年代，拉丁美洲许多国家出现的严峻得多的通胀形势造成了利率奇高无比，仿佛再现了20世纪20年代初期德国通胀期间的利率情形。既然美国都没有能够避免出现两位数的通货膨胀率，那么不发达的拉丁美洲国家也就很难指望避免出现更加严重的局面——有时出现了三位数的通货膨胀率和三位数的利率。在20世纪80年代，拉丁美洲甚至出现了四位数的利率数。

在本书的前面几章中，我们描述了少部分小国或不发达国家保持了20世纪50年代的低利率水平。在有些时候，那些国家所记载的利率甚至低于全世界最大的贸易国家中盛行的利率。在葡萄牙、印度和巴基斯坦，西方化市场的信贷工具维持了低利率政策，而这种政策在英国和其他国家早已被废弃。在这个时期的拉丁美洲，却是另一番景象。虽然拉丁美洲的货币市场规模很小，政治专制也不多见，但是货币市场一般要么完全反映出了资本的稀缺性，要么受到传统高利率的控制。然而，在之后的几十年里，通货膨胀率有时完全像脱缰的野马一样失控，结果正常运营中的货币市场和资本市场极度萎缩，甚至彻底消失了。

智利

表 81 提供了从 1870 年到 1988 年的部分智利利率数据。1870 ~ 1919 年和 1937 ~ 1988 年的短期银行贷款通行利率系列数据依据的是期限为 3 ~ 6 个月的贷款。这些贷款通常都是用股票和债券作抵押，有时用抵押物抵押，有时则没有抵押担保。这种信贷常常提供给了那些没有足够流动资金的农民；因此，在贷款到期的时候一般都在支付利息、佣金和部分摊销之后得以续约。从 1937 年开始，银行贷款的系列数据依据的是智利所有银行所收取利率的加权平均数，或者是国际货币基金组织提供的银行贷款利率数据。

表 81 还提供了 1930 ~ 1960 年和 1969 ~ 1975 年的中央银行贴现率数据。然而，当任何存款银行的借款超过了中央银行资本金的 50% 时，中央银行就会收取更高利率，而事实上这种情形经常出现。因此，有效贴现率大大高于表中所示的官方数据。

最后，表 81 还提供了 1872 ~ 1917 年和 1930 ~ 1953 年的长期债券收益率系列。早期的收益率数据是推算出来的当期收益率，计算基础是利率为 5% 的抵押信贷债券（Caja de Credito Hipotecario）品种的平均记载数据。这些债券常常记载为大幅度折扣，其收益率低于同期同一债权人发行的名义利率较高、价格较高的债券的收益率。从 1930 年开始，债券的收益率依据的是利率为 7% 的政府债券的当期收益率。这些债券的收益率从 1947 年开始一直固定在 8.33%，1953 年以后的记载中断。这些收益率的趋势通过每 10 年平均数来汇总。

从 1878 年到 1905 年，智利的收益率呈现下跌趋势。从那以后它开始上升，并在 1915 年第一个系列品种到期后不久达到一个高点。因此，在第一次世界大战之前，它总体上走出了与国际趋势相同的形态。当新系列品种于 1930 年开始发行时，收益率达到非常高的 7.79%，并在 1931 年危机期间迅速上升到年均 11.82%，也即该系列最高的记载数据。它在 20 世纪 30 年代的平均数也是最高平均数，虽然在 20 世纪 30 年代期间，拉丁美洲之外的大部分国家的债券收益率都稳定在 8.33% ~8.50% 范围附近。因此，智利的 20 世纪收益率范围高于 19 世纪。智利收益率只有在 19 世纪末和 20 世纪初才平均低于 6%。

表 81 1870～1989 年智利和巴西年均利率

年份	智利		巴西		
	短期银行贷款（%）	中央银行贴现率（%）	长期债券收益率（%）	中央银行贴现率（%）	政府债券收益率（%）
1870	8.00～10.00				
1871	8.00				
1872	8.00～9.00		6.19		
1873	8.00～10.00		6.66		
1874	8.00		7.03		
1875	10.00～12.00		6.95		
1876	10.00～12.00		7.03		
1877	10.00		7.23		
1878	10.00～12.00		7.81		
1879	9.00～11.00		7.23		
10 年平均	9.10		7.02（8 年平均）		
1880	7.00～9.00		5.80		
1881	7.00		5.58		
1882	7.00		5.58		
1883	8.00～9.00		5.75		
1884	7.00		5.67		
1885	7.00～8.00		5.67		
1886	7.00～8.00		5.80		
1887	7.00		5.62		
1888	7.00		5.42		
1889	7.00		5.58		
10 年平均	7.10		5.65		
1890	7.00		5.67		
1891	7.00		（内战）		

（续表）

年份	智利		巴西		
	短期银行贷款（%）	中央银行贴现率（%）	长期债券收益率（%）	中央银行贴现率（%）	政府债券收益率（%）
1892	8.00~9.00		5.58		
1893	9.00		5.88		
1894	9.00		6.10		
1895	10.00		6.33		
1896	10.00		6.70		
1897	8.00		6.40		
1898	8.00~10.00		6.66		
1899	7.00		6.20		
10年平均	8.30		6.17（9年平均）		
1900	7.00		5.80		6.32
1901	8.00		5.80		6.02
1902	8.00		5.67		5.56
1903	8.00		5.74		5.21
1904	8.00		5.51		5.18
1905	7.00		5.39		4.61
1906	8.00		5.58		4.55
1907	9.00		5.67		4.89
1908	9.00		7.14		4.85
1909	9.00		6.51		4.77
10年平均	8.10		5.88		5.20
1910	9.00		6.40		4.46
1911	9.00		6.31		4.52
1912	9.00		6.75		4.62

（续表）

年份	智利		巴西		
	短期银行贷款（%）	中央银行贴现率（%）	长期债券收益率（%）	中央银行贴现率（%）	政府债券收益率（%）
1913	9.00		7.15		4.97
1914	9.00		7.40		
1915	9.00		7.90		
1916	9.00		7.05		
1917	9.00		6.90		
1918	8.00				
1919	8.00				
10年平均	8.80		6.98（8年平均）		4.64（4年平均）
1929					6.52
1930		6.41	7.79		6.79
1931		7.36	11.82		6.50
1932		5.23	11.42		6.35
1933		4.50	7.85		5.88
1934		4.50	7.53		5.92
1935		4.31	7.48		6.25
1936		4.50	8.26		6.49
1937	7.84	4.50	8.58		6.30
1938	8.20	4.50	8.43		6.21
1939	8.34	4.50	9.03		6.26
10年平均	8.13（3年平均）	5.03	8.82		6.30
1940	8.37	450	9.28		6.23
1941	8.41	4.50	8.94		6.23

（续表）

年份	智利		巴西		
	短期银行贷款（%）	中央银行贴现率（%）	长期债券收益率（%）	中央银行贴现率（%）	政府债券收益率（%）
1942	8.85	4.50	8.41		6.10
1943	8.90	4.50	8.37		5.23
1944	9.03	4.50	8.33		5.11
1945	9.21	4.50	8.31		5.43
1946	9.22	4.50	8.20		5.54
1947	9.40	4.50	8.33		6.37
1948	10.00	4.50	8.33	6.00	7.17
1949	10.20	4.50	8.33	6.00	7.06
10年平均	9.16	4.50	8.48		6.05
1950	10.68	4.50	8.33	6.00	6.86
1951	11.72	4.50	8.33	6.00	7.08
1952	12.14	4.50	8.33	6.00	7.02
1953	12.30	4.50	8.33	6.00	7.22
1954	13.16	4.50		6.00	7.09
1955	13.67	4.50		6.00	7.30
1956	13.89	4.50		6.00	7.60
1957	14.36	6.00		6.00	7.60
1958	15.69	6.00		8.00	7.50
1959	16.32	6.00		8.00	8.40
10年平均	13.39	4.95	8.33（4年平均）	6.40	7.37
1960	16.64	6.00		8.00	
1961	15.58			8.00	
1962	14.95			8.00	

（续表）

年份	智利		巴西		
	短期银行贷款（%）	中央银行贴现率（%）	长期债券收益率（%）	中央银行贴现率（%）	政府债券收益率（%）
1963	14.41			8.00	
1964	14.63			8.00	
1965	15.30			12.00	
1966	15.58			12.00	
1967	15.84			22.00	
1968	16.61			22.00	
1969	19.59	13.50		21.50	
10年平均	15.91			12.95	
1970	20.00	14.00		20.00	
1971	15.00	11.00		20.00	
1972	17.50	7.00		20.00	
1973	40.00	7.00		18.00	
1974	62.00	7.00		18.00	
1975	185.34	7.00		18.00	
1976	n. a.			28.00	
1977	163.15			30.00	
1978	86.14			33.00	
1979	62.11			35.00	
10年平均	65.12（9年平均）			24.00	
1980	47.14			38.00	
1981	52.02			49.00	
1982	63.87			49.00	
1983	47.82			156.60	

（续表）

年份	智利		巴西		
	短期银行贷款（%）	中央银行贴现率（%）	长期债券收益率（%）	中央银行贴现率（%）	政府债券收益率（%）
1984	38. 33			215. 30	
1985	41. 33			219. 40	
1986	29. 72			50. 70	
1987	38. 28			391. 50	
1988	22. 24			816. 10	
1989	n. a.			2 485. 30	
10 年平均	38. 08（9 年平均）			447. 09	

资料来源：

吉尔勒莫·苏伯卡瑟（Guillermo Subercaseaux）《智利货币与银行政策》（*Monetary and Banking Policy of Chile*）（牛津：Clarendon Press. 于 1922 年出版）第 191 ~ 192、208 页。

国际联盟《统计年鉴：1939 ~ 1940 年》第 223 页。

加拿大官方调查委员会报告《生活成本》（1915 年发表）。

国际货币基金组织《国际金融统计》。

智利最近几十年的短期利率也表现出大大高于 19 世纪的范围的趋势。它的每 10 年平均数（见表 81）的低点出现在 19 世纪 80 年代。1905 年以后的记载没有出现过 7% 的低位。在 20 世纪 50 年代后期期间，官方统计中出现的 16. 32% 的高平均利率常常在良好信用条件下被超出。美国的一家著名公司报告说，它的子公司向智利当地银行贷款支付的利息 1958 年为 22%，1959 年上升到 24%，这两个利率数都高于官方平均数。在通货膨胀率很高的时候，这种现象非常普遍。

第二次世界大战以后，智利遭遇的通胀灾难甚至超过了大部分拉丁美洲国家。从 1945 年到 1960 年，它的货币单位损失了 95% 的美元价值，而在这些年中，生活成本指数上涨了 50 倍。20 世纪 60 年代以后的智利利率成了严重通胀阶段的又一个利率数据案例。按照这些标准，记载的利率数据并不是很高；它没有接近德国、俄国和中国处于更加严重通货膨胀形势时记载的利率数据。然而，在 20 世纪 60 年代，智利的银行贷款利率攀升到了 20%。在 20 世纪 70 年代初期，利率出现过一个短暂的下跌阶段。中央银行的贴现率从14%下跌到了7%，银行贷款利率从20%跌到了15%。然而，这种降低利率、稳定经济的努力以失败告终。1974年，通货膨胀形势恶化，银行贷款上升到了62%（在中央银行利率为7%的时候）。银行贷款利率在1975年上升到了185%，在1977年达到了163%。从1980年到1987年，智利银行贷款利率的年度平均数达到了30%~64%的范围。

巴西

表81用两个系列数据体现了巴西利率：1900~1913年和1929~1959年的政府债券收益率，以及1948~1989年的官方贴现率。政府债券收益率的计算基础是一直到1913年的利率为4%的一个品种的当期收益率；从1929年到1959年的收益率数据依据的是利率为5%的统一型债券品种的当期收益率。官方贴现率适用经过银行再贴现的合格商业票据。

1900年，巴西政府债券的收益率高于智利债券的收益率：6.32%比5.80%。然而，在20世纪的第一个10年期间，巴西的收益率下跌，变得大大低于智利的收益率；到了1913年，变成了4.97%比7.15%。巴西收益率的这种下跌与20世纪前20年债券收益率的国际性上升趋势背道而驰。

当巴西政府债券的收益率记录于1929年恢复的时候，其6.52%的收益率远远高于1913年的水平。然而，在后来的几年里它的记载数据并没有出现智利记载数据中的那种奇高的收益率；它在整个20世纪30年代都一直保持在接近6%的位置。在20世纪40年代，巴西的收益率短暂下跌到了1944年的5.11%，成为这个时期的低点。到了1949年，它上涨到了7%以上。巴西债券收益率在20世纪50年代进一步上涨，但是幅度并不是很大。1959年，它达到了8.40%，成为这些记载数据在该世纪的高点。从那以后，巴西政府长期债券的收益率数据记载中断。通货膨胀形势恶化，一个军政府试图用生活成本指数合并工资、物价和债券收益率指数来实现稳定，但是通货膨胀还是在继续。这种指数化债券的收益率是无法以与本书其他收益率具有可比性的基础来进行统计的。在此之前的长期趋势在表81中用每10年平均数来体现。这些平均数表明，巴西在20世纪30年代没有出现过举债还债阶段。当收益率在20世纪40年代下跌的时候，截至1959年该世纪的收益率高点是20世纪50年代的数据，也就是该系列数据中止的时候。

记载中的官方贴现率与其他国家的贴现率相比总是处于相对高位。它在 1948 年到 1958 年位于 6%，然后上升到 8%。从 1964 年到 1979 年，它从 8% 上涨到了 35%。然后，巴西的贴现率于 1983 年达到了三位数的水平，并在 1989 年时达到过四位数的水平。

阿根廷

阿根廷的利率数据在表 82 中用四个系列来表示：1900 ~ 1913 年和 1929 ~ 1953 年的长期政府债券收益率数据；1935 ~ 1960 年的官方贴现率数据；1936 ~ 1953 年的国库券利率数据；1930 ~ 1958 年和 1984 ~ 1989 年的零星商业贷款利率数据。截至 1913 年的政府债券收益率数据依据的是一个利率为 5% 的债券品种的当期收益率。从 1960 年到 1976 年，国际货币基金组织没有官方记载的阿根廷利率数据；表 82 中的贷款利率只有 1983 年以后的数据。

20 世纪最初几年记载的阿根廷债券收益率低于智利和巴西的记载数据，但是高于大部分欧洲国家的收益率。它在第一个 10 年期间呈现下跌趋势，当时大型金融中心的债券收益率都在上升。当一个新系列品种于 1929 年开始的时候，收益率上升到 6. 34%，但是不如记载中的巴西收益率高，并且远远不如智利的收益率高。在进一步上涨到 1932 年的 7. 15% 以后，阿根廷的收益率在 20 世纪 30 年代急剧下跌，并在 20 世纪 40 年代出现更猛的跌势；它于 1939 年跌到了 4. 97%，于 1945 年跌到了 4. 18%。从 1946 年开始，另一个系列品种记载的收益率只有 3. 11% ~3. 26%，直到 1953 年国际货币基金组织停止了记载。这一情形是本书记载的唯一一个真正低位的拉丁美洲收益率案例。

在 20 世纪 40 年代，阿根廷的其他利率也变得很低。国库券的利率从 1936 年的 2. 40% 跌到了 1944 年的 0. 56%，并且在到了记载数据停止的 1953 年时仅仅上涨到了 1. 50%。这个数据低于一些大型金融中心记载的 1953 年短期利率。官方贴现率从 1935 年到 1957 年保持在 3. 50%，然后上升到 6%，并一直保持到 1960 年。

在 20 世纪 50 年代，阿根廷也遭受了到处肆虐的通货膨胀的冲击。货币的美元价值跌了 94%，生活成本指数上涨了 11 倍；这一通胀率不如智利高，但是仍然非常严重。经济形势在 20 世纪 60 年代恶化，而到了 20 世纪 70 年代，阿根廷的通货膨胀已经成为每年超过 400% 的超级膨胀。可以推测的是，非官方利率相应处于六位数范围的高位，但是没有官方的记载。超级通胀在20世纪80年代还在继续。1985年的记载贷款利率达到了1 000%以上。1989年，利率有时达到了天文数字：例如，4月份记载的年均利率为14 177%。

表82　20世纪阿根廷和乌拉圭年均利率

年份	阿根廷				乌拉圭		
	商业贷款（%）	国库券（%）	官方贴现率（%）	长期政府债券（%）	政府债券收益率（%）	贴现率（%）	贷款利率（%）
1900				5.14			
1901				5.24			
1902				5.29			
1903				5.01			
1904				4.86			
1905				4.87			
1906				4.87			
1907				4.90			
1908				4.86			
1909				4.81			
10年平均				4.99			
1910				4.82			
1911				4.83			
1912				4.84			
1913				4.88			
4年平均				4.84			
1929				6.34			
1930	7.04			6.26			
1931	7.64			6.52			
1932	7.66			7.15			
1933	6.51			7.00			
1934	5.50			5.39			
1935	6.07		3.50	5.24			

（续表）

年份	阿根廷					乌拉圭	
	商业贷款（%）	国库券（%）	官方贴现率（%）	长期政府债券（%）	政府债券收益率（%）	贴现率（%）	贷款利率（%）
1936	5.62	2.40	3.50	5.09	4.43		
1937	5.28	2.25	3.50	4.99	4.24		
1938	5.30	2.39	3.50	4.99	4.83		
1939	5.75	2.50	3.50	4.97	4.61		
10年平均	6.24	2.39（4年平均）	3.50（5年平均）	5.76	4.53（4年平均）		
1940	5.75	2.43	3.50	4.99	5.02		
1941		1.79	3.50	4.96	5.08		
1942		0.95	3.50	4.15	5.06		
1943		0.93	3.50	4.15	4.94		
1944		0.56	3.50	4.13	4.74		
1945		0.64	3.50	4.18	4.46		
1946	6.00~7.00	1.08	3.50	3.11	4.30		
1947		1.42	3.50	3.20	4.59		
1948		1.48	3.50	3.26	4.92		
1949		1.50	3.50	3.26	5.67		
10年平均		1.28	3.50	3.94	4.88		
1950		1.53	3.50	3.26	5.64		
1951		1.50	3.50	3.26	5.52		
1952		1.49	3.50	3.26	6.05		
1953		1.50	3.50	3.24	6.00		
1954			3.50		6.55		
1955			3.50		6.23		
1956			3.50		6.41		
1957	8.00~9.50		6.00		6.05		
1958	9.50~10.00		6.00		6.18		

（续表）

年份	阿根廷				乌拉圭		
	商业贷款（%）	国库券（%）	官方贴现率（%）	长期政府债券（%）	政府债券收益率（%）	贴现率（%）	贷款利率（%）
1959			6.00		7.06		
10年平均		1.51 (4年平均)	4.25	3.26 (4年平均)	6.17		
1960			6.00		8.50		
1961					7.24		
1962					6.88		
1963					6.43		
1964					6.34		
1965					6.98		
1966					6.74		
1967					7.04		
1968					6.13		
1969					7.57		
10年平均					6.99		
1970							
1971							
1972							
1973							
1974							
1975							
1976							62.00
1977							76.60
1978							71.20
1979							68.10
10年平均							
1980							66.60

（续表）

年份	阿根廷				乌拉圭		
	商业贷款（%）	国库券（%）	官方贴现率（%）	长期政府债券（%）	政府债券收益率（%）	贴现率（%）	贷款利率（%）
1981						72.10	60.40
1982						83.70	58.50
1983						112.70	93.60
1984	869						83.20
1985	1 160						94.60
1986	108						94.70
1987	243						95.80
1988	430						102.00
1989	622						113.50
10年平均	572						86.29

资料来源：

加拿大官方调查委员会报告《生活成本》（1915年发表）。

国际联盟《统计年鉴：1939～1940年》第220、221、224页。

温德尔·C·戈登（Wendell C. Gordon）《拉丁美洲经济》（*The Economy of Latin American*）（纽约：哥伦比亚大学出版社于1950年出版）第242页。

国际货币基金组织《国际金融统计》。

乌拉圭

乌拉圭利率在表82中用1936～1969年的一个政府债券收益率系列和1976～1989年的一个银行贷款利率来体现。债券收益率依据的是利率为5%、1974年到期的一个品种的到期收益率。从20世纪30年代一直贯穿整个20世纪60年代的乌拉圭债券收益率的整体走势与英国的走势比较接近。从1936年4.43%开始的乌拉圭收益率在1937年以后上涨，于1941年达到5.08%。从那以后，它于1946年下跌到了4.30%，也就是英国和美国收益率最低的那年。它在1949年大幅度上升到5.67%，于1960年达到8.50%。这种大幅度上涨与英国收益率从3%上升到6%或更高水平的涨幅相似。在第二次世界大战以后的那些年里，乌拉圭的收益率一般位于拉丁美洲收益率的最低点，正如这些表格所显示的那样。在20世纪

60 年代期间，乌拉圭政府债券的收益率稳定在 6% ~8% 之间，并不像全世界大部分其他国家那样上涨。然而，收益率的官方记载数据于 1970 年中止。

乌拉圭最近这些年记载的短期银行贷款利率按照世界标准属于高位，但是在拉丁美洲的环境中属于适中水平。从 1976 年到 1989 年，它的范围基本上在每年 60% ~110% 之间。这些年期间的趋势属于上行。

墨西哥

墨西哥利率在表 83 中用三个系列数据体现：1936 ~ 1978 年的官方贴现率、1942 ~ 1963 年和 1978 ~ 1989 年的商业贷款利率、1947 ~ 1959 年的抵押贷款利率。直到最近几年，记载数据并没有显示出明显的趋势，虽然官方贴现率从 20 世纪 30 年代的 3% 上涨到了 1943 年的 4. 50%，并从此一直保持到 1975 年。贴现优惠条件很有价值，因为银行贷款利率通常都在 10% 以上。因此，再贴现的幅度非常大。

银行贷款利率在 20 世纪 40 年代从 8. 46% 的年均水平缓慢上升到 10. 22%，但是在 20 世纪 50 年代和 60 年代初期只是略有上升。该系列数据于 1978 年恢复，利率稳步上涨到 1987 年的 92%。在 1988 年和 1989 年，墨西哥贷款利率跌回到了该 10 年期间最初几年的水平。

记载中的抵押贷款利率从 1947 年一直到 1959 年的大部分时候保持在略微高于 10% 的水平。虽然该数据按照美国标准属于高利率，但却相应低于许多其他拉丁美洲国家，并且表现出惊人的稳定。

秘鲁

秘鲁利率在表 83 中用两个系列数据来表示：1932 ~ 1985 年的官方贴现率和 1936 ~ 1965 年的政府债券收益率。后者依据的是利率为 7%、于 1943 年转换为利率 6% 的债券品种的平均当期收益率。

秘鲁的这些利率数属于高位。从 1932 年一直到 1958 年，贴现率在 5% ~6% 的范围内波动，然后于 1960 年上升到 9. 50%。这是当时拉丁美洲国家中记载的最高贴现率。从 1960 年一直到 1975 年，贴现率一直保持在 9. 5%。在后来的 10 年当中，它稳步上升到了 1985 年的 72%。那年，记载数据中止。

秘鲁在1959年11.50%的债券收益率也是本章记载中20世纪50年代的最高收益率。该债券收益率最初记载的是1936年的8.10%。它在20世纪40年代跌到了7.05%的每10年平均数，在20世纪50年代上涨到8.27%的每10年平均数，在1959年达到了11.5%的年度平均数。因此，在这25年期间，它的总体形态是在整个第二次世界大战期间下跌，在战后阶段上升。它在1959年达到了高点11.5%，然后下跌到1965年的6.75%。那年，官方记载数据中止。

哥伦比亚

哥伦比亚利率在表83中用两个系列数据表现：1930~1989年的官方贴现率和1930~1955年的政府债券收益率的一个品种。后者依据的是1971年到期、1941年之前息票7%、1941年以后息票6%的一个债券品种的当期收益率。

哥伦比亚记载的20世纪50年代利率不像许多其他国家那么高。然而，在20世纪30年代初期，哥伦比亚利率位于非常高的水平。贴现率在1930年开始时为8%，到了1934年跌到了4%，然后一直保持到1959年——那年它上升到了5%。商业贷款利率据记载为1946年6%、1958年6%~9%。这两个利率数据对于拉丁美洲来说都属于适中。1962年以后，哥伦比亚贴现率稳步上升，于1979年达到30%，并将该水平基本保持到了整个20世纪80年代。

哥伦比亚政府债券的收益率在1931~1932年非常高，几乎达到了14%。从那以后它开始下跌，但是没有跌到20世纪30年代的8.17%以下，平均为10.25%。在20世纪40年代，利率为6%的新债券系列售价达到了更低的收益率：6.28%~7.13%。在20世纪50年代初期，收益率在一个类似的范围内波动，远远低于秘鲁、智利和巴西的债券收益率。它有本书记载的拉丁美洲在20世纪30年代初期的最高点，有20世纪50年代——也就是记载数据中止时——除了乌拉圭以外的最低点。

表 83 1930～1989 年墨西哥、秘鲁和哥伦比亚年均利率

年份	墨西哥			秘鲁		哥伦比亚	
	商业贷款（%）	抵押贷款（%）	官方贴现率（%）	官方贴现率（%）	政府债券收益率（%）	官方贴现率（%）	政府债券收益率（%）
1930						8.00	11.67
1931						7.00	13.95
1932				6.00		6.00	13.92
1933				6.00		4.50	9.40
1934				6.00		4.00	8.66
1935				6.00		4.00	9.31
1936			3.00	6.00	8.10	4.00	9.68
1937			3.00	6.00	7.99	4.00	8.73
1938			3.00	6.00	8.24	4.00	8.92
1939			3.00	6.00	9.09	4.00	8.17
10 年平均			3.00（4 年平均）	6.00（8 年平均）	8.36（4 年平均）	4.95	10.24
1940			3.00	5.50	8.00	4.00	8.46
1941			4.00	5.00	7.25	4.00	6.98
1942	8.46		4.33	5.00	6.93	4.00	6.36
1943	8.30		4.50	5.00		4.00	6.28
1944	8.84		4.50	5.00	6.42	4.00	6.51
1945	9.28		4.50	5.00	7.07	4.00	6.62
1946	10.44		4.50	5.00	7.04	4.00	6.64
1947	9.94	10.62	4.50	5.25	6.66	4.00	7.12
1948	9.71	10.72	4.50	6.00	6.94	4.00	7.13
1949	10.22	10.89	4.50	6.00	7.11	4.00	6.61
10 年平均	9.40（8 年平均）	10.74（3 年平均）	4.28	5.28	7.05（9 年平均）	4.00	6.87
1950	10.88	10.34	4.50	6.00	7.37	4.00	6.49

（续表）

年份	墨西哥			秘鲁		哥伦比亚	
	商业贷款（%）	抵押贷款（%）	官方贴现率（%）	官方贴现率（%）	政府债券收益率（%）	官方贴现率（%）	政府债券收益率（%）
1951	9.88	10.61	4.50	6.00	7.43	4.00	6.58
1952	10.30	10.43	4.50	6.00	7.42	4.00	6.34
1953	10.41	10.27	4.50	6.00	8.12	4.00	6.33
1954	10.41	10.44	4.50	6.00	8.06	4.00	6.25
1955	10.21	10.18	4.50	6.00	7.82	4.00	6.74
1956	10.21	9.50	4.50	6.00	7.70	4.00	
1957	10.32	9.59	4.50	6.00	7.71	4.00	
1958	10.62	9.61	4.50	6.00	9.36	4.00	
1959	11.35	10.90	4.50	6.87	11.50	4.50	
10年平均	10.46	10.19	4.50	6.09	8.25	4.05	6.46（6年平均）
1960	11.48		4.50	9.50	9.79	5.00	
1961	11.63		4.50	9.50	8.24	5.00	
1962	11.64		4.50	9.50	7.69	5.00	
1963	11.32		4.50	9.50	7.14	6.75	
1964			4.50	9.50	7.23	8.00	
1965			4.50	9.50	6.74	8.00	
1966			4.50	9.50		8.00	
1967			4.50	9.50		8.00	
1968			4.50	9.50		8.00	
1969			4.50	9.50		8.00	
10年平均			4.50	9.50		6.98	
1970			4.50	9.50		14.00	
1971			4.50	9.50		14.00	

（续表）

年份	墨西哥			秘鲁		哥伦比亚	
	商业贷款（%）	抵押贷款（%）	官方贴现率（%）	官方贴现率（%）	政府债券收益率（%）	官方贴现率（%）	政府债券收益率（%）
1972			4. 50	9. 50		14. 00	
1973			4. 50	9. 50		14. 00	
1974			4. 50	9. 50		16. 00	
1975			4. 50	9. 50		16. 00	
1976			4. 50	12. 50		20. 00	
1977			4. 50	14. 50		20. 00	
1978	18. 20		4. 50	28. 50		22. 00	
1979	19. 90			29. 50		30. 00	
10 年平均			4. 50（9 年平均）	14. 20		18. 00	
1980	28. 10			29. 50		30. 00	
1981	36. 60			44. 50		30. 00	
1982	45. 83			44. 50		27. 00	
1983	62. 37			60. 00		27. 00	
1984	54. 37			60. 00		27. 00	
1985	55. 23			72. 00		27. 00	
1986	75. 91			n. a.		n. a.	
1987	92. 44			n. a.		30. 00	
1988	52. 70			n. a.		30. 00	
1989	31. 05			n. a.		30. 00	
10 年平均	53. 46			31. 05（6 年平均）		25. 80（9 年平均）	

资料来源：

国际联盟《统计年鉴：1939～1940 年》第 221 页。

墨西哥银行（Bank of Mexico）统计数据。

国际货币基金组织《国际金融统计》。

第二十九章

千年交替时期：1990～2005 年

A History of Interest Tates

政治背景和经济背景介绍

2005 年的世界与本书第三版面世时的 1990 年很不相同。在 1990 年，还有一个苏联，还有一场冷战。到了 2005 年，苏联和冷战都成了过去，并且几乎被人们忘怀。在 1990 年开始的时候，还有两个德国；那年结束的时候，只有一个德国了。1990 年，西欧各国——也就是欧洲共同体国家——期望能够完成全面经济融合，拥有一种共同的货币，一个欧洲中央银行，并且进一步实现政治融合，走向一个并不遥远的类似欧洲合众国的体制。到了 2005 年，其中有些目标，伴随着欧盟的扩大，已经成了现实。但是，走向进一步政治融合和讨论中的欧洲宪法的步伐，在有些成员国遇到了阻力。现在还无法确定，走向欧洲一体化的步伐是会继续前进、停止还是倒退。

在 1990 年开始的时候，日本经济正在振兴，甚至是红红火火，而美国的经济却在赤字、债务和违约中倒退，走向衰退。日本的日经股票价格指数于 1989 年 12 月 29 日达到了 38 916 的历史高点，而在美国，道琼斯工业平均指数在该年收盘时是 2 753 点。东京的市场资本化按照当时通行的日元对美元汇率已经超过了纽约。美国人如饥似渴地拜读有关日本经济如何取得成功、有关如何模仿日本成功经验、有关如何应对日本成功、有关如何做好退居二位的准备的各种著述。然而，就在那个时候，日本的股票市场和房地产泡沫开始破灭，导致日本出现了 15 年的衰退、通货膨胀、金融机构的举步维艰和萧条瑟瑟的经济增长。在 2005 年中期，日经平均指数在11 000点上方徘徊，还不到1989年峰值的30%。同一时期的美国道琼斯平均指数——虽然经历了20世纪90年代后期的膨胀并因此导致了2000～2002年的膨胀——却上升到了10 500点，与1989年收盘时相比上涨了接近4倍。

1990年以后，日本和欧洲成了问题缠身的大型经济体，而美国则相对比较繁荣。在1989年的时候，也就是在日本雄踞世界之首、欧洲有望发生重大进展的时候，谁能够预料到美国在后来15年的实际经济增长会大幅度超过日本和欧盟呢？人们到了20世纪90年代末才意识到了这一点。从20世纪80年代中期到1995年，这三个经济发达地区都表现出了相似的增长率。但是在1995年的水平基础上，美国到了2004年年末的实际经济增长达到了45%，而欧元地区仅仅增长了19%，日本只有15%。英国和加拿大形势较好，分别增长了32%和35%。在欧元区内，增长幅度的差异性非常大。德国从其1995年的水平到2004年年底仅仅增长了13%，而爱尔兰的火热经济则翻了一番。

近年来美国经济增长的一个显著特征是其稳定性。从1990年一直到2004年年底期间，除了两年以外，美国的实际年增长幅度都在1.9%～4.5%之间。那例外的两年都与短暂衰退有关。1990～1991年的衰退导致美国的经济在1991年与1990年相比萎缩了0.2%。2001年的衰退丝毫没有导致同比萎缩，而仅仅是造成2001年的增长幅度减少到了0.8%。这最近两次衰退的温和性也许与1981～1982年的那次衰退形成了鲜明对比。在1981～1982年的衰退中，利率达到了美国历史上的峰值，美联储的重点在于结束1966～1981年的巨大通货膨胀。1982年，美国经济与1981年相比萎缩了1.9%。那是自20世纪30年代大萧条以来的最严重的一次衰退。相比之下，1990～1991年和2001年的衰退事实上非常温和。

美国经济增长在1990年甚至是自1981～1982年衰退以来的稳定性，丝毫没有反映在利率的表现上。从1981年的峰值收益率到2003年出现的低点，优质公司债券和长期政府债券大约下跌了1 000个基点。15%～16%的债券收益率变成了5%～6%的收益率。2000年初期的利率是40年来的最低点。只有那些已经接近退休年龄的人们才会记得早先曾经出现过这么低的利率。

1981～2003年长期债券牛市期间的波动也十分显著，有时十分剧烈。虽然收益率的趋势是下行，但是其间出现过7次反弹，令收益率上升了100～300个基点。这些反弹的大部分——以及各次反弹期间更大幅度的收益率下跌——都与中央银行，也即美联储系统的政策行为有关。稳定经济增长，以及利率的长期大幅度下跌和围绕该趋势的短期的巨大波动，也许其中蕴含着一个教训。它表明，中央银行也许最后终于从实践中认识到了长期以来一直被认为理论上存在的控制通胀、实现经济稳定的潜力。

世纪末债券牛市

长期美国债券收益率的5大周期跨越了美国历史（1798～1981年）中将近两个世纪，如第十六～十八章所描述的那样。本书还用更加详尽的笔墨分析了20世纪的两次债券熊市（1899～1920年和1946～1981年）和1920～1946年的牛市。截至本书前几版（1990年和1996年）面世时，从1981年下半年开始的20世纪第2次债券牛市已经是显而易见。图83描绘了世纪末的这次牛市的形成过程，采用的是美国政府债券（10年期国库券，即如今政府债券的标志类型）和优质公司债券收益率月度平均数的下跌趋势。优质公司债券数据是摘自先前几个表和以下表84中的月度平均数。为了与早期各表保持一致，表84中的长期政府债券收益率数据采用的是20～30年期债券的数据，而不是图83中的10年期标志性债券收

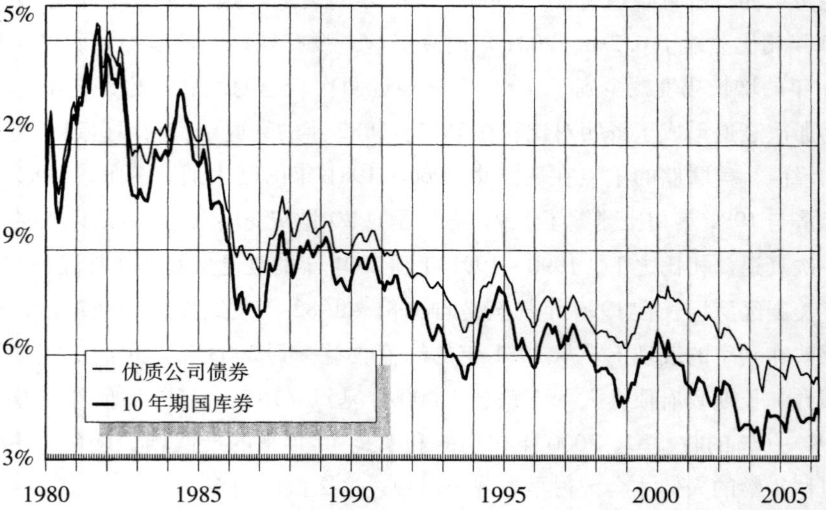

图83　1980～2005年优质美国公司债券和政府债券月均收益率

优质公司债券数据：穆迪评级Aaa老牌公司债券品种的收益率；10年期国库券数据：固定期限品种。

资料来源：美联储的美联储经济数据库（Federal Reserve Economic Data，FRED）。

表84 1990～2004年公司、市政和政府长期债券收益率

年份	优质公司债券（收益率，%）												
	年均	1月	2月	3月	4月	5月	6月	7月	8月	9月	10月	11月	12月
1990	9.32	8.99	9.22	9.37	9.46	9.47	9.26	9.24	9.41	9.56	9.52	9.30	9.50
1991	8.77	9.04	8.83	8.93	8.86	8.86	9.01	9.00	8.75	8.61	8.55	8.48	8.31
1992	8.14	8.20	8.29	8.35	8.33	8.28	8.22	8.07	7.95	7.92	7.99	8.10	7.98
1993	7.22	7.91	7.71	7.58	7.46	7.43	7.33	7.17	6.85	6.66	6.67	6.93	6.93
1994	7.97	6.92	7.08	7.48	7.88	7.99	7.97	8.11	8.07	8.34	8.57	8.68	8.46
1995	7.59	8.46	8.26	8.12	8.03	7.65	7.30	7.41	7.57	7.32	7.12	7.02	6.82
1996	7.37	6.81	6.99	7.35	7.50	7.62	7.71	7.65	7.46	7.66	7.39	7.10	7.20
1997	7.26	7.42	7.31	7.55	7.73	7.58	7.41	7.14	7.22	7.15	7.00	6.87	6.76
1998	6.53	6.61	6.67	6.72	6.69	6.69	6.53	6.55	6.52	6.40	6.37	6.41	6.22
1999	7.04	6.24	6.40	6.62	6.64	6.93	7.23	7.19	7.40	7.39	7.55	7.36	7.55
10年平均	7.72												
2000	7.62	7.78	7.68	7.68	7.64	7.99	7.67	7.65	7.55	7.62	7.55	7.45	7.21
2001	7.08	7.15	7.10	6.98	7.20	7.29	7.18	7.13	7.02	7.17	7.03	6.97	6.77
2002	6.49	6.55	6.51	6.81	6.76	6.75	6.63	6.53	6.37	6.15	6.22	6.31	6.21
2003	5.67	6.17	5.95	5.89	5.74	5.22	4.97	5.49	5.88	5.72	5.70	5.65	5.62
2004	5.62	5.54	5.50	5.32	5.73	6.04	6.01	5.82	5.65	5.46	5.47	5.52	5.47
阶段平均	6.50												

（续表）

年份	长期政府债券（收益率,%）											
1990	8.74	8.39	8.66	8.74	8.92	8.90	8.62	8.64	8.97	9.11	8.93	8.60	8.31
1991	8.16	8.33	8.12	8.38	8.29	8.33	8.54	8.50	8.17	7.96	7.88	7.83	7.58
1992	7.52	7.48	7.78	7.93	7.88	7.80	7.72	7.40	7.19	7.08	7.26	7.43	7.30
1993	6.45	7.17	6.89	6.65	6.64	6.68	6.55	6.34	6.18	5.94	5.90	6.25	6.27
1994	7.49	6.39	6.57	7.00	7.40	7.54	7.51	7.67	7.62	7.87	8.08	8.20	7.99
1995	6.96	7.97	7.73	7.57	7.45	7.01	6.59	6.74	6.92	6.65	6.45	6.33	6.12
1996	6.82	6.11	6.30	6.74	6.98	7.11	7.22	7.14	6.97	7.17	6.90	6.58	6.65
1997	6.68	6.91	6.77	7.05	7.20	7.02	6.84	6.56	6.65	6.56	6.38	6.20	6.07
1998	5.72	5.88	5.96	6.01	6.00	6.01	5.80	5.78	5.66	5.38	5.30	5.48	5.36
1999	6.19	5.45	5.66	5.87	5.82	6.08	6.36	6.28	6.43	6.50	6.66	6.48	6.69
10年平均	7.07												
2000	6.23	6.86	6.54	6.38	6.18	6.55	6.28	6.20	6.02	6.09	6.04	5.98	5.64
2001	5.63	5.65	5.62	5.49	5.78	5.92	5.82	5.75	5.58	5.53	5.34	5.33	5.76
2002	5.43	5.69	5.61	5.93	5.85	5.81	5.65	5.51	5.19	4.87	5.00	5.04	5.01
2003	4.96	5.02	4.87	4.82	4.91	4.52	4.34	4.92	5.39	5.21	5.21	5.17	5.11
2004	5.05	5.01	4.94	4.72	5.16	5.46	5.45	5.24	5.07	4.89	4.85	4.89	4.88
阶段平均	5.46												

（续表）

年份	中级公司债券	高级市政债券：穆迪 Aaa	年份	中级公司债券	高级市政债券：穆迪 Aaa	年份	中级公司债券	高级市政债券：穆迪 Aaa
	年均收益率（%）			年均收益率（%）			年均收益率（%）	
1990	10.36	6.96	1995	8.20	5.80	2000	8.36	5.58
1991	9.80	6.56	1996	8.05	5.52	2001	7.95	5.01
1992	8.98	6.09	1997	7.86	5.32	2002	7.80	4.87
1993	7.93	5.38	1998	7.22	4.93	2003	6.77	4.52
1994	8.63	5.77	1999	7.87	5.28	2004	6.39	4.68
			10年平均	8.49	5.76	阶段平均	7.45	4.93

资料来源：

优质公司债券数据 = 穆迪评级 Aaa 老牌品种；长期政府债券数据 = 截至1993年底的30年期品种，1994年1月开始生效的20年定期品种；中等公司债券数据 = 穆迪平均 Baa 品种。

美联储的经济数据库和《美联储公告》的《补充统计》（*Statistical Supplements*）。

益率。[注669]10年期国库券的峰值收益率在1981年9月为15.32%；到了2003年6月，10年期国库券的收益率跌到了3.33%的低谷。

由于1946~1981年漫长的债券熊市已经将收益率推到了美国历史纪录的高点，随之而来的牛市为耐心的债券投资人带来了可观的收益。表85分析了1981~2003年的牛市情形，提供了一个假设定期品种的价格历史，即利率为12%的20年期美国国库券。（如第二十八章所描述的那样，从1979年到1985年，美国财政部发行了这种债券的数个品种，两位数的利率范围在10.125%~15.75%之间；利率为12%左右的品种在那些年并非罕见。）在1981年9月长期国库券峰值月收益率的水平上，假设的利率为12%、20年期债券的售价将达到85.85，获得当期收益率13.98%、到期收益率14.14%。在牛市收益率低点4.34%的水平上——20年期国库券在2003年6月达到过该收益率——这样一种假设品种的售价将达到201.72，即达到面值的两倍，并且远远超过20年前市场价值的两倍。

表85　1981~2003年债券牛市

价格趋势日期	趋势周期		收益率（%）	收益率变化（基点）	20年定期、利率12%国库券价格（面值的%）
	年	月			
初始日期：1981年9月					初始价格：85.85
1. 上升至1982年11月	1	2	14.14~10.18	-396	115.42
下跌至1984年6月	1	7	13.00	+282	92.93
	2	9		-114	
2. 上升至1986年4月	1	10	7.59	-541	145.01
下跌至1987年10月	1	6	9.61	+202	121.06
	3	4		-339	
3. 上升至1989年12月	2	2	8.02	-159	139.33
下跌至1990年9月	0	9	9.11	+109	126.38
	2	11		-50	
4. 上升至1993年10月	3	1	6.07	-304	168.15
下跌至1994年11月	1	1	8.20	+213	137.05
	4	2		-91	
5. 上升至1996年1月	1	2	6.11	-209	167.47
下跌至1996年6月	0	5	7.22	+111	150.18

（续表）

价格趋势日期	趋势周期		收益率（%）	收益率变化（基点）	20年定期、利率12%国库券价格（面值的%）
	年	月			
	1	7		-98	
6. 上升至1998年10月	2	4	5.30	-192	182.01
下跌至2000年1月	1	3	6.86	+156	155.48
	3	7		-36	
7. 上升至2003年6月	3	5	4.34	-252	201.72
1981年9月至2003年6月总变化	21	9		-980	+115.87（收益135%）

表85中20年定期债券的价格趋势和波动情况表明，在最近的几十年期间，美国债券市场从低回报、低风险转变成了曾经出现过的股票市场情形。从1981年9月到2003年6月，假设的利率12%、20年期债券的持有期回报将达到大约每年18%（当期收益14%外加4%的价格升值），是20世纪美国股票市场典型年均回报率9%～10%的将近两倍。这种比较当然并不公平，因为进行比较的是最优债券市场回报率和平均股票市场回报率。之所以要进行这样的比较，是为了说明在一定条件下（从低价格、高收益率开始的长期牛市），债券市场可以获得可观的收益回报，但其前提是投资人愿意承担短期价格波动的风险，而历史上高级债券的投资人往往并不愿意承担这种风险。

我们在分析历史上的债券牛市和熊市时选择定期债券品种，为的是表明在不受期限变化影响的情况下，市场趋势是如何改变同一种债券品种的价格和收益率的。即便在市场利率没有发生变化的时候，债券的收益率也会受到影响。但是，实际债券的回报率是可以像表中所示的假设债券品种那样可观的。在接近1981年收益率峰值的时候，财政部发行了18亿美元的2001年的15.75s，该20年期债券的售价为99.70，到期收益率为15.78%。10年以前，也就是1995年8月，该债券售价达到147.25，6.25年后的到期收益率为6.35%。然而，如果投资人在1981年11月该债券发行的时候就已经买入，然后在1995年8月售出，那么他获得的持有期收益将达到每年当期收益率18%外加资本升值。（当然，这种可观的实际回报和假设回报都是利息税和资本收益税前的回报，也没有考虑通货膨胀对实际价值的不断蚕食因素。赋税和通胀是大部分投资人不得不考虑的两大因素。）

1990~2005年美国债券市场

正如本书第十八章所描述的那样，在20世纪80年代后期，美联储对潜在的经济过热和更高通胀率的卷土重来颇为担忧。因此，它努力要促成一种所谓的软着陆，即较慢的增长率与生产能力的长期增长匹配，然而同时通胀率降低且没有衰退。美国经济1986年增长3.5%，1987年增长3.4%，1988年增长4.1%。在当时，这样的增长速度被认为过快，在通胀不上升的情况下难以为继。出于这种担忧，美联储在1987年实施了收缩，即“顺风”（leaning against the wind）政策，除了1987年10月股市崩盘期间和之后的几个月里。债券市场紧跟美联储（见图83）而动。公司债券和长期政府债券的收益率在1987年飙升，直到10月19日股市崩盘，然后下跌了几个月时间，接着走出了总体上升态势，直至1989年年初。

到了1989年，美联储的顺风政策似乎发挥了作用。债券收益率和短期利率（见图83和图84）在3月份达到峰值，在那年剩下的月份里下跌。此外，1989年的经济增长速度降低到了3.5%，而这是当时许多经济学家认为比1988年4.1%的实际增长率更加接近可持续、长期、无通胀的增长水平。看起来一切都平安无事。

但是，事实并非如此。尽管美联储舒缓、降低了短期利率，债券收益率从1989年12月到1990年5月却大幅度上升，在夏季短暂停顿后，接着进一步上升到了9月份（见表84和图83）。到了那个时候，1990~1991年的衰退已经开始，经济增长率跌到了1990年的1.2%，然后是1991年的负增长（-0.2%）。

期望出现的软着陆怎么了？国内、国外的意外事件导致了它的失败。在国际上，苏联开始四分五裂，东欧的各个共产党政权被颠覆，德国开始统一，日本的“泡沫经济”因为日本银行的紧缩政策开始收缩，拉丁美洲各个经济体开始摆脱过去10年的债务和违约阴霾。这些事件都加重了市场的不确定性，而且还导致了全世界范围内对资本的未来需求的实际和预期的增长，而就在那个时候，来自德国和日本的资本因为这两个国家疲于应付自己的国内问题而突然中断。除了所有这些变化以外，伊拉克入侵科威特，引发了石油价格的飙升和以美国为首的“维和部队”在中东地区的军事集结——并于1991年年初驱逐了伊拉克入侵者。回头来看，1990年全球各地长期利率的上升并不奇怪。无论美国多么期望实现软着陆，它既不能免受利率上涨的影响，也无力与之抗衡，并接着进入衰退。

事实上，美国在1990年甚至已经无力去进行尝试。它的各个货币中心银行还在疲于应对因20世纪80年代欠发达国家无力偿债而遗留下来的问题。美国有些最大、最著名的银行据传闻正在破产的边缘徘徊。此外，还有与储蓄机构和贷款机构普遍关张相关联的信贷紧缩问题。美国跟日本一样——虽然程度上没有那么严重——自己也已经面临20世纪80年代后期的房地产和股票市场泡沫问题。这些小规模泡沫因为美国政府债务的大幅度增长和商业、消费债务的大幅度上升而恶化。所谓的垃圾债券市场，也即高收益率债券市场，在继20世纪80年代的大幅震荡中上涨之后，到了1990年时已开始崩溃。那年年初，华尔街专门从事垃圾债券交易的领头羊德崇证券（Drexel Burnham Lambert）在破产中关门。

在这种情况下，各个银行——储蓄银行、贷款银行，以及其他金融机构——向商业界和个人借款人提供的正常信贷中断了。机构贷款人变得谨小慎微，在几年里倾向于购买政府债券和修复自己创伤累累的资产负债表，而不是提供私人贷款。在金融危机刚刚来临的时候，金融机构往往是急忙退入安全港。当然，继续增长的联邦政府财政赤字为市场提供了更多的政府债券。在20世纪90年代初期国内国外大量出现负面发展形势的时候，人们对1990~1991年期间的衰退预期，并不像事后证明的那样严重。

人们之所以认为衰退为中等程度、短期性质，之所以认为市场复苏会比最初阶段显现的情形更加强劲，其中大部分原因是美联储数年里实施的货币宽松政策。在经过了1991年的负增长之后，美国经济在1992年增长3.3%，1994年增长4.0%。美联储的关键性政策利率——联邦基金日拆利率——在1989年年初收于峰值将近10%，然后几乎毫无阻力地一路下滑至1992年后期的3%，也就是其将近20年来的最低水平。基金利率在3%的水平上又维持了一年（见图84）。债券市场在1990年前3个季度逆着美联储政策而下跌，然后跟着美联储下跌到更低的收益率水平。优质公司债券和长期政府债券从1990年秋季到1993年秋季双双下跌了大约300个基点，公司债券从9.56%下跌到6.66%，10年期政府债券从8.89%下跌到5.33%。1993年的这种利率水平是公司债券24年来、政府债券21年来的最低点。

虽然短期利率从1989年年初稳步下跌到1992年年底，长期利率从1990年后期下跌到1993年后期，但是期望之中的经济反应却出现得十分缓慢。“滞缓”一词常常被用于描绘1990~1992年这3年期间的美国经济状况。回头来看，其最大的可能是因为面对1989~1991年期间发生的所有这些令历史不堪重负的重大国际政治事件和国内金融问题，需要时间来进行消化、调整。持续了几十年之久的漫长冷战的结束，东欧各国政权的更迭，伊拉克对科威特的入侵，以及为美联储担保的储蓄和贷款机构的储户提供必须的大规模援助，统统都是罕见事件。事实上，这些事件都只发生了一次。而这些事件又都是同时发生的。无论货币市场和债券市场发出了什么样的信号，美国的商业和经济决策人所采取的多少有些谨慎的静观其变的态度，也许是情有可原的。

复苏的迹象直到1992年后期才出现。在这一年里，不成比例的经济增长出现在了第四季度。本书提供的数据和各图表明，那年后期的利率，无论是长期利率还是短期利率，都表现出了些许稳定。1993年表现出的是同样的经济形态，该年的大部分增长出现在第四季度。低于3%的通胀率是数年来的最低水平。虽然美联储将联邦基金利率保持在全年3%的水平，但债券市场在数据产生、确认这一点之前就意识到将出现一个强劲得多的经济，从而长期收益率在开始从其低点向上攀升。

尽管债券市场发出了信号，但是总统的经济顾问委员会（Council of Economic Advisers）却似乎预测长期利率将在1994年继续下跌。在1994年2月编写的年度报告中，他们提出了这样一个问题："目前的长期利率是否可持续?"并回答道：

> 长期国库券目前的收益率大约为6%。按照上一个10年期的标准，这种名义利率属于非常低的水平。但是，有鉴于预期通货膨胀率和实际利率的历史标准，这种利率水平似乎是可持续的。长期预期通货膨胀率可能在3%～3.5%之间，意味着长期国库券的实际收益率为2.5%～3%……从1953年到1982年，10年期国库券的过去实际收益率平均大约为1%……很显然，如果通货膨胀保持在可控制范围内，债券的收益率还有一些空间跌至与其历史实际平均水平相匹配的水平。[注670]

该委员会将1992年大选开始一直到1993年夏末长期收益率的大幅度下跌归咎于新成立的克林顿政府推行的包括提高高端收入赋税的财政和预算政策。但是，它可能做出了一个错误的估计，即认为在通货膨胀不断增长的过去的30年期间所实现的1%的实际收益率，将仍然是国库券投资人可以接受的水平。

几乎就在该委员会的1994年经济报告出台的时候，确认1993年后期经济复苏得以加强的数据产生了，美联储就此扭转了其5年来的舒缓政策。在经过了一年半多的3%贴现和联邦基金利率（与通货膨胀率几乎完全相同，表明实际利率几乎为零）以后，美联储将其联邦基金利率目标上调至1994年2月的3.25%。该举措后来证明是第二年并一直延续到1995年年初的7次紧缩行动的第一次。紧缩举措结束时，联邦基金利率为6%，是其一年前目标水平的两倍。

随着这些紧缩行动的实施，美联储于1994年试图跟从前那样实现1988～1989年再一次软着陆，同样没有取得多少成功。它认为1994年出现的4%的经济增长幅度太高，不可能在不引发通胀加剧的情况下得以持续。债券市场似乎在美联储之前也得出了这一结论。随着美联储将其联邦基金利率目标以0.25点的幅度在1994年2月、3月、4月逐步调高到3.75%，从1993年初秋开始的债券收益率的上涨因此升温。5月和8月联邦基金利率出现了两次半个点的增幅，达到4.75%。长期收益率从8月到11月仍然在攀升，而此时美联储以0.75点的速度提高了联邦基金利率。1994年11月，收益率达到峰值，其中优质公司债券从1993年9月的6.66%平均上升到8.68%，10年期政府债券从短短13个月之前的5.33%上升到7.96%。

1994年的紧缩举措有可能标志着长期市场已经转变成美联储声称希望防止通胀上升时所期望出现的形势。为了消除剩余的疑虑，美联储在1995年年初再次将基金利率提高，幅度为半个点，达到6%。在整个1994年期间被认为近在眼前的通胀恶化，在那一年仍然处于近在眼前的状态。美联储在对抗通货膨胀方面已经获得了大量的美誉。早先对美联储致力于降低通胀的疑虑到了1995年已经消失在债券市场的集体心态深处。

美联储在1994年的强硬行动——助其一臂之力的也许还有1994年11月的大选结果，即共和党在几十年里第一次同时实现了对参议院和众议院的控制权——导致长期收益率在1995年走出了类似自由落体的形态。人们认为，货币的紧缩会滞缓经济，并保持对短期通胀压力的控制。这些期望成了事实：1995年的经济增长仅仅达到2.5%。此外，国会在考虑采取措施在几年里更多地实现联邦预算的平衡。这种举措将通过降低联邦贷款利率来舒缓金融市场的压力。在欢庆声中，债券投资人将10年期政府债券收益率从1994年11月到1996年1月降低了231个基点，从7.96%降到了5.65%。优质公司债券的收益率跌了187个基点，从8.68%下降到6.81%。1995年中期刚过，美联储将其联邦基金利率降低0.25个点，达到5.75%，即3年里的第一次降低利率。

回头来看，美联储在1994年的大胆紧缩政策，因此获得的抵御通胀美誉，以及后来在1995年的综合松缓政策，帮助奠定了世纪末、千年末的一次经济增长基础，也就是美国经济史上连续5年的最佳表现。在信息和通讯技术长足发展和互联网普及的刺激下，生产力的增长在经过了20年的低于平均表现阶段之后骤然发力。经济增长——实际GDP的增长——在1996～2000年期间达到了每年3.7%～4.5%的水平。在1992年经济滞涨期间达到过7.5%的失业率，从1994年的

6.1%降到了2000年的4%的低点。

到了1999年，公司债券的利润比10年前的水平翻了一番。在整个1995年期间，股票市场随着增长中的公司债券利润而上升，但没有超过它。1995年的标准普尔市盈率（根据每日收盘价格的年度平均数）为16.4，比1990年略有上涨，与1986年完全相同。道琼斯和标准普尔指数从1990年到1995年上涨了60%～70%，而纳斯达克指数——该指数包含许多信息通讯革命中产生的高新科技公司——则翻了一番有余。

到了1995年以后，股票市场开始形成了世纪末的泡沫。2000年，根据每日收盘价格年度平均数，道琼斯指数与1995年水平相比上涨了2.4倍，标准普尔上涨了2.6倍，纳斯达克上涨了4倍以上。1999年，标准普尔指数的市盈率平均为31.5，几乎是1995年水平的翻倍。对于证券投资人来说，这是个飘飘欲仙的阶段。

对强劲经济做出反应而无须美联储给予促进的债券市场，在1996年第一季度的收益率上升了100多个基点（见表85）。10年期国库券从1月的5.65%上升到6月的6.91%。在获得一些支撑和短期增补之后，1997年4月的收益率几乎达到了与10个月前相同的水平。接着，尽管1997～1998年经济出现了强劲发展，债券价格在1998年的最后一个季度上涨到了牛市的新高。表85中显示的20年定期国库券在1998年10月的售价达到了5.3%的收益率，而标志性的10年期国库券的收益率在那个月仅仅为4.53%。在1996年6月和1997年4月收益率刚刚超过7.7%的优质公司债券，在1998年12月的售价达到6.22%的收益率，是后来两个月里仅次于国库券市场的低点。

在如此强劲的经济形势下，是什么造成了债券收益率的下降呢？这里有两个显著因素。第一是下跌中的通货膨胀率——在那些年期间按照有些标准每年不到2%。第二个因素是1998年中期以后出现的国际金融危机，导致后来美联储采取了短期舒缓政策（见图84）。1998年夏季，俄罗斯无力偿还其国际债务，其产生的资产价格意料之外的波动令规模巨大、大量举债的美国对冲基金——长期资本管理公司（Long-Term Capital Management）——陷入窘境，并且通过向市场注入流动资金而大幅度降低了短期利率。兑现是没有可能的。在短暂地大幅度调整了其一路飙升趋势后，股票市场在2000年年初恢复了冲向泡沫的上升态势。美国经济在1999年继续强劲增长。

在这些年中，许多人在这个所谓“金发女孩经济”（Goldilocks economy）——不是太热，也不是太冷，恰到好处——面临的唯一问题是通胀加剧的威胁。美联储对这种威胁做出的反应是，在1999年和2000年年初期间将联邦基金利率从1998年年底的低点提高（见图84）。此举以及继续强劲的经济导致了债券收益率的大幅度上升。其标志为10年期国库券的收益率从1998年10月的4.53%上涨到了2000年1月的6.66%。表85中所示的20年期国库券的收益率同期从5.30%上涨到了6.86%。跟1998年的形势一样，优质公司债券落在了国库券市场趋势的后面，收益率从1998年12月的6.22%上涨到2000年5月的峰值7.99%。由于美联储紧缩政策的刺激而导致的债券市场收益率的上升终于结束了20世纪90年代后期股票市场的泡沫。道琼斯和标准普尔平均数在2000年1月达到峰值，纳斯达克指数在3月达到峰值。

股票价格在1999年后期并且延续到2000年初期的迅速攀升，其诱因也许是因为美联储在1999年年底大量注入了流动资金，以便应对随着千禧年的到来而可能出现的电脑问题，也即所谓的千年虫的威胁。2000年1月1日到来，世界各地的电脑继续正常运转。这时美联储开始抽回在前几个月注入的流动资金。这些千年虫流动资金的注入几乎没有影响利率和债券收益率，但似乎诱发了股票价格在市场泡沫最后几个月、最后几个星期的疯狂飙升。

随着股票泡沫在2000年开始破灭，美联储继续保持其紧缩型抵御通胀的立场（图84）。但是，随着时间的推移，经济增长速度的放缓导致了债券收益率的下跌（图83）。在2001年开始的时候，美联储为时过晚地意识到了经济的疲软，开始了一次大幅度、长期的放松举措，并一直持续到2004年。这次放松举措是从1990年后期到1993年所实施的举措的再版，虽然它将短期利率压制到了比1993年还要低的水平。2000年后期，联邦基金利率为6.5%，而到了2003年年中，它已经跌到了1%，并在这个水平上保持了1年时间。债券市场的反应是3年的收益率下跌。10年期国库券的收益率下跌了一半，从2000年1月的6.66%下跌到2003年3.33%的牛市低点。表85中所显示的20年期国库券的收益率同期下跌了252个基点。优质公司债券收益率从2000年5月的7.99%下跌到2003年6月的4.97%，跌幅为302个基点。

利率和债券收益率的下跌还不足以防止20世纪90年代后期高速增长的经济进入滞涨阶段。美国经济在2000年增长了3.7%，但在2001年却只增长了0.8%，2002年增长了1.9%，2003年增长了3%。但是，这种表现仅仅在与后来的表现进行对比时才显得很糟糕。与新千年最初几年的同期欧洲和日本等领先经济体相比，美国的表现相当优秀。即便是2001年的一次短暂但十分显著的衰退，也只是造成了增长速度的放慢，而不是倒退。导致利率和债券市场收益率达到半个世纪最低点的政策措施很可能立下了大功，成功地防止了美国经济因为20世纪90年代后期股市大泡沫破灭而产生更加严重的后果。

2004年超过4%的增长导致债券市场收益率从2003年的低点开始上扬。美联储坚持其放松政策，直到2004年中期，然后转向循序渐进提高联邦基金利率的政策，使其在第二年期间从1%调高到3%。而很可能在我们撰写本书的时候（2005年6月），该政策还将延续下去。为什么？3%的联邦基金利率仅仅跟20世纪90年代初期长期宽松政策结束时的1993年的利率相同。而由于通胀率的水平相似，3%的名义利率几乎就是零实际利率。如果要实施一个中性的联邦资金利率，也就是既不刺激经济，也不抑制经济，那么这种利率非常可能会超过3%。

令人欣喜的是，截至2005年中期，长期利率和收益率都没有对1年前开始实施的美联储有度紧缩政策做出剧烈反应。大部分利率和收益率只是比2003年的低点上升了1个百分点左右。美联储的决策人在2005年开始称之为利率“难题”。无论怎么称呼之，长期利率没有随着美联储紧缩政策上扬的原因，似乎与美国部分地区出现并持续存在的房地产泡沫有关。看起来，当股票市场于2000年年初开始大幅度下跌的时候，20世纪90年代后期的泡沫似乎并没有彻底结束。在长期利率大幅度下跌的情况下，资产投机只是从股票转向了房地产。这很难算是什么难题。金融泡沫的长期历史常常表现为一个以上的资产类别成为投机活动的宠儿，无论是多个类别的同时投机，还是各个类别的分别轮流投机。

债券牛市在2003年结束了吗？

虽然预测未来是十分危险的，但是牛市很可能的确在2003年已经结束。[注671]在考虑这种可能性的时候，很有必要分析一下所观察的利率或债券收益率的组成部分。这些在媒体中定期报道的名义收益率可以看成是由三个部分组成：资本的实际收益率、预期通胀率，以及反映预期收益率波动情况的风险报酬。这些组成部分都很难确定，预测起来就更困难。但是它们可以提供思考利率和收益率的框架。

本书也许可以就此问题提供一些思路。在美国历史上先前的几次债券牛市和熊市，如本书前面几章所述，往往会延续20~40年的时间。表86中所描绘的1981~2003年的牛市就属于这个时间范围。今后若干年的收益率情况将取决于对实际收益率、通货膨胀和波动风险报酬的展望，包括美国和世界其他地方的市场，因为如下文所述，全世界的各个货币和资本市场都越来越紧密地联系在了一起。

参照历史情况，我们几乎没有任何理由预期资本的实际收益率或者报酬在今后若干年里会发生重大变化。在美国，实际经济增长和影响风险报酬的因素——不仅仅是通货膨胀因素——长期以来一直惊人地稳定。如此，债券和货币市场就只剩下通货膨胀预期这一个大问号了。

有些分析家曾经表示，所谓的世界新兴市场，包括前共产党政权下的转型经济体，将会从西方国家和日本——在现代历史中，大部分资金积累的地方——吸引走资金，从而提高实际收益率。但是，至少到目前为止，相对于资本总量规模和发达国家之间资金流量而言，流向新兴市场的资金规模相当小。此外，新兴市场已经表现出相当高的投资风险。

从理论上说，西方和日本的资金会扩散到全世界，并形成按风险调整后各地回报率趋同的态势。如此就会产生资本回报提高、输出资金国家的利息上升、新兴市场资金输入国家利率和回报率的降低。然而，在实践当中，如果历史能够起到指导作用的话，那么这种趋同过程需要非常漫长的历史阶段才能完成。比如，美国国内老牌和新兴市场之间银行贷款和抵押贷款利率的趋同用了两个世纪期间的大部分时候。在依照当前现实情况来指出未来的可能发展方向方面，经济理论十分有用。但是它在预测这种未来事物的时间和程度方面向来很不成功。

造成美国收益率于1981年达到历史高峰的，是起初出乎意料、最终都在意料之中的20世纪60年代、70年代和80年代初期的通货膨胀。从那以后，通货膨胀大幅度下降，至少其下降幅度跟有能力控制通货膨胀的美联储一再声称的自己决心实施这种控制的程度一样大。而在1981～2003年的债券牛市时期，美联储获得了降低并保持低通胀率的可观美誉。有时，市场还是不无疑虑，觉得美联储在通胀加剧的威胁面前动作过于迟缓。它有可能的确如此，因为美联储在20世纪60年代和70年代的时候声称要降低通胀率，但并没有做到。所以，市场像老鹰一般继续观察着美联储。但是，人们关于美联储致力于实现低通胀率的疑虑在历史上通胀最严重的20世纪末消失了。只要美联储继续牢固控制美国的通货膨胀，利率和债券收益率就不会在通胀和通胀预期上升的情况下大幅度上涨。

之所以牛市被认为在2003年已经结束，其主要原因是按照历史标准它已经将实际利率和实际债券收益率压到了非常低的水平。西欧和日本这些发达国家滞涨的经济对降低实际利率和收益率作出了贡献，留下美国成为世界经济扩张的主要生力军，中国和印度的大规模、快速增长型新兴经济提供了一部分助力。当西欧各国和日本恢复经济的时候，实际利率和名义利率很可能会上升。

新千年头几年打击国际恐怖主义的战争是名义利率预计有可能从2003年的低水平上提高的另一个原因。恐怖主义是一个风险因素，具有增强市场波动性的潜力，因此构成了利率和债券收益率的风险报酬部分。此外，参与打击恐怖主义战争的各国政府的费用的增加，很可能加大对资金的需求，并最终上升到比2000～2005年期间更加显著的程度。因此，利率和收益率预计将从2003年的低水平上提高，即便通货膨胀率仍然在控制之中，正如目前所表现出来的那样。虽然收益率结构很可能会从新千年早期的低水平上提高，2005年却没有多少理由预计它会回到1981年的高端水平——牛市正是从那年开始，一直延续到2003年的年初。

美国短期利率

图84已经以月度平均数的形式给出了自1980年以来美国短期利率的宽幅形态。表86继续描绘了第十八章中表52显示的许多系列品种。从1990年到2005年，短期利率的范围回到了20世纪50年代和60年代初最后出现的水平。图84提供了我们在前文论述债券市场中经常提到的美联储的关键性联邦基金政策利率

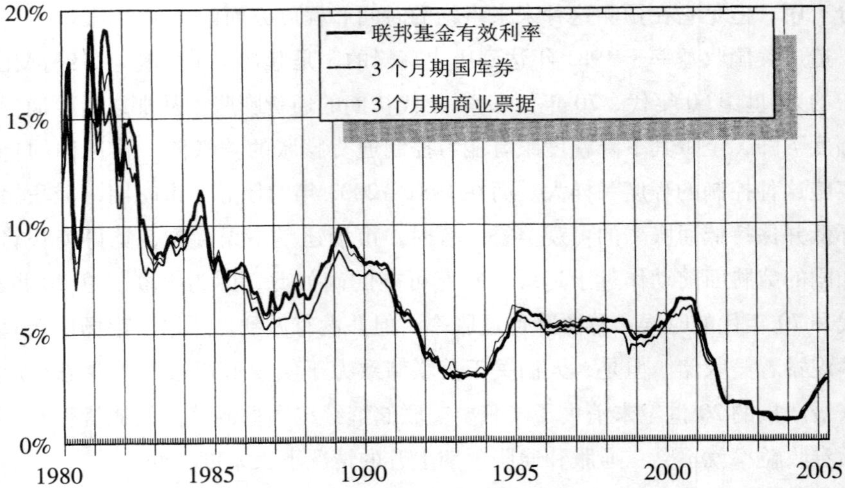

图84 1980～2005年美国短期月度利率

3个月期国库券数据：二级市场利率。3个月期商业票据数据：1980年至1997年8月为老牌系列商业票据；1997～2005年为非金融商业票据，新系列品种。

资料来源：美联储的美联储经济数据库。

1980年以来的月度数据，以及3个月期国库券和商业票据的市场利率。该图表明，货币市场上的这些工具的利率彼此如影相随，而美联储通过控制联邦基金利率可以调动市场。当然，有时市场也可能会驱动美联储。但是，过去1/4个世纪大部分时候的金融历史表明，美联储只要愿意就能够成为主宰力量。

期限结构

显示美国政府债券期限结构的表87将第十八章中的表53B数据更新到了2005年。截至21世纪第一个10年期的初期，到期收益率范围已经恢复到了20世纪60年代初期到中期的水平，也即在1966～1981年的大萧条将期限结构提高到了美国历史上前所未有水平之前。图85用图示的方法描绘了20世纪80年代初期期限结构的前所未有情形。当时，各种期限的收益率都在11%～16%的范围。在1/4个世纪以后的2004年和2005年，这个范围总体上变成了1%～5%。

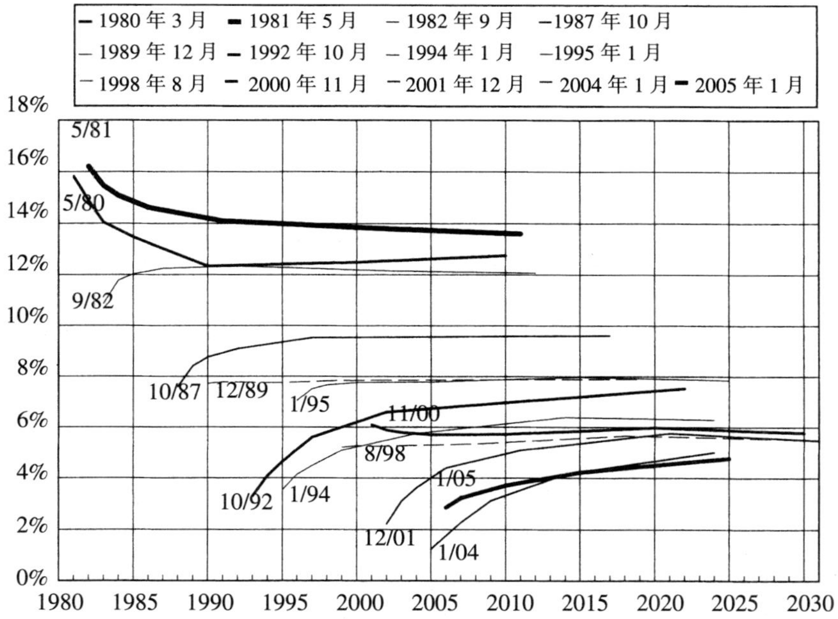

图85 1980～2005年美国政府债券部分收益率曲线

资料来源：美联储的美联储经济数据库。

表 86　1990~2004 年美国短期利率

年份	优质商业票据（%）1996 年前 6 个月期；1997 年 3 个月期			联邦基金（%）			优等银行承兑，90 天期，年均（%）	1 年期国库券，年均（%）
	年均	月均		年均	月均			
		低点	高点		低点	高点		
1990	7.95	7.49	8.29	8.10	7.31	8.29	7.93	7.89
1991	5.85	4.49	7.02	5.69	4.43	6.91	5.70	5.86
1992	3.80	3.26	4.38	3.52	2.92	4.06	3.62	3.89
1993	3.30	3.19	3.43	3.02	2.96	3.09	3.13	3.43
1994	4.93	3.30	6.62	4.21	3.05	5.45	4.56	5.32
1995	5.93	5.43	6.63	5.84	5.53	6.05	5.82	5.95
1996	5.42	4.99	5.67	5.30	5.22	5.56	5.31	5.51
1997	5.49	5.27	5.67	5.46	5.19	5.56	5.54	5.63
1998	5.34	5.00	5.48	5.35	4.68	5.56	5.39	5.05
1999	5.18	4.77	5.88	4.97	4.63	5.42	5.24	5.08
10 年平均	5.32			5.15			5.4	5.36
2000	6.31	5.74	6.57	6.24	5.45	6.54	n.a.	6.11
2001	3.61	1.78	5.49	3.89	1.82	5.98	n.a.	3.48
2002	1.69	1.31	1.86	1.67	1.24	1.75	n.a.	2.00
2003	1.11	1.01	1.26	1.13	0.98	1.26	n.a.	1.24
2004	1.49	1.00	2.34	1.35	1.00	2.16	n.a.	1.89
阶段平均	2.84			2.85			n.a.	2.94

年份	3 个月期国库券（%）			纽约联邦储备银行再贴现率			欧元 3 个月期银行间利率年均（%）	存款凭证二级市场年均（%）
	年均	月均		年均	月均			
		低点	高点		低点	高点		
1990	7.50	6.74	7.90	6.98	6.79	7.00	8.16	8.15
1991	5.38	4.07	6.22	5.45	4.11	6.50	5.86	5.83
1992	3.43	2.86	4.04	3.25	3.00	3.50	3.70	3.68
1993	3.00	2.87	3.10	3.00	3.00	3.00	3.18	3.17
1994	4.25	2.98	5.60	3.60	3.00	4.75	4.63	4.63
1995	5.49	5.14	5.77	5.21	4.75	5.25	5.92	5.92
1996	5.01	4.83	5.15	5.02	5.00	5.24	5.38	5.39
1997	5.06	4.93	5.16	5.00	5.00	5.00	5.61	5.62
1998	4.78	3.96	5.09	4.92	4.50	5.00	5.45	5.47
1999	4.64	4.29	5.20	4.62	4.50	5.00	5.30	5.33

（续表）

年份	3 个月期国库券（%）			纽约联邦储备银行再贴现率			欧元 3 个月期银行间利率年均（%）	存款凭证二级市场年均（%）
	年均	月均		年均	月均			
		低点	高点		低点	高点		
10 年平均	4.85			4.70			5.32	5.32
2000	5.82	5.32	6.17	5.73	5.00	6.00	6.45	6.46
2001	3.39	1.69	5.15	3.41	1.33	5.52	3.69	3.69
2002	1.60	1.19	1.79	1.17	0.75	1.25	1.73	1.73
2003	1.01	0.90	1.17		0.75	2.00	1.14	1.15

资料来源：见表 52。优质银行承兑数据中断。纽约美联储银行再贴现率成为优质信贷利率的再贴现窗口。这是 2003 年 1 月 9 日开始的一个新计划。

图 85 中的每一条收益率曲线都在讲述不同的故事。1980 年和 1981 年的逆向曲线（短期利率高于长期利率）是麻烦即将来临的信号。随之而来的是 1980 年和 1981 ~ 1982 年的衰退。在另一方面，1982 年 9 月的收益率曲线却走出了比较典型的上行态势，其收益率水平从 1981 年起已经大幅度下跌。它预示着 1982 年以后会出现转好的经济形势。到了 1987 年 10 月，也就是股票市场崩盘的那个月，期限结构仍然属于正常，比 5 ~ 7 年前低很多。回头来看，那可能是一种迹象，表明股市崩盘是一件幸事，而不是艰苦时期即将来临的凶兆。到了 1989 年年底，收益率曲线形成直线，当时美联储试图在不利情形下通过收缩举措来实现软着陆。1992 年 10 月的经典正常收益率曲线——也就是全国大选即将开始之前，也是美联储为了抵御 20 世纪 90 年代初期经济滞涨而实施紧缩举措的漫长阶段期间——是好日子即将来临的信号。到了 1994 年年初，收益率结构与 1992 年后期相似，但是在期限超过 1 年的时候，收益率下跌严重。

1995 年 1 月的收益率曲线——与 1989 年水平相似——出现在美联储为了将通胀趋势扼杀在摇篮里而实施紧缩政策一年以后。当 1998 年 8 月俄罗斯的长期资本管理公司危机发生的时候，期限结构相对比较平坦。到了 2000 年 11 月，收益率曲线呈现温和逆向，也许预兆着 2001 年年初发生的衰退。一年以后，2001 年 12 月的期限结构表明美联储通过降低短期利率对衰退和 2001 年 9 月 11 日的恐怖袭击做出了迅速的反应。2004 年 1 月的曲线——形状上与两年前相似，但利率却低很多——是 2004 年回归长期增长的信号。2005 年的“难题”变得十分显著，只要我们用2005年1月的某条曲线与其一年前的曲线做个对比，就能很容易发现。尽管美联储在不利形势下于2004年中期开始采取了紧缩举措，长期利率实际上多少低于其收缩举措开始前的水平。与2004年相比，2005年的收益率曲线似乎在环绕着8～10年期品种浮动。

收益率曲线可以显示金融历史，也可以提供一个未来的窗口。

表87　1990～2005年美国政府债券到期收益率（2月份数据）

年份（2月）	到期前剩余年数						
	1	2	3	5	10	20	30
1990	8.11	8.37	8.39	8.42	8.47	n. a.	8.50
1991	6.27	6.87	7.08	7.47	7.85	n. a.	8.03
1992	4.15	4.96	5.40	6.24	7.03	n. a.	7.58
1993	3.39	4.10	4.58	5.43	6.26	n. a.	7.09
1994	3.87	4.47	4.83	5.40	5.97	6.57	6.49
1995	6.44	6.79	6.90	7.06	7.22	7.58	7.76
1996	4.94	5.03	5.14	5.38	5.81	6.30	6.24
1997	5.53	5.90	6.03	6.20	6.42	6.77	6.69
1998	5.31	5.42	5.43	5.49	5.57	5.96	5.89
1999	4.70	4.88	4.90	4.91	5.00	5.66	5.37
10年平均	5.27	5.68	5.87	6.20	6.56	6.47	6.96
2000	6.22	6.61	6.65	6.68	6.52	6.54	6.23
2001	4.68	4.66	4.71	4.89	5.10	5.62	5.45
2002	2.23	3.02	3.55	4.30	4.91	5.61	n. a.
2003	1.30	1.63	2.05	2.90	3.90	4.87	n. a.
2004	1.24	1.74	2.25	3.07	4.08	4.94	n. a.
2005	3.03	3.38	3.54	3.77	4.17	4.61	n. a.
阶段平均	3.12	3.51	3.79	4.27	4.78	5.37	

资料来源：美联储的美联储经济数据库，20年期系列数据中断。

公司债券与市政债券（应税与免税债券）收益利差

第十八章中图46所示1900～1989年收益利差数据，在很大程度上依赖的是联邦所得税税率，因为市政债券（包括州和地方债券）在将近一个世纪的时间里都豁免联邦所得税。收益利差从 1900 年到 1913 年平均几乎为零，直到联邦所得税面世。到了 20 世纪 40 年代，收益利差变得非常大，当时第二次世界大战导致了非常高的所得税税率。接着，在赋税法弥补了漏洞之后，收益利差在整个 20 世纪 50 年代缩小。在通胀严重的 20 世纪 60 年代和 70 年代期间，利差通常随着“税级攀升”（Bracket Creep）而加大，但接着又在 20 世纪 80 年代初期里根政府实施“供给派”（Supply Side）所得税率削减政策时缩小。

表 88　1990 ~ 2004 年公司与市政长期债券收益率

年份	优质公司债券收益率（%）	高级市政债券，穆迪评级 Aaa	市政债券收益率占公司债券收益率（%）
	年度平均数		
1990	9.32	6.96	74.68
1991	8.77	6.56	74.80
1992	8.14	6.09	74.82
1993	7.22	5.38	74.52
1994	7.97	5.77	72.40
1995	7.59	5.80	76.41
1996	7.37	5.52	74.90
1997	7.26	5.32	73.28
1998	6.53	4.93	75.50
1999	7.04	5.28	75.00
10 年平均	7.72	5.761	74.63
2000	7.62	5.58	73.23
2001	7.08	5.01	70.76
2002	6.49	4.87	75.04
2003	5.67	4.52	79.72
2004	5.63	4.53	80.46
阶段平均	6.50	6.15	75.84

资料来源：数据摘自表 84。

在 20 世纪 80 年代和 90 年代初，用百分比来衡量时利差相当固定，市政债券的收益率一般是公司债券收益率的 3/4。表 88 显示了 1990 ~ 2004 年的收益利差；

利差对税收地位的敏感性也许清晰地体现在了1992~1994年的利差温和扩大，也就是克林顿政府于1993年提高了较高收入群体的边际税率之后，虽然它似乎没有产生长期的影响。布什政府2001年的减税政策——其中包括降低资本收入的税率——似乎产生的影响更大些。这些措施减少了市政债券的赋税优惠。到了2003年和2004年，利差百分比接近20%，低于早先的25%。

抵押和消费信贷利率

表89更新了第十八章中的表57和表58数据。从1990年到2004年，抵押和消费信贷总体上跟债券市场收益率一起走出了下行的态势。到了该时期结束时，抵押利率已经回到了自20世纪50年代和60年代初期以来——也就是在大通胀开始之前——未曾出现过的水平。也许这一点跟传言中的21世纪第一个10年期初期的房地产泡沫有关。另一个因素是房地产和住宅金融市场的组织在半个世纪期间有了改善。也正因为此，该表在这里不仅包含了抵押贷款的借方所支付的利率数据，还包含了担保型抵押债券投资人所赚取的政府国民抵押协会（GNMA）利率数据。

表89　1990~2004年美国房地产抵押和消费信贷利率

年份	美国传统房地产抵押利率				美国消费信贷商业银行利率		
	曼哈顿/HUD年均（%）	合约年均利率（%）	新居抵押年均收益率（%）	GNMA债券（%）	新车（%）	个人贷款（36~48个月）	信用卡计划（24个月）
1990	10.08	9.68	10.01	9.51	11.78	15.46	18.17
1991	9.20	9.02	9.30	8.59	11.14	15.18	18.23
1992	8.43	7.98	8.25	7.71	9.29	14.04	17.78
1993	7.37	7.02	7.24	6.65	8.09	13.47	16.83
1994	8.58	7.26	7.47	7.96	8.12	13.18	15.69
1995	8.05	7.65	7.85	7.57	9.57	13.94	16.02
1996	8.03	7.56	7.77	7.48	9.05	13.54	15.63
1997	7.76	7.67	7.73	7.26	9.02	13.90	15.77

（续表）

年份	美国传统房地产抵押利率				美国消费信贷商业银行利率		
	曼哈顿/HUD年均（%）	合约年均利率（%）	新居抵押年均收益率（%）	GNMA债券（%）	新车（%）	个人贷款（36～48个月）	信用卡计划（24个月）
1998	7.00	6.95	7.08	6.43	8.72	13.67	15.71
1999	7.45	6.94	7.06	7.03	8.44	13.39	15.21
10年平均	8.20	7.77	7.98	7.62	9.32	13.98	16.50
2000	n. a.	7.41	7.52	7.57	9.34	13.90	15.71
2001	n. a.	6.90	7.00	6.36	8.50	13.22	14.87
2002	n. a.	6.35	6.44	5.81	7.62	12.54	13.40
2003	n. a.	5.71	5.80	5.03	6.93	11.95	12.30
2004	n. a.	5.68	5.75	5.19	6.60	11.89	12.71
阶段平均	n. a.	6.41	6.50	5.99	7.80	12.70	13.80

资料来源：美联储《美联储公告》的补充数据。

信用卡业务的竞争终于影响了“塑料”信用卡收取的利率。如第十八章所述，信用卡利率在20世纪70年代和80年代货币和债券市场利率大波动的整个期间似乎都固定在17%～18%的范围里。到了20世纪90年代和21世纪第一个10年期的初期，“塑料”信用卡利率在该阶段结束时跌到了平均只有这种信用卡最初水平的2/3左右。类似的下跌情形也出现在了汽车和个人贷款市场。

通胀保值债券和通胀预期

1997年，美国财政部在英国之后（见第十九章）推出了通胀指数化政府债券，通常叫做“通胀保值债券”（Treasury Inflation Protected Securities，TIPS）。这种债券的本金价值每年进行调整，以抵消用消费价格指数计算出来的通货膨胀。原则上，TIPS的收益率是一种实际利率。某给定期限的名义债券收益率与同期限TIPS收益率之间的利差，就是投资人在这种债券有效期内对通货膨胀的预期。

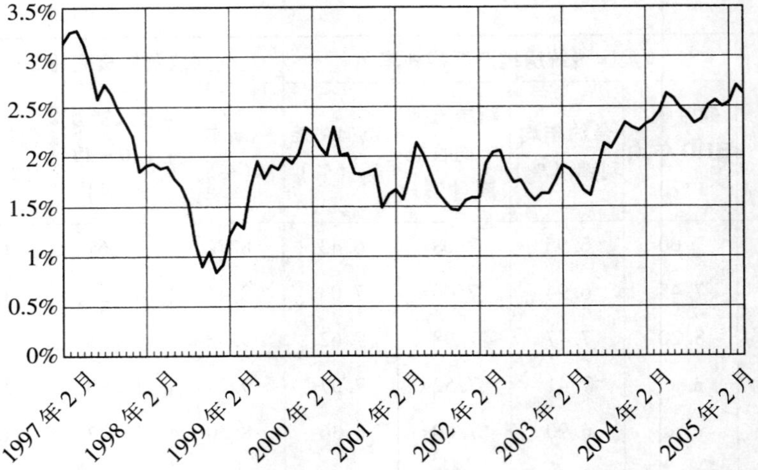

图86　通胀预期？1997～2005年10年期国库券收益率减去10年期TIPS收益率

资料来源：1997～2002年数据＝美联储的美联储经济统计数据库；10年固定期国库券减去10年固定期TIPS 2003～2005年大约数＝美联储的美联储统计公报（Federal Reserve Statistical Release）；10年固定期国库券减去10年固定期TIPS。

图86显示了从TIPS面世一直到2005年年初10年期名义国库券收益率与10年期TIPS收益率之间的差距。这是对预期通胀的一种衡量尺度，至少对于TIPS投资人来说。在该图显示的时间段中，实际通货膨胀率每年平均大约为2.3%。图中的收益利差在所有年份都低于通胀率，只有最开始的1997年和结束时的2004年除外。换句话说，TIPS投资人通常似乎对于通胀的预期过于乐观，与实际发生的通胀相比、与调查预计的通胀率相比，事实上低估了通胀率大约50个基点，即0.5%。但是，这是对投资人有利的，因为财政部最后支付给他们的超出了他们的预期。所以，财政部为TIPS付出太多了；假如它按照传统的名义条件发行债务，而不是采用TIPS，那么它为举债而付出的代价就会减少。这一点与第十九章所描述的早先英国的经历不同；在英国的案例中，发行通胀指数化债券事实上节省了国库的钱。

实际上，由于低估了通货膨胀，TIPS投资人让财政部支付给他们的实际收益超过了——有人会说——他们"应得"的收益，而财政部支付给他们的收益超过了假如它按照传统的名义条件发行同样额度的债务而支付给投资人的收益。美联储的经济学家们对此的解释为"评估难题"，并罗列了数条理由。[注672] 在美国，TIPS在1997年出现的时候，是一种新的资产类别，投资人对它还不习惯。此外，财政部提供TIPS的速度可能超过了对其需求的增长速度，导致了高实际收益率的产生——比如2000年为4%以上。而由于TIPS是一种新的资产类别，是投资人倾向于购买并持有而不是交易的品种，因此它的流通性不如名义政府债券。

美联储的经济学家们得出的结论是，问题不仅仅是TIPS投资人，也在名义政府债券的投资人："投资人对这个时期的通胀展望非常宽仁，对于持有名义债券的通货膨胀风险溢酬的需求，即便有也不是很大。"[注673] 如果这种分析正确的话，那么它表明美联储在1990～2005年期间成功地取得了通胀战士的美名。也许这也没有什么奇怪，因为债券投资人在1946～1981年的熊市期间也是抱有如此宽仁的态度，从而随着通胀的上升从自己的债券投资中年复一年地收取非常低的实际收益。然而，最终，债券投资人是一定会学习的，而美联储的经济学家们认为TIPS的定价在最近几年已经有了改善。图86提供了这种观点的部分证据。通过名义债券和TIPS之间的收益利差而推断的通胀预期，从2003年到2005年似乎上升了大约1%，而美联储在2004年中期开始提高联邦基金目标利率时显然接受了这种看法。

国际债券收益率和利率比较

在21世纪的最初几年，领先工业化国家的货币和资本市场越来越多地融合在了一起。这是一个新近的发展。在第二次世界大战以后的大部分时候，各国政府都在监管自己的国家金融系统，对货币和资本与其他国家之间的流通设置了大量的限制。结果，各国之间的名义利率和债券收益率差距甚大，即便各国遭遇的通货膨胀相似。当然，各国都有不同的货币。但是，即便在同一种货币下的储蓄和贷款市场，比如美国国内的市场和欧元区内各国的市场，利率也常常因为规定的不同而出现差异。

例如，在美国，对银行和其他储蓄的利率松绑政策直到20世纪80年代才出现。此外，在20世纪60年代期间，为了保护价值高估的美元，美国政府采取行动，用平息平衡税将美元留在国内，然后严格限制美国公司的国外直接投资、外国贷款和从美国银行和非银行机构的其他资本外流。如果说全世界规模最大并且从很多角度说最强大的经济体的金融市场都被施加了这种监管规定的话，那么其他国家的金融市场面临着更多、更持久的监管规定也就不奇怪了。

为了了解这种监管所产生的影响，为了分析一旦这种监管被取消金融市场会有如何表现，一个简便的办法就是用美国的国内存单利率来比较3个月期欧元银行间利率。表52（第十八章）和表86提供了1964～2004年的这些利率数据。欧元是存在海外银行的美元，大部分储户是跨国企业；欧元市场的中心在伦敦。美国的银行发行了国内存单，为其贷款和其他银行业务提供资金。由于银行间欧元贷款和美国国内的存单都是以美元为记账单位，而且为银行提供的服务基本上相同，因此在松绑的货币市场上，套期保值的倾向是平衡欧元银行间贷款和美国国内存单的利率。表86表明，20世纪90年代出现的正是这一情形。但是，回头看看表52，我们就会发现，类似前文所述的管制限制在20世纪60年代中期到80年代中期的大部分时候导致了这两个利率大相径庭。在1969年，也就是美国管制性限制达到高峰的时候，存单的利率比欧元利率平均低199个基点（1.99%）。管制行为压低了美国的存款利率，防止了“国内”美元流向海外寻求欧元市场提供的更高回报。

金融市场的松绑在20世纪80年代缩小了欧元与美国存单利率之间的差距，而市场间的套期保值行为在1990～2004年期间基本上消除了这种差距。由于银行吸引美元存款的成本如今在美国内外都一样，对于需要筹借美元的企业来说，从美国国内借款和从海外借款理论上没有区别。在国内和欧元市场上升的情况下，其他主要货币（比如欧元和日元）基本上也是这种情形。后来，由于各国国内的金融松绑和越境货币流动限制的取消，国内市场和欧元市场已经实现了很好的融合。

这些因素同时也在促进各国类似政府债券和国库券的金融市场的融合。但是这些资产的融合没有达到如此全面的程度。国内的美元和欧元都是美元，但是10年期的日本、瑞士或欧元区政府债券却谈不上与10年期美国政府债券相同。这些债券都是以各自的国家或地区货币为记账单位的，而且会受到不同通胀率造成的程度各异的实际价值削减的影响。不同的通胀率也许可以、也许无法通过相对货币价值的变化（汇率）来抵消，从而形成了又一个风险因素。

尽管有这些局限性，领先工业化国家的政府债券和国库券市场表现出了进一步市场融合的迹象。表90提供了1980～2004年七个发达国家的政府债券收益率数据。图87显示了这七个国家同期的长期收益率与美国可比收益率数据的差异。加拿大、英国、法国、德国、意大利和日本——加上美国，构成了定期会晤协调经济政策的七国集团。另一个国家——瑞士——是20世纪金融诚信的杰出典范。美国与其他国家的收益率差距在1995年以后缩小，而自2000年以后，大部分所引用国家的收益率与前期相比都更加贴近。瑞士和日本的收益率构成了相似的时间形态，但是低于其他国家的收益率，也许是因为通货膨胀率比较低的缘故。

对于这些国家来说，1980～2004年期间与美国国库券相似的金融工具的短期利率数据汇总在表91中。各国利率数据的趋同性到了20世纪90年代后期似乎再次有了明显表现。在进入20世纪90年代时的短暂阶段，欧洲各国和日本短期利率的上涨幅度远远超过了美国，接着总体上保持在20世纪90年代初期的高水平上，而此时美国的短期利率急跌。在这些年里，德国统一所产生的金融后果对欧洲的走势影响很大。然而，到了20世纪90年代结束的时候，欧元对法国、德国和意大利货币的取代似乎促成了欧元区各国利率的趋同。

表90 1980～2004年部分工业化国家长期政府债券收益率

年份	加拿大	英国	法国	德国	意大利	日本	瑞士
1980	12.48	13.79	13.03	8.50	16.11	9.22	4.77
1981	15.22	14.74	15.79	10.38	20.56	8.66	5.57
1982	14.26	12.88	15.69	8.95	20.90	8.06	4.83
1983	11.79	10.81	13.63	7.89	18.02	7.42	4.52
1984	12.75	10.69	12.54	7.78	14.95	6.81	4.70
1985	11.04	10.62	10.94	6.87	13.00	6.34	4.78
1986	9.52	9.87	8.62	5.92	10.52	4.94	4.29
1987	9.95	9.48	9.43	5.84	9.68	4.21	4.12
1988	10.22	9.36	9.06	6.10	10.16	4.27	4.15
1989	9.92	9.58	8.79	7.09	10.72	5.05	5.20
10年平均	11.72	11.18	11.75	7.53	14.46	6.50	4.69
1990	10.85	11.08	9.96	8.88	11.51	7.36	6.68
1991	9.76	9.92	9.05	8.63	13.18	6.53	6.35
1992	8.77	9.15	8.60	7.96	13.27	4.94	5.48
1993	7.85	7.87	6.91	6.28	11.31	3.69	4.05
1994	8.63	8.05	7.35	6.67	10.56	3.71	5.23
1995	8.28	8.25	7.59	6.50	12.21	2.53	4.41
1996	7.50	8.10	6.39	5.63	9.40	2.23	3.95

（续表）

年份	加拿大	英国	法国	德国	意大利	日本	瑞士
1997	6.42	7.09	5.63	5.08	6.86	1.69	3.30
1998	5.47	5.45	4.72	4.39	4.90	1.10	3.06
1999	5.69	4.70	4.69	4.26	4.73	1.77	3.15
10年平均	7.92	7.97	7.09	6.43	9.79	3.55	4.57
2000	5.89	4.68	5.45	5.24	5.58	1.75	3.92
2001	5.78	4.78	5.05	4.70	5.19	1.33	3.39
2002	5.66	4.83	4.93	4.61	5.03	1.25	3.03
2003	5.28	4.64	4.18	3.81	4.25	1.01	2.68
2004	5.08	4.77	4.15	3.75	4.26	1.50	2.70
阶段平均	5.54	4.74	4.75	4.42	4.86	1.37	3.14

资料来源：国际货币基金组织《国际金融统计》。各国的债券品种不同。加拿大：政府债券，最初期限为10年或以上。英国：20年期长期品种为理论上全面以面值赎回的到期收益率。法国：剩余期限平均超过3年的公债的平均到期收益率。意大利：剩余期限9~10年的国库券。日本：有效期还有7年的政府债券。瑞士：至少还有5年有效期的（可赎回）10种政府债券的加权平均到期收益率（如果低于面值）。

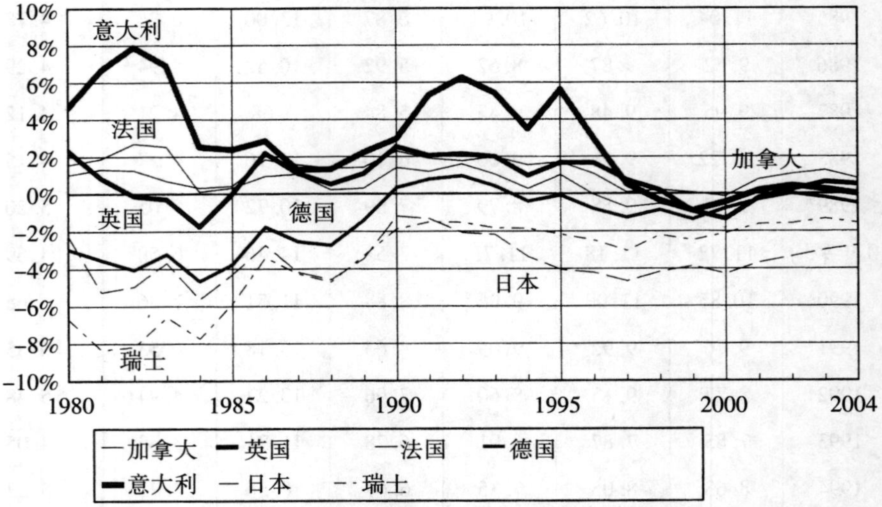

图87　1980~2004年政府长期债券与美国10年期国库券收益利差

资料来源：美国=美联储的美联储经济统计数据库，其他国家 = 国际货币基金组织的《国际金融统计》。

表91 1980～2004年部分工业化国家短期利率

年份	加拿大	英国	法国	德国	意大利	日本	瑞士
1980	12.79	15.12	1220	7.85	15.92	10.93	5.15
1981	17.72	12.99	15.26	10.37	19.70	7.43	7.82
1982	13.66	11.38	14.73	8.31	19.44	6.94	3.87
1983	9.31	9.59	12.63	5.63	17.89	6.39	3.04
1984	11.06	9.30	11.88	5.66	15.37	6.10	3.58
1985	9.43	11.60	10.08	5.04	13.71	6.46	4.15
1986	8.97	10.34	7.79	3.86	11.40	4.79	3.54
1987	8.15	9.23	8.22	3.28	10.73	3.51	3.18
1988	9.48	9.80	7.88	3.62	11.19	3.62	3.01
1989	12.05	13.28	9.34	6.28	12.58	4.87	6.60
10年平均	11.26	11.26	11.00	5.99	14.79	6.11	4.39
1990	12.81	14.09	10.18	8.13	12.38	7.24	8.32
1991	8.73	10.82	9.69	8.27	12.54	7.46	7.74
1992	6.59	8.94	10.49	8.32	14.32	4.58	7.76
1993	4.84	5.21	8.41	6.22	10.58	3.06	4.75
1994	5.54	5.15	5.79	5.05	9.17	2.20	3.97
1995	6.89	6.33	6.58	4.40	10.85	1.21	2.78
1996	4.21	5.78	3.84	3.30	8.46	0.47	1.72
1997	3.26	6.48	3.35	3.32	6.33	0.48	1.45
1998	4.73	6.82	3.45	3.42	4.59	0.37	1.32
1999	4.72	5.04	2.72	2.88	3.01	0.06	1.17
10年平均	6.23	7.47	6.45	5.33	9.22	2.71	4.10
2000	5.49	5.80	4.23	4.32	4.53	0.11	2.93
2001	3.77	4.77	4.26	3.66	4.05	0.06	2.68
2002	2.59	3.86	3.28	2.97	3.26	0.01	0.94
2003	2.87	3.55	2.27	1.98	2.19	0.00	0.16
2004	2.22	4.43	2.04	2.00	2.08	0.00	0.37
阶段平均	3.39	4.48	3.22	2.99	3.22	0.04	1.41

资料来源：国际货币基金组织《国际金融统计》。法国：3个月期国库券。日本：活期贷款利率。其他所有国家：国库券。

新兴市场

许多新兴市场太新、变化得太快，无法构成足够的连续利率史。此外，可比数据很难获得。幸运的是，国际货币基金组织一直记载着许多新兴市场的经济和金融数据，包括短期利率。表 92 汇总了 1990 ~ 2004 年期间新兴市场短期利率的一个样本。在许多此类国家中，国内债券市场基本上都不存在。

读者也许能从表 92 中感觉到新兴市场在最近几年里的利率范围。像新加坡、香港和韩国这样的新兴市场——那里兴旺发展的经济和坚挺的货币都源自于各自的货币和财政政策——其利率完全可以与欧洲、美国和日本进行对比，无论是利率水平还是长期的稳定性。在不具有这种可比性的地方，比如阿根廷、巴西、墨西哥、匈牙利、俄罗斯和土耳其，其短期利率不仅高很多，而且各个不同阶段的波动幅度相当大。阿根廷和巴西的利率在 20 世纪 90 年代开始的时候相当惊人。读者也许可以感觉到金融危机对墨西哥（1995 年）、俄罗斯（1998 年）和阿根廷（2001 ~ 2002 年）这样的国家的利率会产生什么样的影响。

尽管如此，在 15 年的期间里，新兴市场利率的范围似乎也在大幅度缩小，并且出现了走向较低水平的总体趋势。除了这些观察结果以外，新兴金融市场可以汇总的内容寥寥无几。但是，毫无疑问的是，这些市场随着今后历史进程的展开，将会成为未来的实验室，用来检验有关金融发展、金融稳定性和利率与经济、政治和社会发展之间关系的各种理论推测。

表92 1990～2004年新兴市场短期利率

地区/国家	工具	日期与短期年利率（%）														
		1990	1991	1992	1993	1994	1995	1996	1997	1998	1999	2000	2001	2002	2003	2004
亚洲																
中国香港	货币市场	11.50	4.63	3.81	4.00	4.68	5.94	5.51	5.83	5.50	5.46	6.08	3.89	1.78	0.75	0.23
中国	贷款利率	9.72	8.82	8.64	9.99	10.98	11.5Z	10.80	9.72	7.29	5.99	5.85	5.85	5.31	5.31	5.38
印度	商业优惠贷款	16.50	17.88	18.92	16.25	14.75	15.46	15.96	13.83	13.54	12.54	12.29	12.08	11.92	11.46	10.97
印度尼西亚	活期贷款	13.96	14.91	11.99	8.66	9.74	13.64	13.96	27.82	62.79	23.58	10.32	15.03	13.54	7.76	5.38
新加坡	3个月期银行间贷款	6.61	4.76	2.74	2.50	3.68	2.56	2.93	4.35	5.00	2.04	2.57	1.99	0.96	0.74	1.04
韩国	贴现率	7.00	7.00	7.00	5.00	5.00	5.00	5.00	5.00	4.00	3.00	3.00	2.75	2.50	2.50	2.31
泰国	货币市场	12.87	11.15	6.93	6.54	7.25	10.96	9.23	14.59	13.02	1.77	1.95	2.00	1.76	1.31	1.23
拉丁美洲																
阿根廷	货币市场	9 695 433.19	71.33	15.11	6.31	7.66	9.46	6.23	6.63	6.81	6.99	8.15	24.90	41.35	3.74	1.96
巴西	货币市场	15 778.58	847.54	1 574.28	3 284.44	4 820.64	53.37	27.45	25.00	29.50	26.26	17.59	17.47	19.11	23.37	16.24
智利	贷款利率	48.87	28.58	23.97	24.35	20.34	18.16	17.37	15.67	20.17	12.62	14.84	11.89	7.76	6.18	5.13
墨西哥	银行承兑利率	37.36	23.58	18.87	17.39	16.47	60.92	33.61	21.91	26.89	24.10	16.96	12.89	8.17	6.83	7.15
东欧																
捷克共和国	货币市场	n. a.	n. a.	n. a.	12.40	9.42	10.78	12.12	17.66	13.81	6.60	5.36	5.06	3.42	2.22	2.47
匈牙利	存款利率	24.67	30.41	24.41	15.65	20.31	24.94	20.21	17.53	15.13	12.46	9.03	8.91	7.21	7.83	10.31
波兰	货币市场	n. a.	49.92	29.49	24.51	23.31	25.82	20.63	22.43	20.59	13.58	18.16	16.23	9.39	5.76	5.53
俄国	货币市场	n. a.	n. a.	n. a.	n. a.	280.10	190.43	47.65	20.97	5056	14.79	7.14	10.10	8.19	3.77	3.33
其他																
以色列	存款利率	14.40	13.89	11.29	10.44	12.19	14.08	14.48	13.07	10.99	11.35	8.63	6.18	6.03	6.65	3.62
南非	货币市场	19.46	17.02	14.11	10.83	10.24	13.07	15.54	15.59	17.11	13.06	9.54	8.96	11.11	10.93	7.15
土耳其	银行间货币市场	51.91	72.75	65.35	62.83	136.47	72.30	76.24	70.32	74.60	73.53	56.72	91.95	49.50	36.16	21.57
赞比亚	国库券	25.92	37.00	47.00	124.03	74.21	39.81	52.78	29.48	24.94	36.19	31.37	44.28	34.54	29.97	12.60

资料来源：国际货币基金组织《国际金融统计》。

注 释

第一章

1. Einzig, Paul. *Primitive Money*. London: Eyre & Spottiswoode, 1948. P. 372.
2. Heichelheim, Fritz M. *An Ancient Economic History*. Leiden: A. W. Sijthoffs Uitgeversmaatschappij N. V., 1958. Vol. I, pp. 21ff.
3. *Ibid.*, p. 54.
4. *Ibid.*, p. 55.
5. *Ibid.*, p. 104.
6. *Ibid.*, p. 219.
7. Einzig, *op. cit.*, p. 507.
8. *Ibid.*, p. 114.
9. *Ibid.*, p. 102.
10. Herskovitz, Melville J. *Economic Anthropology*. New York: Alfred A. Knopf, 1952. p. 228.
11. Einzig, *op. cit.*, pp. 64ff.
12. Herskovitz, *op. cit.*, p. 226.
13. Einzig, *op. cit.*, p. 176.
14. *Ibid.*, p. 169.
15. *Ibid.*, p. 145.
16. *Ibid.*, p. 117.

第二章

17. Delaporte, L. *Mesopotamia*, tr. V. G. Childe. New York: Alfred A. Knopf, 1925. Pp. 126, 231.
18. *Ibid.*, p. 101.
19. *Ibid.*, p. 115.
20. *Ibid.*, p. 126.

21. *Ibid.*, p. 134.
22. Heichelheim, *op. cit.*, pp. 133, 135.
23. Delaporte, *op. cit.*, p. 121.
24. *Ibid.*, p. 306.
25. *University of California Publications in Semitic Literature*, X (1940), 9.
26. Delaporte, *op. cit.*, p. 127.
27. Niefeld, M. R. *The Personal Finance Business*. New York and London: Harper & Bros., 1933. p. 21.
28. Delaporte, *op. cit.*, p. 305.
29. *Ibid.*, p. 127.
30. *Ibid.*, p. 129.
31. Moldenke, A. B. (ed. and trans.). *Cuneiform Texts in the Metropolitan Museum of Art*. New York: The Museum.
32. Knight, F. H. *Encyclopedia of the Social Sciences*. New York: The Macmillan Company, 1932. Vol. VIII, p. 139.

第三章

33. Glotz, Gustave. *The Aegean Civilization*. New York: Alfred A. Knopf, 1925. P. 194.
34. Andreades, A. M. *A History of Greek Public Finance*, tr. C. N. Brown. Cambridge: Harvard University Press, 1933. Vol. I, pp. 6–21.
35. Einzig, *op. cit.*, pp. 228–234.
36. Heichelheim, *op. cit.*, p. 254.
37. Einzig, *op. cit.*, pp. 225–227.
38. Glotz, Gustave. *Ancient Greece at Work*. New York: Alfred A. Knopf, 1926. P. 68.
39. *Ibid.*, p. 61.
40. *Ibid.*, p. 69.
41. *Ibid.*, p. 230ff.
42. Michell, H. *The Economics of Ancient Greece*. New York: Barnes & Noble, 1957. P. 320.
43. Glotz, *Ancient Greece at Work, op. cit.*, pp. 238ff.
44. *Ibid.*, p. 343.
45. Finley, Moses I. *Studies in Land and Credit in Ancient Athens*. New Brunswick, N.J.: Rutgers University Press, 1951. Pp. 9ff.
46. *Ibid.*, p. 32.
47. *Ibid.*, p. 84.
48. Andreades, *op. cit.*, pp. 168–172.
49. *Ibid.*, p. 126.
50. *Ibid.*, p. 168.
51. *Ibid.*, pp. 137–141.
52. Glotz, *Ancient Greece at Work, op. cit.*, p. 305.
53. Casson, Lionel. *The Ancient Mariners*. New York: The Macmillan Company, 1959. p. 108.
54. Glotz, *op. cit.*, p. 365.
55. Day, John. *An Economic History of Athens Under Roman Domination*. New York: Columbia University Press, 1942. P. 4.

56. Glotz, *Ancient Greece at Work, op. cit.,* p. 325.
57. Day, *op. cit.,* pp. 14, 27.
58. Boeckh, Augustus. *The Public Economy of the Athenians.* Tr. Anthony Lamb. Boston: Little, Brown & Co., 1857. P. 179.
59. Andreades, *op. cit.,* p. 360.
60. Inglis Palgrave, R. H. (ed.). *Dictionary of Political Economy.* London and New York: The Macmillan Company, 1894–99. Vol. II, p. 429.
61. Day, *op. cit.,* p. 48.
62. Glotz, *Ancient Greece at Work, op. cit.,* p. 243.
63. Boeckh, *op. cit.,* p. 156.
64. Oxford Classical Dictionary, The Oxford: Clarendon Press, 1950. P. 455.
65. Glotz, *Ancient Greece at Work, op. cit.,* p. 365.
66. Larsen, J. A. O. In *An Economic Survey of Ancient Rome,* ed. Tenney Frank. Baltimore: Johns Hopkins University Press, 1933. Vol. IV, pp. 368ff.
67. Heichelheim, Fritz M. *Wirtschaftliche Schwankungen der Zeit von Alexander bis Augustus.* Jena: G. Fisher, 1930. Pp. 126–127 (table).
68. Day, *op. cit.,* p. 251.
69. Larsen, *op. cit.,* p. 373.
70. Boeckh, *op. cit.,* p. 182.
71. Larsen, *op. cit.,* p. 491, quoting Gustav Billeter, *Geschichte des Zinsfusses* (Leipsig: B. T. Teubner, 1898), pp. 103, 109.
72. Finley, *op. cit.,* p. 32ff.
73. *Ibid.,* p. 86.
74. *Ibid.,* p. 64.
75. *Ibid.,* p. 78.
76. Larsen, *op. cit.,* pp. 363, 364.
77. Andreades, *op. cit.,* p. 175, quoting Billeter and F. R. Poland.
78. Larsen, *op. cit.,* p. 373, quoting Billeter.
79. Andreades, *op. cit.,* p. 177.
80. Boeckh, *op. cit.,* p. 174, quoting Cassaubon.
81. *Ibid.,* pp. 177ff.
82. *Ibid.,* p. 181.
83. *Ibid.,* p. 159.
84. Glotz, *Ancient Greece at Work, op. cit.,* p. 264.
85. Larsen, *op. cit.,* pp. 368ff.

第四章

86. Einzig, *op. cit.,* pp. 234, 239.
87. Frank, Tenney. *An Economic Survey of Ancient Rome.* Baltimore: Johns Hopkins University Press, 1933. Vol. I, pp. 5, 13ff.
88. *Ibid.,* pp. 26, 31.
89. *Ibid.,* p. 23.
90. *Ibid.,* p. 209.
91. *Ibid.,* p. 52.
92. *Ibid.,* p. 387.
93. *Ibid.,* pp. 206, 350.

94. Rostovtseff, M. *A History of the Ancient World,* tr. J. D. Duff. Oxford: Clarendon Press, 1928. Vol. II, p. 159.
95. Frank, *op. cit.,* vol. I, p. 352.
96. Frank, *op. cit.,* vol. V, pp. 18ff.
97. Suetonius, *Lives of the Caesars,* Augustus 41–1. D 10.
98. Frank, *op. cit.,* vol. V, pp. 32ff.
99. *Ibid.,* p. 58.
100. *Ibid.,* p. 300.
101. Neifeld, *op. cit.,* p. 21.
102. Bentham, Jeremy. *Defense of Usury.*
103. Oxford Classical Dictionary, *op. cit.,* p. 456.
104. Angell, Norman. *The Story of Money.* New York: Garden City Publishing Co., 1929. P. 183.
105. Gardiner, Alan H. (ed). *The Wilbour Papyrus.* London: Published for the Brooklyn Museum at Oxford University Press, 1941–52. Vol. II, p. 206.
106. Moller, G. *Sitzungs Berichte der Preuss.* Akademie der Wissenschaften, 1921. Pp. 298, 304 (The Berlin Papyrus).
107. *Ibid.,* p. 302.
108. Malinine, M. *Choix de Textes Juridiques en Hiératique Anormal et en Demotique: Première Partie.* Paris: H. Champion, 1953. Pp. 15, 20, 25ff.
109. Johnson, A. C. In *An Economic Survey of Ancient Rome, op. cit.,* vol. II, p. 445.
110. *Ibid.,* p. 148.
111. *Ibid.,* p. 353.
112. Haywood, R. M. In *An Economic Survey of Ancient Rome, op. cit.,* vol. IV, pp. 6ff.
113. *Ibid.,* p. 79.
114. Heichelheim, F. M. In *An Economic Survey of Ancient Rome, op. cit.,* vol. IV, pp. 123ff, 224ff.
115. Broughton, T. R. S. In *An Economic Survey of Ancient Rome, op. cit.,* vol. IV, pp. 505ff.
116. *Ibid.,* pp. 888ff.
117. *Ibid.,* p. 898.
118. Billeter, Gustav, *Geschichte des Zinsfusses.* Leipsig: B. T. Teubner, 1898. Pp. 103ff.
119. Frank, *op. cit.,* vol. I, pp. 28ff.
120. *Ibid.,* p. 269.
121. Frank, Tenney. *An Economic History of Rome,* 2d ed. Baltimore: Johns Hopkins University Press, 1927. p. 294.
122. Frank, *An Economic Survey of Ancient Rome, op. cit.,* vol. I, p. 171 (quoting Cato's *De Agricultura*).
123. *Ibid.,* p. 262.
124. *Ibid.,* p. 322.
125. Frank, *An Economic History of Rome, op. cit.,* p. 425.
126. Billeter, *op. cit.,* p. 181, quoted by Larsen, *op. cit.,* p. 491.
127. Broughton, *op. cit.,* p. 560.
128. *Ibid.,* p. 545.
129. *Ibid.,* pp. 898ff.
130. Johnson, *op. cit.,* p. 148.

131. *Ibid.*, pp. 450ff.
132. Haywood, *op. cit.*, p. 79.
133. Heichelheim. *op. cit.*, p. 227.
134. Knight, *op. cit.*, vol. VIII, p. 139; Nelson & Stair, *The Legend of the Divine Surety and the Jewish Money Lender* (1944), p. 59; Oxford Classical Dictionary, *op. cit.*, p. 456.
135. *Cambridge Economic History of Europe*. Cambridge: Cambridge University Press, 1952. Vol. II, pp. 97, 109.
136. Cassimatis, Grégoire. *Les Intérêts dans la Législation de Justinien*. Paris: Librairie du Recueil Sirey, 1931:
137. Andreades, *op. cit.*, p. 177.

第六章

138. Noonan, John T., Jr. *The Scholastic Analysis of Usury*. Cambridge: Harvard University Press, 1957. P. 15.
139. Nelson, Benjamin N. *The Idea of Usury*. Princeton: Princeton University Press, 1949. Pp. 3–4.
140. Noonan, *op. cit.*, p. 17.
141. *Ibid.*, p. 18.
142. *Ibid.*, p. 33.
143. Nelson, *op. cit.*, p. 13.
144. *Ibid.*, p. 14.
145. Noonan, *op. cit.*, p. 34.
146. *Ibid.*, p. 35.
147. *Ibid.*, p. 100.
148. *Ibid.*, p. 105.
149. *Ibid.*, p. 108. Also, Thorndike, Lynn. *The History of Mediaeval Europe*. Boston: Houghton Mifflin Co., 1917. P. 355.
150. Noonan, *op. cit.*, p. 110.
151. *Ibid.*, p. 120.
152. *Ibid.*, p. 121.
153. *Ibid.*, p. 133.
154. *Ibid.*, p. 203.
155. *Ibid.*, p. 213.
156. *Ibid.*, p. 154.
157. *Ibid.*, p. 155.
158. *Ibid.*, p. 171.
159. deRoover, Raymond. *Money, Banking and Credit in Mediaeval Bruges*. Cambridge: Mediaeval Academy of America, 1948. P. 318.
160. Lane, F. C. "Venetian Bankers, 1496–1533," *Journal of Political Economy*, XLV (April, 1937), p. 190.
161. Noonan, *op. cit.*, p. 192.
162. *Ibid.*, p. 176.
163. *Ibid.*, p. 176.
164. deRoover, *op. cit.*, p. 53.

165. *Ibid.*, p. 55.
166. *Ibid.*, p. 62.
167. Noonan, *op. cit.*, p. 179.
168. *Ibid.*, p. 179.
169. *Ibid.*, p. 295.
170. Bentham, *op. cit.*
171. Noonan, *op. cit.*, p. 305.
172. Nelson, *op. cit.*, p. 18.
173. *Ibid.*, p. 78.
174. *Ibid.*, p. 29.
175. *Ibid.*, p. 45.
176. *Ibid.*, p. 65.
177. *Ibid.*, p. 74.
178. Noonan, *op. cit.*, p. 377.
179. *Ibid.*, p. 392.
180. *Works of John Locke*. Vol. V, pp. 4–18.

第七章

181. *Cambridge Economic History of Europe,* vol. II, pp. 159, 269.
182. Pirenne, Henri. *Economic and Social History of Mediaeval Europe,* tr. I. E. Clegg. London: Routledge & Kegan Paul, Ltd., 1936. pp. 1, 37.
183. *Ibid.*, p. 5.
184. *Cambridge Economic History of Europe, op. cit.*, vol. II, pp. 156, 158.
185. Pirenne, *op. cit.*, p. 3.
186. *Cambridge Economic History of Europe, op. cit.*, vol. II, p. 271.
187. Pirenne, *op. cit.*, p. 108.
188. *Ibid.*, p. 12.
189. *Cambridge Economic History of Europe, op. cit.*, vol. II, p. 262.
190. Pirenne, *op. cit.*, p. 18.
191. *Cambridge Economic History of Europe, op. cit.*, vol. II, p. 159.
192. Pirenne, *op. cit.*, p. 4.
193. *Cambridge Economic History of Europe, op. cit.*, vol. II, p. 161.
194. Pirenne, *op. cit.*, p. 37.
195. *Cambridge Economic History of Europe, op. cit.*, vol. II, p. 183.
196. *Ibid.*, p. 293.
197. Pirenne, *op. cit.*, p. 67.
198. *Cambridge Economic History of Europe, op. cit.*, Vol. II, p. 273.
199. Pirenne, *op. cit.*, p. 33; *Cambridge Economic History of Europe, op. cit.*, vol. II, p. 157.
200. Pirenne, *op. cit.*, p. 25.
201. *Ibid.*, p. 53.
202. *Ibid.*, p. 53; *Cambridge Economic History of Europe, op. cit.*, vol. II, p. 172.
203. Pirenne, *op. cit.*, p. 181.
204. *Ibid.*, p. 19.
205. deRoover, *op. cit.*, p. 9.
206. Pirenne, *op. cit.*, p. 121.

第八章

207. *Ibid.*, p. 31.
208. *Ibid.*, p. 37; *Cambridge Economic History of Europe, op. cit.*, vol. II, p. 184.
209. *Ibid.*, p. 68; *Cambridge Economic History of Europe, op. cit.*, vol. II, p. 160.
210. Pirenne, *op. cit.*, p. 148.
211. *Ibid.*, p. 98; *Cambridge Economic History of Europe, op. cit.*, vol. II, p. 181.
212. Pirenne, *op. cit.*, p. 102.
213. *Cambridge Economic History of Europe, op. cit.*, vol. II, p. 236.
214. Munro, D. C. *The Middle Ages*. New York: The Century Co., 1921. p. 309.
215. Noonan, *op. cit.*, p. 34.
216. Parkes, J. W. *The Jew in the Mediaeval Community*. London: The Soncino Press, 1938. p. 34.
217. deRoover, *op. cit.*, p. 312.
218. *Cambridge Economic History of Europe, op. cit.*, vol. II, p. 306.
219. Pirenne, *op. cit.*, p. 137.
220. Thorndike, *op. cit.*, p. 343.
221. *Cambridge Economic History of Europe, op. cit.*, Vol. II, p. 135.
222. *Ibid.*, p. 160.
223. *Ibid.*, p. 165.
224. Pirenne, *op. cit.*, pp. 68–83.
225. *Cambridge Economic History of Europe, op. cit.*, vol. II, p. 301.
226. *Ibid.*, p. 126.
227. deRoover, *op. cit.*, p. 51.
228. *Cambridge Economic History of Europe, op. cit.*, vol. II, p. 141.
229. Pirenne, *op. cit.*, p. 127.
230. Cipolla, C. M. *Money, Prices and Civilization in the Mediterranean World*. Princeton: Princeton University Press, for the University of Cincinnati, 1956. pp. 64–66.
231. Hazlitt, W. C. *The Venetian Republic*. London: Adam and Charles Black, 1900. Vol. I, p. 349.
232. Pirenne, *op. cit.*, p. 131.
233. Knight, M. M. *Economic History of Europe at the End of the Middle Ages*. Boston and New York: Houghton Mifflin Co., 1926. p. 116.
234. *Cambridge Economic History of Europe, op. cit.*, vol. II, p. 334.
235. Ehrenberg, Richard. *Capital and Finance in the Age of the Renaissance*. Tr. H. M. Lucas. London: Jonathan Cape, 1928. p. 57.
236. Noonan, *op. cit.*, pp. 122, 172.
237. deRoover, *op. cit.*, p. 11.
238. Noonan, *op. cit.*, p. 122.
239. Information on thirteenth- and fourteenth-century Venice is principally derived from Gino Luzzatto, *I Prestiti della Repubblica di Venezia Nei Secc. XIII–XV* in *Documenti finanziari della Repubblica di Venezia* (Padova, 1929), Series III, Vol. I; and from unpublished notes of Professor F. C. Lane, of Johns Hopkins University.
240. *Cambridge Economic History of Europe, op. cit.*, vol. II, pp. 191, 338; also Pirenne, *op. cit.*, p. 173.
241. *Cambridge Economic History of Europe, op. cit.*, vol. II, pp. 215–216.

242. *Ibid.*, p. 339.
243. Ehrenberg, *op. cit.*, p. 50.
244. Pirenne, *op. cit.*, p. 194.
245. *Ibid.*, p. 219.
246. Ehrenberg, *op. cit.*, p. 43.
247. Shumpeter, Joseph A. *Business Cycles*. New York: McGraw-Hill Book Company, Inc., 1939. p. 617.
248. deRoover, *op. cit.*, p. 119.
249. *Ibid.*, pp. 104, 126.
250. Parkes, *op. cit.*, p. 355.
251. Cipolla, *op. cit.*, p. 64.
252. *Cambridge Economic History of Europe*, vol. II, p. 349.
253. Cipolla, *op. cit.*, p. 64.
254. Parkes, *op. cit.*, p. 317.
255. deRoover, *op. cit.*, p. 118.
256. Noonan, *op. cit.*, p. 172.
257. *Cambridge Economic History of Europe, op. cit.*, vol. II, p. 334.
258. Cipolla, *op. cit.*, p. 63; also Noonan, *op. cit.*, p. 122.
259. Luzzato and Lane, *op. cit.* See note 239.

第九章

260. *Cambridge Economic History of Europe, op. cit.*, vol. II, pp. 194, 197.
261. Pirenne, *op. cit.*, p. 173.
262. *Ibid.*, p. 88; also *Cambridge Economic History of Europe, op. cit.*, vol. II, p. 215.
263. *Cambridge Economic History of Europe, op. cit.*, vol. II, p. 201.
264. *Ibid.*, p. 245.
265. *Ibid.*, p. 252.
266. Pirenne, *op. cit.*, p. 189.
267. deRoover, *op. cit.*, p. 349.
268. *Cambridge Economic History of Europe, op. cit.*, vol. II, p. 349.
269. *Ibid.*, p. 351.
270. Pirenne, *op. cit.*, p. 215.
271. Ehrenberg, *op. cit.*, p. 23.
272. *Ibid.*, p. 36.
273. *Ibid.*, p. 62.
274. *Ibid.*, p. 204.
275. Young, G. F. *The Medici*. New York: E. P. Dutton, 1909. Vol. I, p. 315.
276. Roscoe, William. *Leo X*. London: George Bell & Sons, 1888. Vol. 1, p. 85.
277. deRoover, *op. cit.*, p. 130.
278. Noonan, *op. cit.*, p. 295.
279. *Cambridge Economic History of Europe, op. cit.*, vol. II, p. 344.
280. Pirenne, *op. cit.*, p. 215.
281. Cipolla, *op. cit.*, p. 64.
282. Lane, *op. cit.* See note 239.
283. Ehrenberg, *op. cit. passim.*
284. *Cambridge Economic History of Europe, op. cit.*, vol. II, p. 217.

285. Noonan, *op. cit.*, p. 172.
286. deRoover, Raymond. *The Medici Bank.* New York: New York University Press, 1948. pp. 54–65.
287. *Ibid.*, pp. 1–2.
288. Cipolla, *op. cit.*, pp. 64–65.
289. Noonan, *op. cit.*, p. 240.
290. *Ibid.*, p. 161.
291. Ehrenberg, *op. cit.*, p. 63; also Cipolla, *op. cit.*, p. 64.
292. Houtzager, D. *Life Annuities and Sinking Funds in the Netherlands Before 1672.* Schiedam: Hav-Bank, 1950. p. 11.
293. Luzzatto, *op. cit.*, Series III, vol. 1.
294. Hazlitt, *op. cit.*, vol. 1, p. 807.
295. Lane, "Venetian Bankers," *op. cit.*, pp. 198–199.
296. Pirenne, *op. cit.*, p. 173.
297. *Cambridge Economic History of Europe, op. cit.*, vol. II, p. 191.
298. Information on Genoa in the sixteenth and seventeenth centuries is derived largely from Professor Carlo M. Cipolla, of the University of Venice, who, in his paper, *Note Sulla Storia del Saggio d'Interesse; Corso, Dividendi e Sconto Dei Dividendi del Banco di S. Giorgio,* presents series from 1509 to 1625 of the annual dividends declared by the bank, the market price of the *luoghi,* the rate of discount on the dividends, and the ratio of discounted dividends to the price of the *luoghi.*
299. *Cambridge Economic History of Europe, op. cit.*, vol. II, p. 232.
300. *Ibid.*, p. 353.
301. Ehrenberg, *op. cit.*, p. 27.
302. *Ibid.*, p. 31.
303. *Ibid.*, p. 40.
304. *Ibid.*, pp. 101, 104.
305. Motley, J. L. *Rise of the Dutch Republic.* New York: Harper & Brothers, 1901. Vol. I, p. 85ff.
306. Del Mar, Alexander. "The Future of the Rate of Interest," *Bankers Magazine,* December, 1905 (New York: Bankers Publishing Co.).
307. Ehrenberg, *op. cit.*, pp. 69, 72, 93, 95, 106, 113, 116, 125.
308. *Ibid.*, p. 180.
309. *Ibid.*, pp. 256, 258ff.
310. Knight, Frank H. *Encyclopedia of the Social Sciences, op. cit.*, vol. 8, p. 139.
311. Noonan, *op. cit.*, p. 303.
312. Ehrenberg, *op. cit.*, p. 120.
313. Noonan, *op. cit.*, pp. 209–223.
314. *Ibid.*, p. 303.
315. Angell, *op. cit.*, p. 224.
316. Ehrenberg, *op. cit.*, pp. 89–94.
317. *Ibid.*, p. 165.
318. Noonan, *op. cit.*, p. 240.
319. *Ibid.*, p. 209.
320. Ehrenberg, *op. cit.*, p. 109.
321. *Ibid.*, p. 170.
322. Houtzager, *op. cit.*, pp. 43–45.

323. Information on Genoa in the sixteenth and seventeenth centuries is derived largely from Professor Carlo M. Cipolla, of the University of Venice, who, in his paper, *Note Sulla Storia del Saggio d'Interesse; Corso, Dividendi e Sconto Dei Dividendi del Banco di S. Giorgio,* presents series from 1509 to 1625 of the annual dividends declared by the bank, the market price of the *luoghi,* the rate of discount on the dividends, and the ratio of discounted dividends to the price of the *luoghi.*
324. Ehrenberg, *op. cit.,* pp. 334–336.
325. *Ibid,* p. 339.
326. *Ibid.,* p. 343.
327. *Ibid.,* p. 347.
328. *Ibid.,* pp. 357ff.
329. *Ibid.,* p. 349.
330. *Ibid.,* p. 357.
331. Hirst, F. W., *The Stock Exchange.* London: William & Norgate, 1911. pp. 27, 29.
332. MacLeod, H. D. *History of Banking in Great Britain,* 1896. pp. 2–3.
333. Ehrenberg, *op. cit.,* p. 347.
334. Macaulay, T. B. *History of England.* Boston: Houghton Mifflin & Co., 1901. Vol. I, p. 284.
335. Turner, B. B. *Chronicles of the Bank of England.* London: Swan, Sonnenschein & Co., 1897. pp. 15ff.
336. Macaulay, *op. cit.,* vol. IV, pp. 433ff.
337. Clapham, J. *The Bank of England.* Cambridge: Cambridge University Press, 1944. Vol. I, p. 299.
338. Ehrenberg, *op. cit.,* pp. 347, 353.
339. Habakkuk, H. J. *Economic History Review,* 2d Series, V (1952), 1.
340. Macaulay, *op. cit.,* vol. V, p. 152.
341. Barbour, Violet. *Capitalism in Amsterdam in the 17th Century.* Baltimore: Johns Hopkins Press, 1950. pp. 82–83.
342. Ehrenberg, *op. cit.,* p. 360.
343. *New York Times,* Sept. 21, 1957.
344. Ehrenberg, *op. cit.,* p. 362.
345. *Ibid.,* p. 341.
346. *Ibid.,* p. 336.
347. Hazlitt, *op. cit.,* vol. II, pp. 276, 643.

第十一章

348. *Bankers Magazine,* October, 1927.
349. Macaulay, *op. cit.,* vol. IV, p. 432.
350. *Ibid.,* p. 429.
351. *Ibid.,* p. 433.
352. *Ibid.,* p. 594.
353. *Ibid.,* p. 603.
354. Turner, *op. cit.,* pp. 18ff.
355. Clapham, *op. cit.,* vol. I, p. 18.
356. Hirst, *op. cit.,* p. 30.

357. Clapham, *op. cit.,* vol. I, p. 37.
358. *Ibid.,* p. 59.
359. Ashton, T. S., *An Economic History of England: The 18th Century.* London: Methuen & Co. Ltd., 1955. p. 105.
360. *Ibid.,* p. 2.
361. *Ibid.,* p. 177.
362. *Ibid.,* pp. 27, 38, 45, 84.
363. *Ibid.,* p. 27.
364. *Ibid.,* p. 58.
365. Hirst, *op. cit.,* p. 39.
366. Clapham, *op. cit.,* vol. I, p. 92.
367. Ashton, *op. cit.,* p. 251.
368. Clapham, *op. cit.,* vol. I, p. 93.
369. *Ibid.,* p. 94.
370. Clapham, *op. cit.,* vol. I, p. 103.
371. John, A. H. "Insurance Investment and the London Money Market of the 18th Century," *Economica,* May, 1953, p. 137.
372. Pressnell, L. S. *Studies in the Industrial Revolution.* London: University of London, Athlone Press, 1960. pp. 186–193.
373. Niefeld, *op. cit.,* p. 21.
374. Clapham, *op. cit.,* vol. I, p. 299, for all Bank of England rates.
375. Fenn, Charles. *Compendium of the English and Foreign Funds,* rewritten and brought up to date by Robert Lucas Nash. London: Effingham Wilson, Royal Exchange, 14th ed., 1889. p. 30.
376. Turner, *op. cit.,* p. 25.
377. Ibid., p. 28.
378. Clapham, *op. cit.,* vol. I, p. 224.
379. *Ibid.,* p. 119.
380. *Ibid.,* pp. 78, 130.
381. *Ibid.,* p. 81.
382. *Ibid.,* p. 124.
383. *Ibid.,* p. 121.
384. *Ibid.,* p. 92.
385. *Ibid.,* p. 176.
386. Turner, *op. cit.,* p. 61.
387. Clapham, *op. cit.,* vol. I, p. 191.
388. Fenn, *op. cit.,* p. 67.
389. Turner, *op. cit.,* p. 82.

第十二章

390. Bogart, Ernest L. *Economic History of Europe, 1760–1939.* London: Longmans, Green & Co., 1942. p. 72.
391. Ehrenberg, *op. cit.,* p. 369.
392. *Ibid.,* p. 370.
393. Clough, S. B., and C. W. Cole. *Economic History of Europe.* Boston: D. C. Heath & Co., 1947. pp. 283ff.

394. *Ibid.*, p. 284.
395. Fachan, J. M. *Historique de la Rente Francaise*. Paris: Berger-Levrault et Cie., 1904. p. 139.
396. Bogart, *op. cit.*, p. 180ff.
397. *Ibid.*, p. 185.
398. McCulloch, John R. *Essay on Interest*. Philadelphia: A. Hart, 1851. p. 18.
399. Ehrenberg, *op. cit.*, p. 345.
400. Saugrain, M. Gaston. *The Decline of the Interest Rate*. Paris: 1896.
401. Fachan, *op. cit.*, p. 34.
402. Clough, *op. cit.*, p. 286.
403. Loutchitch, L. J. *Des Variations du Taux de l'Intérêst en France de 1800 à Nos Jours*. Paris: Libraire Félix Alcan, 1930. p. 45.
404. Defoe, Daniel. *A Plan of the English Commerce*.
405. Langer, W. L. *Encyclopedia of World History*, Boston: Houghton Mifflin Company, 1940. p. 439.
406. Clough, *op. cit.*, p. 275.
407. Ashton, *op. cit.*, p. 193.
408. Wilson, C. H. "The Economic Decline of the Netherlands," *Economic History Review*, IX (London) (1938–1939), p. 111.
409. Ehrenberg, *op. cit.*, p. 350.
410. *Ibid.*, p. 352.
411. *Ibid.*, pp. 357ff.
412. Clough, *op. cit.*, p. 294.
413. Ehrenberg, *op. cit.*, p. 362.
414. McCulloch, *op. cit.*, p. 3.
415. Wilson, *op. cit.*, p. 122.
416. Clapham, *op. cit.*, vol. I, p. 93.
417. *Encyclopedia of Social Sciences*, *op. cit.*, vol. 8, p. 139.
418. Weeveringh, J. J. *Handleiding Tot de Geschiedenis der Staatsschulden, eerste deel*. Haarlem: 1852.
419. Noonan, *op. cit.*, pp. 226, 247.
420. Bentham, *op. cit.*, p. 80.
421. Saugrain, *op. cit.*
422. Noonan, *op. cit.*, p. 306.
423. *Sveriges Riksbank, 1668–1924 Statistiska Tabeller*, 1931. pp. 129ff.

第十三章

424. Clough, *op. cit.*, p. 586.
425. *Ibid.*, pp. 503, 662.
426. *Ibid.*, p. 464.
427. *Ibid.*, p. 486.
428. Clapham, *op. cit.*, vol. II, p. 226.
429. Clough, *op. cit.*, pp. 508, 662.
430. Clapham, *op. cit.*, vol. II, p. 298.
431. Clough, *op. cit.*, p. 385.

432. Clapham, *op. cit.,* vol. II, p. 4.
433. *Ibid.,* pp. 9, 57, 78.
434. *Ibid.,* pp. 36ff.
435. *Ibid.,* pp. 50ff.
436. *Ibid.,* p. 100.
437. *Ibid.,* p. 183.
438. Hawtrey, R. G. *A Century of Bank Rate.* London: Longmans, Green & Co., 1938. p. 37.
439. *Ibid.,* p. 69.
440. *Ibid.,* p. 46.
441. Fenn, *op. cit.,* p. 10.
442. Macaulay, *op. cit.,* vol. IV, pp. 432ff.
443. Fenn, *op. cit.,* pp. 8, 9, 16, 33.
444. Clapham, *op. cit.,* vol. II, p. 32.
445. Hirst, *op. cit.,* p. 70.
446. Böhm von Bawerk, Eugen (1851–1914), quoted by J. A. Schumpeter in *Ten Great Economists* (New York: Oxford University Press, 1951), p. 182.
447. Bloomfield, Arthur I. *Monetary Policy Under the International Gold Standard.* New York: Federal Reserve Bank of New York, 1959. p. 24.
448. Fenn, *op. cit.,* pp. 146ff.
449. *Ibid.,* pp. 180ff.
450. Hirst, *op. cit.,* pp. 53ff.
451. Clough, *op. cit.,* p. 656.
452. Roth, Cecil. *Benjamin Disraeli.* New York: Philosophical Library, 1952. p. 44.
453. Clough, *op. cit.,* p. 582.
454. Clapham, *op. cit.,* vol. II, p. 15.
455. National (U.S.) Monetary Commission, vol. XXI, *Great Britain,* p. 143 (The Aldrich Report).
456. Hawtry, *op. cit.,* pp. 84ff.
457. Clapham, *op. cit.,* vol. II, pp. 263ff.

第十四章

458. Fachan, *op. cit.,* p. 139.
459. Clough, *op. cit.,* p. 637.
460. Dunham, Arthur Louis. *The Industrial Revolution in France, 1815–1848.* New York: Exposition Press, 1955. p. 19.
461. *Ibid.,* p. 55.
462. Clough, *op. cit.,* p. 586.
463. Fachan, *op. cit.,* p. 122.
464. Fenn, *op. cit.,* pp. 436ff.
465. Fachan, *op. cit.,* p. 204.
466. Dunham, *op. cit.,* p. 240.
467. Loutchitch, *op. cit.,* p. 50.
468. Dunham, *op. cit.,* p. 236.
469. *Ibid.,* p. 238.

第十五章

470. Clough, *op. cit.*, pp. 653ff., 662.
471. *Ibid.*, p. 623.
472. *Ibid.*, p. 624.

第十六章

473. Wright, Chester W. *Economic History of the United States*. New York: McGraw-Hill Book Company, Inc., 1941. p. 163.
474. Dewey, David Rich. *Financial History of the United States*. New York: Longmans, Green & Company, 1931. p. 8.
475. Wright, *op. cit.*, p. 129.
476. Dewey, *op. cit.*, p. 19.
477. Wright, *op. cit.*, p. 167.
478. Childs, C. F. *Concerning U.S. Government Securities*. Chicago: C. F. Childs & Co., 1947. p. 4.
479. Dewey, *op. cit.*, pp. 24–26.
480. *Ibid.*, pp. 37–39.
481. *Ibid.*, p. 46.
482. *Ibid.*, pp. 56ff.
483. Wright, *op. cit.*, p. 472.
484. *Ibid.*, p. 476.
485. *Ibid.*, p. 509.
486. *Ibid.*, *frontis.*
487. *Ibid.*, p. 541.
488. *Ibid.*, p. 872.
489. Dewey, *op. cit.*, p. 322.
490. Macaulay, Frederick R. *The Movements of Interest Rates, Bond Yields and Stock Prices*. New York: National Bureau of Economic Research, 1938. p. A215.
491. F. R. Macaulay, *op. cit.*, pp. A142, A174.
492. Bayley, Rafael A. *National Loans of the United States*. Washington: U.S. Government Printing Office, 2d ed., 1882. p. 109.
493. Dewey, *op. cit.*, p. 95.
494. *Ibid.*, p. 113.
495. Bond prices from: Martin, Joseph G. *Martin's Boston Stock Market*. Boston: 1886. p. 127.
496. Dewey, *op. cit.*, p. 137.
497. Bayley, *op. cit.*, p. 59.
498. Dewey, *op. cit.*, p. 272.
499. *Ibid.*, p. 316.
500. Lerner, E. M. "Monetary and Fiscal Programs of the Confederate Government," *Journal of Political Economy,* LXII (August, 1954).
501. Cleland, Robert G. *The Cattle on a Thousand Hills*. San Marino, Calif.: The Huntington Library, 1951. pp. 102ff.
502. *Los Angeles; the Transition Decade*. San Marino, Calif.: The Huntington Library.
503. Plehn, C. C. *Yale Review,* VIII (May, 1899), p. 52.

504. Cochran, Thomas C. *The Pabst Brewing Co.* New York: New York University Press, 1948. pp. 23, 46, 85.
505. Sumner, William Graham. *History of Banking in the United States.* New York: 1896. p. 83.
506. Burns, Robert H., Andrew S. Gillespie, and Willing G. Richardson. *Wyoming's Pioneer Ranches.* Laramie, Wyo.: Top-of-the-World Press, 1955. pp. 177, 633.
507. *Business History Review,* XXIX (1950), p. 325.
508. *Ibid.,* XXXII (1958), pp. 293–310.
509. *Ibid.,* XIX (1945), p. 71.
510. *Ibid.,* XXXIII (1959), p. 136.

第十七章

511. Wright, *op. cit.,* p. 876.
512. Childs, *op. cit.,* p. 112.
513. *Ibid.,* p. 120.
514. Wright, *op. cit.,* p. 882.
515. Childs, *op. cit.,* p. 138.
516. Durand, David. *Basic Yields of Corporate Bonds, 1900–1942* (and supplements). New York: National Bureau of Economic Research, 1942.
517. Hickman, W. Braddock. *The Term Structure of Interest Rates.* New York: National Bureau of Economic Research, 1942.
518. Kaufman, Henry. *Interest Rates, the Markets, and the New Financial World.* New York: Times Books, 1986. Chs. 3, 14.
519. Niefeld, M. R. *The Personal Finance Business.* New York: Harper & Brothers, 1933; and *Trends in Consumer Finance.* Easton: Mack Publishing Co., 1954. p. 59.
520. Niefeld, *op. cit.,* p. 292.
521. Niefeld, *op. cit.,* p. 209.
522. *Encyclopedia of the Social Sciences, op. cit.,* vol. 8, p. 139.
523. *New York Times,* Feb. 19, 1959, p. 1.

524. An exact formula for the one-year real rate is $(1+i)/(1+p)-1$, where i is the nominal, or market, rate of interest per annum and p is the expected one-year inflation rate. The formula is equivalent mathematically to a real rate of $(i-p)/(1+p)$. It is often stated that the real rate of interest is the nominal, or market, rate less the inflation rate. Clearly, this is an approximation that is only roughly correct for low rates of inflation.
525. An excellent book-length study of real rates—the first of its kind—appeared in 1989, the last full year of this HISTORY. See Peter S. Spiro, *Real Interest Rates and Investment and Borrowing Strategy.* New York, Westport, CT, and London: Quorum Books, 1989.
526. This is discussed by Henry Kaufman, *op. cit.,* p. 19.
527. See Spiro, *op. cit.,* ch. 7.
528. Macaulay, *op. cit.,* pp. 85ff.
529. Durand, *op. cit.* See Table 53 for additional sources.

第十九章

530. Bogart, *op. cit.*, p. 421.
531. Clough, *op. cit.*, pp. 662, 664.
532. *Ibid.*, p. 740.
533. *Ibid.*, p. 824.
534. *Ibid.*, p. 846.
535. Spiro, *op. cit.*, ch. 7.

第二十章

536. Material on the German inflation from: Constantino Bresciani-Turroni. *The Economics of Inflation*. New York: Barnes and Noble, 1937. pp. 76–78, 317; and C.-L. Holtfrerich. *The German Inflation, 1914–1923*. Berlin and New York: Walter deGruyter, 1986. Part One.
537. Holtfrerich, *op. cit.*, p. 73.

第二十二章

538. *Canada Year Book, 1950,* p. 1089.
539. Fenn, *op. cit.*, p. 193.

第二十四章

540. For an excellent account of the old and new Japanese financial markets, see Yoshio Suzuki, ed., *The Japanese Financial System*. Oxford: Clarendon Press, 1987.
541. Phra Sarasas. *Money and Banking in Japan*. London: Heath Cranton, 1940. pp. 106ff.
542. Suzuki, *op. cit.*, p. 26.

第二十五章

543. Butlin, S. J. *Foundation of the Australian Monetary System 1788–1851*. Melbourne: Melbourne University Press, 1953. p. 31.
544. *Ibid.*, pp. 61–62.
545. *Ibid.*, p. 123.
546. *Ibid.*, pp. 237–238.
547. *Ibid.*, pp. 309–310.
548. *Ibid.*, p. 410.
549. *Ibid.*, p. 246.
550. *Ibid.*, p. 634.
551. Butlin, S. J. *The Australian Monetary System 1851–1914,* Sydney: Ambassador Press, 1986. Ch. 1.
552. *Ibid.*, appendix.
553. *Ibid.*

第二十六章

554. Arnold, Arthur Z. *Banks, Credit, and Money in Soviet Russia*. New York: Columbia University Press, 1937. pp. 3ff.
555. *Ibid.*, p. 91.
556. *Ibid.*, p. 198.
557. *Ibid.*, p. 6.
558. *Ibid.*, p. 20.
559. Anan'ich, Boris V. "The Russian Private Banking Houses, 1870–1914," *Journal of Economic History*, 48 (June 1988), pp. 401–407.
560. *Ibid.*, p. 49.
561. *Ibid.*, p. 195.
562. *Ibid.*, pp. 500, 501, 504.
563. *Ibid.*, p. 302.
564. *Ibid.*, p. 319.
565. Garvey, George. *Money, Financial Flows, and Credit in the Soviet Union*. Cambridge, MA: Ballinger Publishing Co. for National Bureau of Economic Research, 1977. p. 69.
566. Bentham, Jeremy, *Defense of Usury*.
567. Hirst, *op. cit.*, p. 95.
568. Horn, Antoine E., "Banking in the Russian Empire," in *A History of Banking in All the Leading Nations*, vol. II. New York: Journal of Commerce and Commercial Bulletin, 1896. pp. 347ff.
569. Arnold, *op. cit.*
570. Horn, *op. cit.*, pp. 347ff.
571. *Ibid.*, pp. 393ff.
572. *Ibid.*, pp. 430–435.
573. Raymond, W. L. *American and Foreign Investment Bonds*. Boston: Houghton Mifflin Company, 1916. p. 77.
574. Canada, Report by a Board of Enquiry, *Cost of Living*, 1915, p. 711.
575. Arnold, *op. cit.*, p. 39.
576. Horn, *op. cit.*, p. 353.
577. Arnold, *op. cit.*, p. 24.
578. Horn, *op. cit.*, p. 404.
579. *Ibid.*, pp. 393ff.
580. *Ibid.*, p. 414.
581. Albert, Hermann. *Geschichtliche Entwickelung des Zinsfusses in Deutschland, 1895–1908*. Leipzig, 1910, p. 170.
582. *Ibid.*, pp. 133ff.
583. *Ibid.*, pp. 245, 254.
584. Hubbard, L. E. *Soviet Money and Finance*. London: Macmillan & Co., 1936. p. 85.
585. Arnold, *op. cit.*, pp. 245, 254.
586. *Ibid.*, pp. 385–386.
587. Grossman, Gregory. "Soviet Banking," in B. H. Beckhart, ed., *Banking Systems*. New York: Columbia University Press, 1954. pp. 739–766.
588. Korovushkin, Alexander. *The Financial Times* (London), June 26, 1961, supplement, p. 25.

589. Garvey, *op. cit.*, pp. 58–59.
590. Arnold, *op. cit.*, pp. 133ff.
591. *Ibid.*, pp. 245, 254.
592. *Ibid.*, pp. 385–386.
593. *Ibid.;* and Hubbard, *op. cit.*, p. 59.
594. Hubbard, *op. cit.*, pp. 85ff.
595. Arnold, *op. cit.*, pp. 385–386.
596. Grossman, *op. cit.*
597. Korovushkin, *op. cit.*
598. Garvey, *op. cit.*, pp. 131–132.
599. Arnold, *op. cit.*, p. 170.
600. Horn, *op. cit.*, pp. 347ff.
601. Arnold, *op. cit.*, pp. 245, 254.
602. *Ibid.*, p. 319.
603. *Ibid.*, p. 302.
604. *Ibid.*, pp. 480ff.
605. Grossman, *op. cit.*
606. Boris Gogol. *The Financial Times* (London), June 26, 1961, supplement, p. 25.
607. Arnold, *op. cit.*, p. 325.
608. Hubbard, *op. cit.*, pp. 85ff, 500, 501, 504.
609. *Ibid.*, pp. 500, 501, 504.
610. Grossman, *op. cit.*
611. Garvey, *op. cit.*
612. Arnold, *op. cit.*, p. 192.
613. *Ibid.*, p. 192.
614. *Ibid.*, p. 290.
615. *Ibid.*, pp. 500, 501, 504.
616. Hubbard, *op. cit.*, pp. 181–202.
617. Arnold, *op. cit.*, pp. 500, 501, 504.
618. Grossman, *op. cit.*
619. Schwartz, Harry. *Russia's Soviet Economy.* Englewood Cliffs, N.J.: Prentice-Hall, 1954.
620. Garvey, *op. cit.*, p. 68.

第二十七章

621. Lien-Sheng Yang. *Money and Credit in China.* Cambridge: Harvard University Press, 1952. pp. 1ff.
622. Tamagna, Frank M. *Banking and Finance in China.* New York: Institute of Pacific Relations, 1942. p. 13.
623. Lien-Shang Yang, *op. cit.*, p. 71.
624. *Ibid.*, pp. 5, 92.
625. *Ibid.*, p. 95.
626. *Ibid.*, p. 97.
627. Tamagna, *op. cit.*, pp. 203ff.

628. Chang Kia-Ngau. *The Inflationary Spiral*. New York: John Wiley & Sons, 1958. p. 12.
629. Lien-Shang Yang, *op. cit.*, p. 95.
630. *Ibid.*, p. 96.
631. *Ibid.*, p. 95.
632. *Ibid.*, p. 98.
633. *Ibid.*, p. 96.
634. *Ibid.*, p. 98.
635. *Ibid.*
636. Noonan, *op. cit.*, p. 289.
637. *Ibid.*, p. 99.
638. *Ibid.*, p. 100.
639. For an account of the activities of one of these banks, see Frank H. H. King, *Eastern Banking: Essays in the History of the Hong Kong and Shanghai Banking Corporation*. London: Athlone Press, 1983.
640. Lien-Shang Yang, *op. cit.*, p. 96.
641. Tamagna, *op. cit.*, pp. 86, 87.
642. *International Financial News,* June 19, 1959.
643. Lien-Shang Yang, *op. cit.*, p. 100.
644. Tamagna, *op. cit.*, p. 66.
645. Lien-Shang Yang, *op. cit.*, p. 100.
646. Lee, Frederic E. *Currency, Banking and Finance in China*. Washington: U.S. Department of Commerce, 1926.
647. Tamagna, *op. cit.*, p. 70.
648. *Ibid.*, p. 150.
649. *Ibid.*, p. 195.
650. Lien-Shang Yang, *op. cit.*, p. 100.
651. Lee, *op. cit.*
652. Tamagna, *op. cit.*, p. 63.
653. *Ibid.*, p. 133.
654. *Ibid.*, p. 162.
655. *Ibid.*, p. 266.
656. Chang Kia-Ngau, *op. cit.*, pp. 254, 265, 268, 274.
657. *Ibid.*
658. Tamagna, *op. cit.*, pp. 229, 234, 292.
659. Chang Kia-Ngau, *op. cit.*, pp. 254, 265, 268, 274.
660. *Ibid.*
661. Lee, *op. cit.*
662. Tamagna, *op. cit.*, pp. 44, 45.
663. Padoux, George. *The Consolidation of China's Unsecured Indebtedness*. Peking: La Libraire Franchise, 1925. p. 11.
664. Tamagna, *op. cit.*, p. 217.
665. Chang Kia-Ngau, *op. cit.*, pp. 118–120.
666. Tamagna, *op. cit.*, p. 217.
667. *Ibid.*, pp. 229, 234, 292.
668. Byrd, William. *China's Financial System—The Changing Role of Banks*. Boulder, CO: Westview Press, 1983. pp. 154–156, tables 10 and 11.

第二十九章

669. Since the last revision of this book in 1995, a digital revolution has made the acquisition of raw interest rate data much easier. On its websites, the Federal Reserve makes current and historical interest rate data available gratis. The two main sources used in this revision are the Federal Reserve Board's statistical releases and historical data page, the URL of which is currently *http://www.federalreserve.gov/Releases/*, and FRED (Federal Reserve Economic Data), currently available via the St. Louis Federal Reserve's website at *http://research.stlouisfed.org/fred2/*. Also now available electronically, though only on a subscription basis, is the IMF's *International Financial Statistics*.
670. *Economic Report of the President, February 1994* (Washington, DC: United States Government Printing Office, 1994), p. 81.
671. The previous edition of this volume (1996), revised in 1995 after the sharp increases of interest rates and bond yield in 1994, considered whether that marked the end of the bull bond market that began in 1981, and predicted that it did not. Whether that correct call contributes to a reader's confidence in the mid-2005 prediction made here is up to the reader, and, of course, to future developments.
672. See Brian Sack and Robert Elasser, "Treasury Inflation-Indexed Debt: A Review of the U.S. Experience," FRBNY Economic Policy Review (May 2004), pp. 47-63.
673. Ibid., p. 48.